Wirtschafts- und Steuerrecht

Herausgegeben von

Prof. Dr. Christian Jahndorf, HLB Schumacher, Universität Münster

Prof. Dr. Marc Desens, Universität Leipzig

Prof. Dr. Rolf Eckhoff, Universität Regensburg

RA u. StB Michael Wendt, VRiBFH a.D., Köln

Band 31

Wolfram Dickersbach

„Special Allocations" im deutschen Ertragsteuerrecht

Grenzen der steuerlichen Anerkennung von Gewinnverteilungsabreden in Personengesellschaften

Nomos

HLB

Onlineversion
Nomos eLibrary

Die Deutsche Nationalbibliothek verzeichnet diese Publikation in der Deutschen Nationalbibliografie; detaillierte bibliografische Daten sind im Internet über http://dnb.d-nb.de abrufbar.

Zugl.: Ulm, Univ., Diss., 2024

ISBN 978-3-7560-1692-1 (Print)
ISBN 978-3-7489-4422-5 (ePDF)

1. Auflage 2024

Vorwort

Die vorliegende Arbeit wurde im Wintersemester 2023/2024 von der Fakultät für Mathematik und Wirtschaftswissenschaften der Universität Ulm als Dissertation angenommen. Rechtsprechung und Schrifttum konnten bis einschließlich Juni 2023 berücksichtigt werden. Für die Drucklegung wurden Gesetzeszitate auf den Stand von Februar 2024 aktualisiert.

An erster Stelle danke ich meinem Doktorvater Herrn Prof. Dr. Heribert M. Anzinger für die stets wohlwollende Begleitung des Dissertationsvorhabens und seine wertvollen Anregungen im Entstehungsprozess. Herrn Prof. Dr. Marc Desens danke ich für die zügige Erstellung des Zweitgutachtens und – zusammen mit den weiteren Herausgebern – für die Aufnahme dieser Arbeit in die Schriftenreihe „Wirtschafts- und Steuerrecht". Besonderer Dank gilt ferner Herrn Dr. Thomas Töben für den Hinweis auf die untersuchte Forschungsfrage sowie Herrn Vors. RiBFH a.D. Michael Wendt für den regen fachlichen Austausch und seine Anmerkungen zu dieser Arbeit.

Meinen Eltern danke ich von Herzen für die vielfältige Unterstützung auf meinem bisherigen Lebensweg, ohne die diese Arbeit nicht entstanden wäre. Schließlich danke ich ganz besonders meiner Frau Ann-Kristin für ihren bedingungslosen Rückhalt und ihre große Hilfsbereitschaft in der Promotionszeit. Ihr ist diese Arbeit gewidmet.

Hamburg, im März 2024 *Wolfram Dickersbach*

Inhaltsübersicht

Inhaltsverzeichnis 9

A. Einleitung 23

I. Forschungsfrage 23

II. Relevanz des Themas und Forschungsstand 25

III. Gang der Untersuchung 27

B. *Special Allocations* im US-amerikanischen Gesellschafts- und Steuerrecht 29

I. Gesellschaftsrechtliche Grundlagen 29

II. Steuerlicher Ordnungsrahmen für die Gewinnermittlung und Gewinnverteilung 40

III. Mögliche Ausgestaltung von Sonderzuweisungen 71

IV. Ergebnisse zur Gewinnverteilung in US-*Partnerships* 80

C. Nachbildung von *Special Allocations* im deutschen Personengesellschaftsrecht 83

I. Gesetzliche Gewinnverteilungsregelungen 83

II. Gestaltungsfreiheit 101

III. Zivilrechtliche Grenzen der Privatautonomie bei Gewinnverteilungsabreden 105

IV. Änderungen der Gewinnverteilungsabrede 113

V. Gewinnverteilungsabreden mit Sonderzuweisungen 124

VI. Ergebnisse zu Gewinnverteilungsabreden im deutschen Personengesellschaftsrecht 192

D. Ertragsteuerliche Einordnung im Gewinnanteil bei Mitunternehmerschaften 195

I. Grundlagen zur Gewinnverteilung bei Mitunternehmerschaften 196

II. Allgemeine Maßstäbe für die steuerliche Anerkennung der Gewinnverteilung bei Mitunternehmerschaften 252

III. Besondere Maßstäbe für die steuerliche Anerkennung der Gewinnverteilung bei Mitunternehmerschaften 294

IV. Ergebnisse zur Gewinnverteilung in Mitunternehmerschaften 349

E. Ertragsteuerliche Einordnung im Überschussanteil bei vermögensverwaltenden Personengesellschaften 351

I. Grundlagen der Überschussverteilung bei vermögensverwaltenden Personengesellschaften 356

II. Allgemeine steuerliche Anerkennungsgrenzen der Überschussverteilung bei vermögensverwaltenden Personengesellschaften 400

III. Spezielle steuerliche Anerkennungsgrenzen für Sonderzuweisungen bei vermögensverwaltenden Personengesellschaften 408

IV. Ergebnisse zu Überschussanteilen in vermögensverwaltenden Personengesellschaften 439

F. Grenzen des Gestaltungsmissbrauchs 441

I. Vorüberlegungen 441

II. Der Tatbestand des Gestaltungsmissbrauchs 448

III. § 42 AO und einzelne Sonderzuweisungen 468

IV. Ergebnisse zum Gestaltungsmissbrauch 503

G. Zusammenfassung der Ergebnisse 505

Literaturverzeichnis 511

Inhaltsverzeichnis

A. Einleitung 23

I. Forschungsfrage 23

II. Relevanz des Themas und Forschungsstand 25

III. Gang der Untersuchung 27

B. *Special Allocations* im US-amerikanischen Gesellschafts- und Steuerrecht 29

I. Gesellschaftsrechtliche Grundlagen 29

1. Für *Special Allocations* verfügbare Rechtsformen 29

a) US-*Partnerships* im engeren Sinn 31

aa) *General Partnership* 31

bb) *Limited Liability Partnership* 32

cc) *Limited Partnership* 33

b) US-*Partnerships* im weiteren Sinn 34

aa) *Limited Liability Company* 34

bb) *Joint Venture* 35

cc) Keine *Partnership* trotz transparenter Besteuerung – die *S Corporation* 36

2. Gesellschaftsrechtliche Bestimmungen zur Gewinnverteilung 37

a) *Default Rules* 37

b) Gestaltungsfreiheit 39

II. Steuerlicher Ordnungsrahmen für die Gewinnermittlung und Gewinnverteilung 40

1. Gewinnermittlung 41

2. Gewinnverteilung 45

a) Gestaltungsfreiheit gem. § 704(a) IRC 45

aa) Verteilung des steuerlichen Gewinns nach gesellschaftsvertraglicher Abrede 45

bb) Zur historischen Entwicklung des § 704(a) IRC 48

b) Steuerliche Anerkennungsgrenzen gem. § 704(b) IRC 50

c) Durchführungsvorschriften (*Treasury Regulations*) zu § 704(b) IRC 54
aa) Allgemeine Anforderungen des *Substantial-Economic-Effect*-Kriteriums 55
(1) *Economic Effec* 55
(2) *Substantiality* 59
bb) Sonderregeln für bestimmte Einkommensbestandteile 62
(1) Ausländische Steuern 62
(2) *Nonrecourse Deductions* 63
(3) Sacheinlagen und -entnahmen (§ 704(c) IRC) 64
(4) Verlustabzug (§ 704(d) IRC) 67
d) *Target Allocations* 67
3. Literaturkritik 69
III. Mögliche Ausgestaltung von Sonderzuweisungen 71
1. *Source-Based Allocations* 72
2. *Character-Shifting Allocations* 76
3. *Time-Shifting Allocations* 78
IV. Ergebnisse zur Gewinnverteilung in US-*Partnerships* 80

C. Nachbildung von *Special Allocations* im deutschen Personengesellschaftsrecht 83
I. Gesetzliche Gewinnverteilungsregelungen 83
1. Dispositive gesetzliche Gewinnverteilungsregelungen vor MoPeG 83
a) Laufende Gewinnverteilung 84
aa) GbR 84
bb) OHG 86
cc) KG 88
dd) Stille Gesellschaft 89
ee) Partnerschaftsgesellschaft 90
b) Schlussverteilung 91
aa) GbR 91
bb) OHG und KG 91
cc) Stille Gesellschaft 93

2. Bedeutung des MoPeG für die Ausgestaltung von Gewinnverteilungsabreden 93
a) Laufende Gewinnverteilung 96
aa) GbR und PartG 96
bb) OHG 97
cc) KG 98
dd) Stille Gesellschaft 99
b) Schlussverteilung 99
3. Zwischenergebnis zu den dispositiven Gewinnverteilungsbestimmungen 99

II. Gestaltungsfreiheit 101

III. Zivilrechtliche Grenzen der Privatautonomie bei Gewinnverteilungsabreden 105
1. Bestimmtheit 106
2. Gleichbehandlungsgrundsatz 107
3. Sittenwidrigkeit 108
a) Keine sittenwidrige Beschränkung des Mitgliedschaftsrechts eines Gesellschafters 109
b) Steuerliche Aberkennung der vereinbarten Gewinnverteilung unerheblich 112

IV. Änderungen der Gewinnverteilungsabrede 113
1. Wirksamkeitsvoraussetzungen von Beschlüssen zur Gewinnverteilung 113
a) Entwicklungen zur formellen Beschlusskontrolle (Bestimmtheitsgrundsatz) 114
b) Entwicklungen zur materiellen Beschlusskontrolle 115
aa) Kernbereichslehre 115
bb) Keine Aufgabe der Kernbereichslehre 117
c) Zwischenergebnis zur nachträglichen Änderung der Gewinnverteilung 119
2. Nebenabreden 120
3. Änderungsanspruch aus § 313 BGB oder gesellschaftsrechtlicher Treuepflicht 121
4. Änderungszeitpunkt und mögliche Rückwirkung 123

V. Gewinnverteilungsabreden mit Sonderzuweisungen 124
1. Sonderzuweisung des Ergebnisses einzelner Vermögensgegenstände 125
a) Motive für die Sonderzuweisung einzelner Vermögensgegenstände 126
b) Verwandte Verteilungsmodelle und Alternativgestaltungen 130
aa) *Tracking Stocks* bei Aktiengesellschaften 130
bb) *Stapled Stocks* (Verbundaktien) 133
cc) Segmentbezogene Gewinnverteilung mittels stiller Gesellschaft 134
dd) Nießbrauch an Vermögensgegenständen des Gesellschaftsvermögens 137
ee) Genussrechte 140
c) Sonderzuweisungen von Vermögensgegenständen bei Personengesellschaften 142
aa) Gemeinsamer Zweck 144
bb) Bestimmtheit 148
d) Gesellschaftsvertragliche Regelungsbedürfnisse 149
aa) Die Gewinnermittlung und das Problem des „fehlenden" Gesellschaftsgewinns 149
(1) Gesellschafterbezogene Gewinnermittlung 153
(2) Nachschusslösung 155
(3) Nachzahlungslösung 156
(4) Vorabgewinn und -verlust 157
bb) Mitgliedschaftsrechte der Gesellschafter 159
cc) Änderungsansprüche („Insolvenzfall") 160
2. Sonderzuweisungen von laufenden Gewinnen und Veräußerungsgewinnen 162
a) Motive 163
aa) Kapitalgesellschaftsbeteiligungen 164
bb) Grundstücke 166
cc) Vermögensgegenstände mit steuerlichem Bezug zu § 23 Abs. 1 Satz 1 Nr. 2 EStG 166
b) Gesellschaftsvertragliche Regelungsbedürfnisse 167
3. Sonderzuweisungen von Gewinnanteilen mit unterschiedlicher steuerlicher Qualifikation 169
a) Auslegung als *Tracking-Stock*-Struktur 169

b) „Fehlqualifikation“ 172
c) Bestimmtheit 174
d) Motive 174
4. Periodenverlagerung 178
a) Motive 180
b) Abtretung oder Weiterleitung von Gewinnansprüchen? 181
c) Insbesondere: Abgrenzung zum Darlehen 183
d) Abgrenzung von Gewinnverteilung und Entnahmeregelungen 185
e) Kein Scheingeschäft 187
f) Keine Sittenwidrigkeit 188
g) Gesellschaftsvertragliche Regelungsbedürfnisse 189
5. Variabler Gewinnverteilungsschlüssel 190
6. Delegation der Gewinnverteilung 191
VI. Ergebnisse zu Gewinnverteilungsabreden im deutschen Personengesellschaftsrecht 192

D. Ertragsteuerliche Einordnung im Gewinnanteil bei Mitunternehmerschaften 195

I. Grundlagen zur Gewinnverteilung bei Mitunternehmerschaften 196
1. Entwicklung der ertragsteuerlichen Behandlung der Personengesellschaft 197
a) Von der Bilanzbündeltheorie zur Einheitstheorie 197
aa) Subjekt der Einkunftsermittlung 199
bb) Subjekt der Einkunftsqualifikation 200
b) Mitunternehmer als Subjekte der Einkunftserzielung 201
c) Verbleibende Elemente der Gesellschaftervielheit 209
2. Normzwecke von § 15 Abs. 1 Satz 1 Nr. 2 EStG 209
a) Zurechnungsfunktion und Verwirklichung des Transparenzprinzips 210
b) Qualifikationsfunktion 211
c) Gleichstellung mit dem Einzelunternehmer 211
3. Begriff der Mitunternehmerschaft 215
a) Gesellschaften i.S.d. § 15 Abs. 1 Satz 1 Nr. 2 EStG 215
b) Gewerbebetrieb 217
c) Einheitlicher Gewerbebetrieb 220

4. Mitunternehmerstellung 222
a) Mitunternehmerrisiko 223
b) Mitunternehmerinitiative 227
c) Absicht der Einkünfteerzielung 229
5. Gewinnanteile i.S.d. § 15 Abs. 1 Satz 1 Nr. 2 EStG 230
a) „Gewinn“ 230
aa) Betriebsvermögensvergleich gem. §§ 4 Abs. 1, 5 Abs. 1 EStG 232
(1) Erste Gewinnermittlungsstufe – Ermittlung des Unterschiedsbetrags 232
(2) Zweite Gewinnermittlungsstufe – Gewinnkorrekturen und Entstehung von „Gewinnbestandteilen“ 233
bb) Einnahmen-Überschuss-Rechnung gem. § 4 Abs. 3 EStG 234
b) „Anteile“ 235
aa) Maßgeblichkeit des zivilrechtlichen Gewinnverteilungsschlüssels 235
(1) Negatives Kapitalkonto des Kommanditisten 237
(2) Disquotale Gewinnanteile 238
(3) Vorabgewinne und -verluste als „Gewinnanteile“ 238
bb) Übertragung des Gewinnverteilungsschlüssels auf den Steuerbilanzgewinn 241
cc) „Gewinnanteile“ und außerbilanzielle Gewinnkorrekturen 242
dd) Keine steuerrechtsautonome Auslegung des Begriffs der „Gewinnanteile“ 245
6. Zwischenergebnis zur Einkünftezurechnung an Mitunternehmer 251
II. Allgemeine Maßstäbe für die steuerliche Anerkennung der Gewinnverteilung bei Mitunternehmerschaften 252
1. „Angemessenheitskontrolle“ 252
a) Angemessenheitskontrolle bei nahestehenden Gesellschaftern 256
aa) Familiengesellschaften 256
bb) GmbH & Co. KG 258
cc) Atypisch stille Gesellschaft 260

b) Weitere Fallgruppen 262
aa) Beteiligungs-GmbH 262
bb) Angemessenheitskontrolle bei nicht nahestehenden Gesellschaftern 264
cc) Korrektur von Sonderzuweisungen 266
c) Rezeption der Angemessenheitskontrolle im Schrifttum 266
d) Stellungnahme zur Angemessenheitskontrolle 269
aa) Grundsätzliche Anerkennung der Angemessenheitskontrolle 269
bb) Einschränkungen 272
(1) Familienpersonengesellschaften 273
(2) GmbH & Co. KG und GmbH & atypisch Still mit „Doppelgesellschafter" 276
(3) Nicht nahestehende Gesellschafter 277
(4) Verhältnis zu § 42 AO 278
cc) Fazit zur Angemessenheitskontrolle 280
2. „Rückwirkungsverbot" 281
a) Inhalt 281
b) Einschränkungen 283
c) Rezeption des Rückwirkungsverbots im Schrifttum und Stellungnahme 285
3. Wirkung spezieller Verlustverrechnungsbeschränkungen 288
a) § 15 Abs. 4 Satz 6 ff. EStG 288
b) § 15a EStG 289
c) § 15b EStG 291
d) Zwischenergebnis zu speziellen Verlustverrechnungsbeschränkungen 293
4. Zwischenergebnis zu allgemeinen steuerlichen Anerkennungsgrenzen der Gewinnverteilung 293

III. Besondere Maßstäbe für die steuerliche Anerkennung der Gewinnverteilung bei Mitunternehmerschaften 294
1. Wirtschaftsgutsspezifische Sonderzuweisungen 295
a) Anerkannte wirtschaftsgutsspezifische Sonderzuweisungen 295
aa) Sonderzuweisungen bei Entnahmegewinnen 295
bb) Zurechnung des Aufgabegewinns gem. § 16 Abs. 3 Satz 8 EStG 297

b) Keine entgegenstehenden Bestimmungen des EStG 298
aa) Bestimmungen zur Gewinnermittlung 298
(1) Steuerliche Qualifikation der gesondert zugewiesenen Gewinnanteile 299
(2) Steuerliche Qualifikation von Vorabgewinnen und -verlusten 302
(3) Verhältnis zur Spiegelbildmethode 303
(4) Folgefragen bei gesellschafterbezogenen Gewinnermittlungsvorschriften 305
bb) Bedeutung der Sonderzuweisung für das Betriebsvermögen der Gesellschaft 306
(1) Verhältnis zum Sonderbetriebsvermögen 306
(2) Sonderzuweisung als steuerliche Entnahme 313
cc) Verhältnis zum Subjektsteuerprinzip 314
(1) Veräußerungsvorgang auf Ebene der Mitunternehmer 316
(2) Sperrfristverletzung 318
(3) Behandlung der Anteilsbegründung durch eine Körperschaft 320
(4) Abwandlung: Einlage aus dem steuerlichen Privatvermögen 321
(5) Ergebnis zum Subjektsteuerprinzip 322
c) Ergebnis zu wirtschaftsgutspezifischen Sonderzuweisungen 323
2. Gesonderte Zuweisung von laufenden Gewinnen und Veräußerungsgewinnen 323
a) Trennung von Nutzungs- und Vermögensebene als bekanntes Phänomen 324
aa) Stille Gesellschaften 324
bb) Nießbrauch 325
b) Keine entgegenstehenden Bestimmungen des EStG 327
c) Einzelfragen 329
aa) Sonderzuweisung zur Vermeidung von Streubesitz-Dividenden 329
bb) Abschreibungsberechtigung 333
cc) Gesonderte Zuweisung laufender Gewinne durch Vorabgewinnanteile 336

d) Zwischenergebnis zu Sonderzuweisungen von laufenden Gewinnen und Veräußerungsgewinnen 336
3. Periodenverlagerung 337
a) Erkenntnisstand zur steuerlichen Anerkennung der Periodenverlagerung 337
aa) Rechtsprechung 337
(1) Zeitlich begrenzte disquotale Gewinn- und Verlustverteilung 338
(2) Periodenverlagerung in der GmbH & atypisch Still 339
bb) Literaturstimmen 343
b) Keine entgegenstehenden Bestimmungen des EStG 344
aa) Vereinbarkeit mit der Zurechnungsfunktion von § 15 Abs. 1 Satz 1 Nr. 2 EStG 345
bb) Verhältnis zur Gleichstellungsthese 346
cc) Zwischenzeitliche Mitunternehmerteilanteilsveräußerung (§ 16 Abs. 1 Satz 2 EStG) 347
c) Zwischenfazit zur Periodenverlagerung 348
IV. Ergebnisse zur Gewinnverteilung in Mitunternehmerschaften 349

E. Ertragsteuerliche Einordnung im Überschussanteil bei vermögensverwaltenden Personengesellschaften 351

I. Grundlagen der Überschussverteilung bei vermögensverwaltenden Personengesellschaften 356
1. Partielle Steuerrechtsfähigkeit der vermögensverwaltenden Personengesellschaft 357
2. Tatbestandsverwirklichung und Einkünftequalifikation 358
a) „Gemeinschaftlich" verwirklichte Steuertatbestände 358
aa) Tatbestandsverwirklichung durch die Gesellschaft 362
bb) Erfordernis von Risikotragung und Initiativrechten auf Gesellschafterebene 364
b) Von Gesellschaftern individuell verwirklichte Steuertatbestände 366
aa) Veräußerung von Kapitalgesellschaftsanteilen (§ 17 und § 20 EStG) 366
bb) Private Veräußerungsgeschäfte (§ 23 EStG) 369

cc) Gewerblicher Grundstückshandel 370
c) „Zebragesellschaften“ 371
3. Einkünfteermittlung 372
a) Tatbestandsverwirklichung durch die Gesellschaft 372
b) Individuelle Tatbestandsverwirklichung 375
c) Zebragesellschaften 376
4. Einkünftezurechnung 377
a) Tatbestandsverwirklichung durch die Gesellschaft 377
aa) Maßgeblichkeit des zivilrechtlichen Gewinnverteilungsschlüssels 377
bb) Zur Bedeutung von § 20 Abs. 5 EStG 380
b) Individuelle Tatbestandsverwirklichung 380
aa) Zurechnung nach zivilrechtlich vereinbarten Verteilungsschlüssel 381
bb) Verhältnis der Bruchteile i.S.d. § 39 Abs. 2 Nr. 2 Satz 1 AO als Zurechnungsschlüssel 384
(1) Bestimmung der Bruchteilsquoten der Gesellschafter 385
(2) Auswirkungen von Änderungen der Gewinnverteilungsabrede auf die Bruchteilsquote 389
(3) Ein- und Austritt von Gesellschaftern 391
cc) Stellungnahme 393
c) Zebragesellschaften 398
5. Zwischenergebnis zur Überschusszurechnung bei vermögensverwaltenden Personengesellschaften 399

II. Allgemeine steuerliche Anerkennungsgrenzen der Überschussverteilung bei vermögensverwaltenden Personengesellschaften 400
1. Angemessenheitskontrolle 401
a) Rechtsprechung 401
b) Literatur 403
c) Stellungnahme 404
2. Rückwirkungsverbot 405
3. Spezielle Verlustverrechnungsbeschränkungen 407
4. Zwischenergebnis zu allgemeinen steuerlichen Anerkennungsgrenzen 408

III. Spezielle steuerliche Anerkennungsgrenzen für Sonderzuweisungen bei vermögensverwaltenden Personengesellschaften 408
1. Wirtschaftsgutsspezifische Sonderzuweisungen 409
a) Bisherige Indizien zur steuerlichen Anerkennung 409
aa) Rechtsprechung 409
bb) Literatur 410
(1) Rezeption der Entscheidung des FG Köln vom 14.4.2021 411
(2) Ergebnisverteilung beim unvollendeten „Hamburger Modell“ 411
b) Spezielle Anerkennungsgrenzen nach dem EStG 412
aa) Verhältnis zur Überschussermittlung 412
(1) Steuerliche Qualifikation der Überschussanteile 413
(2) Abschreibungen 416
(3) Vorabanteile und Zuflussprinzip 418
bb) Verhältnis zum Subjektsteuerprinzip 420
c) Zwischenergebnis zu wirtschaftsgutsbezogenen Sonderzuweisungen 422
2. Gesonderte Zuweisung von laufenden Gewinnen und Veräußerungsgewinnen 422
a) Sonderzuweisungen mit Bezug zu Einkünften gem. § 20 Abs. 1 bzw. Abs. 2 EStG 422
aa) Vereinbarkeit mit der steuerlichen Überschussermittlung 423
bb) Auswirkungen der Bruchteilsbetrachtung 424
b) Sonderzuweisung von Vermietungseinnahmen und Grundstücksveräußerungserlös 425
c) Sonderzuweisung mit Bezug zu Einkünften gem. § 23 Abs. 1 Satz 1 Nr. 2 Satz 4 EStG 429
d) Zwischenergebnis zur gesonderten Zuweisung von laufenden Gewinnen und Veräußerungsgewinnen 432
3. Sonderzuweisung von Einkünften unterschiedlicher Einkunftsarten 432
4. Periodenverlagerung 435

IV. Ergebnisse zu Überschussanteilen in vermögensverwaltenden Personengesellschaften 439

F. Grenzen des Gestaltungsmissbrauchs 441

I. Vorüberlegungen 441
1. Zur Notwendigkeit des Rückgriffs auf § 42 AO 441
2. Verhältnis zu spezialgesetzlichen Missbrauchstatbeständen 445

II. Der Tatbestand des Gestaltungsmissbrauchs 448
1. Rechtliche Gestaltung 448
2. Unangemessenheit der Gestaltung 448
3. Gesetzlich nicht vorgesehener Steuervorteil 453
a) Zur Bedeutung des Tatbestandsmerkmals 453
b) Identifikation des potenziell umgangenen Steuertatbestands 455
aa) Steuervorteil und Abschnittsprinzip 456
bb) Steuervorteil und Individualsteuerprinzip 458
c) Steuervorteil „beim Steuerpflichtigen oder einem Dritten“ 461
4. Missbrauchsabsicht 463
5. Nachweis beachtlicher außersteuerlicher Gründe 464
6. Rechtsfolge – Steueranspruch wie bei angemessener Gestaltung 466
7. Zwischenergebnis 467

III. § 42 AO und einzelne Sonderzuweisungen 468
1. Steuervorteile 468
a) Wirtschaftsgutsspezifische Sonderzuweisungen 468
b) Gesonderte Zuweisung von laufenden Gewinnen und Veräußerungsgewinnen 470
c) Character-Shifting 471
d) Periodenverlagerung 473
2. „Gesetzlich nicht vorgesehene“ Steuervorteile 473
a) Steuervorteile aufgrund von Systembrüchen 473
aa) Dualismus der Einkunftsarten 474
bb) Abgeltungsteuer 476
cc) Gesonderte Verlustverrechnungskreise 477
dd) Streubesitzdividenden 481
ee) Persönliche Steuerbefreiungen 482
ff) Zwischenergebnis 482
b) Personengesellschafter als Nutznießer von Systembrüchen 485
aa) § 15 Abs. 1 Satz 1 Nr. 2 Hs. 1 EStG 485

bb) Individualbesteuerung 486
cc) Berücksichtigung von Näheverhältnissen auf Gesellschafterebene 487
dd) Kurzfristigkeit bzw. häufige Änderung der Gewinnverteilungsabrede 488
ee) Ausgleichsmechanismen – Gesamtplan 489
(1) Verteilung des Steuervorteils 490
(2) Neutralisierung von Sonderzuweisungen 491
c) Gesetzlich vorgesehener Steuervorteil der beschleunigten Verlustverrechnung 493
aa) Rechtsprechung 494
bb) Literatur 497
cc) Stellungnahme – Verlustnutzung gesetzlich vorgesehen 498
dd) Ausnahme bei sich „umkehrender“ Gewinnverteilung – Gesamtplan 499
3. Beachtliche außersteuerliche Gründe 503
IV. Ergebnisse zum Gestaltungsmissbrauch 503

G. Zusammenfassung der Ergebnisse 505

Literaturverzeichnis 511

A. Einleitung

I. Forschungsfrage

Ein im Vergleich mit Kapitalgesellschaften wesentliches Charakteristikum von Personengesellschaften ist ihre innenrechtliche Flexibilität. Sie ist „Triebfeder"[1] der Personengesellschaften. Personengesellschaften sind daher nicht nur gebräuchlicher Rechtsträger für kleine und mittelständische Betriebe, sondern ebenso für Holdings, Grundstücksgesellschaften, Fonds oder *Joint-Venture*-Vehikel.[2] So vielgestaltig die Einsatzbereiche der Personengesellschaft sind, so besonders können die Interessen ihrer Gesellschafter sein. Ein zentrales Gesellschafterinteresse betrifft die Verteilung des in der Personengesellschaft erwirtschafteten Gewinns. Erfolg und langfristiges Bestehen einer Personengesellschaft hängen nicht zuletzt davon ab, ob die Gewinnverteilungsabrede die wirtschaftlichen Interessen ihrer Gesellschafter auszubalancieren vermag. „Wenn irgendwo, herrscht hier Vertragsfreiheit", sagt *Wiedemann* zur Gewinnverteilung.[3] Bestimmte Gestaltungsmodelle zur Gewinnverteilung sind jedoch bislang kaum erforscht, und zwar weder in gesellschafts- noch in steuerrechtlicher Hinsicht.

Konkret geht es in dieser Arbeit um die Frage, inwieweit auch einzelne Bestandteile des Gesellschaftsgewinns oder der Gewinn bestimmter Gewinnermittlungsperioden Gegenstand einer Gewinnverteilungsabrede sein können.[4] Als Anknüpfungspunkt dieser Frage dienen Gewinnverteilungsabreden in US-Personengesellschaften, die durch eine Verteilung von „Einzelelementen der steuerlichen Gewinnermittlung"[5] geprägt sind. Das in den USA übliche, in der Arbeit näher zu erläuternde Gestaltungsmuster wird

1 *Prinz*, FR 2010, 736, 743 f.

2 *Schiffers*, in: Prinz/Kahle, Beck'sches Hdb. PersGes, § 1 Rz. 3, 11 ff.

3 GesR II, 3 III § 3, S. 229.

4 Einen ersten thematischen Überblick geben *Kempelmann/Scholz*, DStR 2019, 630 ff.; vgl. auch die Replik von *Schothöfer*, DStR 2019, 1472 und *Schön*, in: GS Knobbe-Keuk, S. 139, 154 ff. mit erster Skizzierung der hier aufgeworfenen Forschungsfrage.

5 *Schön*, in: GS Knobbe-Keuk, S. 139, 155.

gemeinhin mit den Termini *Partnership Allocations*[6] oder *Special Allocations*[7] bezeichnet, was sich mit „Sonderzuweisungen“[8] übersetzen lässt. Sonderzuweisungen könnten als zusätzlicher Baustein einer flexiblen, den Bedürfnissen des modernen Wirtschaftslebens angepassten innenrechtlichen Ausgestaltung von Personengesellschaften dienen.

Die Untersuchung, inwieweit sich Gewinnverteilungsabreden mit Sonderzuweisungen in den hiesigen Ordnungsrahmen einfügen lassen, nimmt ihren Ausgang im Gesellschaftsrecht und hat ihren Schwerpunkt sodann im Steuerrecht. Gesellschaftsrechtlich ist zunächst die Frage nach der Wirksamkeit der Vereinbarung von Sonderzuweisungen angesprochen und damit die Frage nach den Grenzen gesellschaftsrechtlicher Gestaltungsfreiheit. Steuerrechtlich geht es um die Anerkennung von Sonderzuweisungen. Aufgrund der ertragsteuerlich transparenten Behandlung von Personengesellschaften ist die Gewinnverteilungsabrede von erheblicher Bedeutung, denn sie gibt – sofern sie steuerliche Anerkennung erfährt – Auskunft über den jedem Gesellschafter zuzurechnenden Gewinnanteil. Dieses Prinzip ist nur für Mitunternehmerschaften ausdrücklich normiert (§ 15 Abs. 1 Satz 1 Nr. 2 Satz 1 EStG), wird aber auch für vermögensverwaltende Personengesellschaften einhellig akzeptiert.[9]

---

6 Etwa Karen C. Burke/George K. Yin, *Partnership Taxation*, Chapter 4 A.; Andrea Monroe, *Too Big to Fail: The Problem of Partnership Allocations*, 30 Va. Tax Rev. 465 (2011).

7 So der United States Tax Court in *Orrisch v. Commissioner*, 55 T.C. 395 (1970); vgl. ferner Joseph P. Driscoll, *Tax Problems of Partnerships - Special Allocation of Specific Items*, 10 Major Tax Plan. 421 (1958); Bradley T. Borden, *Partnership Tax Allocations and the Internalization of Tax-Item Transactions*, 59 S. Car. L. Rev. 297 (2008); Mark P. Gergen, *Reforming Subchapter K: Special Allocations*, 46 Tax L. Rev. 1 (1990).

8 *Wacker*, in: Schmidt, EStG, § 15 Rz. 443; *Kempelmann/Scholz*, DStR 2019, 630; von „Sondergewinnabreden“ spricht *Tiede*, in: Herrmann/Heuer/Raupach, EStG/KStG, § 15 EStG Rz. 485.

9 BFH, Urteil vom 27.7.2004, IX R 20/03, BFHE 206, 444, BStBl. II 2005, 33 unter II.1.; Urteil vom 8.9.1992, IX R 335/87, BFHE 169, 418, BStBl. II 1993, 281 unter II.1.; Beschluss vom 5.5.1981, VIII B 26/80, BFHE 133, 285, BStBl. II 1981, 574 unter III.2.a); FG Köln, Urteil vom 14.4.2021, 3 K 1253/17, EFG 2021, 1480 Rz. 99 f.; FG München, Urteil vom 17.11.2020, 12 K 2334/18, DStRE 2021, 587, 590 (Rev. eingelegt, Az. BFH VIII R 3/21); stellvertretend aus der Literatur *Hüttemann*, DStJG 34 (2011), S. 291, 308; *Fischer*, in: Hübschmann/Hepp/Spitaler, AO, § 39 Rz. 304; *Kreft*, in: Herrmann/Heuer/Raupach, EStG/KStG, § 9 EStG Rz. 50; *Wacker*, in: Schmidt, EStG, § 15 Rz. 200; *Claßen*, in: Lademann, EStG, § 21 Rz. 76 ff.; *Drüen*, in: Kirchhof/Söhn/Mellinghoff, EStG, § 21 Rz. B 224; *Dornheim*, in: Bordewin/Brandt, EStG, § 21 Rz. 9a f.; *Nacke*, in: Littmann/Bitz/Pust, EStG, § 21 Rz. 106; *Kube*, in: Kirchhof/Seer, EStG, § 23 Rz. 1; *Kahle*, in: Prinz/Kahle, Beck'sches Hdb. PersGes, § 7 Rz. 306.

II. Relevanz des Themas und Forschungsstand

Fragen zur steuerlichen Anerkennung von Gewinnverteilungsabreden in Personengesellschaften haben seit Jahrzehnten Hochkonjunktur und lassen sich unter Bezugnahme auf Sonderzuweisungen aus einem neuen Blickwinkel betrachten. Im Wesentlichen stehen sich eine „zivilistisch" geprägte Sichtweise, wonach eine zivilrechtlich wirksame Gewinnverteilungsabrede stets maßgeblich für die Besteuerung der Personengesellschafter ist,[10] und – herrschend – eine eher steuerrechtsautonome Perspektive gegenüber, wonach die Gewinnverteilungsabrede steuerlich nur bei ihrer „Angemessenheit" anzuerkennen und der Besteuerung der Gesellschafter zugrunde zu legen ist.[11] Diese Strömungen finden sich auch bei der Beurteilung der disquotalen Gewinnverteilung in Personengesellschaften wieder. Zivilrechtlich wird ihre Vereinbarung zwar grundsätzlich für wirksam gehalten;[12] bei den Grenzen ihrer steuerlichen Anerkennung besteht allerdings Uneinigkeit.[13]

10 *Keuk*, StuW 1973, 74, 88; *Flume*, DB 1973, 786, 792, 794; *Schön*, StuW 1996, 275, 286; *Gassner*, in: FS Schmidt (1993), S. 771, 780 ff.

11 BFH, Beschluss vom 29.5.1972, GrS 4/71, BFHE 106, 504, BStBl. II 1973, 5; Urteil vom 29.1.1976, IV R 89/75, BFHE 118, 311, BStBl II. 1976, 374; Urteil vom 13.3.1980, IV R 59/76, BFHE 130, 301, BStBl. II 1980, 437.; Urteil vom 24.7.1986, IV R 103/83, BFHE 147, 495, BStBl. II 1987, 54; Urteil vom 19.2.2009, IV R 83/06, BFHE 224, 340, BStBl. II. 2009, 798 (Familiengesellschaften); BFH, Urteil vom 15.11.1967, IV R 139/67, BFHE 1968, 152, BStBl. II 1968, 152; Urteil vom 14.2.1973, I R 131/70, BFHE 108, 527, BStBl. II 1973, 395; Urteil vom 23.8.1990, IV R 71/89, BFHE 162, 401, BStBl. II 1991, 172 (GmbH & Co. KG); BFH, Urteil vom 18.6.2015, IV R 5/12, BFHE 250, 121, BStBl. II. 2015, 935; Urteil vom 6.2.1980, I R 50/76, BFHE 130, 268; BStBl. II 1980, 477; FG Münster, Urteil vom 14.5.2019, 2 K 3371/18 F (rkr.), EFG 2019, 1521 (atypisch stille Gesellschaft); aus dem Schrifttum etwa *Buge*, in: Herrmann/Heuer/Raupach, EStG/KStG, § 15 Rz. 888, 896; *Blischke/Desens*, in: Kirchhof/Söhn/Mellinghoff, EStG, § 15 Rz. C 178 f. (Familiengesellschaften); *Wacker*, in Schmidt, EStG, § 15 Rz. 779; *Dißars*, in: Lademann, EStG, § 15 Rz. 463; *Bode*, in: Brandis/Heuermann, Ertragsteuerrecht, § 15 EStG Rz. 401 f.; *Krumm*, in: Kirchhof/Seer, EStG, § 15 Rz. 224; *Bodden*, in: Korn, EStG, § 15 Rz. 500 ff.; *Hallerbach*, in: Söffing, Besteuerung der Mitunternehmer, Rz. 1187; *Stuhrmann*, in: FS Schmidt, 1993, 403, 413 f.; *Schulze zur Wiesche*, StBp 1994, 177, 178 ff.

12 *Roth*, in: Hopt, HGB, § 120 Rz. 11; *Priester*, in: MüKo-HGB, § 121 Rz. 27; *Staake*, in: BeckOGK-HGB, § 121 Rz. 45; *Flume*, Personengesellschaft, § 11 III, S. 159; *Grever*, RNotZ 2019, 1, 8 f.; *Paulick*, in: FS Laufke, S. 193, 197 ff.

13 Für die steuerliche Anerkennung bei zivilrechtlich wirksamer Vereinbarung etwa *Schön*, in: Max Hachenburg, Fünfte Gedächtnisvorlesung 2002, S. 17, 51 ff.; *Birnbaum/Escher*, DStR 2014, 1413, 1416 ff.; *Flume*, DB 1973, 786, 792 f.; steuerliche Anerkennung nur bei „Angemessenheit" der Gewinnverteilung etwa *Stapperfend* u.a., in: Herrmann/Heuer/Raupach, EStG/KStG, § 15 EStG Rz. 485; *Schulze zur Wiesche*,

Noch weniger Klarheit besteht bei Sonderzuweisungen, die als Spezialfall disquotaler Gewinnverteilung und steuerliche Gestaltungsidee bisher nur in kürzeren Abhandlungen angesprochen wurden.[14]

Bislang ungeklärt und vor dem Hintergrund dieses Meinungsstands zu untersuchen ist die Frage, inwieweit im Rahmen der Gewinnverteilungsabrede vereinbarte Sonderzuweisungen steuerliche Wirkung entfalten können. Die steuerrechtliche Dimension der Forschungsfrage lässt sich nicht zuletzt mit Blick auf den historischen, aber durch das MoPeG[15] an Aktualität gewinnenden dogmatischen Streit um das Verhältnis von Einheit der Gesellschaft und Vielheit ihrer Gesellschafter diskutieren.[16] Aufgeworfen ist etwa das Problem, wie sich der Disput um das maßgebliche Gewinnerzielungssubjekt (Gesellschaft oder Gesellschafter?) auf die steuerliche Anerkennung von Sonderzuweisungen auswirkt. Ferner streift die Untersuchung den rechtspolitischen Aspekt, ob der im Verhältnis zu Körperschaften festzustellende Dualismus der Unternehmensbesteuerung ein akzeptabler Zustand ist.[17] Relevanz hat die Forschungsfrage schließlich mit Blick auf grenzüberschreitende Fallkonstellationen, die aufgrund zunehmender Auslandsberührung von Personengesellschaften[18] keine Seltenheit sind. Sollen inländische Personengesellschaften im internationalen Wettbewerb der

---

StBp 1994, 177, 178 ff.; *Birnbaum/Escher*, DStR 2014, 1413, 1416 f.; differenzierend *Desens/Blischke*, in: Herrmann/Heuer/Raupach, EStG/KStG, § 15 EStG Rz. F 193 (Angemessenheitskontrolle bei Familiengesellschaften, ansonsten nur Anerkennungsgrenzen aus § 42 AO).

14 *Kempelmann/Scholz*, DStR 2019, 630 ff.; vgl. auch die Replik von *Schothöfer*, DStR 2019, 1472 und *Schön*, in: GS Knobbe-Keuk, S. 139, 154 ff.; *Mirbach/Egelhof*, WPg 2023, 651, 657; vereinzelt finden sich daneben noch Hinweise zu bestimmten Fallgruppen von Sonderzuweisungen, insbesondere zur „Periodenverlagerung“: *Tavakoli*, DB 2006, 1882 f.; *Schön*, in: GS Knobbe-Keuk, S. 139, 154; *Schwandtner*, Disquotale Gewinnausschüttungen, S. 365 f. (näher unten D.III.3 und E.III.4).

15 Gesetz zur Modernisierung des Personengesellschaftsrechts vom 10.08.2021, BGBl. I 2021, 3436.

16 *Schiffers*, in Prinz/Kahle, Beck'sches Hdb. PersGes, § 1 Rz. 27; *Hennrichs*, FR 2010, 721; *Brandenberg*, FR 2010, 731; *Prinz*, FR 2010, 736; *Pinkernell*, Einkünftezurechnung bei Personengesellschaften, S. 35 ff.

17 Grundlegend *Hennrichs*, in: Tipke/Lang, Steuerrecht, § 10 Rz. 1 ff.; ausführlich *Hey*, DStJG 24 (2001), 155 ff.; aus jüngerer Zeit *Kahle*, FR 2022, 377 ff.; *Prinz*, DB 2022, 11 ff.

18 *Rehm*, in: Wassermeyer/Richter/Schnittker, Personengesellschaften im Internationalen Steuerrecht, Kap. 1 Rz. 1.1; *Prinz*, FR 2010, 736, 737.

Rechtsformen mithalten können,[19] bietet es sich an, andernorts übliche Gestaltungen ins Inland zu transferieren und auf die Vereinbarkeit mit hiesigem Gesellschafts- und Steuerrecht zu untersuchen.

III. Gang der Untersuchung

Die vorstehend skizzierte Untersuchung gliedert sich in drei Teile. In einem ersten Schritt ist die in US-Personengesellschaften zu beobachtende Gewinnverteilungsmethode aus gesellschaftsrechtlicher wie steuerlicher Perspektive vorzustellen (Teil 1, unten B.). Anschließend ist die Übertragbarkeit des hinter *Special Allocations* stehenden Gestaltungsprinzips auf den hiesigen gesellschafts- und steuerrechtlichen Ordnungsrahmen zu erörtern. Die gesellschaftsrechtliche Prüfung betrifft die Frage der Wirksamkeit von Gewinnverteilungsabreden mit Sonderzuweisungen (Teil 2, unten C.). Der Schwerpunkt dieser Arbeit liegt sodann auf der steuerrechtlichen Untersuchung von Sonderzuweisungen (Teil 3), weil erst die steuerliche Anerkennung einer zivilrechtlich vereinbarten Gewinnverteilungsabrede Rückschlüsse über deren praktischen Nutzen zulässt. Die steuerrechtliche Untersuchung umfasst einen Teil zu Mitunternehmerschaften (unten D.), einen Teil zu steuerlich vermögensverwaltenden Personengesellschaften (unten E.) und einen Teil zur Frage des möglichen Gestaltungsmissbrauchs von Sonderzuweisungen nach § 42 AO (unten F.). Abschließend werden die Ergebnisse der Arbeit zusammengefasst (unten G.).

Gewinnverteilungsabreden in Kapitalgesellschaften werden nachfolgend nur angesprochen, soweit sich Vergleichspunkte mit der Gewinnverteilung in Personengesellschaften ergeben. Kein Bestandteil der Arbeit sind außereinkommensteuerliche (etwa gewerbesteuerliche) Fragen, grenzüberschreitende Aspekte (etwa zur steuerlichen Anerkennung von Gewinnverteilungsabreden im Ausland ansässiger Personengesellschaften) und verfahrensrechtliche Fragen (etwa zur Rolle von Sonderzuweisungen im Verfahren zur gesonderten und einheitlichen Feststellung von Besteuerungsgrundlagen der Personengesellschaft).

19 Dort hinken sie aufgrund verschiedener steuerlicher Eigenheiten wie ihrer Intransparenz für Gewerbesteuerzwecke derzeit eher hinterher, vgl. *Prinz*, FR 2018, 973, 974 ff.; *ders.*, FR 2022, 61, 63.

B. *Special Allocations* im US-amerikanischen Gesellschafts- und Steuerrecht

I. Gesellschaftsrechtliche Grundlagen

1. Für *Special Allocations* verfügbare Rechtsformen

Special Allocations sind ein Phänomen transparent besteuerter US-Gesellschaften. Die steuerliche Transparenz oder Intransparenz einer Gesellschaft folgt im US-Bundessteuerrecht nicht der zivilrechtlichen Einordnung als Personen- oder Kapitalgesellschaft, sondern wird steuerrechtsautonom bestimmt.[20] Die steuerliche Klassifikation einer Gesellschaft ist damit ausschlaggebend für die Frage, wann die Vereinbarung von *Special Allocations* in Betracht kommt. Das insofern maßgebliche Einkommensteuerrecht des Bundes bezeichnet sämtliche transparent besteuerten Gesellschaften oder sonstigen Zusammenschlüsse als *Partnership.* Der Begriff umfasst gem. § 761(a) und § 7701(a)(2) IRC alle nicht-körperschaftlichen Organisationen einschließlich eines Syndikats, einer *Group*, eines *Pools* oder *Joint Ventures*, unter denen ein Gewerbe, eine Finanztätigkeit oder Unternehmung ausgeführt wird und die nicht als Körperschaft, Treuhandverhältnis (*Trust*) oder Nachlass (*Estate*) i.S.d. Einkommensteuerrechts zu qualifizieren sind.[21] Der steuerrechtliche Begriff der *Partnership* kann auch Rechtsformen erfassen, die zivilrechtlich als Kapitalgesellschaft einzuordnen sind oder bei denen eine solche Einordnung zumindest diskutabel ist. Auf der anderen Seite sind steuerrechtliche *Partnerships* zivilrechtlich möglicherweise überhaupt nicht als Gesellschaft, sondern als bloßes Schuldverhältnis zu qualifizieren (etwa ein *Pool* oder *Syndicate*). Jedoch sind sämtliche Rechtsformen, die zivilrechtlich als *Partnership* bezeichnet werden, auch steuerrechtlich als

20 Richard L. Bibart, *Partnership Taxation*, 40 U. Cin. L. Rev. 456, 457 (1971); *Hey/Bauersfeld*, IStR 2005, 649, 651 f.; *Kesselmeyer*, Partnership im US-Steuerrecht, S. 27.

21 Nach § 761(a), 2nd sentence, IRC können bestimmte *Partnerships* (bzw. ihre Gesellschafter) aus dem Anwendungsbereich von *Subchapter K* des IRC „herausoptieren", sodass die *Partnership* als Subjekt der Gewinnermittlung und -qualifikation negiert wird. Voraussetzung ist die Möglichkeit einer adäquaten Einkommensermittlung der Gesellschafter unter Verzicht auf die gesonderte Gewinnermittlung auf Gesellschaftsebene.

Partnership zu qualifizieren. Damit lassen sich *Partnerships* im engeren Sinn (Personengesellschaften nach zivil- und steuerrechtlichen Maßstäben) und im weiteren Sinn (Personengesellschaften allein nach steuerrechtlichen Maßstäben) unterscheiden.[22]

Nachfolgend werden überblicksartig die Rechtsformen vorgestellt, die im US-Steuerrecht transparent besteuert werden können[23] und damit dem Anwendungsbereich von § 704(b) IRC mit seinen Schranken für *Special Allocations* unterliegen. Das US-Gesellschaftsrecht fällt in die Gesetzgebungskompetenz der einzelnen Bundesstaaten, sodass prinzipiell in jedem Bundesstaat ein eigenes Gesellschaftsstatut gilt. Zahlreiche Bundesstaaten haben allerdings die einheitlichen gesellschaftsrechtlichen Mustergesetze der *Uniform Law Commission*, eines gemeinnützigen juristischen Instituts, übernommen. Auf *General Partnerships* und *Limited Liability Partnerships* ist der in 44 Bundesstaaten übernommene *Uniform Partnership Act* (UPA) anwendbar, auf *Limited Partnerships* der *Uniform Limited Partnership Act* (ULPA; 24 Bundesstaaten) und auf *Limited Liability Companies* der *Uniform Limited Liability Company Act* (ULLCA; 21 Bundesstaaten).[24] Auch in den meisten derjenigen Staaten, die die Mustergesetze nicht übernommen haben, sind zumindest die Rechtsformen der *General Partnership* und *Limited Partnership* bekannt.[25]

---

22 *Mittermaier*, in: Wassermeyer/Richter/Schnittker, PersGes im Internationalen SteuerR, Kap. 29 Rz. 29.5.

23 Steuerlichen Personengesellschaften steht alternativ zur transparenten Besteuerung die Option zur Besteuerung als Körperschaft offen (sog. *Check-the-Box*-Verfahren gem. *Treas. Reg.* § 301.7701-3(a)).

24 Übersichten zur bundesstaatlichen Umsetzung auf der Website der *Uniform Law Commission*: https://my.uniformlaws.org/ (zuletzt aufgerufen am 28.05.2023). Das erste Mustergesetz und gleichzeitig die erste US-Kodifikation des Rechts der *General Partnership* war der UPA aus dem Jahr 1914 (Christine Hurt, *Partnership Lost*, 53 U. Rich. L. Rev. 491, 497 [2019]), der erst nach über acht Jahrzehnten (1997) reformiert wurde. 1916 folgte der ULPA (erstmals reformiert 1976). 1996 legte die *Uniform Law Commission* den ULLCA vor. Die drei Mustergesetze wurden zwischen 2009 und 2013 aufeinander abgestimmt; seitdem tragen sie den Titelzusatz *'Last Amended 2013'* (sog. *Harmonization Project*; vgl. die *Explanatory Note on the Revised Comments* des *Uniform Partnership Act* (1997) (*Last Amended 2013*)). Die *Uniform Law Commission* hat ihre Mustergesetze jeweils kommentiert. Sofern nicht anders gekennzeichnet, werden die Mustergesetze und die Kommentierung der *Uniform Law Commission* nachfolgend in ihrer jeweils aktuellen Fassung in Bezug genommen.

25 *Pathe/Gummert*, in: MAH Personengesellschaftsrecht, § 28 Rz. 42.

a) US-*Partnerships* im engeren Sinn

aa) *General Partnership*

Die *General Partnership* wird definiert als Zusammenschluss mindestens zweier Personen zum Zweck des gemeinschaftlichen Betriebs eines auf Gewinn ausgerichteten Unternehmens (§ 102(11) UPA). Sie ist das US-Äquivalent zu einer GbR oder OHG.[26] Das zeigt sich neben der Gestaltungsoffenheit des Innenrechts vor allem mit Blick auf die gesamtschuldnerische Haftung ihrer Gesellschafter (§ 306(a) UPA). Die *General Partnership* ist der Urtyp der Personengesellschaft im angelsächsischen Rechtsraum.[27] Als Bestandteil des *Common Law* wurde sie aus Großbritannien in die USA „importiert".[28] Über ihr gesellschaftsrechtliches Wesen bestand unter den Autoren des UPA (1914) jedoch Uneinigkeit – teils wurde die *General Partnership* als unselbständige Summe ihrer Gesellschafter gesehen (so die traditionelle *Aggregate Theory* des *Common Law*), teils als selbständige Einheit (*Entity Theory*).[29] Von der Entscheidung zwischen *Aggregate Theory* und *Entity Theory* hängt die Beantwortung diverser Fragen ab, etwa die nach der Haftung der Gesellschafter für die Gesellschaftsverbindlichkeiten, nach dem Träger des Gesellschaftsvermögens, nach der Fähigkeit der Gesellschaft, Verträge zu schließen, nach dem Fortbestand einer Gesellschaft infolge eines Gesellschafterwechsels, nach der Aktiv- und Passivlegitimation oder der Möglichkeit zur Veräußerung von Gesellschaftsbeteiligungen.[30] Die Schnittmengen zur Diskussion um die Rechtsfähigkeit der Außen-GbR sind offenkundig, auch wenn keine Deckungsgleichheit besteht. In Großbritannien hält sich bis heute die *Aggregate Theory*.[31] In den USA setzte sich infolge des UPA (1914) eine Einzelfallbetrachtung durch, wonach abhängig

26 *Lange*, in: Wegen/Spahlinger/Barth, Gesellschaftsrecht des Auslands, USA Rz. 12.

27 Christine Hurt, *Partnership Lost*, 53 U. Rich. L. Rev. 491, 497 (2019).

28 Bradley T. Borden, *Aggregate-Plus Theory of Partnership Taxation*, 43 Ga. L. Rev. 717, 734 (2009); Christine Hurt, *Partnership Lost*, 53 U. Rich. L. Rev. 491, 497 (2019).

29 Offizieller Kommentar zu § 201(a) UPA; Ribstein, *The Rise of the Uncorporation*, S. 41 ff.; Bradley T. Borden, *Aggregate-Plus Theory of Partnership Taxation*, 43 Ga. L. Rev. 717, 734 f. (2009); Christine Hurt, *Partnership Lost*, 53 U. Rich. L. Rev. 491, 498 (2019); A. Ladru Jensen, *Is a Partnership under the Uniform Partnership Act an Aggregate or an Entity*, 16 Vand. L. Rev. 377 ff. (1963).

30 Bradley T. Borden, *Aggregate-Plus Theory of Partnership Taxation*, 43 Ga. L. Rev. 717, 724 (2009).

31 Peter Winship, *Drafting General Partnership Laws on the Aggregate or Entity Theory*, 68 S.M.U. L. REV. 629, 641 ff. (2015).

von der konkret zu lösenden Rechtsfrage der *Aggregate* oder *Entity Theory* der Vorzug gegeben wurde.[32] Seit der UPA-Reform 1997 ist die *General Partnership* als selbständige Einheit und Rechtsträger anerkannt („*entity distinct from ist partners*", § 201(a) UPA) und verfügt ein selbständiges Gesellschaftsvermögen (§ 203 UPA).[33] Auch für die *Limited Partnership* und *Limited Liability Company* wurde die Einheitstheorie positiviert (§ 110(a) ULPA und § 108(a) ULLCA). Das US-Personengesellschaftsrecht hat sich damit der Einheitstheorie zugewandt, auch wenn zumindest bei der *General Partnership* einzelne Spuren der Gesellschaftervielheit erkennbar bleiben.[34]

bb) *Limited Liability Partnership*

Die *Limited Liability Partnership* ist ein vergleichsweise modernes gesellschaftsrechtliches Konstrukt, das in den USA in den 1990er Jahren aufkam.[35] Sie wurde insbesondere für Freiberufler geschaffen, die sich in manchen US-Bundesstaaten zuvor nur als *General Partnership* zusammenschließen durften und einem teils für zu hoch eingeschätztem Haftungsrisiko unterlagen, das insbesondere aus dem Fehlverhalten einzelner *Partner*

32 Zusammenfassend A. Ladru Jensen, *Is a Partnership under the Uniform Partnership Act an Aggregate or an Entity*, 16 Vand. L. Rev. 377, 384 f. (1963) mit Rechtsprechungsnachweisen.

33 Ausführlich zur Entwicklung der *Entity Theory* in den USA: Peter Winship, *Drafting General Partnership Laws on the Aggregate or Entity Theory*, 68 S.M.U. L. REV. 629 (2015).

34 Dazu zählt aus US-Sicht auch die gemeinschaftliche unbeschränkte Haftung der Gesellschafter in einer *General Partnership*, s. den Offiziellen Kommentar zu § 201(a) UPA. Weitere Kennzeichen der Vielheitstheorie sind die Auflösung einer *Partnership at will* durch Kündigung eines Gesellschafters und die Auflösung durch Zweckerreichung, s. § 801(1) und (2) UPA.

35 1991 wurde sie erstmals in Texas eingeführt, nachdem dort in den 1980er Jahren Rechtsberater und Wirtschaftsprüfer als „Sündenbock" für die Insolvenzen diverser Finanzinstitute in Haftung genommen wurden, s. Robert W. Hamilton, *Registered Limited Liability Partnerships: Present at the Birth (Nearly)*, 66 U. Colo. L. Rev. 1065, 1068 ff. (1995); Ein Verbreitungsschub folgte der Aufnahme der *Limited Liability Partnership* in den von zahlreichen Bundesstaaten angenommenen UPA (1997).

resultieren konnte.[36] Vergleichbar ist die *Limited Liability Partnership* mit einer Partnerschaftsgesellschaft nach dem PartGG.[37]

cc) *Limited Partnership*

Die *Limited Partnership* entspricht der Kommanditgesellschaft im deutschen Recht. Ihre Wurzeln hat die US-amerikanische *Limited Partnership* nicht im *Common Law*, sondern in der *Société en Commandite Simple* des französischen *Code de Commerce*, die sich wiederum aus der ins Mittelalter zurückreichenden und besonders im Mittelmeerraum verbreiteten *Commenda* entwickelte.[38] Die von der *Commenda* bekannte historisch gewachsene Aufgabenverteilung, wonach die nur mit ihrer Einlage haftenden Kapitalgeber passive Investoren waren und die Geschäftsführung dem (handelsreisenden) unbeschränkt haftenden Gesellschafter überlassen wird,[39] ist bei der amerikanischen *Limited Partnership* spätestens nach Aufgabe der sog. *Control Rule* überholt.[40] Nach dieser bis zu einer ULPA-Reform im Jahr 2001 geltenden Regel zog die Teilnahme eines *Limited Partners* an der Geschäftsführung der Gesellschaft dessen unbeschränkte Haftung nach sich.[41]

Die Rechtsformvariante der *Limited Liability Limited Partnership* ermöglicht auch einem *General Partner* einer *Limited Partnership* eine auf seine Einlage beschränkte Haftung für Verbindlichkeiten der Gesellschaft (nicht jedoch eine Haftungsbeschränkung für Verbindlichkeiten aus eigener unerlaubter Handlung), § 404(c) ULPA. Die Haftung der *General Partner* entspricht damit der Gesellschafterhaftung in einer *Limited Liability*

---

36 Robert W. Hamilton, *Registered Limited Liability Partnerships: Present at the Birth (Nearly)*, 66 U. Colo. L. Rev. 1065, 1067 (1995); Ribstein, *The Rise of the Uncorporation*, S. 127; *Blezinger*, Gewinnverteilung bei Personengesellschaften, S. 216.

37 *Mittermaier*, in: Wassermeyer/Richter/Schnittker, Personengesellschaften im Internationalen Steuerrecht, Kap. 29 Rz. 29.8.

38 Amalia D. Kessler, *Limited Liability in Context: Lessons from the French Origins of the American Limited Partnership*, 32 J. Legal Stud. 511 ff. (2003); William Draper Lewis, *Uniform Limited Partnership Act*, 65 U. Pa. L. Rev. 715, 716 (1916-1917); Ribstein, *The Rise of the Uncorporation*, S. 61.

39 *Anzinger*, in: FS Schneider, S. 15, 16.

40 *Blezinger*, Gewinnverteilung bei Personengesellschaften, S. 213 f.

41 Offizieller Kommentar zu § 303(a) ULPA („*Elimination of the 'Control Rule'*").

Partnership.[42] Die Gesellschaft bleibt trotz dieser Haftungsbeschränkung grundsätzlich eine *Limited Partnership* (§ 110(a) ULPA). Die Ausgestaltung der Gründung einer *Limited Liability Limited Partnership* ist den Bundesstaaten überlassen. Teilweise genügt es, dass die Gesellschaft ein Wahlrecht zur Behandlung als *Limited Liability Limited Partnership* ausübt, teils ist eine Registrierung als solche erforderlich.[43]

b) US-*Partnerships* im weiteren Sinn

aa) *Limited Liability Company*

Die *Limited Liability Company* wurde in den 2000er Jahren eingeführt (das zugehörige Mustergesetz – ULLCA – stammt von 2006). Sie hat kein historisches europäisches Vorbild,[44] sondern wurde in den USA ersonnen, um eine vermeintliche Lücke zwischen *Partnership* und *Corporation* zu schließen.[45] Vergleichbar wäre die *Limited Liability Company* mit einer deutschen Kommanditgesellschaft ohne Komplementär.[46] In Abgrenzung zu den US-*Partnerships* ist ein Gesellschafter denn auch nicht *Partner*, sondern *Member*. Die *Limited Liability Company* ähnelt einer Körperschaft insoweit, als sich ihre Haftung auf das Gesellschaftsvermögen beschränkt (§ 304(a) ULLCA), für ihre Gründung eine Registrierung in einem Bundesstaat erforderlich ist (§ 201(a) ULLCA) und Einpersonengesellschaften zulässig sind (§ 201(d) ULLCA). Die Flexibilität bei der Ausgestaltung des Innenrechts (§ 105(a) ULLCA) erinnert hingegen an eine Personengesell-

42 *Mittermaier*, in: Wassermeyer/Richter/Schnittker, Personengesellschaften im Internationalen Steuerrecht, Kap. 29 Rz. 29.9.

43 *Mittermaier*, in: Wassermeyer/Richter/Schnittker, Personengesellschaften im Internationalen Steuerrecht, Kap. 29 Rz. 29.9.

44 Als Vorgänger der *Limited Liability Company* kann die *Partnership Association* gesehen werden, die in der zweiten Hälfte des 19. Jahrhunderts in einigen US-Bundesstaaten zugelassen wurde. Sie konnte sich wegen Unsicherheiten über ihre steuerliche Einordnung und gesellschaftsrechtlichen Beschränkungen etwa hinsichtlich einer Obergrenze für Gesellschafter nicht durchsetzen und wurde schließlich wieder abgeschafft, s. Wayne M. Gazur & Neil M. Goff, *Assessing the Limited Liability Company*, 41 Case W. Res. L. Rev. 387, 393 f. (1991).

45 Michael Polashek, *Limited Liability Company Act*, 26 Ariz. St. L.J. 323 ff. (1994); Wayne M. Gazur & Neil M. Goff, *Assessing the Limited Liability Company*, 41 Case W. Res. L. Rev. 387, 389; *Lange*, in: Wegen/Spahlinger/Barth, Gesellschaftsrecht des Auslands, USA Rz. 23.

46 *Lange*, in: Wegen/Spahlinger/Barth, Gesellschaftsrecht des Auslands, USA Rz. 23.

schaft. Steuerrechtlich wird eine *Limited Liability Company* als Personengesellschaft behandelt (und damit transparent besteuert), wenn sie mindestens zwei Gesellschafter hat,[47] nicht zur Körperschaftsbesteuerung optiert und ihre Anteile nicht börslich gehandelt werden (§ 7704(a) IRC, wonach die Gesellschaft steuerlich als Körperschaft behandelt würde).[48] Weil die *Limited Liability Company* Eigenschaften von Körperschaft (Haftungsabschirmung) und Personengesellschaft (steuerliche Transparenz) vereint, wird sie als hybride Rechtsform bezeichnet.[49]

bb) *Joint Venture*

Ein *Joint Venture* wird definiert als Zusammenwirken mindestens zweier Gesellschafter zur Umsetzung eines Geschäftsvorhabens, wobei die Gesellschafter gleichgerichtete Interessen an der Projektdurchführung haben, Gewinne und Verluste teilen und Geschäftsführungs- oder Kontrollbefugnisse teilen.[50] Strukturieren lässt sich ein *Joint Venture* als Körperschaft, Personengesellschaft, *Limited Liability Company*, *Trust*, schuldrechtlicher Vertrag oder als Kombination dieser Möglichkeiten. Häufig wird ein Gemeinschaftsunternehmen eine *General Partnership* mit begrenzter Dauer darstellen.[51] Sofern nicht körperschaftlich oder als *Trust* verfasst, werden *Joint Ventures* steuerlich als Personengesellschaft eingeordnet (§ 761(a) IRC), unabhängig davon, ob zivilrechtlich ein bloßes Schuldverhältnis vorliegt.[52]

---

47 Vgl. die *Partnership*-Definition in § 761(a) IRC.

48 *Schön*, in: GS Knobbe-Keuk, S. 133, 143; die US-Finanzverwaltung erkannte die *Limited Liability Company* allerdings erst ca. zehn Jahre nach ihrem Erscheinen als *Partnership* i.S.d. Steuerrechts an, s. Rev. Rul. 88-76, 1988-2 C.B. 360; Wayne M. Gazur & Neil M. Goff, *Assessing the Limited Liability Company*, 41 Case W. Res. L. Rev. 387, 445 f. (1991).

49 Christine Hurt, *Partnership Lost*, 53 U. Rich. L. Rev. 491, 495 (2019); Wayne M. Gazur & Neil M. Goff, *Assessing the Limited Liability Company*, 41 Case W. Res. L. Rev. 387, 423 (1991).

50 Byron F. Egan, *Joint Venture Formation*, 44 Tex. J. Bus. L. 129, 130 (2011).

51 Byron F. Egan, *Joint Venture Formation*, 44 Tex. J. Bus. L. 129, 130 (2011).

52 Vgl. *Wheeler v. Commissioner*, T.C. Memo 883 (1978) mit Bejahung einer *Partnership* trotz ausdrücklich anders lautender Vereinbarug der Parteien.

cc) Keine *Partnership* trotz transparenter Besteuerung – die *S Corporation*

Eine *Small Business Corporation* (sog. *S Corporation*) ist gesellschaftsrechtlich eine Körperschaft, während steuerrechtlich ein Wahlrecht zur nichtkörperschaftlichen, transparenten Besteuerung besteht (§ 1362(a)(1) i.V.m. § 1363(a) IRC). Eine *S Corporation* setzt tatbestandlich voraus, dass sie nicht mehr als einhundert Gesellschafter hat, die allesamt natürliche Personen[53] mit steuerlicher Ansässigkeit in den USA sind, und nur eine Anteilsklasse ausgibt (§ 1361(b)(1) IRC). Die Wahl zur transparenten Besteuerung muss einstimmig beschlossen werden (§ 1362(a)(2) IRC). Das steuerliche Wahlrecht für „kleine", körperschaftlich organisierte Unternehmen diente ursprünglich dazu, die körperschaftliche Strukturierung mit transparenter Besteuerung zu verbinden und das Unternehmen steuerlich einer Personengesellschaft oder einem Einzelunternehmen (*Sole Proprietorship*) anzunähern. Diesen Zweck erfüllt seit einiger Zeit vorrangig die *Limited Liability Company*. Ohnehin wurde die Gleichstellung der Besteuerung einer *S Corporation* und einer *Partnership* i.S.d. Steuerrechts nicht erreicht. *S Corporations* und ihre Gesellschafter unterfallen nicht dem Besteuerungsregime der *Partnerships* (*Subchapter K* des *Chapter 1*, IRC). Die transparente Besteuerung der *S Corporation* erschöpft sich darin, dass die Gesellschaft selbst kein Steuersubjekt ist, sondern allein ihre Gesellschafter. Ihnen wird allerdings gem. § 1377(a)(1) IRC zwingend ein Anteil am Gesellschaftsgewinn zugewiesen, der ihrem Geschäftsanteil entspricht. Zu diesem Zweck werden alle Gewinnbestandteile *pro rata* auf die Gesellschafter verteilt. Die Vereinbarung von *Special Allocations* ist den Gesellschaftern einer *S Corporation* damit nicht möglich.[54]

---

53 Ausnahmen finden sich in § 1361(c)(2) und (6) IRC zugunsten bestimmter *Trusts*, Pensionsfonds gem. § 401(a) IRC und steuerbefreiter Organisationen i.S.d. § 501(a) IRC.

54 Wayne M. Gazur & Neil M. Goff, *Assessing the Limited Liability Company*, 41 Case W. Res. L. REV. 387, 454 (1991) mit weiterführenden Hinweisen zu Gestaltungsmöglichkeiten, um *Special Allocations* auch in einer S Corporation nachzubilden.

2. Gesellschaftsrechtliche Bestimmungen zur Gewinnverteilung

a) *Default Rules*

Die gesellschaftsrechtlichen Mustergesetze überlassen die Ausgestaltung des Innenrechts der einzelnen Gesellschaftsformen grundsätzlich der Privatautonomie der Gesellschafter. § 105(a)(1) UPA, ULPA und ULLCA bestimmen, dass der Gesellschaftsvertrag die Verhältnisse der Gesellschafter untereinander und gegenüber der Gesellschaft regelt. Diese Flexibilität wird mitunter als ausschlaggebend dafür angesehen, dass Personengesellschaften oder hybride Rechtsformen den Körperschaften vorgezogen werden.[55] Für das Innenrecht enthalten die Mustergesetze lediglich *Default Rules* für den Fall, dass keine vertragliche Regelung getroffen wird. Ursprünglich sah zumindest der UPA auch *Default Rules* für die Gewinnverteilung vor. § 401(b) UPA (1997) enthielt die disponible Vorschrift, dass die Gesellschafter zu gleichen Teilen an den Gesellschaftsgewinnen berechtigt sind und im gleichem Verhältnis an den Gesellschaftsverlusten beteiligt werden.[56] Von einer ausdrücklichen Gewinnverteilungsregelung nehmen die Mustergesetze inzwischen allesamt Abstand. Sie enthalten lediglich einen Maßstab für die Entnahmen der Gesellschafter (*Distributions*). Zuletzt wurde auch in § 401(a) UPA die *Default Rule* für die Gewinnverteilung auf eine Bestimmung für Entnahmerechte umgestellt, indem „*equal share of the partnership profits*“ durch „*equal share of the partnership distributions*“ ersetzt wurde. Ein Relikt der ursprünglichen Gewinn- und Verlustverteilungsregelungen des § 18(a) UPA (1914) findet sich für die *General Partnership* in § 401(a) UPA, der als *Default Rule* eine mit § 722 Abs. 2 BGB vergleichbare Verklammerung zwischen der Verteilung der Entnahmerechte und der Verlusttragung herstellt.[57]

---

55 Ribstein, *The Rise of the Uncorporation*, S. 214 ff.

56 "Each partner is entitled to an equal share of the partnership profits and is chargeable with a share of the partnership losses in proportion to the partner's share of the profits". Der ULPA (1916) enthielt keine *Default Rule* für die Höhe der Gewinnbeteiligung der *Limited Partner*. Nach § 2(a)(IX) ULPA (1916) waren die Gründungsgesellschafter einer *Limited Partnership* allerdings verpflichtet, in der Gründungsurkunde die Höhe des Gewinnanspruchs der *Limited Partner* festzulegen. Der verbleibende Gewinn wurde nach Kopfteilen auf den oder die *General Partner* aufgeteilt, vgl. § 9 ULPA (1916) mit Verweis auf den UPA (1914).

57 "Each partner is entitled to an equal share of the partnership distributions and, except in the case of a limited liability partnership, is chargeable with a share of the partnership losses in proportion to the partner's share of the distributions".

Die Entnahmerechte der Gesellschafter unterliegen vorbehaltlich einer abweichenden vertraglichen Regelungen bei allen hier besprochenen Gesellschaftsformen dem gleichen Prinzip: Die Gesellschafter tätigen grundsätzlich nur Schlussentnahmen (§ 405(a) UPA).[58] Zu laufenden Entnahmen sind sie berechtigt, sofern die Gesellschaft einen dahingehenden Beschluss fasst (§ 405(b) UPA). Tritt ein Gesellschafter vorzeitig aus der Gesellschaft aus, erlangt er einen Abfindungsanspruch, sofern der Austritt nicht zur Auflösung der Gesellschaft führt (§ 701 UPA). Für die Bemessung der Entnahmerechte gibt es zwei Ansätze. Gem. § 405(a) UPA und § 404(a) ULLCA erfolgen Entnahmen bei der Schlussabrechnung einer *General Partnership*, einer *Limited Liability Partnership* und einer *Limited Liability Company „in equal shares among partners"*. Damit gilt bei diesen Gesellschaftsformen das Kopfprinzip, dem auch zuvor die disponible Regelung zur Gewinnverteilung einer *General Partnership* unterlag. Bei der *Limited Partnership* hingegen (einschließlich der *Limited Liability Limited Partnership*) richtet sich das Verhältnis der Schlussentnahmen nach dem Verhältnis der Einlagen (*Contributions*), § 503(a) und (b) ULPA. Der Wert der Einlagen bemisst sich nach der Gesellschaftervereinbarung bei Gesellschaftsgründung (§ 108(9) ULPA), was freilich voraussetzt, dass die Gesellschafter eine Einlagenbewertung vornehmen.[59]

Als Grund für das Fehlen einer ausdrücklichen Gewinnverteilungsregel verweist die diesbezüglich vereinheitlichte Kommentierung[60] der *Uniform Law Commission* zu § 405(b) UPA, § 503(a) ULPA und § 404(a) ULLCA auf das Steuerrecht. Vorbehaltlich einer vertraglichen Regelung rechne die steuerrechtliche *Default Rule* des § 704(b)(1) IRC den *Partnern* den Gesellschaftsgewinn für Besteuerungszwecke nach dem (angenommenen) Verhältnis ihrer Schlussentnahmen zu, sodass das Gesellschaftsrecht lediglich eine Grundregel für die Aufteilung dieser Schlussentnahmen bereitstellen müsse. Zusätzliche *Default Rules* der gesellschaftsrechtlichen Mustergesetze für die Gewinn- und Verlustverteilung böten im Vergleich mit den Entnahmeregeln keinen Mehrwert, stattdessen bestünde die Gefahr, dass Gewinn- und Verlustverteilungsregelungen mit den Entnahmeregelungen im Widerspruch stünden. Diese Begründung markiert das Ende einer sich seit langem abzeichnenden Entwicklung: Die Verteilung von Gewinn und Ver-

58 *Blezinger*, Gewinnverteilung bei Personengesellschaften, S. 207.

59 *Blezinger*, Gewinnverteilung bei Personengesellschaften, S. 214.

60 Die Kommentierung der *Uniform Law Commission* wurde zuletzt im Zuge des Harmonization Project aktualisiert und ist den jeweiligen Regelungen der Mustergesetze beigefügt.

lust ist in den USA derart vom steuerlichen Ordnungsrahmen beeinflusst, dass sich das Gesellschaftsrecht aus Vorgaben zur Gewinn- und Verlustverteilung weitgehend zurückgezogen hat. Schon die Kommentierung der *Uniform Law Commission* zu § 503 ULPA (1985) ging davon aus, dass sich die Gewinn- und Verlustverteilung am steuerlichen Ordnungsrahmen ausrichtet, sodass in erster Linie das Steuerrecht Auskunft über die Gewinn- und Verlustverteilung geben könne.

Die *Default Rules* der Mustergesetze für Entnahmen lassen sich indes nicht nur als disponible Bestimmungen zur Gewinnverwendung lesen, sondern darüber hinaus als verkappte Gewinnverteilungsregelungen. Denn eine Regel zur Gewinnverwendung besagt grundsätzlich nur etwas über die Entnahmefähigkeit eines Gewinnanteils, indes nichts über den Aufteilungsmaßstab der Entnahmen.[61] Ein materieller Unterschied zwischen einer disponiblen Gewinnverteilungsregel, wie sie in § 401(b) UPA (1997) enthalten war, und der heutigen Aufteilung der Entnahmerechte nach Kopfteilen bzw. dem Einlagewert ist überdies nicht erkennbar. Dass die Entnahmeregelungen Gewinnverteilungsmaßstäbe beinhalten, verdeutlicht § 401(a) UPA, wonach jeder Gesellschafter einen gleichen Anteil an den *Distributions* der Gesellschaft erhält. Im Zuge des *Harmonization Project* wurde lediglich das Wort „*Profits*" durch „*Distributions*" ersetzt. Auch die Kommentierung der *Uniform Law Commission* zu § 405(a) ULLCA (1996) unterstellte vormals, dass neben der Entnahmeregelung auch die Gewinnverteilung dem Kopfprinzip folgt. Der Maßstab für die Entnahmerechte impliziert folglich einen Gewinnverteilungsmaßstab.

b) Gestaltungsfreiheit

Mit Blick auf die von § 105(a)(1) UPA, ULPA und ULLCA gewährte Gestaltungsfreiheit treffen die Gesellschafter einer US-Personengesellschaft regelmäßig eine für sie adäquate Gewinnverteilungsabrede.[62] Das Kopfprinzip, das ohne vertragliche Regelung für Entnahmen bei der *General Partnership* und der *Limited Liability Company* gilt, entspricht typischerweise nicht den Verteilungsvorstellungen der Gesellschafter. Als Gewinnverteilungsmaßstab sachgerechter erscheint der *Default*-Maßstab für Entnahmen bei

61 *Blezinger*, Gewinnverteilung bei Personengesellschaften, S. 217.

62 Allan G. Donn, *Freedom of Contract and Boilerplate Provisions of Business Entity Agreements*, 8 J. Passthrough Entities 11 (2005).

der *Limited Partnership*, der sich nach den von den Gesellschaftern festgelegten Einlagewerten bestimmt. Allerdings kann sich die Interessenlage in einer *Limited Partnership*, die häufig als Investitionsvehikel dient,[63] auch anders darstellen. Beispielsweise kann es im Interesse der Kapitalgeber (*Limited Partner*) liegen, einlagedisproportionale Gewinnanreize für die Geschäftsführer (*General Partner*) zu gewähren. Jedenfalls aber ist bei allen Rechtsformen eine vertragliche Gewinnverteilungsabrede sinnvoll, um die für Besteuerungszwecke maßgebliche Gewinnverteilung „kontrollieren" zu können und die Gesellschafter nicht den noch zu beleuchtenden Fallstricken der gesetzlichen steuerlichen Zurechnungsmaßstäbe des § 704(b)(1) IRC auszusetzen. Grenzen finden die privatautonomen Gewinnverteilungsabreden weniger im Gesellschaftsrecht denn im Steuerrecht, speziell in der Schrankenregelung des § 704(b)(2) IRC.[64] Die Gesellschaftsstatute beschränken sich darauf, Entnahmen zur Insolvenzprävention zu beschränken.[65]

II. Steuerlicher Ordnungsrahmen für die Gewinnermittlung und Gewinnverteilung

Die Besteuerung von US-Personengesellschaften ist in Bezug auf Bundessteuern (*Federal Taxes*) in *Subchapter K* (§§ 701-777) des *Internal Revenue Code* (IRC) geregelt. Nach § 701 IRC gilt für *Partnerships* das Transparenzprinzip.[66] Der Gesellschaftsgewinn wird auf die Gesellschafter verteilt und dort der Besteuerung unterworfen (§§ 701, 702(a), 706(a) IRC). *Partnerships* i.S.d. § 701 IRC sind gesellschaftsrechtliche Personengesellschaften (*General Partnership, Limited Partnership, Limited Liability Partnership*)

63 *Blezinger*, Gewinnverteilung bei Personengesellschaften, S. 214 f.

64 Näher unten B.II.2.b).

65 Laufende Entnahmen und Schlussentnahmen müssen unterbleiben, wenn die Gesellschaft (i) infolge der Entnahme ihre im gewöhnlichen Geschäftsverlauf fällig werdenden Verbindlichkeiten nicht mehr bedienen könnte oder (ii) der Gesamtwert aller Vermögensgegenstände geringer als die Summe der Verbindlichkeiten wäre, zuzüglich etwaiger Beträge, der bei (hypothetischer) Abwicklung der Gesellschaft zur Zeit der Entnahme fällig wären (§ 406(a) UPA; § 504(a) ULPA und § 405(a) ULLCA). Die erste Variante soll Zahlungsunfähigkeit verhindern, die zweite Variante eine Überschuldung der Gesellschaft.

66 "A partnership as such shall not be subject to the income tax imposed by this chapter. Persons carrying on business as partners shall be liable for income tax only in their separate or individual capacities".

und übrige Gesellschaften oder Zusammenschlüsse, die unter die steuerliche Definition einer *Partnership* gem. § 761(a) IRC fallen. Wie gesehen, kann auch eine *Limited Liability Company* mit mindestens zwei Gesellschaftern steuerrechtliche *Partnership* sein.[67]

1. Gewinnermittlung

Trotz transparenter Besteuerung ist die *Partnership* Subjekt der Gewinnermittlung.[68] Die steuerliche Einkommensermittlung für alle Steuerpflichtigen ist grundsätzlich in § 446 bis § 448 IRC geregelt. Die Ermittlungsmethode bestimmt sich in erster Linie durch die Anforderung des § 446(b) IRC, die Methode müsse das Gesellschaftseinkommen „klar widerspiegeln".[69] Verbreitet ist bei Personengesellschaften eine Einnahmen-Überschuss-Rechnung.[70] Sofern allerdings eine Körperschaft in Form einer *C Corporation* an der Partnership beteiligt ist und letztere die Schwelle von 25 Mio. USD an jährlichen „Bruttoeinnahmen" (*gross receipts*) überschreitet, scheidet die Einnahmen-Überschuss-Rechnung als Gewinnermittlungsmethode aus (§ 448(a)(2) IRC). Die *Partnership* muss dann auf „eine" Methode zum Bestandsvergleich (*an accrual method*) oder eine andere vom IRC zugelassene Gewinnermittlungsmethode umsteigen (§ 446(c)(2) und (3) IRC).[71] Für *Partnerships* ist in §§ 702, 703 IRC ein spezielles, zu den allgemeinen Gewinnermittlungsvorschriften hinzutretendes steuerrechtliches Gewinnermittlungsregime vorgesehen. § 703(a) IRC spricht insofern vom *„taxable income of a partnership"*. Anders als in Deutschland

---

67 Walter Schwidetzky, *Partnership Tax Allocations: The Basics*, 46 Colo. Law. 39 (2017).

68 U.S. Supreme Court in *United States v. Basye*, 410 US 441, 448 n. 8 (1973): "Partnerships are entities for purposes of calculating and filing informational returns but [...] are conduits through which the taxpaying obligation passes to the individual partners in accord with their distributive share"; Samuel C. Thompson, *Taxation of Business Entities*, § 14.2 C.; Paul R. McDaniel/Martin J. McMahon/Daniel L. Simmons, *Taxation of Business Organizations*, S. 3, 71; ferner Boris I. Bittker/Lawrence Lokken, *Federal Taxation of Income*, Vol. 3, § 86.1.1.: "The partnership is treated as an entity in analyzing the financial results of its operations because these ingredients determine the chemical composition of the liquid that is channeled through the partnership to the partners".

69 Sog. *Clear-Reflection-of-Income*-Standard, s. *Vorwold*, StuW 2002, 235.

70 Sog. *Cash-Receipts-and-Disbursement*-Methode, s. *Vorwold*, StuW 2002, 235.

71 Rechtsvergleichend zu den Gewinnermittlungsarten in den USA und Deutschland *B. Trinks/M. Trinks*, IStR 2012, 201.

ist die steuerliche Gewinnermittlung bei US-Personengesellschaften kaum mit der handelsrechtlichen Gewinnermittlung verbunden.[72] Ein Äquivalent zum deutschen Maßgeblichkeitsprinzip besteht nicht.[73] Ein besonderes Kennzeichen der Gewinnermittlung bei US-Personengesellschaften ist die Unterscheidung zwischen dem *Ordinary Partnership Taxable Income* und den sog. *Separately Stated Items.*

Das *Ordinary Partnership Taxable Income* ist in negativer Abgrenzung zu den *Separately Stated Items* zu ermitteln. Es umfasst alle Einkünfte, die der IRC nicht als *Separately Stated Items* definiert. Das *Ordinary Income* besteht größtenteils aus Gewerbeeinkünften, Vermietungseinkünften sowie land- und forstwirtschaftlichen Einkünften.[74] Dieses „gewöhnliche" Gesellschaftseinkommen kann – sofern die Voraussetzungen des § 448(a)(2) IRC nicht vorliegen – nach der *Cash Receipts and Disbursement Method* gem. § 446(c)(1) IRC oder ansonsten nach einer *Accrual Method* gem. § 446(c)(2) IRC ermittelt werden.[75]

Separately Stated Items sind gem. § 702(a), 703(b) IRC Einkommensbestandteile, die von der *Partnership* erzielt wurden,[76] aber nicht Teil des *Ordinary Partnership Taxable Income* sind. Diese Bestandteile sind verfahrensrechtlich in der Einkommensteuererklärung der Gesellschaft gesondert auszuweisen (§ 703(a) IRC und *Treas. Reg.* § 1.703-1(a)). Zudem ist in der Steuererklärung anzugeben, welchem Gesellschafter welcher Anteil an die-

---

72 Nach § 446(a) IRC und *Treas. Reg.* § 1.446-1(a)(2) *kann* die Gewinnermittlung nach US-GAAP als Basis der steuerlichen Gewinnermittlung dienen, s. *Vorwold*, StuW 2002, 235, 237. Der Steuerpflichtige muss allerdings zahlreiche steuerliche Sondervorschriften beachten, s. *Kesselmeyer*, Partnership im US-SteuerR, 2000, S. 40; im Übrigen sind *Partnerships* grundsätzlich nicht zur externen Rechnungslegung verpflichtet und im Innenverhältnis bei der Wahl ihrer Gewinnermittlungsmethode frei, George K. Yin/Caren C. Burke, *Partnership Taxation*, Chapter 3 A.; Darstellung der historischen (Auseinander-)Entwicklung von *Financial Accounting* und *Tax Accounting* bei Wolfgang Schön, *The odd couple: A common future for financial and tax accounting,* 58(2) Tax L. Rev. 111, 120 (2005).

73 Wolfgang Schön, *The odd couple: A common future for financial and tax accounting,* 58(2) Tax L. Rev. 111, 120 (2005); *Kesselmeyer*, Partnership im US-Steuerrecht, S. 39.

74 Vgl. Zeilen 4 bis 7 des IRC-Formblatts für die Steuererklärung von Personengesellschaften (Form 1065 – *U.S. Return of Partnership Income*).

75 Vgl. Boris I. Bittker/Lawrence Lokken, *Federal Taxation of Income*, Vol. 3, § 86.1.2. (das steuerbare Einkommen einer *Partnership* wird bis auf die *Separately Stated Items* i.S.d. § 702(a) IRC wie das Einkommen einer natürlichen Person ermittelt).

76 Ob Einkünfte von der *Partnership* oder einem *Partner* erzielt wurden, richtet sich nach der sog. *Assignment-of-Income-Doctrine*, (vgl. *Lucas v. Earl*, 281 U.S. 111 [1930]), die Ähnlichkeiten zur Markteinkommenstheorie aufweist.

sen Einkommensbestandteilen zugewiesen wird. Die Gesellschaft muss außerdem die einzelnen Partner über ihren für Steuerzwecke ermittelten Gewinnanteil bzw. seine steuerliche Zusammensetzung informieren (§ 6031(a) und (b) IRC).[77] § 702(a) IRC enthält eine Aufzählung über die gesondert auszuweisenden Einkommensbestandteile der Gesellschaft:

(1) Gewinne und Verluste aus dem Verkauf oder Tausch von Kapitalgegenständen, die nicht länger als ein Jahr gehalten wurden (*short term capital gains and losses*);
(2) Gewinne und Verluste aus dem Verkauf oder Tausch von Kapitalgegenständen, die länger als ein Jahr gehalten wurden (*long term capital gains and losses*);
(3) Gewinne und Verluste aus der Veräußerung von Wirtschaftsgütern i.S.d. § 1231 IRC (die Vorschrift bezieht sich auf bestimmte langfristig im Betriebsvermögen gehaltene Wirtschaftsgüter, deren Veräußerungsergebnis als *capital gain* oder *capital loss* behandelt wird);
(4) Spenden i.S.d. § 170(c) IRC;
(5) Dividenden, auf die § 1(h)(11) IRC oder Subchapter B, Teil VIII (§§ 241 ff. IRC) anwendbar ist;[78]
(6) Steuern i.S.d. § 901 IRC, die im Ausland oder in US-Territorien gezahlt wurden oder zumindest eine Gesellschaftsverbindlichkeit sind;
(7) andere Einkommensbestandteile, Gewinn, Verlust, Abzüge oder Steuergutschriften, soweit von der Finanzverwaltung bestimmt.[79] Unter diese Steuerpositionen fallen sämtliche *Special Allocations*, also Gewinnbestandteile, die nach dem Gesellschaftsvertrag gesondert zugewiesen werden (*Treas. Reg.* § 1.702-1(a)(8)(i)). Darüber hinaus sind alle Einkommensbestandteile gesondert zu ermitteln, die auf Gesellschafterebene zu einer abweichenden Besteuerung führen im Vergleich zu der Situation, in der die Bestandteile nicht gesondert ausgewiesen,

77 George K. Yin/Caren C. Burke, *Partnership Taxation*, Chapter 2 B.

78 Das betrifft insbesondere Dividenden, die bei einem körperschaftlich verfassten *Partner* zur Vermeidung von Kaskadeneffekten vom Gewinn abgezogen werden (§ 243 IRC – sog. *Dividends Received Deduction*).

79 Insofern ist die Aufzählung der Separately Stated Items in § 702(a) IRC nicht abschließend, George K. Yin/Caren C. Burke, *Partnership Taxation*, Chapter 2 B.

sondern mit dem „gewöhnlichen" Gesellschaftseinkommen saldiert würden (*Treas. Reg.* § 1.702-1(a)(8)(ii)).[80]

(8) und das sonstige steuerbare positive oder negative Einkommen, das nicht gemäß anderer Bestimmungen des § 702(a) IRC gesondert zu ermitteln ist. Das sonstige Einkommen wird als Saldogröße ermittelt (sog. *Bottom Line Amount*).[81]

Es handelt sich bei den *Separately Stated Items* um Gewinnbestandteile, deren steuerliche Auswirkungen sich erst auf Gesellschafterebene zeigen,[82] wie etwa bei Spenden, deren Abzugsfähigkeit sich nach der jeweiligen Einkommenshöhe des Gesellschafters richtet, und bei kurz- oder langfristigen Kapitalerträgen, bei denen sich der anzuwendende, im Vergleich zum progressiven Tarif des Steuerpflichtigen vorteilhafte lineare Steuertarif nach den persönlichen Einkommensverhältnissen richtet (§ 1(h), (i) IRC). Bei Auslandssteuern entscheidet jeder Gesellschafter für sich, ob er eine entsprechende Steuergutschrift erhalten (§ 901(b)(5) IRC) oder ob er die ausländischen Steuern als *Deduction* geltend machen möchte. Die Qualifikation der Gewinnbestandteile, also beispielsweise als kurz- oder langfristiger Kapitalertrag, erfolgt abschließend auf Gesellschaftsebene (§ 702(b) IRC). Damit ist die *Partnership* nicht nur Subjekt der Einkünfteermittlung, sondern auch der Einkünftequalifikation (*Characterization*).[83] Eine Umqualifizierung des *Ordinary Income* oder der *Separately Stated Items* auf Gesellschafterebene erfolgt nicht (*Treas. Reg.* § 1.702-1(b)). Die Qualifikation der Gewinnbestandteile schlägt damit unverändert von ihrer Quelle

---

80 Samuel C. Thompson, *Taxation of Business Entities*, § 14.2 A mit weiteren Beispielen für Gewinnbestandteile, die nach den Verwaltungsvorschriften gesondert zu ermitteln sind. Nach Boris I. Bittker/Lawrence Lokken, *Federal Taxation of Income*, Vol. 3, § 86.1.2. sind alle Gewinnbestandteile gesondert auszuweisen, die nicht „plain vanilla ordinary income or deductions" darstellen.

81 Paul R. McDaniel/Martin J. McMahon/Daniel L. Simmons, *Taxation of Business Organizations*, S. 71; Samuel C. Thompson, *Taxation of Business Entities*, § 14.2 A; George K. Yin/Caren C. Burke, *Partnership Taxation*, Chapter 2 B.

82 Paul R. McDaniel/Martin J. McMahon/Daniel L. Simmons, *Taxation of Business Organizations*, S. 3; *Mittermaier*, in: Wassermeyer/Richter/Schnittker, Personengesellschaften im internationalen Steuerrecht, Rz. 29.4.

83 *Podell v. Commissioner*, 55 T.C. 429 (1970) ("In essence, the 'conduit rule' requires that for the purpose of determining the nature of an item of income, gain, loss, deduction, or credit in the hands of the partnership before distribution [...], the partnership is to be viewed as an entity and such items are to be characterized from the viewpoint of the partnership rather than from the viewpoint of an individual partner").

auf die Personengesellschafter durch, während die Gesellschaft selbst in dieser Hinsicht als gänzlich transparent behandelt wird. Die Art und Weise der Gewinnermittlung verdeutlicht die Dichotomie zwischen Einheit der Gesellschaft und Vielheit der Gesellschafter (*Entity* und *Aggregate Concept*) im US-Einkommensteuerrecht. Dieser Dualismus wird als zentrales dogmatisches Problem bei *Partnerships* angesehen, weil er diverse praktische Probleme mit sich bringt.[84] Je nach Vorschrift und Einkommensbestandteil wird im IRC mal das eine, mal das andere Konzept angewandt.[85] Ausdruck der Einheitstheorie ist, dass die Beteiligung an einer Personengesellschaft selbst als Wirtschaftsgut betrachtet wird.[86] Mit Blick auf sog. *Separately Stated Items* wird hingegen die Existenz der Personengesellschaft negiert und damit das *Aggregate Concept* angewandt.[87]

2. Gewinnverteilung

a) Gestaltungsfreiheit gem. § 704(a) IRC

aa) Verteilung des steuerlichen Gewinns nach gesellschaftsvertraglicher Abrede

Das Transparenzprinzip macht eine steuerliche Zurechnung des Gesellschaftsergebnisses zu den Gesellschaftern erforderlich. Bei der Frage, nach welchem Maßstab die Gewinnverteilung zu erfolgen hat, setzt das Gesellschaftsrecht – wie gesehen – keine bedeutsamen Grenzen.[88] Die gesellschaftsrechtliche Gestaltungsfreiheit spiegelt sich grundsätzlich auch im Steuerrecht wider. Für Besteuerungszwecke regelt § 704 IRC, wie der Gesellschaftsgewinn, zusammengesetzt aus den gem. § 702(a) IRC separat zu erklärenden Einkommensbestandteilen und dem übrigen Gesellschaftseinkommen, den Gesellschaftern zuzurechnen ist. § 704 IRC ist die Zentral-

---

84 Paul R. McDaniel/Martin J. McMahon/Daniel L. Simmons, *Taxation of Business Organizations*, S. 2, 5.

85 Paul R. McDaniel/Martin J. McMahon/Daniel L. Simmons, *Taxation of Business Organizations*, S. 2 f.; Andrea Monroe, *Taxing Reality: Rethinking Partnership Distributions*, 47 Loy. L. A. L. Rev. 657, 665 (2014).

86 Vgl. *Mittermaier*, in: Wassermeyer/Richter/Schnittker, Personengesellschaften im internationalen Steuerrecht, Rz. 29.33 mit dem Hinweis darauf, dass der Steuerpflichtige für „seinen Gesellschaftsanteil" einen steuerlichen Buchwert anzusetzen hat.

87 *Kesselmeyer*, Partnership im US-Steuerrecht, S. 50 f.

88 Oben B.I.2.b).

vorschrift für die Zurechnung des *Distributive Share*, also des steuerlich maßgeblichen Gewinnanteils der Gesellschafter. Entgegen der Terminologie *Distributive Share* ist eine *Distribution* keine Voraussetzung der Gesellschafterbesteuerung; stattdessen erfolgt die Besteuerung der Gesellschafter zuflussunabhängig.[89] § 704(a) IRC bestimmt, dass sich der Anteil eines Gesellschafters am „Einkommen, Gewinn, Verlust, an den Abzügen und Steuergutschriften" nach dem Gesellschaftsvertrag richtet, soweit nicht Vorschriften des *Chapter 1* des IRC entgegenstehen.[90] Die in § 704(a) IRC genannten Einkommensbestandteile werden verbreitet *Tax Items* genannt. Gerade in komplexeren Gesellschaftsstrukturen werden regelmäßig privatautonome Gewinnverteilungsabreden getroffen.[91] Die Gewinnverteilungsabrede kann in jedem Wirtschaftsjahr modifiziert werden, und das mit steuerlicher Anerkennung sogar rückwirkend bis zur Frist für die Abgabe der Steuererklärung der Gesellschaft (§ 761(c) IRC).[92]

§ 704(a) IRC setzt eine gesellschaftsrechtlich wirksame zustande gekommene vertragliche Gewinnverteilungsabrede voraus, die den nach § 704(a) IRC steuerlich relevanten Gewinnanteil der Gesellschafter bestimmt. Eine beitragsgerechte oder beteiligungsquotale Gewinnverteilung wird von den Bestimmungen des *Subchapter K* nicht vorausgesetzt. Die *Assignment of Income Doctrine*, die im übrigen Einkommensteuerrecht die Einkünftezurechnung bestimmt,[93] findet im Lichte der Einheitstheorie bei *Partnerships* keine Anwendung.[94] Die *Partnership* ist folglich Subjekt der Einkünfteerzielung. Nicht nur die Gewinnverteilung insgesamt, auch die Verteilung einzelner *Tax Items* kann von der Beteiligungsquote der Gesellschafter abweichen. Für jedes *Tax Item* können außerdem unterschiedliche Verteilungs-

89 Boris I. Bittker/Lawrence Lokken, *Federal Taxation of Income*, Vol. 3, § 86.2.1.; Paul R. McDaniel/Martin J. McMahon/Daniel L. Simmons, *Taxation of Business Organizations*, S. 4.

90 *„A partner's distributive share of income, gain, loss, deduction, or credit shall, except as otherwise provided in this chapter, be determined by the partnership agreement"*.

91 Andrea Monroe, *Too Big to Fail: The Problem of Partnership Allocations*, 30 Va. Tax Rev. 465, 486 (2011).

92 George K. Yin/Caren C. Burke, *Partnership Taxation*, Chapter 4 A.

93 *Lucas v. Earl*, 281 U.S. 111 (1930).

94 *Schneer v. Commissioner*, 97 T.C. 643 (1991) („If partners were not able to share profits in an amount disproportionate to the ratio in which they earned the underlying income, the partnership provisions of the Code would, to some extent, be rendered unnecessary. [...] The business entity is cast as the earner of the income, obviating the need to analyze whether there has been an assignment of income. The same type of approach may be used with respect to partners of a partnership").

quoten bestimmt werden.[95] Auch Bestandteile des *Ordinary Partnership Taxable Income* können Gegenstand einer *Special Allocation* sein, beispielsweise durch eine getrennte Zuweisung von positiven oder negativen Einkünften.[96] Somit ist es dem Grunde nach möglich, das gesamte Gesellschaftseinkommen einem *Partner* zuzuweisen (sog. *Overall Allocation*).[97] Belassen es die Gesellschafter bei einer schlichten prozentualen Gewinnverteilung, wird jeder Einkommensbestandteil der Gesellschaft im festgelegten Verhältnis auf die Gesellschafter verteilt. Ebenfalls ist eine divergierende Verteilungsquote für Gewinn- und Verlustjahre möglich.[98] Für den Fall einer fehlenden oder unwirksamen Gesellschaftervereinbarung enthält § 704(b)(1) IRC eine subsidiär anwendbare Regelung zur Gewinnverteilung für steuerliche Zwecke.[99] § 704(c) IRC enthält eine Sondervorschrift für die Zurechnung von Gewinnbestandteilen, die aus einer Sacheinlage eines Gesellschafters resultieren.

Die Gesellschafter einer US-Personengesellschaft schließen eine Gewinnverteilungsabrede, die nicht auf die Verteilung des handelsrechtlich ermittelten, sondern auf die Verteilung des steuerlich ermittelten Gewinns oder einzelner steuerlicher Gewinnbestandteile gerichtet ist. Allerdings werden nicht zwei separate Verteilungsabreden für den handelsrechtlich und steuerlich ermittelten Gewinn getroffen. Wie hierzulande ist auch in den USA eine einheitliche Gewinnverteilungsabrede üblich. Die Gewinnverteilungsabrede in den USA ist hingegen steuerzentriert (*tax-centric*),[100] weil Bezugspunkt der Abrede nicht der handelsrechtlich, sondern der steuerlich ermittelte Gewinn ist. Dem entspricht es, dass sich die aus Gesellschaftersicht zu beachtenden Gewinnverteilungsgrenzen vorwiegend im Steuerrecht und nicht im Gesellschaftsrecht finden. Gesetzlich vorgesehen ist folglich eine Gewinnverteilungsabrede, die nicht nur eine „quantitative Verteilung" des Gesellschaftsergebnisses bestimmt, sondern darüber hinaus

95 George K. Yin/Caren C. Burke, *Partnership Taxation*, Chapter 4 A.; Samuel C. Thompson, *Taxation of Business Entities*, § 14.8 A; Walter Schwidetzky, *Partnership Tax Allocations: The Basics*, 46 Colo. Law. 39 (2017).

96 *Kresser v. Commissioner*, 54 T.C. 1621 (1970).

97 Begriff nach Samuel C. Thompson, *Taxation of Business Entities*, § 14.8. C.

98 Paul R. McDaniel/Martin J. McMahon/Daniel L. Simmons, *Taxation of Business Organizations*, S. 99.

99 Im Einzelnen unten B.II.2.b).

100 Bradley T. Borden, *Partnership Tax Allocations and the Internalization of Tax-Item Transactions*, 59 S. Car. L. Rev. 297, 301 (2008); ders., *The Allure and Illusion of Partners' Interests in a Partnership*, 79 U. Cin. L. Rev. 1077, 1089 (2011).

auch eine „qualitative Verteilung“ sämtlicher Ergebnisbestandteile mit besonderen Steuerfolgen auf Gesellschafterebene.[101]

Wie granular die Gesellschafter die Verteilung des steuerlich ermittelten Gesellschaftsgewinns regeln können, bestimmt § 704(a) IRC. Die dortige Aufzählung *„distributive share of income, gain, loss, deduction, or credit“* nimmt Bezug auf die voranstehenden Vorschriften (§§ 702 f. IRC) und die darin genannten Gewinnbestandteile einer Personengesellschaft (nämlich einerseits das *Ordinary Partnership Taxable Income* und andererseits die *Separately Stated Items*).[102] Der *„distributive share of income“* i.S.d § 704(a) IRC ist ein Anteil am *Ordinary Partnership Taxable Income*. Ein Anteil am *Ordinary Partnership Taxable Income* wird beim Gesellschafter wiederum so behandelt, als würde ihm ein entsprechend hoher Anteil an allen Bestandteilen zugewiesen, aus denen sich das *Ordinary Income* zusammensetzt (*Treas. Reg.* § 1.704-1(b)(1)(vii)). Der Passus *„distributive share of [...] gain, loss, deduction, or credit“* nimmt hingegen die Verteilung einzelner *Separately Stated Items* i.S.d. § 702(a) IRC in den Blick. Mit dieser Bezugnahme auf Anteile am *Ordinary Income* und *Separately Stated Items* gibt § 704(a) IRC darüber Auskunft, welche *Tax Items* zu verteilen sind und nach der gesellschaftsvertraglichen Regelung privatautonom verteilt werden können. Die Summe der einzelnen Zuweisungen von *Tax Items* ist der gesamte Gewinnanteil eines Gesellschafters. Der anschließend in § 704(b) IRC verwandte Begriff der *Allocation* bezieht sich auf jeden der in § 704(a) IRC genannten Gewinnbestandteile. *Allocations*, die an § 704(b) IRC zu messen sind, umfassen daher sowohl den Gesellschafteranteil am *Ordinary Partnership Taxable Income* sowie an *Separately Stated Items*, mithin jegliche privatautonom vereinbarte Zuweisung von Gewinnbestandteilen.[103]

bb) Zur historischen Entwicklung des § 704(a) IRC

Nach dem Konzept des § 704 IRC können die Gesellschafter nicht nur einen prozentualen oder sonst abstrakten Gewinnverteilungsschlüssel, sondern stattdessen die gesonderte Zuweisung der einzelnen steuerlich zu

101 Paul R. McDaniel/Martin J. McMahon/Daniel L. Simmons, *Taxation of Business Organizations*, S. 4.

102 Joseph P. Driscoll, *Tax Problems of Partnerships - Special Allocation of Specific Items*, 10 Major Tax Plan. 421, 425 (1958).

103 Boris I. Bittker/Lawrence Lokken, *Federal Taxation of Income*, Vol. 3, § 86.2.1.

ermittelnden Gewinnbestandteile (*Tax Items*) vereinbaren.[104] Diese steuerliche Gestaltungsfreiheit besteht seit dem 1954 eingeführten § 704(a) IRC, war damals jedoch mit Blick auf das in den USA zuvor herrschende Verständnis der Besteuerung von Personengesellschaften nicht unbedingt zu erwarten. Finanzverwaltung und Rechtsprechung gingen in der ersten Hälfte des 20. Jahrhunderts davon aus, dass das durch eine Gesellschaft erwirtschaftete Einkommen eine einheitliche Quelle sei, aus der die Gesellschafter in Abhängigkeit ihres vereinbarten Gewinnverhältnisses *pro rata* schöpfen. Einkünfte aus einer bestimmten Einkunftsquelle ließen sich nicht für Besteuerungszwecke einem Personengesellschafter zuweisen, sondern waren anteilig auf alle Gesellschafter zu verteilen.[105] Die Vorgängerregelung von § 704 IRC, § 182 des Supplement F des IRC 1939 (der ersten US-Steuerrechtskodifikation), handelte dementsprechend nur von der Besteuerung der *Partner* nach ihrem *Distributive Share*, ohne dessen Zusammensetzung zu bestimmen. Vielmehr ging das Gesetz von 1939 davon aus, dass jedem Gesellschafter ein Anteil an den verschiedenen Einkunftstypen (wie *Short* oder *Long Term Capital Gains*) der Gesellschaft zuzurechnen ist. Anerkannt war lediglich, dass Gesellschafter Gewinne und Verluste unterschiedlich aufteilen konnten. Grund dafür waren Sachverhalte, in denen manche Gesellschafter ihren Mitgesellschaftern im Hinblick auf bestimmte Geschäfte oder Unternehmungen eine Verlustübernahme garantiert hatten. Den garantiegebenden Gesellschaftern wurden dann die etwaig entstehenden Verluste zugerechnet.[106] Eine weitere Ausnahme machte die Finanzverwaltung in einem Fall, in dem ein in den USA beschränkt steuerpflichtiger Gesellschafter einer Personengesellschaft mit inländischen und ausländischen Niederlassungen die Feststellung beantragte, dass sein Gewinnanteil allein

---

104 Bradley T. Borden, *The Allure and Illusion of Partners' Interests in a Partnership*, 79 U. Cin. L. Rev. 1077, 1081 (2011).

105 „Income from a particular source cannot be allocated to one partner of a partnership for income tax purposes, but must be divided pro rata among the several partners.", Office Decision [Vorläufer heutiger Revenue Rulings] 140, 1 Cum. Bull. 174 (1919); cf. *Charles C. Ruprecht*, 16 B.T.A. 919 (1929), acquiesced in VIII-2 Cum. Bull. 46 (1929), aff'd, 39 F.2d 458 (5th Cir. 1930) (zitiert nach Joseph P. Driscoll, *Tax Problems of Partnerships - Special Allocation of Specific Items*, 10 Major Tax Plan. 421, 422 (1958)).

106 *Curtis v. Commissioner*, 12 T.C. 810 (1949), *aff'd*, 183 F.2d 7 (7th Cir. 1950); *Hood v. Commissioner*, 19 B.T.A. 962 (1930); *Lederer v. Parrish*, 16 F.2d 928 (3d Cir. 1927) (zitiert nach Joseph P. Driscoll, *Tax Problems of Partnerships - Special Allocation of Specific Items*, 10 Major Tax Plan. 421, 423 (1958)).

aus Einkünften der ausländischen Geschäftstätigkeit bestehe.[107] Damit wurden Sonderzuweisungen ausländischer Einkünfte ermöglicht. Als Begründung führte die Finanzverwaltung an, es handele sich nicht um Sonderzuweisungen, sondern eigentlich um zwei Parallelgesellschaften mit einem unterschiedlichen Gewinnverteilungsschlüssel. Vor dem Hintergrund der damals restriktiven Handhabung von Sonderzuweisungen durch die Finanzverwaltung erstaunt es, dass mit Einführung von § 704(a) IRC 1954 *Special Allocations* grundsätzlich anerkannt wurden. Das Motiv zur Einführung dieses Gewinnverteilungskonzepts hat denn auch weniger dogmatisch gewachsene als vielmehr politische Wurzeln. Der Gesetzgeber wollte bei Verabschiedung der Vorschrift bereits bestehende Personengesellschaften in ihrem Innenverhältnis nicht zu sehr einzuschränken, sondern ihnen bei der Gewinnverteilungsabrede weitgehend freie Hand lassen.[108] Die damals beim Gesetzgeber gering ausgeprägten fiskalischen Interessen an der Besteuerung von Personengesellschaften ließ eine großzügige Regelung ausreichend erscheinen.[109] Heute werden die so ermöglichten *Special Allocations* als bedeutsamste Ausprägung der Gesellschaftervielheit angesehen.[110]

b) Steuerliche Anerkennungsgrenzen gem. § 704(b) IRC

Die vorstehende Einführung illustriert die Verwirklichung des Transparenzprinzips in den USA. Die Besteuerung richtet sich im Grunde nach der privatautonom bestimmten Verteilung einzelner steuerlicher Gewinnbestandteile. Die Art und Weise der Verteilung steht gleichwohl nicht gänzlich im Belieben der Gesellschafter, wie der nachfolgende Abschnitt zeigt. Schon 1954 bestand die Befürchtung, die Freiheit bei der Vereinbarung von Sonderzuweisungen werde steuerlich „aggressiven", womöglich missbräuchlichen Gestaltungen Vorschub leisten.[111] Die Ursprungsfassung von § 704(b)(2) IRC 1954 bestimmte daher, dass eine Sonderzuweisung steuerlich nicht

107 General Counsel Memorandum 17,255, XV-2 Cum. Bull. 243 (1936).

108 *Subchapter K* wurde verabschiedet, um „simplicity, flexibility, and equity as between the partners" zu gewährleisten, s. H.Rep. No. 1337, 83d Cong., 2d. Sess. 65 (1954), S.Rep. No. 1622, 83d Cong., 2d. Sess. 89 (1954).

109 Andrea Monroe, *Too Big to Fail: The Problem of Partnership Allocations*, 30 Va. Tax Rev. 465, 474 (2011); zum damals vorherrschenden Bild der Personengesellschaft als Rechtsform für kleine Unternehmen s. Christine Hurt, *Partnership Lost*, 53 U. Rich. L. Rev. 491, 541 (2019).

110 Samuel C. Thompson, *Taxation of Business Entities*, § 14.8. A.

111 Rep. No. 1622, 83[d] Cong., 2[d] Sess., p. 379.

anerkannt würde, wenn der vorrangige Zweck der Sonderzuweisung in der Vermeidung oder Umgehung „irgendeiner" Steuer lag.[112] Es handelt sich um eine Frühform des inzwischen global verbreiteten *Principal-Purpose-Test* als Instrument gegen steuerliche Missbrauchsbekämpfung.[113] Die im Jahr 1956 folgenden Durchführungsvorschriften führten hinsichtlich der Anerkennung der Ergebniszuweisung erstmals das Erfordernis des *Substantial Economic Effect* ein. Dieser lag nur vor, wenn eine Sonderzuweisung den Gewinnanteil des betreffenden Gesellschafters nicht nur steuerlich, sondern auch wirtschaftlich nachhaltig beeinflusste (*Treas. Reg.* § 1.704-1(b)(2) (1956)). Dabei waren alle Umstände des Einzelfalls zu berücksichtigen, und zwar nicht nur die etwaigen wirtschaftlichen Gründe der Sonderzuweisung, sondern etwa auch, ob weitere aus einer Einkommensquelle stammenden Gewinnbestandteile derselben Sonderzuweisung unterlagen, ob die Sonderzuweisung zu einem Zeitpunkt vereinbart wurde, in dem der Gewinnbestandteil schon bezifferbar war, sowie die Dauer der Sonderzuweisung.[114] 1976 wurde § 704(b) IRC zur weitergehenden Verhinderung steuervermeidender Gesellschaftervereinbarungen neu gefasst.[115]

Originalfassung	**Übersetzung**
(b) A partner's distributive share of income, gain, loss, deduction, or credit (or item thereof) shall be determined in accordance with the partner's interest in the partnership	(b) Der Gewinnanteil eines Gesellschafters am Einkommen, Gewinn, Verlust, Abzug oder an einer Steuergutschrift (oder jeweils an einem Teil davon) bestimmt sich nach dem *In-*

112 „A partner's distributive share of any item of income [...] shall be determined in accordance with his distributive share of taxable income or loss of the partnership [...], if [...] the principal purpose of any provision in the partnership agreement with respect to the partner's distributive share of such item is the avoidance or evasion of any tax imposed by this subtitle"; ausführlich diskutiert wurde § 704(b) IRC 1954 in *Orrisch v. Commissioner*, 55 T.C. 395 (1970); vgl. ferner Andrea Monroe, *Too Big to Fail: The Problem of Partnership Allocations*, 30 Va. Tax Rev. 465, 475 (2011).

113 Vgl. etwa Art. 29 Abs. 9 OECD-MA 2017 oder Art. 6 der ATAD-I-Richtlinie (EU) 2016/1164 des Rates vom 12.7.2016.

114 Samuel C. Thompson, *Taxation of Business Entities*, § 14.8. C.

115 Andrea Monroe, *Too Big to Fail: The Problem of Partnership Allocations*, 30 Va. Tax Rev. 465, 481 (2011).; nach anderer Lesart erweiterte die neue Gesetzesfassung die Spielräume von Personengesellschaften, indem die vorherige Grenze der Anerkennung von Sonderzuweisungen, die hauptsächlich beabsichtigte Steuervermeidung oder -umgehung, abgeschafft wurde, s. Sherwin Kamin, *Partnership Income and Loss Allocations before and after the Tax Reform Act of 1976*, 30 Tax Law. 667, 668 ff. (1977).

(determined by taking into account all facts and circumstances), if—	*terest* dieses Gesellschafters an der Personengesellschaft (unter Berücksichtigung aller Tatsachen und Umstände), wenn—
(1) the partnership agreement does not provide as to the partner's distributive share of income, gain, loss, deduction, or credit (or item thereof), or	(1) der Gesellschaftsvertrag den Ergebnisanteil des Gesellschafters am Einkommen, Gewinn, Verlust, Abzug, oder an einer Steuergutschrift (oder jeweils an einem Teil davon) nicht regelt, oder
(2) the allocation to a partner under the agreement of income, gain, loss, deduction, or credit (or item thereof) does not have substantial economic effect.	(2) die im Gesellschaftsvertrag geregelte Zuweisung von Einkommen, Gewinn, Verlust, Abzug oder einer Steuergutschrift (oder jeweils an einem Teil davon) an einen Gesellschafter keinen substanziellen wirtschaftlichen Effekt hat.

Die steuerliche Anerkennung einer vertraglichen Vereinbarung bestimmt sich nach dem 1976 neu in den Gesetzestext aufgenommenen und zum zentralen Tatbestandsmerkmal erhobenen Kriterium des *Substantial Economic Effect*. Auch wenn auf § 704(b) IRC typischerweise im Zusammenhang mit *Special Allocations* rekurriert wird, ist jede Gewinnverteilungsabrede an § 704(b) IRC zu messen, selbst wenn sie eine rein prozentuale Verteilung vorsieht.[116] Sowohl Sonderzuweisungen von *Ordinary Partnership Taxable Income* (sog. *Bottom Line Allocations*) als auch von *Separately Stated Items* müssen einen *Substantial Economic Effect* aufweisen (*Treas. Reg.* § 1.704-1(b)(1)(vii)). Ohne Feststellbarkeit eines *Substantial Economic Effect* wird eine Sonderzuweisung steuerlich nicht anerkannt, auch wenn der Steuerpflichtige wirtschaftliche Gründe für ihre Vereinbarung darlegen kann.[117]

Bei Fehlen einer (wirksamen) vertraglichen Verteilungsabrede oder eines *Substantial Economic Effect* hängt der Anteil eines Gesellschafters an einem steuerlichen Gewinnbestandteil von seinem *Interest* daran ab

116 Paul R. McDaniel/Martin J. McMahon/Daniel L. Simmons, *Taxation of Business Organizations*, S. 110.

117 *Estate of Carberry v. Commissioner*, 933 F.2d 1124 (1991); *Gershkowitz v. Commissioner*, 88 T.C. 984 (1987).

(§ 704(b) IRC).[118] Der Begriff des *Interest* ist nicht gleichzusetzen mit der Beteiligungsquote eines Gesellschafters (*Percentage Interest*). Stattdessen ermittelt sich der *Interest* „unter Berücksichtigung aller Tatsachen und Umstände" (§ 704(b) IRC). Er spiegelt die wirtschaftliche Teilhabe eines Gesellschafters an einem bestimmten Einkommensbestandteil wider.[119] Sie kann, muss aber nicht der wirtschaftlichen Gesamtbeteiligung eines Gesellschafters an der Gesellschaft entsprechen (sog. *Overall Economic Arrangement, Treas. Reg.* § 1.704-1(b)(3)(i)). Beispielsweise ist es möglich, dass in einer Personengesellschaft mit zwei Gesellschaftern, die beide eine gleich hohe Einlage geleistet haben und den Gesellschaftsgewinn grundsätzlich hälftig aufteilen wollen, einem Gesellschafter 90 Prozent eines *Tax Items* zugewiesen werden (*Treas. Reg.* § 1.704-1(b)(3)(i)). Wird eine Sonderzuweisung in Bezug auf diese Einkommensposition mangels substanziellen wirtschaftlichen Effekts nicht anerkannt, wird sie auf die Gesellschafter nach dem Verhältnis ihres *Interests* aufgeteilt. Eine Aufteilung allein nach dem Verhältnis der festen Kapitalanteile erscheint der US-Finanzverwaltung zu kurz gegriffen, weil die wirtschaftliche Teilhabe der Gesellschafter an einer Einkommensposition je nach Gewinnverteilungsabrede von mehreren Faktoren abhängt. Zu diesen Faktoren zählt zwar auch das Einlagenverhältnis, aber zudem eine davon abweichende wirtschaftliche Gewinn- und Verlustbeteiligung an bestimmten Einkommenspositionen, Anteile an den laufenden Entnahmen und Entnahmerechte der Gesellschafter bei Liquidation (*Treas. Reg.* § 1.704-1(b)(3)(ii)). Weil es je nach Sachverhalt und Gewinnverteilungsabrede schwierig ist, den *Interest* eines Gesellschafters an einem Gewinnbestandteil zu ermitteln,[120] werden regelmäßig Sonderzuweisungen vereinbart.[121] Sonderzuweisungen implizieren eine vom Verhältnis der Einlagen abweichende Gewinnverteilung.[122] Trotz der mit ihnen verbundenen

118 Boris I. Bittker/Lawrence Lokken, *Federal Taxation of Income*, Vol. 3, § 86.2.1.

119 George K. Yin/Caren C. Burke, *Partnership Taxation*, Chapter 4 B.4.

120 Grundlegend Bradley T. Borden, *The Allure and Illusion of Partners' Interests in a Partnership*, 79 U. Cin. L. Rev. 1077 (2011); anders bei sog. *S-Corporations*, wo sich der zivilrechtliche Gesellschaftsanteil und der steuerliche Ergebnisanteil nach dem Kapitalanteil bestimmen, vgl. § 1377(a)(1) IRC.

121 Walter D. Schwidetzky, *The Partnership Allocation Rules of Section 704(b): To Be or Not to Be*, 17. Va. Tax Rev. 707, 711 (1998).

122 Darryll K. Jones, *Towards Equity and Efficiency in Partnership Allocations*, 25 Va. Tax Rev. 1047, 1060 (2006).

Probleme gelten Sonderzuweisungen als *Safe Harbor* im Vergleich zur Bestimmung des *Interests* der Gesellschafter.[123]

c) Durchführungsvorschriften (*Treasury Regulations*) zu § 704(b) IRC

Der Inhalt des *Substantial-Economic-Effect*-Kriteriums wird in den Durchführungsvorschriften der US-Finanzverwaltung ausgeformt. Eine Neufassung der Durchführungsvorschriften von 1956 erfolgte 1985. Diese Fassung stellt auch heute noch den Rahmen für die steuerliche Anerkennung von Sonderzuweisungen dar. Ihrer Rechtsnatur nach sind die *Treasury Regulations* untergesetzliche Rechtsnormen auf Grundlage einer gesetzlichen Ermächtigung, die die vom Finanzministerium angewandte Gesetzesauslegung darlegen.[124] Die US-Finanzgerichte begründen ihre Entscheidungen regelmäßig unter Bezugnahme auf die Treasury Regulations.[125] Die Erwartungen an die 1985 erlassenen *Treasury Regulations* zwecks Konkretisierung des *Substantial Economic Effect*-Kriteriums waren hoch. Nachdem der Gesetzgeber den seit 1954 bestehenden generalklauselartigen, nach einer Missbrauchsintention fragenden Gesetzestext durch das *Substantial-Economic-Effect*-Kriterium ausgetauscht hatte, versuchte die US-Finanzverwaltung, durch scheinbar präzise und detaillierte Vorschriften sowie einer teilweise mathematischen Herangehensweise Rechtssicherheit zu schaffen.[126] Das eigentliche Ziel jedoch, subjektiv missbräuchliche Gestaltungen zu verhindern, blieb unverändert.[127]

---

123 Brian J. O'Connor, *Partnership Tax Allocation Provisions*, 52 Ann. Tax Conf. 1, 13 (2006).; Walter D. Schwidetzky, *The Partnership Allocation Rules of Section 704(b): To Be or Not to Be*, 17. Va. Tax Rev. 707, 710 (1998); Für eine Vereinfachung in Form der Ergebnisverteilung anhand des Kapitalkontenverhältnisses daher Darryll K. Jones, *Towards Equity and Efficiency in Partnership Allocations*, 25 Va. Tax Rev. 1047, 1060 (2006).

124 *Dendorfer*, in: Wassermeyer, DBA, Band VI, USA, Anhang – Steuerrecht USA Rz. 7.

125 Vgl. die zitierten „Leading Cases" *Estate of Carberry v. Commissioner*, 933 F.2d 1124 (1991); *Gershkowitz v. Commissioner*, 88 T.C. 984 (1987); *Orrisch v. Commissioner*, 55 T.C. 395 (1970).

126 Thomas W. Henning, *Partnership Exit Strategies and the Failure of the Substantiality Test*, 63 Tax Law. 43, 44 (2009).

127 Andrea Monroe, *Too Big to Fail: The Problem of Partnership Allocations*, 30 Va. Tax Rev. 465, 497.

aa) Allgemeine Anforderungen des *Substantial-Economic-Effect*-Kriteriums

(1) *Economic Effec*

Die Finanzverwaltung entschied sich dazu, das Vorliegen eines *Substantial Economic Effect* anhand zweier Prüfungsschritte zu ermitteln, die zum Ende eines jeden Wirtschaftsjahres durchzuführen sind (*Treas. Reg.* § 1.704-1(b)(2)(i)). Zunächst muss die Gewinnverteilung einen *Economic Effect* aufweisen. Diese Anforderung soll gewährleisten, dass die Zuweisung der *Tax Items* der vereinbarten wirtschaftlichen Gewinnverteilung der Gesellschafter entsprechen, also ihrem *Economic Deal.*[128] Sämtliche Zuweisungen von *Tax Items* sollen neben ihrer steuerlichen eine wirtschaftliche Bedeutung für die Gesellschafter haben.[129] *Economic Effect* hat eine Sonderzuweisung, sofern sie mit einem wirtschaftlichen Vor- oder Nachteil einhergeht und ein Gesellschafter diesen Vor- oder Nachteil auch endgültig tragen muss (*Treas. Reg.* § 1.704-1(b)(2)(ii)*(a)*). Notwendig ist aus steuerlicher Sicht folglich die Erfolgswirksamkeit von Sonderzuweisungen. Für das Bestehen eines *Economic Effect* bestimmen die *Treasury Regulations* drei kumulativ zu erfüllende Voraussetzungen, wonach für die Partner nach bestimmten Regeln Kapitalkonten zu führen sind und die vereinbarten Sonderzuweisungen mit wirtschaftlichen Vor- bzw. Nachteilen einhergehen müssen:

(1) Die wirtschaftliche Auswirkung der Verteilung von *Tax Items* wird durch einen Blick in die Bücher der *Partnership* überprüft. Zur Bestimmung eines wirtschaftlichen Vor- bzw. Nachteils bei den Empfängern von Sonderzuweisungen werden die Kapitalkonten der Gesellschafter betrachtet (*Financial Accounts*). Das Gesellschaftsrecht sieht allerdings weder eine einheitliche Buchführungsmethode noch bestimmte Anforderung an die Führung von Kapitalkonten vor.[130] Damit sich der wirtschaftliche Effekt einer Sonderzuweisung an den Kapitalkonten der Gesellschafter ablesen lässt, sind sie im Einklang mit bestimmten

128 Boris I. Bittker/Lawrence Lokken, *Federal Taxation of Income*, Vol. 3, § 86.2.1.; David Hasen, *Partnership Special Allocations Revisited*, Florida Law Review Vol. 13 (2012), 7, 349, 360.

129 Andrea Monroe, *Too Big to Fail: The Problem of Partnership Allocations*, 30 Va. Tax Rev. 465, 478 (2011); Walter D. Schwidetzky, *The Partnership Allocation Rules of Section 704(b): To Be or Not to Be*, 17. Va. Tax Rev. 707, 711 (1998).

130 George K. Yin/Caren C. Burke, *Partnership Taxation*, Chapter 3 A.

Anforderungen der *Treas. Reg.* § 1.704-1(b)(2)(iv) zu führen.[131] Bezwecken die Partner die steuerliche Anerkennung ihrer Gewinnverteilung, müssen sich die in den Durchführungsvorschriften beschriebenen Anforderungen an die Führung der Gesellschafterkapitalkonten im Gesellschaftsvertrag widerspiegeln und sind auch tatsächlich zu befolgen. Anders als im deutschen Personengesellschaftsrecht sind die Gesellschafter von US-Personengesellschaften daher – streben sie die steuerliche Anerkennung ihrer Gewinnverteilungsabrede an – in der Wahl ihres Kapitalkontensystems beschränkt. Jede Zuweisung von Gewinn oder Verlust muss im für jeden *Partner* zu führenden Kapitalkonto nachgezeichnet werden. Eine umgekehrte Maßgeblichkeit wird dadurch gleichwohl nicht etabliert. Die Vorgaben zur Kapitalkontenführung der Gesellschafter stellen keinen verpflichtenden Ordnungsrahmen für die *Partnership* dar, sondern besagen nur, dass die privatautonome Verteilung von *Tax Items* steuerlich anerkannt wird, wenn handelsrechtlich entsprechende Kapitalkontenbuchungen vorgenommen werden.[132] Das Kapitalkonto eines Gesellschafters erhöht sich durch Bareinlagen in Höhe des Nennwerts, bei Sacheinlagen in Höhe des *Fair Market Value* (abzüglich Belastungen des eingelegten Gegenstands) und schließlich durch die Zuweisung von *Income* (einschließlich steuerfreien Einkommens) und *Gain*. Es verringert sich bei Entnahmen (bei Sachentnahmen in Höhe ihres *Fair Market Value* abzüglich der Belastungen des entnommenen Gegenstands) und durch Sonderzuweisungen von *Loss* und *Deductions*. Der zwischen einander nicht nahestehenden Gesellschaftern vereinbarte *Fair Market Value* gilt als tatsächlicher Marktwert (*Treas. Reg.* § 1.704-1(b)(2)(h)(1)). Die Kapitalkonten zeigen die Beteiligungsquote eines Gesellschafters am Liquidationserlös einer Gesellschaft an, besagen jedoch nichts über die Besteuerung der Gesellschafter in einem Wirtschaftsjahr. Ihre Besteuerung richtet sich nach den ihnen zugewiesenen Einkommensbestandteilen (*Tax Items*).

(2) Einen wirtschaftlichen *Vorteil* trägt der Empfänger der Sonderzuweisung, wenn sein Anteil am Liquidationserlös davon abhängt, dass

---

131 Für jeden *Partner* ist ein solches Kapitalkonto zu führen; auch wenn er über mehrere Gesellschaftsanteile verfügt (*Treas. Reg.* § 1.704(b)(2)(iv)(b)). Insoweit kennt das US-Recht nicht den im deutschen Personengesellschaftsrecht geltenden Grundsatz der Einheitlichkeit der Mitgliedschaft (dazu *Ulmer*, ZHR 167 (2003), 103 ff.).

132 George K. Yin/Caren C. Burke, *Partnership Taxation*, Chapter 3 A ("no departure from the general principle that 'tax must follow book'").

sein Kapitalkonto positiv ist, und sein Liquidationsanteil dem Verhältnis der Kapitalkontostände entspricht (*Treas. Reg.* § 1.704-1(b)(2)(ii)*(b)(2)*). Spätestens bei der Schlussverteilung werden steuerliche Gewinnzuweisungen und die Kapitalkonten der Gesellschafter in Einklang gebracht. Keinesfalls darf ein Gesellschafter bei der Schlussverteilung mehr erhalten, als es dem Stand seines Kapitalkontos entspricht.

(3) Einen wirtschaftlichen *Nachteil* trägt der Empfänger, wenn ihn bei Liquidation der Gesellschaft oder seines Anteils eine Verpflichtung zum Ausgleich seines etwaig negativen Kapitalkontos trifft (*Treas. Reg.* § 1.704-1(b)(2)(ii)*(b)(3)*; sog. *Deficit Restoration Obligation*). Die Anerkennung von Sonderzuweisungen (in Gestalt von Verlustzuweisungen) setzt daher voraus, dass sämtliche, auch beschränkt haftende Gesellschafter eine abstrakte Nachschusspflicht tragen. Der Gesellschaftsvertrag kann auch eine betragsmäßig begrenzte Nachschusspflicht vorsehen; in diesem Fall hat eine Zuweisung von Verlustanteilen einen *Economic Effect* bis zum Erreichen des vereinbarten Nachschussbetrags.[133] *Limited Partner* sind gesellschaftsvertraglich indes typischerweise nicht zum Ausgleich eines negativen Kapitalkontos verpflichtet. Die Finanzverwaltung schafft für sie Abhilfe durch den sog. *Alternative Test for Economic Effect* (*Treas. Reg.* § 1.704-1 (b)(2)(ii)*(d)*):[134] Ohne gesellschaftsvertragliche Nachschusspflicht werden Sonderzuweisungen anerkannt, wenn sie im Wirtschaftsjahr ihrer Vornahme nicht zu einem negativen Kapitalkonto führen oder ein solches weiter belasten. Beurteilt wird dies *ex-ante* zur Zeit der Vereinbarung der Sonderzuweisung. Sollte ein negatives Kapitalkonto gleichwohl unplanmäßig entstehen, muss der Gesellschaftsvertrag vorsehen, dass es anschließend durch Gewinnzuweisungen schnellstmöglich wieder aufzufüllen ist (*Treas. Reg.* § 1.704-1 (b)(2)(ii)*(d)(3)*; sog. *Qualified Income Offset*).

Die Ausarbeitung der gesellschaftsvertraglichen Kapitalkontenregelungen erfordert regelmäßig professionelle Beratung.[135] Die *Treasury Regulations* sehen daher eine Vereinfachungsoption vor, die vor allem kleineren Personengesellschaften zugutekommen soll, den sog. *Economic Effect Equiva-*

133 Samuel C. Thompson, *Taxation of Business Entities*, § 14.8. D.

134 *Kesselmeyer*, Partnership im US-Steuerrecht, S. 56, 63 ff.; *Mittermaier*, in: Wassermeyer/Schnittker/Richter, Personengesellschaften im Internationalen Steuerrecht, Rz. 29.47.

135 Andrea Monroe, *Too Big to Fail: The Problem of Partnership Allocations*, 30 Va. Tax Rev. 465, 470, 505 (2011).

lence Test (*Treas. Reg.* § 1.704-1(b)(2)(ii)*(i)*). Er ist erfüllt, wenn eine gedachte Gesellschaftsliquidation zu irgendeinem Zeitpunkt eine Vermögensverteilung ergibt, die sich auch bei Befolgung der Kapitalkonten-Bestimmungen ergeben würde.[136] Dazu genügt es, dass nach dem Gesellschaftsvertrag alle Einkommensbestandteile i.S.d. §704(a) IRC im Verhältnis der Einlagen auf die Gesellschafter verteilt werden.[137]

Mit den Bestimmungen zur Führung der Kapitalkonten soll ein Gleichlauf zwischen steuerlicher und wirtschaftlicher Gewinnverteilung hergestellt werden. Zum einen darf jeder Gesellschafter nur entnehmen, was ihm an Gewinnen zugewiesen wurde. Das folgt aus dem Umstand, dass ihm ein Anteil an der Schlussverteilung nur zusteht, wenn sein Kapitalkonto positiv ist. Wer sein Kapitalkonto überzieht oder Verluste zugewiesen bekommt, muss sein negatives Kapitalkonto infolge der *Deficit Restauration Obligation* wieder auffüllen, was in einer tatsächlichen Verlusttragung resultiert. Gleichwohl wird das Ziel des Gleichlaufs von steuerlicher und wirtschaftlicher Gewinnverteilung nur teilweise erreicht. Die Kapitalkonten-Bestimmungen lassen es erstens zu, dass sich der *Economic Effect* einer Sonderzuweisung erst bei Liquidation der Gesellschaft zeigt, während ihr steuerlicher Effekt sofort eintritt.[138] Zweitens eignet sich die Anknüpfung des *Economic-Effect*-Tests an die Führung variabler Kapitalkonten nur beschränkt, um steuerliche Gestaltung durch Sonderzuweisungen zu verhindern. Die Kapitalkonten sind nicht in der Lage, individuelle Besteuerungsmerkmale auf Gesellschafterebene abzubilden. Führen Sonderzuweisungen von unterschiedlich hoch besteuerten Einkünften an bestimmte Gesellschafter mit unterschiedlichen hohen Steuertarifen zu einem insgesamt positiven steuerlichen Effekt auf Gesellschafterebene, lässt sich das aus den Kapitalkonten nicht ablesen.[139] Die Kapitalkontenanalyse ist ebenfalls nicht geeignet, Sonderzuweisungen von Einkunftstypen herauszufiltern, die die Gesamtsteuerlast der Gesellschafter senken.

136 *Mittermaier*, in: Wassermeyer/Schnittker/Richter, Personengesellschaften im Internationalen Steuerrecht, Rz. 29.48.

137 Walter Schwidetzky, *Partnership Tax Allocations: The Basics*, 46 Colo. Law. 39, 42 f. (2017).

138 Bradley T. Borden, *Partnership Tax Allocations and the Internalization of Tax-Item Transactions*, 59 S. Car. L. Rev. 297, 338 (2008).

139 Andrea Monroe, *Too Big to Fail: The Problem of Partnership Allocations*, 30 Va. Tax Rev. 465, 489 (2011).

(2) *Substantiality*

Wegen der Unzulänglichkeiten der Kapitalkontenbetrachtung ist nach Bejahung des *Economic Effect* zusätzlich dessen *Substantiality* zu prüfen (*Treas. Reg.* § 1.704-1(b)(2)(i)). Diese zweite Säule der steuerrechtlichen Anerkennung von Sonderzuweisungen dient der Verhinderung rein steuerlich motivierter Sonderzuweisungen; sie ist das eigentliche Bollwerk gegen missbräuchliche *Allocations.*[140] Die Gesellschafter einer Personengesellschaft sollen steuerlich nicht besser als Einzelkaufleute stehen. Der wirtschaftliche Effekt einer Sonderzuweisung ist nur „substanziell", wenn zur Zeit ihrer Vereinbarung eine hohe Wahrscheinlichkeit besteht, dass sich die Sonderzuweisung wirtschaftlich sowohl positiv als auch negativ auswirken kann, und zwar entweder bei einem Gesellschafter oder gesellschafterübergreifend. Das Tatbestandsmerkmal dient der Feststellung, ob eine Sonderzuweisung *tatsächlich wirtschaftliche* oder bloß (unzulässige) *steuerliche* Auswirkungen auf Gesellschafterebene hat. Zur Feststellung der *Substantiality* werden drei verschiedene Tests kumulativ angewandt:

(1) Der sog. *After-Tax*-Test gem. *Treas. Reg.* § 1.704-1(b)(2)(iii)(a) ist eine Negativvoraussetzung, darf also für die steuerliche Anerkennung der Sonderzuweisung nicht erfüllt sein. Er ist erfüllt, wenn sich (i) die Nachsteuer-Situation mindestens eines Gesellschafters, verglichen mit dem Zustand ohne die Sonderzuweisung, verbessert und (ii) *ex-ante*, zum Zeitpunkt ihrer Vereinbarung, eine „hohe Wahrscheinlichkeit" besteht, dass kein Gesellschafter nach seiner Besteuerung eine substanzielle Verschlechterung seiner steuerlichen Situation hinnehmen muss. Dieser Test bezieht die individuellen Besteuerungsmerkmale der Gesellschafter mit ein.
Der *After-Tax*-Test wird in verschiedener Hinsicht kritisiert. Zum einen stellt die hypothetische Betrachtung der Besteuerungssituation ohne Sonderzuweisungen auf die Gesellschaftsbeteiligung der Gesellschafter ab (*Interest*), deren Ermittlung selbst Schwierigkeiten berei-

---

140 Mark P. Gergen, *Reforming Subchapter K: Special Allocations,* 46 Tax L. Rev. 1, 14 (1990); Thomas W. Henning, *Partnership Exit Strategies and the Failure of the Substantiality Test,* 63 Tax Law. 43, 96 (2009); Andrea Monroe, *Too Big to Fail: The Problem of Partnership Allocations,* 30 Va. Tax Rev. 465, 496.

tet.[141] Zum anderen werden die unbestimmten Rechtsbegriffe „hohe Wahrscheinlichkeit“ und „substanzielle Verschlechterung“ nicht definiert.[142] Die steuerliche Anerkennung einer Sonderzuweisung ist daher mit einer streitträchtigen Prognoseentscheidung verbunden. Entsteht etwa auf Ebene eines Gesellschafters nach Vereinbarung der Sonderzuweisung ein Verlustvortrag und verbessert sich im Zusammenspiel mit der Sonderzuweisung seine steuerliche Situation, wird stets zu diskutieren sein, ob der entstandene Verlust vorhersehbar war.[143] Weiterhin bleibt unklar, welche individuellen Besteuerungsmerkmale der Gesellschafter bei der Frage eines steuerlichen Vorteils zu berücksichtigen sind. Sind davon nur Besteuerungsmerkmale von Bundessteuern betroffen oder auch Landes- oder Kommunalsteuern oder gar ausländische Steuerpflichten?[144] Schließlich ist fraglich, welcher Zeitraum beim Vergleich mit der Situation „ohne Sonderzuweisungen“ maßgeblich und wie eine derartige Prognose praktisch durchzuführen ist.[145] Schwierigkeiten birgt etwa die Prognose der Gesamtsteuerbelastung der Gesellschafter, falls ein oder mehrere Gesellschafter wiederum Personengesellschaften sind; dann ist auf die Besteuerung derer Gesellschafter abzustellen.[146] Ist ein körperschaftlich verfasster Gesellschafter Teil eines Konzerns, ist die Besteuerung des Konzerns maßgeblich (*Treas. Reg.* § 1.704-1(b)(2)(iii)(d)).

(2) Nach dem *Shifting-Test* sind Sonderzuweisungen zu versagen, die sich aus *ex-ante*-Sicht mit „hoher Wahrscheinlichkeit“ (i) gegenseitig aufheben, also verglichen mit dem Zustand ohne Sonderzuweisung keine „substanzielle“ Veränderung der Gesellschafter-Kapitalkonten in einem Wirtschaftsjahr nach sich ziehen, aber (ii) die Gesamtsteuer-

141 George K. Yin/Caren C. Burke, *Partnership Taxation*, Chapter 4 B.3.d.; Bradley T. Borden, *The Allure and Illusion of Partners' Interests in a Partnership*, 79 U. Cin. L. Rev. 1077 (2011); *Cuff*, Journal of Taxation, vol. 140 (2006), 280, 291.

142 Andrea Monroe, *Too Big to Fail: The Problem of Partnership Allocations*, 30 Va. Tax Rev. 465, 500 (2011); dazu oben B.II.2.b).

143 Vgl. Boris I. Bittker/Lawrence Lokken, *Federal Taxation of Income*, Vol. 3, § 86.2.7.

144 Richard M. Leder, *Tax-Driven Partnership Allocations with Economic Effect: The Overall After-Tax Present Value Test for Substantiality and other Considerations*, 54 Tax Law. 753, 770 (2001); Andrea Monroe, *Too Big to Fail: The Problem of Partnership Allocations*, 30 Va. Tax Rev. 465, 501 (2011).

145 Andrea Monroe, *Too Big to Fail: The Problem of Partnership Allocations*, 30 Va. Tax Rev. 465, 502 (2011); auf die Gefahr eines *Hindsight Bias* hinweisend Gregg D. Polsky, *Deterring Tax-Driven Partnership Allocations*, 64 Tax Law 97, 114 (2010).

146 George K. Yin/Caren C. Burke, *Partnership Taxation*, Chapter 4 B.3.c.

last der Gesellschafter senken. Unerheblich ist der Zeitpunkt, in dem sich eine geminderte Gesamtsteuerlast ergibt.[147] Es wird widerleglich vermutet, dass *ex ante* die hohe Wahrscheinlichkeit des Eintritts der genannten Effekte bestand, wenn sie am Ende des Wirtschaftsjahres tatsächlich eintreten (*Treas. Reg.* § 1.704-1(b)(2)(iii)(b)).

(3) Der *Transitory-Test* ist vergleichbar mit dem *Shifting-Test*, indem er ebenfalls auf sich gegenseitig aufhebende Sonderzuweisungen (*Offsetting Allocations*) Bezug nimmt, aber die Aufhebung erst durch Sonderzuweisungen in den nachfolgenden fünf Wirtschaftsjahren erfolgt. Sofern die Sonderzuweisungen über diesen Zeitraum die Kapitalkonten der Gesellschafter letztlich nicht wesentlich beeinflussen, jedoch mit „hoher Wahrscheinlichkeit" die Gesamtsteuerlast der Gesellschafter vermindern, werden sie nicht anerkannt. Besteht indes eine „hohe Wahrscheinlichkeit", dass die gegenläufigen Sonderzuweisungen erst nach Ablauf von fünf Jahren nach den Ausgangszuweisungen vorgenommen werden, haben die Sonderzuweisungen insgesamt substanziellen wirtschaftlichen Effekt (*Treas. Reg.* § 1.704-1(b)(2)(iii)(c)). Wiederum behelfen sich die *Treasury Regulations* mit widerleglichen Vermutungen, wonach bei fehlender wesentlicher Veränderung der Gesellschafter-Kapitalkonten, aber tatsächlich eingetretener Minderung der Gesamtsteuerlast, *ex ante* eine hohe Wahrscheinlichkeit für eben den Eintritt dieser beiden Effekte bestanden haben soll. Die gegenläufigen Sonderzuweisungen werden in diesem Fall steuerlich negiert. Aufgrund der steuerlichen Unschädlichkeit gegenläufiger Effekte nach Ablauf von fünf Jahren wirkt der *Transitory-Test* im Ergebnis wie eine Sperrfrist für eine reziproke Sonderzuweisung.

Rein steuerlich motivierte, darunter zirkuläre Sonderzuweisungen werden durch das Erfordernis der *Substantiality* folglich für steuerliche Zwecke negiert. Vereinfacht – teils wird vorgebracht: ungebührlich vereinfacht[148] – wird die Handhabung des *Substantiality*-Kriteriums allerdings durch die unwiderlegliche Vermutung, dass der Marktwert eines Wirtschaftsguts bei seiner zukünftigen Veräußerung seinem steuerlichen Buchwert entspricht

147 Boris I. Bittker/Lawrence Lokken, *Federal Taxation of Income*, Vol. 3, § 86.2.7.

148 Mark P. Gergen, *Reforming Subchapter K: Special Allocations*, 46 Tax L. Rev. 1, 16 f. (1990); Andrea Monroe, *Too Big to Fail: The Problem of Partnership Allocations*, 30 Va. Tax Rev. 465, 503 (2011); Boris I. Bittker/Lawrence Lokken, *Federal Taxation of Income*, Vol. 3, § 86.2.7.

(*Value-Equals-Basis*-Regel, *Treas. Reg.* § 1.704(b)(2)(iii)(*c*)).[149] Stille Reserven und Verluste werden beim *Shifting*- und *Transitory*-Test folglich ausgeblendet. Dadurch verfolgt die Finanzverwaltung einen Vereinfachungszweck bei der Handhabung des *Substantial Economic Effect*-Kriteriums.[150] Wie das folgende Beispiel zeigt, wird das *Substantiality*-Kriterium dadurch erheblich ausgehöhlt: A und B sind zu gleichen Teilen Gesellschafter einer Vermietungsgesellschaft, wobei B ein auf lange Sicht verlustführender Gesellschafter ist. Die Abschreibungen auf die vermieteten Wirtschaftsgüter werden allein A zugewiesen. A kann die Abschreibungen mit eigenen positiven Einkünften verrechnen. Als wirtschaftliche Kompensation für die Abschreibungen soll A einen betragsmäßig entsprechenden Mehranteil am Veräußerungsgewinn erhalten. Die steuerliche Situation von A verbessert sich dadurch im Vergleich zu einer hälftigen Abschreibungszuweisung. Die steuerliche Situation des B verschlechtert sich nicht, weil er die Zuweisung der Abschreibungen aufgrund seines Verlustvortrags steuerlich nicht hätte nutzen können. Die wirtschaftliche Situation der Gesellschafter verbessert oder verschlechtert sich über die Totalperiode gesehen nicht. Daher fehlt es der Gewinnverteilungsabrede grundsätzlich an der *Substantiality*. Nach der *Value-Equals-Basis*-Regel wird aber vermutet, dass gar kein Veräußerungsgewinn zu prognostizieren ist. Denn der Veräußerungspreis entspricht nach dieser Regel dem steuerlichen Buchwert. Folgt man dieser Vermutung, trägt A nach der getroffenen Gewinnverteilungsabrede einen wirtschaftlichen Nachteil. Sie hat daher *Substantial Economic Effect*.[151]

bb) Sonderregeln für bestimmte Einkommensbestandteile

(1) Ausländische Steuern

Besondere Regeln gelten für die Sonderzuweisung von ausländischen Steuern bzw. darauf entfallender US-Steuergutschriften (*Creditable Foreign Tax Expenditures, CFTEs*). Ausländische Steuern gehören gem. § 702(a)(6) IRC zu den *Separately Stated Items*. Trägt ein Gesellschafter einen Anteil an den

---

149 George K. Yin/Caren C. Burke, *Partnership Taxation*, Chapter 4 B.3.c.

150 George K. Yin/Caren C. Burke, *Partnership Taxation*, Chapter 4.B.3.c., Chapter 12 B.

151 Beispiel nach Richard M. Leder, *Tax-Driven Partnership Allocations with Economic Effect: The Overall After-Tax Present Value Test for Substantiality and other Considerations*, 54 Tax Law. 753, 770 f. (2001)

ausländischen Steuern, kann er statt einer Geltendmachung als *Deduction* ihre Anrechnung beantragen (§ 901(b)(5) IRC). Die Gesellschaft selbst, obwohl sie möglicherweise die ausländischen Steuern gezahlt hat, ist nicht berechtigt, die ausländische Steuer abzuziehen oder anzurechnen.[152] Sonderzuweisungen von ausländischen Steuern haben nach den Durchführungsvorschriften keinen *Substantial Economic Effect* (*Treas. Reg.* § 1.704-1(b)(4)(viii)). Mit ihrer Zuweisung geht kein wirtschaftliches Risiko einher. Sie sind den Gesellschaftern daher im Verhältnis ihrer *Interests* zuzuweisen. Dabei wird fingiert, dass die ausländischen Steuern den Gesellschaftern im Verhältnis ihrer *Interests* zugewiesen wurden, wenn die Verteilung in dem Verhältnis erfolgt, in dem die den Steuern wirtschaftlich zugrundeliegenden Einkünfte aufgeteilt wurden und diese Einkünfteaufteilung wiederum gem. § 704(b) IRC wirksam ist. Je differenzierter die den ausländischen Steuern zugrundeliegenden Einkünfte gesondert zugewiesen werden, desto mehr sog. Anrechnungskategorien (*CFTE Categories*) werden gebildet, um die Zuweisungsverhältnisse in Einklang zu bringen.

(2) *Nonrecourse Deductions*

Für bestimmte Gesellschaftsverbindlichkeiten haftet nur die Gesellschaft mit ihrem Vermögen und nicht die Gesellschafter persönlich, auch wenn sie im Übrigen einer unbeschränkten Haftung unterliegen (sog. *Nonrecourse Liabilities*, *Treas. Reg.* § 1.752-1(a)(2)). Diese Gesellschaftsverbindlichkeiten werden aufgrund des Haftungsausschlusses der Gesellschafter anderweitig besichert, etwa durch Grundpfandrechte. Ist das als Sicherheit dienende Grundvermögen abzuschreiben, entstehen sog. *Nonrecourse Deductions*. Sie sind als Gewinnbestandteil auf die Gesellschafter zu verteilen und diese Verteilung muss sich in den Kapitalkonten der Gesellschafter widerspiegeln. Den Gesellschaftern wird insoweit allerdings die Möglichkeit einer gesonderten Zuweisung der *Deductions* verwehrt. Denn mangels persönlichen wirtschaftlichen Risikos eines Gesellschafters bei der Tilgung der *Nonrecourse Liabilities* und aufgrund des dadurch fehlenden *Economic Effect* soll auch der steuerlich positive Effekt der Abschreibung nicht einem Gesellschafter gesondert zugewiesen werden können. Vielmehr erfolgt eine Aufteilung der *Nonrecourse Deductions* anhand des *Interests*

152 Paul C. Lau, Nora Stapleton & Brian Carter, *New Rules on Partnership Allocations of Foreign Taxes*, 85 Taxes 41, 42 (2007).

der Gesellschafter an der Abzugsposition (*Treas. Reg.* § 1.704-2(b)(1)).[153] Die Durchführungsvorschriften enthalten zahlreiche Detailregelungen zur steuerlichen Behandlung der *Nonrecourse Liabilities*, etwa zur Ermittlung der Höhe der *Nonrecourse Deductions*, des *Interests* der *Partner* an den *Nonrecourse Deductions* und zur Situation, dass die Kapitalkonten der *Partner* durch eine *Nonrecourse Deduction* negativ werden (*Treas. Reg.* § 1.704-2(c) bis (i)). Aufgrund der mit der Ermittlung des *Interests* der Gesellschafter an der Abzugsposition verbundenen Schwierigkeiten sehen die Durchführungsvorschriften eine *Safe-Harbor*-Regelung vor. Werden ihre Voraussetzungen erfüllt, gilt die von den Gesellschaftern gewählte Zuweisung der *Nonrecourse Deductions* als dem *Interest* der Gesellschafter an der Abzugsposition entsprechend (*Treas. Reg.* § 1.704-2(e)).

(3) Sacheinlagen und -entnahmen (§ 704(c) IRC)

Die Gesellschaft führt die Buchwerte (*Adjusted Basis*, vgl. § 704(c)(1)(A) IRC) des einlegenden Gesellschafters fort (§ 723 IRC). Die Einlage erfolgt für Gesellschaft und Gesellschafter steuerneutral, sofern sich durch die Einlage die Gesellschaftsbeteiligung des Gesellschafters erhöht (§ 721(a) IRC).[154] Im Zusammenhang mit der steuerlichen Gewinnzurechnung bezweckt § 704(c)(A) IRC, dass bis zum Einlagezeitpunkt entstandene und später aufgedeckte stille Reserven und stille Verluste steuerlich stets dem einlegenden Gesellschafter zugerechnet werden, und verhindert außerdem die doppelte steuerliche Berücksichtigung stiller Verluste. § 704(c) IRC schränkt daher die Freiheit der Gesellschafter bei der Vereinbarung von Sonderzuweisungen ein, die sich auf eingelegte Wirtschaftsgüter mit stillen Reserven oder Verlusten beziehen.[155] Die Vorschrift ist neben § 704(b) IRC und den zugehörigen *Treasury Regulations* ein weiterer Anti-Missbrauchs-Baustein und erweist sich als Ausfluss des auch im US-Steuerrecht bekann-

153 Samuel C. Thompson, *Taxation of Business Entities*, § 14.8. E.

154 *Mittermaier*, in Wassermeyer/Richter/Schnittker, Personengesellschaften im Internationalen Steuerrecht, Rz. 29.50; zu den Ausnahmen vgl. *Kesselmeyer*, Partnership im US-Steuerrecht, S. 117 f. Vgl. ferner § 707(a)(2) IRC mit Bestimmungen für sog. *Disguised Sales*, die bei Leistungen der Gesellschaft an den Gesellschafter innerhalb einer Zweijahresfrist nach Einlage bestimmen, dass der Leistungsaustausch steuerlich wie ein Drittgeschäft behandelt wird.

155 Stephen B. Land, *Revaluations Revisited: Partnership Allocations and the Demise of the Ceiling Rule*, 54 Tax Law. 241, 242 (2001).

ten Subjektsteuerprinzips, wonach stille Reserven und Verluste demjenigen zugerechnet werden, bei dem sie entstanden sind.[156] Die Durchführungsvorschriften zu § 704(c)(A) IRC sehen verschiedene Methoden vor, um eine Verlagerung stiller Reserven und Verluste zwischen den Gesellschaftern zu verhindern.[157]

Die Einlage eines Wirtschaftsguts mit stillen Reserven oder stillen Verlusten erhöht das Kapitalkonto des einlegenden Gesellschafters nach den allgemeinen Regeln des § 704(b) IRC in Höhe des Marktwerts (*Fair Market Value*), während sich die Anschaffungskosten seiner Gesellschaftsbeteiligung steuerlich lediglich um den fortgeführten Buchwert des eingelegten Wirtschaftsguts erhöhen.[158] Damit werden die zum Einlagezeitpunkt im Wirtschaftsgut vorhandenen die stillen Reserven vor ihrer eigentlichen Realisierung durch die Gesellschaft „vorweg" dem Kapitalkonto des einlegenden Gesellschafter gutgeschrieben (*Treas. Reg.* § 1.704-1(b)(2)(iv)(b)). Das Kapitalkonto des einlegenden Gesellschafters übernimmt eine ergänzungsbilanzähnliche Funktion und gibt Auskunft über die im Einlagezeitpunkt vorhanden stillen Reserven oder Verluste. Wird das Wirtschaftsgut anschließend tatsächlich zum Marktwert im Einlagezeitpunkt veräußert, erfolgt keine Anpassung des Kapitalkontos des einlegenden Gesellschafters in Höhe des steuerlichen Veräußerungsgewinns. Diese Erhöhung ist bereits zum Einlagezeitpunkt erfolgt.[159] Sollte bei der Veräußerung ein höherer Erlös als der *Fair Market Value* im Einlagezeitpunkt erzielt werden, kann der überschießende Betrag zwischen den Gesellschaftern frei verteilt werden. Der Veräußerung gleichgestellt ist gem. § 704(c)(1)(B) die Entnahme eines zuvor eingelegten Wirtschaftsguts mit stillen Reserven oder Verlusten durch einen anderen als dem einlegenden Gesellschafter innerhalb einer Sperrfrist von sieben Jahren. Es wird unterstellt, dass die Gesellschaft dem entnehmenden Gesellschafter das Wirtschaftsgut zum Marktwert verkauft

---

156 Paul R. McDaniel/Martin J. McMahon/Daniel L. Simmons, *Taxation of Business Entities*, S. 140 f.; Zum Subjektsteuerprinzip im deutschen Einkommensteuerrecht unten D.III.1.b)cc).

157 *Mittermaier*, in Wassermeyer/Richter/Schnittker, Personengesellschaften im Internationalen Steuerrecht, Rz. 29.50.

158 Anders als hierzulande ist in den USA der Anteil an einer *Partnership* steuerlich ein eigenständiges Wirtschaftsgut (die Berechnung der Anschaffungskosten regelt § 705(a) IRC), s. George K. Yin/Caren C. Burke, *Partnership Taxation*, Chapter 2 C.1. („Partners do not own direct interests in the assets of the partnership; rather, they own interests in the partnership as a whole").

159 Paul R. McDaniel/Martin J. McMahon/Daniel L. Simmons, *Taxation of Business Entities*, S. 141.

hätte; der Veräußerungsgewinn wird dem einlegenden Gesellschafter zugewiesen. Diese Entnahmeregelung wird ergänzt durch § 737 IRC, wonach eine Gewinn- oder Verlustrealisierung eines Gesellschafters fingiert wird, wenn er innerhalb von sieben Jahren nach seiner Sacheinlage eine Sachentnahme tätigt und ein *anderes* Wirtschaftsgut entnimmt. Zur Berechnung seines Gewinns oder Verlusts wird unterstellt, dass alle von ihm innerhalb der letzten sieben Jahre getätigten Sacheinlagen gewinn- oder verlustrealisierend durch einen anderen Gesellschafter entnommen wurden.

Handelsrechtliche Abschreibungen (*Book Depreciation*), die den Kapitalkonten der Gesellschafter belastet werden und deren Bemessungsgrundlage der *Fair Market Value* bei Einlage ist, werden nach der Gewinnverteilungsabrede der Gesellschafter verteilt. Steuerliche Abschreibungen (*Tax Depreciation*) auf eingelegte Wirtschaftsgüter mit stillen Reserven werden grundsätzlich den nicht-einlegenden Gesellschaftern zugewiesen.[160] Bei beteiligungsquotaler Gewinnverteilung schmelzen die dem einlegenden Gesellschafter zugewiesenen stillen Reserven mit der Zeit ab, indem sein Kapitalkonto aufgrund der ihm zuzuschreibenden *handelsrechtlichen* Abschreibungen mit der Zeit verringert wird, während die steuerlichen Anschaffungskosten seiner Gesellschaftsbeteiligung mangels ihm zugewiesener *steuerlicher* Abschreibungen konstant bleiben. Stille Verluste werden gem. § 704(c)(1)(C) IRC in der Gesellschaftsbilanz aufgedeckt und dem einlegenden Gesellschafter zugewiesen, sobald dieser Gesellschafter seine Gesellschaftsbeteiligung überträgt. Dadurch wird verhindert, dass stille Verluste steuerlich doppelt berücksichtigt werden, nämlich einmal beim einlegenden Gesellschafter infolge der Veräußerung seiner Gesellschaftsbeteiligung und ein weiteres Mal durch den Erwerber der Gesellschaftsbetei-

---

160 Sog. *Traditional Method* einschl. der *Ceiling Rule*, vgl. *Treas Reg.* § 1.704-3(b)(1) – nach dieser Methode ist Bemessungsgrundlage für Abschreibungen der fortgeführte Buchwert des eingelegten Wirtschaftsguts. Die steuerlichen Abschreibungen werden allein dem nicht einlegenden Gesellschafter zugerechnet. Diese einseitige Abschreibungszurechnung dient als Ausgleich dafür, dass dem Gesellschafter infolge der Buchwertfortführung durch die Gesellschaft ein erhöhtes anteiliges Abschreibungsvolumen verloren geht; die einseitige Abschreibungszuweisung ist gedeckelt auf das anteilige Abschreibungsvolumen des Gesellschafters, das sich ohne Buchwertfortführung ergeben hätte (*Ceiling Rule*); ferner sind die *Traditional Method with Curative Allocations* und *Remedial Method* vorgesehen, vgl. *Treas. Reg.* § 1.704-3(d) (1) ff. Die beiden letztgenannten Methoden dienen der Beseitigung von Missständen, die durch Anwendung der *Ceiling Rule* entstehen können, vgl. Stephen B. Land, *Revaluations Revisited: Partnership Allocations and the Demise of the Ceiling Rule*, 54 Tax Law. 241 ff. (2001).

ligung bei Veräußerung des eingelegten Wirtschaftsguts durch die Gesellschaft.[161]

(4) Verlustabzug (§ 704(d) IRC)

Die Verlustzuweisung ist bei Bestehen einer Ausgleichspflicht für ein negatives Kapitalkonto durch den Gesellschafter grundsätzlich unbegrenzt möglich. Ohne Ausgleichspflicht ist die Verlustzuweisung begrenzt, denn das Kapitalkonto darf dann grundsätzlich nicht negativ werden.[162] Abzugsfähig sind die zugewiesenen Verluste beim Gesellschafter allerdings nur in Höhe der vor dem Abzug bestehenden Anschaffungskosten seiner Gesellschaftsbeteiligung (*Adjusted Basis for Partnership Interest*), § 704(d) IRC. Durch den Verlustabzug mindern sich die Anschaffungskosten. Soweit die Verlustzuweisung die Anschaffungskosten übersteigt, wird der Verlust vorgetragen und ist abzugsfähig, sobald die Anschaffungskosten der Gesellschaftsbeteiligung wieder positiv werden (allerdings auch dann wieder begrenzt durch die positiven Anschaffungskosten).[163] Daneben gibt es weitere Verlustabzugsbeschränkungen (§ 465 IRC, der die mit § 15a Abs. 1 EStG vergleichbare sog. *At-Risk*-Regel enthält, und die Abzugsbeschränkungen für *Passive Activity Loss*, die ebenfalls vor allem für beschränkt haftende Gesellschafter relevant sind).

d) *Target Allocations*

Die von der US-Finanzverwaltung vorgegebene Maßgeblichkeit der variablen Kapitalkonten für die Liquidationsanteile der Gesellschafter stellt aus Sicht mancher Gesellschafter ein wirtschaftliches Risiko dar. Ihr über die Totalperiode betrachteter Gewinnanspruch soll nicht vom Stand ihres Kapitalkontos abhängen, das nach den komplizierten *Treasury Regulations* zu führen ist und sich aus vielen einzelnen Zuweisungen von *Tax Items* ergibt. Sie wollen sich stattdessen darauf verlassen, dass sich ihr Gewinnanspruch nach ihrer wirtschaftlichen Übereinkunft richtet. Was wirtschaftlich

161 William H. Caudill, *Partnership Tax Issues*, 55 Tul. L. Sch. Ann. Inst. on Fed. Tax'n 5-1 (2006-2007), Kap. 5.1.1.

162 Zur Ausnahme bei unerwarteten Verlusten und dem *Qualified Income Offset* oben B.II.2.c)aa)(1).

163 *Kesselmeyer*, Partnership im US-Steuerrecht, S. 97.

von den Gesellschaftern gewollt ist, ergibt sich zumeist aus ihrer Abrede zur Verteilung der in der Gesellschaft angefallenen Liquidität, also der Klausel zu *Distributions*. Nach der in der Kautelarpraxis entwickelten sog. *Target Method* richtet sich die Gewinnverteilung deshalb nicht nach den Kapitalkonten, sondern nach der Gesellschaftervereinbarung zu den *Distributions*.[164] Die Kapitalkonten sollen lediglich nachvollziehen, was die Gesellschafter mit ihrer Vereinbarung zu *Distributions* wirtschaftlich beabsichtigen. Zu diesem Zweck regeln die Gesellschafter, dass der steuerliche Gesellschaftsgewinn bzw. seine einzelnen Bestandteile den Gesellschaftern in jedem Jahr dergestalt zugewiesen werden sollen, dass ihre Kapitalkonten am Ende eines Wirtschaftsjahres den Stand aufweisen, der den vereinbarten *Distributions* im Fall einer (hypothetischen) Liquidation entspricht. Im Anschluss an die *Distributions* wären die Kapitalkonten jeweils auf null reduziert. Die Kapitalkonten werden nach der *Target Method* weiterhin nach den Vorgaben der *Treasury Regulations* geführt, allerdings wird nach dem Gesellschaftsvertrag das „Pferd von hinten aufgezäumt". Anstatt dass die Gesellschafter die Verteilung konkreter steuerlicher Gewinnbestandteile regeln, legen sie ihr gewünschtes Gewinnverteilungsergebnis fest und bestimmen, dass sich sämtliche *Tax Item Allocations* danach auszurichten haben. Wie die *Tax Items* der Gesellschaft in den einzelnen Wirtschaftsjahren auf die Gesellschafter zu verteilen sind, wird der Geschäftsführung überlassen. Weil die Zuweisung der *Tax Items* durch *Distributions* in entsprechender Höhe wirtschaftlich nachvollzogen wird, haben die Zuweisungen *Substantial Economic Effect*. Nach herrschender Literaturmeinung sind *Target Allocations* daher steuerlich unbedenklich.[165] Die kautelarjuristische Entwicklung von *Target Allocations* beweist das praktische Bedürfnis, eine wirtschaftlich zielgenaue sowie steuerlich anerkannte Gewinnverteilungs-

164 Terence Floyd Cuff, *Drafting Target Allocations*, 60 Major Tax Plan. 7-1, 7-3 (2008).

165 George K. Yin/Caren C. Burke, *Partnership Taxation*, Chapter 4 B.6.; Daniel S. Goldberg, *The Target Method for Partnership Special Allocations and Why It Should Be Safe-Harbored*, 69 Tax Law. 663 (2016); für die Vereinbarung von *Target Allocations* lautet die Standardklausel, die als Öffnungsklausel für die Zuweisung von *Tax Items* fungiert: „Partnership Profit or Loss for any fiscal year (or portion thereof) shall be allocated in a manner so as to cause the Partners' ending Capital Accounts (after adjusting for such allocations) to equal the amount they would receive if the Partnership were to sell all of its assets for their book value, pay all Partnership liabilities and liquidate pursuant to this Agreement, with liquidating distributions being made in the same manner as distributions from a sale" (zitiert nach Philip R. Hirschfeld, *Deciphering Tax Allocation Provisions in a Partnership Agreement*, 30 Prob. & Prop. 36, 39 [2016]).

abrede zu treffen, ohne sich auf die verschlungenen Pfade der Verwaltungsvorschriften zu § 704(b) IRC begeben zu müssen.

3. Literaturkritik

Die Durchführungsvorschriften enthalten eine Vielzahl von Regelungen zur Sicherstellung eines wirtschaftlichen Gehalts der Gewinnverteilungsabrede und zur Vermeidung unerwünschter steuerlich motivierter Gestaltungen. Je komplexer die gesellschaftsvertragliche Gewinnverteilungsabrede ist, desto umfangreicher gerät die Prüfung ihrer steuerlichen Anerkennung anhand der *Treasury Regulations.* Bereits die vorstehende Zusammenfassung lässt erkennen, wie verästelt und streitanfällig die Durchführungsvorschriften zu *Special Allocations* sind. So überrascht es nicht, dass nur eine Mindermeinung Reformen für unangebracht hält und die aus ihrer Sicht entstehenden gesamtwirtschaftlichen Effizienzgewinne durch den großen Gestaltungsspielraum bei Gewinnverteilungsabreden betont.[166] Die von der herrschenden Literaturauffassung an den *Treasury Regulations* geübte Kritik ist inzwischen uferlos.[167] Der freiheitliche steuerliche Ordnungsrahmen, Sinnbild des schlanken Staats und im Gesetzestext nur zwei Absätze umfassend, aber letztlich mit Dutzenden Seiten Durchführungsvorschriften im Schlepptau, geriet nach überwiegender Literaturansicht zu einem undurch-

---

166 Rebecca S. Rudnick, *Enforcing the Fundamental Premises of Partnership Taxation,* 22 Hofstra L. Rev. 229, 235 (1993); Walter D. Schwidetzky, *The Partnership Allocation Rules of Section 704(b): To Be or Not to Be,* 17. Va. Tax Rev. 707, 709 (1998).

167 Michael J. Close & Dan A. Kusnetz, *The Final Section 704(b) Regulations: Special Allocations Reach New Heights of Complexity,* 40 Tax Law. 307, 336 (1987) (Treasury Regulations "add a new layer of complexity to the already byzantine area of partnership allocations and create a myriad of new traps for the unwary"); Paul R. McDaniel/Martin J. McMahon/Daniel L. Simmons, *Taxation of Business Organizations,* S. 2; Emily Cauble & Gregg D. Polsky, *The Problem of Abusive Related-Partner Allocations,* 16 Fla. Tax Rev. 479, 482 (2014); Andrea Monroe, *Too Big to Fail: The Problem of Partnership Allocations,* 30 Va. Tax Rev. 465, 493 (2011); Daniel S. Goldberg, *The Target Method for Partnership Special Allocations and Why It Should Be Safe-Harbored,* 69 Tax Law. 663, 725 (2016); David Hasen, *Partnership Special Allocations Revisited,* 13 Fla. Tax Rev. 349, 350 (2012); Bradley T. Borden, *Partnership Tax Allocations and the Internalization of Tax-Item Transactions,* 59 S. Car. L. Rev. 297 (2008); Mark P. Gergen, *Reforming Subchapter K: Special Allocations,* 46 Tax L. Rev. 1 (1990);.

schaubaren und „dysfunktionalen“[168] System. Selbst die umfangreichen *Treasury Regulations* sind nach Auffassung der herrschenden Literaturstimmen nicht geeignet, das Ziel der Missbrauchsverhinderung zu erreichen. Aus Sicht der Steuerpflichtigen erscheint eine rechtssichere Befolgung aller Vorschriften nahezu unmöglich. Hinzu kommt, dass es neben den *Treasury Regulations* zu § 704(b) IRC allgemeine, auf das ganze *Subchapter K* des IRC bezogene Anti-Missbrauchs-Durchführungsvorschriften gibt (*Treas. Reg.* § 1.701(2)), deren Verhältnis zu den § 704-spezifischen Durchführungsvorschriften ungeklärt ist.[169] Ein Gestaltungsmissbrauch kann nach den allgemeinen Missbrauchsvorschriften in praktisch allen Fällen vorliegen, in denen *Special-Allocations* vereinbart werden. Der Tatbestand eines Gestaltungsmissbrauchs ist danach erfüllt, wenn die Sonderzuweisungen zwar mit dem Wortlaut der Durchführungsvorschriften in Einklang stehen, aber ihr Hauptzweck in einer wesentlichen Reduzierung der Gesamtsteuerbelastung der *Partner* besteht und sie dem Sinn und Zweck des *Subchapter K* des IRC zuwiderlaufen (*Treas. Reg.* § 1.701-2(a) und (c)(5)).[170] Seit 2010 ist im IRC weiterhin die sog. *Economic Substance Doctrine* gesetzlich verankert (§ 7701(o), § 6662(a), (b)(6), (i) und § 6664(a), (c)(1), (2) IRC). Danach wird eine *Transaction* steuerlich nur berücksichtigt, wenn sie die wirtschaftliche Position des Steuerpflichtigen auch außersteuerlich beeinflusst und der Steuerpflichtige einen beachtlichen außersteuerlichen Grund für den Abschluss der *Transaction* hat (§ 7701(o)(1) IRC). Der Anwendungsbereich der *Economic Substance Doctrine* beschränkt sich nach dem Wortlaut der Norm zwar auf *Transactions* (einschließlich hintereinander geschalteter

---

168 Andrea Monroe, *Taxing Reality: Rethinking Partnership Distributions*, 47 Loy. L. A. L. Rev. 657, 663 (2014).

169 Richard M. Leder, *Tax-Driven Partnership Allocations with Economic Effect: The Overall After-Tax Present Value Test for Substantiality and other Considerations*, 54 Tax Law. 753, 783 ff. (2001); George K. Yin, The Future Taxation of Private Business Firms, 4 Fla. Tax Rev. 141, 166 f. (1999). Die Bedeutung der allgemeinen Missbrauchsvorschriften ist praktisch gering, vgl. Andrea Monroe, *What's in a Name: Can the Partnership Anti-Abuse Rule Really Stop Partnership Tax Abuse*, 60 Case W. Res. L. Rev. 401, 437 (2010).

170 Vgl. *Treas. Reg.* § 1.701-2(a), wonach *Subchapter K* grundsätzlich flexible wirtschaftliche Arrangements der *Partner* ermöglichen soll, ohne dass die Gesellschaftsebene besteuert wird; die Durchführungsvorschriften enthalten andererseits spezifische Kriterien, wonach Sonderzuweisungen nicht im Einklang mit § 704(b) stehen können (darunter die Gewinnzuweisung an persönlich steuerbefreite oder verlustführende *Partner* oder solche mit ausländischem *Tax Credit.*

Transaktionen), gleichwohl besteht Unsicherheit über ihre Reichweite und ihr Verhältnis zur Anti-Missbrauchs-Regelung der *Treas. Reg.* § 1.701-2.[171]

Die überwiegenden Literaturstimmen sehen folglich Reformbedarf und machen ein ganzes Prisma an Vorschlägen. Eine Alternative zu den *Treasury Regulations* sei eine generalklauselartige Missbrauchsvermeidungsvorschrift, wie sie bereits in der ersten Fassung von § 704 IRC (1954) bestand.[172] Nimmt man diesen Vorschlag ernst, könnte § 704(b) IRC in Gänze entfallen, da es inzwischen mit der *Economic Substance Doctrine* und *Treas. Reg.* § 1.701-2(b) generalklauselartige Instrumente zur Missbrauchsbekämpfung gibt. Ein anderer Ansatz besteht darin, den Gewinn anhand der festen Kapitalanteile der Gesellschafter zu verteilen und eine davon abweichende Verteilung von Chancen und Risiken aus der Gesellschaftsbeteiligung mittels zwischen den Gesellschaftern vereinbarten Instrumenten wie Darlehen oder Freistellungen zu erreichen.[173] Das Grundgerüst der Durchführungsvorschriften zu § 704(b) IRC hält sich jedoch schon seit 1985. Die Kritik daran ist nicht neu. Seitdem hat sich trotz des anspruchsvollen Regelwerks ein *modus vivendi* entwickelt.[174] Der nachfolgende Abschnitt veranschaulicht, wie Sonderzuweisungen unter den bestehenden Regeln in der Praxis ausgestaltet werden können.

III. Mögliche Ausgestaltung von Sonderzuweisungen

Die Durchführungsvorschriften im Einzelnen nachzuvollziehen, ist für die Frage der Grenzen von Gewinnverteilungsabreden im deutschen Steuerrecht nicht unmittelbar relevant. Relevant ist vorrangig die Frage, welche Sonderzuweisungstypen in der US-Steuerpraxis als legitim gelten und anerkannt, zumindest diskutiert oder grundsätzlich abgelehnt werden. Eine solche Typisierung erleichtert die Übertragung von *Special-Allocation*-Sach-

171 George K. Yin/Caren C. Burke, *Partnership Taxation*, Chapter 12 C ("statute leaves to the courts to determine whether the doctrine is 'relevant' and should be applied").

172 Thomas W. Henning, *Partnership Exit Strategies and the Failure of the Substantiality Test*, 63 Tax Law. 43, 97 (2009).

173 Mark P. Gergen, *Reforming Subchapter K: Special Allocations*, 46 Tax L. Rev. 1, 43 (1990).

174 Walter D. Schwidetzky, *The Partnership Allocation Rules of Section 704(b): To Be or Not to Be*, 17. Va. Tax Rev. 707, 709 (1998) ('The substantial economic effect rules are highly complex.[...] However, [...] they have been around since 1985, and professionals have become accustomed to working with them.').

verhalten ins deutsche Recht. Nachfolgend sollen drei aus US-Perspektive typische Sonderzuweisungsformen dargestellt werden.

1. *Source-Based Allocations*

Sog. *Source-Based Allocations* betreffen die Zuweisung von Gewinnbestandteilen etwa aus einem bestimmten Geschäftsbereich oder einem vom Gesellschafter eingebrachten oder von der Gesellschaft angeschafften Wirtschaftsgut. Dass solche Sonderzuweisungen aus US-Sicht möglich sind, zeigt der Wortlaut von § 704(b)(2) IRC. Er umfasst nicht nur Gewinne, Verluste und Abschreibungen, sondern auch Teile davon („*or item thereof*"). Es lassen sich damit Gewinnbestandteile gesondert zuweisen, die auf einen Geschäftsbereich oder ein bestimmtes Wirtschaftsgut zurückzuführen sind.[175] Der Terminus „*Source-based Allocations*" reflektiert das in § 704(a) IRC angelegte Prinzip einer Gewinnverteilungsabrede, die sich auf steuerlich zu ermittelnde Gewinnbestandteile bezieht. Es lässt sich daher – die steuerliche Terminologie fortschreibend – von der gesonderten Zuweisung von Einkunftsquellen sprechen.

Die Zuweisung von Einkunftsquellen kann sich an verschiedenen Kriterien ausrichten, etwa rechtlichen (Ergebnis von Tochtergesellschaften), organisatorischen (Ergebnis verschiedener Sparten), güterbezogenen (Ergebnisse von Produktklassen) oder räumlichen (Ländererergebnisse).[176] Auch eine Aufteilung nach profitablen und defizitären Gesellschaftsbereichen oder Wirtschaftsgütern ist möglich, was in einer getrennten Zuweisung von Gewinnen und Verlusten resultiert. Nicht unter eine quellenbezogene Gewinnverteilung sind, obwohl nach § 704(a) IRC grundsätzlich möglich,[177] Direktzuweisungen von Abzugsposten wie etwa Abschreibungen an Gesellschafter zu fassen (*Deductions*), weil es sich bei diesen *Tax Items* nicht um „Einkunftsquellen" handelt. Sonderzuweisungen von Einkunftsquellen sind aus Gesellschaftersicht interessant, wenn Verantwortungsbereiche in der Gesellschaft aufgeteilt oder Anreizsysteme geschaffen werden sollen.[178]

175 Rebecca S. Rudnick, *Enforcing the Fundamental Premises of Partnership Taxation*, 22 Hofstra L. Rev. 229, 373 (1993).

176 Vgl. Für Tracking-Stock-Gestaltungen *Prinz/Schürner*, DStR 2001, 759, 766.

177 *Treasury Regulations* § 1.704-1(b)(6) Example 1.

178 Bradley T. Borden, *Partnership Tax Allocations and the Internalization of Tax-Item Transactions*, 59 S. Car. L. Rev. 297, 301 ff. (2008).

Auch können Gesellschafter durch derartige Vereinbarungen ihre unterschiedliche Risikobereitschaft austarieren.[179]

Ein aus dem Fondskontext stammendes Beispiel für Sonderzuweisungen von Einkünften aus bestimmten Einkunftsquellen wurzelt in Besonderheiten des US-Steuerrechts, verdeutlicht aber das Gestaltungsprinzip von *Special Allocations*. US-ansässige Fonds haben nicht selten steuerbefreite Investoren und/oder nicht US-steueransässige Investoren.[180] Bestimmte steuerbefreite Investoren, etwa Privatstiftungen,[181] wollen vermeiden, dass ihnen durch ihr Fondsinvestment sog. *Unrelated Business Taxable Income* (*UBTI*) zugerechnet wird. *UBTI* müssen sie nach einer in § 512 IRC enthaltenen Bestimmung ausnahmsweise doch versteuern[182] und zu diesem Zweck eine gesonderte Steuererklärung abgeben.[183] Letzteres wird zum Teil als größere Hürde als die Steuerpflicht selbst angesehen.[184] Als *UBTI* werden Einkünfte bezeichnet, die aus einem *Trade or Business* stammen, das nicht im Zusammenhang mit dem steuerprivilegierten Gesellschaftszweck des Gesellschafters steht. Die steuerbefreiten Gesellschafter erzielen in der Regel *UBTI*, wenn der Unternehmensgegenstand einer nicht körperschaftlich verfassten Portfoliogesellschaft des Fonds im Verkauf von Waren oder Dienstleistungen besteht (*Treas. Reg.* § 1.513-1(b)). Unerheblich ist, ob die Portfoliogesellschaft steuerlich in den USA oder anderswo ansässig ist.[185]

Ausländische Fondsgesellschafter wollen ihrerseits vermeiden, dass ihnen aus dem Fondsinvestment sog. *Effectively Connected Income* (*ECI*) zugerechnet wird. Dabei handelt es sich um Einkünfte, die entstehen, wenn ein nicht körperschaftlich verfasstes US-Portfoliounternehmen des

---

179 Rebecca S. Rudnick, *Enforcing the Fundamental Premises of Partnership Taxation*, 22 Hofstra L. Rev. 229, 304 (1993).

180 Peter A. Furci & Mac A. Yassinger, *Unusual Deals, Unusual Times: Tax Issues in Non-Traditional Private Equity Investments*, 64 Major Tax Plan. 5-1, 5-3 (2012).

181 Zu den betroffenen steuerbefreiten Investoren s. Vadim Mahmoudov, Rafael Kariyev & Daniel Backenroth, *Playing With Blocks: Testing a Fund's Blocker Allocations*, 2011 Tax Notes 993, 994 (2011).

182 Die Einkünfte unterliegen beim steuerbefreiten Investor der Körperschaftsteuer oder, sofern der Investor ein Trust ist, den Regeln zur Trust-Besteuerung, s. Peter A. Furci & Mac A. Yassinger, *Unusual Deals, Unusual Times: Tax Issues in Non-Traditional Private Equity Investments*, 64 Major Tax Plan. 5-1, 5-3 (2012).

183 Form 990-T.

184 David B. Goldman, *Private Equity and Venture Capital Funds: A Practical Introduction to Tax and Structuring Considerations*, 56 Major Tax Plan. 18-1, 18-25 (2004).

185 Vadim Mahmoudov, Rafael Kariyev & Daniel Backenroth, *Playing With Blocks: Testing a Fund's Blocker Allocations*, 2011 Tax Notes 993, 994 (2011).

Fonds ein *Trade or Business* betreibt und Ausschüttungen an den Fonds vornimmt oder die Gesellschaftsanteile vom Fonds veräußert werden. Die ausländischen Investoren gelten dann selbst als US-Gewerbetreibende (§ 875 (1) IRC). Aus US-Sicht darf das *ECI* im DBA-Fall gem. Art. 7 Abs. 1 OECD-MA von den USA besteuert werden. Die darauf entfallenden Einkünfte müssen die ausländischen Investoren ähnlich versteuern wie ein unbeschränkt Steuerpflichtiger,[186] natürliche Personen also mit dem progressiven Einkommensteuertarif (§§ 871(b)(1), 873 IRC). Außerdem werden sie in den USA steuererklärungspflichtig (*Treas. Reg.* § 1.6012-1(b)(1)(i) und § 1.6012-2(g)(1)(i)).

Eine gängige Methode zur Vermeidung der Steuererklärungspflicht und teilweise auch nachteiliger steuerlicher Folgen für die steuerbefreiten sowie ausländischen Investoren besteht darin, zwischen den Fonds und die „schädliche" Portfoliogesellschaft eine Körperschaft zu schalten (den sog. *Blocker*). Über den *Blocker* wird das Kapital allein der steuerbefreiten und ausländischen Investoren in die „schädliche" Portfoliogesellschaft investiert. Die auf die steuerbefreiten bzw. ausländischen Investoren entfallenden Gewinnanteile fließen wiederum durch den *Blocker* zurück in den Fonds oder werden im *Blocker* thesauriert. Die aus der Körperschaftsteuerpflicht auf *Blocker*-Ebene folgende steuerliche Mehrbelastung wird regelmäßig in Kauf genommen.[187] Denn die steuerbefreiten Investoren erzielen kein *UBTI*, sondern für sie steuerfreie Kapitaleinkünfte.[188] Kapitaleinkünfte statt *ECI* sind auch für die ausländischen Investoren vorteilhaft. Unter Umständen werden Ausschüttungen bei ihnen geringer besteuert als *ECI*.[189] Wird außerdem im Veräußerungsfall nicht die Gesellschaftsbeteiligung an der Portfoliogesellschaft durch den *Blocker* verkauft, sondern die Beteiligung am *Blocker* selbst, unterliegt der Veräußerungsvorgang bei den steuerbefreiten und (im Fall von DBA-Schutz) bei den ausländischen Fondsinvestoren keiner US-Steuerpflicht. Durch die ausschließliche Zurechnung von

186 *Mittermaier*, Besteuerung von Personengesellschaften im Verhältnis USA — Deutschland, S. 191.

187 David B. Goldman, *Private Equity and Venture Capital Funds: A Practical Introduction to Tax and Structuring Considerations*, 56 Major Tax Plan. 18-1, 18-30 (2004); Vadim Mahmoudov, Rafael Kariyev & Daniel Backenroth, *Playing With Blocks: Testing a Fund's Blocker Allocations*, 2011 Tax Notes 993, 995 (2011).

188 Vadim Mahmoudov, Rafael Kariyev & Daniel Backenroth, *Playing With Blocks: Testing a Fund's Blocker Allocations*, 2011 Tax Notes 993, 995 (2011).

189 James H. Lokey Jr. & Sara O. Loft, *Ventures with Tax Exempt and Foreign Investors*, 54 Ann. Tax Conf. 1, 20 (2008).

Capital Gains wird schließlich die originäre Steuererklärungspflicht der steuerbefreiten sowie *de facto* auch der ausländischen Investoren beseitigt und stattdessen auf den *Blocker* abgewälzt.[190]. Für alle anderen Investoren, für die die Erzielung von *UBTI* oder *ECI* keine steuerlichen oder organisatorischen Nachteile mit sich bringt, also „gewöhnliche" nicht steuerbefreite US-Investoren, ist die Einschaltung des *Blockers* hingegen steuerlich ineffizient, denn die zusätzliche Körperschaftsteuer schmälert ihren Gewinnanteil. Ihre Einlagen werden von der Fondsgesellschaft direkt in das Portfoliounternehmen investiert und Rückflüsse von dort direkt in die Fondsgesellschaft geleitet.

Die *Special Allocations* liegen im Beispielsfall darin, dass den steuerbefreiten und ausländischen Investoren ausschließlich die Einkünfte der Fondsgesellschaft zugewiesen werden, die über den *Blocker* in den Fonds geflossen sind (*Capital Gains*). Den übrigen Investoren werden die Einkünfte zugewiesen, die „auf direktem Weg" als *Trade or Business Income* von der Portfoliogesellschaft in den Fonds geflossen sind und damit nicht der Körperschaftsteuer auf *Blocker*-Ebene unterlagen.[191] So erfolgt eine quellenbezogene Gewinnverteilung, auch wenn aus den Einkunftsquellen der Fondsgesellschaft (Portfoliogesellschaft und Blockergesellschaft) gleichzeitig unterschiedliche Einkunftstypen fließen – die Sonderzuweisung hat daher auch Ähnlichkeit mit dem sog. *Character Shifting* (dazu sogleich). Ob diese quellenbezogenen *Special Allocations* nach § 704(b) IRC steuerlich anerkannt werden, hängt vom konkreten Einzelfall, insbesondere von einer verminderten Gesamtsteuerlast der Gesellschafter ab.[192]

---

190 David B. Goldman, *Private Equity and Venture Capital Funds: A Practical Introduction to Tax and Structuring Considerations*, 56 Major Tax Plan. 18-1, 18-30 (2004). Die US-Steuererklärungspflicht der ausländischen Investoren bleibt prinzipiell bestehen, auch wenn ihnen kein *ECI* zugewiesen wird. Das folgt daraus, dass der Fonds selbst an einem *Trade or Business* beteiligt ist. Die Steuererklärungspflicht wird mangels *ECI*-Zuweisung an die ausländischen Investoren in der Praxis vernachlässigt, Vadim Mahmoudov, Rafael Kariyev & Daniel Backenroth, *Playing With Blocks: Testing a Fund's Blocker Allocations*, 2011 Tax Notes 993, 997 f. (2011).

191 Peter A. Furci & Mac A. Yassinger, *Unusual Deals, Unusual Times: Tax Issues in Non-Traditional Private Equity Investments*, 64 Major Tax Plan. 5-1, 5-16 (2012); Vadim Mahmoudov, Rafael Kariyev & Daniel Backenroth, *Playing With Blocks: Testing a Fund's Blocker Allocations*, 2011 Tax Notes 993, 997 (2011); David B. Goldman, *Private Equity and Venture Capital Funds: A Practical Introduction to Tax and Structuring Considerations*, 56 Major Tax Plan. 18-1, 18-33 (2004).

192 Fallbeispiele bei Vadim Mahmoudov, Rafael Kariyev & Daniel Backenroth, *Playing With Blocks: Testing a Fund's Blocker Allocations*, 2011 Tax Notes 993, 998 ff. (2011)

2. *Character-Shifting Allocations*

Das US-Steuerrecht unterscheidet nicht zwischen verschiedenen Einkunftsarten. Es gilt ein synthetischer Einkünftebegriff („*income from whatever source derived*", § 61(a) IRC). Gleichwohl haben nicht alle Einkünfte in den USA den gleichen *Character*. An bestimmte Einkünfte sind Rechtsfolgen geknüpft, die von der Besteuerung „gewöhnlichen" Einkommens (*Ordinary Income*) abweichen.[193] Ein auch in Deutschland bekanntes Beispiel ist die Unterscheidung zwischen *Ordinary Income* und *Capital Gain*, letzterer wiederum unterteilt in *Short-Term* und *Long-Term Capital Gain*. Das US-Steuerrecht kennt folglich keine „Einkunftsarten" im Sinne der §§ 13 ff. EStG, aber durchaus verschiedene „Einkunftstypen" (*Character* oder *Classes of Income*). Gewinnbestandteile, die einem besonderen Einkunftstyp unterfallen, sind immer *Separately Stated Items*. Eine Personengesellschaft muss sie gem. § 702(a) IRC in ihrer Steuererklärung gesondert ausweisen und angeben, wie sie auf die Gesellschafter verteilt werden.

Mit Sonderzuweisungen lassen sich diese Einkunftstypen beteiligungsdisquotal aufteilen, was in den USA als *Character Shifting* bezeichnet wird.[194] *Character Shifting* wird als der problematischste Sonderzuweisungstyp betrachtet.[195] Die Wirkmacht der privatautonomen Verteilung von steuerlichen Gewinnbestandteilen wird bei dieser Sonderzuweisungsart besonders augenfällig. Aus Gesellschaftersicht können sie interessant sein, um von bestimmten Besteuerungsmerkmalen auf Gesellschafterebene zu profitieren. Denkbar sind Sonderzuweisungen von Einkunftsarten, um Verlustverrechnungsmöglichkeiten bestmöglich zu nutzen. Denn bestimmte Einkünfte unterliegen auch in den USA beschränkten Verlustverrechnungsmöglichkeiten.[196] Daneben sind Sonderzuweisungen denkbar,

---

193 *Kesselmeyer*, Partnership im US-Steuerrecht, S. 41.

194 Mark P. Gergen, *Reforming Subchapter K: Special Allocations*, 46 Tax L. Rev. 1, 8 f. (1990).; Rebecca S. Rudnick, *Enforcing the Fundamental Premises of Partnership Taxation*, 22 Hofstra L. Rev. 229, 245 (1993); möglich ist auch ein abweichendes Aufteilungsverhältnis zwischen *Ordinary Income* und *Separately Stated Items*, s. Richard L. Bibart, *Partnership Taxation*, 40 U. Cin. L. Rev. 456, 469 (1971).

195 David Hasen, *Partnership Special Allocations Revisited*, 13 Fla. Tax Rev. 349, 353, 387 ff.

196 Beispielsweise können negative Kapitaleinkünfte gem. § 1211(b) IRC nur bis zur Höhe der positiven Kapitaleinkünfte zuzüglich USD 3.000 abgezogen werden; Verluste aus passivem Einkommen, das häufig von beschränkt haftenden Gesellschaftern erzielt wird, dürfen nur mit Gewinnen aus passivem Einkommen verrechnet werden, § 469 IRC.

wonach einem höher besteuerten Gesellschafter Einkünfte einer pauschal (niedrig) besteuerten Einkunftsart zugewiesen werden (z.B. Kapitaleinkünfte) und einem geringer besteuerten Gesellschafter Einkünfte, die dem persönlichen Einkommensteuertarif unterliegen (z.B. Vermietungseinkünfte).[197] Solche Sonderzuweisungen bezwecken primär eine Senkung der Gesamtsteuerlast der Gesellschafter, wonach sie keinen *Substantial Economic Effect* aufweisen dürften und aus US-Perspektive abzulehnen wären. Allein: Der *Substantial Economic Effect* entfällt erst, wenn zur Zeit der Sonderzuweisungsvereinbarung eine darauf beruhende Reduzierung der Gesamtsteuerlast „sehr wahrscheinlich" ist (*Treas. Reg.* § 1.704-1(b)(2)(iii)(b)). Die Wahrscheinlichkeit besteht nicht, wenn die künftige Höhe der Einkünfte der gesondert zugewiesenen Einkunftstypen unvorhersehbar ist.[198]

Eine besondere Leistungsbeziehung zwischen dem Empfänger der Sonderzuweisung und der Erwirtschaftung des Einkunftstyps ist zur Legitimation der Sonderzuweisung nicht erforderlich.[199] Sonderzuweisungen von Einkunftsarten wirken, als würde jeder Gesellschafter die verschiedenen Einkünfte jeweils separat außerhalb der Gesellschaft erzielen. So lässt sich argumentieren, dass bei grundsätzlicher Aberkennung von Sonderzuweisungen von Einkunftsarten diejenigen benachteiligt werden, die die Einkünfte unter Einschaltung einer Gesellschaft erzielen.[200] Das würde eine rechtsformneutrale Besteuerung verhindern.[201] Auf der anderen Seite wird vorgebracht, bei Anerkennung von Sonderzuweisungen von Einkunftsarten würden wirtschaftlich gesehen steuerfreie Tauschgeschäfte unter den Gesellschaftern ermöglicht. Denn die Sonderzuweisungen resultierten wirtschaftlich betrachtet in einem Austausch der den Einkunftsarten zugrundeliegenden Einkunftsquellen.[202]

197 Mark P. Gergen, *Reforming Subchapter K: Special Allocations*, 46 Tax L. Rev. 1, 8 (1990); Gregg D. Polsky, *Deterring Tax-Driven Partnership Allocations*, 64 Tax Law 97, 100 (2010).

198 Rebecca S. Rudnick, *Enforcing the Fundamental Premises of Partnership Taxation*, 22 Hofstra L. Rev. 229, 245 (1993).

199 Rebecca S. Rudnick, *Enforcing the Fundamental Premises of Partnership Taxation*, 22 Hofstra L. Rev. 229, 245 (1993).

200 Mark P. Gergen, *Reforming Subchapter K: Special Allocations*, 46 Tax L. Rev. 1, 9 (1990).

201 Gregg D. Polsky, *Deterring Tax-Driven Partnership Allocations*, 64 Tax Law 97, 98 (2010).

202 Mark P. Gergen, *Reforming Subchapter K: Special Allocations*, 46 Tax L. Rev. 1, 4 (1990).

3. *Time-Shifting Allocations*

Als dritte Fallgruppe lassen sich sog. *Time-Shifting Allocations* bzw. *Flips* erwähnen.[203] Diese Form von Sonderzuweisungen richtet sich nicht nach der Einkunftsquelle oder dem *Character* der Einkünfte, sondern bewirkt eine zeitlich gestaffelte Gewinnverteilung, wonach etwa einem Gesellschafter in einem Jahr ein beteiligungsdisquotal hoher Gewinnanteil und in den Folgejahren zu Ausgleichszwecken ein disquotal niedriger Gewinnanteil zugewiesen wird. Solche Sonderzuweisungen werden steuerlich anerkannt, wenn dadurch nicht nur die steuerliche Position eines Gesellschafters verbessert wird, während sich diejenige der übrigen Gesellschafters höchstwahrscheinlich nicht verschlechtert (*After-Tax*-Test, *Shifting*-Test und *Transitory*-Test). Auch wenn sich die Gesamtsteuerlast der Gesellschafter bei einem *Flip* nicht reduziert, führt er bei den „aussetzenden“ Gesellschaftern zu einem Besteuerungsaufschub, der Personengesellschaften an sich fremd ist. Dieser Besteuerungsaufschub kann sich wie ein Darlehen unter den Gesellschaftern auswirken. Den „aussetzenden“ Gesellschaftern entstehen außerdem Zinsvorteile.[204] Die *Treasury Regulations* enthalten ein Beispiel für einen *Flip*, der unter den geltenden Regelungen steuerlich anerkannt wird, aber einen erheblichen Besteuerungsaufschub nach sich zieht (*Treas. Reg.* § 1.704-1(b)(5), Example 28):

> *A ist eine US-Körperschaft und Muttergesellschaft von B (ebenfalls einer US-Körperschaft) und C (einer ausländischen Körperschaft). A ist die Obergesellschaft eines Konzerns, zu dem B gehört, nicht aber C (AB-Konzern). Zwischen A und B besteht eine ertragsteuerliche Organschaft. Dividenden von C an A unterliegen keiner Hinzurechnungsbesteuerung. B und C gründen eine nicht US-steueransässige Personengesellschaft (BC) und leisten gleichwertige Einlagen. Nach dem Gesellschaftsvertrag von BC werden ihre Einnahmen zu 90 % C und zu 10 % B zugewiesen, während ihre Ausgaben zu 10 % C und zu 90 % B zugewiesen werden. Nach Ablauf der ersten 15 Jahre erfolgt die Zuweisung von Einnahmen und Ausgaben umgekehrt.*

---

203 Emily Cauble & Gregg D. Polsky, *The Problem of Abusive Related-Partner Allocations*, 16 Fla. Tax Rev. 479, 485 (2014); Walter Schwidetzky, *Partnership Tax Allocations: The Basics*, 46 Colo. Law. 39 (2017); Rebecca S. Rudnick, *Enforcing the Fundamental Premises of Partnership Taxation*, 22 Hofstra L. Rev. 229, 244 (1993).

204 Mark P. Gergen, *Reforming Subchapter K: Special Allocations*, 46 Tax L. Rev. 1, 4, 6 (1990).

Die C zugewiesenen Einnahmen der BC-Gesellschaft können – einen entsprechenden DBA-Verteilungsartikel vorausgesetzt – nur in dessen Ansässigkeitsstaat besteuert werden, nicht aber in den USA. Währenddessen mindert die Ausgabenzuweisung an B die Steuerlast des AB-Konzerns in den USA. Erst nach Ablauf der ersten 15 Jahre würde sich die Besteuerung „umkehren", sodass der AB-Konzern eine Mehrsteuerlast trägt und C steuerlich entlastet wird. Nach den Anforderungen der Durchführungsvorschriften, vor allem des *Substantial-Economic-Effect*-Kriteriums, wären diese Sonderzuweisungen steuerlich anzuerkennen. Denn der jeweils betroffene Gesellschafter trägt mit den Sonderzuweisungen verbundene wirtschaftliche Risiken. B trägt das Risiko, dass die ersten 15 Jahre besonders profitabel sind, während C das Risiko trägt, dass die nachfolgenden 15 Jahre ertragreicher sind. Das Beispiel zeigt allerdings zugleich, dass die *Treasury Regulations* lückenhaft sind. Weil sowohl B als auch C alleinige Tochtergesellschaften von A sind, ist die Frage nach einem wirtschaftlichen Risiko für B oder C nebensächlich. Denn aus Sicht der Muttergesellschaft A resultieren die Sonderzuweisungen in einem Nullsummenspiel.[205] Obwohl die Sonderzuweisungen ausschließlich einen Besteuerungsaufschub in den USA beabsichtigen dürften und nicht von sonstigen wirtschaftlichen Erwägungen getragen sind, sind sie nach § 704(b) IRC zulässig.[206]

Auch weitergehende Sonderzuweisungseffekte sind nach den *Treasury Regulations* möglich. Als Beispiel soll eine Sonderzuweisung des gesamten Gesellschaftsgewinns dienen, die dem begünstigten Gesellschafter ermöglicht, seinen ansonsten verfallenden Verlustvortrag zu nutzen. Im Folgejahr soll eine gegenläufige Sonderzuweisung die übrigen Gesellschafter für die erste Sonderzuweisung entschädigen, ohne dass sie dadurch eine steuerliche Mehrbelastung zu tragen hätten.[207] Hierbei handelt es sich wirtschaftlich um die Übertragung steuerlicher Vorteile auf den verlustführenden Ge-

---

205 Emily Cauble & Gregg D. Polsky, *The Problem of Abusive Related-Partner Allocations*, 16 Fla. Tax Rev. 479, 486 (2014).

206 Nach § 482 IRC müssen die Gesellschaftervereinbarungen von B und C zudem einem Drittvergleich standhalten; dazu Emily Cauble & Gregg D. Polsky, *The Problem of Abusive Related-Partner Allocations*, 16 Fla. Tax Rev. 479, 486 (2014).

207 So der Sachverhalt in *Kresser v. Commissioner*, 54 T.C. 1621 (1970) – vom U.S. Tax Court (allerdings vor Einführung der aktuellen Verwaltungsvorschriften zu § 704(b) IRC) als steuerlich wirkungslos beurteilt; zur Zulässigkeit im US-Steuerrecht nach derzeitiger Rechtslage Mark P. Gergen, *Reforming Subchapter K: Special Allocations*, 46 Tax L. Rev. 1, 5 f. (1990); zur Zulässigkeit dieser Gestaltung im deutschen Recht BFH, Urteil vom 19.08.1999, I R 77/96, BFHE 189, 342, BStBl. II 2001, 43 – näher unten F.III.2.c).

sellschafter durch seine Co-Gesellschafter. Grundsätzlich ist hier der *Transitory*-Test einschlägig. Die Sonderzuweisungen wären damit steuerlich abzuerkennen, weil die Gesellschafter durch gegenläufige Sonderzuweisungen innerhalb von fünf Jahren ihre Gesamtsteuerlast senken. Aufgrund der *Value-Equals-Basis*-Regel sind eine Vielzahl solcher *Flips* gleichwohl steuerlich anzuerkennen. Das gilt immer dann, wenn nach der Gesellschaftervereinbarung eine Sonderzuweisung durch zukünftige Aufdeckung stiller Reserven ausgeglichen werden soll, die nach der *Value-Equals-Basis*-Regel nicht einzukalkulieren sind.[208] Zulässig wäre im Beispiel also eine Vereinbarung, wonach die Mitgesellschafter für die erste, sie benachteiligende Sonderzuweisung durch eine überproportionale Zuweisung des Gewinns aus der Veräußerung von Wirtschaftsgütern entschädigt werden sollen.

IV. Ergebnisse zur Gewinnverteilung in US-Partnerships

Für Personengesellschaften gilt im US-Einkommensteuerrecht das Transparenzprinzip. Der Kreis der transparent besteuerten Personengesellschaften wird nach § 761(a) IRC steuerrechtsautonom bestimmt. Die Besteuerung der Gesellschafter von US-Personengesellschaften hängt von ihrer privatautonom vereinbarten Gewinnverteilungsabrede ab. Bezugspunkt der Gewinnverteilungsabrede ist jedoch typischerweise nicht der handelsrechtlich, sondern der steuerlich ermittelte Gewinn. Das US-Einkommensteuerrecht offenbart eine fortgeschrittene Abkopplung der steuerlich relevanten Gewinnanteile der Gesellschafter von den Bestimmungen zur Gewinnverteilung in den gesellschaftsrechtlichen Mustergesetzen. Im Rahmen der steuerlichen Gewinnermittlung ist nicht allein ein aggregiertes Ergebnis zu ermitteln, sondern verschiedene einzelne Gewinnbestandteile, deren steuerliche Folgen von den konkreten Besteuerungsmerkmalen der Gesellschafter abhängen. Welche Gewinnbestandteile zu ermitteln sind, hängt auch von der Gewinnverteilungsabrede der Gesellschafter ab. Vereinbaren sie *Special Allocations*, sind die zugehörigen Gewinnbestandteile gesondert zu ermitteln und in der Steuererklärung der Gesellschaft auszuweisen.

Bei der Verteilung der steuerlich ermittelten Gewinnbestandteile sind die Gesellschafter weitgehend frei, solange sie einen *Substantial Economic*

208 Darryll K. Jones, *Special Allocations and Preferential Distributions in Joint Ventures Involving Taxable and Tax Exempt Entities*, 31 Ohio N.U. L. Rev. 13, 32 (2005); Andrea Monroe, *Too Big to Fail: The Problem of Partnership Allocations*, 30 Va. Tax Rev. 465, 503 (2011); zur *Value-Equals-Basis*-Regel oben B.II.2.c)aa)(2).

Effect aufweist. Dazu ist in einem ersten Schritt die Verteilung der *Tax Items* auf den Kapitalkonten der Gesellschafter nachzuhalten (*Economic Effect*). Das bedeutet, dass infolge der Zuweisung eines *Tax Items* das Kapitalkonto des Gesellschafters in entsprechendem Umfang erhöht oder verringert werden muss. Auf diese Weise wird im Grundsatz sichergestellt, dass die Vereinbarung über die Verteilung der *Tax Items* auch einen wirtschaftlichen Effekt bei den Gesellschaftern hat und sie dadurch mit ihrem real erzielten Einkommens besteuert werden. Der Gleichlauf zwischen Zuweisung der *Tax Items* und der Buchungen auf den Kapitalkonten der Gesellschafter reicht für die steuerliche Anerkennung der Gewinnverteilungsabrede gleichwohl noch nicht aus. Sicherzustellen ist in einem zweiten Schritt, dass die Zuweisung der *Tax Items* mit einem „wesentlichen" (*substantial*) wirtschaftlichen Effekt verbunden ist. Dazu darf die Zuweisung eines *Tax Items* erstens nicht die Gesamtsteuerlast aller Gesellschafter mindern (verglichen mit einer Situation ohne diese Zuweisung) und zweitens weder im gleichen noch in den nachfolgenden fünf Wirtschaftsjahren durch eine gegenläufige Zuweisung eines Gewinnbestandteils neutralisiert werden. Darüber hinaus gelten für bestimmte Gewinnbestandteile Einschränkungen bei der Verteilungsfreiheit der Gesellschafter. Denkbar sind vor diesem Hintergrund diverse Gestaltungsoptionen der Gesellschafter mit Blick auf ihre Gewinnanteile. Exemplarisch vorgestellt wurden *Source-based Allocations, Character-Shifting Allocations* sowie *Time-Shifting Allocations.* Auf diese Sonderzuweisungsformen wird bei Betrachtung der Rechtslage in Deutschland zurückzukommen sein.

Die Durchführungsvorschriften für die Gewinnverteilung bei Personengesellschaften zeigen, dass die Grenzziehung zwischen der Anerkennung legitimer und der Versagung bloß steuerlich motivierter Gewinnverteilung eine denkbar schwierige Aufgabe ist. Kritischer formuliert wurde 1954 mit der Ermöglichung der Verteilung von *Tax Items* ein Geist aus der Flasche gelassen, den wieder einzufangen seitdem die *Treasury Regulations* mühevoll versuchen. Verschiedene Vereinfachungen wie die *Value-Equals-Basis*-Regel[209] oder die Begrenzung des *Transitory*-Tests auf einen Zeitraum von fünf Jahren[210] zeigen die Lückenhaftigkeit der Durchführungsvorschriften in ihrer derzeitigen Fassung. Dass der steuerliche Effekt von Sonderzuweisungen aus *ex-ante*-Perspektive zu beurteilen ist und erst bei einer „hohen Wahrscheinlichkeit" der Reduzierung der Gesamtsteuerlast der Gesell-

209 Oben B.II.2.c)aa)(2).
210 Oben B.II.2.c)aa)(2)(3).

schafter eine Sonderzuweisung aberkannt wird, höhlt die Durchführungsvorschriften zusätzlich aus und fördert Auseinandersetzungen zwischen Steuerpflichtigem und Finanzverwaltung.

C. Nachbildung von *Special Allocations* im deutschen Personengesellschaftsrecht

Der Gewinnverteilungsschlüssel bei US-Personengesellschaften ist nicht auf eine prozentuale oder sonst abstrakte Gewinnverteilung beschränkt, sondern kann die Verteilung einzelner Gewinnbestandteile flexibel regeln. Die Gewinnverteilungsabrede kann insbesondere die individuelle Besteuerungssituation der Personengesellschafter und die dortige steuerliche Behandlung einzelner Gewinnbestandteile in den Blick nehmen. Die Frage nach der Übertragbarkeit derartiger Gestaltungsmöglichkeiten in das deutsche Recht umfasst eine gesellschaftsrechtliche und eine steuerrechtliche Dimension. Zunächst ist der gesellschaftsrechtliche Ordnungsrahmen für die Gewinnverteilung in Personengesellschaften zu untersuchen. Dazu werden zunächst die dispositiven gesetzlichen Gewinnverteilungsregeln in den Blick genommen, bevor anschließend die Möglichkeiten und Grenzen privatautonomer Gewinnverteilungsabreden zu beleuchten sind.

I. Gesetzliche Gewinnverteilungsregelungen

1. Dispositive gesetzliche Gewinnverteilungsregelungen vor MoPeG

Die Gewinnverteilungsabrede der Gesellschafter gestaltet ihr Gewinnstammrecht aus. Das Gewinnstammrecht als wesentliches Vermögensrecht von Personengesellschaftern ist untrennbar mit der Gesellschafterstellung verbunden (sog. Abspaltungsverbot aus § 711a Satz 1 BGB, vor MoPeG § 717 S. 1 BGB a.F.) und verkörpert ein abstraktes Recht der Gesellschafter auf Gewinnbeteiligung.[211] Soweit es die Gesellschafter unterlassen, das Gewinnstammrecht durch Festlegung eines Gewinnverteilungsschlüssels vertraglich zu konkretisieren, übernehmen die gesetzlichen Gewinnverteilungsregelungen diese Aufgabe. Für jede Rechtsform der Personengesellschaften enthält das Gesetz nachgiebige Bestimmungen zur Gewinn- und Verlustverteilung unter den Gesellschaftern. Unterschieden wird zwischen

211 *Priester*, in: MüKo-HGB, § 121 Rz. 9; *Gesell*, in: Prinz/Kahle, Beck'sches Hdb. PersGes, § 4 Rz. 35.

der laufenden Ergebnisverteilung und der Verteilung des Gesellschaftsvermögens nach Auflösung (und etwaig erforderlicher Liquidation) der Gesellschaft. Den weitgehend disponiblen gesetzlichen Rahmen für die laufende Ergebnisverteilung bestimmten für die GbR § 722 BGB a.F., für die OHG § 121 HGB a.F., für die KG § 168 a.F. i.V.m. § 121 HGB a.F. und für die stille Gesellschaft § 231 HGB (auch nach MoPeG).[212] Die Vermögensverteilung nach Liquidation regelten §§ 734, 735 BGB a.F. (für die GbR) und § 155 HGB a.F. (für OHG und KG). Bei der stillen Gesellschaft als reiner Innengesellschaft erfolgt mangels Gesellschaftsvermögens allein eine schuldrechtliche Auseinandersetzung in Form einer Schlussabrechnung (§ 235 Abs. 1 HGB).[213] Die gesetzlichen Gewinnverteilungsregeln mögen aufgrund ihrer Abdingbarkeit eine untergeordnete Rolle für die Frage der zivilrechtlichen Wirksamkeits- und steuerlichen Anerkennungsgrenzen von vertraglich getroffenen Gewinnverteilungsabreden spielen. Gleichwohl kommt den gesetzlichen Verteilungsregeln Leitbildcharakter zu,[214] der bei der zivilrechtlichen oder steuerlichen Bewertung von abweichenden Vertragsbestimmungen berücksichtigt werden sollte.

a) Laufende Gewinnverteilung

aa) GbR

Der Gewinn oder Verlust einer GbR wurde, sofern sie nicht bloße Gelegenheitsgesellschaft war, „im Zweifel" jährlich verteilt (§ 721 Abs. 2 BGB a.F.).[215] Unabhängig von ihrer Ausgestaltung als Innen- oder Außengesellschaft[216] tragen GbR-Gesellschafter Gewinne und Verluste der Gesellschaft nach Köpfen, wenn sie nicht privatautonom Gewinn- oder Verlustanteile

212 Mit Inkrafttreten des MoPeG am 1.1.2024 veränderten sich auch die gesetzlichen *Default Rules* zur Gewinnverteilung (näher sogleich unter II.).

213 *Bunzel*, in: Beck-OGK HGB, Stand 01. Jun. 2020, § 235 Rz. 3; *Wedemann*, in: Oetker, HGB, § 235 Rz. 1; abweichende Gestaltungen sind möglich, s. *K. Schmidt*, in: MüKo-HGB, § 235 Rz. 2, 10; *Keul*, in: Münchener Hdb. GesR, Bd. 2, § 92 Rz. 2, 55 ff.

214 *Priester*, in: MüKo-HGB, § 120 Rz. 9; *Fischer/Palenker*, in Münchener Hdb. GesR, Bd. 2, § 26 Rz. 51; *Bormann/Hellweg*, DB 1997, 2415, 2417.

215 Zur laufenden Ergebnisverteilung als Entwicklung des 19. Jahrhundert s. *Schön*, in: Max Hachenburg, Fünfte Gedächtnisvorlesung 2002, S. 17, 18 f.; die Zweifelsregelung überdauert auch die Reform des Personengesellschaftsrechts, s. § 718 BGB i.d.F. des MoPeG.

216 *Schöne*, in: BeckOK-BGB, § 722 Rz. 1.

bestimmt haben (§ 722 Abs. 1 BGB a.F.). Die Gewinn- und Verlustanteile gemäß dem in § 722 Abs. 1 BGB a.F. vorgesehenen Kopfprinzip richteten sich nicht nach den etwaig unterschiedlich ausfallenden Beitragsleistungen der Gesellschafter.[217] Das Kopfprinzip wird als Ausdruck der Gleichbehandlung der Gesellschafter interpretiert (Kapitalgeber und Arbeitsgesellschafter werden gleich behandelt),[218] entbehrt aber einer überzeugend begründeten Herleitung.[219] Regelmäßig wird die „Gewinnsozialisierung" mittels Kopfprinzip den Beiträgen und Interessen der Gesellschafter nicht gerecht, sodass sie durch das Gesetz zur Vereinbarung einer geeigneteren Verteilungsregelung angehalten werden (§ 722 Abs. 1 BGB a.F. wurde insofern als Beispiel einer sog. *Penalty Default Rule* angeführt[220]). § 722 Abs. 2 BGB a.F. enthielt eine Auslegungsregel,[221] wonach, falls nur Gewinn- oder nur Verlustanteile bestimmt wurden, die Bestimmung im Zweifel für Gewinn *und* Verlust gilt. „Verlustverteilung" ist bei auf Dauer angelegten Gesellschaften nicht als Nachschusspflicht zu verstehen, sondern als buchmäßige Erfassung und Verteilung der Verluste bis zu einem Verlustausgleich gegenüber der Gesellschaft spätestens bei ihrer Auflösung.[222] Der Gewinnanteil ist nicht gleichbedeutend mit einem Zahlungsanspruch gegenüber der Gesellschaft. GbR-Gesellschafter können die Gewinnauszahlung erst nach Aufstellung des Rechnungsabschlusses durch die Geschäftsführer der Gesellschaft und nach seiner Feststellung durch die Gesellschafterversammlung beanspruchen.[223]

217 BGH, Urteil vom 28.06.1982, II ZR 226/81, NJW 1982, 2816, 2817; *Habermeier*, in: Staudinger, BGB, § 722 Rz. 3.

218 *Fleischer/Pendl*, WM 2017, 881, 883.

219 Ausführlich zum Kopfprinzip mit seinen Ursprüngen in der römischen *societas* in Gestalt einer Erbengemeinschaft und im ADHGB *Blezinger*, Gewinnverteilung bei Personengesellschaften, S. 30 ff.

220 *Fleischer*, ZHR 2004, 673, 693.

221 *Schöne*, in: BeckOK-BGB, § 722 Rz. 5.

222 *Gesell*, in: Prinz/Kahle, Beck'sches Hdb. PersGes, § 4 Rz. 117.

223 *Kilian*, in: Henssler/Strohn, GesR, BGB § 721 Rz. 7; *Schöne*, in: BeckOK-BGB, § 721 Rz. 6; *Schwandtner*, Disquotale Gewinnausschüttungen, S. 7.; für die KG BGH, Urteil vom 29.03.1996, II ZR 263/94, BGHZ 132, 263, NJW 1996, 1678, 1679.

bb) OHG

Die dispositive[224] gesetzliche Gewinnverteilungsregel bei der OHG sah vor, dass die Gesellschafter zunächst einen Gewinnanteil in Höhe von vier Prozent ihres Kapitalanteils erhalten, der aus dem festgestellten Jahresgewinn bestritten wird (§ 121 Abs. 1 S. 1 HGB a.F.).[225] Darin wurde ein Vorzugsgewinn oder eine Vorzugs- bzw. Kapitaldividende gesehen.[226] Weil ohne Gewinn keine Verteilung erfolgt, war der Vier-Prozent-Anteil keine Kapitalverzinsung.[227] Der Kapitalanteil i.S.d. § 120 Abs. 2 HGB a.F. wurde durch ein einheitliches variables Kapitalkonto ausgedrückt und spiegelte geleistete Einlagen, nicht entnommene Gewinne, Verlustanteile und Entnahmen wider.[228] Der Kapitalanteil (und die Vorzugsdividende in den Folgejahren) wuchs, solange darauf verbuchte Gewinnanteile nicht entnommen werden. Das ermöglichte finanzstarken Gesellschaftern, die auf Entnahmen nicht angewiesen sind, eine stetige Steigerung ihrer Vorzugsdividende, während anders situierte (Arbeits-)Gesellschafter „ins Hintertreffen" gerieten. Gesellschafter ohne Kapitalanteil wurden von vornherein benachteiligt.[229] Der Aussage, das Gesetz sehe bei der OHG eine beitragsgerechte Gewinnverteilung vor,[230] ist folglich nicht zuzustimmen. Reichte der Gesellschaftsgewinn für den Vorzugsgewinn nicht aus, war er anteilig zu kürzen.[231] Ein nach Verteilung des Vorzugsgewinns verbleibender Gewinn, der sog. Mehrgewinn,[232] wurde nach Köpfen verteilt (§ 121 Abs. 3 HGB a.F.). Der

---

224 *Roth*, in: Hopt, HGB, § 121 Rz. 8; *Ehricke*, in: Ebenroth/Boujong/Joost/Strohn, HGB, § 121 Rz. 14; *Staake*, in: Beck-OGK, HGB § 121, Rz. 43, 71; *Priester*, in: MüKo-HGB, § 121 Rz. 28; *Lieder*, in: Oetker, HGB, § 121 Rz. 23.

225 Voraussetzung ist ein positiver Kapitalanteil, *Bormann/Hellweg*, DB 1997, 2415, 2418.

226 *Gesell*, in: Prinz/Kahle, Beck'sches Hdb. PersGes, § 4 Rz. 118; *Roth*, in: Hopt, HGB, § 121 Rz. 1.

227 *Roth*, in: Hopt, HGB, § 121 Rz. 1; *v. Falkenhausen/Schneider*, in: Münchener Hdb. GesR, Bd. 1, § 63 Rz. 6; anders noch § 106 ADHGB, wonach den Gesellschaftern 4 % des Kapitalanteils gewinnunabhängig zugewiesen wurden, s. *Schwandtner*, Disquotale Gewinnausschüttungen, S. 27 m.w.N.

228 *Haas*, in: Röhricht/Graf von Westphalen/Haas, HGB, § 120 Rz. 14; *Sassenrath*, in: Westermann/Wertenbruch, Hdb. Personengesellschaften, Bd. I Rz. 575; zur Berücksichtigung von unterjährigen Einlagen und Entnahmen vgl. § 121 Abs. 2 HGB.

229 *Fleischer/Pendl*, WM 2017, 881, 884.

230 *Schulze zur Wiesche*, StBp 1994, 177, 181.

231 *Staake*, in: Beck-OGK-HGB, § 121 Rz. 28.

232 *Staake*, in: Beck-OGK-HGB, § 121 Rz. 28.

Kapitalanteil spielte dabei keine Rolle und konnte auch negativ sein.[233] Ein Verlust wurde immer nach Köpfen verteilt (§ 121 Abs. 3 HGB a.F.).[234] Bei Gesellschaftern ohne Kapitalanteil sollte ein konkludent vereinbarter Ausschluss der Verlustbeteiligung angenommen werden können.[235]

Wie bei der GbR war der Gewinnanteil von der Gewinnverwendung und einem etwaigen Liquiditätsabfluss aus der Gesellschaft durch Gewinnauszahlung zu trennen. Der Gewinnanteil der Gesellschafter wurde ihrem jeweiligen Kapitalanteil zugeschrieben (§ 120 Abs. 2 Hs. 1 HGB a.F. / n.F.). Während der Auszahlungsanspruch der GbR-Gesellschafter unmittelbar aus der Feststellung des Rechnungsabschlusses folgte, entstand bei OHG-Gesellschaftern infolge der Bilanzfeststellung zunächst das Entnahmerecht des § 122 Abs. 1 HGB a.F..[236] Es unterteilte sich in ein gewinnunabhängiges, allerdings an einen positiven Kapitalanteil geknüpftes Entnahmerecht in Höhe von vier Prozent des zum Ende des letzten Jahres festgestellten Kapitalanteils (sog. Kapitalentnahmerecht) und in ein gewinnabhängiges, indes nicht an einen positiven Kapitalanteil geknüpftes Entnahmerecht in Höhe des Mehrgewinns (sog. Gewinnentnahmerecht).[237] Das Entnahmerecht ließ wiederum einen Auszahlungsanspruch entstehen.[238]

---

233 *Finckh*, in: Henssler/Strohn, GesR, HGB § 121 Rz. 16; *Priester*, in: MüKo-HGB, § 121 Rz. 21.

234 *Priester*, in: MüKo-HGB, § 121 Rz. 23.

235 *Schäfer*, in: Staub, HGB, § 121 Rz. 16; *Priester*, in: MüKo-HGB, § 121 Rz. 23. Andernfalls drohte dem „Arbeitsgesellschafter im Verlustfall eine „Doppelbestrafung", weil er weder seine Arbeit vergütet bekommt und zusätzlich am Verlust beteiligt wäre, vgl. *Fleischer/Pendl*, WM 2017, 881, 884.

236 *Haas*, in: Röhricht/Graf von Westphalen/Haas, HGB, § 122 Rz. 2, 7; *Roth*, in: Hopt, HGB, § 122 Rz. 4; *Schwandtner*, Disquotale Gewinnausschüttungen, S. 13.

237 *Roth*, in: Hopt, HGB, § 122 Rz. 12; *Priester*, in: MüKo-HGB, § 122 Rz. 18, 26; *Ehricke*, in: Ebenroth/Boujong/Joost/Strohn, HGB, § 122 Rz. 35; *Finkh*, in: Henssler/Strohn, GesR, HGB § 122 Rz. 7, 29. Das Gewinnentnahmerecht stand indes unter dem Vorbehalt, dass eine Auszahlung nur erfolgen darf, soweit die Auszahlung nicht „zum offenbaren Schaden der Gesellschaft gereicht" (§ 122 Abs. 1 HGB a.F.).

238 *Roth*, in: Hopt, HGB, § 122 Rz. 5; *Finkh*, in: Henssler/Strohn, GesR, HGB § 122 Rz 14; *Schwandtner*, Disquotale Gewinnausschüttungen, S. 12.

cc) KG

Auch im KG-Regime fanden sich abdingbare[239] gesetzliche Regelungen zur Gewinn- und Verlustverteilung. § 168 Abs. 1 HGB a.F. spiegelte zunächst die Regelungen für die OHG zum Vorabgewinn in Höhe von vier Prozent des positiven Kapitalanteils. Nach § 168 Abs. 2 HGB a.F. wurde der Mehrgewinn oder ein etwaiger Verlust in einem „den Umständen nach angemessenem Verhältnis" auf die Gesellschafter verteilt. Bei der KG galt daher nicht das Kopfprinzip. Grund dafür ist die gesetzgeberische Annahme, dass die Gesellschafter in unterschiedlichem Maße zum Erfolg der Gesellschaft beitragen. Für die Bestimmung eines angemessenen Verteilungsverhältnisses waren alle Umstände des Einzelfalls zu berücksichtigen.[240] Nach dem gesellschaftsrechtlichen Gleichbehandlungsgrundsatz waren die relevanten Faktoren für alle Gesellschafter gleichmäßig anzuwenden.[241] Nicht zwingend, aber regelmäßig wurde der Gewinnverteilungsschlüssel auch für die Verlustverteilung (bzw. der Verlustbuchung auf den Kapitalkonten der Gesellschafter) angemessen sein.[242] Die zivilrechtliche Angemessenheit i.S.d. § 168 Abs. 2 HGB a.F. ist nicht mit einer steuerlich als „angemessen" anzuerkennenden Gewinnverteilung zu verwechseln.[243]

Die auf sie entfallenden Gewinnanteile wurden den Kapitalanteilen der Komplementäre vollständig zugeschrieben (§ 161 Abs. 2 i.V.m. § 120 Abs. 2 Hs. 1 HGB a.F.), dem Kapitalanteil der Kommanditisten bis zur Höhe ihrer Pflichteinlage.[244] Soweit die Pflichteinlage geleistet wurde, entfiel daher die Zuschreibung des Gewinnanteils eines Kommanditisten zu seinem Kapitalanteil.[245] Darüber hinausgehende Gewinnanteile wurden auf einem Fremdkapitalkonto des Kommanditisten verbucht.[246] Der Vorabgewinn von vier Prozent des Kapitalanteils wurde für Kommanditisten dadurch

---

239 *V. Falkenhausen/Schneider*, in: Münchener Hdb. GesR, Bd. 2, § 23 Rz. 21; *Gummert*, in: Henssler/Strohn, GesR, HGB § 168 Rz. 6; *Staake*, in: Beck-OGK, HGB § 168 Rz. 10.

240 *V. Falkenhausen/Schneider*, in: Münchener Hdb. GesR, Bd. 2, § 23 Rz. 9 ff.; *Gesell*, in: Prinz/Kahle, Beck'sches Hdb. PersGes, § 4 Rz. 120; *Bormann/Hellweg*, DB 1997, 2415, 2420.

241 *Weipert*, in: Ebenroth/Boujong/Joost/Strohn, HGB, § 168 Rz. 7.

242 *V. Falkenhausen/Schneider*, in: Münchener Hdb. GesR, Bd. 2, § 23 Rz. 20.

243 Vgl. zur stillen Gesellschaft *K. Schmidt*, in: MüKo-HGB, § 231 Rz. 4, 12.

244 „Bedungene Einlage", § 167 Abs. 2 HGB a.F., in Abgrenzung zur Hafteinlage i.S.d. § 171 Abs. 1 HGB a.F., die den Gesellschaftsgläubigern als Haftungsmasse dient.

245 *Roth*, in: Hopt, HGB, § 167 Rz. 2.

246 *Staake*, in: Beck-OGK, HGB § 167 Rz. 69; *Oetker*, in: Oetker, HGB, § 167 Rz. 16.

gedeckelt, dass ihr Kapitalanteil betragsmäßig nicht über ihre Pflichteinlage hinausgehen konnte. Verlustanteile von Kommanditisten waren auf die Höhe ihres Kapitalanteils und noch rückständigen Pflichteinlage beschränkt (§ 167 Abs. 3 HGB a.F.). Darüberhinausgehende Verluste konnten ebenfalls vom Kapitalanteil von Kommanditisten abgeschrieben werden, sodass er negativ wird. Damit ist allerdings keine Nachschusspflicht des Kommanditisten verbunden; stattdessen führt der negative Kapitalanteil nur zu einer Verrechnung mit zukünftigen Gewinnen oder freiwilligen Einlagen.[247]

Das Entnahmerecht der Komplementäre entsprach mangels abweichender Bestimmungen in den §§ 161 ff. HGB a.F. dem Entnahmerecht von OHG-Gesellschaftern (§ 161 Abs. 2 i.V.m. § 122 HGB a.F.). Für Kommanditisten galt Entsprechendes, soweit ihr Gewinnanteil gem. § 167 Abs. 2 HGB a.F. ihrem Kapitalanteil zugeschrieben wird. Hinsichtlich eines darüberhinausgehenden Gewinnanteils hatten Kommanditisten kein Entnahmerecht, sondern gem. § 169 Abs. 1 S. 2 Hs. 1 HGB a.F. einen Auszahlungsanspruch.[248] Kommanditisten konnten keine Auszahlung verlangen, solange ihr Kapitalanteil nicht den Betrag ihrer Pflichteinlage erreicht oder durch die gewünschte Auszahlung unter diesen Betrag fallen würde (§ 169 Abs. 1 S. 2 Hs. 2 HGB a.F.).

dd) Stille Gesellschaft

Die stille Gesellschaft ist eine Innengesellschaft i.S.d. § 705 BGB.[249] Wie § 168 Abs. 2 HGB a.F. bestimmt § 231 Abs. 1 HGB für den Gewinnanteil des stillen Gesellschafters, dass – vorbehaltlich einer vertraglichen Vereinbarung mit dem Inhaber des Handelsgeschäfts – „ein den Umständen nach angemessener Anteil als bedungen" gilt. Wiederum kommt es auf die Umstände des Einzelfalls an, wobei sich aus veränderten Umständen auch eine veränderte Angemessenheit ergeben kann.[250]

Auch bei der stillen Gesellschaft gilt der Grundsatz der Vertragsfreiheit.[251] Ein gänzlicher Ausschluss der Gewinnbeteiligung des stillen Gesell-

247 BFH, Beschluss vom 10.11.1980, GrS 1/79, BFHE 132, 244; BStBl. II 1981, 164; C.I.2.b); *Roth*, in: Hopt, § 167 Rz. 5; *Staake*, in: BeckOGK-HGB, § 167 Rz. 74.

248 *Casper*, in: Staub, HGB, § 167 Rz. 22; *Oetker*, in: Oetker, HGB, § 167 Rz. 17; *Schwandtner*, Disquotale Gewinnausschüttungen, S. 47.

249 *Roth*, in: Hopt, HGB, § 230 Rz. 2; *K. Schmidt*, in: MüKo-BGB, § 230 Rz. 5, 7 m.w.N.

250 *K. Schmidt*, in: MüKo-HGB, § 231 Rz. 7.

251 *Keul*, in: Münchener Hdb GesR, Bd. 2, § 86 Rz. 39.

schafters ist allerdings ausgeschlossen (§ 231 Abs. 2 Hs. 2 HGB).[252] Bei der typisch stillen Gesellschaft richtet sich der Gewinnanspruch des Stillen auf den laufenden Gewinn aus dem Handelsgeschäft, nicht auf den Zuwachs stiller Reserven oder sonstiger Unternehmenswerte. Zusätzlich zur laufenden Gewinnbeteiligung kann eine Beteiligung an den stillen Reserven vereinbart werden, wodurch eine atypisch stille Gesellschaft entsteht.[253]

ee) Partnerschaftsgesellschaft

Die Partnerschaft ist eine Rechtsform, in der sich Angehörige Freier Berufe zur Berufsausübung zusammenschließen können (§ 1 Abs. 1 Satz 1 PartGG). Die Ausgestaltung des Innenverhältnisses, mithin auch die Gewinnverteilung, richtet sich nach dem Partnerschaftsvertrag (§ 6 Abs. 3 Satz 1 PartGG). Subsidiär finden bestimmte Regelungen über die offene Handelsgesellschaft Anwendung (§ 6 Abs. 3 Satz 2 PartGG), darunter allerdings nicht die § 120 und § 122 HGB zur Gewinnermittlung, -verteilung und -verwendung. Nach den Gesetzgebungsmaterialien sei davon auszugehen, dass alle Partner aktiv in der Gesellschaft mitarbeiten und sich die Gesellschaftseinnahmen „im Wesentlichen als Geschäftsführergehälter auszahlen werden", sodass sich ein eigenständiger gesetzlicher Gewinnverteilungsmaßstab erübrige. Falls keine vertragliche Regelung getroffen wurde und es auf einen Gewinnverteilungsmaßstab ankommt, ist gem. § 1 Abs. 4 PartGG auf die Regelungen zur GbR zurückzugreifen.[254] Der Verweis auf § 120 HGB wäre mangels Bilanzierungspflicht der Partnerschaft, die keine Handelsgesellschaft ist, ohnehin nicht opportun gewesen. Über den Verweis in § 1 Abs. 4 PartGG gilt bei der Partnerschaftsgesellschaft das Kopfprinzip gem. § 722 Abs. 1 BGB a.F.

252 *Neu*, in: Prinz/Kahle, Beck'sches Hdb. PersGes, § 15 Rz. 19; *Hoffmann-Theinert*, BeckOK-HGB, § 231 Rz. 10.

253 *Blaurock*, in: Blaurock, Hdb. Stille Gesellschaft, § 4 Rz. 4.28, 4.33; *Kauffeld* (ebd.), § 8 Rz. 8.79 ff.; *Kinzl/Schmidberger*, BeckOGK-HGB, § 231 Rz. 13; *Bormann/Hellweg*, DB 197, 2415, 2420.

254 BT-Drs. 12/6152, S. 15

b) Schlussverteilung

aa) GbR

Der für die werbende Gesellschaft vereinbarte Gewinnverteilungsschlüssel bestimmte grundsätzlich auch die Verteilung des Überschusses[255] der Auseinandersetzungsgesellschaft[256] und im Fall einer Nachtragsliquidation.[257] Eine Sondervereinbarung für den Liquidationsüberschuss war allerdings möglich.[258] Ohne eine Gesellschaftervereinbarung erfolgte eine Überschussverteilung nach Köpfen (§ 734 i.V.m. § 722 Abs. 1 BGB a.F.). Ergab sich aus der Schlussabrechnung ein Fehlbetrag, trugen die Gesellschafter ihn im Verhältnis ihrer laufenden Verlustaufteilung (§ 735 S. 1 BGB a.F.). Auch diese das Innenverhältnis der Gesellschafter betreffende Verteilungsregel war dispositiv.[259]

bb) OHG und KG

Die Verteilung des sich aus der Schlussbilanz (vgl. § 154 HGB a.F.) ergebenden Liquidationsvermögens war für die OHG und KG in § 155 Abs. 1 HGB geregelt. Nach dem handelsrechtlichen Regelstatut wurde das Restvermögen unter den Gesellschaftern nach dem Verhältnis ihrer sog. Liquidationsanteile verteilt.[260] Zu deren Ermittlung waren feste und variable Kapitalkonten zu addieren.[261] Grundsätzlich ist der Schlussverteilungsanspruch auf Geld gerichtet, sodass die Liquidatoren sämtliche Vermögensgegenstände der Gesellschaft zuvor in Geld umzusetzen haben.[262] Dabei werden stille Reserven oder Verluste aufgedeckt, sodass ein Liquidationsge-

---

255 Nicht zum Liquidationsüberschuss gehören die Einlagen, die gem. § 733 Abs. 2 S. 1 BGB a.F. nach Tilgung der Gesellschaftsschulden zurückzuerstatten sind.

256 *R. Koch*, in: BeckOGK-BGB, § 734 Rz. 10; *Schöne*, in: BeckOK-BGB, § 734 Rz. 5.

257 *Schäfer*, in: MüKo-BGB, § 734 Rz. 6.

258 *Hadding/Kießling*, in: Soergel, BGB, § 734 Rz. 5; *Schäfer*, in: MüKo-BGB, § 734 Rz. 6; *Schöne*, in: BeckOK-BGB, § 734 Rz. 5.

259 *Hadding/Kießling*, in: Soergel, BGB, § 735 Rz. 2; *Schäfer*, in: MüKo-BGB, § 735 Rz. 2; *Schöne*, in: BeckOK-BGB, § 735 Rz. 8; die Neuregelung (§ 737 BGB i.d.F. des MoPeG) entspricht § 735 BGB inhaltlich.

260 *Heusel*, in: BeckOGK, HGB § 155 Rz. 18.

261 *Hillmann*, in: Ebenroth/Boujong/Joost/Strohn, HGB, § 155 Rz. 14.

262 *Lehmann-Richter*, BeckOK-HGB, § 155 Rz. 6; *Hillmann*, in: Ebenroth/Boujong/Joost/Strohn, HGB, § 155 Rz. 13.

winn oder -verlust entstehen konnte.[263] Dieser wird wie zuvor der jährliche Gewinn oder Verlust auf die Gesellschafterkonten verteilt.[264] Maßgeblich waren daher vertragliche Vereinbarungen oder hilfsweise die gesetzlichen Regelungen in § 121 HGB a.F. (bei der KG i.V.m. § 168 HGB a.F.). Die Liquidationsgewinne und -verluste beeinflussten die für die Schlussverteilung maßgeblichen Kapitalanteile der Gesellschafter und waren somit Teil ihres Liquidationsanteils.[265] Ein Gesellschafter mit negativem Kapitalkonto hatte keinen Auszahlungsanspruch. Die Gesellschafter mit positivem Kapitalkonto mussten den Fehlbetrag der Gesellschafter mit negativem Kapitalkonto nach überwiegender Ansicht außerhalb der Liquidation beitreiben.[266] Weil er das Innenverhältnis der Gesellschafter betrifft, war § 155 HGB a.F. dispositiv.[267] Grenzen wurden allerdings durch die dem Minderheitenschutz allgemein geltenden Grenzen gesetzt, weil der Anteil am Liquidationserlös zum Kernbereich der Mitgliedschaft gehört.[268] Im Fall einer von § 155 Abs. 1 HGB a.F. abweichenden Vereinbarung war daher die Zustimmung des betroffenen Gesellschafters erforderlich.[269]

---

263 *K. Schmidt*, in: MüKo-HGB, § 155 Rz. 21.

264 BGH, Urteil vom 17.11.1955, II ZR 42/54, BGHZ 19, 42, 48.

265 *Heusel*, in: BeckOGK, HGB § 155 Rz. 18; *Schmid*, Münchener Hdb. GesR, Bd. 2, § 46 Rz. 83.

266 BGH, Urteil vom 14.04.1966, II ZR 34/64, WM 1966, 706; OLG Hamm, Urteil vom 11.05.2004, 27 U 224/03, NZG 2005, 175; *Butzer/Knof*, in: Münchener Hdb. GesR, Band 1, § 84 Rz. 57; *Hillmann*, in: Ebenroth/Boujong/Joost/Strohn, HGB, § 155 Rz. 15, 23 m.w.N.; a.A. *K. Schmidt*, in: MüKo-HGB, § 149 Rz. 29; *Hillers*, Personengesellschaft und Liquidation, S. 272 ff.

267 *Lehmann-Richter*, BeckOK-HGB, § 155 Rz. 2; *Klöhn*, in: Henssler/Strohn, HGB, § 155 Rz. 2.

268 *Klöhn*, in: Henssler/Strohn, HGB, § 155 Rz. 2; *Schäfer*, in: MüKo-BGB, § 709 Rz. 95; *Priester*, NZG 2015, 529, 530; *K. Schmidt*, ZGR 2008, 1, 18 f.

269 *Hillmann*, in: Ebenroth/Boujong/Joost/Strohn, HGB, § 155 Rz. 3.

cc) Stille Gesellschaft

Vorbehaltlich vertraglicher Regelungen[270] gilt für die Auseinandersetzung[271] zwischen dem Inhaber des Handelsgeschäfts und stillem Gesellschafter § 235 HGB. Der Auseinandersetzung liegt zumindest bei der typischen stillen Gesellschaft[272] eine Erfolgsbilanz (in Abgrenzung zu einer Vermögensbilanz) zugrunde, weil der stille Gesellschafter nicht an den stillen Reserven oder Verlusten, dem Substanzwert oder dem Firmenwert des Handelsgeschäfts beteiligt ist.[273] Der Stille erhält den Buchwert seiner Einlage und den laufenden Gewinn bis zum Auseinandersetzungsstichtag zurück.[274] Schließt das (Rumpf-)Geschäftsjahr mit einem Verlust, wird der Anteil des Stillen am Verlust mit der Einlage verrechnet.[275]

2. Bedeutung des MoPeG für die Ausgestaltung von Gewinnverteilungsabreden

Das positive Personengesellschaftsrecht ist durch Inkrafttreten der Regelungen des MoPeG am 1.1.2024 umfassend an die heutige Rechtspraxis angepasst worden.[276] Das MoPeG wirkt sich in zumindest zweifacher Hinsicht auf die gesellschaftsrechtliche und steuerliche Untersuchung von *Special Allocations* aus. Zum einen wurden die dispositiven Gewinnverteilungsregeln reformiert,[277] was Auskunft über die heutige gesetzgeberische Vorstellung einer angemessenen Gewinnverteilung geben könnte. Zum anderen betrifft

270 *Bunzel*, in: BeckOGK, HGB § 235 Rz. 5; *Servatius*, in: Henssler/Strohn, § 235 Rz. 1; *Gehrlein*, in: Ebenroth/Boujong/Joost/Strohn, HGB, § 235 Rz. 3; *K. Schmidt*, in: MüKo-HGB, § 235 Rz. 10.

271 Mangels Gesellschaftsvermögens der stillen Gesellschaft (Innengesellschaft) erfolgt keine Liquidation, sodass die Auflösung zugleich die Vollbeendigung nach sich zieht, BGH, Urteil vom 8.12.2015, II ZR 333/14, NZG 2016, 422.

272 Bei der atypischen stillen Gesellschaft, bei der der stille Gesellschafter wie ein Kommanditist am Gesamthandsvermögen beteiligt sein soll, ist die Schlussabrechnung auf Basis einer Vermögensbilanz erforderlich, s. *Wedemann*, in: Oetker, HGB, § 235 Rz. 29 m.w.N.

273 Im Einzelnen str., zum Meinungsstand zur Ermittlung des Auseinandersetzungsguthabens s. *Keul*, in: Münchener Hdb. GesR, Bd. 2, § 92 Rz. 4 ff.

274 *Bunzel*, in: BeckOGK-HGB, § 235 Rz. 15; *K. Schmidt*, in: MüKo-HGB, § 235 Rz. 20.

275 Sog. Prinzip der Gesamtabrechnung, BGH, Urteil vom 03.02.2015, II ZR 335/13, NJW 2015, 1956; *Wedemann*, in: Oetker, HGB, § 235 Rz. 11.

276 *Bachmann*, NZG 2020, 612.

277 Im Einzelnen nachfolgend C.I.2.a) und C.I.2.b).

das MoPeG eine Konstante des bisherigen Personengesellschaftsrechts, das Gesamthandsprinzip. Das könnte Auswirkungen auf das steuerrechtliche Verständnis von Personengesellschaften (insbesondere vermögensverwaltenden Personengesellschaften) haben.[278]

Die Änderungen infolge des MoPeG betreffen zahlreiche Vorschriften im BGB und HGB. Die bedeutendsten Änderungen gelten der GbR, insbesondere in ihrer Form als sog. Außengesellschaft (vgl. § 705 Abs. 2 Alt. 1 BGB: „rechtsfähige Gesellschaft").[279] Auch wenn sie nicht den Status einer juristischen Person erlangt, wird die Außengesellschaft aus der ursprünglichen Ausgestaltung der GbR als Schuldverhältnis mit „darübergestülptem"[280] Gesamthandsprinzip herausgelöst und in eine Riege mit den Personenhandelsgesellschaften gestellt, die das positive Recht schon lange als Rechtssubjekt anerkennt (vgl. § 124 Abs. 1 HGB a.F. i.V.m. § 14 Abs. 2 BGB). Ausdruck dieser nunmehr normierten Subjektstellung der GbR ist unter anderem die Neuregelung zum Gesellschaftsvermögen. Während das Gesellschaftsvermögen nach früherer Gesetzeslage „gemeinschaftliches Vermögen der Gesellschafter" ist (§ 718 Abs. 1 BGB a.F.), wird der Außen-GbR inzwischen eigenes Gesellschaftsvermögen zugewiesen (§ 713 BGB).[281]

Diese vermögensbezogene Umstellung wird überwiegend als Aufgabe des Gesamthandsprinzips bei den Personengesellschaften gedeutet.[282] Beibehalten werde es nur noch, soweit das Zivilrecht keinen Rechtsträger vorsieht, dem das Gesellschaftsvermögen zugeordnet werden könnte, et-

---

278 Zur ertragsteuerrechtlichen Behandlung vermögensverwaltender Personengesellschaften und mögliche Auswirkungen durch das MoPeG unten E.

279 Das Vorliegen einer Außen-GbR bestimmt sich nach dem gemeinsamen Willen der Gesellschafter, am Rechtsverkehr teilzunehmen (§ 705 Abs. 2 Alt. 1 BGB; dazu *Armbrüster*, in: Schäfer, Das neue Personengesellschaftsrecht, § 3 II.1.b); die Eintragung der GbR ins Gesellschaftsregister nach § 707 BGB soll nicht konstitutiv wirken, vgl. Begr. RegE, BT-Drs. 19/27635, S. 128; mit Zweifeln daran allerdings *Armbrüster* a.a.O., § 3 II.2.b).

280 *Flume*, Personengesellschaft, S. 3 f.; zur Genese des Gesamthandsprinzips auch *Beuthien*, ZGR 2019, 664, 688 ff.; *Martens*, AcP 221 (2021), 68, 73 ff.

281 Die Innengesellschaft verfügt auch zukünftig nicht über ein eigenes Gesellschaftsvermögen (§ 740 Abs. 1 BGB); ein Gesamthandsvermögen wird ihr ebenfalls abgesprochen (*Armbrüster*, in: Schäfer, Das neue Personengesellschaftsrecht, § 3 III.3.b)).

282 *Armbrüster*, in: Schäfer, Das neue Personengesellschaftsrecht, § 3 III.2.b); *Schall*, ZIP 2020, 1443, 1445; *Bachmann*, NZG 2020, 612, 615; *Heinze*, DStR 2020, 2107 ff.; *Mock*, DStZ 2022, 232, 233; *Noack*, NZG 2020, 581, 584; *Tonner*, FR 2022, 149, 154; *Kahle*, FR 2022, 377, 378 f.; vgl. auch die Gesetzesbegründung zum MoPeG, BT-DrS 19/27635, S. 103 f. (Gesamthandsprinzip hat „ausgedient").

wa bei der Erbengemeinschaft.[283] Nach anderer Ansicht hat das Gesamthandsprinzip trotz der Neuregelung der Vermögensverhältnisse der GbR eine Daseinsberechtigung.[284] Denn die Gesamthand stehe begrifflich nicht nur für eine bestimmte Form der Vermögenszuordnung, sondern stellvertretend für ein Eigenschaftsbündel von Personengesellschaften, das sie von einer juristischen Person unterscheidet; und diese Eigenschaften, in denen sich vor allem die Unselbständigkeit der Personengesellschaft gegenüber ihren Mitgliedern zeigt, würden durch das MoPeG nicht grundsätzlich in Frage gestellt. Die Gesamthand als „Zuständigkeitsprinzip"[285] für die Gesellschaftsangelegenheiten habe weiterhin bestand. Ansonsten hätte der Gesetzgeber auch dem Einstimmigkeitsprinzip, der gemeinsamen Geschäftsführung und Vertretung der GbR, der Anwachsung, dem Prinzip der Selbstorganschaft und der Unmöglichkeit der Ein-Personen-Personengesellschaft ein Ende gesetzt.[286] Letztlich scheint jedoch unstreitig, dass der Gesetzgeber durch das MoPeG ein „echtes" Gesellschaftsvermögen schafft bzw. anerkennt. Ob darüber hinaus von einer Aufgabe des Gesamthandsprinzips gesprochen kann, hängt von dessen Definition ab[287] und bedarf an dieser Stelle keiner Entscheidung.

283 Arbeitskreis Bilanzrecht Hochschullehrer Rechtswissenschaft, ZIP 2021, S3, S4; auch für die stille Gesellschaft als Innengesellschaft dürfte das Gesamthandsprinzip noch Bedeutung haben. Der Gesetzgeber nimmt allerdings für atypisch stille Gesellschaften an, dass „je stärker die Position des stillen Gesellschafters einer mitgliedschaftlichen Beteiligung angenähert ist, desto stärker sind Vertragslücken mit Hilfe des Rechts der jeweiligen rechtsfähigen Gesellschaft zu schließen und ist hierauf als Wertungsmaßstab abzustellen. In welchem Maß dieser Rückgriff zu erfolgen hat, lässt sich nicht schematisch, sondern nur unter genauer Würdigung der jeweiligen Parteiabsprachen beantworten" (BT-Drs. 19/27635 S. 221).

284 *Habersack*, ZGR 2020, 539, 549; wohl auch *Wertenbruch*, in: Westermann/Wertenbruch, Hdb. PersGes. Bd. I, Rz. 31; nach *K. Schmidt* (ZHR 2021, 16, 28) ist die Neuregelung nur Ausdruck der beabsichtigten Kodifikation der Rechtsfähigkeit und habe keine „Totalverwandlung" der GbR zufolge; kritisch zur „Abschaffung" des Gesamthandsprinzips *Altmeppen*, NZG 2020, 822.

285 *Wertenbruch*, in: Westermann/Wertenbruch, Hdb. Personengesellschaften, Bd. I, Rz. 31.

286 Vgl. Arbeitskreis Bilanzrecht Hochschullehrer Rechtswissenschaft, ZIP 2021, S3, S4.

287 *Armbrüster*, in: Schäfer, Das neue Personengesellschaftsrecht, § 3 III.2.a); Arbeitskreis Bilanzrecht Hochschullehrer Rechtswissenschaft, ZIP 2021, S3, S4.

a) Laufende Gewinnverteilung

aa) GbR und PartG

Nach Inkrafttreten des MoPeG richten sich die im Zweifel jährlich zu ermittelnden (§ 718 BGB) Gewinn- und Verlustanteile der GbR-Gesellschafter und Partner i.S.d. PartGG vorbehaltlich einer abweichenden Bestimmung im Gesellschaftsvertrag (vgl. § 708 BGB) nach den vereinbarten Beteiligungsverhältnissen oder, subsidiär, nach dem Verhältnis der vereinbarten Werte der Beiträge. Sowohl die Beteiligungsverhältnisse als auch die Bestimmung der Beitragsquoten sind der Privatautonomie der Gesellschafter überlassen. Wiederum hilfsweise erfolgt eine Ergebnisverteilung nach Köpfen (§ 709 Abs. 3 BGB). Das Tatbestandsmerkmal „Beitrag" umfasst dem Wortlaut zufolge jede Förderung des gemeinsamen Zwecks, darunter auch Dienstleistungen (§ 709 Abs. 1 BGB). Aus der freien Bestimmbarkeit der Beitragswerte durch die Gesellschafter lässt sich folgern, dass ein „Beitrag" i.S.d. MoPeG nicht zwangsläufig einen Vermögenswert aufweisen muss. Damit entspricht das Tatbestandsmerkmal dem bisher verbreiteten Verständnis von „Beiträgen im weiteren Sinne".[288]

Die Beteiligungsverhältnisse sind als Anteilsquoten zu verstehen, die durch ein festes Kapitalkonto zum Ausdruck gebracht werden können.[289] Teils wird davon ausgegangen, das MoPeG gehe implizit von der Einrichtung fester und variabler Kapitalkonten für die Gesellschafter aus.[290] Vorgeschrieben ist eine solche Struktur indes nicht.[291] Resümiert wird teilweise auch, dass eine „kapitalistische" Gewinnverteilung zum dispositiven Standard für alle Personengesellschaften wird.[292] Das gilt allerdings nur für den Fall einer vertraglichen Vereinbarung von Beteiligungsverhältnissen. Ohne Vereinbarung von Beteiligungsverhältnissen erfolgt eine Gewinnverteilung nach dem vereinbarten Wert der Beiträge, also nach der Beitrags-

---

288 *Schäfer*, in: MüKo-BGB, § 706 Rz. 2; *Schöne*, in: BeckOK-BGB, § 706 Rz. 6; *Westermann*, in: Erman, BGB, § 706 Rz. 1; *Hadding/Kießling*, in: Soergel, BGB, § 706 Rz. 4.

289 *Schäfer*, in: ders., Das neue Personengesellschaftsrecht, § 6 III.3.

290 *K. Schmidt*, ZHR 2021, 16, 43; vgl. auch die Gesetzesbegründung, wonach die Beteiligungsverhältnisse „landläufig als Kapitalanteil vereinbart" werden (BT-DrS 19/27635, S. 143).

291 Arbeitskreis Bilanzrecht Hochschullehrer Rechtswissenschaft, ZIP 2021, S3, S19; *Kilincsoy*, FR 2021, 248, 250.

292 *Möhlenbrock/Haubner*, FR 2022, 53, 55; einschl. der Partnerschaftsgesellschaft (§ 1 Abs. 4 PartGG-E).

quote. Gerade unter Beteiligung von „Arbeitsgesellschaftern" kann dies zu erhöhten Schwankungen der Gewinnanteile führen. Das neue Recht geht davon aus, dass die Anteils- und Beitragsquote nicht gleichzusetzen sind, sondern beide Quoten voneinander abweichen können.[293] Das folgt daraus, dass Beiträge nicht stets aktivierungsfähig sind und den Kapitalkonten der Gesellschafter gutgeschrieben werden können. Wegen des möglichen Abweichens von Anteils- und Beitragsquote kann dem künftigen Gesetz kein dahingehendes Leitbild entnommen werden, dass Gesellschafterbeiträge und Gewinnbeteiligung in einem proportionalen Verhältnis stehen müssen. Haben die Gesellschafter etwa Beteiligungsverhältnisse vereinbart, die sich anhand ihrer Kapitalanteile ermitteln, gibt dieses Verhältnis unabhängig von etwaigen immateriellen Beitragsleistungen eines Gesellschafters die Gewinnverteilung vor.

bb) OHG

Nach Inkrafttreten des MoPeG enthält Recht der OHG zukünftig keine eigenständige Bestimmung zur Verteilung von Gewinn und Verlust, sondern verweist insoweit auf § 709 Abs. 3 BGB (§ 105 Abs. 3 HGB, der den früheren Abs. 3 fast wortgleich übernimmt; vgl. auch § 120 Abs. 1 S. 2 HGB i.V.m. § 709 Abs. 3 BGB). Damit entfallen der an einen einheitlichen variablen Kapitalanteil anknüpfende Vorzugsgewinn und das Kopfprinzip zur Verteilung des „Mehrgewinns". Vorbehaltlich einer abweichenden Gesellschaftervereinbarung (§ 108 HGB) wird fortan der Gewinn- und Verlust der OHG primär nach den Beteiligungsverhältnissen der Gesellschafter verteilt, die sich entsprechend der bisherigen Kautelarpraxis von den festen Kapitalkonten der Gesellschafter ableiten lassen. Die Gewinn- oder Verlustanteile der Gesellschafter werden wie bisher automatisch „dem Kapitalanteil" zu- oder davon abgeschrieben (§ 120 Abs. 2 HGB). Da der einheitliche variable Kapitalanteil im Zuge des MoPeG als Gewinnverteilungsmaßstab entfällt und sich die Gewinnverteilung stattdessen nach der Beteiligungsquote bestimmt, setzt § 120 Abs. 2 HGB implizit die Einrichtung eines variablen Kapitalkontos für die Gesellschafter voraus.[294] Wenn auch nicht gesetzlich verpflichtend, werden die Gesellschafter regelmäßig

---

293 BT-DrS 19/27635, S. 143; *Schäfer*, in: ders., Das neue Personengesellschaftsrecht, § 6 III.3.

294 *Schäfer*, in: ders., Das neue Personengesellschaftsrecht, § 6 VI.3.

zusätzlich zu ihrem Festkapitalkonto variable Konten einrichten, auf denen die Gewinn- oder Verlustanteile verbucht werden. Die bisher verbreiteten Kapitalkontenmodelle können daher künftig fortgeführt werden.[295] Neu eingefügt wurde eine Regelung zur Feststellung des Jahresabschlusses (§ 121 HGB). Seit Inkrafttreten des MoPeG entfällt die Unterscheidung zwischen Kapital- und Gewinnentnahmerecht und wird durch einen einheitlichen Auszahlungsanspruch in Höhe des ermittelten Gewinnanteils eines Gesellschafters ersetzt. Entsprechend lautet der Titel von § 122 HGB (bisher: „Entnahmen") inzwischen „Gewinnauszahlung". Die Normierung des Auszahlungsanspruchs indiziert, dass das OHG-Regelstatut (weiterhin) vom Leitbild der Vollausschüttung von Gewinnen ausgeht.[296]

cc) KG

Im Zuge der durch das MoPeG eintretenden Neuerungen entfallen die bisher in § 168 HGB a.F. geregelte Vorzugsdividende zugunsten von Kommanditisten sowie die Verteilung des Restgewinns in einem „angemessenen" Verhältnis. Die Gewinn- und Verlustanteile bestimmen sich stattdessen nach den für die GbR geltenden Verteilungsregeln (§ 161 Abs. 2 i.V.m. § 105 Abs. 3 HGB i.V.m. § 709 Abs. 3 BGB), sodass in erster Instanz die Beteiligungsverhältnisse maßgeblich sind. Die Beteiligungsverhältnisse der Komplementäre und Kommanditisten dürften regelmäßig durch die Einrichtung fester Kapitalkonten geregelt werden. Als Konsequenz der Reform sind die bisherigen Regelungen zur Ermittlung und Verbuchung von Gewinn- und Verlustanteilen in § 167 Abs. 1 und 2 HGB a.F. entfallen. Bestehen bleibt § 167 Abs. 3 HGB, der (weiterhin) eine über die Pflichteinlage hinausgehende Verlusttragung bzw. Nachschusspflicht des Kommanditisten ausschließt. Nach neuem Recht gelten auch die bisherigen Auszahlungsbeschränkungen von Gewinnanteilen an Kommanditisten fort (§ 169 Abs. 1 HGB).

295 *Hennrichs*, in: Schäfer, Das neue Personengesellschaftsrecht, § 11 I., III.
296 Gesetzesbegründung zum MoPeG, BT-DrS 19/27635, S. 240.

dd) Stille Gesellschaft

Durch das MoPeG ergeben sich keine Änderungen am derzeitigen HGB-Regelstatut zur Gewinnverteilung in der stillen Gesellschaft.[297] Die für die übrigen Personengesellschaften eingeführte Gewinnverteilung nach vereinbarten Beteiligungsverhältnissen wurde nicht auf die stille Gesellschaft übertragen, obwohl auch dort durch Einrichtung eines Kapitalanteils für den Stillen Beteiligungsverhältnisse ermittelbar sind.[298]

b) Schlussverteilung

Bei der GbR wird die bisherige Überschussverteilung nach Köpfen infolge des MoPeG durch eine Überschussverteilung nach Anteilsquoten oder, subsidiär, nach Beitragsquoten ersetzt (§ 736d i.V.m. § 709 Abs. 3). Bei der OHG und KG bleibt es bei der Verteilung nach Liquidationsanteilen (§ 148 Abs. 8 HGB).

3. Zwischenergebnis zu den dispositiven Gewinnverteilungsbestimmungen

Vor MoPeG bestand – abgesehen von der Partnerschaftsgesellschaft, bei der die GbR-Regelungen anwendbar sind – für jede Form der Personengesellschaft ein unterschiedlicher gesetzlicher Gewinnverteilungsmaßstab. Ein einheitliches gesetzliches Leitbild für eine „gerechte" Gewinnverteilung in Personengesellschaften ließ sich damit jedenfalls bislang nicht feststellen. Bei KG und stiller Gesellschaft konnte sogar von Gesellschaft zu Gesellschaft ein unterschiedlicher Gewinnverteilungsschlüssel „angemessen" sein. Mit dem MoPeG erfolgt – mit Ausnahme der stillen Gesellschaft – eine Vereinheitlichung der gesetzlichen Gewinnverteilungsmaßstäbe (§ 709 Abs. 3 BGB). Vorrangiger gesetzlicher Verteilungsmaßstab ist nunmehr eine Gewinnverteilung nach den vereinbarten Beteiligungsverhältnissen. Die jeweiligen Beiträge der Gesellschafter spielen nur eine untergeordnete Rolle

297 BT-Drs 19/27635, S. 220 („kein grundlegender Reformbedarf zu erkennen"); vgl. auch *Schäfer*, in: ders., Das neue Personengesellschaftsrecht, § 6 VI.3. zur Frage des Ausweises der erst bei Feststellung des Jahresabschlusses entstehenden Gewinnansprüche als Eigen- oder – so *Schäfer* – als Fremdkapital im Jahresabschluss der Gesellschaft.

298 *K. Schmidt*, in: MüKo-HGB, § 231 Rz. 5, 42.

(§ 709 Abs. 3 Satz 2 BGB), und überdies wird nicht auf den tatsächlichen, sondern auf den vereinbarten Wert der Beiträge abgestellt. Eine beitragsgerechte Gewinnverteilung, die mitunter im Steuerrecht als „angemessener" Gewinnverteilungsmaßstab herangezogen wird,[299] lässt sich damit aus Sicht des Zivilrechts nicht als gesetzliches Leitbild erkennen.

Die früheren gesetzlichen Gewinnverteilungsregeln entpuppten sich mehr als Lückenfüller im Gesetzestext denn als interessengerechte oder hinreichend konkrete Verteilungsmaßstäbe: Weder das Kopfprinzip in der GbR und OHG noch die „angemessene" Gewinnverteilung in der KG und stillen Gesellschaft eigneten sich aus Gesellschaftersicht als tauglicher Verteilungsschlüssel oder Gestaltungsgrundlage. Das Kopfprinzip bei der GbR und der OHG (dort abgesehen von der Kapitalvergütung des § 121 Abs. 1 Satz 1 HGB) führte zu (meist überschießender) absoluter Gleichbehandlung der Gesellschafter. Die Gewinnverteilung nach Köpfen ist regelmäßig ungeeignet, einen Interessenausgleich unter den Gesellschaftern herbeizuführen.[300] Zu sehr unterscheiden sich dafür die Gesellschafterbeiträge in Form von Einlagen, Leistungen gegenüber der Gesellschaft und dem jeweiligen Haftungsrisiko.[301] Bei KG und stiller Gesellschaft ließ die Gewinnverteilung in einem „angemessenen" Verhältnis zwar Spielraum zur Berücksichtigung von der Art und Höhe nach unterschiedlichen Gesellschafterbeiträgen, ist aber streitanfällig und führt zu kaum vorhersehbaren Ergebnissen.

Mit dem MoPeG beabsichtigte der Gesetzgeber eine beitragsgerechtere Lösung, indem die Beteiligungsverhältnisse und hilfsweise – ohne deren Vereinbarung – das Verhältnis des vereinbarten Werts der Gesellschafterbeiträge entscheidend sein sollen. „Angemessene" Gewinnanteile spielen inzwischen nur noch bei stillen Gesellschaften eine Rolle. Die gesetzlichen Gewinnverteilungsregeln unterstellen mit dem vorrangigen Abstellen auf Beteiligungsverhältnisse und der impliziten Bezugnahme auf die Kapitalanteile dem Kapitaleinsatz in Personengesellschaften eine gewichtigere Rolle als dem Arbeitseinsatz[302] oder gehen zumindest davon aus, dass Arbeit

---

299 Unten D.II.1 („Angemessenheitskontrolle").

300 BFH, Beschluss vom 29.05.1972, GrS 4/71, BFHE 106, 504, BStBl. II 1973, 5 unter IV.2.b)aa); *Binz/Sorg*, in: dies., GmbH & Co. KG, § 16 Rz. 153; *Winkels*, Tracking Stocks, S. 41; spezifisch zu Fondsstrukturen *Schnittker/Steinbiß*, IStR 2015, 760, 763.

301 *Priester*, in: MüKo-HGB, § 121 Rz. 23.

302 Vgl. *Fleischer/Pendl* (WM 2017, 881, 888) mit dem Befund, dass ein Problembewusstsein für den Arbeitsgesellschafter fehle; zumindest aber entspreche die „kapitalistische" Gewinnverteilung der mehrheitlichen vertraglichen Vereinbarung.

über passende Gestaltungen wie Vorabgewinne oder sonstige Tätigkeitsvergütungen abgegolten wird. Die Gesellschafter werden durch das MoPeG angehalten, ihre Beteiligungsverhältnisse bzw. Beitragswerte vertraglich festzulegen. Wird dieser „Gesetzesauftrag" nicht befolgt, fallen die Gesellschafter auf das Kopfprinzip zurück. Damit lässt sich konstatieren, dass die Bestimmungen in § 709 Abs. 3 BGB streng genommen keinen Fortschritt für die Gesellschafter dieser Rechtsformen mit sich bringen: Ohne vertragliche Vereinbarung gilt weiterhin das Kopfprinzip, und zwar nicht nur bei der GbR, sondern überdies bei OHG und KG. Die am Kopfprinzip geübte Kritik bleibt damit relevant.[303] Der Gesetzgeber hat sich im Rahmen des MoPeG zwar um eine Neukonzeption der disponiblen Gewinnverteilungsregeln bemüht, geht aber implizit vom Regelfall einer vertraglichen Vereinbarung der Gesellschafter aus. Die privatautonome Ausgestaltung der Gewinnverteilung bleibt folglich der vom Gesetzgeber einkalkulierte und gebilligte Grundsatz. Aus Sicht des Steuerrechts lässt sich daraus folgern, dass das zivilrechtliche Regelstatut über die Gewinnverteilung weder einen Hilfsmaßstab für die „steuerlich zutreffenden" Verteilungsmaßstäbe darstellt noch eine Aussage über die Üblichkeit einzelner Gewinnverteilungsmaßstäbe enthält.

Feststellen lässt sich trotz der Unzulänglichkeiten der Gewinnverteilung nach gesetzlichem Leitbild, dass die disponiblen Verteilungsmaßstäbe des § 709 Abs. 3 BGB, anders als die gesellschaftsrechtlichen Mustergesetze in den USA, überhaupt materielle Verteilungskonzepte enthalten. Ein Primat der „steuerzentrierten" Gewinnverteilung ist dem hiesigen Gesellschaftsrecht fremd. Fixpunkte für die Bemessung der Gewinnanteile sind die vereinbarten Beteiligungsverhältnisse oder – sekundär – die vereinbarten Beitragswerte.

II. Gestaltungsfreiheit

Das Innenrecht von Personengesellschaften bietet den Gesellschaftern weitgehende Gestaltungsfreiheiten, und zwar nicht nur für die laufende Gewinnverteilung, sondern auch für die Verteilung des Liquidationserlöses. Als Bestandteil des Gesellschaftsinnenrechts sind auch die gesetzlichen Grundregeln zur Gewinn- und Verlustverteilung abdingbar. Dem zugrunde

---

303 *Habermeier*, in: Staudinger, BGB, § 722 Rz. 3; *Blezinger*, Gewinnverteilung in Personengesellschaften, S. 39 ff.

liegt die Vorstellung, dass der Gesellschaftsvertrag die primäre Rechtsquelle für die Ausgestaltung der Rechtsbeziehungen unter den Gesellschaftern sowie zwischen ihnen und der Gesellschaft ist und nicht dispositives Gesetzesrecht.[304] Nach *Wiedemann* gilt der eingangs zitierte Satz: „Wenn irgendwo, herrscht hier Vertragsfreiheit".[305] Die Gestaltungsfreiheit ist nicht nur Ausdruck der Vorstellungen des historischen Gesetzgebers von BGB und HGB, wonach sich Privatrechtssubjekte im Sinne einer formalen Äquivalenz auf Augenhöhe begegnen und eine staatliche Lenkung der Vertragsparteien nachrangig erscheint,[306] sondern sie ist überdies verfassungsrechtlich als wirtschaftliche Handlungsfreiheit im Rahmen von Art. 2 Abs. 1 GG geschützt.[307] Für die GbR ergibt sich die innenrechtliche Gestaltungsfreiheit konkret aus § 708, § 709 Abs. 3 Satz 1 BGB, für Personenhandelsgesellschaften aus § § 108 HGB.[308] Die Gestaltungsfreiheit erstreckt sich zudem auf die Partnerschaftsgesellschaft und die Partnerschaftsgesellschaft mit beschränkter Berufshaftung.[309] Eine Ausnahme gilt für die stille Gesellschaft, bei der das Gewinnrecht des Stillen nicht gänzlich ausgeschlossen werden kann (§ 231 Abs. 2 Hs. 2 HGB). Die Gesellschafter sind in ihren vertraglichen Gestaltungsmöglichkeiten nicht nur bei der Gewinn- sondern auch bei der Verlustverteilung weitgehend frei, die allein im Innenverhältnis wirkt und von der Außenhaftung der Gesellschafter gegenüber Gesellschaftsgläubigern zu trennen ist.[310]

---

304 *Wende*, in: BeckOGK-GesR, § 109 HGB Rz. 5; *Schäfer*, in: Habersack/Schäfer, HGB, § 109 Rz. 1; *Fleischer/Mock*, NZG 2020, 161 (Gesellschaftsvertrag als „Urgrund mitgliedschaftlicher Rechte und Pflichten"); *Fleischer*, ZHR 168 (2004), 673, 683.

305 GesR II, 3 III § 3, S. 229.

306 Zu den Grundgedanken des BGB *Säcker*, in: MüKo-BGB, Einl. BGB Rz. 35 ff.

307 BVerfG, Urteil vom 1.3.1979, 1 BvR 532, 533/77, 419/78, 1 BvL 21/78, BVerfGE 50, 190 („Mitbestimmungsurteil"); Urteil vom 8.4.1997, 1 BvR 48/94, BVerfGE 95, 267; die Vertragsfreiheit für das Gesellschaftsrecht ließe sich überdies in Art. 9 Abs. 1 (Vereinigungsfreiheit) verankern (*Reul*, DNotZ 2007, 184, 186 f.); im gesellschaftsrechtlichen Kontext ließe sich die Vertragsfreiheit als Ausdruck der „Unternehmerfreiheit" auch Art. 12 Abs. 1 GG bzw. als Ausdruck der Eigentumsgarantie auch Art. 14 Abs. 1 GG zuordnen, vgl. zusammenfassend *Drüen*, StuW 2008, 154, 155 f.

308 Eine verstärkte Verankerung der Gestaltungsfreiheit von GbR-Gesellschaftern findet sich nach Inkrafttreten des MoPeG in § 708 BGB-E. § 109 Hs. 2 HGB findet sich künftig in § 108 HGB-E.

309 *Hirtz*, in: Henssler/Strohn, GesR, § 6 PartGG Rz. 6; *Grever*, RNotZ 2019, 1, 8.

310 *Priester*, in: MüKo-HGB, § 121 Rz. 23; *Staake*, in: BeckOGK-HGB, § 121 Rz. 68.1.

Privatautonome Abreden zur Verteilung von Gewinn und Verlust sind der Regelfall und zeigen eine große Variationsbreite.[311] Die dispositiven gesetzlichen Bestimmungen sind nur heranzuziehen, wenn eine gesellschaftsvertragliche Regelung fehlt oder nichtig ist und nicht die ergänzende Vertragsauslegung als „vorrangige Rechtsquelle" einen vom Gesetz abweichenden Gewinnverteilungsmaßstab ergibt.[312] Die Gründe für eine privatautonome Gewinnverteilungsabrede können vielfältig sein. Wie gesehen, regte bisher schon das Gesetz dazu an, wie etwa durch die Unbestimmtheit eines „angemessenen" Gewinnanteils in § 168 Abs. 2 HGB a.F..[313] In erster Linie erfordert jedoch der Ausgleich der Gesellschafterinteressen eine individuelle Regelung zur Gewinnverteilung.[314] Aufgrund der Gestaltungsoffenheit kann sich der Gesellschaftsvertrag verschiedener Parameter für die Gewinnverteilung bedienen:

Grundsätzlich lässt sich dem Kapitalanteil eines Gesellschafters keine Aussage zum Gewinn- oder Verlustanteil entnehmen.[315] Anders aber, wenn sich die Gesellschafter auf eine Gewinnverteilung im Verhältnis fester Kapitalkonten einigen.[316] Die Kapitalkonten bestimmen sich nach der Höhe des von den Gesellschaftern eingesetzten Kapitals, was sie von einer Gewinnverteilung nach festen prozentualen Quoten unterscheidet.[317] Die Gewinn- und Verlustanteile werden bei diesem Modell typischerweise auf anderen Kapital- oder Privatkonten verbucht.[318] Bei

311 *Schöne*, in: BeckOK-BGB, § 722 Rz. 1; *Roth*, in: Hopt, HGB, § 121 Rz. 8; *Klimke*, in: BeckOK-HGB, § 121 Rz. 15; *Lieder*, in: Oetker, HGB, § 121 Rz. 23; *Grunewald*, in: MüKo-HGB, § 168 Rz. 7; *Gummert*, in: Henssler/Strohn, GesR, HGB § 168 Rz. 6.

312 BGH, Urteil vom 28.06.1982, II ZR 226/81, NJW 1982, 2816, 2817; *Grunewald*, ZGR 1995, 68, 70 f.; *Schäfer*, in: MüKo-BGB, § 705 Rz. 178, 195.

313 *Grunewald*, in: MüKo-HGB, § 168 Rz. 7; *Gummert*, in: Henssler/Strohn, GesR, HGB § 168 Rz. 6; *Staake*, in: Beck-OGK-HGB § 168 Rz. 10.

314 *Lieder*, in: Oetker, HGB, § 121 Rz. 23; *Bormann/Hellweg*, DB 1997, 2415, 2418.

315 Nachdrücklich *Flume*, Personengesellschaft, § 11 III, S. 159 („Der Kapitalanteil ist nicht das Mutterrecht oder das Stammrecht der Gewinnbeteiligung").

316 *Priester*, in: MüKo-HGB, § 121 Rz. 35; *Gesell*, in: Prinz/Kahle, Beck'sches Hdb. PersGes, § 4 Rz. 124.

317 *Gummert*, in: Münchener Hdb. GesR, Bd. 1, § 15 Rz. 22.

318 Die Verbuchung auf einem variablen Kapitalkonto erfolgt nur bei geplanter Thesaurierung der Gewinnanteile, weil nur dann die Mittel der Gesellschaft als Eigenkapital zur Verfügung stehen. Privatkonten der Gesellschafter sind aus Sicht der Gesellschaft Fremdkapital.

der Wahl ihres Kapital- sowie Privatkontenmodells sind die Gesellschafter frei.[319]

(2) Eine Gewinnverteilung nach Quoten ist ebenfalls möglich, aber bei Veränderung der wirtschaftlichen Verhältnisse der Gesellschaft unflexibel.[320] Auf der anderen Seite ist sie geeignet, Arbeits- oder anderweitige Sonderleistungen der Gesellschafter abzubilden.

(3) Eingesetztes, der Gesellschaft als Eigenkapital zur Verfügung stehendes Kapital wird häufig mit einer jährlichen Einlageverzinsung vergütet.[321] Die Verzinsung, sofern gewinnabhängig, speist sich aus dem Gesellschaftsgewinn. Eine feste gewinnunabhängige Einlageverzinsung ist als Aufwand zu beurteilen, der den zu verteilenden Restgewinn schmälert.[322]

(4) Vergütet werden kann auch die Bereitstellung von Kapital, das nicht in das Gesellschaftsvermögen eingelegt wurde, aber einem Haftungsrisiko ausgesetzt ist. Das betrifft typischerweise die Komplementär-GmbH in einer GmbH & Co. KG, die eine in Ansehung ihres Stammkapitals angemessene Haftungsentschädigung erhält.[323]

(5) Arbeitseinsatz von Gesellschaftern zugunsten der Gesellschaft wird mitunter durch Vorabgewinne vergütet.[324] Teils wird zwischen „echten" Vorabgewinnen, die einem Gesellschafter nach dem Gesellschaftsvertrag nur bei tatsächlicher Gewinnerzielung der Gesellschaft zustehen und die zivilrechtlich als Gewinnverteilung einzustufen sind, und gewinnunabhängigen Zahlungen („unechten" Vorabgewinnen) unterschieden, die Gewinnverteilung oder Aufwand der Gesellschaft sein können.[325] Die Abgrenzung zwischen Gewinnverteilung und auf Gesellschaftsebene abzugsfähiger Tätigkeitsvergütung (z.B. Tantiemen) hängt von den vertrag-

---

319 *Lieder*, in: Oetker, HGB, § 120 Rz. 54 ff.; *Priester*, in: MüKo-HGB, § 120 Rz. 102; *Staake*, in: BeckOGK-HGB, § 120 Rz. 142.

320 *V. Falkenhausen/Schneider*, in: Münchener Hdb. GesR, Bd. 1, § 63 Rz. 16.

321 *Staake*, in: BeckOGK-HGB, § 121 Rz. 56; *Roth*, in: Hopt, HGB, § 121 Rz. 8; *Lieder*, in: Oetker, HGB, § 121 Rz. 26; *Ehricke*, in: Ebenroth/Boujong/Joost/Strohn, § 121 Rz. 17.

322 *Ehricke*, in: Ebenroth/Boujong/Joost/Strohn, HGB, § 121 Rz. 17 f.; *Priester*, in: MüKo-HGB, § 121 Rz. 45.

323 BFH, Urteil vom 28.5.2020, IV R 11/18, BFHE 269, 170, BStBl. II 2020, 641.

324 *Staake*, in: BeckOGK-HGB § 121 Rz. 62; *Finkh*, in: Henssler/Strohn, GesR, HGB § 121 Rz. 29; *Gesell*, in: Prinz/Kahle, Beck'sches Hdb. PersGes, § 4 Rz. 129.

325 *Priester*, in: MüKo-HGB, § 121 Rz. 40 f.

lichen Regelungen im Einzelfall ab.[326] Die Vergütung besonderer Gesellschafterleistungen, z.B. der Geschäftsführung, stellt jedoch im Innenverhältnis der Gesellschafter stets Gewinnverteilung dar. Als Folge dieser Qualifikation kann eine Änderung der gewinnunabhängigen Leistungsvergütung nur durch Änderung des Gesellschaftsvertrags erfolgen.[327]
(6) Die Vertragsfreiheit ermöglicht schließlich eine Gewinnverteilung, die nicht im Verhältnis zur Beteiligungsquote der Gesellschafter an der Gesellschaft steht (disquotale Gewinnverteilung).[328] Der Extremfall mit gänzlichem Gewinnausschluss von Gesellschaftern führt zur Entstehung einer *societas leonina*.[329] Zur Fallgruppe der disquotalen Gewinnanteile gehört auch eine abteilungs-, niederlassungs- oder einzelgeschäftsbezogene Gewinnverteilung.[330]

Daneben haben sich weitere Verteilungsmuster etabliert, die sich für Angehörige bestimmter Berufsgruppen oder Branchen als interessengerecht herauskristallisiert haben.[331] Auch diese teils sehr spezifischen Abreden eint, dass sie letztlich auf die „herkömmlichen“ Verteilungsparameter Kapitaleinsatz, Arbeitseinsatz oder Haftungsrisiko abstellen.

III. Zivilrechtliche Grenzen der Privatautonomie bei Gewinnverteilungsabreden

Die zivilrechtliche Gestaltungsfreiheit ist weit, aber nicht grenzenlos. Motiv zur Einhegung der Gestaltungsfreiheit ist der Mitgliederschutz.[332] Als Be-

326 *Schäfer*, in: Staub, HGB, § 121 Rz. 27; vgl. aus steuerlicher Sicht BFH, Beschluss vom 20.5.2005, VIII B 161/04, BFH/NV 2005, 1785; FG Düsseldorf, Urteil vom 23.11.2000, 10 K 3784/9, DStRE 2001, 226, 228; *Kemcke/Schäffer*, in: Haase/Dorn, Vermögensverwaltende Personengesellschaften, Teil III Rz. 68, 74.

327 *Priester*, in: MüKo-HGB, § 121 Rz. 41; *Klimke*, BeckOK-HGB, § 121 Rz. 21; *Schäfer*, in: Staub, HGB, § 121 Rz. 4.

328 *Flume*, Personengesellschaft, § 11 III, S. 159; *Grever*, RNotZ 2019, 1, 8 f.

329 Dazu unter C.III.3.a).

330 *Roth*, in: Hopt, HGB, § 120 Rz. 11; *Priester*, in: MüKo-HGB, § 121 Rz. 27; *Staake*, in: BeckOGK-HGB, § 121 Rz. 45.

331 Vgl. Punktesysteme in Anwaltskanzleien (*Lockstep*; ausführlich dazu *Blezinger*, Gewinnverteilung in Personengesellschaften, S. 128 ff.); kapitaldisquotale Gewinnverteilung in Private Equity- und Venture Capital-Fonds (*Carried Interest*; dazu ausführlich *Mardini*, in: Pöllath/Rodin/Wewel, Private Equity und Venture Capital Fonds, § 11 Rz. 28 ff.).

332 *Armbrüster*, ZGR 2014, 333, 338.

standteil des Gesellschaftsvertrags unterliegt die Gewinnverteilungsabrede Grenzen, die sich aus gesellschaftsrechtlichen sowie allgemeinen zivilrechtlichen Vorschriften ableiten lassen.[333] Nur fragmentarisch sind Grenzen der Gewinnverteilung positiviert.[334]

1. Bestimmtheit

Die Bestimmtheit vertraglicher Vereinbarungen ist ein allgemeines, wenn auch ungeschriebenes Wirksamkeitserfordernis des Vertragsrechts.[335] Das Erfordernis hinreichend bestimmter Vereinbarungen gilt auch für privatautonome Gewinnverteilungsabreden im Gesellschaftsvertrag.[336] Speziell bei Gewinnverteilungsabreden ist die Bestimmtheit mit umso größerer Sorgfalt zu behandeln, je weiter sich die Abrede vom gesetzlichen Leitbild entfernt.[337] Jeder Gesellschafter muss bei Gründung oder Beitritt die aus der Mitgliedschaft erwachsenden Rechte und Pflichten übersehen können.[338] Die Bestimmtheit hilft bei etwaiger gerichtlicher Durchsetzung von Gewinnansprüchen und schützt vor der Notwendigkeit richterlicher Vertragsergänzung.[339] Auch Sonderzuweisungen mit ihren zielgerichteten und ausdifferenzierten Zuweisungen von Gewinnbestandteilen zu einzelnen Gesellschaftern berühren Bestimmtheitsgesichtspunkte. Auf diesen Aspekt wird zurückzukommen sein.[340]

---

333 *Schäfer*, in: MüKo-BGB, § 705 Rz. 137 f.; *Enzinger*, in: MüKo-HGB, § 109 Rz. 8 f.; *Flume*, Personengesellschaft, § 13 I, S. 191; *Armbrüster*, ZGR 2014, 333, 336.

334 Das Gewinnrecht eines stillen Gesellschafters darf nach § 231 Abs. 2 Hs. 2 HGB auch bei seiner Zustimmung nicht ausgeschlossen werden.

335 *Bachmann*, in: MüKo-BGB, § 241 BGB Rz. 12; *Altmeppen*, NJW 2015, 2065, 2070: Allgemeiner Bestimmtheitsgrundsatz gehört zu den Anforderungen an ein Rechtsgeschäft.

336 *Finckh*, in: Henssler/Strohn, GesR, § 121 HGB Rz. 20; *Priester*, in: MüKo-HGB, § 121 Rz. 29; s. zu den davon abzugrenzenden Anforderungen an eine Mehrheitsklausel im Gesellschaftsvertrag und zum früheren Bestimmtheitsgrundsatz der Rechtsprechung unten C.IV.1.a).

337 *Bormann/Hellweg*, DB 1997, 2415, 2420.

338 Vgl. für das Recht der GmbH *Lenz*, GmbHR 1997, 932, 933.

339 *Bachmann*, in: MüKo-BGB, 8. Aufl. 2019, § 241 BGB Rz. 13.

340 Vgl. die fallgruppenspezifischen Ausführungen zur Bestimmtheit der Gewinnverteilungsabrede unter C.IV.

2. Gleichbehandlungsgrundsatz

Durch das gesellschaftsrechtliche Gleichbehandlungsgebot wird die Gestaltungsfreiheit nicht strukturell, sondern höchstens im Einzelfall bei Änderungen des Gewinnverteilungsschlüssels per Mehrheitsbeschluss eingeschränkt. Das Gleichbehandlungsgebot erstreckt sich als allgemeines Prinzip des Gesellschaftsrechts auch auf Personengesellschaften.[341] Von ihm zeugt etwa § 709 Abs. 3 Satz 3 BGB mit dem hilfsweise anzuwendenden Kopfprinzip bei der Gewinnverteilung.[342] Während zum Ursprung des Gleichbehandlungsgebots unterschiedliche Ansichten vertreten werden, herrscht Einigkeit über seinen Inhalt.[343] Das Gleichbehandlungsgebot verlangt keine absolute Gleichstellung der Gesellschafter, sondern verbietet willkürliche, nicht durch einen Sachgrund gerechtfertigte Ungleichbehandlungen.[344] Das Kopfprinzip des § 709 Abs. 3 Satz 3 BGB bzw. § 722 Abs. 1 BGB a.F. kann daher ohne weiteres durch einen Gewinnverteilungsschlüssel ersetzt werden, der sich an den Beitragsleistungen der Gesellschafter orientiert. Die Sachgründe für eine Ungleichbehandlung der Gesellschafter können vielfältig sein. Unterschiedlicher Kapitaleinsatz, die unbeschränkte persönliche Haftung, die Dauer der Gesellschafterstellung oder besondere Verdienste zugunsten der Gesellschaft sind Beispiele für eine sachlich gerechtfertigte Ungleichbehandlung bei der Gewinnverteilung.[345] Auch Sonderzuweisungen sind in aller Regel nicht Ausdruck einer willkürlichen Ungleichbehandlung einzelner Gesellschafter, sondern finden ihre sachliche Rechtfertigung in der Herstellung eines Interessenausgleichs zwischen Gesellschaftern oder in einer bestimmten steuerlichen Zweckverfolgung.

---

341 BVerfG, Urteil vom 07.08.1962, 1 BvL 16/60, NJW 1962, 1667, 1669 (zur Aktiengesellschaft); BGH, Urteil vom 14.05.1956, II ZR 229/54, NJW 1956, 1198, 1200; *Klimke*, in: BeckOK-HGB, § 105 Rz. 159; *Enzinger*, in: MüKo-HGB, § 109, Rz. 20; von einem „zentralen Rechtssatz" spricht *Schäfer*, in: MüKo-BGB, § 705 Rz. 251.

342 Zur bisherigen Rechtslage *Enzinger*, in: MüKo-HGB, § 109 Rz. 20; *Schäfer*, in: MüKo-BGB, § 705 Rz. 251.

343 *Enzinger*, in: MüKo-HGB, § 109 Rz. 20; *Klimke*, in: BeckOK-HGB, § 105 Rz. 159.

344 BGH, Urteil vom 16.12.1991, II ZR 58/91, NJW 1992, 892, 896 zu einer sachlich gerechtfertigten Ungleichbehandlung mit Bezug zur Dauer der Gesellschafterstellung; *Gesell*, in: Prinz/Kahle, Beck'sches Hdb. PersGes, § 4 Rz. 182; *Klimke*, in: BeckOK-HGB, § 105 Rz. 160.

345 *Schäfer*, in: MüKo-BGB, § 705 Rz. 252.

Bei Konsensentscheidungen der Gesellschafter spielt der Gleichbehandlungsgrundsatz eine untergeordnete Rolle.[346] Mit seiner Zustimmung verzichtet der Gesellschafter auf seine Gleichbehandlung; in diesem Verzicht materialisiert sich die Vertragsfreiheit eines Gesellschafters.[347] Gesellschaftsvertragliche Gewinnverteilungsabreden, die mit Zustimmung aller Gesellschafter getroffen werden, sind folglich nicht gleichheitswidrig. Verzichtbar ist die Gleichbehandlung bis zur Grenze der Sittenwidrigkeit.[348] Erst im Anwendungsbereich von § 138 BGB erwächst der Gleichbehandlungsgrundsatz zu einer materiellen Schranke der Vertragsfreiheit. Die Bedeutung des Gleichbehandlungsgrundsatzes bei Gewinnverteilungsabreden beschränkt sich damit auf Mehrheitsentscheidungen nach Abschluss des Gesellschaftsvertrags und auf die Auslegung von lückenhaften gesellschaftsvertraglichen Regelungen, die unter Umständen mithilfe des Gleichbehandlungsgrundsatzes ausgefüllt werden können.[349]

3. Sittenwidrigkeit

Bei der Untersuchung der möglichen Sittenwidrigkeit einer Gewinnverteilungsabrede sind zwei Fragen zu trennen: Einerseits könnte eine Gewinnverteilungsabrede gem. § 138 Abs. 1 BGB nichtig sein, wenn sie – ungeachtet der Zustimmung der nachteilig betroffenen Gesellschafter zum Gesellschaftsvertrag – in sittenwidriger Weise das Mitgliedschaftsrecht dieser Gesellschafters beschränkt.[350] Andererseits könnte die Gewinnverteilungsabrede durch eine mögliche steuerliche Aberkennung der Gewinnverteilung (etwa nach § 42 AO) sittenwidrig werden.

---

346 *Schäfer*, in: MüKo-BGB, § 705 Rz. 254; *Gesell*, in: Prinz/Kahle, Beck'sches Hdb. PersGes, § 4 Rz. 182.

347 BGH, Urteil vom 17.12.2001, II ZR 27/01, NJW-RR 2002, 904, 905.

348 *Klimke*, BeckOK-HGB, § 105 Rz. 161; *Schäfer*, in: MüKo-BGB, § 705 Rz. 254; s. zu den Grenzen der privatautonomen Gewinnverteilung unten C.III.

349 *Schöne*, in: BeckOK-BGB, § 705 Rz. 110; *Gesell*, in: Prinz/Kahle, Beck'sches Hdb. PersGes, § 4 Rz. 182; zur Änderung der Gewinnverteilungsabrede durch Mehrheitsbeschluss unten C.IV.

350 OLG München, Urteil vom 12.1.2001, 23 U 4087/00, NZG 2001, 793 unter I.2.; *Schäfer*, in: Staub, HGB, § 122 Rz. 18; *Staake*, in: Beck-OGK-HGB, § 121 Rz. 44; *Klimke*, in: BeckOK-HGB, § 121 Rz. 16; *Priester*, in: MüKo-HGB, § 121 Rz. 29; *Lieder*, in: Oetker, HGB, § 121 Rz. 24; *Bormann/Hellweg*, DB 1997, 2415, 2420.

a) Keine sittenwidrige Beschränkung des Mitgliedschaftsrechts eines Gesellschafters

Formelhafter Maßstab für die Sittenwidrigkeit eines Rechtsgeschäfts ist ein Verstoß gegen das Anstandsgefühl aller billig und gerecht Denkenden.[351] Bei zwei- oder mehrseitigen Rechtsgeschäften (wie einem Gesellschaftsvertrag oder Gesellschafterbeschluss)[352] ist grundsätzlich zwischen der Inhalts- und der Umstandssittenwidrigkeit zu unterscheiden.[353] Inhaltssittenwidrigkeit liegt vor, wenn der objektive Inhalt des Rechtsgeschäfts mit grundlegenden Wertungen der Rechts- oder Sittenordnung kollidiert. Sittenwidrig kann ein zu missbilligendes angestrebtes Verhalten oder die Förderung eines derartigen Erfolgs sein.[354] Auf die Vorstellungen der Beteiligten kommt es nicht an.[355] Die Umstandssittenwidrigkeit hingegen wird aufgrund einer Gesamtschau der (objektiven und subjektiven) Umstände festgestellt, zu denen der Geschäftsinhalt, Beweggrund, Zweck und sonstige Umstände zur Zeit des Geschäftsabschlusses gehören.[356]

Eine mögliche Ausprägung von § 138 BGB ist eine sittenwidrige Ungleichbehandlung eines Gesellschafters, selbst wenn dieser der Ungleichbehandlung zugestimmt hat. Auch einstimmig beschlossene Gewinnverteilungsabreden können sittenwidrig sein. Das Unwerturteil wird nicht automatisch durch den Umstand beseitigt, dass die Zustimmung zum Gesellschaftsvertrag freiwillig erfolgt ist.[357] Hier manifestieren sich die Grenzen eines möglichen Verzichts auf Gleichbehandlung. Umgekehrt ist nicht jede gesellschaftsvertragliche Ungleichbehandlung von Gesellschaftern sittenwidrig.[358] Erst eine als sittenwidrig qualifizierte Ungleichbehandlung begrenzt die Gestaltungsfreiheit der Gesellschafter. Zur Beurteilung der Sit-

---

351 S. nur BGH, Urteil vom 29.9.1977, III ZR 164/75, NJW 1977, 2356, 2357; Urteil vom 6.2.2009, V ZR 130/08, NJW 2009, 1346, 1347 Rz. 10; *Armbrüster*, in: MüKo-BGB, § 138 Rz. 14 m.w.N.

352 *Böttcher*, in: BeckOGK-HGB § 119 Rz. 13; *Enzinger*, in: MüKo-HGB, § 119 Rz. 9.

353 *Armbrüster*, in: MüKo-BGB, § 138 Rz. 9 mit Verweis auf die Normierung der Inhaltssittenwidrigkeit in § 241 Nr. 4 AktG; *Nassall*, in: jurisPK-BGB, Band 1, § 138 Rz. 11 f.; *Wendtland*, in: BeckOK-BGB, § 138 Rz. 19 ff.

354 Vgl. BGH, Urteil vom 09.02.1970, II ZR 76/68, NJW 1970, 1540, 1541; *Wendtland*, in: BeckOK-BGB, § 138 Rz. 20.

355 BGH, Urteil vom 08.05.1985, IV a ZR 138/83, BGHZ 94, 268, NJW 1985, 2405, 2406.

356 *Armbrüster*, in: MüKo-BGB, § 138 Rz. 9.

357 *Bormann/Hellweg*, DB 1997, 2415, 2420.

358 BGH, Urteil vom 27.09.1965, II ZR 186/63, WM 1965, 1284; Urteil vom 04.06.2013, II ZR 207/10, NZG 2013, 984, 986.

tenwidrigkeit gesellschaftsvertraglicher Regelungen sind alle Umstände zur Zeit des Vertragsschlusses im Rahmen einer Gesamtwürdigung einzubeziehen.[359] Daher darf das Einverständnis des betroffenen Gesellschafters nicht unberücksichtigt bleiben.[360] Die Sittenwidrigkeit der Gewinnverteilungsabrede setzt also eine gesteigerte, besonders grobe Ungleichbehandlung eines Gesellschafters voraus, die sich auch durch die Zustimmung des Gesellschafters nicht rechtfertigen lässt. Beispielhaft wird die Ausnutzung einer wirtschaftlichen Vormachtstellung durch einen Gesellschafter oder des Vertrauens und Unerfahrenheit eines anderen Gesellschafters genannt.[361] Eine Gewinnverteilung, die auf einem auffälligen Missverhältnis zwischen dem tatsächlichen Wert einer Einlage und dem vereinbarten Wert beruht, kann sittenwidrig sein, wenn eine verwerfliche Gesinnung des Begünstigten hinzutritt.[362]

Die Grenzen der guten Sitten können nicht losgelöst von der Diskussion um den gemeinsamen Zweck einer Personengesellschaft ausgelotet werden. In der zweiten Hälfte des vergangenen Jahrhunderts hat sich die Ansicht durchgesetzt, dass die Gewinnbeteiligung eines jeden Gesellschafters keine notwendige Bedingung für das Vorliegen des gemeinsamen Zwecks einer Personengesellschaft ist.[363] Der gemeinsame Zweck meint den Zweck der Gesellschaft, während die Gesellschafter zu unterschiedlichen individuellen Zwecken an der Gesellschaft beteiligt sein können.[364] Dementsprechend können sich Gesellschafter auch aus altruistischen Motiven an einer Gesellschaft beteiligten, etwa zur Unterstützung anderer Gesellschafter.[365] Weil die Gesellschafterstellung nach heutigem Verständnis nicht von einer Gewinnbeteiligung abhängt, ist die *societas leonina*, bei der ein oder meh-

---

359 BGH, Urteil vom 04.06.2013, II ZR 207/10, NZG 2013, 984, 986 (Rz. 29).

360 Vgl. *Schäfer*, in: MüKo-BGB, § 705 Rz. 138; *Bormann/Hellweg*, DB 1997, 2415, 2420.

361 BGH, Urteil vom 04.06.2013, II ZR 207/10, NZG 2013, 984, 986; *Schäfer*, in: MüKo-BGB, § 705 Rz. 138.

362 BGH, Urteil vom 04.06.2013, II ZR 207/10, NZG 2013, 984, 986; *Karrer*, in: Gummert, MAH Personengesellschaftsrecht, § 16 Rz. 68.

363 BGH, Urteil vom 06.04.1987, II ZR 101/86, NJW 1987, 3124, 3125; *Hadding/Kießling*, in: Soergel, BGB, § 705 Rz. 36 f.; *K. Schmidt*, in: MüKo-HGB, § 105 Rz. 28; *Schäfer*, in: MüKo-BGB, § 705 Rz. 153 f.; *Ehricke*, in: Ebenroth/Boujong/Joost/Strohn, HGB, § 121 Rz. 19; *Lieder*, in: Oetker, HGB, § 121 Rz. 32; a.A. noch RG, Urteil vom 14.03.1919, II 393/18, RGZ 95, 147, 149, RG JW 1930, 2655; *Ballerstedt*, JuS 1963, 253, 255; *Schulze-Osterloh*, Der gemeinsame Zweck der Personengesellschaften, 1973, S. 25, 66; weitere Nachweise bei *Schäfer*, in: MüKo-BGB, § 705 Rz. 153.

364 *Roth*, in: Hopt, HGB, § 105 Rz. 1; *K. Schmidt*, in: MüKo-HGB, § 105 Rz. 28.

365 *Schäfer*, in: MüKo-BGB, § 705 Rz. 153.

rere Gesellschafter zulasten anderer Gesellschafter einen „Löwenanteil“ vom Gewinn erhalten, während Verluste gleichmäßig verteilt werden, mit Ausnahme der stillen Gesellschaft (§ 231 Abs. 2 Hs. 2 HGB) zivilrechtlich anzuerkennen.[366] Auch der Extremfall einer kapitaldisproportionalen Gewinnverteilung, der Gewinnausschluss eines Gesellschafters, lässt dessen Gesellschafterstellung und die gemeinsame Zweckverfolgung der Gesellschaft unberührt.[367] Ist der dauerhafte Ausschluss der Gewinnbeteiligung eines Gesellschafters möglich, muss erst recht der temporäre Ausschluss möglich sein, und zwar insbesondere, wenn er mit einer Kompensation in den Folgeperioden verbunden ist.

Die Diskussion um die Anforderungen an den gemeinsamen Gesellschaftszweck färbt auf die Frage nach der Sittenwidrigkeit ab. Wenn ein gemeinsamer Zweck bejaht werden kann, obwohl einzelne Gesellschafter von der Gewinnbeteiligung ausgeschlossen sind, muss auch die entsprechende Gewinnverteilungsabrede der Überprüfung am Maßstab der guten Sitten standhalten. Etwas anderes kann gelten, wenn der betroffene Gesellschafter nicht nur von der laufenden Gewinnverteilung, sondern auch von einer Beteiligung am Liquidationserlös ausgeschlossen wird.[368] Sonderzuweisungen dienen indes kaum einem gänzlichen Gewinnausschluss eines Gesellschafters, sondern vielmehr punktuell wirkenden „Gewinnverschiebungen“. Im Übrigen finden sich in der Rechtsprechung wenig Anhaltspunkte zur

---

366 BFH, Urteil vom 6.4.1987, II ZR 101/86, BB 1987, 1276, DB 1987, 820 unter 3.; OLG Frankfurt, Beschluss vom 20.9.2012, 20 W 264/12, NZG 2013, 338, 339; *Servatius*, in: Henssler/Strohn, GesR, BGB, § 705 Rz. 6; *Geibel*, in: BeckOGK-BGB, § 705 Rz. 155; *Priester*, in: MüKo-HGB, § 121 Rz. 37; *Schäfer*, in: MüKo-BGB, § 705 Rz. 155; *ders.*, in: Staub, HGB, § 105 Rz. 22; *Tröger*, in: Westermann/Wertenbruch, Hdb. Personengesellschaften, Bd. I Rz. 111a; *Schücking*, in: Münchener Hdb. GesR, Bd. 1, § 2 Rz. 34; *Lüdeking*, AcP 2020, 303, 320, 325 f.; *K. Schmidt*, AcP 209 (2009), 181, 192; *Flume*, Personengesellschaft, § 3 V, S. 48 ff. mit Hinweis auf den Namensursprung der *societas leonina*, die auf die Löwen-Fabel des römischen Dichters Phädrus (ca. 20 v.Chr. bis 50 n.Chr.) zurückzuführen ist – danach bestand eine Jagdgesellschaft aus Löwe, Kuh, Ziege und Schaf, die gemeinsam auf Hirschjagd gingen; die Beute fiel allerdings allein dem Löwen zu; a.A. (wieder bezogen auf die Anerkennung des gemeinsamen Zwecks bei der *societas leonina*) noch *Ballerstedt* JuS 1963, 253, 255; *Schulze-Osterloh*, Der gemeinsame Zweck der Personengesellschaften, S. 21 ff.; zum gemeinsamen Zweck der Personengesellschaft bei *Tracking-Stock*-Strukturen im Einzelnen unten C.V.1.c)aa).

367 BGH, Urteil vom 6.4.1987, II ZR 101/86, NJW 1987, 3124, 3125.

368 Für einen GmbH-Gesellschafter entschieden von BGH, Urteil vom 14.07.1954, II ZR 342/53, NJW 1954, 1563 f.

Sittenwidrigkeit von Gewinnverteilungsregelungen.[369] Daraus wird in der Literatur geschlossen, die Sittenwidrigkeit sei bei Gewinnverteilungsabreden von „untergeordneter Bedeutung"[370] oder „nur in extremen Ausnahmefällen"[371] anzunehmen. Auf diese Maßstäbe wird bei Betrachtung von Sonderzuweisungen mit Beabsichtigung einer Periodenverlagerung zurückzukommen sein.[372]

b) Steuerliche Aberkennung der vereinbarten Gewinnverteilung unerheblich

Soweit das Motiv von Gewinnverteilungsabreden eine steuerliche Gestaltung ist, die steuerrechtlich nicht anerkannt wird, führt die steuerliche Behandlung nicht zur zivilrechtlichen Nichtigkeit der Gewinnverteilungsabrede gem. §§ 134, 138 BGB. Liegt ein Missbrauch rechtlicher Gestaltungsmöglichkeiten i.S.d. § 42 Abs. 1 AO vor, erschöpft sich dessen Rechtsfolge in der steuerlichen Neutralisation der Umgehung eines Steuergesetzes. Zivilrechtlich bleibt die Wirksamkeit der unangemessenen Gestaltung unberührt.[373] Auch kann eine steuerlich abzuerkennende Gewinnverteilungsabrede nicht dazu führen, dass der Gesellschaftszweck insgesamt gegen die Sittenordnung verstößt. Selbst wenn die Gesellschaft zu steuerlich missbräuchlichen Zwecken gegründet wird, lässt sich kein sittenwidriger Gesellschaftszweck annehmen.[374] Die Rechtsfolgen von §§ 134, 138 BGB werden vom Steuerrecht erst ausgelöst, wenn ein Vertrag hauptsächlich auf die Hinterziehung von Steuern gerichtet ist.[375] Gleichwohl kann die steuerliche Aberkennung einer Gewinnverteilungsabrede zivilrechtliche Konse-

369 Aus jüngerer Zeit etwa FG Köln, Urteil vom 14.04.2021, 3 K 1253/17, EFG 2021, 1480 Rz. 111 (Gesellschafter können im Rahmen ihrer Privatautonomie „innerhalb gewisser Grenzen, deren Überschreitung vorliegend noch nicht einmal ansatzweise in Betracht kommt," auch risikobehaftete Absprachen treffen).

370 *Grever*, RNotZ 2019, 1, 9.

371 *Staake*, in: BeckOGK-HGB, § 121 Rz. 44.

372 Unten C.V.4.

373 BFH, Urteil vom 6.3.1996, II R 38/93, BFHE 179, 443, BStBl. II 1996, 377 (2. Ls.); *Drüen*, in: Tipke/Kruse, AO/FGO, § 42 AO Rz. 80; *Hennigfeld*, BeckOK-AO, § 42 Rz. 216; *Schulze-Osterloh*, AcP 190 (1990), 139, 150.

374 *Schäfer*, in: Henssler/Strohn, GesR, GmbHG § 1 Rz. 24.

375 BGH, Urteil vom 02.07.2003, XII ZR 74/01, NJW 2003, 2742; Urteil vom 5.7.2002, V ZR 229/01, NJW-RR 2002, 1527; *Armbrüster*, in: MüKo-BGB, § 138 Rz. 43.

quenzen haben, konkret einen Anspruch des betroffenen Gesellschafters auf Anpassung der Gewinnverteilungsabrede auslösen.[376]

IV. Änderungen der Gewinnverteilungsabrede

1. Wirksamkeitsvoraussetzungen von Beschlüssen zur Gewinnverteilung

Beim Abschluss des Gesellschaftsvertrags und der Vereinbarung des Gewinnverteilungsschlüssels haben alle Gesellschafter mitgewirkt.[377] Die Zustimmung der Gesellschafter beschränkt den gesellschaftsrechtlichen Mitgliederschutz bis zur Grenze der Sittenwidrigkeit, sodass sich eine Beschlusskontrolle regelmäßig erübrigt. Gleiches gilt für einstimmig beschlossene nachträgliche Änderungen der Gewinnverteilungsabrede.[378] Anders liegt es bei nachträglichen Änderungen des Gewinnverteilungsschlüssels, die aufgrund einer Mehrheitsklausel im Gesellschaftervertrag von der Gesellschaftermehrheit beschlossen werden. Mehrheitsklauseln, die das auch nach MoPeG gesetzlich vorgesehene Einstimmigkeitsprinzip abbedingen (§ 714 BGB, § 109 Abs. 2 HGB), stehen im Spannungsfeld zwischen privatautonomer Gestaltung der Gesellschaftsverfassung, der Selbstbindung aller Gesellschafter und der möglichen Selbstentmündigung einzelner Gesellschafter. In Bezug auf die Gewinnverteilung fragt sich, inwieweit das Gewinnrecht eines Gesellschafters durch Beschluss auf Grundlage einer Mehrheitsklausel nachträglich beschränkt werden kann. Um die Mehrheitsmacht auf ein „unbedenkliches" Maß zu beschränken und die Gesellschafterminderheit zu schützen, unterliegen Mehrheitsbeschlüsse in langjähriger Rechtsprechungstradition einem „Sicherheitsnetz"[379] aus formeller und materieller Beschlusskontrolle.[380]

---

376 Näher unten C.IV.3 (Änderungsanspruch aus § 313 BGB oder gesellschaftsrechtlicher Treuepflicht).

377 *Priester*, in: MüKo-HGB, § 121 Rz. 30.

378 *Ehricke*, in: Ebenroth/Boujong/Joost/Strohn, HGB, § 121 Rz. 14; *Priester*, in: MüKo-HGB, § 121 Rz. 18, 30; *Roth*, in: Hopt, HGB, § 121 Rz. 8; *Schäfer*, in: MüKo-BGB, § 709 Rz. 81; *Wertenbruch*, NZG 2005, 665, 666 mit dem Hinweis, dass ein einstimmig gefasster Gesellschafterbeschluss denn auch keinen Vertragsverstoß bedeutet, sondern eine Vertragsänderung.

379 *Fleischer*, ZHR 168 (2004), 673, 683.

380 Zusammenfassend *Altmeppen*, NJW 2015, 2065, 2067 ff.; s. auch *W. Goette/M. Goette*, DStR 2016, 74, 75; *Lieder*, in: Oetker, HGB, § 121 Rz. 24; monographisch

a) Entwicklungen zur formellen Beschlusskontrolle (Bestimmtheitsgrundsatz)

Die gerichtliche Prüfung von Mehrheitsbeschlüssen in Personengesellschaften hat sich in den letzten Jahren gewandelt. Nach früherer Rechtsprechung bedurften Mehrheitsbeschlüsse zur Änderung des Gesellschaftsvertrags zu ihrer *formellen* Wirksamkeit nicht nur einer Mehrheitsklausel im Gesellschaftsvertrag, die auf sämtliche denkbaren Vertragsänderungen anwendbar war; die Klausel musste vielmehr auch die möglichen Gegenstände der Vertragsänderung mit Bestimmtheit festlegen.[381] Dieser sog. Bestimmtheitsgrundsatz fand auch auf Änderungen des Gewinnverteilungsschlüssels Anwendung.[382] Die Rechtsprechung hat sich jedoch schrittweise von der Anforderung distanziert, dass die unter die Mehrheitsklausel fallenden Beschlussgegenstände im Gesellschaftsvertrag aufgelistet sein müssen.[383] Das BGH-Urteil vom 21.10.2014[384] wird letztlich nur noch als ausdrückliche Abkehr vom Bestimmtheitsgrundsatz verstanden.[385] Die formelle Beschlusskontrolle beschränkt sich seitdem auf die Prüfung, ob der Beschlussgegenstand nach allgemeinen Auslegungsgrundsätzen unter die

unter Berücksichtigung jüngerer Entwicklungen *Staudinger*, Minderheitsschutz im Personengesellschaftsrecht, S. 28 ff., 44 ff.

381 BGH, Urteil vom 12.11.1952, II ZR 260/51, BGHZ 8, 35, 41 f., NJW 1953, 102 (obiter); *Schäfer*, in: MüKo-BGB, § 709 Rz. 84; *Hadding/Kießling*, in: Soergel, § 709 Rz. 39 f.; *Roth*, in: Hopt, HGB, § 119 Rz. 39 ff.; *K. Schmidt*, ZHR 158 (1994), 205, 218 ff.; *Röttger*, Die Kernbereichslehre im Recht der Personengesellschaften, S. 151 ff.; *Göbel*, Mehrheitsentscheidungen in Personengesellschaften, S. 131 ff., 167 f.; *Heinrichs*, Mehrheitsbeschlüsse, S. 103 ff.; nicht angewendet wurde der Bestimmtheitsgrundsatz auf Publikumspersonengesellschaften, bei denen einstimmige Beschlüsse praktisch ausgeschlossen sind, s. BGH, Urteil vom 15.11.1982, II ZR 62/82, BGHZ 85, 350, 356; *K. Schmidt*, ZHR 158 (1994), 205, 220 ff.

382 BGH, Urteil vom 10.05.1976, II ZR 180/74, BGHZ 76, 328, MDR 76, 910; OLG Hamm, Urteil vom 21.11.1977, 8 U 7/77, BB 78, 120.

383 Etwa in BGH, Urteil vom 15.1.2007, II ZR 245/05, BGHZ 170, 283 unter 1.a)bb) („Otto" – keine „minutiöse" Auflistung von Beschlussgegenständen erforderlich); zusammenfassend *Schäfer*, in: MüKo-BGB, § 709 Rz. 86.

384 II ZR 84/13, BGHZ 203, 77; NJW 2015, 859.

385 *Altmeppen*, NJW 2015, 2065; *Grunewald*, BB 2015, 328, 333; *Kleindiek*, GmbHR 2017, 674; *Schäfer*, NZG 2014, 1401; *Schiffer*, BB 2015, 584; *Ulmer*, ZIP 2015, 657, 658 f.; *Werner*, StBW 2015, 1010, 1011; zum möglichen Fortleben des Bestimmtheitsgrundsatzes in der Kautelarpraxis *Podewils*, GmbH-StB 2015, 134.

Mehrheitsklausel fällt.[386] Dabei lehnt der BGH eine Auslegungsregel ab, wonach eine Mehrheitsklausel restriktiv auszulegen sei oder Grundlagengeschäfte nicht erfasse.[387] Eine „schlichte" Mehrheitsklausel kann daher auch Beschlüsse zur Änderung des Gesellschaftsvertrags und damit der Gewinnverteilung umfassen.[388]

b) Entwicklungen zur materiellen Beschlusskontrolle

aa) Kernbereichslehre

Die Maßstäbe der *materiellen* Beschlusskontrolle wurden lange Zeit unter der sog. Kernbereichslehre zusammengefasst.[389] Danach unterteilen sich die Gesellschafterrechte in absolut und relativ unentziehbare Rechte. Die absolut unentziehbaren Rechte sind unverzichtbar und verschließen sich einem Eingriff von vornherein. Beschlüsse, die in absolut unentziehbare Rechte eingriffen, bedürfen daher keiner gesonderten Kontrolle, sie sind unwirksam.[390] Der materiellen Kontrolle unterliegen vielmehr Beschlüsse, die in relativ unentziehbare Gesellschafterrechte eingreifen, den „Kernbereich" der gesellschaftsrechtlichen Position.[391] Er umfasst mitgliedschaftliche Grundrechte,[392] auf die ein Gesellschafter grundsätzlich verzichten kann, darunter auch das Gewinnbeteiligungsrecht.[393] Sämtliche Eingriffe in den Kernbereich der Mitgliedsrechte eines Gesellschafters sind zustim-

386 *Martens*, AcP 221 (2021), 68, 82; unklar bleibt, ob die Mehrheitsklausel zumindest noch explizit auf „Vertragsänderungen" Bezug nehmen muss, dagegen *W. Goette/M. Goette*, DStR 2016, 74, 77, dafür *Schäfer*, MüKo-BGB, § 709 Rz. 90.

387 BGH, Urteil vom 21.10.2014, II ZR 84/13, BGHZ 203, 77; NJW 2015, 859, 861 Rz. 14; *Podewils*, GmbH-StB 2015, 134, 135.

388 Jüngst BGH, Urteil vom 13.10.2020, II ZR 359/18, NZG 2020, 1384, 1385 Rz. 11; zustimmend *Borries*, NZG 2021, 194, 195.

389 Stellvertretend *K. Schmidt*, ZGR 2008, 1, 17 ff.; *Altmeppen*, NJW 2015, 2065; *Wiedemann*, in: FS Hopt, S. 1491 ff.; zurückzuführen auf BGH, Urteil vom 14.5.1956, II ZR 229/54, BGHZ 20, 363 unter II.1.b), auch wenn dort nur von „Eingriff in die Rechtsstellung" eines Personengesellschafters, nicht vom Kernbereich der Mitgliedschaft die Rede ist.

390 *Schäfer*, in: MüKo-BGB, § 709 Rz. 95.

391 BGH, Urteil vom 05.11.1984, II ZR 111/84, NJW 1985, 974.

392 *Enzinger*, in: MüKo-HGB, § 119 Rz. 64.

393 BGH, Urteil vom 15.01.2007, II ZR 245/05, NJW 2007, 1685, 1687 Rz. 14 („Otto"); *Enzinger*, in: MüKo-HGB, § 119 Rz. 72; *Priester*, in: MüKo-HGB, § 121 Rz. 30; *Schäfer*, in: Staub, HGB, § 121 Rz. 11, 19; *Grever*, RNotZ 2019, 1, 8.

mungsbedürftig.[394] Nachträgliche Änderungen der Gewinnverteilungsabrede bedürfen daher der Zustimmung der nachteilig betroffenen Gesellschafter. Diskutiert wird insoweit, ob und unter welchen Voraussetzungen ein Gesellschafter seine Zustimmung zu einer Mehrheitsentscheidung auch „antizipiert" erteilen kann, also etwa bei Abschluss des Gesellschaftsvertrags.[395] Der Streit entzündet sich an der antizipierten Zustimmung zu nachträglichen Beitragserhöhungen. Nach dem BGH reicht es aus, dass die Legitimationsgrundlage im Gesellschaftsvertrag „Ausmaß und Umfang einer möglichen Belastung der Gesellschafter erkennen" lässt.[396] Ob die Rechtsprechung denselben Maßstab an die vorherige Zustimmung zur Änderung der Gewinnverteilung anlegt, ist offen. *Schäfer* zufolge ist eine pauschale antizipierte Zustimmung zur „Änderung des Gewinnverteilungsschlüssels" zu unbestimmt und keine taugliche Legitimation für spätere Mehrheitsentscheidungen.[397] Selbst eine katalogartige Mehrheitsklausel, wie sie unter früherer Geltung des formellen Bestimmtheitsgrundsatzes üblich war, sei unzureichend.[398] Der Anwendungsbereich der antizipierten Zustimmung sei letztlich auf vertraglich hinreichend spezifizierte Beitragserhöhungen gem. § 710 Satz 1 BGB (§ 707 BGB a.F.) beschränkt.[399] *Altmeppen* wählt einen anderen Ansatz und meint, eine antizipierte Zustimmung könne zu jeder Art von Vertragsänderung erteilt werden, solange überhaupt von einer „Zustimmung" auszugehen ist. Das richte sich nach allgemeiner Rechtsgeschäftslehre, konkret nach dem Vorliegen der *essentialia negotii*.[400]

Die Möglichkeit einer antizipierten Zustimmung zur Änderung der Gewinnverteilung grundsätzlich abzulehnen, erscheint jedoch nicht erforder-

394 BGH, Urteil vom 19.11.1984, II ZR 102/84, NJW 1985, 972,

395 Die Möglichkeit einer antizipierten Zustimmung bejahend Urteil vom 15.01.2007, II ZR 245/05, NJW 2007, 1685, 1687 Rz. 9 f. („Otto"); *Schäfer*, in: MüKo-BGB, § 709 Rz. 92; *Priester*, NZG 2015, 529, 530; gegen die Möglichkeit einer antizipierten Zustimmung *Enzinger*, in: MüKo-HGB, § 119 Rz. 66.

396 Urteil vom 15.01.2007, II ZR 245/05, NJW 2007, 1685, 1687 Rz. 9 („Otto"); nach *Schäfer* muss die Vertragsklausel den Eingriff in Art und Ausmaß „exakt" erkennen lassen (ZGR 2013, 237, 253).

397 ZGR 2013, 237, 254.

398 *Schäfer*, in: FS Bergmann, 2018, S. 617, 628 f.; *Borries*, NZG 2021, 194, 197.

399 *Ulmer*, ZIP 2015, 657, 659 f.; zustimmend *Borries*, NZG 2021, 194, 197; ähnlich auch *Armbrüster*, NZG 2014, 333, 348 (zukünftige Belastung muss erkennbar sein)

400 *Altmeppen*, NJW 2015, 2065, 2070 unter Berufung auf *Flume*: Art, Höhe und ggf. Anlass des Eingriffs müssen feststehen.

lich.[401] „Ausmaß und Umfang einer möglichen Belastung der Gesellschafter“ können auch bei der Gewinnverteilung eingegrenzt werden. Obergrenzen sind nicht nur bei Beitragserhöhungen, sondern bei Gewinnverteilungsabreden denkbar.[402] Sogar ohne absolute Grenzziehungen sind die Gewinnanteile hinreichend vorhersehbar, wenn die „Maßstäbe der quotenabweichenden Gewinnverteilung in vorhersehbarer Weise festgelegt werden“, etwa „die Gewinnanteile nach Geschäftsbereichen aufgeteilt werden sollen“.[403] Die Bestimmung von Art und Ausmaß zukünftiger Änderungen ist auch möglich in Fällen, in denen nicht die über die Totalperiode betrachteten Gewinnanteile der Gesellschafter verändert, sondern nur in bestimmten Zeiträumen disquotale Verteilungselemente zur Ausschöpfung möglicher steuerlicher Vorteile eingeführt werden sollen. Außerdem können gesellschaftsvertragliche Schutzmechanismen für zwischenzeitlich „benachteiligte“ Gesellschafter (etwa *Clawback*-Klauseln[404]) einer antizipierten Zustimmung zur Wirksamkeit verhelfen.

bb) Keine Aufgabe der Kernbereichslehre

Im Anschluss an das BGH-Urteil vom 21.10.2014[405] wurde ausgiebig diskutiert, ob sich die Prüfungsmaßstäbe der Rechtsprechung auch für die materielle Beschlusskontrolle geändert haben. Teilweise wird das Urteil als Abkehr von der Kernbereichslehre verstanden.[406] Nach den Vertretern dieser Ansicht ist die Unterscheidung zwischen absolut und relativ entziehbaren Gesellschafterrechten hinfällig. Danach bestehe kein mehr oder weniger feststehender Katalog an Gesellschafterrechten, die nur mit Zustimmung des betroffenen Gesellschafters eingeschränkt werden können. Die Rechtsprechung reduziere die materielle Beschlusskontrolle auf eine an der gesellschaftsrechtlichen Treuepflicht ausgerichteten Einzelfallprüfung.

401 Vgl. ohne konkreten Bezug zur Gewinnverteilung *Enzinger*, in: MüKo-HGB, § 119 Rz. 66, 71; *Wiedemann*, Gesellschaftsrecht Bd. II, S. 303; *Reuter*, in: FS K. Schmidt, S. 1357, 1368 ff.

402 *Staudinger*, Minderheitenschutz in Personengesellschaften, S. 77.

403 *Schön*, in: 5. Gedächtnisvorlesung Max Hachenburg, S. 17, 47.

404 Dazu unten C.V.4.g).

405 II ZR 84/13, BGHZ 203, 77; NJW 2015, 859.

406 *Altmeppen*, NJW 2015, 2065; *Priester*, NZG 2015, 529; *Risse/Höfling*, NZG 2017, 1131, 1133; *Ulmer*, ZIP 2015, 657, 658 f.; *Grever*, RNotZ 2019, 1, 5 f.; *Wertenbruch*, DB 2014, 2875, 2876 f.

Stets sei im Rahmen einer einzelfallbezogenen Interessenabwägung festzustellen, ob das Gesellschaftsinteresse die geplante Vertragsänderung gebietet und dem betroffenen Gesellschafter unter Berücksichtigung seiner schutzwerten Belange zumutbar ist. Das vormalige Zustimmungserfordernis bei einem Kernbereichseingriff werde ersetzt durch eine auf die Treuepflicht gestützte potenzielle Zustimmungspflicht des Betroffenen.[407] Die Rechtsprechung hinterlasse damit vor allem gesteigerte Rechtsunsicherheit.[408] Nach anderer Ansicht hat sich der BGH lediglich von einer pauschalen Zuordnung bestimmter Rechte zum sog. Kernbereich gelöst, weil sie keinen gesteigerten Erkenntniswert mit sich bringe und zu verkürzter Beschlusskontrolle zugunsten des Betroffenen verleite.[409] Die materiellen Anforderungen an einen Eingriff in relativ unentziehbare Gesellschafterrechte habe der BGH nicht verändert.[410]

Inzwischen wird die Diskussion dadurch entschärft, dass der BGH auch ohne Verwendung des Begriffs „Kernbereich" weiterhin eine Kategorisierung in absolut und relativ entziehbare Gesellschafterrechte vornimmt.[411] Danach gilt: Ein Eingriff in ein relativ entziehbares Recht bedarf danach entweder einer aktuellen oder antizipierten Zustimmung des Betroffenen oder muss im Gesellschaftsinteresse geboten und für den Betroffenen zumutbar sein.[412] Der BGH wiederholt auch die vormals postulierten Anforderungen an eine antizipierte Zustimmung zu einem Eingriff in ein relativ unentziehbares Recht, wonach Ausmaß und Umfang einer Belastung für einen Gesellschafter „deutlich" werden müssen.[413] Daher kann nicht angenommen werden, dass die jüngere BGH-Rechtsprechung die Anforderungen an eine antizipierte Zustimmung verändert hat. Je klarer der Umfang einer antizipierten Zustimmung umrissen ist, desto eher wird sie den an sie gestellten Bestimmtheitserfordernissen gerecht. Eine allgemeine Mehrheitsklausel kann nachträgliche Veränderungen des Gewinnverteilungsschlüssels daher mangels wirksamer antizipierter Zustimmung aller potenziell betroffenen Gesellschafter nicht rechtfertigen. Ohne antizipierte Zustimmung

407 *Grever*, RNotZ 2019, 1, 6.

408 *Priester*, NGZ 2015, 529, 530.

409 *Klimke*, in: BeckOK-HGB, 31. Ed. Jan. 2021, § 119 Rz. 46 f.; *Lieder*, in: Oetker, HGB, § 109 Rz. 36 f.; *Borries*, NZG 2021, 194, 195; *Schäfer*, ZIP 2015, 1313, 1314 f.; *Schiffer*, BB 2015, 584, 585.

410 *Kleindiek*, GmbHR 2017, 674, 677, 679.

411 BGH, Urteil vom 13.10.2020, II ZR 39/18, NZG 2020, 1384, 1385 Rz. 15 ff.

412 BGH, Urteil vom 13.10.2020, II ZR 39/18, NZG 2020, 1384, 1385 Rz. 21.

413 BGH, Urteil vom 13.10.2020, II ZR 39/18, NZG 2020, 1384, 1385 Rz. 22.

kommt es aber für die Wirksamkeit des Mehrheitsbeschlusses darauf an, ob er im Gesellschaftsinteresse geboten und den Betroffenen zumutbar war. Die Mehrheitsgesellschafter müssen somit beachten, dass die Änderung der Gewinnverteilung im Interesse der Gesellschaft erfolgen muss, nicht im Interesse einzelner Gesellschafter. Soll die Gewinnverteilungsabrede einem bestimmten Gesellschafter zugutekommen, etwa aufgrund dessen individueller steuerlicher Situation, ist die Änderung des Gewinnverteilungsschlüssels bei Fehlen wirksamer antizipierter Zustimmung nur einstimmig möglich. Anderes könnte man annehmen, wenn durch die geänderte Gewinnverteilungsabrede ein steuerlicher Vorteil auf Ebene eines Gesellschafters erzielt werden soll (etwa durch Nutzung eines Verlustvortrags), dieser Vorteil anschließend in die gesamthänderisch gebundene Rücklage der Gesellschaft eingelegt wird und damit der Gesellschaft als Eigenkapitalzufuhr dient. Dass eine Zustimmung der betroffenen Gesellschafter in diesem Fall entbehrlich ist, kann allerdings nicht ohne weiteres angenommen werden. Denn dass der Beschluss lediglich im Interesse der Gesellschaft liegt, reicht nicht aus – er muss stattdessen „unerlässlich bzw. notwendig" sein.[414] Enthält der Gesellschaftsvertrag lediglich eine allgemeine Mehrheitsklausel, ist für eine Gewinnverteilungsänderung folglich ein einstimmiger Beschluss ratsam.

c) Zwischenergebnis zur nachträglichen Änderung der Gewinnverteilung

Bei Einstimmigkeit ist eine nachträgliche Änderung bis zur Grenze der Sittenwidrigkeit der geplanten Gewinnverteilung bedenkenlos möglich. Änderungen des Gewinnverteilungsschlüssels stehen grundsätzlich auch Mehrheitsbeschlüssen auf Grundlage einer Mehrheitsklausel im Gesellschaftsvertrag offen, weil das Gewinnbeteiligungsrecht zu den verzichtbaren Gesellschafterrechten gehört und der Verzicht (bzw. die Zustimmung zu einer für den betroffenen Gesellschafter nachteiligen Änderung) auch im Vorhinein erklärt werden kann. Die Grenzen einer wirksamen antizipierten Zustimmung sind allerdings eng, denn sie muss sich auf ein konkretes Maß an zukünftiger Beeinträchtigung des Gewinnrechts eines Gesellschafters beziehen. Soll die geplante Gewinnverteilung dem wirtschaftlichen oder steuerlichen Vorteil einzelner Gesellschafter dienen, ist eine einstimmige Änderung des gesellschaftsvertraglichen Gewinnverteilungsschlüssels ratsam. Ist eine Gewinnverteilungsabrede wirksam beschlossen worden,

---

414 BGH, Urteil vom 13.10.2020, II ZR 39/18, NZG 2020, 1384, 1385, Rz. 24.

ist ihre Aufhebung grundsätzlich nur mit Zustimmung der von der intendierten Änderung nachteilig betroffenen Gesellschafter möglich. Damit der Beschluss von Sonderzuweisungen nicht zur Einbahnstraße wird, sollten die Gesellschafter im Zuge der Änderung des Gewinnverteilungsschlüssels Beginn, Umfang und Ende der Sonderzuweisungen festlegen.

2. Nebenabreden

Nicht geändert werden kann der Gesellschaftsvertrag durch schuldrechtliche („außergesellschaftsvertragliche") Nebenabreden. Sie können unter Umständen von einzelnen Gesellschaftern als Instrument genutzt werden, um das gleiche wirtschaftliche Ergebnis wie mit einer Änderung des Gesellschaftsvertrags zu erreichen. Diese außergesellschaftlich vereinbarten Gewinnverschiebungen zwischen den beteiligten Gesellschaftern wirken *inter partes*, sind jedoch nicht imstande, als verdeckte Satzungsänderung die dargelegten Schutzmechanismen zugunsten der Gesellschafterminderheit auszuhebeln. Der zivilrechtliche und damit auch steuerlich maßgebliche Gewinnverteilungsschlüssel bleibt trotz außerstatuarischer Abreden unberührt.[415] Etwas anderes kann sich bei allseitigen Nebenabreden ergeben, die sich bei genauerer Betrachtung als – grundsätzlich formfrei mögliche – Änderung des Gesellschaftsvertrags entpuppen oder zumindest „verbindliche Wirkung für das Gesellschaftsverhältnis" haben können.[416] Konkludente Vertragsänderungen liegen nicht vor, wenn innerhalb der vertraglichen Vereinbarungen bloß stillschweigende Beschlüsse gefasst werden. Eine für mehr als zehn Jahre geänderte Entnahmepraxis der Gesellschafter führt nach der Rechtsprechung insofern noch nicht zu einer Vertragsänderung.[417]

415 Vgl. zu GmbH und AG *Kinzl*, Gesellschaftervereinbarungen, § 95 Rz. 5 ff.

416 *Kinzl*, Gesellschaftervereinbarungen, § 11 Rz. 39; *Schmidt*, in: MüKo-HGB, § 105 Rz. 151.

417 BGH, Urteil vom 18.4.2005, II ZR 55/03, BB 2005, 1643.

3. Änderungsanspruch aus § 313 BGB oder gesellschaftsrechtlicher Treuepflicht

Sollte der Gewinnverteilungsschlüssel steuerlich nicht anerkannt werden, ist – sofern dieser Fall nicht vertraglich geregelt ist[418] – zu erwägen, ob ein möglicher Anspruch eines dadurch benachteiligten Gesellschafters gegen seine Mitgesellschafter auf Zustimmung zur Änderung des Gewinnverteilungsschlüssels gegeben ist. Ob eine vertragliche Regelung für diesen Fall getroffen wurde, ist durch Vertragsauslegung einschließlich der ergänzenden Vertragsauslegung zu ermitteln. Eine ergänzende Vertragsauslegung kommt in Betracht, wenn die Gesellschafter einem gemeinschaftlichen Irrtum über die zutreffende steuerliche Würdigung der Gewinnverteilungsabrede unterlagen.[419] Sie wird aber in der Regel nur dann zu einem Ergebnis führen, wenn das Risiko der steuerlichen Aberkennung der Gewinnverteilung einem oder mehreren Gesellschaftern zugewiesen wurde.[420] Dann besteht kein vertraglicher Änderungsanspruch des von der steuerlichen Aberkennung der Gewinnverteilung betroffenen Gesellschafters.

Die steuerliche Aberkennung des Gewinnverteilungsschlüssels kann ohne vertraglichen Änderungsanspruch Anlass für eine Vertragsanpassung wegen einer Störung der Geschäftsgrundlage (§ 313 BGB) sein.[421] Die steuerliche Aberkennung der Gewinnverteilung könnte eine Äquivalenzstörung darstellen, indem steuerliche (und bei der Gewinnverteilung eingepreiste) Effekte auf Gesellschafterebene versagt werden und dadurch andere (geringere) Nachsteuer-Gewinnanteile entstehen. Sofern die Gesellschafter bei der Gewinnverteilung steuerliche Vorteile einkalkuliert haben, die mangels steuerrechtlicher Anerkennung der Gewinnverteilung nicht realisiert werden können, und sich dadurch die Gewinnanteile entgegen dem Gesell-

418 Dazu *Felix/Streck*, DB 1975, 2213 mit dem Vorschlag einer Vertragsklausel, dass eine Abweichung der Finanzverwaltung von der vereinbarten Gewinnverteilung auch zivilrechtlich unter den Parteien gelte.

419 Vgl. zum Irrtum über die Umsatzsteuerbarkeit einer Vertragsleistung BGH, Urteil vom 14.01.2000, V ZR 416/97, NJW-RR 2000, 1652; Urteil vom 28.2.2002, I ZR 318/99, NJW 2002, 2312.

420 *Baier*, NZG 2004, 356, 358; *Felix/Streck*, DB 1975, 2213, 2214.

421 *Habermeier*, in: Staudinger, BGB, § 722 Rz. 5; zum Verhältnis von ergänzender Vertragsauslegung und den Anpassungsinstrumenten der Treuepflicht und § 313 BGB *Baier*, NZG 2004, 356; das Verhältnis offenlassend BGH, Urteil vom 23.10.2006, II ZR 162/05, NZG 2007, 20, 22 und – mit Bezug zur Gewinnverteilungsabrede – OLG Stuttgart, Urteil vom 16.5.2007, 14 U 9/06, NZG 2007, 745; eine Vertragsanpassung ablehnend, aber Ausgleichsansprüche bejahend *Felix/Streck*, DB 1975, 2213, 2214.

schafterwillen verschieben, ist ein Anspruch eines benachteiligten Gesellschafters auf zivilrechtlichen Ausgleich zu erwägen.[422] Die Rechtsprechung ist im Fall der steuerlichen Korrektur der Gewinnverteilung und einer etwaigen Störung der Geschäftsgrundlage jedoch restriktiv. Ihr zufolge trägt jeder Gesellschafter das Risiko selbst, dass Steuerminderungen zu seinen Gunsten auch tatsächlich eintreten – das Steuerrisiko sei Teil des allgemeinen Unternehmerrisikos.[423] Das ist unter dem Gesichtspunkt der Erkennbarkeit des Risikos überzeugend.[424] Den von der beabsichtigten Gewinnverteilung und -besteuerung begünstigten Gesellschaftern kommt insofern nach der vertraglichen Risikoverteilung die Aufgabe zu, für den Fall der steuerlichen Aberkennung mit den übrigen Gesellschaftern eine gesellschaftsvertragliche Ausgleichsregelung zu verhandeln.

Grundlage eines Anspruchs eines Gesellschafters auf Zustimmung zur Anpassung der Gewinnverteilung könnte schließlich noch die gesellschaftsrechtliche Treuepflicht sein. Klassische Fälle sind solche, in denen sich ein gewinnberechtigter Gesellschafter nicht mehr an der Geschäftsführung beteiligt.[425] Die Treuepflicht verpflichtet nicht nur zur Förderung des Gesellschaftszwecks, sondern auch zur Rücksichtnahme auf Mitgesellschafter und unter Umständen auch zur Zustimmung zu Vertragsänderungen.[426] Sie wirkt insbesondere auch im Verhältnis zwischen den Mitgesellschaftern, nicht nur zwischen Gesellschaft und Gesellschaftern.[427] Über den Maßstab einer Zustimmungspflicht der Gesellschafter zu einer Änderung der Gewinnverteilungsabrede besteht Uneinigkeit. Die Rechtsprechung nimmt an, die bestehende Regelung müsse (i) „der Treuepflicht widersprechen“, die gewünschte Änderung also rechtlich zulässig, wirtschaftlich sinnvoll und Gesellschaftern und Gesellschaft zumutbar sein, und (ii) eine für den

---

422 *Habermeier*, in: Staudinger, BGB, § 722 Rz. 5; vgl. zu Ausgleichsansprüchen bei der steuerlichen Korrektur der Gewinnverteilung in Familiengesellschaften *Knobbe-Keuk*, Bilanz- und Unternehmensteuerrecht, § 12 III; *Schön*, StuW 2005, 247, 253; *Felix/Streck*, DB 1975, 2213, 2215 (möglicher Anwendungsfall von § 242 BGB).

423 BGH, Urteil vom 18.11.1985, II ZR 51/85, NJW-RR 1986, 708.

424 Zur Maßgeblichkeit der subjektiven Vorsehbarkeit auch *Ulmer*, AcP 174 (1974), 167, 182, 185; *Lettl*, AcP 202 (2002), 3, 24 f.

425 *Priester*, in: MüKo-HGB, § 121 Rz. 33; *Lieder*, in: Oetker, HGB, § 121 Rz. 25; *Staudinger*, Minderheitsschutz im Personengesellschaftsrecht, S. 243.

426 *Schäfer*, in: MüKo-BGB, § 705 Rz. 229; *Lettl*, AcP 202 (2002), 3, 14 ff.

427 BGH, Urteil vom 9.9.2002, II ZR 198/00, NZG 2003, 73; *Schöne*, in: BeckOK-BGB, § 705 Rz. 101; *Sanders*, in: BeckOGK-HGB, § 105 Rz. 303 („horizontale Treuepflicht“).

betroffenen Gesellschafter unzumutbare Situation darstellen.[428] Weniger strenge Anforderungen bestehen nach Teilen der Literatur, die keine unzumutbare Situation eines Gesellschafters voraussetzen. Ein Zustimmungsanspruch auf Änderung der Gewinnverteilung bestehe bereits, wenn eine Änderung des Gewinnverteilungsschlüssels zur weiteren Verfolgung des Gesellschaftszwecks erforderlich und den übrigen Gesellschaftern zumutbar ist.[429] Letztlich ist eine Zustimmungspflicht im Einzelfall zu prüfen, allerdings wird eine steuerliche Aberkennung der Gewinnverteilungsvereinbarung sie nur im Ausnahmefall rechtfertigen können. Die ungewollte steuerliche Korrektur der Gewinnverteilung betrifft zwar die gemeinsame Zweckverfolgung, indem sie Interessenkonflikte zwischen den Gesellschaftern hervorrufen kann. Im Regelfall wird die Fortsetzung der Gesellschaft jedoch nicht von der unplanmäßigen, gegebenenfalls höheren Besteuerung der Gewinnanteile bei den Gesellschaftern abhängen. Im Ergebnis ist es für alle Gesellschafter, zumindest für von der Gewinnverteilungsabrede steuerlich begünstigte Gesellschafter ratsam, vertraglich für den Fall der steuerlichen Aberkennung der Gewinnverteilungsabrede vorzusorgen.[430]

4. Änderungszeitpunkt und mögliche Rückwirkung

Mangels Eintragungserfordernis des Gesellschaftsvertrags oder speziell des Gewinnverteilungsschlüssels in das Handelsregister werden Beschlüsse mit

428 OLG Hamm, Urteil vom 14.6.1999, B U 177/96, NZG 2000, 252; OLG München, Urteil vom 12.1.2001, 23 U 4087/00, NZG 2001, 793 (Anpassung muss zur Weiterverfolgung des Gesellschaftszwecks dringend geboten und dem zustimmungspflichtigen Gesellschafter zumutbar sein); OLG Stuttgart, Urteil vom 16.5.2007, 14 U 9/06, NZG 2007, 745; zur Anpassung der Vergütung eines Gesellschafter-Geschäftsführers BGH, Urteil vom 10.6.1965, II ZR 6/63, BGHZ 44, 40, NJW 1965, 1960 (Anpassung an veränderte Verhältnisse müsse für verständige Weiterverfolgung des Gesellschaftszwecks dringend geboten sein); ähnlich *Ehricke* in: Ebenroth/Boujong/Joost/Strohn, HGB, § 121 Rz. 16a (Verteilungsmodalitäten müssen „nicht mehr hinnehmbar" sein); *Finkh*, in: Henssler/Strohn, GesR, § 121 HGB Rz. 24 (nicht mehr hinnehmbare Unangemessenheit).

429 *Staake*, in: BeckOGK-HGB, § 121 Rz. 53; *Lieder*, in: Oetker, HGB, § 121 Rz. 25; *Staudinger*, Minderheitsschutz im Personengesellschaftsrecht, S. 244 (Zustimmungspflicht bestehe bereits bei eines im Gesellschaftsinteresses liegenden sachlichen Grundes und Verhältnismäßigkeit des Eingriffs).

430 Vgl. *Staudinger*, Minderheitsschutz im Personengesellschaftsrecht, S. 245; *Felix/Streck*, DB 1975, 2213.

Bezug zur Gewinnverteilung grundsätzlich sofort wirksam.[431] Die Möglichkeit von *ad-hoc*-Beschlüssen mit vertragsändernder Wirkung erübrigt eine Übertragung der Diskussion um satzungsdurchbrechende Gesellschafterbeschlüsse und zur Zulässigkeit von sog. Öffnungsklauseln, wie sie bei Kapitalgesellschaften geführt wird.[432] Möglich ist auch eine rückwirkende Änderung der gesellschaftsvertraglichen Bestimmung.[433]

V. Gewinnverteilungsabreden mit Sonderzuweisungen

Die Verteilungsinteressen können bei Personengesellschaftern so speziell sein, dass eine rein prozentuale Gewinnverteilung oder andere herkömmliche Verteilungsmodelle zu unscharf wirken. Solche Kon-stellationen führen in US-Personengesellschaften üblicherweise zur Vereinbarung von *Special Allocations.*[434] Vor dem Hintergrund der weitgehenden Vertragsfreiheit bei der Festlegung eines Gewinnverteilungsschlüssels in Personengesellschaften ist zu untersuchen, inwieweit sich das US-Modell einer Verteilung einzelner Gewinnbestandteile auf das deutsche Gesellschaftsrecht übertragen lässt. Verbreitet sind derartige Abreden bislang nicht; die Literatur beschränkt sich auf die Feststellung, dass Referenzobjekt einer Verteilungsabrede auch einzelne Unternehmensteile oder Niederlassungen sein können.[435] Wie granular die Festlegung von Gewinnanteilen ausfallen kann, ist weitgehend unerforscht.[436] Ebenso ist ungeklärt, ob es die zivilrechtliche Gestaltungsfreiheit– vorbehaltlich der steuerlichen Anerkennung der ver-

---

431 *Wertenbruch*, in: Westermann/Wertenbruch, Hdb. Personengesellschaften, Bd. I Rz. 50 m.w.N.

432 Stellvertretend BGH, Urteil vom 7.6.1993, II ZR 81/92, BGHZ 123, 15, NJW 1993, 2246, 2247; *Ulmer/Casper*, in: Ulmer/Habersack/Löbbe, GmbHG, § 53 Rz. 35 ff.; *Harbarth*, in: MüKo-GmbHG, § 53 Rz. 44 ff.; aus dem jüngeren Schrifttum *Selentin*, NZG 2020, 292; *Peterseim*, NZG 2019, 1255; *Leuschner*, ZHR 180 (2016), 422 ff.

433 OLG Hamm, Urteil vom 21.11.1977, 8 U 7/77, BB 1978, 120, 121; rückwirkende Änderungsmöglichkeit implizit bejahend auch BGH, Urteil vom 29.9.1986, II ZR 285/85, NJW-RR 1987, 285, 286; *Staake*, in: Beck-OGK-HGB § 121 Rz. 49; *Priester*, in: MüKo-HGB, § 121 Rz. 30; *Bauschatz*, FR 2005, 1230, 1231; *Schwandtner*, Disquotale Gewinnausschüttungen, S. 129 (Rückwirkung bis zur Feststellung des Jahresabschlusses möglich); zur nach herrschender Meinung begrenzten steuerrechtlichen Anerkennung rückwirkender Änderungen der Gewinnverteilung unten D.II.2.

434 Zu möglichen Varianten von Special Allocations bei *Partnerships* oben B.III.

435 Oben C.II.

436 Ob *Special Allocations* gesellschaftsrechtlich zulässig sind, wird bislang offen gelassen (vgl. nur *Ehricke*, in: Ebenroth/Boujong/Joost/Strohn, HGB, § 121 Rz. 14).

einbarten Gewinnverteilung – außerdem erlaubt, Elemente der steuerlichen Gewinnermittlung zum Referenzobjekt der zivilrechtlichen Gewinnverteilungsabrede zu machen. Dadurch würden sich weitgehende Möglichkeiten eröffnen, die Gewinnverteilungsabrede mit Blick auf die individuellen Besteuerungsverhältnisse der Gesellschafter zu treffen. Die „fortschreitende Differenzierung des Steuersystems"[437] gibt inzwischen hinreichend Anlass, auch über steuerzentrierte Gewinnverteilungsabreden nachzudenken.

Für die weitere Untersuchung erscheint die Bildung verschiedener Fallgruppen von Gewinnverteilungsabreden opportun, die Gesellschafter einer Personengesellschaft aufgrund ihrer wirtschaftlichen Interessenlage oder auch aus steuerlicher Motivation heraus vereinbaren könnten. Dabei handelt es sich um die Fallgruppen der Sonderzuweisung von Gewinnen und Verlusten einzelner Vermögensgegenstände (sogleich 1.),[438] um die gesonderte Zuweisung von laufenden Gewinnen und Veräußerungsgewinnen (unten 2.), von Gewinnen und Verlusten, die steuerlich als Einkünfte verschiedener Einkunftsarten zu qualifizieren sind (unten 3.) und um die Periodenverlagerung (unten 4.).

1. Sonderzuweisung des Ergebnisses einzelner Vermögensgegenstände

Vermögensgegenstandsbezogene Gewinnverteilungsregelungen in einem Personengesellschaftsvertrag könnten folgendermaßen formuliert sein:

Beispiel 1 *„Gesellschafter A ist am Gewinn und Verlust der Gesellschaft mit 100 v.H. beteiligt, der aus der Beteiligung der Gesellschaft an der Y-Gesellschaft resultiert. Gesellschafter B ist am Gewinn und Verlust mit 100 v.H. beteiligt, der aus der Beteiligung der Gesellschaft an der Z-Gesellschaft resultiert. Im Übrigen erfolgt eine Gewinn- und Verlustverteilung nach dem Verhältnis der festen Kapitalanteile."*

Beispiel 2 *„Gesellschafter A ist am Gewinn und Verlust der X-OHG mit 100 v.H. beteiligt, der aus der Nutzung und Veräußerung der*

437 Bereits vor über 100 Jahren diagnostiziert von *Wagner*, Finanzwissenschaft, Teil III, Band I (Steuergeschichte), S. 224.

438 Vermögensgegenstandsbezogene Gewinnverteilung meint nachfolgend eine nach „Gewinnquellen" differenzierende Gewinnverteilung. In Bezug genommen werden damit Vermögensgegenstände, die sich zur Erwirtschaftung laufender Gewinne sowie zur Erwirtschaftung von Veräußerungsgewinnen eignen.

Immobilie X durch die X-OHG resultiert. Gesellschafter B ist am Gewinn und Verlust der X-OHG mit 100 v.H. beteiligt, der aus der Nutzung und Veräußerung der Immobilie Y durch die X-OHG resultiert. Im Übrigen erfolgt eine Gewinn- und Verlustverteilung nach dem Verhältnis der festen Kapitalanteile."

Nach dem Gesellschafterwillen ist der handelsrechtliche Gesellschaftsgewinn oder -verlust nicht als einheitliches Ganzes zu ermitteln und beteiligungsquotal auf die Gesellschafter zu verteilen. Gewinnermittlung und -verteilung unterscheiden vielmehr nach einzelnen Gewinnquellen in Gestalt einzelner Vermögensgegenstände. In US-Terminologie liegen darin *Source-based Allocations.*

a) Motive für die Sonderzuweisung einzelner Vermögensgegenstände

Derartige Gewinnverteilungsabreden sind in unterschiedlich strukturierten Personengesellschaften und -gemeinschaften denkbar: im Kleinen bei einer ungeteilten Erbengemeinschaft oder Immobilien-GbR, bei der die Erben bzw. Gesellschafter eine getrennte Verwaltung einzelner Gegenstände der Erbmasse bzw. der Bestandsimmobilien vereinbaren, im Großen bei Publikums-Kommanditgesellschaften mit verschiedenen Geschäftsfeldern oder Anlageobjekten. Die Motive für eine Aufteilung des Gesellschaftsgewinns nach verschiedenen Gewinnquellen können wirtschaftlicher oder steuerlicher Natur sein.[439] Hintergrund kann das Bedürfnis nach einem Ausgleich unterschiedlicher Gesellschafterinteressen sein, etwa in der Form, dass ein Gesellschafter die Beteiligung an der einen Portfoliogesellschaft für gewinnträchtiger hält und ein anderer Gesellschafter die Beteiligung an einer anderen Portfoliogesellschaft. Sonderzuweisungen eignen sich dazu, den Gesellschaftern die Wahl zu lassen, ob sie bestimmte von der Gesellschaft anvisierte Investitionen mittragen wollen. Für diesen Fall kann der Gesellschaftsvertrag vorsehen, dass bestimmte Gesellschafter keine Einlage für bestimmte Investitionen leisten müssen, ohne vertragsbrüchig zu werden.[440] Im Gegenzug werden diese Gesellschafter auch nicht an den Gewinnen oder Verlusten aus der entsprechenden Investition beteiligt. Lässt sich durch Sonderzuweisungen ein Interessenausgleich zwischen den

439 Zu den Motiven zur Emission von *Tracking Stocks* unten C.V.1.b)aa).

440 Im Fondskontext sog. *Excused Investor*, dazu *Rodin/Mardini/Euhus*, in: Pöllath/Rodin/Wesel, Private Equity und Venture Capital Fonds, § 22 Rz. 148.

Gesellschaftern herstellen, können sie auch dazu dienen, eine Aufspaltung, Liquidation oder Realteilung der Gesellschaft zu vermeiden oder zumindest hinauszuzögern. Wenn etwa in einer Grundstücksgesellschaft das wirtschaftliche Ergebnis verschiedener Grundstücke an unterschiedliche Gesellschafter zugewiesen wird (also eine vermögensgegenstandsbezogene Gewinnverteilung erfolgt), dienen die Sonderzuweisungen als Alternative zu einer Realteilung, mit der sich ein wirtschaftlich identisches Ergebnis erreichen ließe, allerdings verbunden mit zusätzlichen Kosten wie Notar- oder Verwaltungsgebühren.[441] Außerdem lassen sich durch Sonderzuweisungen anstelle einer Ausgliederung von Unternehmensteilen bestehende Synergieeffekte bei der Gesellschaftsverwaltung erhalten.[442] Ein weiterer Anwendungsfall für Sonderzuweisungen von Vermögensgegenständen können Beteiligungsverschiebungen unter den Gesellschaftern einer Personengesellschaft sein. Wird zwischen Kommanditisten ein Kommanditteilanteil mit stillen Reserven übertragen, können die an der Anteilsübertragung beteiligten Kommanditisten vereinbaren, dass bei künftiger Aufdeckung der stillen Reserven noch die bisherigen Beteiligungsquoten gelten sollen und der Gewinn den Gesellschafterkonten nach dieser (ehemaligen) Beteiligungsquote gutgeschrieben wird. Wirtschaftlich verbleiben dadurch im Kommanditanteil enthaltene stille Reserven beim Veräußerer. Diese Gestaltung ist insbesondere dann hilfreich, wenn der den Kommanditanteil übernehmende Investor nicht genügend Liquidität für einen Kaufpreis aufbringen kann, der den erwarteten Gewinn aus der Portfoliobeteiligung mitvergüten würde.

Auch steuerliche Motive können bei der Vereinbarung von Sonderzuweisungen eine Rolle spielen. Für *Tracking Stocks* einer Aktiengesellschaft werden etwa die Nutzung der Verluste eines Unternehmensteils durch profitable Unternehmensteile sowie die Vermeidung einer gewinnrealisierenden Spaltung der Aktiengesellschaft genannt.[443] Bei Personengesellschaften lassen sich steuerliche Gestaltungsmöglichkeiten durch Sonderzuweisungen von Vermögensgegenständen anhand von Beispiel 2 illustrieren. Ist die X-OHG steuerlich als Mitunternehmerschaft einzustufen, hält sie die Immobilien in ihrem Betriebsvermögen. Die Entnahme der Grundstücke durch die Gesellschafter in ihr jeweiliges steuerliches Privatvermögen würde zur Aufdeckung stiller Reserven führen (§ 4 Abs. 1 Satz 2 i.V.m. § 6 Abs. 1

441 Vgl. FG Köln, Urteil vom 14.04.2021, 3 K 1253/17, EFG 2021, 1480 (rkr.) Rz. 48.
442 Vgl. zu Synergieeffekten im Konzern *Natusch*, DB 1997, 1141, 1144.
443 *Prinz*, FR 2001, 285, 286; *Natusch*, DB 1997, 1141, 1148.

Nr. 4 Satz 1 Hs. 1 EStG). Zur Aufschiebung einer Entnahme könnten die Gesellschafter die gesonderte Zuweisung der laufenden Gewinne und der späteren etwaigen Veräußerungsgewinne vereinbaren und die Besteuerung stiller Reserven in die Zukunft verschieben. Ein weiteres Motiv kann sich aus dem Umstand ergeben, dass Dividenden an eine Körperschaft erst ab Vorliegen der „durchgerechneten" 10-prozentigen Beteiligungsschwelle des § 8b Abs. 4 Satz 1, Satz 4, Abs. 6 KStG unter das sog. Schachtelprivileg fallen. Stellt man im Fall „zwischengeschalteter" Mitunternehmerschaften zur Berechnung der mittelbaren Beteiligungshöhe einer Körperschaft an einer ausschüttenden Körperschaft auf den Gewinnverteilungsschlüssel der Mitunternehmerschaft ab,[444] können die Mitunternehmer Einfluss auf das Vorliegen des Schachtelprivilegs nehmen:

Beispiel 3 *Eine Mitunternehmerschaft ist am Stammkapital von zwei Kapitalgesellschaften mit 5 bzw. 15 Prozent beteiligt. An der Mitunternehmerschaft sind die A-GmbH und die B-GmbH im Verhältnis 75/25 beteiligt. Die A-GmbH bekommt nach dem Gewinnverteilungsschlüssel das gesamte Ergebnis aus der 15-Prozent-Beteiligung zugewiesen, die B-GmbH das gesamte Ergebnis aus der 5-Prozent-Beteiligung.*

Für steuerlich vermögensverwaltende Grundstücksgesellschaften zeigt die Entscheidung des FG Köln vom 14.4.2021 mögliche steuerliche Gestaltungsoptionen auf.[445] Ist kein Gesellschafter auf seiner Ebene gewerblicher Grundstückshändler[446] oder sonst betrieblich an der Personengesellschaft beteiligt,[447] verwirklichen die Gesellschafter im Fall einer Grundstücksveräußerung aus der Gesellschaft heraus anteilig (§ 39 Abs. 2 Nr. 2 AO) private Veräußerungsgeschäfte. Diese sind bei Grundstücken nach Ablauf einer zehnjährigen Haltefrist nicht steuerbar (§ 23 Abs. 1 Satz 1 Nr. 1 EStG). Die Haltefrist berechnet sich für jeden Gesellschafter separat; sie beginnt und endet durch Anschaffung bzw. Veräußerung der Gesellschaftsbeteiligung (§ 23 Abs. 1 Satz 4 EStG).[448] Durch die gesonderte Zuweisung des Veräuße-

444 Ausführlich unten D.III.1.b)aa)(1) und D.III.2.c)aa).
445 3 K 1253/17, EFG 2021, 1480.
446 Vgl. zur fehlenden „Abschirmwirkung" von Grundstücksverkäufen der Gesellschaft gegenüber dem Gesellschafter BFH, Beschluss vom 3.7.1995, GrS 1/93, BFHE 178, 86, BStBl. II 1995, 617.
447 Zu sog. Zebragesellschaften unten E.I.2.c).
448 Im Einzelnen unten E.I.2.b)bb).

rungsgewinns an einen Gesellschafter, in dessen Person die zehnjährige Haltefrist bereits abgelaufen ist, ist die Veräußerung jedenfalls nach dem FG Köln nicht steuerbar. Womöglich lässt sich durch die gesonderte Zuweisung eines Grundstücksverkaufs an einen Gesellschafter auch verhindern, dass der andere Gesellschafter in den Bereich des gewerblichen Grundstückshandels „rutscht“:[449]

Beispiel 4 *A hat in den letzten zwei Jahren drei Grundstücke aus seinem steuerlichen Privatvermögen veräußert. Außerdem ist er seit fünf Jahren Gesellschafter einer steuerlich vermögensverwaltenden GbR mit B und C als weiteren Gesellschaftern. Teil des Gesamthandsvermögens ist ein Grundstück, das von der GbR verkauft wird. Nach der Gewinnverteilungsabrede der GbR sollen nur B und C am Erlös aus der Veräußerung des Grundstücks beteiligt werden, während C ausschließlich am Veräußerungserlös anderweitiger Vermögensgegenstände partizipiert.*

Anhand eines Urteils des FG Rheinland-Pfalz lässt sich ein schenkungsteuerliches Motiv zur gesonderten Zuweisung des wirtschaftlichen Ergebnisses bestimmter Vermögensgegenstände skizzieren.[450] Nach den Feststellungen leistete eine Tochterkapitalgesellschaft einer Familienkommanditgesellschaft an diese eine verdeckte Gewinnausschüttung (vGA), die allerdings direkt an einen ihrer Kommanditisten ausgezahlt wurde. Die Gewinnverteilung der Kommanditgesellschaft entsprach den Beteiligungsverhältnissen der Kommanditisten (die Komplementär-GmbH war nicht am Gesellschaftsvermögen beteiligt). Entsprechend dem Gewinnverteilungsschlüssel rechnete das Gericht die vGA steuerlich allen Kommanditisten anteilig zu. Die Direktzahlung der vGA an den empfangenden Kommanditisten sei steuerlich als freigebige Zuwendung der übrigen Kommanditisten in Höhe ihres Gewinnanteils an der vGA anzusehen. Die steuerliche Doppelbelastung der vGA mit Einkommensteuer bei allen Kommanditisten und Schenkungsteuer beim letztlich begünstigten Kommanditisten sei keine unzulässige (verfassungswidrige) Doppelbesteuerung desselben Vorgangs. Insofern stellt sich die Frage, ob eine Anpassung des Gewinnverteilungsschlüssels dahingehend, dass der Gewinn einer spezifischen Tochtergesellschaftsbetei-

449 Vgl. BFH, Beschluss vom 3.7.1995, GrS 1/93, BFHE 178, 86, BStBl. II 1995, 617.
450 Urteil vom 7.10.2021, 4 K 1274/20, EFG 2022, 278 (m. Anm. *C. Schmidt*).

ligung einem Kommanditisten gesondert zugewiesen wird, abweichende ertrag- und schenkungsteuerliche Folgen gehabt hätte. Durch eine solche Sonderzuweisung als Bestandteil des Gewinnverteilungsschlüssels wäre das Gericht vor die Frage der Anerkennung der Gewinnverteilungsabrede gestellt worden. Bei Bejahung dieser Frage hätte es im ersten Schritt von einer anteiligen Zurechnung der vGA zu allen Kommanditisten absehen und im zweiten Schritt auch eine anschließende (steuerbehaftete) Schenkung ablehnen müssen.

b) Verwandte Verteilungsmodelle und Alternativgestaltungen

Zur Annäherung an solche Gewinnverteilungsabreden erscheint es hilfreich, zunächst einen Blick auf verwandte Verteilungsmodelle (*Tracking Stocks* und *Stapled Stocks*) und Gestaltungen unter Zuhilfe-nahme von stillen Gesellschaften zu werfen. Daneben könnten der Nießbrauch und Genussrechte Sonderzuweisungen ermöglichen und bieten sich für einen Vergleich mit Sonderzuweisungen als Bestandteil einer Gewinnverteilungsabrede an.

aa) *Tracking Stocks* bei Aktiengesellschaften

Vereinbarungen wie in den genannten Beispielen sind strukturell vergleichbar mit einer besonderen Finanzierungsform, die vor einigen Jahrzehnten ihren Ursprung bei Aktiengesellschaften im anglo-amerikanischen Rechtsraum nahm. Unter dem Stichwort *Tracking Stocks* oder Spartenaktien wird eine nach Unternehmenssegmenten differenzierende Gewinnverteilung diskutiert.[451] Die damit verbundene Diskussion eignet sich als Ausgangspunkt für die gesellschaftsrechtliche Würdigung von Sonderzuweisungen einzelner Vermögensgegenstände. Das hinter *Tracking Stocks* stehende Prinzip der bereichsbezogenen Gewinnverteilung ist dem Grunde nach auf sämtliche Gesellschaftsformen übertragbar, mithin auf Personengesellschaften.[452] Charakteristisch für *Tracking Stocks* ist die Teilnahme

---

451 *Baums*, in: FS Boujong, S. 19 ff.; *Fuchs*, ZGR 2003, 167; *Sieger/Hasselbach*, BB 1999, 1277; *Natusch*, DB 1997, 1141; *Brauer*, AG 1993, 324; mit steuerrechtlicher Würdigung *Eilers*, StbJb 2001/02, 413 ff.

452 *Staake*, in: BeckOGK-HGB, § 121 Rz. 45; *Priester*, in: MüKo-HGB, § 121 Rz. 27; instruktiv *Müller*, WiB 1997, 57, 64 f.; *Görgemanns*, GmbHR 2004, 170, 171; *Bal-*

eines Gesellschafters am Gewinn eines begrenzten Tätigkeitsbereichs der Gesellschaft, während er mitgliedschaftlich an der gesamten Gesellschaft beteiligt ist und unbeschränkte Verwaltungsrechte hat.[453] Die Unternehmensteile, auf die sich die Gewinnteilnahme beziehen, lassen sich nach verschiedenen Parametern bestimmen. Sie können rechtlicher (Ergebnis von Tochtergesellschaften - sog. *Subsidiary Shares*),[454] organisatorischer (Ergebnis verschiedener Sparten - sog. *Divisional Shares*),[455] güterbezogener (Ergebnisse von Produktklassen) oder räumlicher (Ländergebnisse) Natur sein.[456] *Tracking Stocks* können der Eigenkapitalbeschaffung dienen, indem sie Investitionen in bestimmte (erfolgreiche) Unternehmensbereiche ermöglichen und dadurch für potenzielle Kapitalgeber attraktiver erscheinen als Anteilsscheine an der Gesellschaft insgesamt (Finanzierungsfunktion). Auch als „Akquisitionswährung" sind *Tracking Stocks* geeignet, indem sie als Kaufpreis an die (ehemaligen) Anteilseigner eines neu erworbenen Portfoliounternehmens ausgegeben werden.[457]

Auch wenn sie nicht sonderlich verbreitet ist,[458] wird die Ausgabe von Spartenaktien aktienrechtlich für zulässig erachtet.[459] § 60 Abs. 3 AktG

---

mes/Graessner, DStR 2002, 838 f.; *Winkels*, Tracking Stocks, S. 15; *Plewka*, in: Haarmann Hemmelrath & Partner, Gestaltung und Analyse in der Rechts-, Wirtschafts- und Steuerberatung von Unternehmen, S. 133; *Tonner*, Tracking Stocks, S. 38 f.

453 *Prinz*, FR 2001, 285; *Prinz/Schürner*, DStR 2001, 759, 760; *Friedl*, BB 2002, 1157, *Baums*, in: FS Boujong, 1996, S. 19, 22; eine Ausnahme besteht, wenn die *Tracking Stocks* als stimmrechtslose Vorzugsaktien ausgegeben werden, s. *Friedl*, BB 2002, 1157, 1164.

454 *Friedl*, BB 2002, 1157; *Sieger/Hasselbach*, BB 1999, 1277.

455 *Friedl*, BB 2002, 1157; *Sieger/Hasselbach*, BB 1999, 1277.

456 *Prinz/Schürner*, DStR 2001, 759, 766; *K. Schmidt*, in: MüKo-HGB, § 230 Rz. 39.

457 *Prinz/Schürner*, DStR 2001, 759; *Natusch*, DB 1997, 1141, 1146; *Müller*, WiB 1997, 57; für weitere Motive für die Ausgabe von *Tracking Stocks* bei US-Aktiengesellschaften s. *Nolte*, Tracking Stocks, S. 32 ff.

458 *Plewka*, in: Haarmann Hemmelrath & Partner, Gestaltung und Analyse in der Rechts-, Wirtschafts- und Steuerberatung von Unternehmen, S. 133; *Vatter*, in: BeckOGK-AktG, § 11 Rz. 3 („wenig gebräuchlich" in Bezug auf Aktiengesellschaften).

459 *Koch*, in: Koch, AktG, § 11 Rz. 4; *Vatter*, in: BeckOGK-AktG, § 11 Rz. 2, 9; *Brauer*, AG 1993, 324, 334; *Müller*, WiB 1997, 57; *Prinz*, FR 2001, 285; *Böhm*, BWNotZ 2002, 73, 81; *Prinz/Schürner*, DStR 2003, 181; *Fuchs*, ZGR 2003, 167, 168; *Görgemanns*, GmbHR 2004, 170; *Baums*, in: FS Boujong, S. 19, 35; *Tonner*, Tracking Stocks, S. 59 ff., 83 ff.; *ders.*, IStR 2002, 317, 323 f.; *Cichy/Heins*, AG 2010, 181 (u.a. zum Börsengang der Hamburger Hafen und Logistik AG mit *Tracking Stocks*); insb. zur steuerlichen Anerkennung disquotaler Gewinnverteilung bei *Tracking-Stock*-Strukturen: *Prinz/Kaeser*, in: Kessler/Kröner/Köhler, Konzernsteuerrecht, § 10 Rz. 377; *Schmidtmann*, Ubg 2014, 502, 509 f.; *Gosch*, DStR 1999, 1849, 1853; *Kling/Kamchen*, NWB 2015, 819, 824.

gestatte die Wahl einer spartenbezogenen Gewinnverteilung, § 271 Abs. 2 AktG eine spartenbezogene Verteilung des Liquidationserlöses.[460] Auch gehöre die „einheitliche" Aktie ohne divisionalisierte Vermögensrechte nicht zum Wesen der Aktiengesellschaft (§ 1 AktG).[461]

Diskutiert wird allerdings, ob *Tracking Stocks* womöglich mangels hinreichender Darstellbarkeit der Vermögens- und Ertragslage einzelner Unternehmensbereiche im Jahresabschluss unzulässig sind.[462] Gesellschaftsgläubiger und Aktionäre müssen aus der Bilanz ein zutreffendes Bild über die Vermögens- und Finanzierungssituation der Gesellschaft ableiten können. Außerdem hat der Jahresabschluss eine Schutzfunktion für die Kapitalerhaltung, indem er den Höchstbetrag zulässiger Ausschüttungen festlegt.[463] Bei der Emission von Spartenaktien stellt sich die Frage, ob die gesetzlichen Zwecke des Jahresabschlusses gewahrt werden können. Das Schrifttum geht überwiegend davon aus, dass die Bedürfnisse des Kapitalmarkts jedenfalls durch freiwillige Erweiterung der Rechnungslegung mittels Untergliederung einzelner Bilanzposten gem. § 265 Abs. 5 HGB oder erläuternde Angaben im Bilanzanhang gestillt werden können.[464] Die Gewinnermittlung erfordert neben der Aufstellung einer „konsolidierten" Bilanz für die Gesamtgesellschaft eine separate Gewinnermittlung für jeden Geschäftsbereich (sog. *Tracked Unit*).[465] Das mag keine Schwierigkeiten im Fall sog. *Subsidiary Shares* bereiten, da die Bilanzen der Tochterkapitalgesellschaften bereits taugliche Segmentbilanzen darstellen. Im Fall der sog. *Divisional Shares*, die eine nach verschiedenen Geschäftsbereichen einer einheitlichen Gesellschaft getrennte Gewinnermittlung erfordern, verlangt die zutreffende Gewinnermittlung für die einzelnen Sparten einen anderen Ansatz: Die verschiedenen Geschäftsbereiche sind zu identifizieren, Aktiv- und Passivposten den Geschäftsbereichen (ggf. anteilig) zuzuordnen und etwaige Beziehungen zwischen den Geschäftsbereichen mit „internen Verrechnungspreisen" zu versehen.[466]

Für Personengesellschaften sind die Bedürfnisse des Kapitalmarkts und die Kapitalerhaltung nicht relevant. Gesellschaftsgläubiger können sich

---

460 *Tonner*, IStR 2002, 317, 318.
461 *Brauer*, AG 1993, 324, 325.
462 *Sieger/Hasselbach*, BB 1999, 1277, 1282.
463 *Prinz/Schürner*, DStR 2001, 759, 765.
464 *Tonner*; IStR 2002, 317; 322; *Prinz/Schürner*, DStR 2001, 759, 768; *Brauer*, AG 1993, 324, 329 f.; *Kauffeld*, Partielle Unternehmensbeteiligung, S. 250.
465 *Prinz/Schürner*, DStR 2001, 759, 765 f.; *Tonner*, Tracking Stocks, S. 225 ff.
466 *Prinz/Schürner*, DStR 2001, 759, 766 ff.

durch den Jahresabschluss der Gesamtgesellschaft hinreichend über deren Vermögens- und Ertragslage informieren.[467] Die für Personenhandelsgesellschaften als Kaufleute vorgeschriebene Rechnungslegung (§§ 238 ff.; § 264a HGB) erscheint daher nicht ergänzungsbedürftig, wenngleich eine freiwillige Erweiterung der Rechnungslegung zur Aufnahme weiterer Gesellschafter opportun sein kann. Im Innenverhältnis indes erfordert die Umsetzung der Gewinnverteilungsabrede, den Gewinn oder Verlust der einzelnen Unternehmensbereiche (oder Vermögensgegenstände wie in den obigen Beispielsfällen) zu ermitteln.[468]

bb) *Stapled Stocks* (Verbundaktien)

Eine Direktzuweisung von Dividenden von Tochterkapitalgesellschaften einer Personengesellschaft an bestimmte Personengesellschafter haben sog. *Stapled Stocks* (Verbundaktien) zum Ziel. Im Unterschied zu dem aktienrechtlichen Phänomen der *Tracking Stocks* kann bei *Stapled Stocks* der Gewinnverteilungsschlüssel einer Personengesellschaft eine Rolle spielen.

Vor allem unter Geltung des körperschaftsteuerlichen Anrechnungssystems bestand für steuerlich im Ausland ansässige Personengesellschafter ein Interesse, lediglich Dividenden ausländischer Tochterkapitalgesellschaften zugerechnet zu bekommen (sofern die Personengesellschaft Anteile an in- und ausländischen Tochterkapitalgesellschaften hielt). Denn das Anrechnungsverfahren hätte zum Nachteil der ausländischen Personengesellschafter zu einer steuerlichen Doppelbelastung der Dividenden geführt (einerseits durch inländische Vollbelastung mit Körperschaftsteuer, andererseits im Ansässigkeitsstaat des Personengesellschafters durch dortige neuerliche Besteuerung ohne Anrechnungsmöglichkeit).[469]

Auch abgesehen von drohender Doppelbesteuerung im Rahmen des Anrechnungsverfahrens sind grenzüberschreitende Dividendenausschüttungen wegen anfallender Quellensteuer nicht stets im Interesse der Personengesellschafter.[470] Die in der Literatur für diese Fälle vorgeschlagene Lösung besteht in einer „Verklammerung" der vom Personengesellschafter direkt vereinnahmten Dividenden und seinem Gewinnanteil an der Personenge-

467 Vgl. *Fuchs*, ZGR 2003, 167, 181; *Prinz/Schürner*, DStR 2001, 759, 765.
468 Näher unten C.V.1.d)aa).
469 *Prinz*, FR 2000, 537, 539.
470 *Harbarth*, AG 2004, 573, 577.

sellschaft. Der ausländische Personengesellschafter muss dazu – neben seiner Beteiligung an der Personengesellschaft – eine Direktbeteiligung an der ausländischen Tochterkapitalgesellschaft halten. Soweit der Personengesellschafter Dividenden von dieser Kapitalgesellschaft direkt ausgeschüttet bekommt, reduziert sich sein Gewinnanteil an der Personengesellschaft.[471] Der Gewinnverteilungsschlüssel der Personengesellschaft ist somit auf eine spezifische Zuteilung der Dividenden von Tochtergesellschaften an bestimmte Personengesellschafter ausgerichtet. Die Dividenden selbst werden indes direkt an die Personengesellschafter und nicht über den „Umweg" der Personengesellschaft an die gewünschten Empfänger ausgeschüttet. Die praktischen Anwendungsbereiche von *Stapled Stocks* scheinen sich allerdings auf Szenarien mit körperschaftsteuerlichem Anrechnungssystem oder grenzüberschreitenden Dividendenzahlungen zu beschränken. Selten genug dürfte es praktikabel sein, bestimmten Personengesellschaftern eine Doppelrolle als Beteiligter der Personengesellschaft und einer ihrer Tochterkapitalgesellschaften einzuräumen. Eine echte Gestaltungsalternative zu Sonderzuweisungen einzelner Vermögensgegenstände sind *Stapled Stocks* daher nicht.

cc) Segmentbezogene Gewinnverteilung mittels stiller Gesellschaft

Im Bereich der Personengesellschaften sind *Tracking-Stock*-Modelle vor allem mit stillen Gesellschaften (§§ 230 ff. HGB) konnotiert. Stille Gesellschaften sind ein anerkanntes Instrument zur Beteiligung des Stillen am Gewinn von Unternehmensteilen des Prinzipals.[472] Der Prinzipal kann Einzelkaufmann, Personenhandels- oder Kapitalgesellschaft sein; Voraussetzung ist allein die Inhaberschaft eines Handelsgeschäfts (vgl. § 230 Abs. 1

471 *Jacobs/Endres/Spengel*, in: Jacobs, Int. Unternehmensbesteuerung, 6. Teil, Kap. 6, C.I.3.d); *Bornscheid*, Stapled Stock, S. 49 f.

472 Vgl. BFH, Urteil vom 23.4.2009, IV R 73/06, BFHE 225, 343, BStBl. II 2010, 40; Urteil vom 6.12.1995, I R 109/94, BStBl. II 1998, 685 („Medienfonds"); Urteil vom 27.02.1975, I R 11/72, BFHE 115, 518, BStBl. II 1975, 611 unter 2.b); *K. Schmidt*, in: MüKo-HGB, § 230 Rz. 39; *Lamprecht*, in: Blaurock, Hdb. Stille Gesellschaft, § 24 Rz. 24.13; *Pyszka*, DStR 2003, 857; *Lindwurm*, DStR 2000, 53; *Tonner*, Tracking Stocks, S. 340 ff.; ferner *Lieber/Stifter*, FR 2003, 831, 834 und *Frühwacht*, DStR 2020, 2405, 2409 (*Tracking-Stock*-Struktur als Gestaltungsoption im Zusammenhang mit der erweiterten Grundstückskürzung nach § 9 Nr. 1 Satz 2 ff. GewStG); *Kauffeld*, Partielle Unternehmensbeteiligung, S. 67 mit Hinweisen zu Frühformen stiller Beteiligungen an einzelnen Unternehmenssegmenten nach Art. 250 ADHGB.

HGB). Fehlt ein Handelsgeschäft, können die Vorschriften über die stille Beteiligung allerdings analog anwendbar sein.[473] Das *Tracking-Stock*-Modell unter Zuhilfenahme von stillen Gesellschaften unterscheidet sich strukturell nicht von einer stillen Beteiligung, bei der sich die Gewinnbeteiligung auf das gesamte Unternehmen des Prinzipals erstreckt.[474] Die Gewinnbeteiligung kann sich auf ganze Sparten erstrecken, aber auch auf einzelne Projekte beschränken.[475] Umstritten ist indes, ob auch einzelne Vermögensgegenstände Bezugsobjekt einer stillen Beteiligung i.S.d. §§ 230 ff. HGB sein können. Die Finanzrechtsprechung verneint diese Möglichkeit mit der Begründung, es fehle an der Beteiligung an einem „Handelsgeschäft". Stattdessen seien derartige Konstrukte als Gelegenheitsgesellschaften nach §§ 705 ff. BGB einzuordnen.[476] Nach anderslautenden Literaturstimmen sind einzelne Vermögensgegenstände taugliche Bezugsobjekte stiller Gesellschaften, solange nicht bloß das Ergebnis einzelner Geschäftsvorfälle geteilt werde – darin läge ein bloßes Metageschäft, das wiederum zur Anwendung der §§ 705 ff. BGB führe.[477]

Die Möglichkeit zur Schaffung einer *Tracking-Stock*-Struktur mittels stiller Gesellschaft wirft die Frage nach einem gesellschaftsrechtlichen oder steuerlichen Mehrwert einer unmittelbaren *Tracking-Stock*-Struktur per Gewinnverteilungsschlüssel auf Ebene der Personengesellschaft selbst auf. Zu dieser Frage lassen sich gesellschaftsrechtliche und steuerliche Erwägungen anstellen. In gesellschaftsrechtlicher Hinsicht ist zunächst festzustellen, dass die stille Beteiligung eine bloß mittelbare Unternehmensbeteiligung ist. Der Stille hat nicht die mitgliedschaftliche Stellung wie ein Gesellschafter des Prinzipals, wenn nicht der Gesellschaftsvertrag dem

473 *K. Schmidt*, in: MüKo-HGB, § 230 Rz. 25; *Wedemann*, in: Oetker, HGB, § 230 Rz. 20.

474 *Jung*, in: Blaurock Stille Gesellschaft, § 8 Rz. 8.4; *Keul*, in: Münchener Hdb. Gesellschaftsrecht Band II, § 72 Rz. 15; *Mock*, in: Röhricht/Graf v. Westphalen/Haas, HGB, § 230 Rz. 46; *Harbarth*, in: Staub, HGB, § 230 Rz. 16; *Kauffeld*, Partielle Unternehmensbeteiligung, S. 206.

475 Vgl. Feststellungen aus FG München, Urteil vom 8.1.2018, 7 K 519/14 (nicht rkr., Az. BFH I B 9/19).

476 BFH, Urteil vom 13.5.1998, VIII R 81/96, BFH/NV 1999, 355; DStRE 1999, 388 mit Bezug zu „einzelnen Geschäften oder Geschäftswerten" (konkret: einzelnen Bauvorhaben); Urteil vom 23.7.1982, IV B 95/81, BeckRS 1982, 5323.

477 *Kauffeld*, Partielle Unternehmensbeteiligung, S. 213; *Tonner*, Tracking Stocks, S. 344.

Stillen weitergehende Rechte einräumt als vom Gesetz vorgesehen.[478] Als Kommanditist hätte er zumindest das Widerspruchsrecht gem. §§ 164 S. 2, 116 Abs. 1 Satz 2 HGB bei Grundlagengeschäften. Die eingeschränkten Einflussmöglichkeiten des Stillen auf den Inhaber des Handelsgeschäfts sind nicht per se nachteilig, etwa wenn sich der Stille vorrangig als Kapitalanleger denn als Unternehmer sieht. Zudem ist die Gesellschafterstellung mit handelsrechtlicher Publizität verbunden (§§ 106 Abs. 2, 162 Abs. 1 HGB), die der Stille typischerweise nicht beabsichtigt. Streben die Gewinnbeteiligten indes eine gleichmäßige Kompetenzverteilung an, erscheint eine Gesellschafterstellung bei der (unternehmenstragenden) Personengesellschaft geeigneter. Weiterhin ist die Begründung einer stillen Gesellschaft nur möglich, wenn Prinzipal der Betreiber eines Handelsgeschäfts ist. Vermögensverwaltende Personengesellschaften ohne (insofern konstitutive) Handelsregistereintragung sind mangels Gewerbebetrieb kein tauglicher Geschäftsinhaber, sodass keine stille Gesellschaft entstehen kann.[479] Zwar mögen die §§ 230 ff. HGB in dem Fall analog anwendbar sein, aber die gesellschaftsrechtlichen und steuerlichen Folgen scheinen in diesem Fall mit Unsicherheiten verbunden.[480] Daneben ist – wie dargestellt – umstritten, wie „granular" das Referenzobjekt einer stillen Beteiligung sein darf und ob auch einzelne Vermögensgegenstände taugliche Anknüpfungspunkte sein können. In steuerlicher Hinsicht ist eine mit der Gründung von stillen Gesellschaften verbundene „Vervielfältigung" der involvierten Gesellschaften häufig nicht im Interesse des Prinzipals und des Stillen, weil sich dadurch auch die Zahl der durchzuführenden Besteuerungsverfahren erhöht.[481] Womöglich löst die Begründung einer segmentspezifischen atypischen stillen Gesellschaft auch eine Besteuerung stiller Reserven beim Prinzipal aus, indem die Voraussetzungen der Buchwertfortführung nach § 24 UmwStG oder § 6 Abs. 5 Satz 3 EStG nicht vorliegen.[482]

---

478 Vgl. *Tonner*, IStR 2002, 317, 323. Nach § 233 HGB normiert beschränkte Informationsrechte des Stillen gegenüber dem Inhaber des Handelsgeschäfts zur Überprüfung der Rechnungslegung.

479 *Blaurock*, in: Blaurock, Hdb. Stille Gesellschaft, § 6 Rz. 6.19; *Keul*, in: Münchener Hdb. GesR Band 2, § 75 Rz. 5.

480 Vgl. zur entsprechenden Anwendung der Regeln für eine stille Gesellschaft in gesellschaftsrechtlicher und steuerlicher Hinsicht auf eine Innengesellschaft an einem freiberuflichen Unternehmen BFH, Urteil vom 23.11.2021, VIII R 17/19, DStR 2022, 407, NZG 2022, 526 unter III.

481 Vgl. *Lamprecht*, in: Blaurock, Hdb. Stille Gesellschaft, § 24 Rz. 24.13.

482 *Pyszka*, DStR 2003, 857, 860 ff.

dd) Nießbrauch an Vermögensgegenständen des Gesellschaftsvermögens

Eine weitere Möglichkeit der Teilhabe am wirtschaftlichen Ergebnis einzelner Vermögensgegenstände des Gesellschaftsvermögens eröffnet die Bestellung eines Nießbrauchs an einzelnen Vermögensgegenständen durch die Gesellschaft zugunsten eines bestimmten Gesellschafters. Ein Nießbrauch kann an Sachen, Rechten sowie an einem Vermögen[483] bestellt werden (§§ 1030, 1068, 1085 BGB) und vermittelt ein dingliches Recht, wonach der Nießbraucher die Nutzungen aus dem Nießbrauchsobjekt erhält (§ 100 BGB). So lassen sich Mieteinnahmen aus einzelnen Grundstücken oder Dividenden aus einzelnen Kapitalgesellschaftsbeteiligungen einem Gesellschafter gesondert zuweisen. Auch laufende Verluste sowie Veräußerungsgewinne und -verluste können bei entsprechender vertraglicher Abrede Teil des Nießbrauchs sein.[484] Der Nießbrauch hat bei Personenidentität zwischen Gesellschafter und Nießbraucher „Ausschüttungscharakter".[485] Ein dem Nießbrauch zugrundeliegendes Kausalgeschäft kann unterschiedlicher Natur sein. Soll der Nießbrauch als Instrument für eine Sonderzuweisung fungieren, wird die *causa* aber weder Schenkung noch ein Mietvertrag sein, sondern im Gesellschaftsverhältnis liegen. Wird der Nießbrauch an einzelnen Vermögensgegenständen der Gesellschaft bestellt, um eine *Tracking-Stock*-Struktur zu schaffen, wird der Nießbraucher-Gesellschafter die (kostenbereinigten) Erträge aus dem Nießbrauch regelmäßig auf seinen sonstigen Gewinnanteil an der Gesellschaft anrechnen müssen. Der Gewinnanteil der übrigen Gesellschafter bliebe unberührt.

Auf den ersten Blick mag dieses Modell den wirtschaftlichen Vorstellungen der Gesellschafter zur gesonderten Zuweisung des Gewinns aus einzelnen Vermögensgegenständen entsprechen. Der Nießbrauch als Instrument für Sonderzuweisungen stößt jedoch bei genauerer Betrachtung schnell an steuerplanerische Grenzen und leidet zudem an zivilrechtlicher Schwerfälligkeit. In steuerlicher Hinsicht ist zweifelhaft, ob und unter welchen Voraussetzungen die im Verhältnis zur Gesellschaft unentgeltli-

---

483 Der Nießbrauch an einem Vermögen setzt die Nießbrauchsbestellung an den einzelnen zum Vermögen gehörenden Gegenständen voraus (§ 1085 Satz 1 BGB), s. *Pohlmann*, in: MüKo-BGB, § 1085 Rz. 5; *Reischl*, in: BeckOK-BGB, § 1085 Rz. 12; *Laukemann*, in: jurisPK-BGB, § 1085 Rz. 7.

484 BFH, Urteil vom 3.12.2015, IV R 43/13, BFH/NV 2016, 742 unter II.4.a); FG Rheinland-Pfalz, Urteil vom 23.3.2021, 3 K 1861/18, BWNotZ 2021, 328, 335 (Rev. eingelegt, BGH-Az. IV R 12/21).

485 *K. Schmidt*, in: MüKo-HGB, Vor § 230 Rz. 15.

che Nießbrauchsbestellung eine Entnahme des Wirtschaftsguts aus dem Betriebsvermögen darstellt.[486] Eine Entnahme liegt nahe in Fällen, in denen der Nießbrauch dauerhaft bestehen und auch den Gewinn aus der Veräußerung des nießbrauchsbelasteten Gegenstands umfassen soll. Denn die Gesellschaft wäre im Wesentlichen von der Einwirkung auf das Wirtschaftsgut weitgehend ausgeschlossen und würde infolgedessen das wirtschaftliche Eigentum daran verlieren (§ 39 Abs. 2 Nr. 1 Satz 1 AO). Mit der Nießbrauchsbestellung ist dann das Risiko der Aufdeckung stiller Reserven verbunden, wenn nicht Buchwertklauseln des § 6 Abs. 5 EStG einschlägig sind. Die Gewinnverteilungsabrede sollte insofern Vorkehrungen dafür treffen, dass der Entnahmegewinn nur dem Nießbraucher-Gesellschafter zugewiesen wird.[487] Lehnt man eine Entnahme des nießbrauchsbelasteten Wirtschaftsguts ab, stellt sich die Frage, wem die Nutzungseinkünfte ertragsteuerlich zuzurechnen sind. Zunächst muss der Nießbrauch steuerlich anerkannt werden, was bei kurzfristigem Nießbrauch fehlschlagen kann.[488] Ist der Nießbrauch aber steuerlich anzuerkennen, wird die Frage der Einkünftezurechnung virulent. Während bei Einkünften aus Vermietung und Verpachtung überwiegend die Zurechnung zum Nießbraucher angenommen wird,[489] sich dann aber wiederum Fragen zur subjektiven Abschreibungsberechtigung stellen,[490] ergibt sich bei Einkünften aus Kapitalvermögen ein

---

486 Gegen eine Entnahme, wenn nach Beendigung des Nießbrauchs das Wirtschaftsgut weiterhin dem Betrieb dienen soll, BFH, Urteil vom 1.3.1994, VIII R 35/92, BFHE 175, 231, BStBl. II 1995, 241; a.A. (Entnahme bei dauerhafter unentgeltlicher Nutzungsüberlassung bejahend) *Meyer*, in: BeckOK-EStG, § 4 Rz. 760; *Meurer*, in: Lademann, EStG, § 4 Rz. 385 „Nießbrauch"; *von Sothen*, in: Scherer, Unternehmensnachfolge, § 28 Rz. 168 (Entnahme, wenn dem Nießbraucher auch die Substanz zugewendet wird); zweifelnd *Loschelder*, in: Schmidt, EStG, § 4 Rz. 270 „Nießbrauch" (vor allem bei entgeltlich bestelltem Nießbrauch bestehe Betriebsvermögens-Eigenschaft fort).

487 Derartige Abreden werden allgemein für möglich gehalten, vgl. BFH, Urteil vom 31.3.1977, IV R 58/73, BFHE 122, 85, BStBl. II 1977, 823; Urteil vom 28.9.1995, IV R 39/94, BFHE 179, 75, BStBl. II 1996, 276, *Wacker*, in: Schmidt, EStG, § 15 Rz. 446; *Knobbe-Keuk*, Bilanz- und Unternehmenssteuerrecht, § 10 II.2.a); *Hellwig*, FS Döllerer, S. 205, 213 f.

488 BFH, Urteil vom 24.11.1967, VI R 274/66, BFHE 91, 39, BStBl. II 1968, 260; *Söffing*, DStJG 1 (1977), S. 125, 137.

489 Vgl. *Reischl*, in: BeckOK-BGB, § 1030 Rz. 3 mit Bezug zu BMF-Schreiben vom 30.9.2013, BStBl. I 2013, 1184 („Nießbrauchserlass"); *L. Schmidt*, DStJG 1 (1977), S. 41, 61.

490 Näher unter D.III.2.a)bb) und D.III.2.c)bb).

gemischtes Bild.[491] Auch die Frage, wem unter welchen Voraussetzungen Verluste zuzurechnen sind (dem Nießbraucher oder dem Besteller), ist teils ungeklärt.[492] Sind die laufenden Einkünfte der Gesellschaft zuzurechnen und erhöhen sie somit den Gesellschaftsgewinn, würde der Nießbraucher die entsprechenden Beträge aus der Gesellschaft entnehmen. Auch dann wäre fraglich, ob die entnommenen Beträge allen Gesellschaftern entsprechend dem „allgemeinen" Gewinnverteilungsschlüssel oder aufgrund vertraglich verabredeter Sonderzuweisung nur dem Nießbraucher-Gesellschafter zuzurechnen sind.

Neben diesen steuerlichen Fallstricken ist die Nießbrauchsbestellung zur Schaffung einer *Tracking-Stock*-Struktur mit zivilrechtlichen Nachteilen behaftet. Der Nießbrauch unterliegt als dingliches Recht der sachenrechtlichen Typenfixierung,[493] die die inhaltliche Ausgestaltung des Nießbrauchs einschränkt und die der Gesellschaft als Besteller und dem Gesellschafter als Nießbraucher als zu starr erscheinen könnte. Der Nießbrauch ist ein subjektiv-persönliches Recht, sodass er jeweils gegenüber den zu begünstigenden Gesellschaftern bestellt werden muss und dementsprechend nicht durch Übertragung eines Gesellschaftsanteils auf den Neugesellschafter übergeht.[494] Außerdem führt der Nießbrauch etwa an einer vermieteten Immobilie dazu, dass der Nießbraucher im eigenen Namen und auf eigene Rechnung Vermieter wird. Zwar kann die Gesellschaft zivilrechtlich zur Vermietung in ihrem Namen rückbevollmächtigt werden; gleichwohl mag die Rechtsstellung des Nießbrauchers über das Ziel der Gesellschafter hinausschießen, eine rein wirtschaftliche Zuweisung von Mieteinnahmen zu erreichen.[495] Daneben müssten die Gesellschafter gestalterische Einschränkungen hinnehmen, die den Nießbrauch im Vergleich zu „schlichter" disproportionaler Gewinnverteilung unpraktikabel machen:

---

491 Nach BMF-Schreiben vom 23.11.1983, BStBl. I 1983, 508 erfolgt eine Zurechnung zum Nießbraucher beim sog. Vorbehaltsnießbrauch, jedoch eine Zurechnung zum Besteller beim sog. Zuwendungsnießbrauch; kritisch zur Pauschalität dieser Differenzierung *Pohlmann*, in: MüKo-BGB, § 1030 Rz. 55; *Heinze*, in: Staudinger, vor § 1030 Rz. 129.

492 Vgl. anhängige Revision beim BFH (IV R 12/21) zu FG Rheinland-Pfalz, Urteil vom 23.3.2021, 3 K 1861/18, BWNotZ 2021, 328.

493 *Laukemann*, in: jurisPK-BGB, § 1069 Rz. 60.

494 Eine Ausnahme für juristische Personen und rechtsfähige Personengesellschaften als Nießbraucher macht für den Fall der Gesamtrechtsnachfolge § 1059a BGB.

495 Im Übrigen stellt sich bei der Immobilienverwaltung durch die Gesellschaft die Frage, ob steuerlich eine Zurechnung der Vermietungseinkünfte an den Nießbraucher erfolgt – ablehnend *Söffing*, DStJG 1 (1977), S. 125, 134.

Beim Nießbrauch an Sachen ist die Gesellschaft jedenfalls zur Einräumung mittelbaren Besitzes an den Gesellschafter (§ 1036 Abs. 1 BGB) und der Nießbraucher zur Substanzerhaltung verpflichtet (§ 1041 Satz 1 BGB). Beim Nießbrauch an Grundstücken und an Rechten, deren Übertragung einer bestimmten Form bedürfen, sind entsprechende Formvorschriften zu beachten. Sollen etwa die Nutzungen (Dividenden) einzelner GmbH-Beteiligungen der Personengesellschaft per Nießbrauchsbestellung einem Personengesellschafter gesondert zugewiesen werden, findet § 15 Abs. 3 GmbHG Anwendung. Unter Umständen ist die Nießbrauchsbestellung an diesen Anteilen ohnehin ausgeschlossen, wenn sie nach der GmbH-Satzung vinkuliert sind.[496] Klärungsbedürftig wäre zwischen Gesellschaft und Nießbraucher auch die Verteilung der Verwaltungsrechte, insbesondere des Stimmrechts.[497] Anpassungsfähiger an die wirtschaftlichen Vorstellungen der Gesellschafter und unkomplizierter erscheinen vor diesem Hintergrund Sonderzuweisungen ohne Einräumung einer dinglichen Rechtsposition, also durch entsprechende Ausgestaltung des Gewinnverteilungsschlüssels.

ee) Genussrechte

Als Instrumente für eine segmentspezifische Unternehmensbeteiligung werden auch schuldrechtliche Gestaltungsoptionen wie partiarische Darlehen mit Bezug zu einzelnen Unternehmensbereichen sowie Genussscheine vorgeschlagen.[498] Genussscheine, also verbriefte Genussrechte, sind ein bei Aktiengesellschaften verbreitetes Finanzierungsmittel,[499] können aber ebenso von Personengesellschaften ausgegeben werden.[500] Genussrechte vermitteln gesellschafterähnliche Vermögensrechte, sind aber schuldrechtli-

496 *Pohlmann*, in: MüKo-BGB, § 1068 Rz. 36; *Heinze*, in: Staudinger, BGB, Anh. §§ 1068 f. Rz. 94; *Stürner*, in: Soergel, BGB, § 1068 Rz. 8; *Reischl*, in: BeckOK-BGB, § 1069 Rz. 20.

497 Vgl. *Pohlmann*, in: MüKo-BGB, § 1068 Rz. 83.

498 *K. Schmidt*, in: MüKo-HGB, vor § 230 Rz. 100; *Nolte*, Tracking Stocks, S. 162 f.; *Kauffmann*, Partielle Unternehmensbeteiligung, S. 78 f.

499 *Koch*, in: Koch, AktG, § 221 Rz. 22 mit Überblick über die Anzahl der Genussrechtsemissionen in verschiedenen Jahren; *Ziebe*, DStR 1991, 1594.

500 FG Münster, Urteil vom 7.12.2018, 4 K 1366/17 E (rkr.), DStRE 2019, 734; *Eilers/Teufel*, in: Eilers/Rödding/Schmalenbach, Unternehmensfinanzierung, A. Rz. 94; *Kratzsch*, BB 2005, 2603, 2612; *Ziebe*, DStR 1991, 1594, 1595, *Haas*, BB 1982, 1537, 1538; *Vollmer*, ZGR 1983, 445, 447.

cher und nicht mitgliedschaftlicher Natur.[501] Bei Genussrechten zahlt der Genussrechtsinhaber das Genussrechtskapital ein und erhält im Gegenzug – je nach Ausgestaltung des Genussrechts – nicht nur eine Verzinsung, sondern eine Gewinn- und Verlustbeteiligung am Bilanzgewinn der Gesellschaft, am Liquidationserlös, an einzelnen Unternehmenssegmenten oder – nach Teilen der Literatur – auch an bestimmten Erträgen oder Ertragsquellen.[502] Bei Beteiligung am Verlust sowie am Liquidationserlös scheidet eine Qualifikation als partiarisches Darlehen aus, das typischerweise nur auf Teilnahme am laufenden Gewinn gerichtet ist.[503] Exemplarisch für eine vermögensgegenstandsbezogene Gewinnbeteiligung sind die im Jahr 1969 von der *Audi NSU Auto Union AG* ausgegebenen Genussscheine, die ihre Inhaber an den Gewinnen aus der Lizenzierung von Wankelmotorentechnologie partizipieren ließen.[504] Mitgliedschaftliche Rechte, insbesondere ein Stimmrecht, können einem Genussrechtsinhaber, der nicht Gesellschafter der emittierenden Gesellschaft ist, nicht eingeräumt werden.[505] Umgekehrt können Gesellschafter der Personengesellschaft durch schuldrechtliche Vereinbarung mit der Gesellschaft Genussrechte an ihr erwerben und dadurch eine Doppelstellung einnehmen.[506] Als Gestaltungsalternative für *Tracking-Stock*-Modelle kommen Genussrechte folglich nur bei gleichzeitiger Gesellschafterstellung des Genussrechtsinhabers in Betracht, weil er ansonsten nicht über Verwaltungsrechte verfügt.

---

501 BGH, Urteil vom 5.10.1992, II ZR 172/91, BGHZ 119, 305, NJW 1993, 57, 58; *K. Schmidt*, in: MüKo-HGB, vor § 230 Rz. 100; *Habersack*, in: MüKo-AktG, § 221 Rz. 119; *Hermanns*, in: Henssler/Strohn, GesR, § 221 AktG Rz. 8.

502 BFH, Urteil vom 8.4.2008, VIII R 3/05, BFHE 221, 25, BStBl. II 2008, 852 (Genussrecht mit Recht auf Liquidationserlös); FG Münster, Urteil vom 7.12.2018, 4 K 1366/17 E (rkr.), DStRE 2019, 734 (Genussrecht an den Erträgen eines einzelnen „Investitionsvorhabens"); *Kauffeld*, Partielle Unternehmensbeteiligung, S. 79; *Frantzen*, Genussscheine, S. 111 (Beteiligung an bestimmten Erträgen oder Ertragsquellen); zustimmend *Tonner* mit Bezug zum Fall *Audi NSU Auto Union AG*, Tracking Stocks, S. 321 f.

503 *Ziebe*, DStR 1991, 1594, 1595.

504 Dazu *Kauffeld*, Partielle Unternehmensbeteiligung, S. 66; *Tonner*, Tracking Stocks, S. 321; *Luttermann*, Unternehmen, Kapital und Genussrechte, S. 68.

505 BGH, Urteil vom 5.10.1992, II ZR 172/91, BGHZ 119, 305, NJW 1993, 57, 58; *Baums*, FS Horn, S. 249, 264; *Koch*, in: Koch, AktG, § 221 Rz. 26; *Tonner*, Tracking Stocks, S. 324 f.

506 BFH, Urteil vom 19.1.1994, I R 67/92, BFHE 173, 399, BStBl. II 1996, 77 (Personenidentität zwischen GmbH-Gesellschafter und Genussrechtsinhaber); vgl. zur Kombination von Aktie und Genussrecht *Tonner*, Tracking Stocks, S. 332 f.; zur Kombination von stiller Beteiligung an einer Kapitalgesellschaft und Genussscheinen BFH, Urteil vom 14.06.2005, VIII R 73/03, BFHE 210, 272, BStBl. II 2005, 861.

Genussrechte können trotz ihrer Gestaltungsoffenheit nicht bedenkenlos als Ersatz für Sonderzuweisungen im Rahmen der Gewinnverteilungsabrede betrachtet werden. Anders als Sonderzuweisungen bzw. *Special Allocations* sind Genussrechte im anglo-amerikanischen Rechtsraum weitgehend unbekannt.[507] Die steuerliche Qualifikation von Genussrechten kann im Übrigen nicht pauschal, sondern nur in Abhängigkeit von ihrer konkreten Ausgestaltung vorgenommen werden. Genussrechte können steuerlich als Eigen- oder Fremdkapitalinstrument eingestuft werden, was die Steuerplanung beispielsweise mit Blick auf die „Zinsschranke" gem. § 4h EStG erschwert. Die Beteiligung am Verlust und am Liquidationserlös eines Vermögensgegenstands der Gesellschaft und insbesondere die Verklammerung des Genussrechts mit der Gesellschafterstellung lässt die Begründung einer steuerlichen Mitunternehmerschaft naheliegend erscheinen.[508] Eine Mitunternehmerschaft ist wiederum aus den bereits genannten Gründen nicht stets im Gesellschafterinteresse (und sei es nur aufgrund des zusätzlichen Besteuerungsverfahrens, das damit verbunden wäre).[509]

c) Sonderzuweisungen von Vermögensgegenständen bei Personengesellschaften

Der gerade geschlagene Bogen zeigt, dass es in der Vergangenheit immer wieder das wirtschaftliche Bedürfnis zur partiellen Beteiligung an Unternehmensgewinnen gab, die dargestellten Konstruktionen jedoch nur mit erheblichem Aufwand umzusetzen sind und in vielen Personengesellschaften über das für die Gesellschafter erträgliche Gestaltungsmaß hinausgehen dürften. Zu untersuchen bleibt daher die gesellschaftsrechtliche Zu-

---

507 *Klier/Kuzmicki/von Schweinitz*, in Jesch/Striegel/Boxberger, Rechtshandbuch Private Equity, § 28 Rz. 62.

508 BFH, Urteil vom 12.2.1992, XI R 49/89, BFH/NV 1993, 156 unter II.3.a); *Bode*, in: Brandis/Heuermann, Ertragsteuerrecht, § 15 EStG Rz. 336; zum Ergebnis „Mitunternehmerschaft" gelangt auch, wer die konkrete Ausgestaltung des Genussrechts als atypisch stille Gesellschaft einordnet; vgl. dazu *Habersack*, der die §§ 230 ff. HGB auf Genussrechte auch ohne Verklammerung mit Mitgliedschaftsrechten anwendbar hält, (in: MüKo-AktG, § 221 Rz. 89); nach *K. Schmidt* sind es vor allem fehlende Mitgliedschaftsrechte, die Genussrechte von stillen Beteiligungen unterscheiden (in: MüKo-HGB, § 230 Rz. 53); *Klier/Kuzmicki/von Schweinitz*, in Jesch/Striegel/Boxberger, Rechtshandbuch Private Equity, § 28 Rz. 68 (weitreichende Informations- und Mitbestimmungsrechte kann zur Umqualifizierung des Genussrechts in eine stille Beteiligung führen).

509 Dazu oben C.V.1.b)cc).

lässigkeit von *Tracking-Stock*-Strukturen in Personengesellschaften ohne den Umweg der mittelbaren Unternehmensbeteiligung per stiller Beteiligung, durch Bestellung eines Nießbrauchs oder Vereinbarung von Genussrechten. Erste Anhaltspunkte für die gesellschaftsrechtliche Wirksamkeit dieser Gewinnverteilungsart lassen sich der Rechtsprechung entnehmen. Entscheidungen zu Gewinnverteilungsabreden, die sich auf einzelne Unternehmensbereiche einer Gesellschaft beziehen, entstammen weniger Zivil- denn Finanzgerichten, wobei die gesellschaftsrechtliche Würdigung der Gewinnverteilungsabrede regelmäßig eine untergeordnete Rolle spielt.

Der BFH geht bei Kapitalgesellschaften von der gesellschaftsrechtlichen Zulässigkeit von *Tracking-Stock*-Modellen aus (nach Unternehmensbereichen oder Tochterkapitalgesellschaften getrennte Gewinnverteilung).[510] Auch bei einer Partnerschaftsgesellschaft hat der BFH die nach verschiedenen Kanzleistandorten separierte Gewinnverteilung gesellschaftsrechtlich nicht problematisiert und insbesondere die Gründung verschiedener Innengesellschaften abgelehnt.[511]

Im bereits erwähnten Fall, den das FG Köln mit Urteil vom 14.4.2021 entschieden hat, waren Gegenstand von Sonderzuweisungen einzelne Wohnungseigentumseinheiten im Gesamthandsvermögen der Kläger (GbR-Gesellschafter).[512] Gemäß ihrer Gewinnverteilungsabrede waren sowohl die Vermietungseinnahmen als auch die Veräußerungserlöse aus verschiedenen Wohnungseigentumseinheiten beiden Gesellschaftern getrennt zuzuweisen. Das Gericht hat diese Verteilungsabrede als Ausfluss der Privatautonomie gesellschaftsrechtlich für zulässig erachtet. Das Urteil lässt sich als Fortentwicklung der allgemeinen Literaturansicht zu Gewinnverteilungsabreden bei Personenhandelsgesellschaften sehen, wonach Gewinn- und Verlustanteile mit Bezug auf einzelne Unternehmenssegmente bestimmt werden können.[513] Jedenfalls aus Sicht des FG Köln spricht gesellschaftsrechtlich nichts dagegen, auch einzelne Vermögensgegenstände zum Gegenstand der

510 BFH, Urteil vom 25.11.1997, VIII R 29/94, BFHE 184, 543, BStBl. II 1998, 257.

511 BFH, Urteil vom 13.07.2016, VIII R 56/13, BFHE 254, 398; BStBl. II 2016, 936. Die interne separierte Gewinnermittlung habe allerdings keinen Einfluss auf die steuerliche Gewinnermittlung, die einheitlich für die ganze Partnerschaftsgesellschaft erfolgen müsse.

512 3 K 1253/17, EFG 2021, 1480.

513 *Staake*, in: BeckOGK-HGB, § 121 Rz. 45; *Priester*, in: MüKo-HGB, § 121 Rz. 27; *Winkels*, Tracking Stocks, 2013, S. 15; *Görgemanns*, GmbHR 2004, 170, 171; *Balmes/Graessner*, DStR 2002, 838 f.; *Müller*, WiB 1997, 57, 64 f.; *Plewka*, in: Haarmann Hemmelrath & Partner, Gestaltung und Analyse in der Rechts-, Wirtschafts- und Steuerberatung von Unternehmen, S. 133.

Gewinnverteilung zu machen und das Gesellschaftsvermögen für Zwecke der Gewinnverteilung zu „atomisieren". Nicht thematisiert wurden indes zwei Aspekte, deren Begutachtung bei der Vereinbarung von Sonderzuweisungen bezüglich einzelner Vermögensgegenstände lohnend erscheint.

aa) Gemeinsamer Zweck

Zunächst lässt sich hinterfragen, ob *Tracking Stock*-Strukturen im Einklang mit dem Erfordernis des „gemeinsamen Zwecks" stehen, der bei Personengesellschaften indisponible Daseinsbedingung ist (§ 705 BGB).[514] Gemeinsam ist der Zweck, wenn „jeder Partner ihn sowohl als den eigenen wie als den Zweck des anderen zu fördern verspricht".[515] Dabei geht es, anders als es die zitierte Definition insinuiert, nicht um die individuellen Gesellschafterinteressen, sondern den „Verbandszweck" als Ergebnis des Vertragsschlusses von Gesellschaftern mit gleichgerichteten Interessen, der als überindividueller Zweck selbständig fortbesteht.[516] Der gemeinsame Zweck kann jeder wirtschaftlichen oder ideellen Natur sein. Lediglich unerlaubte Gesellschaftszwecke scheiden aus, worunter allerdings nicht steuerliche „Umgehungsversuche" i.S.d. § 42 AO fallen.[517] Stets ausreichender gemeinsamer Gesellschaftszweck ist die Absicht der Gewinnerzielung, also der Betrieb eines auf Profit angelegten Unternehmens. Die Gewinnverwendung ist für den gemeinsamen Zweck nicht entscheidend.[518] Auch das Halten und Verwalten von Vermögensgegenständen ist ein tauglicher gemeinsamer Zweck.[519] Bestimmte Rechtsformen sind überdies zweckgebunden. Bei

514 BFH, Urteil vom 8.4.2008, VIII R 3/05, BFHE 221, 25; BStBl. II 2008, 852; *Servatius*, in: Henssler/Strohn, GesR, § 705 BGB Rz. 2; *K. Schmidt*, GesR, § 4 I, II; *Ballerstedt*, Jus 1963, 253, 255; zum gemeinsamen Zweck bei *Tracking Stocks Kauffeld*, Partielle Unternehmensbeteiligung, S. 143 f.; *Böhm*, BWNotZ 2002, 73, 77; *Brauer*, AG 1993, 324, 327.

515 *Ballerstedt*, Jus 1963, 255; zustimmend *Flume*, Personengesellschaft, § 3 I, S. 38; *Schulze-Osterloh*, Der gemeinsame Zweck der Personengesellschaften, S. 10.

516 *Flume*, Personengesellschaft, § 3 I, S. 38; *Weipert*, in: Münchener Hdb. Gesellschaftsrecht, Band I, § 6 Rz. 4; *K. Schmidt*, GesR, § 4 I 2a; *Lettl*, AcP 202 (2002), 3, 15.

517 *Servatius*, in: Henssler/Strohn, GesR, § 705 BGB Rz. 5.

518 *Heidel*, in: Heidel/Schall, HGB, § 105, Rz. 93.

519 *Schäfer*, in: MüKo-BGB, § 705 Rz. 149 m.w.N.; *Hadding/Kießling*, in: Soergel, BGB, § 705 Rz. 35; *Flume*, Personengesellschaft, § 3 III, S. 45; *Wiedemann*, GesR II, 1 III § 2, S. 123; a.A. noch OLG Düsseldorf, Urteil vom 21.8.1972, 3 W 113/72, DNotZ 73, 91.

Personenhandelsgesellschaften muss sich der gemeinsame Zweck auf den Betrieb eines Handelsgewerbes unter gemeinschaftlicher Firma oder auf die Vermögensverwaltung richten (§ 105 HGB),[520] bei der Partnerschaftsgesellschaft auf die gemeinschaftliche Ausübung freier Berufe (§ 1 Abs. 1 Satz 1 PartGG).

Der Gesellschaftszweck ist sowohl vom Unternehmensgegenstand, der die Tätigkeit der Gesellschaft inhaltlich beschreibt,[521] als auch von den Motiven der einzelnen Gesellschafter für ihre Gesellschaftsbeteiligung zu trennen.[522] Die Gesellschaftermotive zur Beteiligung an der Gesellschaft treten neben den überindividuellen Gesellschaftszweck. Vor diesem Hintergrund ist das Verhältnis des gemeinsamen Zwecks zur Gewinn- und Verlustbeteiligung der Gesellschafter zu beurteilen. Unbeachtlich ist es insofern, dass die einzelnen Gesellschafter besonders an einem erfolgreichen Abschneiden der „eigenen" Sparte interessiert sind, solange sie den Gesellschaftszweck gemeinsam verfolgen, etwa den des Unternehmensbetriebs. Gegenläufige Interessen sind der Gewinnverteilung zumeist inhärent. Sie übertünchen aber nicht das gemeinsame Interesse an einer erfolgreichen Entwicklung des Gesamtunternehmens, weil ein negatives Ergebnis einzelner Sparten oder Vermögensgegenstände, wenn auch nicht den „eigenen" Gewinnanteil, so aber zumindest Entnahmerechte und Auszahlungsansprüche auch der „erfolgreichen" Gesellschafter langfristig beschränken dürfte. Zudem tragen die Gesellschafter gemeinsam das Insolvenzrisiko der Gesellschaft und dürften auch aus diesem Grund den Erfolg des Gesamtunternehmens anstreben.[523]

Dass der gemeinsame Zweck unabhängig von der gemeinschaftlichen Gewinnerzielung und -beteiligung vorliegen kann, ist jedoch eine jüngere Entwicklung. Noch bis weit in die zweite Hälfte des 20. Jahrhunderts hielt

---

520 Nach Inkrafttreten der Regelungen des MoPeG stehen die Personenhandelsgesellschaften vorbehaltlich des Berufsrechts auch Freiberuflern offen, vgl. § 107 Abs. 1 Satz 2 HGB-E i.d.F. des MoPeG.

521 *Schäfer*, in: Henssler/Strohn, GesR, § 1 GmbHG Rz. 4; *Ulmer/Löbbe*, in: Habersack/Casper/Löbbe, GroßKomm-GmbHG, § 1 Rz. 5 f.; *K. Schmidt*, GesR, § 4 II 3.

522 BGH, Urteil vom 29.1.1951, IV ZR 171/50, NJW 1951, 308; *Schöne*, in: BeckOK-BGB, § 705 Rz. 64; vgl. *Schäfer*, in: MüKo-BGB, § 705 Rz. 151; *Westermann*, in: Westermann/Wertenbruch, Handbuch Personengesellschaften, Bd. I, § 5 Rz. 131b; *Westermann*, ZHR 144 (1980), 232, 238; dazu bereits oben (C.III.3.a)) mit Bezug zur *societas leonina*; kritisch zur Differenzierung zwischen gemeinsamem Zweck und Unternehmensgegenstand *K. Schmidt*, AcP 209 (2009), 181, 192.

523 Gl. A. *Kauffeld*, Partielle Unternehmensbeteiligung, S. 144; *Winkels*, Tracking Stocks, S. 40 f.; *Bornscheid*, Stapled Stock, S. 175.

sich verbreitet die aus dem römischen Recht abgeleitete Vorstellung,[524] dass die Gewinnbeteiligung aller Gesellschafter konstitutives Merkmal des gemeinsamen Zwecks sei. *Schulze-Osterloh* als prominenter Vertreter dieser Auffassung verneint nicht nur im Fall der Löwengesellschaft und des Verlustbeteiligungsausschlusses eines Gesellschafters den gemeinsamen Zweck, sondern auch bei spartenbezogenen Gewinnverteilungsabreden. Der gemeinsame Zweck beschränke sich in einem solchen Fall auf den von allen Gesellschaftern gemeinsam betriebenen Unternehmensteil, und eine solche Gemeinsamkeit liege nur vor, soweit alle Gesellschafter am Gewinn und Verlust teilhaben.[525] Diese Ansicht konzentriert die Frage nach dem gemeinsamen Zweck mithin auf die gemeinschaftliche Erfolgsteilhabe. Die Erfolgsbeteiligung ist jedoch kein Zweck, der sich als überindividueller Verbandszweck verselbständigen kann; stattdessen „lebt" sie nur in den Gesellschaftern. Eine Selbständigkeit erlangt allein die Gesellschaftstätigkeit selbst als Vorstufe zur Ergebnisbeteiligung der Gesellschafter.[526] Die Gewinnverteilung ist folglich nur eine nachgelagerte, für den gemeinsamen Zweck nicht konstitutive Frage. Sonst könnte die Komplementär-GmbH, die typischerweise nicht am Vermögen der Kommanditgesellschaft beteiligt ist, keine Gesellschafterstellung einnehmen.[527] Auch würde der Rechtsverkehr schwerlich die Gesellschafterstellung erkennen können, wenn sie maßgeblich von der innenrechtlich vereinbarten Ergebnisbeteiligung abhinge.[528] Nichts anderes folgt daraus, dass sich etwa bei Bürogemeinschaften von Freiberuflern der gemeinsame Zweck typischerweise auf die gemeinsame Nutzung von Büroräumen und Personal, mithin auf die Kostenrationalisierung beschränkt und sich nicht auf die gemeinsame Berufsausübung oder Gewinnerzielung erstreckt.[529] Denn nicht die fehlende gemeinsame Erfolgsteilhabe am von den Freiberuflern jeweils erwirtschafteten Ergebnis beschränkt den gemeinsamen Zweck auf gemeinsame

---

524 Vgl. die Nachzeichnung zur Geschichte des gemeinsamen Zwecks bei *Flume*, Personengesellschaft, § 3 II, S. 39 ff.

525 *Schulze-Osterloh*, Der gemeinsame Zweck der Personengesellschaften, S. 21 ff. (zur Ablehnung der Löwengesellschaft), S. 45 zur spartenbezogenen Gewinnverteilung; ebenso *Böhmer*, JZ 1994, 982, 984.

526 *Flume*, Personengesellschaft, § 3 II, S. 43 („Gemeinsam [...] ist nur die Gewinnerzielung als solche bzw. [...] das Betreiben des Handelsgewerbes als solches").

527 Zur Anerkennung der GmbH & Co. KG ohne Vermögensbeteiligung der Komplementär-GmbH nachdrücklich *K. Schmidt*, AcP 209 (2009), 181, 192 („Vertragsgestaltungsstandard").

528 *Lüdeking*, AcP 2020, 303, 326.

529 *Schäfer*, in: MüKo-BGB, Vor § 705 Rz. 40; *Levedag*, in: BeckOK-EStG, § 18 Rz. 1094.

Büronutzung, sondern die Vorstellung der Gesellschafter, dass sich der Gesellschaftszweck darauf beschränken *soll*. Würden sie sich zur gemeinsamen Berufsausübung zusammenschließen und dahingehende Förderpflichten vereinbaren, aber das Ergebnis gesondert verteilen, wäre ein gemeinsamer Berufsausübungszweck anzunehmen.

Aus dem Erfordernis des gemeinsamen Zwecks lässt sich nach heute herrschender Ansicht kein Prinzip ableiten, wonach Voraussetzung einer Personengesellschaft die Ergebnisteilhabe eines jeden Gesellschafters ist.[530] Insofern kann es auch kein gesellschaftsrechtliches Prinzip geben, wonach die Gesellschafter an allen Gewinnbestandteilen der Gesellschaft zu beteiligen sind. Die Vorstellung, dass der gemeinsame Zweck der Gesellschaft nicht von gemeinsamer Ergebnisteilhabe abhängig ist, lässt sich dahingehend fortschreiben, dass Gesellschafter auch vom Ergebnis einzelner Vermögensgegenstände ausgeschlossen werden können bzw. – umgekehrt – das Ergebnis einzelner Vermögensgegenstände einzelnen Gesellschaftern gesondert zugewiesen werden kann. Auch im „Extremfall" aus Beispiel 1, wonach die Gesellschaft nur zwei Tochtergesellschaftsbeteiligungen hält und die Gesellschafter eine nach diesen Beteiligungen getrennte Gewinnverteilung vereinbaren, wäre der gemeinsame Zweck zu bejahen. Er besteht jedenfalls im gemeinsamen Halten und Verwalten der Tochtergesellschaftsbeteiligungen. Entschärft wird die Frage nach dem gemeinsamen Zweck ohnehin in Konstellationen, in denen die Personengesellschafter überwiegend auf gemeinsame Rechnung handeln und lediglich punktuell, mitunter auch zeitlich befristet, das Ergebnis einzelner Vermögensgegenstände einzelnen Gesellschaftern zugewiesen werden soll. Vom Vorliegen eines gemeinsamen Zwecks ist folglich auch im Fall spartenbezogener Gewinnverteilung (oder weitergehend: im Fall der vermögensgegenstandsbezogenen Gewinnverteilung) auszugehen, solange es gemeinsames Ziel der Gesellschafter ist, ein Unternehmen zu betreiben oder gepooltes Vermögen zu verwalten.

---

530 BFH, Urteil vom 6.4.1987, II ZR 101/86, BB 1987, 1276, DB 1987, 820 unter 3.; OLG Frankfurt, Beschluss vom 20.9.2012, 20 W 264/12, NZG 2013, 338, 339; *Servatius*, in: Henssler/Strohn, GesR, § 705 BGB Rz. 6; *Geibel*, in: BeckOGK-BGB, § 705 Rz. 155; *Flume*, Personengesellschaft, § 3 V, S. 48 ff.; *Hadding/Kießling*, in: Soergel, BGB, § 705 Rz. 36; *Schöne*, in: BeckOK-BGB, § 705 Rz. 64; *Priester*, in: MüKo-HGB, § 121 Rz. 37; *Schäfer*, in: MüKo-BGB, § 705 Rz. 155; *ders.*, in: Staub, HGB, § 105 Rz. 22; *Tröger*, in: Westermann/Wertenbruch, Hdb. Personengesellschaften, Bd. I Rz. 111a; *Schücking*, in: Münchener Hdb. GesR, Bd. 1, § 2 Rz. 34; *Lüdeking*, AcP 2020, 303, 320, 325 f.

bb) Bestimmtheit

Bei der Frage nach der gesellschaftsrechtlichen Wirksamkeit von Sonderzuweisungen einzelner Vermögensgegenstände ist besonderes Augenmerk auf die inhaltlich hinreichende Bestimmtheit der Gewinnverteilungsabrede zu legen. Die vertragliche Vereinbarung muss erkennen lassen, auf welche Vermögensgegenstände sich der Gewinnanteil der verschiedenen Gesellschafter bezieht. Eine Anlehnung an den sachenrechtlichen Bestimmtheitsgrundsatz ist gleichwohl nicht zwingend, weil die Gewinnverteilungsabrede nicht auf eine dingliche Übertragung der einzelnen Vermögensgegenstände gerichtet ist.[531] Der Zweck des Bestimmtheitsgrundsatzes, eine eindeutige Eigentumszuordnung zwischen den Vertragsparteien zu gewährleisten,[532] ist bei der Ermittlung und Verteilung des Gesellschaftsgewinns nicht betroffen. Es droht etwa keine gutgläubige Eigentumsübertragung durch einen Gesellschafter, weil die Eigentumsverhältnisse klar sind (die Vermögensgegenstände sind Teil des Gesellschaftsvermögens). Mangels Geltung des Bestimmtheitsgrundsatzes sind auch quantitative Aufteilungen einer Menge gleichartiger Gegenstände möglich, weil nicht festgestellt werden muss, an welchen Gegenständen ein Rechtsübergang stattfinden soll, sondern lediglich das wirtschaftliche Ergebnis der Sachgesamtheit im vertraglich festgelegten Verhältnis aufzuteilen ist.[533]

Den Gesellschaftern bleibt es andererseits zur Konfliktprävention unbenommen, ihre Verteilungsabrede am sachenrechtlichen Bestimmtheitsgrundsatz zu orientieren. Insofern besteht hinreichende Bestimmtheit einer Gewinnverteilungsabrede, wenn durch Auslegung (§§ 133, 157 BGB) ermittelt werden kann, welche Vermögensgegenstände welchem Gesellschafter zugewiesen werden. Bezieht sich die Gewinnverteilungsabrede auf Sachgesamtheiten, müssten die einzelnen Wirtschaftsgüter bereits zum Zeitpunkt der Verteilungsvereinbarung ohne Rückgriff auf außerhalb des Gesellschaftsvertrags liegende Umstände identifizierbar sein.[534] Der gesellschaftsvertragliche Verweis auf ein außerstatuarisches Sachverzeichnis der Vermö-

531 Zum Bestimmtheitsgrundsatz allgemein *Gaier*, in: MüKo-BGB, Einl. Sachenrecht Rz. 21; *Beckmann*, in: jurisPK-BGB, § 930 BGB Rz. 77 ff.

532 BGH, Urteil vom 13.6.1956, IV ZR 24/56, NJW 1956, 1315, 1316; *Oechsler*, in: MüKo-BGB, Anh. §§ 929-936 Rz. 5.

533 Anders im Sachenrecht, BGH, Urteil vom 21.11.1983, VIII ZR 191/82, NJW 1984, 803, 804; *Oechsler*, in: MüKo-BGB, Anh. §§ 929-936 Rz. 6.

534 Vgl. BGH, Urteil vom 3.7.2000, II ZR 314/98, NJW 2000, 2898; Urteil vom 31.1.1979, VIII ZR 93/78, BGHZ 73, 253, NJW 1979, 976, 977 (jedem Dritten müsse die

gensgegenstände, die Gegenstand von Sonderzuweisungen sind, ist dafür ausreichend.[535] Auch nach Vertragsschluss von der Gesellschaft erworbene Vermögensgegenstände können in Anlehnung an den Bestimmtheitsgrundsatz antizipiert Gegenstand der Gewinnverteilungsabrede werden, soweit sie zum Zeitpunkt des Vertragsschlusses eindeutig identifiziert und unter die Gewinnverteilungsabrede subsumiert werden können.[536]

d) Gesellschaftsvertragliche Regelungsbedürfnisse

aa) Die Gewinnermittlung und das Problem des „fehlenden" Gesellschaftsgewinns

Zu *Tracking Stocks* finden sich in der Literatur Vorschläge zur Gewinnermittlung der einzelnen Unternehmenssparten, die den Zwecken der Information des Kapitalmarkts (Informationsfunktion) und der Bemessung von Gewinnausschüttungen an die Spartenaktionäre gerecht werden sollen (Bemessungsfunktion). Insbesondere der zweite Aspekt, die Gewinnermittlung zur Vorbereitung von Gewinnverteilung und -verwendung,[537] ist auch für Personengesellschaften relevant. Fraglich ist insofern, ob eine der Bemessungsfunktion gerecht werdende Gewinnermittlung in Personengesellschaften vereinbart werden kann und inwieweit eine etwaige gesellschaftsvertraglich festgelegte Gewinnermittlungsmethode auch für die Besteuerung der Gesellschafter maßgeblich ist.

Bei Personenhandelsgesellschaften ist zu unterscheiden zwischen den Buchführungs- und Bilanzierungspflichten im Interesse des öffentlichen Rechts- und Wirtschaftsverkehrs gem. §§ 238 ff. HGB und der gesellschaftsrechtlichen Gewinnermittlung für Zwecke der Gesellschafterinformation, der Gewinnverteilung und -verwendung.[538] Wie die Bilanzierung gem.

Identifizierung eines jeden einzelnen unter die Vereinbarung fallenden Objektes ohne weiteres ermöglicht sein); *Oechsler*, in: MüKo-BGB, Anh. §§ 929-936 Rz. 5.

535 Vgl. zur Bezugnahme auf ein Inventarverzeichnis bei Übereignung einer Sachgesamtheit durch Besitzkonstitut BGH, Urteil vom 17.7.2008, IX ZR 96/06, NJW 2008, 3142, 3144; *Beckmann*, in: jurisPK-BGB Band 3, § 930 Rz. 80.

536 Zur antizipierten Übereignung mit Besitzkonstitut *Beckmann*, in: jurisPK-BGB Band 3, § 930 Rz. 77 („leicht erkennbar"); ebenso *Berger*, in: Jauernig, BGB, § 930 Rz. 16; vgl. auch *Oechsler*, in: MüKo-BGB, Anh. §§ 929-936, Rz. 8.

537 *Wiedemann*, GesR II, 4 II § 8, S. 701.

538 *Ehricke*, in: Ebenroth/Boujong/Joost/Strohn, HGB § 120 Rz. 5 f.; *Priester*, in: MüKo-HGB, § 120 Rz. 11 f.; für die GbR gilt Folgendes: § 721 Abs. 2 BGB (§ 718

§§ 238 ff. HGB erfolgt die gesellschaftsrechtliche Gewinnermittlung gem. § 120 Abs. 1 HGB unter Beachtung der Grundsätze ordnungsgemäßer Buchführung.[539] Die Buchführungs- und Bilanzierungsvorschriften der §§ 238 ff. HGB sind auch für die gesellschaftsrechtliche Rechnungslegung bindend.[540] Bezugsgröße der Gewinnverteilungsabrede ist nach dem gesetzlichen Leitbild der Bilanzgewinn (§ 120 Abs. 1 HGB), der für die gesamte Gesellschaft ermittelt wird.[541] Im Normalfall, d.h. ohne vereinbarte *Tracking-Stock*-Struktur, kommen die Gesellschafter mit dem Jahresabschlusses, der nach § 242 Abs. 1 HGB ohnehin aufzustellen ist, zugleich

---

BGB-E i.d.F. des MoPeG) verpflichtet die Geschäftsführer einer GbR „von längerer Dauer" zur Führung von Geschäftsbüchern (§ 713 BGB). Die Rechnungslegung bei der GbR hat nur Bedeutung für das Innenverhältnis der Gesellschafter (*Scholz*, in: Westermann/Wertenbruch, Hdb. Personengesellschaften, Bd. I Rz. 592). Aus § 713 i.V.m. §§ 666, 259 Abs. 1 BGB lässt sich ein dispositiver „Mindeststandard" in Gestalt einer Zusammenstellung von Einnahmen und Ausgaben ableiten, was einer Überschussrechnung entspricht (vgl. *Schöne*, in: BeckOK-BGB, § 721 Rz. 5). Gesellschaftsvertraglich kann zur Buchführung nach Maßgabe der Grundsätze ordnungsgemäßer Buchführung und Bilanzaufstellung und damit zu einem strengeren Maßstab optiert werden (*Schäfer*, in: MüKo-BGB, § 721 Rz. 6; *Kilian*, in: Henssler/Strohn, GesR, BGB § 721 Rz. 5; *Gummert*, in: Münchener Hdb. GesR, Band I § 14 Rz. 12; zum Teil wird auch ohne anderslautende Vertragsregelung von einer Geltung der handelsrechtlichen GoB ausgegangen, *Scholz*, in: Westermann/Wertenbruch, Hdb. Personengesellschaften, Bd. I Rz. 594). Mangels öffentlicher Natur der Rechnungslegung einer GbR steht es ihren Gesellschaftern frei, eine Vereinbarung zur Gewinnermittlungsmethode und -periode zu treffen, solange die Einnahmen und Ausgaben hinreichend übersichtlich und nachprüfbar dargestellt werden (*Winnefeld*, Bilanzhandbuch, Kap. L Rz. 130; *Schäfer*, in: MüKo-BGB, § 721 Rz. 5; *Rohner*, in: Gummert, MAH Personengesellschaftsrecht, § 17 Rz. 6; zur Rechnungslegung nach einzelnen Geschäftsvorfällen *Gummert*, in: Münchener Hdb. GesR, Bd. I § 14 Rz. 29).

539 Durch § 120 HGB i.d.F. des MoPeG wird klargestellt, dass die Rechnungslegungspflicht des § 120 Abs. 1 HGB nicht nur eine Bilanzaufstellung, sondern auch die Aufstellung einer Gewinn- und Verlustrechnung und somit eines vollständigen Jahresabschlusses i.S.d. § 242 Abs. 3 HGB umfasst.

540 Nur über die Ausübung von Bilanzierungswahlrechten kann bereits gesellschaftsvertraglich entschieden und damit eine Ermessensentscheidung der Geschäftsführer bei Aufstellung des Jahresabschlusses vorweggenommen werden, *Priester*, in: MüKo-HGB, § 120 Rz. 40; *Lieder*, in: Oetker, HGB, § 120 Rz. 65; *Scholz*, in: Westermann/Wertenbruch, Hdb. Personengesellschaften, Bd. I, Rz. 594b.

541 Vgl. §§ 238 Abs. 1, 242 Abs. 1 und 246 Abs. 1 Satz 1 HGB, wonach sich Buchführung und Bilanz auf das Handelsgewerbe des Kaufmanns beziehen und im Jahresabschluss sämtliche Vermögensgegenstände und Schulden enthalten muss (sog. Vollständigkeitsprinzip des § 246 Abs. 1 HGB, vgl. *Winnefeld*, Bilanzhandbuch, L Rz. 455).

ihrer gesellschaftsrechtlichen Rechnungslegungspflicht i.S.d. § 120 Abs. 1 HGB nach. Im Fall einer *Tracking-Stock*-Struktur bleibt bei einer Gewinnermittlung für die Gesamtgesellschaft indes unklar, welche Unternehmenssegmente welches Ergebnis erwirtschaftet haben. § 120 HGB ist gem. § 109 HGB[542] allerdings dispositiv, sodass die Gesellschafter abweichende Regelungen für ihre interne Gewinnermittlung festlegen können.[543] Der Befund der Abdingbarkeit von § 120 Abs. 1 HGB bringt für sich jedoch keine Erkenntnisse mit sich, denn verbreitet wird darauf hingewiesen, dass sich abweichende Vereinbarungen „nur im Rahmen des nach §§ 242 ff. HGB Zulässigen" bewegen dürften.[544] Die Abdingbarkeit von § 120 Abs. 1 HGB ist also nicht dahingehend zu verstehen, dass der Gesellschaftsvertrag die Gesellschaft von ihrer öffentlich-rechtlichen Pflicht zur Gewinnermittlung nach den §§ 238 ff. HGB befreien kann. Der Gesellschaftsvertrag kann lediglich bestimmen, dass die Gewinnermittlung gem. § 120 Abs. 1 i.V.m. §§ 238 ff. HGB um eine vertraglich vereinbarte interne Gewinnermittlung ergänzt werden kann. Gesellschaftsvertraglich stets vereinbart werden können daher über die §§ 242 ff. hinausgehende Rechnungslegungspflichten.[545] Mit Blick auf die Vereinbarung von Sonderzuweisungen ist es etwa möglich, Unternehmensteilrechnungen anzufertigen, wodurch die Gewinnverteilung nach einem *Tracking-Stock*-Prinzip ermöglicht wird.[546] Die interne Gewinnermittlung lässt sich demnach spezifisch auf die vereinbarte Gewinnverteilung zuschneiden.[547]

---

542 § 108 HGB-E i.d.F. des MoPeG.

543 *Roth*, in: Hopt, HGB, § 120 Rz. 10; *Klimke*, in: BeckOK-HGB, § 120 Rz. 3; *Lieder*, in: Oetker, HGB, § 120 Rz. 65.

544 *Lieder*, in: Oetker, HGB, § 120 Rz. 65; ähnlich *Priester*, in: MüKo-HGB, § 120 Rz. 40, *Staake*, in: BeckOGK-HGB, § 120 Rz. 9 und *Graf von Kranitz*, in: Hachmeister/Kahle/Mock/Schüppen, Bilanzrecht, § 120 HGB Rz. 10.

545 Traut, in: BeckOGK-HGB, § 238 Rz. 8; *Graf von Kranitz*, in: Hachmeister/Kahle/Mock/Schüppen, Bilanzrecht, § 120 HGB Rz. 12.

546 *Priester*, in: MüKo-HGB, § 120 Rz. 41 (allerdings nur unter Beachtung der Grundsätze ordnungsgemäßer Buchführung); *Staake*, in: BeckOGK-HGB, § 120 Rz. 60; *Roth*, in: Hopt, HGB, § 120 Rz. 11; zum Begriff *Tracking Stocks* näher unten C.V.1.b)aa).

547 Während die Trennung von interner Rechnungslegung und Handelsbilanz bei den Personenhandelsgesellschaften einer gesellschaftsvertraglichen Grundlage bedarf, ist sie bei stillen Gesellschaften der Regelfall. § 232 Abs. 1 HGB besagt, dass am Geschäftsjahresende der Gewinn und Verlust zu berechnen und der auf den stillen Gesellschafter fallende Gewinn ihm auszubezahlen ist. Eine Pflicht zur Bilanzaufstellung enthält die Vorschrift gleichwohl nicht, sodass die Gewinnermittlung für die stille Gesellschaft dem Geschäftsinhaber überlassen ist (*Kauffeld*, in: Blaurock,

Sind alle Vermögensgegenstände, deren Gewinn und Verlust an verschiedene Gesellschafter verteilt werden soll, gewinnbringend, ergibt sich aus dem Jahresabschluss der Gesellschaft ein Gewinn, der unproblematisch nach dem vereinbarten Verteilungsschlüssel an die Gesellschafter verteilt werden kann. Denn nach der internen Gewinnermittlung wird das Einzelergebnis der Vermögensgegenstände gesondert ermittelt. Damit sind jedoch nicht alle Zweifelsfragen zur Gewinnermittlung geklärt, was sich an folgendem Sachverhalt zeigt: Entsteht aus einem Vermögensgegenstand ein Verlust in Höhe von 100 (z.B. abschreibungsbedingt), während aus einem anderen Vermögensgegenstand ein Gewinn in Höhe von 100 resultiert (z.B. aufgrund einer Dividendenzahlung einer Tochterkapitalgesellschaft), ergibt sich für die Gesellschaft kein Bilanzgewinn, der auf die Gesellschafter verteilt werden könnte. Somit wird das anzusprechende Konto (typischerweise ein Privatkonto) des „erfolgreichen" Gesellschafters nicht erhöht, das Privatkonto des „erfolglosen" Gesellschafters nicht vermindert. Das muss kein Hindernis für eine Entnahme durch den „erfolgreichen" Gesellschafter sein, dem das Ergebnis des profitablen Vermögensgegenstands zugewiesen wurde. Anders als bei Kapitalgesellschaften gibt es bei Personengesellschaften keine stammkapitalbedingte Ausschüttungsgrenze. Eine Entnahme vermindert allerdings das Privatkonto des „erfolgreichen" Gesellschafters um 100, ohne dass es sich (mangels verteilungsfähigen Bilanzgewinns) zuvor um die ihm eigentlich gebührende Zuschreibung von 100 erhöht hat. Umgekehrt bekommt der „glücklose" Gesellschafter aufgrund des ausgeglichenen Gesellschaftsergebnisses keinen Verlust zugewiesen, obwohl er nach dem Gewinnverteilungsschlüssel den Verlust aus der Teilwertabschreibung tragen müsste. Die gewollte Gewinnverteilung lässt sich folglich nicht auf den Privatkonten der Gesellschafter abbilden. Für das Problem des „fehlenden" Bilanzgewinns lassen sich verschiedene Lösungsmöglichkeiten erwägen.

Hdb. Stille Gesellschaft, § 8 Rz. 8.46; *Harbarth*, in: Staub, HGB, § 232 Rz. 3). Überwiegend wird angenommen, dass die Grundsätze ordnungsgemäßer Buchführung zu beachten sind, falls für die Gewinnermittlung des stillen Gesellschafters erforderlich (*Kauffeld*, in: Blaurock, Hdb. Stille Gesellschaft, § 8 Rz. 8.46 ff.; *K. Schmidt*, in: MüKo-HGB, § 232 Rz. 13, *Keul*, in: Münchener Hdb. GesR Band 2, § 85 Rz. 1).

(1) Gesellschafterbezogene Gewinnermittlung

Handelsbilanzielle Abhilfe zur Erzeugung eines Bilanzgewinns könnte die Auflösung stiller Reserven schaffen, was jedoch einen Umsatzakt voraussetzt, der nicht stets im Gesellschafterinteresse liegen wird. Eine weitere Option, um dem Auseinanderdriften von Privatkonten und Gewinn- bzw. Verlustbeteiligung entgegenzuwirken, besteht in einer intern vereinbarten, separaten Gewinnermittlung für beide Gesellschafter.[548] Die Gesellschaft würde nicht nur eine Gesellschaftsbilanz, sondern zusätzlich zwei Segmentbilanzen aufstellen, die jeweils den Gewinn- bzw. Verlustanteil beider Gesellschafter ausweisen würden.[549] Das erforderte eine Zuordnung laufender Gemeinkosten etwa für die Geschäftsführung oder einzelne Vermögensgegenstände der Personengesellschaft.[550] Interessengerecht könnte eine Zuordnung sein, wonach die laufenden Kosten der Personengesellschaft für die Verwaltung der einzelnen Vermögensgegenstände von den Gesellschaftern im Verhältnis ihrer festen Kapitalanteile getragen werden sollen. Denkbar sind auch flexible Gestaltungen, etwa eine Aufteilung der Gemeinkosten im Verhältnis der Gewinnanteile des Vorjahres. Entscheidend ist die Nachvollziehbarkeit und Stetigkeit des Maßstabs.[551] Sofern die Gesellschaft Aufwendungen in Bezug auf Vermögensgegenstände tätigt, deren Ergebnis einzelnen Gesellschaftern gesondert zugewiesen ist, erfolgt eine Zuordnung dieser Kosten zum betroffenen Gesellschafter.[552]

Für gesellschaftsinterne Zwecke erscheint die Aufstellung interner Segmentbilanzen zulässig, weil § 120 Abs. 1 HGB, wonach der zu verteilende Gesellschaftsgewinn aufgrund „der Bilanz“ (also der Gesellschaftsbilanz) ermittelt wird, gem. § 108 HGB abdingbar ist.[553] Die Gesellschaft würde dann zur internen Gewinnverteilung nicht die Gesellschaftsbilanz mit aus-

---

548 *Müller*, WiB 1997, 57, 63; s. auch die Feststellungen in BFH, Urteil vom 13.07.2016, VIII R 56/13, BFHE 254, 398; BStBl. II 2016, 936.

549 Vgl. *Priester*, in: MüKo-HGB, § 120 Rz. 41 („Unternehmensteilrechnungen“); *Roth*, in: Hopt, HGB, § 120 Rz. 11 („gesonderte Rechnung und Bilanz für einzelne Abteilungen, Niederlassungen, Einzelgeschäfte, sind nach Vereinbarung möglich, z.B. als Grundlage einer Gewinnverteilung gemäß Teilergebnissen“).

550 BFH, Urteil vom 27.02.1975, I R 11/72, BFHE 115, 518, BStBl. II 1975, 611; *Sieger/Hasselbach*, BB 1999, 1277, 1282.

551 Vgl. *Kohlhepp*, in: Schnitger/Fehrenbacher, KStG, § 8 Rz. 959 f. zur Spartenrechnung gem. § 8 Abs. 9 Satz 1 f. KStG.

552 Vgl. zur Zuordnung von Vermögensgegenständen, Verbindlichkeiten und Aufwendungen bei *Tracking Stocks Prinz/Schürner*, DStR 2001, 759, 762.

553 *Roth*, in: Hopt, HGB, § 120 Rz. 10; *Lieder*, in: Oetker, HGB, § 120 Rz. 65.

geglichenem Ergebnis heranziehen, sondern zwei Segmentbilanzen, einmal mit positivem und einmal mit negativem Ergebnis. Das Ergebnis beider Segmentbilanzen würde sodann auf die variablen Kapitalkonten der Gesellschafter nach Maßgabe ihres Gewinnverteilungsschlüssels verteilt. Die Summe der Kapitalanteile und damit das Eigenkapital der Gesellschaft würden dadurch nicht verändert.[554] Für Kommanditisten stellt sich bei diesem Vorgehen allerdings die Frage, ob sie bei Auszahlung „ihres" Gewinnanteils, der nicht mit einem Bilanzgewinn der Gesellschaft korrespondiert, ihre Einlage zurückgewährt bekommen, was ihre Haftung gem. § 172 Abs. 4 HGB aufleben lassen würde. Auch steuerlich bereitet die interne Gewinnermittlung mit getrennter Rechnungslegung für beide Gesellschafter Probleme. Anknüpfungspunkt für die Besteuerung von Mitunternehmern ist gem. § 15 Abs. 1 Satz 1 Nr. 2 EStG ihr „Gewinnanteil". Das Tatbestandsmerkmal nimmt Bezug auf den Gewinnbegriff aus § 4 Abs. 1 EStG.[555] Der steuerliche Gewinn ist allein nach steuerlichen Vorschriften zu ermitteln, die verschiedene Gewinnermittlungsmethoden vorsehen.[556] Eine kaufmännische Pflicht zur Buchführung transferiert § 140 AO in das Steuerrecht (abgeleitete Buchführungspflicht). Ohne kaufmännische Buchführungspflicht statuiert § 141 Abs. 1 AO für Gewerbetreibende sowie Land- und Forstwirte bei Erreichen bestimmter Schwellenwerte originär steuerrechtliche Buchführungspflichten, die im Wesentlichen die Pflichten der §§ 238 ff. HGB widerspiegeln (vgl. § 141 Abs. 1 Satz 2 AO).

Bei bilanzierenden Personengesellschaften wird der Gewinnanteil allgemein als Anteil am Steuerbilanzgewinn der Gesellschaft verstanden, und die Steuerbilanz leitet sich grundsätzlich aus der Handelsbilanz i.S.d. §§ 238 ff. HGB ab (§ 5 Abs. 1 EStG, sog. Maßgeblichkeitsprinzip).[557] Gewinnermittlungssubjekt ist steuerlich die gesamte Gesellschaft.[558] Eine

---

554 Gleiches Vorgehen bei *Nolte*, Tracking Stocks, S. 160 f.

555 *Bode*, in: Brandis/Heuermann, Ertragsteuerrecht, § 15 EStG Rz. 240; ausführlich unten D.I.5.a).

556 Näher zur steuerlichen Gewinn- bzw. Überschussermittlung unten D.I.5.a) und E.I.3.

557 BHF, Beschluss vom 10.11.1980, GrS 1/79, BFHE 132, 244, BStBl. II 1981, 164 unter C.I.1.b); *Tiede*, in: Herrmann/Heuer/Raupach, EStG/KStG, § 15 EStG Rz. 463; *Desens/Blischke*, in: Kirchhof/Söhn/Mellinghoff, EStG, § 15 Rz. F 192; *Wacker*, in: Schmidt, EStG, § 15 Rz. 401; *Bode*, in: Brandis/Heuermann, Ertragsteuerrecht, § 15 EStG Rz. 490; *Schenke*, in: BeckOK-EStG, § 15 Rz. 1566, 1574; *Lindwurm*, DStR 2000, 53, 56.

558 Eine spartenbezogene Gewinnermittlung ist nur ausnahmsweise bei Körperschaften gesetzlich vorgeschrieben (§ 8 Abs. 9 Satz 2 KStG).

interne Gewinnermittlung, die auf der spezifische Gewinnverteilung in der Gesellschaft basiert, bleibt daher für Besteuerungszwecke unberücksichtigt.[559] Die „Bilanzbündeltheorie“[560] kann nicht durch gesellschaftsvertragliche Abreden revitalisiert werden. Entsprechendes (d.h. keine steuerliche Relevanz privatautonom vereinbarter gesellschafterbezogener Gewinnermittlung) gilt für Mitunternehmerschaften, die ihren Gesellschaftsgewinn durch Einnahmen-Überschuss-Rechnung gem. § 4 Abs. 3 EStG ermitteln, und für vermögensverwaltende Personengesellschaften, wo Bemessungsgrundlage für die Besteuerung der Gesellschafter ihr Anteil am Überschuss der Einnahmen über die Werbungskosten gem. §§ 8 ff. EStG ist, unabhängig von handelsrechtlicher Bilanzierung. Für die atypisch stille Gesellschaft, steuerlich eine Mitunternehmerschaft, ist für Besteuerungszwecke eine Steuerbilanz aufzustellen, auch wenn handelsrechtlich keine Bilanzierungspflicht besteht.[561] Die steuerlich autonome Gewinnermittlung verschließt sich damit einer Nachzeichnung der gesellschaftsvertraglich vereinbarten Gewinnermittlung. Bei ihren gesellschaftsvertraglichen Abreden müssen die Gesellschafter daher stets bedenken, dass ihre steuerlich ermittelten Ergebnisanteile nicht mit ihren intern ermittelten Ergebnisanteilen korrespondieren müssen.[562]

(2) Nachschusslösung

Neben dieser – zumindest für Besteuerungszwecke unpraktischen – Vorgehensweise wird bei Kapitalgesellschaften die Vereinbarung einer Zuschusspflicht des verlusttragenden Gesellschafters vorgeschlagen, damit dem anderen Gesellschafter ein handelsrechtlicher Gewinnanteil zugewiesen werden kann. Als Möglichkeit, um Privatkonten und Gewinnverteilung in Einklang zu bringen, kommt die Leistung von Ausgleichszahlungen des

559 BFH, Urteil vom 13.07.2016, VIII R 56/13, BFHE 254, 398; BStBl. II 2016, 936, DStR 2016, 2377 Rz. 35; *Müller*, WiB 1997, 56, 63; Freiheiten bei der steuerlichen Gewinnermittlung werden dem Steuerpflichtigen nur im Rahmen steuerlicher Ansatz- und Bewertungswahlrechte gewährt.

560 Näher unten D.I.1.a).

561 BFH, Urteil vom 2.2.1999, II B 112/97, BFH/NV 1999, 912; vom 16.11.1996, VIII R 42/94, BFHE 182, 101; BMF-Schreiben vom 24.11.2017, BStBl. I 2018, 1543.

562 BFH, Urteil vom 23.5.1979, I R 163/77, BFHE 128, 213, BStBl. II 1979, 757 unter II.1.; vgl. auch *Müller*, WiB 1997, 56, 63.

„verlusttragenden" Gesellschafters an die Gesellschaft in Betracht.[563] Durch einen Zuschuss eines Gesellschafters an die Gesellschaft lässt sich nach überwiegender Auffassung bei Kapitalgesellschaften ein Bilanzgewinn erzeugen, der anschließend dem anderen Gesellschafter in Vollzug der Gewinnverteilungsabrede zugewiesen werden kann. Zuschüsse können nach Vertretern dieser Auffassung ertragswirksam in der Gewinn- und Verlustrechnung erfasst werden, wenn sie nach dem Willen des Leistenden nicht in das Eigenkapital der Gesellschaft geleistet werden.[564] Alternativ können die Gesellschafter auch eine direkte Ausgleichszahlung untereinander vereinbaren.[565] Eine Schenkung begründen die Ausgleichszahlungen nicht, denn die gesellschaftsvertragliche Verpflichtung zum Ausgleich schließt die dafür erforderliche Freigebigkeit aus. Bei Personengesellschaften werden „Zuschüsse" von Gesellschaftern an die Gesellschaft jedoch stets als gewinnneutrale Einlage behandelt.[566] Der gewünschte Ertrag lässt sich durch einen Zuschuss folglich nicht herbeiführen. Ohnehin wäre eine Nachschusspflicht unter Abbedingung von § 710 Satz 1 BGB nicht immer konsensfähig oder auch nur praxistauglich zu vereinbaren, denn von § 710 Satz 1 BGB abweichende Vereinbarungen müssen Ausmaß und Umfang der möglichen Nachschusspflicht erkennen lassen.[567]

(3) Nachzahlungslösung

Weil die „Nachschusslösung" bei Personengesellschaften insofern mit gesellschafts- und steuerrechtlichen Unsicherheiten verbunden ist, können sich die Gesellschafter alternativ auf eine „Nachzahlungslösung" einigen. Hierbei werden die wirtschaftlich gewollten Gewinnanteile mittels einer „Schattenbuchführung" nachgehalten und zukünftige Bilanzgewinne im

563 *Görgemanns*, GmbHR 2004, 170, 175; *Blumers/Beinert/Witt*, DStR 2002, 616, 619; *Prinz/Schürner*, DStR 2001, 759, 768; *Müller*, WiB 1997, 57, 63; *Plewka*, in: Haarmann Hemmelrath & Partner, Gestaltung und Analyse, S. 133, 136.

564 *Kropff*, in: MüKo-BilanzR, § 272 HGB Rz. 137 ff.; *Winkeljohann/K. Hoffmann*, in: Beck'scher Bilanzkommentar, § 272 HGB Rz. 195; a.A. (keine gewillkürten Erträge möglich) *Hoffmann/Lüdenbach*, NBW-Kommentar Bilanzierung, § 246 Rz. 73.

565 *Görgemanns*, GmbHR 2004, 170, 175,

566 *Wendt*, StbJb. 2019/20, S. 3, S. 26 (nur Einlagen möglich).

567 BGH, Urteil vom 23.1.2006, II ZR 306/04, ZIP 2006, 562; Urteil vom 5.3.2007, II ZR 282/05, ZIP 2007, 766, Urteil vom 15.1.2007, II ZR 245/05, BGHZ 170, 283 („Otto"); Urteil vom 9.2.2009, II ZR 231/07, ZIP 2009, 864; Urteil vom 15.11.2011, II ZR 266/09, BGHZ 191, 293.

historisch zutreffenden Verhältnis auf die Kapitalkonten verteilt.[568] Die Nachzahlung kann mit einer Verzinsung verbunden werden.[569] Die Nachzahlungslösung findet ihr gesetzliches Vorbild in § 139 Abs. 1 Satz 3 AktG, der – ohne abweichende Satzungsbestimmung – einen Nachzahlungsanspruch für Inhaber stimmrechtsloser Vorzugsaktien für den Fall vorsieht, dass in einem oder mehreren Vorjahren keine Gewinne entstanden sind oder ausgezahlt wurden.[570] In steuerlicher Hinsicht riskieren die Gesellschafter bei der Nachzahlungslösung, dass die zukünftigen Bilanzgewinne, mit denen die vormaligen Gewinne eines Gesellschafters nachgezahlt werden sollen, steuerlich anders behandelt werden könnten, etwa infolge von Gesetzesänderungen oder einer zwischenzeitlichen gewerblichen Prägung der Personengesellschaft. Die steuerlichen Vorteile, die sich die Gesellschafter von den Sonderzuweisungen erhoffen, etwa die Steuerfreiheit von Veräußerungsgewinnen, können bei der Nachzahlungslösung folglich nivelliert werden.

(4) Vorabgewinn und -verlust

Schließlich ist es denkbar, dem „erfolgreichen" Gesellschafter seinen Gewinnanteil als Vorabgewinn und dem „erfolglosen" Gesellschafter einen „Vorabverlust" zuzuweisen. Zwar werden Vorabgewinne typischerweise zur Abgeltung der Arbeitsleistung eines Gesellschafters verabredet.[571] Vorabgewinne, die auch im Verlustfall zu zahlen sind, werden auch als „Vorabvergütungen" bezeichnet,[572] was impliziert, dass es sich dabei nicht mehr um Gewinnverteilung, sondern um Aufwand der Gesellschaft handelt. Vorabgewinne sind jedoch nicht nur ein tätigkeitsbezogenes Vergütungsinstrument, sie können auch als leistungsunabhängiger Gewinnanteil fungieren. Das zeigt sich etwa daran, dass zuweilen der Komplementär-GmbH ein

568 *Görgemanns*, GmbHR 2004, 170, 175; *Prinz/Schürner*, DStR 2001, 759, 768; *Tonner*, IStR 2002, 317; *Sieger/Hasselbach*, AG 2001, 391, 395;

569 *Prinz/Schürner*, DStR 2001, 759, 768.

570 *Koch*, in: Koch, AktG, § 139 Rz. 12; *Herrler*, in: Grigoleit, AktG, § 139 Rz. 10 f.

571 Oben C.II., außerdem *Staake*, in: BeckOGK-HGB, § 121 Rz. 62; *Klimke*, in: BeckOK-HGB, § 121 Rz. 19 f.

572 *Priester*, in: MüKo-HGB, § 121 Rz. 39.

Vorabanteil für ihr Haftungsrisiko zugewiesen wird, dabei aber schwerlich von einer Tätigkeitsvergütung auszugehen ist.[573]

Fraglich ist vielmehr, ob Vorabgewinne stets von einem tatsächlich entstandenen Gesellschaftsgewinn abhängig sind. Zwingend ist dieses Verständnis jedenfalls nach der überwiegenden Finanzrechtsprechung nicht.[574] Dass es Gewinnanteile geben kann, die Gesellschaftern auch ohne ausreichenden Gesellschaftsgewinn zugewiesen werden, zeigt die Anerkennung von Garantiegewinnen, die ebenfalls unabhängig von einem tatsächlich entstandenen Gesellschaftsgewinn gezahlt werden.[575] Zwar werden Vorabgewinne, die auch im Verlustfall zu zahlen sind, herkömmlich als Tätigkeitsentgelt eingestuft und damit als Aufwand der Gesellschaft behandelt. Die Behandlung eines Vorabgewinns als Tätigkeitsvergütung liegt indes fern, wenn der betreffende Gesellschafter keinerlei Sondertätigkeit zugunsten der Gesellschaft erbracht hat. Die Abgrenzung einer Tätigkeitsvergütung von einem Vorabgewinn sollte vielmehr allein von den gesellschaftsvertraglichen Regelungen und davon abhängen, ob die Zahlung durch die Gesellschaft als Gewinnverteilung oder Aufwand behandelt wird.[576] Werden Vorabgewinne auch für den Verlustfall vereinbart, sind den übrigen Gesellschaftern entsprechend höhere Verlustanteile zuzuweisen; der Vorabgewinn wird auf sie umgelegt.[577] Solche Verlustanteile lassen sich –

---

573 Vgl. zu den unterschiedlichsten Zwecken von Vorabgewinnen *Schäfer*, in: Staub, HGB, § 122 Rz. 26.

574 FG Münster, Urteil vom 14.8.2013, 2 K 2483/11 F, EFG 2014, 29 (Nichtzulassungsbeschwerde vom BFH als unbegründet zurückgewiesen, IV B 98/13); außerdem FG Düsseldorf, Urteil vom 23.10.2000, 10 K 3784/96 F, EFG 2001, 204 unter 3.c); FG Hamburg, Beschluss vom 29.7.2003, VI 34/03, juris („Gewinnvoraus – wenn auch nicht zwingend, so doch üblicherweise – an eine Gewinnsituation geknüpft"); FG Bremen, Urteil vom 6.3.2008, 1 K 25/07 (6), juris; a.A. für vermögensverwaltende Personengesellschaften FG Berlin-Brandenburg, Urteil vom 15.1.2013, 6 K 6188/08, juris, sofern der vereinbarte „Ergebnisvorab" nicht tatsächlich an den begünstigten Gesellschafter gezahlt wurde (zu dieser Entscheidung im Einzelnen unten E.III.1.b)aa)(3)).

575 *Staake*, in: BeckOGK-HGB, § 121 Rz. 61; *Gummert*, in: Münchener Hdb. GesR Band I, § 15 Rz. 28.; vgl. auch BFH, Urteil vom 26.6.1989, II ZR 128/88, NJW 1990, 573, 574 („Zusagen eines garantierten Mindestgewinns an bestimmte Gesellschafter sind zulässig"); zustimmend *Schäfer*, in: MüKo-BGB, § 722 Rz. 5.

576 Vgl. aus steuerlicher Sicht BFH, Beschluss vom 20.5.2005, VIII B 161/04, BFH/NV 2005, 1785; FG Düsseldorf, Urteil vom 23.11.2000, 10 K 3784/9, DStRE 2001, 226, 228; *Kemcke/Schäffer*, in: Haase/Dorn, Vermögensverwaltende PersGes, Teil III Rz. 68, 74.

577 OLG Hamm, Urteil vom 27.4.2009, 8 U 115/08, BeckRS 2009, 25474 unter B.I.1.; *v. Falkenhausen/Schneider*, in: Münchener Hdb. GesR, Bd. 2, § 23 III Rz. 38 (auch

quasi die Kehrseite von Vorabgewinnen – als Vorabverluste bezeichnen.[578] Sie können als Ausfluss von Vorabgewinnen auch ohne Entstehung eines Verlusts der Gesellschaft Gesellschaftern gesondert zugewiesen werden. In dem hier behandelten Problemfall bei *Tracking-Stock*-Gestaltungen werden Vorabgewinne und -verluste regelmäßig in demselben Geschäftsjahr auftreten. Vorabgewinne und -verluste als „gewinnunabhängige" Gewinnanteile ermöglichen folglich eine Gewinnverteilung entsprechend dem gesellschaftsvertraglichen *Tracking-Stock*-Modell, auch wenn handelsbilanziell kein ausreichender Gesellschaftsgewinn erzielt wurde.

bb) Mitgliedschaftsrechte der Gesellschafter

Bei *Tracking-Stock*-Strukturen korreliert der Gewinnanteil der Gesellschafter nicht zwingend mit dem Verhältnis ihrer Festkapitalkonten und auch nicht zwingend mit ihrem Gesellschaftsanteil, der als Gesamtheit aller mitgliedschaftlichen Rechte und Pflichten eines Gesellschafters definiert wird.[579] Die möglicherweise erhebliche Divergenz zwischen Festkapitalanteil und Gesellschaftsanteil einerseits sowie dem Gewinnanteil andererseits ruft ein Regelungsbedürfnis im Gesellschaftsvertrag hervor. Feste Kapitalkonten können in einer *Tracking-Stock*-Struktur nicht ihrer sonst zugedachten Funktion gerecht werden, sowohl die Kapital- und Gesellschaftsanteile als auch den Gewinnverteilungsschlüssel abzubilden.[580] Die Gesellschafter sollten dementsprechend Regelungen zur Stimmrechtsverteilung und zu Vermögensrechten (abgesehen von den Gewinnanteilen) treffen.

---

mit dem Hinweis auf die Gestaltungsalternative, gewinnunabhängige Zahlungen als Vorauszahlungen zu vereinbaren, die mit Gewinnanteilen in späteren Jahren zu verrechnen ist); FG Düsseldorf, Urteil vom 23.11.2000, 10 K 3784/96 F, EFG 2001, 204 unter 3.c).; mit Einschränkungen auch *Schäfer*, in: Staub, HGB, § 122 Rz. 4, 26 (ob Gewinnanteil auch in Verlustjahren geschuldet ist und den Verlust der übrigen Gesellschafter erhöhen soll, sei Frage der Vertragsauslegung).

578 Vgl. FG Münster, Urteil vom 14.05.2019, 2 K 3371/18 F (rkr., Nichtzulassungsbeschwerde als unbegründet zurückgewiesen, Az. BFH IV B 43/19 – nicht veröffentlicht), wonach Vorabverluste wirksamer Bestandteil der Gewinn- und Verlustverteilungsabrede sind, aber insbesondere bei einer GmbH & atypisch Still auf ihre Angemessenheit überprüft werden können.

579 *Sassenrath*, in: Westermann/Wertenbruch, Hdb. Personengesellschaften, Bd. I Rz. 575c.

580 *Roth*, in: Hopt, HGB, § 120 Rz. 15; *Lieder*, in: Oetker, HGB, § 120 Rz. 54; *Finkh*, in: Henssler/Strohn, GesR, § 120 HGB Rz. 45.

Bei der Ausgestaltung der Stimmrechte sind die Gesellschafter weitgehend frei. Ein § 12 Abs. 2 AktG entsprechendes Verbot von Mehrstimmrechten ist dem Personengesellschaftsrecht fremd, sodass die Stimmrechte auch variabel an das Verhältnis der Gewinnanteile des Vorjahres gekoppelt werden können.[581] Ein wichtiges Vermögensrecht der Gesellschafter ist ihr Abfindungsanspruch bei Ausscheiden aus der Gesellschaft. Gem. § 728 Abs. 1 BGB (§ 738 BGB a.F.), der auf alle Personengesellschaften anwendbar ist,[582] hat der ausscheidende Gesellschafter einen Abfindungsanspruch, der sich nach bisheriger Rechtslage am Wert eines fiktiven Liquidationserlösanteils und zukünftig am Beteiligungswert orientiert. Der Beteiligungswert der Gesellschafter dürfte bei *Tracking-Stock*-Strukturen maßgeblich vom Wert des Unternehmensteils abhängen, auf den sich der Gewinnanspruch bezieht. Die Gesellschafter könnten daher im Gesellschaftsvertrag vereinbaren, dass sich der Abfindungsanspruch nicht aus Basis des gesamten Unternehmenswerts bemisst, sondern nur aus Basis einzelner Unternehmenssegmente oder Vermögensgegenstände.

cc) Änderungsansprüche („Insolvenzfall")

Auch der Untergang oder sonstige Wertverlust eines Vermögensgegenstands, auf den sich die Gewinnverteilungsabrede bezieht, werfen Fragen auf. Der Gewinnverteilungsabrede in Beispiel 1 liegt offenbar die Annahme zugrunde, dass während der Lebensdauer der Personengesellschaft die Beteiligungen an der Y- und Z-Gesellschaft Bestand haben werden. Fällt aber beispielsweise die Y-Gesellschaft in Insolvenz, könnte Gesellschafter A Anspruch auf Gewinnbeteiligung am Gewinn aus der Beteiligung an der Z-Gesellschaft entsprechend seinem Kapitalanteil erheben.

Insolvenzszenarien regelt die Absprache nicht ausdrücklich. Die Frage ist insofern durch Auslegung der Gewinnverteilungsabrede einschließlich der ergänzenden Vertragsauslegung zu ermitteln (§§ 133, 157 BGB).[583] Zutreffend erscheint eine Auslegung, wonach die Abrede auch bei Insolvenz einer Portfoliogesellschaft gelten soll. Gesellschafter A und B tragen nicht nur den Gewinn, sondern auch den Verlust, der aus einer ihnen zugeord-

---

581 Vgl. zur Unzulässigkeit variabler Stimmrechte bei *Tracking Stocks* deutscher Aktiengesellschaften *Nolte*, Tracking Stocks, S. 251.

582 *Schäfer*, in: MüKo-BGB, § 738 Rz. 10; *Schöne*, in: BeckOK-BGB, § 738 Rz. 1

583 BGH, Urteil vom 14.5.1973, II ZR 144/71, WM 1973, 844, 846; OLG München, Urteil vom 17.3.2010, 20 U 2885/09, NZG 2010, 863; *Schäfer*, in: MüKo-BGB, § 705 Rz. 241.

neten Gesellschaftsbeteiligung resultiert. Die Verlustzuweisung ist nicht auf laufende Verluste beschränkt, sondern umfasst auch den Verlust aus der Veräußerung oder anderweitig bedingten Ausbuchung der Portfoliogesellschaftsbeteiligung. Umgekehrt wird auch der Gewinn aus der Beteiligungsveräußerung nur einem der beiden Gesellschafter zugewiesen. Diese Gewinnchance findet im Verlustrisiko ihren „natürlichen" Gegenpol. Beide Szenarien sind Teil der vertraglich eingegangenen Risiken der Gesellschafter. Zudem steht die Vereinbarung nicht unter der auflösenden Bedingung der Insolvenz oder Liquidation einer der Portfoliogesellschaften, die die Gesellschafter hätten vereinbaren können.

Auch ein Anspruch des Gesellschafters A auf Vertragsanpassung nach Insolvenz „seiner" Portfoliogesellschaft besteht nicht. Die Tatbestandsvoraussetzungen von § 313 Abs. 1 oder 2 BGB, auf den eine solche Vertragsänderung gestützt werden könnte,[584] liegen regelmäßig nicht vor. Die Gesellschafter sind die Gewinnverteilungsabrede jeweils mit der Erwartung eingegangen, die Beteiligung an der ihnen jeweils zugewiesenen Portfoliogesellschaft sei gewinnträchtig. Tritt eine solche einseitige Erwartung bei einem Gesellschafter nicht ein, verwirklicht sich ein in seine Sphäre fallendes Risiko. Eine gesellschaftsvertragliche Risikoverteilung zulasten des von der Insolvenz betroffenen Gesellschafters schließt einen Änderungsanspruch aus.[585] Auch aus der gesellschaftsrechtlichen Treuepflicht resultiert im beschriebenen Insolvenzszenario kein Anpassungsanspruch. Die Treuepflicht kann grundsätzlich einen Vertragsanpassungsanspruch vermitteln, wenn eine Bestimmung grob unangemessen, eine Änderung für die Mitgesellschafter zumutbar ist und im Gesellschaftsinteresse liegt.[586] Die Treuepflicht betrifft vorrangig sog. „uneigennützige" Rechte eines Gesellschafters, die er im Interesse der Gesellschaft auszuüben hat. Das Gewinnrecht als „eigennütziges" Recht eines Gesellschafters wird hingegen nur im Fall willkürlichen Einsatzes zum Nachteil der Gesellschaft oder anderer Gesellschafter treuwidrig ausgeübt.[587] Im Extremfall kann sich dann auch ein Vertragsanpassungsanspruch der Mitgesellschafter ergeben. Der

584 Vgl. OLG München, Urteil vom 17.3.2010, 20 U 2885/09, NZG 2010, 863 (*obiter*).

585 *Lorenz*, in: BeckOK-BGB, § 313 Rz. 26 f.; *Baier*, NZG 2004, 356, 358, 360; wohl auch *Schäfer*, in: MüKo-BGB, § 705 Rz. 238.

586 *Scholz*, in: Westermann/Wertenbruch, Hdb. Personengesellschaft, Band I Rz. 631b; *Schäfer*, in: MüKo-BGB, § 705 Rz. 239.

587 *Gesell*, in Prinz/Kahle, Beck'sches Hdb. PersGes, § 4 Rz. 156 (Vorrang des Gesellschaftsinteresses, wenn Geltendmachung von Gewinnansprüchen eine Liquiditätskrise oder sonstige Schäden der Gesellschaft hervorrufen würde); *Schlitt/Maier-*

„begünstigte" Gesellschafter ist indes nicht verpflichtet, seine Eigeninteressen hinter das Interesse eines Mitgesellschafters zu stellen.[588] Eine Pflicht zur Zustimmung zu einer Änderung des Gewinnverteilungsschlüssels wird schwerlich begründbar sein, wenn die Änderung nicht zum Wohl der Gesellschaft erforderlich ist. Profitiert allerdings aufgrund des Gewinnverteilungsschlüssels nur noch ein Gesellschafter von der Gesellschaft, kann ein Anspruch der übrigen Gesellschafter auf Zustimmung zur Auflösung bestehen.[589] Die „erfolglosen" Gesellschafter werden kaum noch den Willen zur Förderung des gemeinsamen Zwecks haben. Der Auflösungsanspruch lässt sich insofern auch unter dem Gesichtspunkt des „Zweckfortfalls" bei der Gesellschaft rechtfertigen. In Ansehung des Gewinnverteilungsschlüssels muss bei Liquidation der Gesellschaft allerdings sichergestellt sein, dass der begünstigte Gesellschafter die „gewinnträchtige" Portfoliobeteiligung (oder den entsprechenden Liquidationserlös) übertragen bekommt.

2. Sonderzuweisungen von laufenden Gewinnen und Veräußerungsgewinnen

Eine weitere Möglichkeit zur Aufschlüsselung und Verteilung des Gesellschaftsgewinns besteht in der Trennung von laufenden Gewinnen und Veräußerungsgewinnen mit Bezug zu bestimmten Vermögensgegenständen der Personengesellschaft. Die Trennung von Vermögens- und Nutzungsebene, von Substanzwert und Früchten in Gestalt laufender Erträge ist dem Zivilrecht nicht fremd. Der Nießbrauch als dingliches Nutzungsrecht wurde bereits erwähnt; daneben besteht in Gestalt von Genussrechten ein schuldrechtliches Instrument zum Transfer von Früchten aus einer Ertragsquelle an einen vom Eigentümer divergierenden Berechtigten. Auch die stille Gesellschaft ist eine auf laufende Gewinnbeteiligung ausgerichtete Gesellschaftsform.

Sonderzuweisungen, die auf eine Trennung von Vermögens- und Nutzungsebene hinauslaufen, erfordern eine Ausgestaltung des Gewinnvertei-

---

Reinhardt, in: Reichert, GmbH & Co. KG, § 26 Rz. 29; *Schöne*, in: BeckOK-BGB, § 705 Rz. 104.

588 *Schäfer*, in: MüKo-BGB, § 705 Rz. 231.

589 Vgl. BGH, Urteil vom 17.12.1959, II ZR 81/59, NJW 1960, 434 zur aus der Treuepflicht erwachsenden Zustimmungspflicht zur Auflösung einer dauerhaft unrentablen Gesellschaft.

lungsschlüssels, wonach die laufenden Gewinne einem Gesellschafter, die Substanzwerte der Gesellschaft indes anderen Gesellschaftern gesondert zugewiesen werden. Eine solche Gewinnverteilung ist von der Vorausabtretung von Forderungen der Gesellschaft an bestimmte Gesellschafter zu unterscheiden. Eine Vorausabtretung käme etwa bei Mietforderungen oder Auszahlungsansprüchen gegenüber Tochtergesellschaften in Betracht. Typischerweise wird es im Gesellschafterinteresse liegen, solche Vorausabtretungen auf den etwa nach festen Kapitalanteilen bemessenen Gewinnanteil des Zessionars bzw. Gesellschafters anzurechnen. Dann aber liegt der Zession kein vom Gesellschaftsverhältnis unabhängiges Drittgeschäft zugrunde, sondern sie ist als Vorschuss auf das Entnahmerecht des Gesellschafters i.S.d. § 122 Abs. 1 Satz 1 HGB zu werten.[590] Weil die Forderungszession durch die Gesellschaft in einer Entnahme des Gesellschafters resultiert, ist die Zession Gewinnverwendung und keine Gewinnverteilung. Die zedierte Forderung gehört zum Gesellschaftsgewinn, der grundsätzlich nach dem vereinbarten Gewinnverteilungsschlüssel auf die Gesellschafter zu verteilen ist. Auch insofern besteht allerdings die Möglichkeit der gesonderten Zuweisung von Entnahmegewinnen.[591] Die Vorausabtretung von Gesellschaftsforderungen und Sonderzuweisungen mögen wirtschaftlich eng beieinander liegen. Sonderzuweisungen sind allerdings nicht auf eine Forderungszession im Verhältnis der Personengesellschaft zum Gesellschafter gerichtet, sondern auf eine gesellschafterspezifische „Durchleitung" der laufenden Erträge durch die Personengesellschaft. Forderungsinhaber bleibt stets die Gesellschaft.

a) Motive

Die Unterscheidung zwischen laufenden Gewinnen und Veräußerungsgewinnen ist in allen Szenarien denkbar, in denen mit Vermögensgegenständen der Gesellschaft laufende Gewinne erwirtschaftet werden können. Steuerlich ist eine Trias von Vermögensgegenständen interessant, deren laufende Erträge verschiedene Besteuerungsfolgen auslösen können. In den Sinn kommen zum einen Beteiligungen der Personengesellschaft an Kapitalgesellschaften, die Dividenden ausschütten. Zum anderen ist bei Grundvermögen die getrennte Verteilung von Mieteinnahmen und Grundstücks-

590 Zu Vorschüssen bzw. Vorabentnahmen *Priester*, in: MüKo-HGB, § 122 Rz. 13 f.; *Blezinger*, Gewinnverteilung bei Personengesellschaften, S. 154 f.

591 Unten D.III.1.a)aa).

veräußerungserlösen möglich. Schließlich können sich steuerliche Motive hinter der getrennten Verteilung von laufenden Einnahmen und Veräußerungserlösen im Zusammenhang mit Vermögenswerten verbergen, deren Veräußerung steuerlich in Einkünften aus privaten Veräußerungsgeschäften resultieren kann (beispielsweise Krypto-Token). In US-Terminologie mag man diese Fälle als Form des *Character Shifting* beurteilen, weil die Gewinnverteilungsabrede zwischen verschiedenen Gewinnelementen trennt, an die auf Ebene der Gesellschafter unterschiedliche Besteuerungsfolgen geknüpft sein können. Die nachfolgenden Beispiele illustrieren die etwaige steuerliche Motivation hinter der gesonderten Zuweisung von laufenden Gewinnen und Veräußerungsgewinnen. Die Verwaltungsrechte hinsichtlich der betroffenen Vermögensgegenstände sollen stets bei der Gesellschaft bzw. allen Gesellschaftern verbleiben.

aa) Kapitalgesellschaftsbeteiligungen

Die Gewinnverteilungsabrede in Beispiel 5 ist sowohl in einer steuerlich gewerblichen als auch vermögensverwaltenden Personengesellschaft vorstellbar. Aus Vereinfachungsgründen beschränkt sich die Darstellung auf eine vermögensverwaltende Gesellschaft.

Beispiel 5 *„Die Gesellschafter A und B sind im Verhältnis ihrer festen Kapitalanteile am Gewinn und Verlust der Gesellschaft beteiligt. Gesellschafter A erhält vorrangig Dividenden aus den Kapitalgesellschaftsbeteiligungen der Gesellschaft. Gesellschafter B erhält vorrangig den Gewinn aus der Veräußerung von Kapitalgesellschaftsanteilen. Veräußerungsverluste tragen beide Gesellschafter im Verhältnis ihrer festen Kapitalanteile. Reichen Dividenden oder Veräußerungsgewinne zur Gewinnverteilung im Verhältnis der festen Kapitalanteile bis zur Gesellschaftsauflösung nicht aus, erhält der betreffende Gesellschafter spätestens im Rahmen der Schlussverteilung einen erhöhten Gewinnanteil, der aus Dividenden oder Veräußerungsgewinnen bestehen kann."*

Diese Vereinbarung unterscheidet nicht nach verschiedenen Ertragsquellen, weil der Gewinn oder Verlust in Beispiel 5 aus denselben Beteiligungen an Tochterkapitalgesellschaften stammt. Die Vereinbarung knüpft auch nicht notwendig an verschiedene Einkunftsarten an, weil – vorbehaltlich einer Umqualifizierung auf Gesellschafterebene – sowohl Dividenden als auch die in Bezug genommenen Veräußerungsgewinne zu den Kapitaleinkünften gem. § 20 EStG zählen. Das Gesellschafterinteresse an einer getrennten Zuweisung von laufenden Gewinnen und Veräußerungsgewinnen ist vor allem vor dem Hintergrund der unterschiedlichen steuerlichen Rechtsfolgen zu erklären, die auftreten können, wenn die Personengesellschafter Kapitalgesellschaften sind. Beträgt die mittelbare („durchgerechnete") Beteiligungsquote eines Personengesellschafters an den Tochterkapitalgesellschaften der Gesellschaft weniger als zehn Prozent, bleiben die ihm zuzurechnenden Dividenden voll körperschaft- und gewerbesteuerpflichtig (§ 8b Abs. 4 Satz 1 Hs. 1, Sätze 4 und 5 i.V.m. Abs. 6 Satz 1 KStG oder i.V.m. § 39 Abs. 2 Nr. 2 AO und § 8 Nr. 5 i.V.m. § 9 Nr. 2a, Nr. 7 f. GewStG). Ab einer durchgerechneten Beteiligungsquote von zehn (für gewerbesteuerliche Zwecke: 15) Prozent hingegen bleiben Dividenden körperschaft- und gewerbesteuerlich effektiv zu 95 Prozent außer Ansatz (§ 8b Abs. 5 Satz 1 KStG und § 7 S. 1, 4 Hs. 2, § 9 Nr. 2a, Nr. 7 f. GewStG). Die Veräußerungsgewinne bleiben körperschaft- und gewerbesteuerlich unabhängig von der durchgerechneten Beteiligungsquote im Ergebnis zu 95 Prozent außer Ansatz (§ 8b Abs. 2 Satz 1, Abs. 3 S. 1 i.V.m. Abs. 6 Satz 1 KStG oder i.V.m. § 39 Abs. 2 Nr. 2 AO und § 7 Satz 1, 4 Hs. 2 GewStG). Steuerlich ist es – vorbehaltlich der steuerlichen Anerkennung einer solchen Gewinnverteilungsabrede – effizient, dem durchgerechnet zu weniger als zehn (für gewerbesteuerliche Zwecke: 15) Prozent an einer Tochterkapitalgesellschaft beteiligten mittelbaren Gesellschafter vorrangig Veräußerungsgewinne zuzuweisen, während dem anderen mittelbaren Gesellschafter die für ihn zu 95 Prozent steuerfreien Dividenden zugewiesen werden.

Diese Gestaltung stellt Gesellschafter A steuerlich nicht besser, als wenn sämtliche Gewinne der nachgeordneten Kapitalgesellschaft thesauriert und zu einem späteren Zeitpunkt als Kassenbestand mitverkauft würden (sog. *Ballooning*[592]). Auch dann würden die Gesellschafter A und B von einer 95-prozentigen Steuerbefreiung profitieren. Der Umstand, dass Gesellschafter A durchgerechnet mit mindestens zehn Prozent an einer nachgeordneten Kapitalgesellschaft beteiligt ist, ermöglicht es lediglich, ihm schon vor Veräußerung der Beteiligung zu gleichen steuerlichen Konditionen erwirtschaftete Gewinne in Form von Ausschüttungen zuzuweisen. Diese Sonderzuweisungsart kann relevant werden, wenn die Personengesellschaft Minderheitsgesellschafter einer Kapitalgesellschaft ist und ihren etwaigen

592 *Gosch*, in: Gosch, KStG, 4. Aufl. 2020, § 8b Rz. 287b.1.

Thesaurierungswunsch nicht durchsetzen kann (vgl. § 29 Abs. 2 GmbHG). Wird sodann auf Ebene der Kapitalgesellschaft eine Ausschüttung beschlossen, ist eine gesonderte Zuweisung der Dividende an den qualifiziert beteiligten Personengesellschafter i.S.d. § 8b Abs. 4 Satz 1 KStG aus Sicht der Personengesellschafter eine denkbare Option, um steuerliche Nachteile aus der Ausschüttung zu vermeiden.

bb) Grundstücke

Ein ähnliches Beispiel mit Bezug zu Grundvermögen im Gesellschaftsvermögen lässt sich mit natürlichen Personen und Kapitalgesellschaften als Personengesellschafter entwickeln. Ausgangspunkt ist wiederum eine nach steuerlichen Maßstäben vermögensverwaltende Personengesellschaft, die ein Grundstück kauft, vermietet und nach mehr als zehn Jahren mit Gewinn veräußert. Die Kapitalgesellschaften als Gesellschafter sollen den Gewinn erhalten, der nach den Vorschriften des Einkommensteuergesetzes den Überschuss der Einkünfte aus Vermietung und Verpachtung über die Werbungskosten darstellt (ungeachtet einer Umqualifikation in gewerbliche Einkünfte auf Gesellschafterebene gem. § 8 Abs. 2 KStG). Die natürlichen Personen sollen den Gewinn erhalten, der für sie steuerlich als Gewinn aus einem nicht steuerbaren privaten Veräußerungsgeschäft zu qualifizieren ist (§ 23 Abs. 1 Nr. 1 EStG). Auch hier wird eine getrennte Zuweisung von Gewinnbestandteilen vereinbart, die auf Gesellschafterebene mit unterschiedlichen Steuerfolgen verbunden sein können. Sind die natürlichen Personen zugleich Gesellschafter der an der Personengesellschaft beteiligten Kapitalgesellschaften, gelänge es ihnen infolge dieser Gewinnverteilung außerdem, die laufenden Gewinne durch Zuweisung an die beteiligten Kapitalgesellschaften dem Körperschaftsteuerregime zuzuführen und dort zum vergleichsweise „günstigen" Körperschaftsteuersatz zu thesaurieren. Bei steuerlich laufend abzuschreibenden Wirtschaftsgütern wie Gebäuden ergibt sich überdies die Frage, ob die Abschreibungen die laufenden Gewinne der Kapitalgesellschaften für Besteuerungszwecke schmäler

cc) Vermögensgegenstände mit steuerlichem Bezug zu § 23 Abs. 1 Satz 1 Nr. 2 EStG

Ein weiteres Beispiel im Zusammenhang mit § 23 EStG zeigt, dass die Gesellschafter mit der gesonderten Zuweisung von laufenden Gewinnen und Veräußerungsgewinnen anstreben könnten, die „Spekulationsfristen" des § 23 Abs. 1 EStG gesellschafterspezifisch auszugestalten:

Beispiel 6 *Eine vermögensverwaltende Gesellschaft mit den Gesellschaftern A und B kauft und hält Oldtimer. Die Fahrzeuge werden nach dem Kauf auf alleinigen Wunsch des Gesellschafters A an Dritte vermietet. Nach der Gewinnverteilungsabrede soll nur Gesellschafter A die Mieteinnahmen erhalten, weil er sich um die notwendige Abwicklung kümmert. Nach zwei Jahren veräußert Gesellschafter B seine Gesellschaftsbeteiligung.*

Wirtschaftlich gesehen partizipiert in diesem Beispiel nur Gesellschafter A an den Zwischeneinkünften, die gem. § 23 Abs. 1 Satz 1 Nr. 2 Satz 4 EStG die Haltefrist auf zehn Jahre verlängern. Gesellschafter B hingegen bekommt keine solchen Zwischeneinkünfte zugewiesen. Diskutabel ist daher, ob für Gesellschafter B der Austritt aus der Gesellschaft nach Ablauf der einjährigen Haltefrist des § 23 Abs. 1 Satz 1 Nr. 2 Satz 1 EStG einen nicht steuerbaren privaten Veräußerungsvorgang auslöst, oder ob die Erzielung von Zwischeneinkünften auf Gesellschaftsebene auf seine Gesellschaftsbeteiligung abfärbt und sich seine Spekulationsfrist ebenfalls auf zehn Jahre verlängert.

b) Gesellschaftsvertragliche Regelungsbedürfnisse

Ungeachtet der Sonderzuweisungen von laufenden Gewinnen und Veräußerungsgewinnen kann es von den Gesellschaftern beabsichtigt sein, dass sie über die Gesamtlaufzeit der Gesellschaft einen Gewinnanteil im Verhältnis ihrer Festkapitalkonten erhalten sollen. In dem Fall ist es für sie opportun, einen Ausgleichsmechanismus im Gesellschaftsvertrag zu verankern, wonach etwaige über- oder unterproportionale Gewinnanteile eines Gesellschafters zugunsten des anderen Gesellschafters spätestens im Zuge der Liquidation auszugleichen sind.[593] Bis zu diesem Zeitpunkt empfiehlt sich auch der Ausschluss eines Kündigungsrechts. Des Weiteren könnte es sich zum Ausgleich des Liquiditätsnachteils desjenigen Gesellschafters, der auf die laufenden Gewinne verzichtet, anbieten, seinen Anteil an den späteren Veräußerungsgewinnen mit einer Verzinsung auszustatten.

Zudem stellen sich ähnliche Fragen wie schon zuvor bei der gesonderten Zuweisung des Ergebnisses einzelner Vermögensgegenstände. Die Ge-

593 Zur Möglichkeit einer sog. *Clawback*-Klausel unten C.V.4.g).

sellschafter müssen eine geeignete interne Gewinnermittlungsmethode finden. Dabei sollte auch festgelegt werden, welcher Gesellschafter welchen Aufwand zugewiesen bekommt. Es stellen sich nicht nur Fragen zur Aufteilung von Gemeinkosten der Gesellschaft, sondern auch zur Aufteilung verschiedener Aufwandsposten, die aus demselben Vermögensgegenstand resultieren. In Anlehnung an den Nießbrauch könnten dem fruchtziehenden Gesellschafter, der an den laufenden Gewinnen eines Vermögensgegenstands beteiligt ist, die Erhaltungsaufwendungen zugewiesen werden (vgl. § 1041 BGB), obschon sich diese Aufwendungen auch positiv auf den Substanzwert auswirken dürften, an dem vorrangig ein anderer Gesellschafter beteiligt sein kann. Eine andere bereits angesprochene Frage ist, ob das Steuerrecht die vertragliche Verteilung von Aufwand und Kosten anerkennt. Spezifisch zu dieser Frage könnten die Gesellschafter Erkenntnisse zum Nießbrauch heranziehen. Im sog. Nießbrauchserlass vertritt die Finanzverwaltung im Fall des unentgeltlich bestellten Nießbrauchs an einem Grundstück, dass der Nießbraucher nicht zur Vornahme laufender Abschreibungen (AfA) auf Gebäude, sondern nur zum Abzug von Werbungskosten für den Erhalt der Sache berechtigt sei.[594] Der Eigentümer, der zwar die Anschaffungskosten für das Grundstück getragen habe, dürfe hingegen keine AfA geltend machen, da er keine (Vermietungs-)Einnahmen erziele.[595] Übertragen auf die gesonderte Zuweisung von laufenden und Veräußerungsgewinnen könnten diese Grundsätze dazu führen, dass der Gesellschafter mit laufenden Gewinnen den Erhaltungsaufwand der Gesellschaft für diesen Vermögensgegenstand zugerechnet bekommt und er insofern allein seinen Gewinnanteil schmälert. Die laufenden AfA könnten womöglich von keinem Gesellschafter steuerlich geltend gemacht werden. Die Frage nach der steuerlichen Zuordnung von Aufwand und Kosten ist jedoch nur dann relevant, wenn die Vorfrage der steuerlichen Anerkennung von Sonderzuweisungen laufender Gewinne und Veräußerungsgewinne zu bejahen ist.[596]

---

594 BMF, Schreiben vom 30.9.2013, BStBl. I 2013, 1184, Tz. 19, 21 mit Bezug zu BFH, Urteil vom 24.4.1990, IX R 9/86, BFHE 160, 552, BStBl. II 1990, 888, sowie BFH, Urteil vom 14.11.1989, IX R 110/85, BFHE 159, 442, BStBl. II 1990, 462 und vom 5.9.1991, IV R 40/90, BFHE 165, 512, BStBl. II 1992, 192; anders im Fall des „Vorbehaltsnießbrauchs“ – dort bestehe die Berechtigung des Nießbrauchers zur Fortführung seiner zuvor als Eigentümer geltend gemachten AfA (Tz. 43).

595 BMF a.a.O., Tz. 24.

596 Dazu unten D.III.2.

3. Sonderzuweisungen von Gewinnanteilen mit unterschiedlicher steuerlicher Qualifikation

Die zuvor genannten Beispiele lassen sich dahingehend abwandeln, dass sich die Gewinnverteilungsabrede nicht an einzelnen Vermögensgegenständen oder laufenden Gewinnen und Veräußerungsgewinnen orientiert, sondern stattdessen an der steuerlichen Einkünftequalifikation. Einer solchen einkunftsartenbezogenen Gewinnverteilungsabrede entspricht das sog. *Character Shifting* in den USA.[597] Eine dahingehende Regelung im Gesellschaftsvertrag könnte lauten:

Beispiel 7 *„Gesellschafter A ist am Gewinn- und Verlust aus sämtlichen Unternehmungen mit 100 v.H. beteiligt, die nach den Vorschriften des Einkommensteuergesetzes als Einkünfte aus Vermietung und Verpachtung zu qualifizieren sind. Gesellschafter B ist am Gewinn- und Verlust aus sämtlichen Unternehmungen mit 100 v.H. beteiligt, die nach den Vorschriften des Einkommensteuergesetzes als Einkünfte aus Kapitalvermögen qualifiziert werden. Dabei bleiben Besteuerungsmerkmale der Gesellschafter außer Betracht, soweit ihre Berücksichtigung eine Umqualifizierung bewirken würde. Der restliche Gewinn wird nach Köpfen verteilt."*

a) Auslegung als *Tracking-Stock*-Struktur

Eine Gewinnverteilungsabrede wie in Beispiel 7 wirft die Frage auf, ob und inwieweit Gewinnelemente Gegenstand des handelsrechtlichen Gewinnverteilungsschlüssels sein können, die nicht handelsrechtlich, sondern nur steuerlich ermittelt werden. Das Handelsrecht kennt keine Einkunftsarten und auch keine unterschiedlich besteuerten Gewinnanteile wie Dividenden oder Veräußerungsgewinne, die beim Empfänger unter das Teileinkünfteverfahren nach § 3 Nr. 40 Buchst. a oder Buchst. d EStG oder unter die Steuerfreistellung des § 8b Abs. 1 oder 2 KStG fallen. Können derartige

597 Mark P. Gergen, *Reforming Subchapter K: Special Allocations*, 46 Tax L. Rev. 1, 8 (1990), oben B.III.2.

Vereinbarungen überhaupt eine taugliche Bestimmung handelsrechtlicher Gewinnanteile darstellen oder gehen sie ins Leere?[598]

Dieser Frage lassen sich verschiedene Beobachtungen voranstellen, die ähnliche Rückbeziehungen des Steuerrechts auf die handelsrechtliche Gewinnermittlung und die gesellschaftsvertraglich vereinbarte Gewinnverteilung betreffen und die zeigen, dass eine gesellschaftsvertragliche Bezugnahme auf steuerrechtliche Gegebenheiten kein ungewöhnlicher Vorgang ist. Erstens kann der Gesellschaftsvertrag vorsehen, dass sich die handelsrechtliche Bilanzierung an der Steuerbilanz orientieren soll („Handelsbilanz gleich Steuerbilanz").[599] Soweit nach den Grundsätzen ordnungsgemäßer Buchführung zulässig, sollen handelsrechtliche Bilanzwahlrechte wie steuerliche Wahlrechte ausgeübt werden. Die „Einheitsbilanz" wird allgemein für zulässig gehalten.[600] Der Gesellschaftsvertrag nimmt mit der Angleichung der Handels- an die Steuerbilanz zulässigerweise Bezug auf externe, nämlich steuerliche Parameter. Zweitens kann es zu Abweichungen zwischen dem handelsbilanziell und dem steuerlich ermittelten Gewinn kommen. In diesen Fällen ist es den Gesellschaftern nach teilweise vertretener Auffassung möglich, eine Abrede zur Verteilung des steuerlichen Mehrgewinns zu treffen, der sich etwa aus einer Betriebsprüfung ergeben kann.[601] Nur soweit die Gesellschafter nichts anderes bestimmt haben, bezieht sich die gesellschaftsvertragliche Gewinnverteilungsabrede auf den

598 So *Richter*, in: Wassermeyer/Schnittker/Richter, Personengesellschaften im Internationalen Steuerrecht, Rz. 7.46, demzufolge die steuerrechtliche Herkunft von Gewinnanteilen (im Kontext einer freiberuflichen Mitunternehmerschaft mit Niederlassungen in verschiedenen Staaten) einer zivilrechtlichen Gewinnverteilungsabrede nicht zugänglich sei. Eine dahingehende Abrede habe „keinen i.e.S. materiellen gesellschaftsrechtlichen Inhalt".

599 *Staake*, in: BeckOK-HGB, § 120 Rz. 25;*Wiedemann*, GesR II, 4 II § 8, S. 703; *Döllerer*, in: FS Kellermann, S. 51 ff.

600 BayObLG, Beschluss vom 5.11.1987, BReg. 3 Z 41/87, NJW 1988, 916, 919; *Priester*, in: MüKo-HGB, § 120 Rz. 42 (jeweils mit dem Vorbehalt, dass zwingende handelsrechtliche Vorschriften zu beachten sind); *Lieder*, in: Oetker, HGB, § 120 Rz. 11; *Graf von Kanitz*, in: Hachmeister/Kahle/Mock/Schüppen, BilanzR, § 120 HGB Rz. 15; die Einheitsbilanz hat allerdings seit dem BilMoG und der damit einhergehenden Spreizung von zwingendem Handels- und Steuerbilanz erheblich an Bedeutung verloren, *Zwirner/Mugler*, DStR 2011, 1191; *Prinz*, DStJG 34 (2011), S. 135. 161 f.; *Seer*, ebenda, S. 1, 5 („Idee der Einheitsbilanz wurde aufgegeben").

601 *Ritzrow*, BuW 2004, 501, 505; *Zimmermann*, in: Zimmermann u.a, PersGes im Steuerrecht, B.I. Rz. 369.

Handelsbilanzgewinn.[602] Diese Auffassung ist hinsichtlich des steuerlichen Mehrgewinns infolge einer Betriebsprüfung streitig,[603] wird andererseits für steuerliche Mehrgewinne etwa aufgrund von § 4h EStG überwiegend bejaht.[604] Auch bei einer solchen Vereinbarung zum steuerlichen Mehrgewinn reicht eine handelsrechtliche Gewinnverteilungsabrede in steuerliche Sphären hinein. Drittens wird verbreitet angenommen, dass der steuerliche Entnahmegewinn („Buchgewinn“) im Fall einer Sachentnahme, die zur Aufdeckung stiller Reserven führt, durch gesellschaftsvertragliche Abreden dem entnehmenden Gesellschafter zugewiesen werden kann.[605]

Eine Ausrichtung der gesellschaftsvertraglichen Gewinnverteilungsabrede an steuerliche Größen scheint vor dem Hintergrund dieser Beispielsfälle ein mögliches Vorgehen. Das käme der aus dem US-Einkommensteuerrecht bekannten Verteilung von *Tax Items* sehr nahe. Dass dagegen in der hiesigen Literatur Vorbehalte geäußert werden,[606] ist wenig verwunderlich; schließlich kennt weder das Gesellschafts- noch das Steuerrecht eine Rechtsgrundlage zur Verteilung steuerlich ermittelter Gewinnelemente. Womöglich sind Gewinnverteilungsabreden mit Bezug zum steuerlich ermittelten Gesellschaftsgewinn oder -überschuss allerdings gar nicht auf eine Verteilung steuerlicher Gewinnelemente gerichtet, sondern entpuppen sich als Vereinbarung einer *Tracking-Stock*-Struktur, d.h. als Vereinbarung, die auf die Verteilung handelsrechtlich ermittelbarer Gewinnanteile auszulegen ist. Darauf deutet das wirtschaftliche Ergebnis der Vereinbarung hin. Es ist identisch mit einer *Tracking-Stock*-Struktur, die auf verschiedene Vermögensgegenstände im Gesellschaftsvermögen Bezug nimmt. So könnte

---

602 BFH, Urteil vom 22.5.1990, VIII R 41/87, BFHE 161, 456, BStBl. II 1990, 965; *Wacker*, in: Schmidt, EStG, § 15 Rz. 444.

603 Nach *Knobbe-Keuk* ist der steuerliche Mehrgewinn so zu verteilen, „wie er verteilt worden wäre, wenn die fraglichen Beträge das Ergebnis der Handelsbilanz nicht gemindert hätten“ (Bilanz- und Unternehmensteuerrecht, § 10 II.2.b)).

604 Ausführlich *Kußmaul/Ruiner/Schappe*, DStR 2008, 904, 906; *Kaltenbach/Layh*, Ubg 2014, 573, 580; weiterhin *Hick*, in: Herrmann/Heuer/Raupach, EStG/KStG, § 4h EStG Rz. 29 („vertraglicher Regelungsbedarf“); mit Einschränkungen *Korn*, in: Korn, EStG, § 4h Rz. 201 (Möglichkeit individueller Zuordnung der Folgen von Zinsaufwendungen im Sonderbetriebsbereich ungeklärt).

605 BFH, Urteil vom 31.3.1977, IV R 58/73, BFHE 122, 85, BStBl. II 1977, 823 unter II.4.b); *Wacker*, in: Schmidt, EStG, § 15 Rz. 446; *Bode*, in: Brandis/Heuermann, Ertragsteuerrecht, § 15 EStG Rz. 482; *Knobbe-Keuk*, Bilanz- und Unternehmensteuerrecht, § 10 II.2.a); Gewinnzurechnung zu allen Gesellschaftern nur bei Schenkung der stillen Reserven an den entnehmenden durch die übrigen Gesellschafter, BFH, Urteil vom 28.09.1995, IV R 39/94, BFHE 179, 75, BStBl. II 1996, 276 unter II.2.

606 *Kempelmann/Scholz*, DStR 2019, 630 ff.

der Gesellschaftsvertrag die Gewinnanteile der Gesellschafter auch durch gesonderte Zuweisung des Gewinns aus bestimmten Grundstücken und des Gewinns aus bestimmten Aktien festlegen. Abstrakter formuliert könnte der Gesellschaftsvertrag anstelle bestimmter Grundstücke oder Aktien auch „Grundvermögen" und „Wertpapiere" in Bezug nehmen. Die Formulierung in Beispiel 7 ist zwar ein weiterer Abstrak-tionsschritt, lässt sich gleichwohl als Vereinbarung einer *Tracking-Stock*-Struktur auslegen. Der Unterschied zu Sonderzuweisungen einzelner Vermögensgegenstände oder sonstigen *Tracking-Stock*-Strukturen besteht lediglich darin, dass die Gesellschafter die steuerliche Qualifikation ihrer Gewinne prognostizieren und aufgrund dieser Qualifikationsprognose ihre Gewinnanteile festlegen. Damit folgt die Bestimmung ihrer Gewinnanteile einer rechtlichen Qualifikation, im *Tracking-Stock*-Modell hingegen einer Beschreibung von Vermögensgegenständen oder Sachgesamtheiten in tatsächlicher Hinsicht.

Dass die Gesellschafter mit einer Gewinnverteilungsabrede mit steuerlichen Bezugspunkten keine wie in den USA übliche Verteilung von *Tax Items* anstreben, sondern das handelsrechtlich zu ermittelnde Ergebnis einzelner Vermögensgegenstände, zeigt sich insbesondere mit Blick auf das Problem der möglichen „Fehlqualifikation" durch die Gesellschafter.

b) „Fehlqualifikation"

Die Gesellschafter können nicht privatautonom über die steuerliche Qualifikation von Einkünften entscheiden. Die Einkünftequalifikation bleibt das Ergebnis der Anwendung von §§ 13 ff. EStG.[607] Die Gewinnverteilungsabrede verpflichtet die Gesellschaft bzw. ihre Geschäftsführer lediglich intern zur Subsumtion zwecks Gewinnermittlung. Diese „Privatsubsumtion" dient einer wirtschaftlichen Zuordnung von Gewinnbestandteilen zu den Gesellschaftern und erfüllt damit die gleichen Zwecke wie andere Gewinnverteilungsparameter (prozentuale Aufteilung, Aufteilung nach Köpfen etc.).

Fraglich ist, wie sich eine gemeinsame „Fehlqualifikation" der Gesellschafter auswirkt. Sie ist denkbar, wenn in Beispiel 7 die Personengesellschaft nicht steuerlich vermögensverwaltend tätig ist (und damit nicht die verschiedenen, in der Gewinnverteilungsabrede bezeichneten Einkunftsarten erzielen kann), sondern einen Gewerbebetrieb ausübt. Alle Einkünfte wären gewerbliche Einkünfte i.S.d. § 15 EStG und würden vom Finanzamt gem. §§ 179 Abs. 1, 180 Abs. 1 Satz 1 Nr. 2 Buchst. a) AO als solche festge-

607 *Hey*, in: Tipke/Lang, Steuerrecht, Rz. 8.400.

stellt werden. Aus der steuerlichen Qualifikation des Gesellschaftsgewinns ließen sich dann keine Rückschlüsse auf die gesellschaftsrechtlichen Gewinnanteile ziehen. Eine „Fehlqualifikation" kann auch auftreten, wenn der Gesetzgeber nach Vereinbarung der Gewinnverteilungsabrede die steuerliche Qualifikation bestimmter Einkünfte ändert, beispielsweise Einkünfte aus Krypto-Token den Kapitaleinkünften zuweist. In diesem Fall läge eine „Fehlqualifikation" der Gesellschafter zumindest dann vor, wenn ihre Gewinnverteilungsabrede einen statischen Verweis auf das Steuerrecht enthielte.

Wäre die Gewinnverteilungsabrede aufgrund der „Fehlqualifikation" nichtig, würden die Gesellschafter auf die dispositiven gesetzlichen Gewinnverteilungsregeln zurückfallen, dies zugleich mit steuerlicher Wirkung. Ein solches Ergebnis dürfte von den Gesellschaftern kaum gewollt sein. Vor dem Nichtigkeitsverdikt ist insofern zu prüfen, ob nicht durch Auslegung der Gewinnverteilungsabrede dem eigentlichen Gesellschafterwillen zur Geltung verholfen werden kann. Denn die vertragliche Vereinbarung der Gewinnverteilung ist trotz der fehlerhaften Qualifikationsprognose der Gesellschafter wirksam, wenn durch Auslegung der Verteilungsabrede unter Erforschung des subjektiven Willens der vertragsschließenden Gesellschafter die von ihnen bezweckte Gewinnverteilung ermittelt werden kann.[608] Die Gesellschafter gehen in Beispiel 7 offenbar von gemeinschaftlich erzielten Einkünften gem. §§ 20 und 21 EStG aus. Die nach dem Dafürhalten der Gesellschafter als Einkünfte § 20 bzw. § 21 EStG zu qualifizierenden Einkünfte wird die Gesellschaft auch als solche betragsmäßig ermitteln und in ihrer Steuererklärung angeben.[609] Bei „richtiger" Subsumtion der Gesellschafter lassen sich ihre jeweiligen Gewinnanteile sowohl aus der Steuererklärung als auch dem Grundlagenbescheid für die Personengesellschaft ablesen. Die von den Gesellschaftern vereinbarten Gewinnanteile lassen sich bei einer vom Finanzamt abweichend vorgenommenen Einkünftequalifikation allerdings auch bestimmen, indem ermittelt wird, welche Ge-

608 Zur Auslegung von Personengesellschaftsverträgen *Sauter*, in: Prinz/Kahle, Beck'sches Hdb. PersGes, § 2 Rz. 66 ff.; *Fleischer*, DB 2013, 1466 f.; zur objektiven Auslegung ohne Berücksichtigung des Willens der Gesellschaftsgründer bei Publikumsgesellschaften BFH, Urteil vom 11.09.2018, II ZR 307/16, NJW 2019, 157 unter II.2.c)aa); *Goette*, DStR 1996, 879, 881 (Anm. zu BGH, Beschluss vom 15.01.1996, II ZR 22/95); *Roth*, in: Hopt, HGB, Anh. § 177a Rz. 67.

609 Zur gesonderten und einheitlichen Feststellung von Kapitaleinkünften einer Personengesellschaft BMF-Schreiben vom 18.1.2016, BStBl. I 2016, 85 Tz. 72 (etwaige Umqualifikation in gewerbliche Einkünfte erfolgt erst auf Ebene der Gesellschafter).

winnanteile auf die Vermietung und Verpachtung von Wirtschaftsgütern und welche auf die Überlassung oder Übertragung von Kapitalvermögen zurückzuführen sind. Mit der Bezugnahme der Gewinnverteilungsabrede auf verschiedene Einkunftsarten erfolgt nichts weiter als eine Gewinnverteilung, die sich an verschiedenen Gattungen von Vermögensgegenständen orientiert. Anstelle der Abrede in Beispiel 7 hätten die Gesellschafter auch Sonderzuweisungen einzelner Vermögensgegenstände oder Sachgesamtheiten vereinbaren können, also ein *Tracking-Stock*-Modell. Dieses muss der gesellschaftsrechtlichen Gewinnverteilung und der steuerrechtlichen Gewinnzurechnung zugrunde gelegt werden. Die „Fehlqualifikation" von Einkünften durch die Gesellschafter führt somit nicht zur Unwirksamkeit ihrer Gewinnverteilungsabrede. Aus Gesellschaftersicht wäre es allenfalls ratsam, die Gewinnverteilungsabrede um eine Auffangregelung für Vermögenszuwächse zu ergänzen, die nicht unter eine der sieben Einkunftsarten des EStG fallen.

c) Bestimmtheit

Die Bezugnahme der Gewinnverteilungsabrede auf steuerlich zu ermittelnde Gewinnelemente lässt sich auch nicht unter Bestimmtheitsgesichtspunkten ablehnen. Die handelsrechtlichen Gewinnanteile lassen sich mit hinreichender Bestimmtheit ermitteln, auch wenn ihre Größe von steuerlichen Bezugsgrößen abhängt. Denn die Steuerpflichtigen nehmen in ihrem Verhältnis eine privatautonome Gewinnverteilung anhand der gleichen Tatbestände vor, die auch im Verhältnis zwischen den Steuerpflichtigen und dem Staat gelten. Unterstellt man, dass §§ 13 ff. EStG dem rechtsstaatlichen Bestimmtheitsgebot Genüge tun und eine Einkünftequalifikation rechtssicher ermöglichen, ist auch eine privatrechtliche Anknüpfung der Gewinnverteilung an die Qualifikationstatbestände ebenfalls bestimmt genug. Die Bestimmtheit privatrechtlicher Vereinbarungen kann kaum höheren Anforderungen unterliegen als Steuertatbestände des EStG als Rechtsgrundlagen der Eingriffsverwaltung. Die Gewinnverteilungsabrede ermöglicht demzufolge eine konkrete Berechnung der Gewinnanteile.

d) Motive

Eine Gewinnverteilungsabrede, die sich an der steuerlichen Einkünftequalifikation orientiert, dürfte typischerweise aus steuerlichen Beweggründen getroffen werden. Gesellschafter können ein Interesse daran haben, nur Einkünfte einer bestimmten Einkunftsart zu erzielen oder umgekehrt Einkünfte einer bestimmten Einkunftsart gerade nicht zu erzielen. Diese Motivation dürfte wiederum mit dem Umstand zusammenhängen, dass Einkünfte verschiedener Einkunftsarten unterschiedlich ermittelt, besteuert und die Steuern auf unterschiedliche Art und Weise erhoben werden. Einkommen ist also „nicht gleich Einkommen".[610] Beispielsweise sind Einkünfte aus privaten Veräußerungsgeschäften zum Teil gar nicht steuerbar, während Einkünfte aus Kapitalvermögen einem Sondertarif und verschiedenen Verlustverrechnungs- und Werbungskostenabzugsbeschränkungen unterliegen. Steuerpflichtige mögen sich durch diese Systemdurchbrechungen veranlasst sehen, ihre Gewinnverteilungsabrede an Besteuerungsmerkmalen auszurichten, die mit Einkünften bestimmter Einkunftsarten zusammenhängen. Sinnvoll ist eine einkunftsartenbezogene Gewinnverteilung vor allem in steuerlich vermögensverwaltenden Personengesellschaften, denn insbesondere diese können Einkünfte unterschiedlicher Einkunftsarten erzielen.[611] Der vermögensverwaltende Status entfällt, sobald ein Teil der Einkünfte gewerblich ist. Nach § 15 Abs. 3 Nr. 1 Satz 1 EStG färbt diese teilgewerbliche Tätigkeit auf alle weiteren Einkünfte der Gesellschaft ab, falls die gewerblichen Einkünfte – so die BFH-Rechtsprechung – eine Bagatellgrenze überschreiten.[612] In Mitunternehmerschaften könnten die Mitunternehmer ihre Gewinnverteilung allerdings an spezifischen Besteuerungsfolgen auf Ebene der Mitunternehmer ausrichten und beispielsweise

610 *Hey*, in: Tipke/Lang, Steuerrecht, Rz. 8.402; vgl. auch *Ratschow*, in: Brandis/Heuermann, Ertragsteuerrecht, § 2 EStG Rz. 73; *Musil*, in: Herrmann/Heuer/Raupach, EStG/KStG, § 2 EStG Rz. 84; *Birk*, DStJG 34 (2011), S. 11, 22.

611 FG Berlin-Brandenburg, Urteil vom 6.1.2015, 6 K 6190/12; *Dißars*, in: Lademann, EStG, § 15 Rz. 194/5; *Kahle*, in: Prinz/Kahle, Beck'sches Hdb. PersGes, § 7 Rz. 291; *Kahle/Rombach*, Ubg 2019, 181, 182; *Bodden*, in: KöSDi 2018, 21044, 21047; *ders.*, in: Korn, EStG, § 15 Rz. 288; *Middendorf/Rickermann*, BB 2021, 539, 540; außer Betracht gelassen seien Mitunternehmerschaften, die trotz der Abfärberegelung des § 15 Abs. 3 Nr. 1 EStG innerhalb von durch die Rechtsprechung konkretisierten Bagatellgrenzen nicht-gewerbliche Einkünfte erzielen können, s. BFH, Urteil vom 11.8.1999, XI R 12/98, BFHE 189, 419, BStBl. II 2000, 229 unter 3.; Beschluss vom 8.3.2004, IV B 212/03, BFH/NV 2004, 954 unter 2.; Urteil vom 27.8.2014, VIII R 6/12, BFHE 247, 513, BStBl. II 2015, 1002 unter II.3.c)aa).

612 Zuerst BFH, Urteil vom 11.8.1999, XI R 12/98, BFHE 189, 419, BStBl. II 2000, 229; im Anschluss BFH, Beschluss vom 8.3.2004, IV B 212/03, BFH/NV 2004, 954; BFH, Urteile vom 27.8.2014, VIII R 6/12, BFHE 247, 513, BStBl. II 2015, 1002; VIII R 16/11, BFHE 247, 499, BStBl. II 2015, 996; VIII R 41/11, BFHE 247, 506; BStBl. II 2015, 999; ferner BFH, Urteil vom 14.5.2019, VIII R 35/16, BFHE 264, 505, BStBl. II 2019, 580.

einem Mitunternehmer Gewinne zuweisen, die steuerlich dem Teileinkünfteverfahren unterliegen (z.B. Dividenden gem. § 3 Nr. 40 Buchst. d EStG i.V.m. § 20 Abs. 1 Nr. 1, Abs. 8 EStG).[613]

An Beispiel 7[614] zeigen sich die Wirkungen des *Character Shifting* in Gestalt eines „Tarifeffekts". Gesellschafter A werden nach dieser Gewinnverteilungsabrede – vorbehaltlich ihrer steuerlichen Anerkennung – Einkünfte aus Vermietung und Verpachtung zugerechnet (§ 21 Abs. 1 EStG) und Gesellschafter B Kapitaleinkünfte gem. § 20 EStG. Unterstellt, auf Gesellschafterebene erfolgt keine Umqualifizierung in gewerbliche Einkünfte, unterliegen die Vermietungseinkünfte bei Gesellschafter A seinem persönlichen Einkommensteuertarif gem. § 32a Abs. 1 Satz 1 EStG. Für Gesellschafter B gilt hinsichtlich seiner Kapitaleinkünfte aus der Gesellschaftsbeteiligung der Schedulentarif des § 32d Abs. 1 Satz 1 EStG, wenn er nicht nach erfolgreicher Günstigerprüfung zur Besteuerung mit dem tariflichen Einkommensteuersatz optiert (§ 32d Abs. 6 Satz 1 EStG). Gesellschafter A verzichtet wirtschaftlich auf eine Schedulenbesteuerung der Hälfte seiner Beteiligungseinkünfte, die ohne die vereinbarte Sonderzuweisung erfolgt wäre, während Gesellschafter B bei einem erhöhten Anteil seiner Einkünfte aus der Gesellschaftsbeteiligung vom Sondertarif des § 32d Abs. 1 EStG profitiert, gleichzeitig aber Beschränkungen bei der Verlustverrechnung gem. § 20 Abs. 6 EStG in Kauf nimmt. Gesellschafter A hingegen steht eine uneingeschränkte Verlustverrechnung i.S.d. § 10d EStG offen. Überdies unterliegt ein Gesellschafter, der nur Vermietungseinkünfte erzielt, nicht dem Werbungskostenabzugsverbot aus § 20 Abs. 9 EStG. Finanzierungsaufwendungen, die der Gesellschafter für seine Personengesellschaftsbeteiligung trägt, könnte er demgemäß als Sonderwerbungskosten geltend machen.[615]

Beispiel 7 weist zudem auf eine steuerliche Gestaltungsmöglichkeit hin, die sich aus den Abzugsbeschränkungen bei Verlusten aus Kapitalvermögen

---

613 Dazu unten D.I.5.b)cc) und D.III.1.b)aa).

614 „Gesellschafter A ist am Gewinn- und Verlust aus sämtlichen Unternehmungen mit 100 v.H. beteiligt, die nach den Vorschriften des Einkommensteuergesetzes als Einkünfte aus Vermietung und Verpachtung zu qualifizieren sind. Gesellschafter B ist am Gewinn- und Verlust aus sämtlichen Unternehmungen mit 100 v.H. beteiligt, die nach den Vor-schriften des Einkommensteuergesetzes als Einkünfte aus Kapitalvermögen qualifiziert werden. Dabei bleiben Besteuerungsmerkmale der Gesellschafter außer Betracht, soweit ihre Berücksichtigung eine Umqualifizierung bewirken würde. Der restliche Gewinn wird nach Köpfen verteilt".

615 Vgl. BFH, Urteil vom 23.8.2011, IX R 8/11, BFH/NV 2012, 2; *Kemcke/Schäffer*, in: Haase/Dorn, Vermögensverwaltende Personengesellschaften, 3. Teil, Kap. 1 Rz. 49a.

ergibt. Gem. § 20 Abs. 6 Satz 1 und Satz 4 EStG bestehen für Verluste aus Kapitalvermögen im Allgemeinen und für Verluste aus Aktiengeschäften, Termingeschäften sowie Ausfall- und Ausbuchungsverluste im Speziellen besondere Verlustverrechnungskreise. § 20 Abs. 6 Satz 1 EStG verhindert eine vertikale (einkunftsartenübergreifende) Verlustverrechnung, gestattet aber weiterhin einen horizontalen Verlustausgleich bzw. -vortrag. Die Vorschrift ist Ausfluss der Schedulenbesteuerung von Kapitaleinkünften.[616] § 20 Abs. 6 Satz 4 ff. EStG beschränken die Verlustverrechnung auf bestimmte Geschäftskategorien oder Einkunftsunterarten. Hinter diesen Abzugsbeschränkungen stehen Fiskalinteressen.[617] Die gesonderten Verlustverrechnungskreise durchbrechen das in § 2 Abs. 3 EStG angelegte Prinzip des vertikalen und horizontalen Verlustausgleichs und führen zu einer zeitlichen Streckung der Verlustnutzung. Sonderzuweisungen von Kapitaleinkünften an einen Gesellschafter einer vermögensverwaltenden Personengesellschaft könnten dazu führen, dass er im Vergleich zu einer proportionalen Gewinnverteilung erhöhte positive Kapitaleinkünfte erzielt. Sonderzuweisungen von Kapitaleinkünften würden es dem Gesellschafter folglich gestatten, vorgetragene Verluste aus Kapitalvermögen frühzeitiger zu verrechnen, als es ihm ohne derartige Sonderzuweisungen möglich gewesen wäre. Sonderzuweisungen beeinflussen folglich den vom Gesetzgeber vorgesehenen Verlustverrechnungskreis, indem durch disquotale Zuweisung von Kapitaleinkünften vorgetragene Kapitalverluste einer sofortigen Verrechnung zugeführt werden können.

Die Qualifikation der den Gesellschaftern zugerechneten Einkünfte entscheidet nicht nur über den Steuertarif, die Verlustausgleichs- und -abzugsbeschränkungen sowie die Möglichkeit zur Geltendmachung von korrespondierenden Aufwendungen, sondern auch über die beschränkte Steuerpflicht ausländischer Gesellschafter gem. § 49 EStG. Sie bevorzugen womöglich Einkünfte, die nicht in einer beschränkten Steuerpflicht des steuerlich im Ausland ansässigen Gesellschafters münden. Das kann etwa bei Gewinnen aus der Veräußerung von Kapitalgesellschaftsanteilen der Fall sein, sofern nicht die Beteiligungsschwelle von § 17 Abs. 1 Satz 1 EStG erreicht wird (§ 49 Abs. 1 Nr. 2 Buchst. e EStG). Mit diesem Motiv eng verbunden ist ein verfahrensrechtlicher Aspekt mit Relevanz für steuerlich im Ausland ansässige Gesellschafter einer inländischen Personengesellschaft. Sie haben regelmäßig ein Interesse daran, keiner Steuererklärungspflicht im

616 Gesetzesbegründung in BT-Drs. 16/4841 S. 57 f.

617 Vgl. BT-Drs. 16/5491, S. 19; *Schmidt*, in: BeckOK-EStG, § 20 Rz. 275 f.

Inland zu unterliegen. Auch dieses Ziel ließe sich mit einkunftsartenbezogenen Sonderzuweisungen erreichen, etwa wenn die beschränkt steuerpflichtigen Gesellschafter allein Einkünfte zugewiesen bekommen, die abgeltend mit der Kapitalertragsteuer besteuert werden.

Bei Anwendbarkeit eines DBA lässt sich der Gesellschaftsgewinn unter Bezugnahme auf DBA-Einkunftsarten verteilen. Womöglich hat ein im Ausland steuerlich ansässiger Gesellschafter ein Interesse daran, vorrangig Gewinne aus der Veräußerung von Kapitalgesellschaftsanteilen anstelle von Dividenden zu erzielen. Ursache für dieses Interesse könnte sein, dass Dividenden einem inländischen Quellensteuerabzug unterliegen (Art. 10 Abs. 2 Satz 1 OECD-MA), während der steuerlich im Ausland ansässige Gesellschafter Veräußerungsgewinne allein nach den Vorschriften seines Ansässigkeitsstaats zu versteuern hätte.

Die vorgenannten Motive würden in dem Fall des *Character Shifting* kumuliert zur Geltung kommen, in dem einem inländischen Gesellschafter Gewinne zugewiesen werden, die steuerlich bei ihm als Einkünfte aus privaten Veräußerungsgeschäften zu qualifizieren sind, während dem ausländischen Gesellschafter Gewinne aus der Veräußerung von Kapitalgesellschaftsanteilen zugewiesen werden. Der Fall könnte zukünftig an Bedeutung gewinnen, wenn etwa steuerlich vermögensverwaltende Fonds sowohl Anteile an Portfoliokapitalgesellschaften als auch Krypto-Token halten. Bei steuerlicher Anerkennung der Gewinnverteilungsabrede wären die Gewinne des inländischen Gesellschafters nach Ablauf der Spekulationsfristen von § 23 Abs. 1 EStG nicht steuerbar, während der Gewinnanteil des ausländischen Gesellschafters keinem deutschen Besteuerungsrecht unterläge (Art. 13 Abs. 5 OECD-MA).

4. Periodenverlagerung

Eine weitere in den USA gängige Gewinnverteilungsabrede sind sog. *Time-shifting Allocations* („*Flips*").[618] Damit sind Verteilungsschlüssel gemeint, die sich nach einer gesellschaftsvertraglich bestimmten Zeit ändern bzw. „umkehren".[619] Solche Fälle einer dynamischen Gewinnverteilung (nachfolgend „Periodenverlagerung") stellen im jeweiligen Geschäftsjahr eine ka-

618 Dazu B.III.3.

619 Abzugrenzen sind solche Abreden von einem variablen Verteilungsschlüssel, bei dem keine feste (etwa beteiligungsquotale) Gewinnverteilung erfolgt, sondern die Gewinnverteilung in das Ermessen eines Gesellschafters oder Dritten gestellt wird

pitaldisproportionale Gewinnverteilung dar. Die Disproportionalität wird erst bei periodenübergreifender Betrachtung ausgeglichen oder zumindest geschmälert. Haben die Gesellschafter grundsätzlich eine Gewinnverteilung nach festen Kapitalanteilen vereinbart, die nur temporär durch die Periodenverlagerung verdrängt wird, wird der den Gesellschaftern über die Lebensdauer der Gesellschaft zustehende Gewinnanteil in den genannten Beispielen durch periodenübergreifende Gesamtschau erreicht. Eine Vereinbarung zur Periodenverlagerung könnte lauten:

Beispiel 8 *"Gewinne und Verluste werden grundsätzlich nach Köpfen verteilt. Ergibt sich in den Wirtschaftsjahren 01 und 02 ein Gewinn, gilt folgendes: Gesellschafter A erhält den vollen Gewinn aus 01, Gesellschafter B den vollen Gewinn aus 02."*

In der Gründungsphase einer Gesellschaft ließe sich auch vereinbaren, dass sämtliche Anfangsverluste von einem Gesellschafter getragen werden, der im Gegenzug den späteren Gewinn so lange allein vereinnahmt, bis die Anfangsverluste ausgeglichen sind. Erst anschließend erfolgt eine Gewinnverteilung nach „regulären" Maßstäben:

Beispiel 9 *„Verluste trägt allein Gesellschafter A, bis die Gesellschaft erstmals ein ausgeglichenes oder positives Ergebnis erreicht. Anschließende Gewinne erhält allein Gesellschafter A, bis die von ihm zuvor getragenen Verluste ausgeglichen wurden. Danach tragen die Gesellschafter (A und B) das Gesellschaftsergebnis zu gleichen Teilen."*[620]

Wollen die Gesellschafter außerdem Unwägbarkeiten bei der Höhe des zukünftigen Gewinnanteils des Gesellschafters B abfedern, kommt folgende Gewinnverteilungsabrede in Betracht:

Beispiel 10 *„Gewinne und Verluste werden grundsätzlich nach Köpfen verteilt. Ergibt sich im Jahr 01 ein Gewinn, erhält diesen Gesellschafter A vollständig. In den nachfolgenden Geschäftsjahren erhält Gesellschafter B den vollen Gewinn bis zu dem Betrag,*

(und wiederholten Änderungen ausgesetzt sein kann), s. *v. Falkenhausen/Schneider*, in: Münchener Hdb. GesR, Bd. 1, § 63 Rz. 30.

620 Ähnliches Beispiel bei *Schön*, GS Knobbe-Keuk, S. 139, 154.

> *den Gesellschafter A im Jahr 01 zugewiesen bekommen hat. Anschließend wird der Gewinn nach Köpfen verteilt.*"

Alternativ ist auch eine Gewinnverteilungsabrede unter Nennung absoluter Zahlen denkbar (wonach etwa Gesellschafter A im Jahr 01 einen Vorabgewinn in Höhe von EUR 100.000 erhält, während Gesellschafter B in den fünf Folgejahren jeweils Vorabgewinne in Höhe von EUR 20.000 zuzüglich einer Verzinsung von 3 Prozent seit Beginn des Jahres 2021 zugewiesen bekommt).

Die Periodenverlagerung wie in Beispiel 8 bis Beispiel 10 stellt eine einheitliche Gewinnverteilungsabrede dar. Der vereinbarte Wechsel der Gewinnverteilung ist nicht als nachträgliche Änderung des Gewinnverteilungsschlüssels zu verstehen, sondern als Durchführung der anfänglich beschlossenen Abrede. Derartige Abreden unterliegen damit nicht den von Rechtsprechung und Literatur konturierten Grenzen für nachträgliche Änderungen des Gesellschaftsvertrags.[621]

a) Motive

Eine Abrede wie in Beispiel 8 kann sinnvoll sein, wenn Gesellschafter A im Jahr 01 einen erhöhten Liquiditätsbedarf hat.[622] Ebenso denkbar ist die Abrede, wenn die Gesellschafter in den verschiedenen Jahren unterschiedliche Beiträge zum Gesellschaftserfolg beisteuern, aber aus Rücksicht auf die Ertragslage der Gesellschaft keine gewinnunabhängige Vergütung oder Vorabgewinne vereinbaren wollen.[623] Im Unterschied zu den zuvor genannten Fallgruppen (Sonderzuweisungen des Ergebnisses einzelner Vermögensgegenstände; Trennung von laufenden Gewinnen und Veräußerungsgewinne und *Character Shifting*) ist die Periodenverlagerung nicht auf die gesonderte Zuweisung einzelner Gewinnbestandteile mit unter Umständen „besonderen" steuerlichen Rechtsfolgen gerichtet, sondern stets auf den gesamten Gesellschaftsgewinn (oder -verlust) in einem Geschäftsjahr. Gleichwohl können auch in diesem Fall steuerliche Motive vorliegen. Die Periodenver-

621 Dazu oben C.IV.1.

622 *Tavakoli*, DB 2006, 1882, 1883 mit dem Beispiel des privaten Hausbaus durch einen Gesellschafter; vgl. auch *Schwandtner*, Disquotale Gewinnausschüttungen, S. 234 („Liquiditätssteuerung").

623 Vgl. zur disquotalen Gewinnverteilung als Alternative zu Tätigkeitsvergütungen *Groh*, DB 2000, 1433, 1434.

lagerung kann – vorbehaltlich ihrer steuerlichen Anerkennung – vorteilhaft sein, um einen Verlustvortrag auf Ebene eines Gesellschafters auszunutzen.[624] Umgekehrt ist eine Verlustzuweisung an einen Gesellschafter denkbar, der diesen Verlust mit anderweitigen positiven Einkünften verrechnet. Der daraufhin vom verlusttragenden Gesellschafter erlangte Steuererstattungsanspruch könnte überdies im Folgejahr zwecks Stärkung ihres Eigenkapitals in die Personengesellschaft eingelegt werden. Zur Kompensation für die zwischenzeitige Verlustübernahme könnte zudem in den Folgejahren auf Gesellschaftsebene zugunsten des Gesellschafters ein erhöhter Gewinnanteil vereinbart werden.[625] Die Periodenverlagerung zwecks steuerlicher Verlustnutzung kann aus Gesellschaftersicht insbesondere dann attraktiv sein, wenn die seinerseits zuvor erzielten Verluste steuerlichen Verrechnungsbeschränkungen unterliegen,[626] zu denen die von der Personengesellschaft erzielten Gewinne passen. Führt ein Gesellschafter Verlustvorträge aus Aktiengeschäften, sind ihm gerade Gewinne aus Aktiengeschäften i.S.d. § 20 Abs. 6 Satz 4 EStG willkommen.

b) Abtretung oder Weiterleitung von Gewinnansprüchen?

In Personengesellschaften entstehen vom Gewinnstammrecht losgelöste, abtretbare Gewinnansprüche. Gesellschafter einer GbR, einer OHG oder Komplementäre einer Kommanditgesellschaft können Gewinnansprüche abtreten (§ 711a Satz 2 BGB).[627] Kommanditisten, die keine Entnahmen

---

624 *Tavakoli*, DB 2006, 1882, 1883; *Grever*, RNotZ 2019, 1, 9; zur disquotalen Gewinnverteilung mit dem Motiv der Verlustnutzung BFH, Urteil vom 19.8.1999, I R 77/96, BFHE 189, 342, BStBl. II 2001, 43; Beschluss vom 27.05.2010, VIII B 146/08, BFH/NV 2010, 1865; Beschluss vom 4.5.2012, VIII B 174/11, BFH/NV 2012, 1330; FG Münster, Urteil vom 14.08.2013, 2 K 2483/11 F, EFG 2014, 29 – ausführlich unten F.III.2.c)aa).

625 FG Münster, Urteil vom 14.05.2019, 2 K 3371/18 F (rkr.), EFG 2019, 1521, wobei in diesem Fall der Steuererstattungsanspruch des Gesellschafters nicht in die Gesellschaft eingelegt werden konnte, weil im Jahr der Verlustentstehung und -zuweisung ein Erstattungsanspruch (noch) nicht entstanden und damit nicht einlagefähig i.S.d. § 4 Abs. 1 Satz 8 EStG ist.

626 Besondere Verlustverrechnungskreise sind dem Einkommensteuerrecht nicht fremd – exemplarisch § 2a EStG (ausländische Einkünfte aus Drittstaaten), § 15 Abs. 4 Satz 3 ff. EStG (Termingeschäfte); § 20 Abs. 6 Satz 2 (Einkünfte aus Kapitalvermögen) und Satz 4 (speziell zu Aktiengeschäften) und § 23 Abs. 3 Satz 7 f. (für steuerbare Einkünfte aus privaten Veräußerungsgeschäften).

627 *Schäfer*, in: MüKo-BGB, § 717 Rz. 33; *Roth*, in: Hopt, HGB, § 122 Rz. 4; *Ehricke*, in: Ebenroth/Boujong/Joost/Strohn, HGB, § 122 Rz. 36; *Lieder*, in: Oetker, § 122 HGB

tätigen, können ihre Gewinnauszahlungsansprüche aus § 169 Abs. 1 HGB abtreten.[628] Auch künftige Gewinnansprüche sind abtretbar.[629] Somit lässt sich die Frage aufwerfen, ob die Periodenverlagerung durch wechselseitige Abtretung von Gewinnansprüchen erfolgen könnte (oder sogar das Ergebnis mehrerer Abtretungen ist). Statt einer Modifikation des Gewinnverteilungsschlüssels könnten einzelne Gesellschafter die Periodenverlagerung durch zeitlich nachgelagerte gegenseitige Abtretung von Gewinnauszahlungsansprüchen oder durch Weiterleitung des empfangenen Gewinnanteils an den Mitgesellschafter verfolgen.[630] Sowohl die Abtretung eines Gewinnanspruchs als auch die Weiterleitung von erhaltenen Gewinnanteilen lassen die mitgliedschaftlichen Vermögensrechte unberührt.[631] Beide Varianten erfordern daher auch keine Änderung des Gewinnverteilungsschlüssels, sondern können allein mit Wirkung zwischen den Gesellschaftern vereinbart werden. Weil die mitgliedschaftlichen Vermögensrechte unberührt bleiben, bekommt der abtretende oder weiterleitende Gesellschafter weiterhin den gesellschaftsvertraglich vereinbarten Gewinnanteil zugewiesen. Der Gewinnanteil wird der Gesellschafterbesteuerung zugrunde gelegt.[632] Die Abtretung des Gewinnauszahlungsanspruchs oder die Weiterleitung des ausgezahlten Gewinns führen steuerlich somit nicht zu einer veränderten Zurechnung der Gesellschaftsgewinne, sondern können allenfalls als eigenständiges erfolgswirksames Geschäft steuerliche Wirkung entfalten.[633] Das ist beispielsweise möglich, wenn die Weiterleitung einer Gewinnauszahlung beim weiterleitenden Gesellschafter als Sonderbetriebsausgabe und beim empfangenden Gesellschafter als Sonderbetriebseinnahme zu qualifi-

---

Rz. 34; umstritten für das Kapitalentnahmerecht gem. § 122 Abs. 1 Hs. 1 und § 161 Abs. 2 HGB, vgl. zusammenfassend *Priester*, in: MüKo-HGB, § 122 Rz. 21.

628 *Mock*, in: Röhricht/Graf von Westphalen/Haas, HGB, § 169 Rz. 6; *Staake*, in: BeckOGK-HGB, § 169 Rz. 10, 17; *Häublein/Beyer*, in: BeckOK-HGB, § 169 Rz. 11.

629 *Schäfer*, in: MüKo-BGB, § 717 Rz. 31; *Ehricke*, in: Ebenroth/Boujong/Joost/Strohn, § 122 Rz. 37; *Roth*, in: Hopt, HGB, § 121 Rz. 4; *Schneider/von Falkenhausen*, in: MünchHdb. Gesellschaftsrecht, Bd. I, § 58 Rz. 7 f.; *Flume*, DB 1973, 786, 791.

630 Ausführlich zu diesen Möglichkeiten „disquotaler Gewinnverteilung“ *Schwandtner*, Disquotale Gewinnausschüttungen in Personen- und Kapitalgesellschaften, S. 228 ff.; S. 280 f.; zur „verdeckten“ Abtretung von Dividendenansprüchen bei Kapitalgesellschaften *Paus*, FR 2000, 197, 199.

631 *Schwandtner*, Disquotale Gewinnausschüttungen, S. 85.

632 Im Einzelnen unten D.I.5.

633 Vgl. BFH, Beschluss vom 4.5.2012, VIII B 174/11, BFH/NV 2012, 1330; *Ratschow*, in: Brandis/Heuermann, Ertragsteuerrecht, § 20 EStG Rz. 366; *Bender/Bracksiek*, DStR 2014, 121, 124; *Blumers/Beinert/Witt*, DStR 2002, 565, 568 (jeweils zur Abtretung von Gewinnausschüttungsansprüchen gegen eine Kapitalgesellschaft).

zieren wäre (beispielsweise zur Vergütung von Diensten des Mitgesellschafters zugunsten des Gesellschaftsbetriebs).[634] Diese Qualifikation würde mangels betrieblicher Veranlassung schwerfallen, wo die Zahlung an den Mitgesellschafter vor allem dessen Verlustausgleichs-potenzial heben soll. Eine unmittelbare Verlagerung von Gewinnanteilen, die steuerlich nachvollzogen wird, lässt sich demnach durch schuldrechtliche Vereinbarungen auf Gesellschafterebene schwerlich realisieren.

Die Periodenverlagerung ist gleichwohl nicht als wechselseitige Abtretung von Gewinnansprüchen auszulegen. Dagegen sprechen der auf disquotale Gewinnverteilung gerichtete Gesellschafterwille, ein vorliegender Beschluss zur Änderung der Gewinnverteilungsabrede und ihre tatsächliche Durchführung.[635] Die Gesellschafter legen es mit ihrer Gewinnverteilungsabrede mitunter darauf an, steuerliche Effekte wie eine Verlustnutzung zu erzielen, die im Fall der Zession von Gewinnansprüchen nicht entstehen würden. Die angestrebten steuerlichen Wirkungen einer Vertragsvereinbarung sind bei ihrer Auslegung zu berücksichtigen.[636]

c) Insbesondere: Abgrenzung zum Darlehen

Die aus Beispiel 10 resultierenden wirtschaftlichen Vorgänge sind – sollte im Jahr 01 ein Gewinn entstehen – mit einem zinslosen Darlehen vergleichbar. Die Gesellschafter könnten dasselbe Ergebnis erreichen, indem Gesellschafter B Gesellschafter A ein Darlehen in Höhe seines Gewinnanteils im Jahr 01 gewährt, das A aus seinem Gewinnanteil in den nachfolgenden Geschäftsjahren tilgt. Die Vereinbarung in Beispiel 10 würde lediglich der Abkürzung von Zahlungswegen dienen. Die Darlehensähnlichkeit würde noch verstärkt, wenn sich Gesellschafter B sein zwischenzeitliches Aussetzen verzinsen lassen würde. Die steuerlichen Folgen dieser zivilrechtlichen Sachverhaltswürdigung wären erheblich: Dem darlehensgebenden Gesellschafter würde entsprechend dem grundsätzlich vereinbarten Kopfprinzip in jedem Jahr die Hälfte des Gewinns bzw. Verlusts zugerechnet werden, auch wenn sich diese Zurechnung auf seinem Kapitalkonto nicht widerspiegelt und er auch keine Gewinnentnahmen getätigt hat. Für den darlehensnehmenden Gesellschafter gilt dasselbe, sodass er im Jahr der

634 *Schwandtner*, Disquotale Gewinnausschüttungen in Personen- und Kapitalgesellschaften, S. 231, S. 234 f.

635 BFH, Urteil vom 19.8.1999, I R 77/96, BFHE 189, 342, BStBl. II 2001, 43 unter II.2.

636 *Schulze-Osterloh*, AcP 190 (1990), 139, 147.

Darlehensausreichung und in den Jahren der Darlehensrückzahlung jeweils den hälftigen Gesellschaftsgewinn zu versteuern hätte.

Allerdings ist die Periodenverlagerung einer Darlehensvergabe nicht gleichzusetzen. Gegen eine Auslegung der Gewinnverteilungsabrede als Darlehen spricht die Teilnahme beider Gesellschafter am möglichen Verlust der Gesellschaft. Gesellschafter B trägt durch seine Verlustteilnahme ein wirtschaftliches Risiko, das sich vom üblichen Gläubigerrisiko eines Darlehensgebers unterscheidet, denn er trägt das Verlustrisiko der Gesellschaft, nicht das seines Mitgesellschafters.[637] Gegen eine Auslegung als Darlehen spricht außerdem, dass die Vereinbarung des Gewinnverteilungsschlüssels durch die Gesellschafterversammlung getroffen wird, während Darlehensverträge zwischen einzelnen Gesellschaftern keiner Mitwirkung der Gesellschafterversammlung bedürfen. Die äußeren Umstände lassen insofern eher auf „Gewinnverteilung" als auf „Darlehensvergabe" schließen. Zwar resultiert die Aufnahme einer Vereinbarung in den Gesellschaftsvertrag nicht zwangsläufig in einer mitgliedschaftlichen Vereinbarung.[638] Bei der Auslegung ist der Regelungsort gleichwohl zu berücksichtigen.[639] Auch die Finanzrechtsprechung nimmt bei der Periodenverlagerung keinen Darlehensvertrag an, sondern eine Gewinnverteilungsabrede. Zu diesem Ergebnis kommt das FG Münster in einem Fall, in dem einem Gesellschafter einer atypisch stillen Gesellschaft zwecks steuerlicher Verlustverrechnung bei diesem Gesellschafter für drei Jahre Vorabgewinne zugewiesen und diese Vorabgewinne durch spätere „gegenläufige" Vorabgewinne zugunsten der übrigen Gesellschafter ausgeglichen werden.[640]

---

637 Vgl. zur Risikoverteilung zwischen Darlehensgeber und -nehmer *K.P. Berger*, in: MüKo-BGB, vor § 488 Rz. 7 f.; mit ähnlicher Abgrenzung einer stillen Gesellschaft vom partiarischen Darlehen *Schäfer*, in: MüKo-BGB, vor § 705 Rz. 113.

638 BGH, Urteil vom 28.11.1977, II ZR 235/75, BGHZ 70, 61, NJW 1978, 376, 377; BFH, Urteil vom 13.10.1998, VIII R 4/98, BFHE 187, 235, BStBl. II 1999, 284 unter 2.b); vgl. zu GmbH-Satzungen *Ulmer/Löbbe*, in: GroßKomm-GmbHG, § 3 Rz. 42; *Servatius*, in: Noack/Servatius/Haas, GmbHG, § 3 Rz. 54.

639 Ebenso zur Abgrenzung von Gewinnverteilung und schuldrechtlich vereinbarter Tätigkeitsvergütung *Anzinger*, in: FS Schneider, S. 15, 30.

640 FG Münster, Urteil vom 14.08.2013, 2 K 2483/11 F (rkr.), juris; vgl. auch FG Münster, Urteil vom 14.05.2019, 2 K 3371/18 F (rkr.), EFG 2019, 1521, wonach eine disquotale Verlustzuweisung und anschließend disquotale Gewinnzuweisung an denselben Gesellschafter nicht als Darlehen der Mitgesellschafter angesehen wird; vgl. im Übrigen BFH, Urteil vom 23.08.1990, IV R 71/89, BFHE 162, 401, BStBl. II 1991, 172, wonach ein zeitweiliger Gewinnverzicht eines Kommanditisten zugunsten der verlustführenden Komplementär-GmbH keine einkommensteuerlich unbeachtliche Nutzungseinlage wie im Fall eines zinslosen Darlehens ist.

Eine andere Wertung könnte aus der Vereinbarung einer Ausgleichsklausel folgen, wonach Gesellschafter A seinen „Übergewinnanteil“ im Jahr 01 ungeachtet der wirtschaftlichen Entwicklung der Gesellschaft an Gesellschafter B zurückzuzahlen hat, Gesellschafter A sich also zur Kompensation von Gesellschafter B „aus eigener Tasche“ verpflichtet. Das Ausfallrisiko des Gesellschafters B bestimmt sich dann nach der Solvenz des Gesellschafters A, nicht nach derjenigen der Gesellschaft. Außerdem betrifft die Vereinbarung nicht ausschließlich die (zukünftige) Gewinnverteilung, sondern reicht in die außergesellschaftliche Sphäre von Gesellschafter A hinein. In dem Fall liegt eine Auslegung nahe, wonach die Parteien keine Gewinnverteilungsvereinbarung treffen, sondern einen Darlehensvertrag schließen.

d) Abgrenzung von Gewinnverteilung und Entnahmeregelungen

Fraglich ist, ob es sich bei der Periodenverlagerung um einen abschnittsbezogenen Gewinnverteilungsschlüssel handelt oder um eine bloße Abrede zu Entnahme- oder Auszahlungsmodalitäten. Handelt es sich um „echte“ Gewinnverteilungsabreden, werden nur dem jeweils begünstigten Gesellschafter Einkünfte aus seiner Gesellschaftsbeteiligung zugerechnet. Dem zeitweilig aussetzenden Gesellschafter werden keine Einkünfte zugerechnet. Handelt es sich hingegen um eine Vereinbarung zum Entnahmezeitpunkt, werden allen Gesellschaftern gleichmäßige Einkünfte in einem Verhältnis zugerechnet, dass aus einer periodenübergreifenden Betrachtung der getroffenen Vereinbarungen zu bestimmen ist. Hierbei sind zwei Arten der Periodenverlagerung zu unterscheiden. In Erinnerung gerufen seien zwei o.g. Beispiele von Gewinnverteilungsabreden.[641]

Die Vereinbarungen unterscheiden sich dadurch, dass in Beispiel 8 sich die beiden Gesellschafter jeweils einem größeren wirtschaftlichen Risiko aussetzen als in Beispiel 10, das auf eine gleichmäßige Gewinnverteilung nach dem Kopfprinzip hinsteuert.[642] Geht man von einem beiderseitigen

---

641 Beispiel 8: "Gewinne und Verluste werden grundsätzlich nach Köpfen verteilt. Ergibt sich in den Geschäftsjahren 01 und 02 ein Gewinn, gilt folgendes: Gesellschafter A erhält den vollen Gewinn aus 01, Gesellschafter B den vollen Gewinn aus 02."
Beispiel 10: „Gewinne und Verluste werden grundsätzlich nach Köpfen verteilt. Ergibt sich im Jahr 01 ein Gewinn, erhält diesen Gesellschafter A vollständig. In den nachfolgenden Geschäftsjahren erhält Gesellschafter B den vollen Gewinn bis zu dem Betrag, den Gesellschafter A im Jahr 01 zugewiesen bekommen hat. Anschließend wird der Gewinn nach Köpfen verteilt."

642 Ähnlich *Schwandtner*, Disquotale Gewinnausschüttungen, S. 365.

Gewinnstreben aus, wetten Gesellschafter A und B in Beispiel 8 jeweils darauf, dass in dem Jahr, in dem ihnen der Gewinn zugewiesen werden soll, ein höherer Gewinn entsteht als im jeweils anderen Jahr. Dieses von den Gesellschaftern eingegangene wirtschaftliche Risiko ist in den USA nach dem *Substantial Economic Effect*-Test maßgebliches Kriterium für die steuerliche Anerkennung einer solchen Gewinnverteilungsabrede.[643] In den Augen der US-Finanzverwaltung verhindert es steuerfokussierte Gestaltungen und ist Ausweis dafür, dass die Gesellschafter ein außersteuerliches Interesse an der gewählten Gewinnverteilung haben. Eine anderslautende Auslegung oder Unterstellung dahingehend, die Gesellschafter hätten nur dem Anschein nach eine ungleichmäßige Gewinnverteilung beschlossen, bezweckten aber über die Lebensdauer der Gesellschaft gesehen eine ausgeglichene Gewinnverteilung, erscheint bei dem von beiden Gesellschaftern ersichtlich in Kauf genommenen wirtschaftlichen Risiko bezüglich ihres Gewinnanteils ausgeschlossen. Mag es auch der Fall sein, dass Gesellschafter A oder B im Hinterkopf einen steuerlichen Vorteil für sich erhoffen (beispielsweise indem Gesellschafter B im Jahr 02 ein gesteigertes Verlustausgleichspotenzial bei sich vermutet), überstrahlt diese Absicht nicht die zivilrechtliche Abrede zwischen den Gesellschaftern – ein Gesellschafter hat unter Umständen gar keine Kenntnis von den Motiven eines anderen zur Vereinbarung einer solchen Gewinnverteilung. Im Vordergrund steht für die Gesellschafter eine unterschiedliche Auffassung über die Gewinnsituation der Gesellschaft in den kommenden beiden Jahren, die beide zu ihrem Vorteil auszunutzen gedenken.

In Beispiel 10 hingegen werden beide Gesellschafter nach Ablauf der kommenden Wirtschaftsjahre einen betragsmäßig identischen Gewinnanteil erhalten haben. Eine letztlich gleichmäßige Gewinnverteilung nach Köpfen wird lediglich in zeitlicher Hinsicht verzerrt. Dadurch beeinflussen die Gesellschafter den Zeitpunkt ihrer Besteuerung.[644] Das gilt jedenfalls, wenn man auch Beispiel 10 als Gewinnverteilungsvereinbarung auslegt und nicht als bloße Entnahmeregelung. Wäre letzteres der Fall (bloße Regelung zum Entnahmezeitpunkt), müssten beide Gesellschafter aufgrund der zuflussunabhängigen Besteuerung ihrer Gewinnanteile gem. § 15 Abs. 1 Satz 1 Nr. 2 EStG fortlaufend den hälftigen Gewinn versteuern. Eine Auslegung als Gewinnverteilungsregelung anstelle einer Entnahmeregelung ist jedoch

643 Oben B.II.2.c)aa).

644 *Schwandtner*, Disquotale Gewinnausschüttungen, S. 365.

überzeugend. Denn die Gewinnverteilung spiegelt sich in den Privatkonten der Gesellschafter wider. Die Vereinbarung besagt außerdem nichts über Entnahmerechte der Gesellschafter, die sich vielmehr nach ihrem jeweiligen Privatkontenstand richten. Wird die Vereinbarung dergestalt vollzogen, dass der Gewinn im Wirtschaftsjahr 01 allein auf dem Privatkonto des Gesellschafters A verbucht wird, ist Gesellschafter B in diesem Jahr daran gehindert, den hälftigen Gewinnanteil zu entnehmen, sondern kann nur Entnahmen aufgrund von positiven Beständen auf seinem Kapitalkonto tätigen. Das spricht dafür, auch Beispiel 10 als „echte" Gewinnverteilungsabrede auszulegen. Zu Klarstellungszwecken ist es aus Gesellschaftersicht jedoch ratsam, zusätzlich zu der Gewinnverteilungsabrede in Beispiel 10 eine ausdrückliche Entnahmeregelung zu treffen. Die Auslegung als „echte" Gewinnverteilungsabrede in Abgrenzung zu einer Entnahmebestimmung enthält jedoch noch keine Erkenntnis über die steuerliche Anerkennung der Vereinbarung in Beispiel 10. Ob es in den Händen der Mitunternehmer liegt, bei langfristig beabsichtigter Gewinnverteilung nach Köpfen dergestalt Einfluss auf den Besteuerungszeitpunkt zu nehmen, ist Teil der steuerlichen Würdigung der Vereinbarung.[645]

e) Kein Scheingeschäft

Die genannten Beispielsfälle enthalten keine Anhaltspunkte für ein Scheingeschäft, das nach § 117 Abs. 2 BGB zivilrechtlich unbeachtlich wäre und das stattdessen durch eine Vereinbarung ersetzt würde, die dem wirklichen Parteiwillen (§ 133 BGB) entspräche. Ein Scheingeschäft setzt eine einvernehmlich nur zum äußeren Schein abgeschlossene Vereinbarung voraus, deren Rechtswirksamkeit die Beteiligten nicht eintreten lassen wollen.[646] In Betracht käme eine Auslegung der Beispielsabreden, wonach in allen Jahren eine Gewinnverteilung nach dem Kopfprinzip oder Kapitalanteil gewollt ist, während die temporär disproportionale Gewinnverteilung als Scheingeschäft unbeachtlich bleiben müsste. Auch das Steuerrecht würde in diesem Fall an das (unterstellt) „dissimulierte" Geschäft (Gewinnverteilung nach dem Kopfprinzip oder Kapitalanteil) und nicht an die „simulierte" disproportionale Gewinnverteilung anknüpfen (§ 41 Abs. 2 AO).[647] Sofern

645 Unten D.III.3, E.III.4 und F.III.2.c).
646 BGH, Urteil vom 25.10.1961, V ZR 103/60, BGHZ 36, 84, 87 f.
647 Zum Verhältnis von zivilrechtlichem und steuerlichem Scheingeschäft *Heuermann*, DB 2007, 416.

die Periodenverlagerung allerdings wirksam sein muss, um die etwaig beabsichtigten steuerlichen Folgen herbeizuführen (Verlustverrechnung), liegt kein Scheingeschäft vor.[648] Gegen eine Auslegung der Gewinnverteilungsabreden als Scheingeschäfte spricht außerdem, dass die Parteien die notwendigen Folgerungen aus ihrer Gewinnverteilungsabrede ziehen, d.h. entsprechende Kontenbuchungen vornehmen und bestehen lassen, und damit die gewollte Rechtswirksamkeit ihrer Gewinnverteilungsabrede bestätigen.[649]

f) Keine Sittenwidrigkeit

In den Beispielsfällen ist kein Sittenverstoß anzunehmen. Eine *Inhaltssittenwidrigkeit*, die sich allein aus dem Wortlaut der Gewinnverteilungsabreden entnehmen lässt, scheidet aus.[650] Ein temporärer Ausschluss von der Gewinnbeteiligung mit anschließender „spiegelbildlich" erhöhter Gewinnbeteiligung muss erst recht unschädlich sein, wenn die Gewinnbeteiligung eines Gesellschafters mit dessen Zustimmung auch dauerhaft ausgeschlossen werden kann. Eine mögliche Ungewissheit über die Gewinnhöhe in bestimmten Geschäftsjahren wie in Beispiel 8 kann sich zum Vor- oder Nachteil beider Gesellschafter auswirken und ist schon nicht als Gewinnverteilung zugunsten eines der beiden Gesellschafter zu werten. Ohnehin lässt es die Vertragsfreiheit zu, auch riskante Geschäfte abzuschließen.[651] Wie gezeigt sind verschiedene wirtschaftliche oder steuerliche Motive für die Gewinnverteilungsabreden in den Beispielsfällen denkbar, die nicht mit einer wirtschaftlichen Überlegenheit des einen Gesellschafters oder dem fehlenden Verständnis des anderen Gesellschafters einhergehen müssen. Fehlen außergewöhnliche objektive und subjektive Umstände bei Vertrags-

648 BGH, Urteil vom 25.1.1977, VI ZR 85/75, JZ 1977, 341, MDR 1977, 654 unter III.1.; *Schulze-Osterloh*, AcP 190 (1990), 139, 148.

649 Die buchmäßige Behandlung von Gewinnanteilen ist nach der Rechtsprechung als Beweisanzeichen für eine dieser Verbuchung zugrundeliegende Gewinnverteilungsabrede zu werten – BFH, Urteil vom 28.9.1995, IV R 39/94, BFHE 179, 75, BStBl. II 1996, 276; vgl. auch die Parallele zu den US-Durchführungsvorschriften zu § 704(b) IRC, wonach die steuerliche Anerkennung von *Special Allocations* ebenfalls den kapitalkontentechnischen Vollzug der Gewinnverteilungsabrede voraussetzt *Treas. Reg.* § 1.704-1(b)(2)(iv), dazu oben B.II.2.c)aa)(1).

650 Gl. A. *Tavakoli*, DB 2006, 1882, 1884.

651 BGH, Urteil vom 28.02.1989, IX ZR 130/88, NJW 1989, 1276; FG Köln, Urteil vom 14.04.2021, 3 K 1253/17, EFG 2021, 1480 Rz. 111.

schluss, scheidet in den Beispielsfällen auch eine *Umstandssittenwidrigkeit* aus.

g) Gesellschaftsvertragliche Regelungsbedürfnisse

Die Periodenverlagerung ist für die beteiligten Gesellschafter, insbesondere für den „pausierenden" Gesellschafter, nicht ohne wirtschaftliches Risiko. Eine zwischenzeitliche Erhöhung des Steuertarifs würde ihn ungewollt benachteiligen.[652] Denkbar ist auch der Austritt eines Gesellschafters, nachdem er in einem Wirtschaftsjahr einen erhöhten Gewinnanteil zugewiesen bekommen hat, und die daraus folgende Torpedierung des gesellschaftsvertraglichen Gewinnausgleichs. Die Gesellschafter sollten daher einen Kündigungsausschluss bis zum „Ende" der Periodenverlagerung vereinbaren.[653] Schließlich bestehen wirtschaftliche Risiken aufgrund der nicht vorhersehbaren Ertragslage der Gesellschaft. Falls sie in Beispiel 8 nach dem Jahr 2020 keinen Gewinn mehr erzielt und die Gewinnverteilungsabrede somit „fehlschlägt", ist Gesellschafter B schutzbedürftig. Die Gesellschafter könnten dazu die Vereinbarung einer Klausel in Betracht ziehen, wonach bei ausbleibender Gewinnerzielung nach Ende des Jahres 2020 auch der Gewinn aus dem Jahr 2020 nach Köpfen verteilt wird. Eine Bestimmung, wonach eine disquotale Gewinnverteilung rückgängig gemacht wird, wenn ansonsten der Anteil am Totalgewinn der Gesellschaft höher als vereinbart ausfällt, wird teilweise als *Clawback* bezeichnet.[654] Ziel einer *Clawback*-Klausel ist die Rückabwicklung bereits ausgezahlter Gewinnanteile.[655] Technisch umsetzen lässt sich die nachträgliche Gewinnverteilung nach Köpfen zum einen, indem die Gewinnverteilung für das Jahr 2020 unter die auflösende Bedingung eines für die Gleichstellung von Gesellschafter B nicht ausreichenden Gewinns in einem näher zu

---

652 Vgl. *Wüllenkemper*, EFG 2014, 29, 35 (Anm. zu FG Münster, Urteil vom 14.08.2013, 2 K 2483/11 F).

653 Vgl. eine entsprechende Regelung in den Feststellungen von FG Münster, Urteil vom 14.08.2013, 2 K 2483/11 F, EFG 2014, 29.

654 *Töben/Schrepp*, DStR 2019, 526 (dort Fn. 2); *Mardini*, in: Pöllath/Rodin/Wewel, Private Equity und Venture Capital Fonds, § 11 Rz. 48; das gleiche Konzept ist von der Vorstandsvergütung in Aktiengesellschaften bekannt, s. *Werner*, NZA 2020, 155, 156; *Seyfarth*, WM 2019, 521, 528 ff., 569 ff.; *Löw*, NZA 2017, 1365.

655 Vgl. für die Rückabwicklung von Vergütungsbestandteilen *Seyfarth*, WM 2019, 569, 570.

definierenden Folgezeitraum gestellt wird.[656] Die auflösende Bedingung (§ 158 Abs. 2 BGB) kann gem. § 159 BGB auch mit Rückwirkung vereinbart werden. Die Gesellschaft erhält dann einen Rückgewähranspruch aus dem Gesellschaftsvertrag selbst oder aus Bereicherungsrecht.[657] Alternativ können die Gesellschafter eine Vereinbarung treffen, wonach der im Jahr 2020 begünstigte Gesellschafter A schuldrechtlich mit *ex-nunc*-Wirkung zur Rückgewährung des ausgezahlten Gewinns verpflichtet wird, soweit dieser seinen Gewinnanteil unter dem Kopfprinzip überstiegen hat (Widerrufsvorbehalt).[658] Weil Gesellschafter A seinen Gewinnanteil für 2020 zum Zeitpunkt eines möglichen *Clawback* bereits versteuert haben wird, ist es empfehlenswert zu regeln, ob die Rückzahlung des Brutto- oder Netto-Gewinnanteils geschuldet ist.[659]

5. Variabler Gewinnverteilungsschlüssel

Vergegenwärtigt man sich den Zweck von Sonderzuweisungen, eine flexible, an die individuelle wirtschaftliche oder steuerliche Situation der Gesellschafter angepasste Gewinnverteilung zu erreichen,[660] fragt es sich, wie eine abstrakte, diese Flexibilität widerspiegelnde Satzungsbestimmung zur Gewinnverteilung aussehen kann. Möglicherweise liegt es im Gesellschafterinteresse, die Gewinnverteilung von Jahr zu Jahr anzupassen. Aus der Diskussion um sog. Öffnungsklauseln bei Kapitalgesellschaften lässt sich ableiten, dass eine regelmäßige Änderung von Gewinnverteilungsabreden nicht unüblich ist.[661] Eine Satzungsänderung unterliegt bei Personengesellschaften zwar keinen Formzwängen (wie etwa in § 53 Abs. 2 S. 1 GmbHG bestimmt),[662] sodass häufigere Satzungsänderungen ein denkbares Mittel für die angestrebte Flexibilität sind. Gleichwohl mag es im Gesellschafterinteresse sein, eine Satzung ohne Gewinnverteilungsschlüssel zu beschließen und die Gewinnverteilung jedes Jahr durch einen nicht satzungsändernden

656 Vgl. *Seyfarth*, WM 2019, 569, 570.

657 *Schuster*, FS Bauer, 2010, S. 973, 975; *Seyfarth*, WM 2019, 569, 570.

658 *Seyfarth*, WM 2019, 569, 570. Gegen die Annahme eines Darlehens auf Gesellschafterebene spricht sowohl im Fall der auflösenden Bedingung als auch im Fall des Widerrufsvorbehalts, dass nicht von vornherein feststeht, ob der zunächst begünstigte Gesellschafter A zur Rückzahlung seiner Gewinnanteile verpflichtet ist.

659 Vgl. *Seyfarth*, WM 2019, 569, 576.

660 Vgl. *Ehricke*, in: Ebenroth/Boujong/Joost/Strohn, HGB, § 121 Rz. 14.

661 Eingehend *Priester*, in: FS Müller, S. 113 ff.

662 *Gummert*, MAH Personengesellschaftsrecht, Teil B, § 4 Rz. 146.

Beschluss festzulegen. Eine entsprechende Satzungsbestimmung könnte lauten:

Beispiel 11 *„Über die Gewinnverteilung eines Jahres beschließt die Gesellschafterversammlung vor Beginn dieses Jahres."*

Eine Klausel, die eine variable Gewinnverteilung vorsieht, ist grundsätzlich zulässig.[663] Es steht zur Disposition der Gesellschafter, ob sie überhaupt einen Verteilungsschlüssel in die Satzung aufnehmen wollen.[664] Dabei sollten sich die Gesellschafter aber zwei Punkte vergegenwärtigen. Erstens: Treffen sie in einem Jahr keinen ausdrücklichen Beschluss über den Gewinnverteilungsschlüssel, kommt entweder die gesetzliche Gewinnverteilung zum Tragen oder es ist von einem stillschweigenden Beschluss auszugehen, dass eine in der Vergangenheit etwaig konstant vorgenommene Gewinnverteilung auch für das bevorstehende Jahr gelten soll.[665] Die aus dem Fehlen eines Gewinnverteilungsbeschlusses resultierende Rechtsunsicherheit lässt sich beseitigen, indem die Gesellschafter in ihre Satzung einen Gewinnverteilungsschlüssel aufnehmen, der anzuwenden ist, falls in einem Geschäftsjahr kein Gewinnverteilungsbeschluss gefasst wird. Zweitens sind, falls der Beschluss aufgrund einer Mehrheitsklausel von der Gesellschaftermehrheit gefasst werden kann, die Grenzen für Mehrheitsbeschlüsse zu beachten.[666]

6. Delegation der Gewinnverteilung

Die Festlegung der Gewinnverteilung kann auch einem Gesellschafter oder einem Dritten, etwa einem Fremdgeschäftsführer, überlassen werden. Die Rahmenbedingungen für die Gewinnverteilung ergeben sich dann aus §§ 315 ff. BGB.[667] Die gewählte Gewinnverteilung muss der Billigkeit ent-

663 *Schäfer*, in: Staub, HGB, § 121 Rz. 18 mit Bezug zu variablen Gewinnanteilen für Geschäftsführer; *v. Falkenhausen/Schneider*, Münchener Hdb. GesR, Bd. 1, § 63 Rz. 30; *K. Schmidt*, in: MüKo-HGB, § 231 Rz. 11 zur Gewinnverteilung bei der stillen Gesellschaft.

664 *Schulte*, in: Sudhoff, Personengesellschaften, § 14 Rz. 9.

665 Die Beweislast liegt dann beim Gesellschafter, der sich auf die stillschweigende Beschlussfassung beruft, s. *Priester*, in: MüKo-HGB, § 121 Rz. 31.

666 Oben C.IV.

667 *Habermeier*, in: Staudinger, BGB, § 722 Rz. 6; *Schäfer*, in: MüKo-BGB, § 722 Rz. 5; *Gummert*, in: Münchener Hdb. GesR, Bd. 1, § 15 Rz. 18.

sprechen, wenn die Gesellschafter die Gewinnverteilung nicht dem „freien Belieben" eines Gesellschafters oder Dritten überantwortet haben (§ 319 Abs. 2 BGB). Wird die Festlegung der Gewinnverteilung an einen Dritten delegiert, ist „im Zweifel" anzunehmen, dass sie nach billigem Ermessen zu erfolgen hat (§ 317 Abs. 1 BGB). Steht die Gewinnverteilung im freien Belieben des Gesellschafters oder Dritten, findet die gewählte Gewinnverteilung ihre absoluten Grenzen in §§ 134, 138 BGB (Verbots- oder Sittenwidrigkeit).[668] Die konkrete Gewinnverteilung wird durch Delegation auf einen Geschäftsführer zu einer Geschäftsführungsmaßnahme. Eine entsprechende Bestimmung im Gesellschaftsvertrag könnte feste Rahmenbedingungen vorsehen und die Verteilung konkreter Gewinnbestandteile dem Geschäftsführer übertragen:

Beispiel 12 *„Die Gesellschafter werden am Gewinn und Verlust der Gesellschaft im Verhältnis ihrer Kapitalanteile beteiligt. Unter Beachtung dieses Gewinnverteilungsschlüssels ist der Geschäftsführer der Gesellschaft befugt, Gesellschaftern einzelne Gewinn- oder Verlustbestandteile zuzuweisen, wenn diese Zuweisung mit Zustimmung der betroffenen Gesellschafter erfolgt und keine wirtschaftlichen (einschl. steuerlichen) Nachteile für die übrigen Gesellschafter mit sich bringt."*

In Beispiel 12 haben sich die Gesellschafter auf eine grundsätzliche Gewinnverteilung nach dem Verhältnis ihrer Kapitalanteile geeinigt. Sollte sich in einem Jahr aufgrund der individuellen Steuersituation eines Gesellschafters zulässiges steuerliches Gestaltungspotenzial ergeben, ließe sich dem Geschäftsführer die Aufgabe übertragen, dieses Potenzial durch entsprechende Sonderzuweisungen auszuschöpfen.

VI. Ergebnisse zu Gewinnverteilungsabreden im deutschen Personengesellschaftsrecht

Im Rahmen der Gewinnverteilung bei Personengesellschaften kommt der Privatautonomie eine herausragende Rolle zu. Die gesetzlichen Gewinnverteilungsregelungen sind fast ausnahmslos (vgl. § 231 Abs. 2 Hs. 2 HGB) abdingbar. Die durch das MoPeG bestätigte Zurückhaltung des Gesetzgebers bei der normativen Einengung der Gewinnverteilung bei Personengesell-

668 *Gehrlein*, in: BeckOK-BGB, § 319 Rz. 8; *M. Wolf*, in: Soergel, BGB, § 138 Rz. 22.

schaften ist zu begrüßen. Die Interessen der Gesellschafter sind von Fall zu Fall so unterschiedlich, dass bei einem strikteren gesetzlichen Ordnungsrahmen die Personengesellschaften als Rechtsformgruppe erheblich an Attraktivität einbüßen würden. Die absolute Verteilungsgrenze der Sittenwidrigkeit entpuppt sich als kaum relevant, wenn die Gesellschafter an einem Strang ziehen und sich einstimmig auf einen Gewinnverteilungsschlüssel einigen. Das Erfordernis des gemeinsamen Zwecks (§ 705 BGB) schränkt die Gestaltungsfreiheit der Gesellschafter bei der Gewinnverteilung ebenso wenig ein. Aus ihm lässt sich insbesondere kein gesellschaftsrechtliches Prinzip ableiten, wonach alle Gesellschafter am Gewinn oder an allen Gewinnbestandteilen partizipieren müssten.

Der Gesellschaftsvertrag mitsamt dem Gewinnverteilungsschlüssel kann grundsätzlich jederzeit formfrei an das von den Gesellschaftern gewünschte Verteilungsergebnis angepasst werden. Bei Änderungen der Gewinnverteilungsabrede müssen sich die Gesellschafter des Kernbereichsschutzes der Mitgliedschaft gewahr werden. Ohne zivilrechtliches Wirksamkeitsrisiko lässt sich die Gewinnverteilung nur einstimmig ändern. Über diese Hürde hilft auch die Figur der antizipierten Zustimmung praktisch nicht hinweg, die von Rechtsprechung und Literatur nur unter strengen Bestimmtheitsmaßstäben anerkannt wird. Bei der Gewinnverteilungsabrede mit den ihr inhärenten prognostischen Elementen sind diese Bestimmtheitsmaßstäbe nur zu erfüllen, wenn die wirtschaftlichen Auswirkungen der Vertragsänderungen für die nachteilig betroffenen Gesellschafter nach Art und Umfang, im Idealfall betragsmäßig erkennbar sind.

Der Gewinnverteilungsschlüssel ist zur Vereinbarung von Sonderzuweisungen das geeignete Werkzeug. Andere Instrumente zur Beteiligung an einem Teil des Gesellschaftsgewinns, mit denen Sonderzuweisungen alternativ modelliert werden könnten, sind zwar denkbar, insbesondere mit Blick auf Genussrechte. Sie sind jedoch aufgrund der dabei notwendigen Verklammerung von Genussrecht und Mitgliedschaft weniger flexibel, führen zu einem von den Gesellschaftern zumeist nicht intendierten Komplexitätsgrad und könnten vor allem in grenzüberschreitenden Fällen auf Skepsis stoßen. Sonderzuweisungen indes setzen kein bilaterales Rechtsgeschäft zwischen Gesellschaft und Gesellschafter voraus, sondern sind Bestandteil des Gesellschaftsvertrags.

Unter Berücksichtigung dieser Grundsätze lassen sich alle vier vorgestellten Fallgruppen von Sonderzuweisungen gesellschaftsrechtlich wirksam vereinbaren. Das umfasst insbesondere Gewinnverteilungsabreden mit steuerlichen Bezugspunkten. Das *Character Shifting* ist bei genauerer

Betrachtung als *Tracking-Stock*-Modell auszulegen, wonach Bezugsobjekt der Gewinnverteilungsabrede bestimmte Vermögensgegenstände sind. Die vorgestellten Sonderzuweisungen sind zudem regelmäßig als Teil einer Gewinnverteilungsabrede und nicht als sonstiges schuldrechtliches Geschäft zwischen einzelnen Gesellschaftern auszulegen.

D. Ertragsteuerliche Einordnung im Gewinnanteil bei Mitunternehmerschaften

Werden Sonderzuweisungen angestrebt, sind ihre steuerlichen Folgen zu berücksichtigen, um einen Gleichlauf zwischen zivilrechtlicher und steuerlicher Gewinnverteilung zu erreichen.[669] Bei Personengesellschaften sind steuerliche Korrekturen der Gewinnverteilungsabrede ein seit langem diskutiertes Thema. Sie scheinen vielfach im Verdacht zu stehen, verdeckte Schenkungen oder missbräuchliche Gestaltungen i.S.d. § 42 AO zu beherbergen. So ist es vor dem Hintergrund der gefestigten BFH-Rechtsprechung zu Familiengesellschaften zur Vermeidung finanzgerichtlicher Streitigkeiten ratsam, den Gewinnanteil der Nachfolgegeneration auf eine „angemessene“ Rendite zu beschränken, wenn sie ihren Gesellschaftsanteil durch Schenkung der Elterngeneration erlangt hat und nicht durch eigene Leistungen zum Gesellschaftserfolg beitragen.[670] Das drohende Auseinanderfallen von zivilrechtlicher Vereinbarung und steuerlicher Wirkung gibt Anlass, auch Sonderzuweisungen auf ihre steuerliche Anerkennung zu überprüfen.

Bei der steuerlichen Würdigung von Gewinnverteilungsabreden ist zwischen Mitunternehmerschaften und vermögensverwaltenden Personengesellschaften zu unterscheiden.[671] Das Gesetz enthält mit § 15 Abs. 1 Satz 1 Nr. 2 Satz 1 EStG und § 39 Abs. 2 Nr. 2 AO für beide steuerlichen Personengesellschaftskategorien einen Tatbestand, die es jeweils für die steuerlichen Auswirkungen von Sonderzuweisungen zu befragen gilt. Zu Mitunternehmerschaften hat sich eine fortgeschrittene steuerrechtliche Dogmatik entwickelt, bei der inzwischen die sog. Einheitstheorie vorherrschend

669 *Priester*, in: MüKo-HGB, § 121 Rz. 29.

670 BFH, Beschluss vom 29.5.1972, GrS 4/71, BFHE 106, 504, BStBl. II 1973, 5; Urteil vom 29.1.1976, IV R 89/75, BFHE 118, 311, BStBl II. 1976, 374; Urteil vom 13.3.1980, IV R 59/76, BFHE 130, 301, BStBl. II 1980, 437.; Urteil vom 24.7.1986, IV R 103/83, BFHE 147, 495, BStBl. II 1987, 54; Urteil vom 19.2.2009, IV R 83/06, BFHE 224, 340, BStBl. II. 2009, 798; vgl. auch EStH 15.8 Abs. 3; die Rechtsprechung zusammenfassend *Buge*, in: Herrmann/Heuer/Raupach, EStG, § 15 Rz. 890; ebenso *Bormann/Hellweg*, DB 1997, 2415, 2420; ausführlich unten D.II.1.a)aa).

671 Zu den Mitunternehmerschaften werden im Anschluss auch land- und forstwirtschaftlich tätige sowie freiberuflich tätige Personengesellschaften gezählt, für die gem. § 13 Abs. 7 EStG bzw. § 18 Abs. 4 Satz 2 EStG die steuerlichen Vorschriften für Mitunternehmerschaften entsprechend gelten.

ist.[672] Bei vermögensverwaltenden Personengesellschaften bleibt bislang die Gesellschaftervielheit prägend.[673] Diese unterschiedliche ertragsteuerliche Sicht auf Mitunternehmerschaften und vermögensverwaltende Personengesellschaften erfordert es, Sonderzuweisungen separat für die beiden ertragsteuerlichen Personengesellschaftskategorien zu untersuchen. Dieser Teil D. befasst sich mit Mitunternehmerschaften, Teil E. mit vermögensverwaltenden Personengesellschaften.

Unabhängig vom Vorliegen einer Mitunternehmerschaft oder vermögensverwaltenden Personengesellschaft gilt ertragsteuerlich das sog. Transparenzprinzip. Danach sind nicht die Personengesellschaften, sondern nur ihre Gesellschafter Besteuerungssubjekte. Das folgt aus dem Zusammenspiel von § 1 Abs. 1 Satz 2 EStG und § 1 Abs. 1, § 3 Abs. 1 KStG, wonach entweder natürliche Personen oder Körperschaften, nicht aber Personengesellschaften steuerpflichtig sind.[674] Personengesellschafter unterliegen daher einer Teilhabersteuer.[675] An dieser Aussage ändert auch das MoPeG nichts, weil die zivilrechtliche Verwerfung des Gesamthandsvermögens und Schaffung eines „echten", im Eigentum der Gesellschaft stehenden Gesellschaftsvermögens ohne gleichzeitige Änderung von § 1 EStG und § 1 KStG aus der Personengesellschaft kein Einkommensteuersubjekt werden lässt.[676] Die von Personengesellschaften erwirtschafteten Einkünfte werden daher ihren Gesellschaftern zugerechnet.[677]

I. Grundlagen zur Gewinnverteilung bei Mitunternehmerschaften

Ihren Ausgangspunkt nimmt die steuerliche Würdigung von Sonderzuweisungen in Mitunternehmerschaften bei § 15 Abs. 1 Satz 1 Nr. 2 Satz 1 EStG als

672 Dazu sogleich D.I.1.a).

673 Dazu unten E.I.

674 Stellvertretend für viele *Hennrichs*, in: Tipke/Lang, Steuerrecht, § 10 Rz. 10 ff.; *Knobbe-Keuk*, Bilanz- und Unternehmensteuerrecht, § 9 I.1.; *Wacker*, in: Schmidt, EStG, § 15 Rz. 163 („Grundentscheidung der §§ 1 und 2").

675 *Jakobs*, Unternehmensbesteuerung und Rechtsform, S. 109 f.

676 *Bodden*, in: Korn, EStG, § 15 Rz. 66.41; *Krumm*, in: Kirchhof/Seer, EStG, § 15 Rz. 162; Arbeitskreis Bilanzrecht Hochschullehrer Rechtswissenschaft, ZIP 2021, S3, S5 f.; *Hubert*, StuB 2021, 113, 115; *Kilincsoy*, FR 2021, 248, 252; *Mayer/Käshammer*, NWB 2021, 2514, 2522.

677 BFH, Urteil vom 19.4.2005, VIII R 6/04, BFH/NV 2005, 1737; Beschluss vom 15.04.2020, IV B 105/09, BFHE 229, 199, BStBl. II 2010, 971 unter II.2.b)aa); *Kahle*, in: Prinz/Kahle, Beck'sches Hdb. PersGes, § 7 Rz. 8; *Wacker*, in: Schmidt, EStG, § 15 Rz. 163; *Krumm*, in: Kirchhof/Seer, EStG, § 15 Rz. 162.

Zentralnorm für die Besteuerung von Mitunternehmern. Danach sind Einkünfte aus Gewerbebetrieb „die Gewinnanteile der Gesellschafter einer Offenen Handelsgesellschaft, einer Kommanditgesellschaft und einer anderen Gesellschaft, bei der der Gesellschafter als Unternehmer (Mitunternehmer) des Betriebs anzusehen ist, und die Vergütungen, die der Gesellschafter von der Gesellschaft für seine Tätigkeit im Dienst der Gesellschaft oder für die Hingabe von Darlehen oder für die Überlassung von Wirtschaftsgütern bezogen hat". Das Gesetz unterwirft folglich sowohl „Gewinnanteile" (Hs. 1) als auch die sog. Sondervergütungen (Hs. 2) den gewerblichen Einkünften der Personen, die als Mitunternehmer zu qualifizieren sind. Dem Transparenzprinzip folgend, lässt § 15 Abs. 1 Satz 1 Nr. 2 Satz 1 EStG die Personengesellschaft für die Ertragsbesteuerung grundsätzlich unbeachtet. Man könnte sich an dieser Stelle unmittelbar der Auslegung des Tatbestandsmerkmals der „Gewinnanteile" in § 15 Abs. 1 Satz 1 Nr. 2 EStG widmen, würde dabei allerdings einige Schritte zum Verständnis der Vorschrift überspringen, die auch für die steuerliche Anerkennung der Gewinnverteilungsabrede relevant sind. Erstens gilt es die Frage zu klären, worauf § 15 Abs. 1 Satz 1 Nr. 2 EStG hinausläuft – auf die Besteuerung einer unternehmerischen Tätigkeit der Mitunternehmer oder auf die Inhaberschaft einer Gesellschaftsbeteiligung. Angesprochen ist damit die Frage nach der hinter § 15 Abs. 1 Satz 1 Nr. 2 EStG stehenden Einkunftsquelle. Zweitens sind die verschiedenen dieser Norm zugeschriebenen Funktionen zu beleuchten, die bei der Auslegung des Begriffs der „Gewinnanteile" zu berücksichtigen sind. Drittens ist darzustellen, auf welche zivilrechtlichen Gesellschaften oder Gemeinschaften sich § 15 Abs. 1 Satz 1 Nr. 2 EStG bezieht und ob die Gewinnverteilungsabrede Auswirkungen auf das Vorliegen einer (einheitlichen) Mitunternehmerschaft hat. Viertens ist auf das Verhältnis der Gewinnverteilungsabrede zur Mitunternehmerstellung einzugehen, denn ohne Mitunternehmerstellung ist § 15 EStG nicht einschlägig. Fünftens schließt sich die eigentliche Auslegung des Tatbestandsmerkmals der „Gewinnanteile" an.

1. Entwicklung der ertragsteuerlichen Behandlung der Personengesellschaft

a) Von der Bilanzbündeltheorie zur Einheitstheorie

Weil das Gesetz konkretere Vorgaben zur Ermittlung der Mitunternehmereinkünfte ausspart, wurde um die Vorschrift herum ein umfangreiches dogmatisches Gerüst entwickelt, das in der zweiten Hälfte des 20. Jahrhunderts einem fundamentalen Wandel unterlag. Gemeint ist die Verdrängung der sog. Bilanzbündeltheorie durch die sog. Einheitstheorie. Dieser Wandel wirkt sich auch auf das Verständnis des Tatbestandsmerkmals der „Gewinnanteile" in § 15 Abs. 1 Satz 1 Nr. 2 EStG aus und ist insofern auch für das Thema Sonderzuweisungen relevant. „Jeder Gesellschafter hat seinen eigenen Betrieb, belastet durch die Rechte seiner Mitgesellschafter".[678] Mit diesen Worten des Großen Senats des BFH lässt sich das Programm der früher herrschenden Bilanzbündeltheorie zusammenfassen. Die Personengesellschaft bleibt für steuerliche Zwecke inexistent, um Mitunternehmer und Einzelunternehmer steuerlich gleichzustellen.[679] Die Gewinnanteile der Mitunternehmer werden nicht aus der Steuerbilanz der Gesellschaft abgeleitet. Stattdessen wird für jeden Mitunternehmer eine gesonderte Gewinnermittlung auf Grundlage einer Gesellschafterbilanz durchgeführt. Der Gesellschaftsgewinn selbst war nur die Kumulation des Ergebnisses der einzelnen Gesellschafterbilanzen. Wesentliche Konsequenz der Bilanzbündeltheorie war die Negation schuldrechtlicher Leistungsbeziehungen zwischen Gesellschaft und Gesellschafter: Weil auch der Einzelunternehmer keine Verträge mit sich abschließen könne, sollte alles, was der Gesellschafter von der Gesellschaft bezieht, Gewinnanteil sein.[680]

Ihren Ursprung nahm die Bilanzbündeltheorie in der RFH-Rechtsprechung der 1930er-Jahre.[681] Die Bilanzbündeltheorie hatte rund 50 Jahre Bestand, bis der BFH sie mit dem sog. Geprägebeschluss im Jahr 1984 senatsübergreifend aufgab.[682] Richtungsweisend war schon zuvor die Erkenntnis des Großen Senats des BFH, dass für Gewinnermittlungszwecke

---

678 BFH, Beschluss vom 19.10.1970, GrS 1/70, BFHE 101, 62, BStBl. II 1971, 177.

679 Zur Entwicklung der Gleichstellungsthese unten D.I.2.

680 Z. B. BFH, Urteil vom 18.9.1969, IV 338/64, BFHE 97, 19, BStBl. II 1970, 43; *Hallerbach*, FR 2016, 1117, 1118.

681 *Paulick*, FR 1964, 294, 295; vgl. etwa RFH, Urteil vom 14.7.1937, VI A 422/37, RStBl. 1937, 937; Urteil vom 10.1.1940, VI 704/39, RStBl. 1940, 134; nachfolgend etwa BFH, Urteil vom 15.11.1957, VI 43/56 U, BFHE 66, 171, BStBl. III 1958, 68; Urteil vom 14.1.1958, I 159/57 U, BFHE 66, 193, BStBl. III 1958, 75 mit der Einschränkung, die Theorie dürfe nicht „zu starr" angewandt werden; dahingehend auch BFH, Urteil vom 29.11.1960, I 117/60 S, BFHE 72, 500, BStBl. III 1961, 183; grundsätzlich als verfassungskonform gebilligt durch BVerfG, Beschluss vom 15.7.1969, 1 BvR 457/66, NJW 1969, 1659, 1661.

682 BFH, Beschluss vom 25.6.1984, GrS 4/82, BFHE 141, 405, BStBl. II 1984, 751; mutmaßlich beeinflusst durch Literaturkritik an der Bilanzbündeltheorie etwa von *Meßmer*, StBJB 1972/1973, S. 127, 131 ff., und *Raupach*, DStJG 2 (1978), S. 87, 92.

nicht die „Einzelbilanzen" der Gesellschafter maßgeblich seien, sondern die Steuerbilanz der Gesellschaft.[683]

aa) Subjekt der Einkunftsermittlung

Damit wurde die Personengesellschaft zum Subjekt der Einkunftsermittlung erklärt. Ausfluss dieser Entwicklung ist das heute anerkannte zweistufige System zur Ermittlung der Gewinnanteile der Mitunternehmer.[684]

(1) Die erste Gewinnermittlungsstufe betrifft die „Gewinnanteile" der Mitunternehmer an der Mitunternehmerschaft. Darunter ist der Anteil eines Mitunternehmers am Gewinn der Mitunternehmerschaft zu verstehen, der sich aus der Steuerbilanz oder Überschussrechnung der Mitunternehmerschaft ableitet. Der Gewinnanteil wird durch die Werte aus einer Ergänzungsbilanz des betreffenden Mitunternehmers verändert, soweit für ihn eine Ergänzungsbilanz aufzustellen ist.[685]

(2) Die zweite Gewinnermittlungsstufe betrifft den Sonderbereich der einzelnen Mitunternehmer. Der Sonderbereich unterteilt sich wiederum in die Sondervergütungen gem. § 15 Abs. 1 Satz 1 Nr. 2 Satz 1 Hs. 2 EStG, in das Ergebnis von Sonderbilanzen, die für das Sonderbetriebsvermögen der Mitunternehmer aufzustellen sind, in Sonderbetriebseinnahmen und -ausgaben und schließlich in „außerordentliche" Veräußerungsgewinne oder -verluste gem. § 16 Abs. 1 Nr. 2 EStG.[686] Sondervergütungen sind handelsrechtlich Aufwand der Gesellschaft. Ihre

---

683 BFH, Beschluss vom 10.11.1980, GrS 1/79, BStBl. II 1981, 164; im Anschluss BFH, Urteil vom 19.1.1982, VIII R 21/77, BFHE 135, 282; BStBl. II 1982, 456 (Bilanzbündeltheorie sei „überholt"); zweifelnd auch schon BFH, Urteil vom 29.9.1971, I R 161/68, BFHE 103, 177, BStBl. II 1972, 118 (aufgrund zahlreicher Durchbrechungen fraglich, ob die Bilanzbündeltheorie das Verhältnis der Personengesellschaft zu ihren Gesellschaftern in allen auftauchenden Fragen zufriedenstellend kläre); die Entwicklung der Rechtsprechung nachzeichnend *Schön*, StuW 1996, 275 ff.

684 *Wacker*, in: Schmidt, EStG, § 15 Rz. 401; *Tiede*, in: Herrmann/Heuer/Raupach, EStG/KStG, § 15 EStG Rz. 450; *Bode*, in: Brandis/Heuermann, Ertragsteuerrecht, § 15 EStG Rz. 444, 447; *Hüttemann*, DStJG 34 (2011), S. 291, 296; abzugrenzen von der ebenfalls „zweistufig" genannten Gewinnermittlung gem. §§ 4 Abs. 1, 5 Abs. 1 EStG, dazu *Wassermeyer*, IStR 2001, 633, 634; *Prinz*, DStJG 34 (2011), S. 135, 144.

685 BFH, Beschluss vom 10.11.1980, GrS 1/79, BFHE 132, 244, BStBl. II 1981, 164; *Tiede*, in: Herrmann/Heuer/Raupach, EStG/KStG, § 15 EStG Rz. 450; *Desens/Blischke*, in: Kirchhof/Söhn/Mellinghoff, EStG, § 15 Rz. F2 ff.; *Krumm*, in: Kirchhof/Seer, EStG, § 15 Rz. 228.

686 *Bodden*, in: Korn, EStG, § 15 Rz. 574; *Wacker*, in: Schmidt, EStG, § 15 Rz. 401.

steuerliche Zuordnung zu den gewerblichen Einkünften hat insbesondere einen gewerbesteuerlichen Hintergrund.

Die erste Gewinnermittlungsstufe ist direkte Folge der Einheitstheorie, die die Personengesellschaft zum Gewinnermittlungssubjekt erhebt. Die zweite Gewinnermittlungsstufe ist ein im Gesetz verbliebener Ausdruck der Gesellschaftervielheit. Beide Gewinnermittlungsstufen gemeinsam zeigen den sog. steuerlichen Gesamtgewinn der Mitunternehmerschaft.[687] In dieser Arbeit untersuchte *Sonderzuweisungen* sind von den im Gesetz genannten *Sondervergütungen* zu trennen. Sonderzuweisungen betreffen allein die Gewinnermittlung auf erster Stufe, weil sie Teil der gesellschaftsvertraglichen Gewinnverteilung sind. Sondervergütungen sind kein Bestandteil der Gewinnverteilung, sondern Aufwand der Gesellschaft. Sie beruhen nicht auf der Mitgliedschaft der Mitunternehmer, sondern sind Ausdruck schuldrechtlicher Beziehungen zwischen Mitunternehmer und Mitunternehmerschaft. Sondervergütungen betreffen daher nur die zweite Gewinnermittlungsstufe.

bb) Subjekt der Einkunftsqualifikation

Der Geprägebeschluss erstreckte die Abkehr von der Bilanzbündeltheorie auf die Einkunftsqualifikation, die nicht auf Ebene der Gesellschafter, sondern auf Ebene der Gesellschaft vorzunehmen sei.[688] Für die Qualifikation der Einkünfte der Mitunternehmer kommt es nach dem BFH auf die gemeinschaftliche Tatbestandsverwirklichung an. Die Qualifikation hänge davon ab, welche Tätigkeit die Gesellschafter „in ihrer gesamthänderischen Verbundenheit" ausüben, mithin von der „Tätigkeit der Gesellschaft" selbst.[689] Die Mitunternehmerschaft, nicht hingegen der einzelne Mitunternehmer, muss alle Tatbestandsmerkmale des Gewerbebetriebs i.S.d. § 15 Abs. 2 EStG erfüllen.[690]

---

687 BFH, Urteil vom 2.12.1997, VIII R 15/96, BFHE 184, 571, BStBl. II 2008, 174 unter II.3.b); *Desens/Blischke*, in: Kirchhof/Söhn/Mellinghoff, EStG, § 15 Rz. F 43; *Hennrichs*, in: Tipke/Lang, Steuerrecht, § 10 Rz. 100.

688 BFH, Beschluss vom 25.6.1984, GrS 4/82, BFHE 141, 405, BStBl. II 1984, 751, 761.

689 BFH, Beschluss vom 25.6.1984, GrS 4/82, BFHE 141, 405, BStBl. II 1984, 751, 761; BFH, Beschluss vom 11.04.2005, GrS 2/02, BFHE 209, 399, BStBl. II 2005, 679.

690 Anderes gilt nach der Rechtsprechung für freiberufliche Personengesellschaften – die Beteiligung berufsfremder Sozien resultiert für alle Gesellschafter in gewerblichen Einkünften aus § 15 Abs. 1 Nr. 2 EStG anstatt in Einkünften aus § 18 EStG, BFH,

Damit ist die Personengesellschaft Subjekt der Einkunftsermittlung und -qualifikation.[691] Teils wird die Personengesellschaft auch als Subjekt der Gewinnerzielung bezeichnet, das allerdings nicht mit dem Subjekt der Einkünfteerzielung gleichzusetzen ist.[692] Die Rechtsprechungsänderung hin zur sog. Einheitstheorie stützte sich auf das damals zivilrechtlich vordringende Verständnis, dass Personengesellschaften als Rechtssubjekte anzuerkennen seien.[693] Folge der Einheitstheorie ist die „Verdrängung" der sog. Bruchteilsbetrachtung gem. § 39 Abs. 2 Nr. 2 Satz 1 AO durch § 15 Abs. 1 Satz 1 Nr. 2 EStG, weil eine Zurechnung der Wirtschaftsgüter der Gesellschaft nach Maßgabe der Bruchteilsbetrachtung nicht mehr „erforderlich" i.S.d. § 39 Abs. 2 Nr. 2 Satz 1 AO erscheint.[694] Die Zugehörigkeit der Wirtschaftsgüter zum Betriebsvermögen der Gesellschaft erübrige eine anderweitige steuerliche Vermögenszuordnung.[695]

b) Mitunternehmer als Subjekte der Einkunftserzielung

An diesem Punkt befindet sich die Dogmatik mehr oder weniger noch heute. Herrschend werden keine weiteren Schritte gen Einheit der Gesellschaft gegangen – so erklärt sich, dass als Subjekte der Einkünfteerzielung überwiegend die Mitunternehmer und nicht die Gesellschaft selbst angesehen werden.[696] Den Mitunternehmern werden keine fremden, von der

---

Urteil vom 10.10.2012, VIII R 42/10, BStBl. II 2013, 79; vom 03.11.2015, VIII R 63/13, BStBl. II 2016, 383.

691 BFH, Beschluss vom 03.07.1995, GrS 1/93, BFHE 178, 86; BStBl. II 1995, 617 unter C.IV.2.b.aa; BHF, Beschluss vom 08.10.2010, IV B 46/10, BFH/NV 2011, 244 (1. Ls).

692 BFH, Urteil vom 26.4.2012, IV R 44/09, BFHE 2012, 453, BStBl. II 2013, 142; Urteil vom 12.2.2015, IV R 48/11, BFH/NV 2015, 1075, GmbHR 2015, 948 unter III.1.; *Rätke*, in: Herrmann/Heuer/Raupach, EStG/KStG, § 15 EStG Rz. 92.

693 BFH, Beschluss vom 25.2.1991, GrS 7/89, BFHE 163, 1, BStBl. II 1991, 691 unter III.3.b)aa) („doppelstöckige Personengesellschaft").

694 BFH, Urteil vom 10.7.1980, IV R 136/77, BFHE 131, 313, BStBl. II 1981, 84 unter II.1.2.; *Brühl*, in: BeckOK-AO, § 39 Rz. 495; zur Bruchteilsbetrachtung unten E.I.

695 Vgl. BFH, Urteil vom 26.4.2012, IV R 44/09, BFHE 237, 453, BStBl. II 2013, 142 unter II.2.a)cc); *Niemann*, in: FS Schmidt, S. 127, 142.

696 Beschluss vom 03.05.1993, GrS 3/92, BFHE 171, 246, BStBl. II 1993, 616 unter C.III.6.a)aa); Beschluss vom 11.4.2005, GrS 2/02, BStBl. II 2005, 679 unter C.2; Urteil vom 29.3.2007, IV R 72/02, BFHE 217, 514, BStBl. II 08, 420 unter II.2.d.bb; Urteil vom 3.2.2010, IV R 26/07, BStBl. II 2010, 751 unter II.4.; Urteil vom 11.10.2012, IV R 32/10, BFHE 239, 248, BStBl. II 2013, 538 unter II.2.a); *Wacker*, in: Schmidt, EStG, § 15 Rz. 163; *Bode*, in: Brandis/Heuermann, Ertragsteuerrecht, § 15 EStG Rz. 236; *Desens/Blischke*, in: Kirchhof/Söhn/Mellinghoff, EStG, § 15 Rz. C 24; *Pin-*

Gesellschaft erzielten, sondern eigene Einkünfte zugerechnet. Das folge aus § 2 Abs. 1 EStG, wonach nur der Steuerpflichtige – natürliche Personen oder Körperschaften als Mitunternehmer – Einkünfte erzielen könne.[697] Außerdem beschreibe § 15 Abs. 1 Satz 1 Nr. 2 Satz 1 Hs. 1 EStG die Gesellschafter als „Unternehmer (Mitunternehmer) des Betriebs".

Warum ist das Subjekt der Einkünfteerzielung für Sonderzuweisungen relevant? Man könnte annehmen, die Frage ist rein theoretischer Natur. Für die Auslegung des Tatbestandsmerkmals der „Gewinnanteile" kann ihr gleichwohl eine Bedeutung zugemessen werden. Geht man nämlich davon aus, dass alle Mitunternehmer selbst Einkünfte i.S.d. § 15 EStG erzielen, mithin selbst an der Tatbestandsverwirklichung des § 15 Abs. 2 EStG beteiligt sind, ließe sich argumentieren, dass ihnen steuerlich ein beitragsquotaler Anteil am Gesellschaftsgewinn und allen seinen Bestandteilen zuzurechnen ist.[698] Man könnte insofern hinter den „Gewinnanteilen" i.S.d. § 15 Abs. 1 Satz 1 Nr. 2 EStG ein steuerliches Angemessenheitserfordernis vermuten, wonach die Gewinnanteile stets in einem angemessenen, dem Umfang einer anteiligen Tatbestandsverwirklichung entsprechenden Verhältnis stehen müssen.[699] Sind die Mitunternehmer jedoch nicht an der Tatbestandsverwirklichung des § 15 Abs. 2 EStG beteiligt, sind auch die der „Gewinnanteile" gem. § 15 Abs. 1 Satz 1 Nr. 2 EStG ein beitragsunabhängiger Maßstab der Erfolgszurechnung. Eine Angemessenheitskontrolle[700] bei der steuerlichen Würdigung der Gewinnanteile würde Fragen zu ihrer Legitimation aufwerfen.

Die Fragen, ob die Mitunternehmer selbst Subjekt der Einkunftserzielung sind und ob sie eigene oder fremde Einkünfte zugerechnet bekommen, ist gemeinsam mit der Frage zu betrachten, wer den Handlungstatbestand

---

kernell, Einkünftezurechnung bei Personengesellschaften, S. 85 ff.; *Raupach*, StuW 1991, 278, 280; *Groh*, DB 1991, 879; *Kempermann*, DStZ 1995, 225 f.; *Gosch*, DStZ 1996, 417 f.; *Weber-Grellet*, DStR 1995, 1341; *Bodden*, DStZ 1996, 73, 75; *Kraft*, DStR 1995, 921, 926.

697 *Rätke*, in: Herrmann/Heuer/Raupach, EStG/KStG, § 15 EStG Rz. 97; *Bodden*, in: Korn, EStG, § 15 Rz. 130; *Ruppe*, DStJG 1 (1978), 7 ff.; *Best*, DStR 1991, 1545 ff.; *Raupach*, StuW 1991, 278, 280 ff.;

698 Zur Gewinnermittlung unten D.I.5.a).

699 Vgl. *Schulze zur Wiesche*, StBp 1994, 177, 179 („Der Gewinnanteil muss das Ergebnis der gewerblichen Betätigung des Gesellschafters sein, unter Berücksichtigung aller Beiträge, die er der Gesellschaft gegenüber erbracht hat").

700 Im Einzelnen unten D.I.5.b)dd) und D.II.

des § 15 Abs. 1 Satz 1 Nr. 2 EStG erfüllt, also den Gewerbebetrieb betreibt.[701] Der BFH geht davon aus, dass die Mitunternehmer den Tatbestand in ihrer gesamthänderischen Verbundenheit erfüllen.[702] Dass die Mitunternehmer insofern selbst an der gesamthänderischen Tatbestandsverwirklichung beteiligt sind und dadurch originär eigene Einkünfte erzielen, war und ist allerdings lebhaft umstritten. In der Literatur finden sich diverse von der BFH-Rechtsprechung abweichende Theorien.[703] Nach einer Ansicht ist auf Gesellschafterebene von einer gegenseitigen Zurechnung der Erwerbshandlungen der Gesellschafter auszugehen, wodurch nicht jeder Mitunternehmer zur Tatbestandsverwirklichung eigenhändig tätig werden muss (horizontale Zurechnung von Erwerbshandlungen).[704] Vertreten wird auch, der Tatbestand werde von der Gesellschaft verwirklicht, während die Tatbestandsverwirklichung (und nicht erst der Erfolg) den Mitunternehmern zuzurechnen sei.[705] Prominent vertreten ist auf der anderen Seite die Ansicht, dass bei konsequenter Verfolgung der Einheitstheorie Tatbestandsverwirklicher und Einkünfteerzielungssubjekt allein die Gesellschaft ist und den Mitunternehmern zu Besteuerungszwecken fremde Einkünfte zugerechnet werden (sog. Zurechnungsthese).[706] Dass die Personengesellschaft selbst kein ertragsteuerlicher Steuerschuldner sei, bedeute nicht, dass sie nicht

---

701 Handlungstatbestand ist die Nutzung der Erwerbsgrundlage „Gewerbebetrieb", *Hufeld*, in: BeckOK-EStG, § 15 Rz. 626, 645 ff.

702 Grundlegend BFH, Beschluss vom 25.6.1984, GrS 4/82, BFHE 141, 405, BStBl. II 1984, 751 unter III.3.b); Beschluss vom 03.05.1993, GrS 3/92, BStBl. II 1993, 616; Beschluss vom, 11.4.2005, GrS 2/02, BFHE 209, 399, BStBl. II 2005, 679; zustimmend *Bode*, in: Brandis/Heuermann, Ertragsteuerrecht, § 15 EStG, Rz. 238; *Wacker*, in: Schmidt, EStG, § 15 Rz. 180.

703 Zusammenfassend etwa *Desens/Blischke*, in: Kirchhof/Söhn/Mellinghoff, EStG, § 15 Rz. C 21 ff.

704 *Pinkernell*, Einkünftezurechnung bei Personengesellschaften, S. 88; zustimmend *Kuck*, Steuerrechtssubjektivität mitunternehmerischer Innengesellschaften, S. 57 ff.; vgl. auch *Beierls* „Seiltheorie", wonach zwischen den Gesellschaftern und einem Dritten eine unmittelbare Leistungsbeziehung besteht und jeder Gesellschafter einen Teil des bis zum Dritten reichenden „Leistungsseils" hält (Einkünftequalifikation bei gemeinsamer wirtschaftlicher Betätigung, S. 73 f., 84 f.).

705 *Desens/Blischke*, in: Kirchhof/Söhn/Mellinghoff, EStG, § 15 Rz. A 13; *Raupach*, StuW 1991, 278, 281; *Hallerbach*, Personengesellschaft, S. 139, 234; vgl. auch *Best*, DStR 1991, 1545, 1548 (Synthese von Tatbestandsverwirklichung durch Gesellschaft und Gesellschafter).

706 *Hennrichs*, in: Tipke/Lang, SteuerR, § 10 Rz. 14; *Hüttemann*, in: GS Knobbe-Keuk, S. 39, 43; *Knobbe-Keuk*, Bilanz- und Unternehmensteuerrecht, § 9 I.2.a); *Schön*, StuW 1996, 275, 284 ff.; *ders.*, DStR 1993, 185, 191; *ders.*, in: Max Hachenburg, 5. Gedächtnisvorlesung, S. 17, 49 ff.; *Krüger*, FR 2016, 1031, 1038.

Steuertatbestände des EStG erfüllen könne.[707] Ausreichend für die Einkünftequalifikation unter § 15 Abs. 1 Satz 1 Nr. 2 EStG sei die gewerbliche Tätigkeit der Gesellschaft und eine mitunternehmerische Beteiligtenstellung des Gesellschafters. Die Beteiligung an einer Personengesellschaft sei Einkommensquelle, nicht die eigenhändige Tätigkeit in einer Personengesellschaft. Dem entspricht es, dass auch der Gesetzeswortlaut den Mitunternehmer nur als Unternehmer des Betriebs „ansieht".[708]

Die Zurechnungsthese ist nach hier vertretener Auffassung vorzugswürdig, und zwar nicht nur unter dem Blickwinkel der „traditionellen" Quellentheorie, sondern auch unter demjenigen der nach Einführung von § 15 Abs. 1 Satz 1 Nr. 2 EStG entwickelten Markteinkommenstheorie.[709]

(1) Nach der Quellentheorie ist Steuerobjekt die Inhaberschaft einer Einkommensquelle, nicht eine Erwerbstätigkeit.[710] Danach würde ein Mitunternehmer das anteilige laufende Gesellschaftseinkommen aufgrund seiner zivilrechtlichen Gesellschafterstellung zu versteuern haben, nicht aufgrund eigenständiger unternehmerischer Entfaltung.[711] Dieser Ansatz lässt sich sowohl auf zivilrechtliche Außen- wie Innengesellschaften übertragen. Da die Quellentheorie vor allem mit Überschusseinkünften verknüpft ist,[712] mag man einer quellentheoretischen Fundierung des § 15 Abs. 1 Satz 1 Nr. 2 Satz 1 Hs. 1 EStG keine überhöhte Bedeutung beimessen. Fernliegend ist ein quellentheoretisches Verständnis der Norm gleichwohl nicht. Deren Ursprünge lassen sich auf § 14 Abs. 2 Nr. 2 des PrEStG vom 24.6.1891 zurückführen, wonach die „Theilhaber" einer Personengesellschaft „nach Maßgabe ihres An-

707 *Schön*, StuW 1996, 275, 282.

708 *Blischke/Desens*, in Kirchhof/Söhn/Mellinghoff, EStG, § 15 Rz. C 25; *Hallerbach*, FR 2016, 1117, 1123.

709 Zum Verhältnis von Quellentheorie und Markteinkommenstheorie als „zurückgestutzte" Reinvermögenszugangstheorie *Hey*, in: Tipke/Lang, Steuerrecht, Rz. 8.50; vgl. auch die Bildung des gleichen Begriffspaares (Quellentheorie und Markteinkommenstheorie im Zusammenhang mit der Gewinnverteilung bei Personengesellschaften) bei *Schön*, in: Max Hachenburg, 5. Gedächtnisvorlesung, S. 17, 52.

710 *Hey*, in: Tipke/Lang, Steuerrecht, Rz. 8.50.

711 Vgl. *Groh*, DStJG 1 (1978), S. 97, 113 (Einkunftsquelle im Rahmen von § 15 Abs. 1 Satz 1 Nr. 2 Satz 1 Hs. 1 EStG ist die Gesellschafterstellung).

712 BVerfG, Beschluss vom 7.7.2010, 2 BvL 14/02, BVerfGE 127, 1, 31, BStBl. II 2011, 76 unter C.III.2.a)bb); *G. Kirchhof*, in: BeckOK-EStG, § 2 Rz. 19; *Bodden*, in: Korn, EStG, § 2 Rz. 117; *Söhn*, DStJG 30 (2007), S. 13, 15; *Florstedt*, Mitunternehmerdoktrin, S. 49.

theils" zu besteuern waren.[713] Allen vier Einkunftsarten des PrEStG lag ursprünglich ein quellentheoretischer Ansatz zugrunde.[714] Dass die Einkünfte aus „Handel und Gewerbe" nach Maßgabe der handelsrechtlichen Buchführung und somit durch einen Bestandsvergleich ermittelt werden sollten, ist den Wünschen der damaligen Unternehmenspraxis nach einer vereinheitlichten Gewinnermittlung für Zwecke handelsrechtlicher Buchführungspflichten und Steuererklärungspflichten geschuldet.[715] Mit diesem Schwenk hin zur Gewinnermittlung durch Reinvermögensvergleich ist gleichwohl nicht automatisch eine Abkehr vom Verständnis einer Gesellschafterstellung als Einkunftsquelle verbunden. Die steuerliche Erfassung des Gewinns aus Veräußerung eines Mitunternehmeranteils wurde erst nachträglich eingeführt[716] und findet sich bis heute nicht in § 15, sondern separat in § 16 EStG. Auch das Tatbestandsmerkmal des „Mitunternehmers", das nach dem Unternehmerrisiko und der Unternehmerinitiative eines Gesellschafters fragt, lässt sich quellentheoretisch dahingehend ausdeuten, dass es nicht einen Handlungstatbestand verkörpert, sondern allein der Abgrenzung zu Kapitaleinkünften dient.

(2) Vertreter der Markteinkommenstheorie sehen das Einkommen als Ergebnis einer mit Gewinnabsicht ausgeübten Erwerbstätigkeit.[717] Einkommensteuerliche Einkunftsquellen zeichneten sich durch ihre entgeltliche Verwertung von Wirtschaftsgütern oder Dienstleistungen am Markt aus. Ihr Ergebnis sei stets demjenigen zuzurechnen, der die wirtschaftliche Dispositionsbefugnis über die Leistungserstellung innehabe.[718] Unabhängig von der Stichhaltigkeit der Markteinkommens-

---

713 § 14 Abs. 2 Nr. 2 PrEStG vom 24.6.1891, abgedruckt in FinArchiv 8 (1891), H. 2, 331, 335; anschließend § 13 Abs. 2 Nr. 2 PrEStG i.d.F. vom 19.6.1906, PrGS 1906, 241, vgl. auch Art. 17 der Ausführungsanweisungen zum PrEStG vom 5.8.1891 („der von einer offenen Handelsgesellschaft oder einer anderen nicht nach Art. 26 steuerpflichtigen Erwerbsgesellschaft erzielte Geschäftsbeginn ist den einzelnen Teilhabern nach Maßgabe ihres Anteils zuzurechnen").

714 *Hey*, in: Tipke/Lang, Steuerrecht, Rz. 8.51; *Blischke/Desens*, in: Kirchhof/Söhn/Mellinghoff, EStG, § 15 Rz. A 94.

715 *Elicker*, DStJG 30 (2007), 96, 105 f.; *Velte*, Ubg 2015, 265, 269.

716 §§ 30 bis 32 EStG 1925 vom 10.8.1925, RGBl. I 1925, 189.

717 *Hey*, in: Tipke/Lang, Steuerrecht, § 8 Rz. 52; *Ruppe*, DStJG 1 (1978), 7 ff.; *Lang*, DStJG 4 (1981), 45, 55; *Jakob*, in: FS Schmidt, S. 115, 122; vgl. BFH, Urteil vom 13.5.1980, VIII R 63/79, BFHE 131, 212, BStBl. II 1981, 295 (Leitsatz): Einkünfte sind dem zuzurechnen, der den Tatbestand der Einkunftserzielung erfüllt.

718 *Ruppe*, DStJG 1 (1978), 7, 16, 25 f.

theorie[719] führt der so definierte Einkommensbegriff mit Bezug zu Einkünften aus § 15 Abs. 1 Satz 1 Nr. 2 Satz 1 EStG jedenfalls nicht weiter, denn dort ist gerade fraglich, welches Rechtssubjekt erwerbswirtschaftlich tätig ist. Der BFH gibt im Geprägebeschluss eine klare Antwort, wenn er die Tätigkeit der Gesellschafter in ihrer gesamthänderischen Verbundenheit als „Tätigkeit der Gesellschaft" ansieht.[720] Auch der Gesetzeswortlaut des § 15 Abs. 3 EStG spricht ausdrücklich von der Tätigkeit der Gesellschaft, wie schon zuvor § 14 Abs. 2 Nr. 2 PrEStG 1891, wonach der Geschäftsgewinn von der „Erwerbsgesellschaft erzielt" werde. *Schön* weist zudem darauf hin, dass auch nach § 5 Abs. 1 Satz 2 GewStG der Gewerbebetrieb auf Rechnung des Unternehmers „betrieben wird",[721] und auch Satz 3 handelt davon, dass der Gewerbebetrieb die „Tätigkeit einer Personengesellschaft" ist. Personengesellschaften sind überdies nicht stets so personalistisch strukturiert, dass die Gesellschafter am Markt auftreten; vielmehr sind es häufig die (Fremd-)Geschäftsführer eines körperschaftlich verfassten Gesellschafters wie der Komplementär-GmbH einer KG. Die Tätigkeit der Gesellschafter beschränkt sich auf das, was ihre Mitunternehmerstellung ausmacht – sie entfalten Mitunternehmerinitiative und tragen Mitunternehmerrisiko. Die Mitunternehmerstellung beurteilt sich indes nach Gegebenheiten des Gesellschafterinnenverhältnisses. Eine besondere Aktivität nach außen, die einer Marktteilnahme entsprechen würde, setzt die Mitunternehmerstellung nicht voraus.[722] Dies gilt umso mehr, als ein Mitunternehmer von der ihm eingeräumten Mitunternehmerinitiative keinen Gebrauch machen muss.[723] Ein „Mehr" an Tätigkeit könnte außerdem Abgrenzungsfragen zu § 18 oder § 19 EStG aufwerfen. Dass die Markttätigkeit in Form eines Gewerbebetriebs von der zivilrechtlichen Außengesellschaft entfaltet wird, nicht von ihren Gesellschaftern, streitet insofern für die Zurechnungsthese. In systematischer Hinsicht lässt sich ergänzen, dass das Gesetz für den Fall besonderer Tätigkeiten der Mitunternehmer § 15 Abs 1 Satz 1 Nr. 2 Satz 1 Hs. 2 EStG

719 Kritisch etwa *Schön*, in: FS Offerhaus, S. 385, 395 ff. – Einkommen stehe nicht zwingend in Relation zur persönlichen Wertschöpfung.

720 BFH, Beschluss vom 25.6.1984, GrS 4/82, BFHE 141, 405, BStBl. II 1984, 751 unter III.3.a).

721 In: FS Offerhaus, S. 385, 390.

722 Zur Mitunternehmerstellung unten D.I.4.

723 *Haep*, in: Herrmann/Heuer/Raupach, EStG/KStG, § 15 EStG Rz. 316; *Kilincsoy*, StuW 2021, 29, 36.

bereithält, und dass Hs. 1 insofern gerade die Einkünfte aus (passiver) Gesellschafterstellung erfassen soll. Das von der Gegenauffassung aus dem Wortlaut von § 2 Abs. 1 Satz 1 EStG abgeleitete Argument, dass nur der Steuerpflichtige Einkünfte „erzielen" könne, mithin nicht die Personengesellschaft, ist nicht durchschlagend. § 2 Abs. 1 EStG regelt vor allem, welche Einkünfte der Einkommensteuer unterliegen, befasst sich aber nicht mit der Frage des Einkünfteerzielungssubjekts. Die Verwirklichung von Einkunftstatbeständen, und damit auch die Frage des Subjekts ihrer Verwirklichung, ist vielmehr – wie auch § 2 Abs. 1 Satz 2 EStG anordnet – nach Maßgabe der §§ 13 bis 24 EStG zu ermitteln.[724]

Bei Innengesellschaften stoßen sowohl die Aussage, die Mitunternehmer verwirklichten den Tatbestand des § 15 EStG in ihrer „gesamthänderischen" Verbundenheit, als auch die Zurechnungsthese an ihre Grenzen. Die Ansicht der Rechtsprechung geht über die Tatsache hinweg, dass Innengesellschaften wie die stille Gesellschaft keine Gesamthandsgesellschaften sind und es folglich keine „gesamthänderische Verbundenheit" geben kann.[725] Die Zurechnungsthese muss erklären, wieso die „Einheit der Gesellschaft" auch bei Innengesellschaften zum Tragen kommen soll, wo diese doch zivilrechtlich weder rechtsfähig noch im Handelsregister eingetragen sind noch in sonstiger Weise nach außen auftreten. Gleichwohl steht die Zurechnungsthese nicht vor unüberwindlichen Hindernissen. Zum einen lässt sich vorbringen, dass es auch bei Innengesellschaften die Inhaberschaft einer Gesellschafterstellung ist, die die Zurechnung von Einkünften an sie rechtfertigt. Das Verständnis von § 15 Abs. 1 Satz 1 Nr. 2 EStG als „Beteiligungstatbestand" erscheint gerade für Innengesellschaften wie die stille Gesellschaft passend.[726] Zum anderen stellt das Gesetz in § 15 Abs. 1 Satz 1 Nr. 2 Satz 1 EStG die Personenhandelsgesellschaften mit den „anderen Gesellschaften" gleich. Wer unter die „anderen Gesellschaften" auch zivilrechtliche Innengesellschaften fasst,[727] muss ihre im Steuerrecht angeordnete Gleichstellung mit den Personenhandelsgesellschaften bzw. Außengesellschaften akzeptie-

724 Ausführlich *Schön*, StuW 1996, 275, 285.

725 BFH, Urteil vom 28.11.2019, IV R 54/16, BFHE 266, 250 unter III.3.a)aa); *K. Schmidt*, in: MüKo-HGB, § 230 Rz. 9; *Wedemann*, in: Oetker, HGB, § 230 Rz. 27.

726 *Kuck*, Steuerrechtssubjektivität mitunternehmerischer Innengesellschaften, S. 50.

727 BFH, Urteil vom 10.8.1994, I R 133/93, BFHE 175, 357, BStBl. II 1995, 171 unter II.2.d); Urteil vom 26.11.1996, VIII R 42/94, BFHE 182, 101, BStBl. II 1998, 328 unter II.2.; Urteil vom 15.10.1998, IV R 18/98, BFHE 187, 250, BStBl. II 1999, 286; *Florstedt*, Mitunternehmerdoktrin, S. 91, 94.

ren. Damit lässt sich die Zurechnungsthese ohne Differenzierung zwischen Innen- und Außengesellschaften anwenden.

Abzuwarten ist, ob sich angesichts des MoPeG auch in der Rechtsprechung neue Entwicklungen zur „Einheit“ bzw. „Vielfalt“ der Personengesellschaft zeigen werden. Vermehrt wird erörtert, ob sich die steuerrechtliche Dogmatik durch die Aufgabe des Gesamthandsprinzips im Zivilrecht nicht zwingend zur Zurechnungsthese bekennen müsse.[728] Diese Diskussion ist zu begrüßen, aber nicht erst im Zuge der MoPeG-Reform zu führen: Auch bisher hat § 15 Abs. 1 Satz 1 Nr. 2 EStG nicht an das Gesamthandsprinzip als Modell der Vermögenszuordnung angeknüpft,[729] sonst könnten Innengesellschaften ohne Gesamthandsvermögen schwerlich in den Anwendungsbereich der Vorschrift fallen. Was in den letzten 50 Jahren zur Entwicklung der Einheitstheorie geführt hat, war nicht das Gesamthandsprinzip selbst, sondern ein zivilrechtlich gewandeltes Verständnis vom Wesen der Personengesellschaft.[730] Diese Entwicklung kumulierte in der Anerkennung der Rechtsfähigkeit der Außen-GbR durch den BGH im Jahr 2001,[731] die nunmehr vom MoPeG-Gesetzgeber in Gesetzesform gegossen wurde. Die zivilrechtliche Abkehr vom Gesamthandsprinzip ändert an der Rechtsfähigkeit der Personengesellschaft nichts und sollte demnach keine Konsequenzen bei der Auslegung von § 15 Abs. 1 Satz 1 Nr. 2 EStG zeitigen.[732] Die Argumente der Vertreter der Zurechnungsthese sind seit „Entdeckung“ der Rechtsfähigkeit von Personengesellschaften relevant und bleiben es nach wie vor. Die Positivierung der Rechtsfähigkeit der Außen-GbR durch den MoPeG-Gesetzgeber könnte der BFH nunmehr zum Anlass nehmen, die Gesellschaft selbst als Subjekt der Tatbestandsverwirklichung und der Einkünfteerzielung anzuerkennen.

---

728 *Fischer*, in: FS Crezelius, S. 117, 130; *Krumm*, in: Kirchhof/Seer, EStG, § 15 Rz. 162.

729 *Bodden*, in: Korn, EStG, § 15 Rz. 66.41; Arbeitskreis Bilanzrecht Hochschullehrer Rechtswissenschaft, ZIP 2021, S3, S5.

730 *List*, BB 2004, 1473 mit Bezug zur Gruppenlehre von Werner Flume (ausgeführt in: *ders.*, Personengesellschaft, § 4 II, S. 54 ff.).

731 BGH, Urteil vom 29.1.2001, II ZR 331/00, BGHZ 146, 341 („ARGE Weißes Ross“).

732 Vgl. auch *Peters*, Ubg 2022, 233, 237, die weitergehend einen Einfluss des MoPeG auf die steuerliche Anerkennung von Innengesellschaften ablehnt.

c) Verbleibende Elemente der Gesellschaftervielheit

Die Rechtsprechung lässt die Gesellschaftervielheit hervortreten, wenn eine „sachgerechte Besteuerung" der Mitunternehmer dies erfordert.[733] Allerdings verhindert nicht nur die Rechtsprechung eine Vollendung der Einheitstheorie, auch der Gesetzgeber ist mit Verabschiedung des § 15 Abs. 1 Satz 1 Nr. 2 Satz 2 EStG einer aus seiner Sicht übermäßigen Betonung der Gesellschaftseinheit entgegengetreten. Die Norm neutralisiert den Beschluss des Großen Senats des BFH zur doppelstöckigen Personengesellschaft.[734] Die Einheit der Gesellschaft geht folglich mit verschiedentlichen Durchbrechungen einher. Die so erzeugte Schwebelage wird verbreitet als Dualismus von Einheit und Vielheit bezeichnet.[735] Eine für Sonderzuweisungen relevante Ausprägung der Gesellschaftervielheit ist das Transparenzprinzip selbst und insbesondere der damit zusammenhängende Umstand, dass einzelne Gewinnbestandteile der Mitunternehmerschaft bei einzelnen Gesellschaftern unterschiedlichen Besteuerungsfolgen unterworfen werden.[736] Sonderzuweisungen, die sich auf solche Gewinnbestandteile beziehen, lassen sich als Ausprägung der Gesellschaftervielheit ansehen.[737]

2. Normzwecke von § 15 Abs. 1 Satz 1 Nr. 2 EStG

Um die Vereinbarkeit von Sonderzuweisungen mit den „Gewinnanteilen" i.S.d. § 15 Abs. 1 Satz 1 Nr. 2 Satz 1 Hs. 1 EStG festzustellen, ist der Sinn und Zweck der Norm zu untersuchen. Mehrheitlich werden ihr verschiedene Funktionen zugeschrieben.

---

733 Exemplarisch BFH, Beschluss vom 25.6.1984, GrS 4/82, BFHE 141, 405, BStBl. II 1984, 751 unter C.III.3.b)bb)(3) („Geprägebeschluss" mit Bezug zur Zebragesellschaft); Beschluss vom 3.3.1989, IX B 70/88, BFH/NV 1990, 26 (Überschusserzielungsabsicht auch auf Gesellschafterebene erforderlich); Beschluss vom 3.7.1995, GrS 1/93, BFHE 178, 86, BStBl. II 1995, 617 unter C.IV.3.b) („gewerblicher Grundstückshandel"); vgl. weiterhin *Kaligin*, in: Lademann, EStG, § 15 Rz. 169, mit einem Überblick zu verbleibenden Elementen der Gesellschaftervielheit.

734 Beschluss vom 25.2.1991, GrS 7/89, BFHE 163, 1, BStBl. II 1991, 691.

735 *Wacker*, in: Schmidt, EStG, § 15 Rz. 163; *Stapperfend* u.a., in: Herrmann/Heuer/Raupach, EStG/KStG, § 15 EStG Rz. 89; *Schön*, StuW 1996, 275, 277; *Haas*, DStR 1997, 1706, 1707; *Hüttemann*, DStJG 34 (2011) 291, 294; *Kahle*, BB 2018, 747.

736 *Rätke*, in: Herrmann/Heuer/Raupach, EStG/KStG, § 15 EStG Rz. 94.

737 Vgl. *Schön*, in: GS Knobbe-Keuk, S. 139, 155.

a) Zurechnungsfunktion und Verwirklichung des Transparenzprinzips

§ 15 Abs. 1 Satz 1 Nr. 2 Satz 1 Hs. 1 EStG ermöglicht eine anteilige Zurechnung des Gesellschaftsgewinns zu den Mitunternehmern. Die Norm hat somit eine Zurechnungsfunktion.[738] Sie gewährleistet, dass der gesamte Gewinn „im Entstehungsjahr der Versteuerung unterworfen wird",[739] unabhängig von seiner Entnahme, seiner Entnahmefähigkeit oder einem Gewinnverwendungsbeschluss. Mitunternehmer haben den Zeitpunkt der Gewinnzurechnung demnach nicht selbst in der Hand.[740] Tieferer Grund für die Zurechnung ist die Gewährleistung von steuerlicher Wettbewerbsgleichheit bei Einzelunternehmern, Körperschaften und Personengesellschaften. Die Besteuerung des Gewinns müsse rechtsformunabhängig erfolgen.[741] Aus der Diskussion um das Subjekt der Einkunftserzielung lässt sich die Frage ableiten, ob die Zurechnung der „Gewinnanteile" zu den Mitunternehmern konstitutiv oder deklaratorisch erfolgt.[742] Die Antwort hängt davon ab, ob man die Gesellschaft als Einkünfteerzielungssubjekt anerkennt (dann ist die Gewinnzurechnung zu den Mitunternehmern konstitutiv) oder nicht. Nach hier vertretener Ansicht ist Hs. 1 folglich konstitutiver Natur. § 15 Abs. 1 Satz 1 Nr. 2 Satz 1 EStG in seiner Funktion als Zurechnungsnorm bestimmt den Zeitpunkt der Gewinnversteuerung bei den Mitunternehmern (nämlich im Jahr seiner Entstehung) sowie die Höhe der Einkünfte des Mitunternehmers.[743] Je nach Zusammensetzung des Gesellschaftsgewinns erstreckt sich die Zurechnungsfunktion auch auf die Qualität der Gewinnanteile (etwa hinsichtlich der Frage, ob sie beim Mitunternehmer dem Teileinkünfteverfahren unterliegen). Die Zurechnungsfunkti-

---

738 *Rätke*, in: Herrmann/Heuer/Raupach, EStG/KStG, § 15 EStG Rz. 81; *Blischke/Desens*, in: Kirchhof/Söhn/Mellinghoff, EStG, § 15 Rz. A 13; *Söffing*, Besteuerung der Mitunternehmer, Rz. 128.

739 *Schön*, DStR 1993, 185, 191; ebenso *Reiß*, StuW 1986, 232, 234.

740 BFH, Urteil vom 15.11.2011, VIII R 12/09, BFHE 236, 42, BStBl. II 2012, 207 unter II.2.b).

741 *Reiß*, StuW 1986, 232, 233; *Schön*, StuW 1988, 253, 257 f.; *Knobbe-Keuk*, DB 1990, 905, 908.

742 *Wacker*, in: Schmidt, EStG, § 15 Rz. 163 (deklaratorisch).

743 BFH, Beschluss vom 25.6.1984, GrS 4/82, BFHE 141, 405, BStBl. II 1984, 751 („Geprägebeschluss") unter C.V.3.b.bb) (Zweck ist es, „Einkünfte beim gemeinschaftlichen Bezug von Einkünften aus einem gewerblichen Unternehmen zu bestimmen"); *Kraeusel/Feldgen*, in: Fuhrmann/Kraeusel/Schiffers, EStG-eKommentar, § 15 Rz. 11; *Lüer*, in: Lippross/Seibel, Basiskommentar Steuerrecht, § 15 EStG Rz 1 („regelt den Umfang der gewerblichen Einkünfte"); *Bodden*, in: Korn, EStG, § 15 Rz. 134 („Höhe und Umfang");

on sorgt weiterhin für eine Verwirklichung des Leistungsfähigkeitsprinzips beim Gesellschafter. Die Zurechnung eines Gewinn- oder Verlustanteils spiegelt den Wert seiner Gesellschaftsbeteiligung, sodass die Besteuerung des Zurechnungsergebnisses beim Gesellschafter die Besteuerung seiner subjektiven Leistungsfähigkeit ermöglicht.[744]

b) Qualifikationsfunktion

Keiner besonderen Erläuterung bedarf die Feststellung, dass § 15 Abs. 1 Satz 1 Nr. 2 EStG auch eine Qualifikationsfunktion erfüllt, indem die Norm sowohl Gewinnanteile eines Mitunternehmers an einer gewerblichen Gesellschaft als auch Sondervergütungen als gewerbliche Einkünfte qualifiziert.[745] Ohne Vorliegen einer Mitunternehmerstellung kommen Einkünfte aus Kapitalvermögen in Betracht.[746] Unterhält die Gesellschaft keinen Gewerbebetrieb, ist die Erzielung von Überschusseinkünften möglich.[747]

c) Gleichstellung mit dem Einzelunternehmer

Die Bilanzbündeltheorie war wesentlich davon inspiriert, den Mitunternehmer dem Einzelunternehmer gleichzustellen.[748] Dieser Gedanke wird zumeist unter dem Begriff der Gleichstellungsthese zusammengefasst. Anders als die Bilanzbündeltheorie ist die Gleichstellungsthese relevant geblieben, da sie immer noch verschiedentlich als Anknüpfungspunkt einer „sachgerechten Besteuerung" der Mitunternehmer herangezogen wird.[749] Im Grundsatz ist die Gleichstellungsthese Ausdruck der systematischen Auslegung von § 15 Abs. 1 Satz 1 EStG. Die Gleichstellung des Mitunternehmers mit dem Einzelunternehmer ergebe sich aus der gesetzestechnischen

---

744 *Schön*, StuW 1988, 253, 260.

745 *Kaligin*, in: Lademann, EStG, § 15 Rz. 161; *Söffing*, Besteuerung der Mitunternehmer, Rz. 129.

746 BFH, Urteil vom 28.10.1999, VIII R 66-70/97, BFHE 190, 204, BStBl. II 2000, 183; *Wacker*, in: Schmidt, EStG, § 15 Rz. 259; zur Mitunternehmerstellung im Einzelnen unten D.I.4.

747 Zur vermögensverwaltenden Personengesellschaft unten E.

748 *Haas*, DStR 1997, 1706, 1707; *List*, BB 2004, 1473, 1474; *Krüger*, FR 2016, 1031, 1037; *Hallerbach*, FR 2016, 1117, 1118.

749 Exemplarisch BFH, Beschluss vom 3.5.1993, GrS 3/92, BFHE 171, 246, BStBl. II 1993, 616 unter C.III.9.b); Urteil vom 20.1.2005, IV R 22/03, BFHE 209, 108, BStBl. II 2005, 559 unter II.3.; *Kahle*, BB 2018, 747.

Gleichrangigkeit von Nr. 1 und Nr. 2 der Vorschrift; daher müsse „die Besteuerung des Mitunternehmers soweit wie möglich der des Einzelunternehmers angenähert werden".[750] Der Vorbehalt des „Möglichen" meint eine Beschränkung der Gleichstellung auf Fälle, in denen das Recht, einschließlich des Gesellschaftsrechts, eine Gleichstellung zulässt.[751] Auch der Passus „Unternehmer (Mitunternehmer) des Betriebs" in Nr. 2 indiziere, dass der Mitunternehmer – wie ein Unternehmer i.S.d. Nr. 1 – einen Betrieb innehabe. Ferner habe sich der Gesetzgeber selbst die Gleichstellungsthese in Nr. 2 Satz 2 zu eigen gemacht.[752] Die Gleichstellung mit dem Einzelunternehmer sei schließlich auch Folge der Herausnahme der Personengesellschaften aus dem Körperschaftsteuerregime (vgl. § 3 KStG).[753] Die Gleichstellungsthese hatte in der BFH-Rechtsprechung mal mehr, mal weniger Konjunktur,[754] wird jedoch auch in jüngeren Jahren stetig referenziert.[755] Der BFH, unter besonderer Beteiligung des IV. Senats, beruft sich in verschiedenen Bereichen auf die Gleichstellungsthese:

(1) Die Qualifikation von Sondervergütungen als gewerbliche Einkünfte gem. § 15 Abs. 1 Satz 1 Nr. 2 Satz 1 Hs. 2 ziele darauf ab, „den Gewinn des Mitunternehmers demjenigen eines Einzelunternehmers anzuglei-

---

750 BFH, Urteil vom 20.11.2014, IV R 1/11, BFHE 248, 28, BStBl. II 2017, 34 unter III.1.a).

751 BFH, Urteil vom 19.3.1991, VIII R 76/87, BFHE 164, 260, BStBl. II 1991, 635 unter II.2.d); Urteil vom 12.4.2000, XI R 35/99, BFHE 192, 419, BStBl. II 2001, 26 unter II.2.b); Urteil vom 24.8.2000, IV R 51/98, BFHE 192, 534, BStBl. II 2005, 173 unter II.3.b)dd); teils entfällt der Vorbehalt des gesetzlich Zulässigen, etwa in BFH, Urteil vom 30.8.2007, IV R 14/06, BFHE 219, 36; BStBl. II 2007, 942; i. Erg. sog. „partielle" Gleichstellung, s. *Rätke*, in: Herrmann/Heuer/Raupach, EStG/KStG, § 15 EStG Rz. 81.

752 *Hufeld/Schenke*, in: BeckOK-EStG, § 15 Rz. 483.

753 *Stoll*, DStJG 2 (1979), S. 5, 20.

754 Zu Hochzeiten der Einheitstheorie beschränkte sich der BFH auf eine „Annäherung" von Einzel- und Mitunternehmern – BFH, Beschluss vom 25.2.1991, GrS 7/89, BFHE 163, 1, BStBl. II 1991, 691 („doppelstöckige Personengesellschaft") unter C.II.3.: „Der früher vertretene Satz, Zweck der Vorschrift sei es, den Mitunternehmer dem Einzelunternehmer "nach Möglichkeit" gleichzustellen (BFH, Beschluss vom 19.10.1970, GrS 1/70, BFHE 101, 62, BStBl. II 1971, 177; BFH, Urteil vom 25.1.1980, IV R 159/78, BFHE 129, 502, BStBl. II 1980, 275), ist in dieser Allgemeinheit nicht aufrechtzuerhalten".

755 Etwa in BFH, Urteil vom 12.05.2016, IV R 29/13, BFH/NV 2016, 1489, 1491 unter II.1.a) („strukturelle" Gleichstellung); , Urteil vom 21.12.2017, IV R 44/14, BFH/NV 2018, 407, DStR 2018, 400 Rz. 28; Urteil vom 6.6.2019, IV R 30/16, BFHE 265, 157, BStBl. II 2020, 649 unter II.2.b); vgl. auch den Überblick bei *Hallerbach*, FR 2016, 1117, 1118 ff.

chen, der mit sich selbst keine schuldrechtlichen Verpflichtungen eingehen kann".[756] Sondervergütungen seien als gewerbliche Einkünfte zu qualifizieren, um eine Gleichstellung mit dem Einzelunternehmer zu erreichen. Die Vorschrift negiere die im Zivilrecht gezogene Trennung zwischen Gesellschaft und Gesellschafter. Daraus ergebe sich ein Grundsatz der korrespondierenden Bilanzierung von Verbindlichkeiten bei der Gesellschaft und Forderungen beim Mitunternehmer.[757] Die Anwendung der Gleichstellungsthese erfasst auch (Sonder-)Vergütungen für Leistungen in „Dreieckskonstellationen", d.h. über zwischengeschaltete Gesellschaften.[758]

(2) Neben dem „Hauptanwendungsfall" des Hs. 2 bestehen eine Reihe von Schauplätzen, in denen die Gleichstellungsthese als Argument für eine sachgerechte Mitunternehmerbesteuerung ins Feld geführt wird, beispielsweise bei der Möglichkeit der Verlustverrechnung mit anderen Einkünften des Mitunternehmers,[759] im Rahmen von § 16 Abs. 1 Satz 1 Nr. 2 EStG (der die Veräußerung eines Mitunternehmeranteils der Veräußerung des Gewerbebetriebs durch einen Einzelunternehmer gleichstelle),[760] oder bei der Aufstellung von Ergänzungsbilanzen.[761]

Die Gleichstellungsthese trifft in der Literatur auf ein gemischtes Echo.[762] Dem aus Hs. 2 abgeleiteten Gleichstellungsgedanken wird etwa entgegnet,

---

756 BFH, Urteil vom BFH, Urteil vom 24.1.1980, IV R 154/77, IV R 155/77, BStBl. II 1980, 269; vom 25.1.1980, IV R 159/78, BStBl. II 1980, 275; vom 28.4.1983, IV R 131/79 , BStBl. II 1983, 668; vom 2.12.1997, VIII R 15/96, BFHE 184, 571, BStBl. II 2008, 174 unter II.3.b); vom 28.10.1999, VIII R 41/98, BFHE 190, 394, BStBl. II 2000, 339 unter II.2.b); vom 14.2.2006, VIII R 40/03 , BStBl. II 2008, 182; vom 30.8.2007; IV R 14/06, BStBl. II 2007, 942; gl.A. *Wacker*, in: Schmidt, EStG, § 15 Rz. 161.

757 BFH, Urteil vom 16.12.1992, I R 105/91, BStBl. II 1993, 792; Urteil vom 12.12.1995, VIII R 59/62, BStBl. II 1996, 219; Urteil vom 30.3.2006, IV R 25/04, BStBl. II 2008, 171; Urteil vom 21.12.2017, IV R 44/14, BFH/NV 2018, 407.

758 BFH, Urteil vom 6.7.1999, VIII R 46/94, BFHE 189, 139, BStBl. II 1999, 720 unter II.2.b).

759 BFH, 30.3.2006, IV R 25/04, BFHE 213, 315, BStBl. II 2008, 171 unter II.1.d); Urteil vom 6.3.2014, IV R 14/11, BFHE 245, 153, BStBl. II 2014, 624 unter II.3.

760 BFH, Urteil vom 25.7.1979, I R 175/76, BStBl. II 1980, 43.; vom 26.1.1978, IV R 97/76, BStBl. II 1978, 368; vom 25.4.1985, IV R 83/83, BStBl. II 1986, 350; vom 21.4.1994, IV R 70/92 , BStBl. II 1994, 745; vom 8.9.2005, IV R 52/03, BStBl. II 2006, 128.

761 BFH, Urteil vom 20.11.2014, BFHE 248, 28, BStBl. II 2017, 34; dazu auch BMF, Schreiben vom 19.12.2016, BStBl. I 2017, 34.

762 Zustimmend *Wacker*, in: Schmidt, EStG, § 15 Rz. 161; *ders.*, FR 2008, 801, 802; *Bitz*, in Littmann/Bitz/Pust, EStG, § 15 Rz. 12c; *Pinkernell*, Einkünftezurechnung bei Personengesellschaften, S 182 ff; *Rätke*, in: Herrmann/Heuer/Raupach, EStG/KStG,

dass der Gesetzgeber durch Hs. 2 schuldrechtliche Beziehungen zwischen Mitunternehmer und Gesellschaft anerkannt habe und gerade nicht von einer Gleichstellung von Mit- und Einzelunternehmer ausgegangen sei.[763] Auch die vorrangig gewerbesteuerliche Motivation des Gesetzgebers bei Einführung von Hs. 2 indiziert, dass es ihm nicht um den Zweck der Gleichstellung ging.[764] Ob die Gleichstellungsthese als tragender Zweck des § 15 Abs. 1 Satz 1 EStG anzuerkennen ist, bedarf mit Blick auf Sonderzuweisungen jedoch keiner Entscheidung. Jedenfalls mit Bezug zur steuerlichen Zurechnung des Gesellschaftsgewinns nach § 15 Abs. 1 Satz 1 Nr. 2 Satz 1 Hs. 1 EStG wird die Gleichstellungsthese bisher nicht herangezogen. Die in Hs. 1 unbestreitbar enthaltene Zurechnungsfunktion diene nicht der Gleichstellung von Einzel- und Mitunternehmern, sondern stelle „die steuerliche Erfassung des Gewinns der Personengesellschaft im Entstehungsjahr“ sicher.[765] Daraus ist zu folgern, dass die Gleichstellungsthese keinen Einfluss auf die Bestimmung der „Gewinnanteile“ hat. Für diese Annahme sprechen zumindest zwei Gründe. Zum einen stehen der Gleichstellung von Einzel- und Mitunternehmern bei der Gewinnverteilung gesellschaftsrechtliche Vorschriften entgegen, die – wie auch der BFH annimmt[766] – die Gleichstellungsthese beschränken. Denn gesellschaftsrechtlich ist beim Einzelunternehmer keine Gewinnverteilung vorgesehen (sie ergäbe dort auch keinen Sinn), sondern nur bei Gesellschaften. Zum anderen bedarf es beim Einzelunternehmer nicht des steuerlichen Zurechnungsinstruments der „Gewinnanteile“, weil bei ihm stets der gesamte Gewinn der Besteuerung unterworfen wird. Hs. 1 taugt damit nicht als Anknüpfungspunkt für die Gleichstellungsthese.

Dass die Gleichstellungsthese bei der Gewinnverteilung nicht anwendbar ist, lässt sich gerade mit Bezug zu Sonderzuweisungen bestreiten. Der Einzelunternehmer hat – anders als Mitunternehmer – nicht die Möglich-

---

§ 15 EStG Rz. 81 („partielle“ Gleichstellung); ablehnend *Kruse*, DStJG 2 (1979), S. 37, 40; *Reiß*, Stbg 1999, 356, 367; *Prinz*, FR 2010, 736, 741; *Lang*, in: FS Schmidt, S. 291, 292, 297; kritisch auch *Florstedt*, Mitunternehmerdoktrin, S. 43.

763 *Hallerbach*, FR 2016, 1117, 1120.

764 Vgl. Gesetzesbegründung, RStBl. 1935, S. 9, 42; *Knobbe-Keuk*, DB 1990, 905, 908 („gewerbesteuerliche Hinzurechnungsvorschrift“); *Crezelius*, JZ 1991, 546, 547; *Schön*, DStR 1993, 185, 192.

765 *Schön*, DStR 1993, 185, 191.

766 BFH, Urteil vom 19.3.1991, VIII R 76/87, BFHE 164, 260, BStBl. II 1991, 635 unter II.2.d); Urteil vom 12.4.2000, XI R 35/99, BFHE 192, 419, BStBl. II 2001, 26 unter II.2.b); Urteil vom 24.8.2000, IV R 51/98, BFHE 192, 534, BStBl. II 2005, 173 unter II.3.b)dd).

keit, per Gewinnverteilungsschlüssel wirtschaftliche oder gar steuerliche Gestaltungsmacht auszuüben. Der Einzelunternehmer muss seinen Gewinn so versteuern, wie er im Betrieb entsteht. Er kann weder zwischen einzelnen Unternehmenssegmenten trennen noch laufende Gewinne von Veräußerungsgewinnen separieren oder über die Wirkung des § 34a EStG hinausgehende „Gewinnpausen" wie bei der Periodenverlagerung erreichen. Dagegen ist indes einzuwenden, dass das Gesellschaftsrecht den Personengesellschaftern diese Gestaltungsfreiheit, weitergehend als beim Einzelunternehmer, einräumt. Dieser Gestaltungsfreiheit bedarf es bei Personengesellschaftern zum Ausgleich ihrer mitunter gegenläufigen wirtschaftlichen Interessen, während beim Einzelunternehmer keine Interessenkonflikte denkbar sind. Wiederum stehen das Gesellschaftsrecht und die dort verbürgten Gestaltungsfreiräume einer Anwendung der Gleichstellungsthese auf den Bereich der Gewinnverteilung entgegen.

3. Begriff der Mitunternehmerschaft

§ 15 Abs. 1 Satz 1 Nr. 2 Satz 1 EStG betrifft Gewinnanteile an gewerblichen Unternehmen, zu deren Betrieb sich nicht eine Person (diesen Fall regelt § 15 Abs. 1 Satz 1 Nr. 1 EStG), sondern mehrere Personen entschließen. Wenn zumindest zwei Personen als Mitunternehmer des gewerblichen Unternehmens anzusehen sind, ist es steuerlich eine „Mitunternehmerschaft".[767]

a) Gesellschaften i.S.d. § 15 Abs. 1 Satz 1 Nr. 2 EStG

Zur Beantwortung der Frage, welche Personenzusammenschlüsse als Mitunternehmerschaft einzustufen sein können, bedient sich das Gesetz teils zivilrechtlicher, teils steuerlicher (Wirtschafts-)Begriffe.[768] Als taugliche Zusammenschlüsse werden die OHG, die KG und „andere Gesellschaften" genannt. Für alle genannten Gesellschaftsformen gilt jedoch herrschend, dass ihre Gesellschafter (i) Mitunternehmer (ii) eines Betriebs sein müssen. Damit vermitteln die exemplarisch aufgeführte OHG und KG nicht *per*

767 BFH, Urteil vom 22.02.2017, I R 35/14, BFHE 258, 1, BStBl. II 2018, 33 Rz. 23; *Bode*, in: Brandis/Heuermann, Ertragsteuerrecht, § 15 EStG Rz. 222; vgl. auch *Krumm*, in: Kirchhof/Seer, EStG, § 15 Rz. 170.

768 *Kruse*, DStJG 2 (1979), S. 37, 43.

se gewerbliche Einkünfte, sondern nur bei Betrieb eines gewerblichen Unternehmens.[769] Die Gegenansicht bezieht den Relativsatz „bei denen die Gesellschafter als Unternehmer (Mitunternehmer) des Betriebs anzusehen sind", isoliert auf „andere Gesellschaften".[770] Das Wortlautargument ist allerdings nicht eindeutig. Grammatikalisch möglich ist auch eine Beziehung des Passus auf die OHG und KG. In systematischer Hinsicht zeigt der Vergleich mit Nr. 1, dass auch der Einzelunternehmer ein gewerbliches Unternehmen betreiben muss; es wäre eine begründungsbedürftige Ungleichbehandlung von Einzel- und Mitunternehmern, wenn OHG- und KG-Gesellschafter unabhängig von der Gesellschaftstätigkeit stets gewerbliche Einkünfte erzielen würden. Die möglichen Unternehmensgegenstände von Personenhandelsgesellschaften umfassen nicht nur betriebliche, sondern (wie § 105 Abs. 2 HGB bestätigt) auch vermögensverwaltende Tätigkeiten wie Grundstücksvermietung oder Kapitalanlage. Die pauschale Umqualifizierung daraus entstehender Einkünfte in gewerbliche Einkünfte ist nur unter den Voraussetzungen des § 15 Abs. 3 EStG angeordnet und widerspräche in davon nicht erfassten Fällen dem Einkunftsartenrecht des EStG.

Als „andere Gesellschaften" kommen die GbR in ihrer Gestalt als Innen- sowie Außengesellschaft, die stille Gesellschaft sowie herrschend auch sonstige Gemeinschaftsverhältnisse in Betracht, die wirtschaftlich einer Personengesellschaft entsprechen.[771] Das betrifft etwa die Erbengemeinschaft, die keine Gesellschaft i.S.d. §§ 705 ff. BGB ist. Voraussetzung ist dabei im Sinne einer notwendigen Bedingung der Betrieb eines Gewerbes (sei es auch nur durch die gesetzlichen Fiktionen des Abs. 3) unter Beteiligung von zumindest zwei Mitunternehmern. Die weite – besser gesagt: steuerlich autonome – Auslegung des Merkmals „Gesellschaft" in § 15 Abs. 1 Satz 1 Nr. 2 Satz 1 EStG führt dazu, dass alle im vorherigen Kapitel vorgestellten Personengesellschaftsformen potenzielle Mitunternehmerschaften sind – abhängig von ihrer konkreten Tätigkeit (nämlich der Ausübung eines Gewerbebetriebs i.S.d. Abs. 2 oder einer fiktiven Gewerblichkeit i.S.d.

769 BFH, Beschluss vom 3.5.1993, GrS 3/92, BFHE 171, 246, BStBl. II 1993, 616 unter C.III.6.a)aa); *Wacker*, in: Schmidt, EStG, § 15 Rz. 170; *Schenke*, in: BeckOK-EStG, § 15 Rz. 1371; *Krumm*, in: Kirchhof/Seer, EStG, § 15 Rz. 176; *Bodden*, in: Korn, EStG, § 15 Rz. 159; *Söffing*, Besteuerung der Mitunternehmer, Rz. 373 ff.; ausführlich *Kruse*, DStJG 2 (1979), S. 37, 44; *Costede*, StuW 1977, 208, 212 f.

770 *Florstedt*, Mitunternehmerdoktrin, S. 41; *Beierl*, Einkünftequalifikation bei gemeinsamer wirtschaftlicher Betätigung, S. 30; *Hallerbach*, Personengesellschaft, S. 152 f.

771 *Schenke*, in: BeckOK-EStG, § 15 Rz. 1379 ff.; *Söffing*, Besteuerung der Mitunternehmer, Rz. 135; *Kruse*, DStJG 2 (1979), S. 37, 46.

Abs. 3) und dem Vorhandensein von zumindest zwei Mitunternehmern. Sonderzuweisungen sind in allen Mitunternehmerschaften denkbar, die sich zivilrechtlich einer Gewinnverteilungsabrede öffnen.

b) Gewerbebetrieb

Das Tatbestandsmerkmal „Betrieb“ erfasst Fälle des Gewerbebetriebs i.S.d. Legaldefinition des § 15 Abs. 2 EStG und Fälle des § 15 Abs. 3 EStG.[772] Mitunternehmerschaften lassen sich insofern in „originär gewerbliche“ einerseits und „gewerblich geprägte“ oder „infizierte“ Personengesellschaften andererseits unterteilen.

(1) Gemäß § 15 Abs. 2 EStG, der den „originären“ Gewerbebetrieb definiert, bedarf es einer selbständigen nachhaltigen und mit Gewinnerzielungsabsicht ausgeübten Tätigkeit, die sich als Beteiligung am allgemeinen wirtschaftlichen Verkehr darstellt und nicht als Ausübung von Land- und Forstwirtschaft, eines freien Berufs oder sonstiger selbständiger Arbeit anzusehen ist. Im Gesetzestext nicht genannt, aber allgemein anerkannt ist zudem das negative Tatbestandsmerkmal „keine Vermögensverwaltung“.[773] Während für Land- und Forstwirte und Freiberufler die Vorschriften über die Mitunternehmerschaft entsprechend gelten (§ 13 Abs. 7 EStG bzw. § 18 Abs. 4 Satz 2 EStG), bleibt die Anwendung von § 15 EStG für steuerlich vermögensverwaltende Gesellschaften mit Ausnahme von Fällen des Abs. 3 verschlossen.
Denkbar ist, dass sich Sonderzuweisungen auf das Vorliegen eines Betriebs, insbesondere auf das Vorliegen der Gewinnerzielungsabsicht auswirken können. Die Gesellschaft muss ihre Tätigkeit auf die Mehrung ihres Betriebsvermögens in Gestalt eines Totalgewinns zwischen der Gründung und der Beendigung der Personengesellschaft richten, einschließlich des Sonderbetriebsvermögens der Gesellschaft.[774] Die Gewinnerzielungsabsicht auf Gesellschaftsebene wird – in Abgrenzung zu der gesondert zu prüfenden Gewinnerzielungsabsicht der einzelnen

772 *Haep*, in: Herrmann/Heuer/Raupach, EStG/KStG, § 15 EStG Rz. 367.

773 BFH, Beschluss vom 25.06.1984, GrS 4/82, BFHE 141, 405, BStBl. II 1984, 751 unter III.3.b)bb)(1); Urteil vom 19.01.2017, IV R 50/14, BFHE 257, 35, BStBl. II 2017, 456 unter B.I.1.b); *Bode*, in: Brandis/Heuermann, Ertragsteuerrecht, § 15 EStG Rz. 56; *Krumm*, in: Kirchhof/Seer, EStG, § 15 Rz. 69.

774 BFH, Urteil vom 25.06.1996, VIII R 28/94, BFHE 181, 133, BStBl. II 1997, 202.

Mitunternehmer[775] – als „gemeinschaftliche“ Gewinnerzielungsabsicht verstanden.[776] Dadurch komme zum Ausdruck, dass Mitunternehmer das Unternehmen gemeinsam betreiben. Vor allem aus Freiberuflergesellschaften ist die Problematik bekannt, dass trotz gemeinschaftlichen Außenauftritts und gemeinsamer Infrastruktur steuerlich keine Mitunternehmerschaft der Freiberufler vorliegt (§ 18 Abs. 4 i.V.m. § 15 Abs. 1 Satz 1 Nr. 2 EStG), sondern sie als „Einzelunternehmer“ behandelt werden. Reine Bürogemeinschaften, die zivilrechtlich als Personengesellschaft (GbR oder Partnerschaftsgesellschaft) bestehen, deren Gesellschafter aber für eigene Rechnung tätig sind und ihr eigenes Ergebnis von dem Ergebnis der übrigen Gesellschafter getrennt ermitteln, werden nicht als Mitunternehmerschaft anerkannt.[777]Bei *Tracking-Stock*-Strukturen, wonach einzelne Gesellschafter am Ergebnis einzelner Wirtschaftsgüter beteiligt werden, könnte es danach an der gemeinschaftlichen Gewinnerzielungsabsicht fehlen, wenn die Gesellschafter lediglich auf eigene Rechnung tätig sind. Hier lässt sich auf die vorherigen Ausführungen zum gemeinsamen Zweck rekurrieren:[778] Eine gemeinschaftliche Gewinnerzielungsabsicht zeigt sich bei *Tracking-Stock*-Strukturen am gemeinsamen Interesse an einer erfolgreichen Entwicklung des Gesamtunternehmens, weil ein negatives Ergebnis einzelner Sparten oder Wirtschaftsgüter auf lange Sicht Entnahmerechte und Auszahlungsansprüche auch der „erfolgreichen“ Gesellschafter beschränken dürfte. Zudem tragen die Gesellschafter gemeinsam das Insolvenzrisiko der Gesellschaft und dürften auch aus diesem Grund eine gemeinschaftliche Gewinnerzielung anstreben. Außerdem geht es bei wirtschaftsgutsspezifischen Sonderzuweisungen nicht stets um ein Tätigwerden auf eigene Rechnung durch die verschiedenen Gesellschafter. Solche Fälle dürften die Ausnahme darstellen. Überwiegend wird es zumindest einen Teilbereich geben, dessen Gewinn oder Verlust entsprechend der Beteiligungsquote der Mitunternehmer aufgeteilt wird. Wirtschaftsgutsspezifische Sonderzuweisungen sind in solchen Fällen nur „Beiwerk“, die eine zielgenauere Gewinnverteilung er-

775 Unten D.I.4.c).

776 BFH, Urteil vom 14.4.2005, XI R 82/03, BFHE 210, 241, BStBl. II 2005, 752 unter 2.; *Rätke*, in: Herrmann/Heuer/Raupach, EStG/KStG, § 15 EStG Rz. 96; *Wacker*, in: Schmidt, EStG, § 18 Rz. 40; *ders.*, § 15 Rz. 327;

777 BFH, Urteil vom 14.4.2005, XI R 82/03, BFHE 210, 241, BStBl. II 2005, 752; *Wacker*, in: Schmidt, EStG, § 18 Rz. 40;

778 Ausführlich oben C.V.1.c)aa).

möglichen, aber eine gemeinschaftliche Gewinnerzielungsabsicht nicht entfallen lassen.

(2) Ebenfalls gewerbliche Einkünfte vermittelt ihren Mitunternehmern eine Gesellschaft, die „auch" ein gewerbliches Unternehmen betreibt oder gewerbliche Einkünfte „bezieht" (§ 15 Abs. 3 Nr. 1 Satz 1 EStG). Häufig wird insofern von gewerblicher „Infektion" oder „Abfärbung" gesprochen.[779] Gewerbliche Einkünfte bezieht weiterhin derjenige Mitunternehmer einer Personengesellschaft, die nicht originär gewerblich tätig ist, bei der aber „ausschließlich eine oder mehrere Kapitalgesellschaften persönlich haftende Gesellschafter sind" und nur diese oder gesellschaftsfremde Dritte zur Geschäftsführung befugt sind (gewerblich geprägte Personengesellschaft, § 15 Abs. 3 Nr. 2 Satz 1 EStG). Diese Gewerblichkeitsfiktionen qualifizieren die unter Einschaltung einer Personengesellschaft gemeinschaftlich erzielten Einkünfte in Einkünfte aus Gewerbebetrieb um (*„als Gewerbebetrieb gilt in vollem Umfang...*").

(3) Der Vollständigkeit halber sei mit dem Institut der Betriebsaufspaltung eine weitere, allerdings ungeschriebene Gewerblichkeitsfiktion für Personengesellschaften erwähnt. Die Grundsätze zur Betriebsaufspaltung sind ein richterrechtlich entstandenes, inzwischen allgemein anerkanntes Rechtsinstitut.[780] Eine Betriebsaufspaltung setzt voraus, dass ein personengesellschaftlich verfasstes Besitzunternehmen einem anderen Unternehmen (Betriebsunternehmen) Wirtschaftsgüter überlässt, die das Betriebsunternehmen zum Führen seines Gewerbebetriebs nutzt, und dass zwischen beiden Unternehmen eine hinreichende sachliche (Nutzungsüberlassung wesentlicher Betriebsgrundlagen) und personelle Verflechtung (einheitlicher Betätigungswille in beiden Unternehmen) besteht. Als Rechtsfolge gilt die eigentlich vermögensverwaltende Tätigkeit des Besitz-unternehmens als Ausübung eines Gewerbebetriebs, sodass dessen Gesellschafter gewerbliche Einkünfte erzielen.

---

779 *Hufeld/Schenke*, in: BeckOK-EStG, § 15 Rz. 307; *Schreiber*, NZG 2019, 1172; *Korn/Scheel*, DStR 2019, 1665.

780 Vgl. OFD Frankfurt vom 10.05.2012 (Gesamtdarstellung Betriebsaufspaltung), FR 2012, 976; *Gluth*, in: Herrmann/Heuer/Raupach, EStG/KStG, § 15 EStG Rz. 770; *Wacker*, in: Schmidt, EStG, § 15 Rz. 800.

c) Einheitlicher Gewerbebetrieb

Prüfungswürdig erscheint die Frage, ob eine Gesellschaft über mehrere Betriebe verfügen kann. Insbesondere bei gesonderter Zuweisung des Gewinns einzelner Unternehmenssegmente oder Wirtschaftsgüter könnte man annehmen, eine Gesellschaft habe mehrere Betriebe – mit der Folge, dass auch mehrere Mitunternehmerschaften vorliegen könnten. Das wiederum hätte Auswirkungen auf die Bestimmung der Gewinnanteile, die in jeder Mitunternehmerschaft separat zu ermitteln sind.

Tracking-Stock-Modelle in Personengesellschaften und die Frage, ob die Gesellschaft über einen oder mehrere Betriebe verfügt, waren bereits Gegenstand der BFH-Rechtsprechung.[781] Die Antwort darauf wirkt sich etwa auf die Höhe des gewerbesteuerlichen Freibetrags nach § 11 Abs. 1 Satz 3 Nr. 1 GewStG oder betriebsbezogene Höchstgrenzen wie in § 7g Abs. 1 Satz 3 EStG aus. Dem BFH zufolge gilt die gewerbliche Tätigkeit einer Personengesellschaft bzw. Mitunternehmerschaft stets als einheitlicher Gewerbebetrieb.[782] Auch bei verschiedenartigen gewerblichen Tätigkeiten oder Niederlassungen hat eine Mitunternehmerschaft nur einen Betrieb.[783] Dieses Ergebnis lässt sich aus dem Wortlaut von § 15 Abs. 1 Satz 1 Nr. 2 Satz 1 ableiten, wonach der Gesellschafter einer Personenhandels- oder anderen dort in Bezug genommenen Gesellschaft Mitunternehmer „des Betriebs" ist, eine Gesellschaft demzufolge nur einen Betrieb führt. Die Gewinnaufteilung im Innenverhältnis der Gesellschafter führt nach dem BFH nicht dazu, dass steuerlich mehrere Mitunternehmerschaften bestehen. Dies gelte jedenfalls unter der Prämisse, dass zivilrechtlich lediglich eine Außenpersonengesellschaft existiert. Auch steuerrechtlich sei dann nicht davon auszugehen, dass *Tracking-Stock*-Modelle getrennt zu betrachtende Mitunternehmerschaften zur Folge haben.[784] Dass der Einzelunternehmer mehrere Betriebe, ein Mitunternehmer in einer Gesellschaft (Mitunternehmerschaft)

781 BFH, Urteil vom 23.4.2009, IV R 73/06, BFHE 225, 343, BStBl. II 2010, 40; Urteil vom 13.7.2016, VIII R 56/13, BFHE 254, 398, BStBl. II 2016, 936.

782 BFH, Urteil vom 23.04.2009, IV R 73/06, BFHE 225, 343, BStBl. II 2010, 40 unter II.3.a)aa); Urteil vom 15.12.1992, VIII R 52/91, BFH/NV 1993, 684 unter II.2.a); Urteil vom 09.08.1989, X R 130/87, BFHE 158, 80, BStBl. II 1989, 901 unter II.2; *Krumm*, in: Kirchhof/Seer, EStG, § 15 Rz. 170; im Ergebnis auch *Desens/Blischke*, in: Kirchhof/Söhn/Mellinghoff, EStG, § 15 Rz. B 6 unter „entsprechender" Anwendung von § 15 Abs. 3 Nr. 1 EStG.

783 BFH, Urteil vom 13.07.2016, VIII R 56/13, BFHE 254, 398, BStBl. II 2016, 936 unter II.2.b); *Wacker*, in: Schmidt, EStG, § 15 Rz. 194.

784 BFH, a.a.O. (Fn. 783) unter II.2.b)bb).

aber nur einen Betrieb unterhalten kann, stellt keine verfassungsrechtlich zu beanstandende Ungleichbehandlung dar.[785] Mitunternehmern stehe es frei, mehrere beteiligungsidentische Personengesellschaften zu gründen und dadurch getrennte Betriebe zu führen.[786]

Bestehen zivilrechtlich mehrere Außengesellschaften, bestehen auch steuerlich mehrere Betriebe und mithin Mitunternehmerschaften. Bei zivilrechtlich verschiedenen Innengesellschaften, die auf eine Teilhabe am gesamten Betrieb gerichtet sind, liegt nur ein einheitlicher Betrieb vor. Werden zivilrechtlich mehrere Innengesellschaften, etwa in Form stiller Gesellschaften gem. § 230 HGB, gegründet und beteiligen sich dadurch verschiedene Personen als stille Gesellschafter an einem Handelsgeschäft, liegen nach Ansicht der Rechtsprechung nur dann mehrere Betriebe vor, wenn sich verschiedene Geschäftszweige dergestalt voneinander abgrenzen lassen, dass sie jeweils in sich geschlossene, von anderen Unternehmensteilen unabhängige und auf bestimmte Projekte bezogene Einheiten bilden.[787] Daraus folgt: Ein Gewerbebetrieb setzt eine Gesellschaft i.S.d. § 15 Abs. 1 Satz 1 Nr. 2 Satz 1 EStG voraus; indes verfügt nicht jede (Innen-)Gesellschaft über einen eigenständigen Gewerbebetrieb.

Dem in diesen Entscheidungen zum Ausdruck kommenden Grundsatz des einheitlichen Gewerbebetriebs ist zuzustimmen. Wenn selbst die ausdrückliche Gründung von Innengesellschaften nur unter der Voraussetzung einer hinreichenden Unternehmenssegmentierung zur Existenz verschiedener Mitunternehmerschaften bzw. Betriebe führt, führt eine Gewinnverteilungsabrede nach einem *Tracking-Stock*-Modell nicht zur Entstehung mehrerer Mitunternehmerschaften. Es fehlt an verschiedenen Gesellschaften i.S.d. § 15 Abs. 1 Satz 1 Nr. 2 Satz 1 EStG. Eine eigenständige stille Gesellschaft, die auf die Beteiligung an bestimmten Wirtschaftsgütern oder abgrenzbaren Unternehmensbereichen gerichtet ist, scheitert an einer fehlenden Einlageleistung in das Gesellschaftsvermögen (§ 230 Abs. 1 HGB). Die von den Gesellschaftern der Personengesellschaft erbrachte Einlage dient allein als Einlage in die unternehmenstragende Personengesellschaft und kann nicht daneben als Einlage eines stillen Gesellschafters fungieren.

785 BFH, a.a.O. (Fn. 783) unter II.4.b) mit Bezug zu BVerfG, Beschluss vom 21.06.2006, 2 BvL 2/99, BVerfGE 116, 164.

786 BFH, Urteil vom 15.12.1992, VIII R 52/91, BFH/NV 1993, 684 unter II.2.a).

787 BFH, Urteil vom 23.4.2009, IV R 73/06, BFHE 225, 343, BStBl. II 2010, 40 unter II.3.a)cc); Urteil vom 26.5.1993, X R 108/91, BFHE 171, 500, BStBl. II 1994, 96.

Eine gesplittete Einlage[788] anzunehmen wäre eine vom Gesetz nicht vorgesehene Fiktion. Auch sonstige Innengesellschaften (in Form einer GbR) werden durch eine Gewinnverteilungsabrede mit *Tracking-Stock*-Struktur nicht gegründet. Bei Abschluss der Gewinnverteilungsabrede ist der Wille der Gesellschafter nicht auf die Gründung separater Innengesellschaften gerichtet. Das Steuerrecht kann solche Gesellschaften auch nicht fingieren. § 15 EStG enthält in Abs. 3 Fiktionen, die zur Entstehung eines Gewerbebetriebs führen können. Hingegen kennt das Steuerrecht keine Fiktion, die eine Gesellschaft i.S.d. § 15 Abs. 1 Satz 1 Nr. 2 Satz 1 EStG begründen würde.

4. Mitunternehmerstellung

Zu den Einkünften aus Gewerbebetrieb gehören Gewinnanteile von Gesellschaftern einer Personengesellschaft, bei der der Gesellschafter als Unternehmer (Mitunternehmer) des Betriebs anzusehen ist (§ 15 Abs. 1 Satz 1 Nr. 2 Satz 1 EStG). Gewerbliche Einkünfte erzielt demnach nur der „Mitunternehmer". Die Mitunternehmerstellung von zumindest zwei Personen ist hinreichende Bedingung für die Qualifizierung von Gewinnanteilen als gewerbliche Einkünfte. Mitunternehmer kann jeder Gesellschafter sein, in „Ausnahmefällen" auch Personen mit einer wirtschaftlich gesellschafterähnlichen Stellung.[789] Unerheblich ist, ob der Gesellschafter eine natürliche oder juristische Person ist.

Aufbauend auf dem gesetzlichen Leitbild des HGB stuft § 15 Abs. 1 Nr. 2 EStG Gesellschafter einer OHG und einer KG als „Mitunternehmer" ein.[790] Die Mitunternehmerstellung eines Gesellschafters hängt jedoch bei allen Rechtsformen von der Ausgestaltung der Gesellschafterrechte nach dem Gesellschaftsvertrag ab. Er muss dem Gesellschafter nach ständiger Rechtsprechung[791] hinreichende „Mitunternehmerinitiative" und „Mitun-

788 Vgl. *K. Schmidt*, in: MüKo-HGB, § 230 Rz. 90.

789 BFH, Urteil vom 22.06.2017, IV R 42/13, BFH/NV 2018, 265; BFH, Urteil vom 01.03.2018, IV R 15/15, BStBl. II 2018, 539 Rz. 32.

790 *Haep*, in: Herrmann/Heuer/Raupach, EStG/KStG, § 15 EStG Rz. 303.

791 Kritisch zum Erfordernis von Mitunternehmerrisiko und -initiative und stattdessen eine Gleichsetzung von Mitunternehmerstellung und Mitgliedschaft befürwortend *Florstedt*, Mitunternehmerdoktrin, S. 49 ff., 94. Die Untersuchung der „Mitunternehmerdoktrin" der Rechtsprechung ist nicht vorrangiges Ziel dieser Arbeit. Gleichwohl lässt sich feststellen, dass sich der hier vorgeschlagene Ansatz eines zivilrechtsakzessorischen Verständnisses des Begriffs der „Gewinnanteile" gem. § 15 Abs. 1

ternehmerrisiko“ zuteilwerden lassen.[792] Beides sind notwendige Elemente der Mitunternehmerstellung, sie können aber unterschiedlich stark oder schwach ausgeprägt sein. Nur das gänzliche Fehlen eines dieser beiden Elemente verhindert eine Mitunternehmerstellung.[793] Ohne Mitunternehmerstellung (etwa bei bloß typisch stiller Beteiligung am Unternehmen der Gesellschaft) erzielt ein Gesellschafter Einkünfte aus Kapitalvermögen (§ 20 Abs. 1 Nr. 4 EStG).[794] Mitunternehmerinitiative setzt ein Mindestmaß an unternehmerischen Entscheidungsbefugnissen voraus, Mitunternehmerrisiko die Teilnahme am Erfolg und Misserfolg des Gewerbebetriebs der Gesellschaft.[795] Die Mitunternehmerstellung kann auch durch die Gewinnverteilungsabrede beeinflusst werden, mithin auch durch die Vereinbarung von Sonderzuweisungen.

a) Mitunternehmerrisiko

Mitunternehmerrisiko setzt nach der Rechtsprechung eine „gesellschaftsrechtliche oder dieser wirtschaftlich vergleichbare Teilnahme am Erfolg und Misserfolg eines gewerblichen Unternehmens“ voraus, die „regelmäßig durch Beteiligung am Gewinn und Verlust sowie an den stillen Reserven des Anlagevermögens einschließlich eines Geschäftswertes vermittelt“ werde.[796] Es geht darum, dass Zurechnungssubjekt mitunternehmerischer gewerblicher Einkünfte nur sein kann, wer „sämtliche Mehrungen und Minderungen des Betriebsvermögens finanziell spürt“.[797] Das Mitunternehmerrisiko steht *per definitionem* in Verbindung mit der Gewinnverteilungsabrede einer Personengesellschaft. Somit können sich auch Sonderzuweisungen auf das Vorliegen des Mitunternehmerrisikos auswirken. Die steuerliche Anerkennung der Gewinnverteilungsabrede ist bei der Frage des Mitunter-

Satz 1 Nr. 2 EStG (näher unten D.I.5.b)dd)) problemlos mit dem zivilrechtsbezogenen Ansatz *Florstedts* zum Mitunternehmerbegriff kombinieren lässt.

792 BFH, Beschluss vom 25.6.1984, GrS 4/82, BStBl. II 1984, 751, 769; Urteil vom 7.11.2000, VIII R 16/97, BStBl. II 2001, 186; Urteil vom 4.11.2004, III R 21/02, BStBl. II 2005, 168; Urteil vom 17.5.2006, VIII R 21/04, BFH/NV 2006, 1839; Urteil vom 10.5.2007, IV R 2/05, BStBl. II 2007, 927.

793 BFH, Beschluss vom 25.6.1984, GrS 4/82, BStBl. II 1984, 751, 769; BFH, Urteil vom 8.4.2008, VIII R 73/05, BFHE 221, 238, BStBl. II 2008, 681 Rz. 27.

794 BFH, Urteil vom 28.10.1999, VIII R 66-70/97, BFHE 190, 204, BStBl. II 2000, 183; *Wacker*, in: Schmidt, EStG, § 15 Rz. 259.

795 BFH, Urteil vom 13.7.2017, IV R 41/14, BFHE 258, 459, BStBl. II 2017, 1133, B.II.1.b).

796 BFH, Beschluss vom 25.6.1984, GrS 4/82, BStBl. II 1984, 751, 769.

797 *Schön*, in: FS Offerhaus, S. 385, 400.

nehmerrisikos indes noch nicht zu prüfen. Die Mitunternehmerstellung muss bejaht werden, um den Anwendungsbereich von § 15 Abs. 1 Satz 1 Nr. 2 Satz 1 EStG zu eröffnen, und erst im Anschluss lässt sich über die steuerliche Anerkennung von „Gewinnanteilen" i.S.d. Vorschrift diskutieren.

Für das Mitunternehmerrisiko ist die Ausprägung der Gewinn- und Verlustteilnahme eines Gesellschafters relevant. Fehlende Beteiligung am laufenden Gewinn und stillen Reserven lässt die Mitunternehmerstellung jedenfalls bei beschränkt haftenden Gesellschaftern entfallen.[798] Gilt der Ausschluss nur für den laufenden Gewinn und Verlust oder den Liquidationsgewinn und -verlust, kann – im Umkehrschluss – die Mitunternehmerstellung bestehen bleiben.[799] Gewichtiger für das Bestehen eines Mitunternehmerrisikos erscheint manchen die Beteiligung am Liquidationsgewinn bzw. den stillen Reserven, wohingegen die laufende Gewinnbeteiligung eher verzichtbar sei.[800] Letztlich ist die Frage nach dem Mitunternehmerrisiko aber wertend und auch unter Berücksichtigung der Mitunternehmerinitiative zu beantworten.[801] Typisch stille Gesellschafter, deren wirtschaftliches Risiko sich auf den Verlust ihrer Einlage beschränkt und die am Geschäftswert des Prinzipals nicht beteiligt sind, tragen kein wesentliches Mitunternehmerrisiko; ohne kompensierende „überschießende" Mitunternehmerinitiative sind sie keine Mitunternehmer.[802] Eine befristete Beteiligung an der Mitunternehmerschaft erhebt den Gesellschafter zum Mitun-

798 BFH, Urteil vom 28.10.1999, VIII R 66-70/97, BFHE 190, 204, BStBl. II 2000, 183 unter II.1.a); Urteil vom 17.5.2006, VIII R 21/04, BFH/NV 2006, 1839 unter II.2.b); Urteil vom 3.11.2015, VIII R 63/13, BFHE 252, 294, BStBl. II 2016, 383 unter II.1.b); *Krumm*, in: Kirchhof/Seer, EStG, § 15 Rz. 208 f.; in einem *Obiter Dictum* nahm der BFH die Beteiligung an stillen Reserven der Gesellschaft unabhängig von den Haftungsverhältnissen als „unerlässlich" für die Mitunternehmerstellung an, Urteil vom 16.12.2008, VIII R 83/05, BFH/NV 2009, 1118 unter II.2.b).

799 Vgl. FG Münster, Urteil vom 19.6.2008, 3 K 1086/06 Erb, EFG 2008, 1733 (Mitunternehmerrisiko bejaht trotz fehlender Beteiligung am laufenden Gewinn und Verlust); ebenso (vorbehaltlich einer Gesamtabwägung) *Haep*, in: Herrmann/Heuer/Raupach, EStG/KStG, § 15 Rz. 322, 324; *Bodden*, in: Korn, EStG, § 15 Rz. 341.2 (nur eins von beiden Elementen erforderlich); *Bode*, in: Brandis/Heuermann, Ertragsteuerrecht, § 15 EStG Rz. 350 (fehlende Beteiligung an stillen Reserven kann unschädlich sein).

800 *Desens/Blischke*, in: Kirchhof/Söhn/Mellinghoff, EStG, § 15 Rz. C 44 ff.; *Schenke*, in: BeckOK-EStG, § 15 Rz. 1528 ff.; a.A. (Beteiligung am Liquidationsgewinn für Mitunternehmerrisiko nicht ausreichend) FG Köln, Urteil vom 14.11.2006, 9 K 2612/04, juris Rz. 55 ff.

801 Zur Einzelfallabhängigkeit *Florstedt*, Mitunternehmerdoktrin, S. 31 f.

802 *Schenke*, in: BeckOK-EStG, § 15 Rz. 1960 f.; *Levedag*, DStR 2017, 1233, 1240 zum „Nullbeteiligungsgesellschafter".

ternehmer, wenn – so die Rechtsprechung – in dieser Zeit zumindest eine objektive Möglichkeit der Gewinnerzielung besteht.[803] Aus diesen Grundsätzen lassen sich folgende Schlüsse ziehen:

(1) Das Mitunternehmerrisiko ist kritisch zu prüfen, wenn sich die Gewinn- und Verlustbeteiligung auf Gewinne und Verluste einzelner Wirtschaftsgüter der Gesellschaft beschränkt. Vertretbar wäre, dass sich das Mitunternehmerrisiko stets auf die stillen Reserven bzw. den Geschäftswert des gesamten Betriebs beziehen muss.[804] Gegen dieses strenge Verständnis spricht andererseits, dass auch atypisch stillen Gesellschaftern, deren wirtschaftliche Partizipation auf ein Unternehmenssegment beschränkt ist, eine Mitunternehmerstellung zugeschrieben wird. Für ein hinreichendes Mitunternehmerrisiko bei wirtschaftsgutsspezifischer Gewinnbeteiligung spricht auch, dass es auf die Höhe einer Beteiligung nicht ankommt.[805] Ob sich die Gewinnbeteiligung zu einem geringen Teil auf alle Gewinnbestandteile der Gesellschaft bezieht oder in Gänze auf einzelne Gewinnbestandteile, sollte für das unternehmerische Teilhaberisiko keinen Unterschied machen. Ein hinreichendes Mitunternehmerrisiko liegt demnach auch in *Tracking-Stock*-Strukturen vor; auf eine besonders ausgeprägte Mitunternehmerinitiative kommt es nicht an.

(2) Die Mitunternehmerstellung kann auch in Fällen bestehen, in denen die laufenden Gewinne und Verluste einerseits und Veräußerungs- bzw. Liquidationsgewinne andererseits auf verschiedene Gesellschafter verteilt werden. Zur Beurteilung der Mitunternehmerstellung in diesen Fällen können Anleihen bei (atypisch) stillen Gesellschaftern genommen werden. Grundsätzlich erfordert das Bestehen eines Mitunternehmerrisikos eine Beteiligung an laufenden Gewinnen sowie (bei Ausscheiden des Stillen) am Liquidationserlös, der sich aus stillen Reserven und einem Firmenwert zusammensetzt.[806] Auch ohne Teilhabe

---

803 *Haep*, in: Herrmann/Heuer/Raupach, EStG/KStG, § 15 EStG Rz. 326.

804 Dahingehend im Fall segmentbezogener stiller Beteiligungen BFH, Urteil vom 23.4.2009, IV R 73/06, BFHE 225, 343, BStBl. II 2010, 40 unter II.3.c).

805 BFH, Urteil vom 12.2.1992, XI R 49/89, BFH/NV 1993, 156; *Schenke*, in: BeckOK-EStG, § 15 Rz. 1557.

806 BFH, Beschluss vom 25.6.1984, GrS 4/82, BFHE 141, 405, BStBl. II 1984, 751 unter C.V.3.c)cc)(2) (zum Kommanditisten); Urteil vom VIII R 63/13, VIII R 63/13, BFHE 252, 294, BStBl. II 2016, 383 unter II.1.b); *Levedag*, in: Blaurock, Hdb. Stille Gesellschaft, § 20 Rz. 20.70.; *Grever*, RNotZ 2019, 1, 10.

am Liquidationsgewinn bleibt das Mitunternehmerrisiko gleichwohl bestehen, wenn eine hohe Beteiligung am laufenden Gewinn gewährt wird oder ein über die eigene Einlage hinausgehendes Verlustrisiko besteht.[807] Fehlende Verlustbeteiligung dürfte das Gesamtbild dahingehend beeinflussen, dass keine Mitunternehmerstellung vorliegt.[808] Eine ausgeprägte Mitunternehmerinitiative könnte wiederum zur Mitunternehmerstellung verhelfen, was im Einzelfall zu prüfen ist. Die Teilhabe allein am Liquidationsgewinn bzw. den stillen Reserven der Gesellschaft ist hingegen unschädlich, wenn zumindest mit der Entstehung stiller Reserven gerechnet werden kann.[809] Nach diesen Maßstäben dürfte das Mitunternehmerrisiko uneingeschränkt zu bejahen sein, wenn alle Gesellschafter an den stillen Reserven bzw. Liquidationsgewinnen beteiligt werden, indes nur einzelnen Gesellschaftern laufende Gewinne zugewiesen werden und sie diese Gewinne auf ihren Liquidationsgewinnanteil anrechnen müssen. Im Einzelfall kann es für die Mitunternehmerstellung auch unschädlich sein, dass ein Gesellschafter ausschließlich laufende Gewinne zugewiesen bekommt. Nur wenn die Gewinnverteilungsabrede nachträglich noch dahin geändert wird, dass der betroffene Gesellschafter dauerhaft von einer Beteiligung an laufenden Gewinnen und Liquidationsgewinnen ausgeschlossen wird, entfällt die Mitunternehmerstellung *ex nunc*.

(3) Sonderzuweisungen, die mit einem temporären Ausschluss am laufenden Gewinn verbunden sind (Periodenverlagerung), lassen die Mitunternehmerstellung des Kommanditisten unberührt. Eine zwischenzeitliche Gewinnbeteiligungspause beeinflusst nicht die insgesamt bestehende wirtschaftliche Teilnahme am Erfolg oder Misserfolg der Gesellschaft. Wenn sogar die bloße Beteiligung an stillen Reserven für das Bestehen des Mitunternehmerrisikos ausreicht, lässt ein temporärer Ausschluss vom laufenden Gewinn das Mitunternehmerrisiko erst recht nicht entfallen. Das gilt umso mehr, wenn der temporäre Gewinnausschluss durch einen anschließend gesteigerten Gewinnanteil ausgeglichen werden soll.

---

807 BFH, Urteil vom 18.4.2000, VIII R 68/98, BFHE 192, 100, BStBl. II 2001, 359; ein Verlustrisiko kann sich auch aus unbeschränkter persönlicher Haftung ergeben – dazu BFH, Urteil vom 14.8.1986, IV R 131/84, BFHE 147, 432, BStBl. II 1987, 60.

808 BFH, Urteil vom 25.6.1981, IV R 61/78, BFHE 134, 261, BStBl. II 1982, 59.

809 *Haep*, in: Herrmann/Heuer/Raupach, EStG/KStG, § 15 EStG Rz. 322, 324.

Festzustellen ist, dass Sonderzuweisungen Anlass zur Prüfung des Mitunternehmerrisikos geben können, vor allem bei Beschränkung der Gewinnteilnahme auf den laufenden Gewinn der Gesellschaft oder auf einzelne Wirtschaftsgüter. Die Gesellschafterposition nähert sich einem typisch stillen Gesellschafter an, bei dem das Mitunternehmerrisiko grundsätzlich fehlt. Das Mitunternehmerrisiko bleibt andererseits bestehen, wenn sich die Sonderzuweisungen nur punktuell auf bestimmte Gewinnelemente beziehen, der Gesamtgewinnanteil eines Gesellschafters und seine Teilnahme an den stillen Reserven der Gesellschaft dagegen nicht beschränkt werden sollen. Ist das Mitunternehmerrisiko im Einzelfall schwach ausgeprägt, ist besonderes Augenmerk auf den Umfang der Initiativrechte des Gesellschafters zu legen.

b) Mitunternehmerinitiative

Die Schwelle für das Vorhandensein von Mitunternehmerinitiative wird nach dem BFH erreicht im Fall der „Teilhabe an unternehmerischen Entscheidungen, wie sie z.B. Gesellschaftern oder diesen vergleichbaren Personen als Geschäftsführern, Prokuristen oder anderen leitenden Angestellten obliegen".[810] Kommanditisten werden vom dispositiven Gesetzesrecht mit weniger derartigen Initiativrechten ausgestattet. Dennoch sieht § 15 Abs. 1 Satz 1 Nr. 2 Satz 1 EStG auch Kommanditisten als Gesellschafter einer KG typischerweise als Mitunternehmer an.[811] Ausreichend für die Mitunternehmerinitiative sind daher die Rechte, die einem Kommanditisten nach dem Regelstatut des HGB zuteilwerden. Das sind insbesondere seine Stimm-, Kontroll- und Widerspruchsrechte.[812] Auch die Kontrollrechte i.S.d. § 717 Abs. 1 BGB (§ 716 BGB a.F.) vermitteln ausreichende Mitunternehmerinitiative.[813]

Fraglich ist, ob das Merkmal der Mitunternehmerinitiative durch die Verabredung von Sonderzuweisungen berührt wird. Gewinnanteile und Initiativrechte (Stimm-, Kontroll- und Widerspruchsrechte als Ausschnitt der mitgliedschaftlichen Verwaltungsrechte) sind grundsätzlich zwei verschie-

810 BFH, Beschluss vom 25.6.1984, GrS 4/82, BStBl. II 1984, 751, 769.

811 *Haep*, in: Herrmann/Heuer/Raupach, EStG/KStG, § 15 EStG Rz. 310.

812 *Krumm*, in: Kirchhof/Seer, EStG, § 15 Rz. 212; *Haep*, in: Herrmann/Heuer/Raupach, EStG/KStG, § 15 EStG Rz. 309 ff.

813 BFH, Urteil vom 16.5.2013, II R 5/12, BFHE 241, 49, BStBl. II 2013, 635 unter II.1.b).

dene Ausprägungen der Mitgliedschaft.[814] Nach der Rechtslage bis zum Inkrafttreten des MoPeG standen sie in keinem Abhängigkeitsverhältnis voneinander; die Initiativrechte des Kommanditisten waren mithin nicht an die Gewinnbeteiligung gekoppelt. Das Stimmrecht (§ 162 Abs. 2 i.V.m. § 119 HGB a.F.), das Widerspruchsrecht (§ 164 HGB a.F.) und das Einsichtnahmerecht gem. § 166 HGB a.F. bestanden nach dispositivem Recht etwa auch dann, wenn der Kommanditist ein zeitweise eingeschränktes oder nur auf bestimmte Gewinnelemente bezogenes Gewinnrecht hätte. Inzwischen sind gem. § 709 Abs. 3 BGB Stimmkraft und Gewinnanteil von denselben Parametern abhängig, nämlich vom vereinbarten Beteiligungsverhältnis, von der vereinbarten Beitragsquote oder von der Anzahl der Gesellschafter (Kopfprinzip). Gewinn- und Stimmrecht werden danach grundsätzlich einheitlich bemessen, gesellschaftsvertragliche Veränderungen des Gewinnrechts wirken sich jedoch nicht auf den Umfang des Stimmrechts aus. Sonderzuweisungen verändern das Gewinnrecht, während sich das Stimmrecht ohne abweichende gesellschaftsvertragliche Regelung weiterhin nach den in § 709 Abs. 3 BGB genannten Größen richtet. Nach dispositivem Recht wirken sich Schwankungen bei der Höhe der Gewinnbeteiligung folglich nicht auf die Initiativrechte der Gesellschafter aus.

Gehen Sonderzuweisungen allerdings durch gesellschaftsvertragliche Regelungen mit einer Beschränkung der Initiativrechte eines Gesellschafters einher, können an der Mitunternehmerinitiative Zweifel aufkommen. Ungeklärt ist etwa, ob eine Beschränkung der Initiativrechte auf bestimmte Unternehmenssegmente oder gar einzelne Wirtschaftsgüter der Gesellschaft die Mitunternehmerinitiative entfallen lässt. Das FG München hat die Mitunternehmerinitiative und damit eine Mitunternehmerstellung in einem Fall insgesamt verneint, in dem es um partielle Unternehmensbeteiligung an einer Kapitalgesellschaft mittels stiller Beteiligungen ging.[815] Die Mitspracherechte der stillen Gesellschafter waren allerdings im Wesentlichen auf unverbindliche Ratschläge und Zustimmungsvorbehalte zu manchen Transaktionen beschränkt. Von „vollständigen", mit den Rechten eines Kommanditisten aus §§ 119, 164 und 166 HGB a.F. (§§ 116 Abs. 2 Satz 1, 166 HGB n.F.) vergleichbaren Initiativrechten im Hinblick auf die Projekte,

814 Vgl. zur Unterscheidung von Vermögens- und Verwaltungsrechten *Schäfer*, in: MüKo-BGB, § 705 Rz. 191; *Wertenbruch*, in: Ebenroth/Boujong/Joost/Strohn, HGB, § 105 Rz. 237; *Lieder*, in: Oetker, HGB, § 105 Rz. 65; *K. Schmidt*, Gesellschaftsrecht, § 19 III 3c.

815 Urteil vom 8.10.2018, 7 K 519/14, EFG 2019, 494.

auf die sich die stillen Beteiligungen wirtschaftlich bezogen, waren die stillen Gesellschafter weit entfernt. Aus dem Urteil lassen sich demnach keine verallgemeinerungsfähigen Schlüsse ziehen. Eine Antwort auf die Frage, ob sich die Mitunternehmerinitiative stets auf das gesamte Unternehmen der Gesellschaft beziehen muss, lässt sich auch nicht daraus ableiten, dass sich atypisch stille Gesellschaften anerkanntermaßen auf einzelne Unternehmensbereiche beziehen können.[816] Denn die Mitunternehmerschaft ist in diesem Fall die atypisch stille Gesellschaft, auf die sich die Mitunternehmerinitiative insgesamt erstreckt. Gleichwohl sollten Initiativrechte mit Bezug zu einzelnen Wirtschaftsgütern der Mitunternehmerschaft zur Annahme einer Mitunternehmerinitiative ausreichen. Denn auch vermögensmäßig selektiv beteiligte Gesellschafter unterscheiden sich von bloßen Kapitalgebern, wenn sie bezüglich der sie wirtschaftlich betreffenden Wirtschaftsgüter unternehmerische Teilhabe ausüben können. Die Initiativrechte müssen demnach nur so weit reichen wie die Gewinnbeteiligung.

c) Absicht der Einkünfteerzielung

Wie bei jeder anderen Einkunftsart auch setzt die Tatbestandsverwirklichung von § 15 Abs. 1 Nr. 2 EStG eine bestehende Einkünfteerzielungsabsicht voraus. Sie muss nicht nur auf Ebene der Gesellschaft, sondern auch – damit diese als Mitunternehmer qualifiziert werden können – auf Ebene der einzelnen Gesellschafter vorliegen.[817] Die Gesellschaft muss ihre Tätigkeit auf die Mehrung ihres Betriebsvermögens in Gestalt eines Totalgewinns zwischen der Gründung und der Beendigung der Personengesellschaft richten, einschließlich des Sonderbetriebsvermögens der Gesellschaft.[818] Auf Ebene der Gesellschafter ist bei bestehendem Mitunternehmerrisiko regelmäßig von einer Einkünfteerzielungsabsicht auszugehen. Anderes kann aber gelten, wenn der Gesellschafter der Gesellschaft nur kurzfristig beitritt, um Verluste zugewiesen zu bekommen.[819] Insoweit ist das Kriterium der Einkünfteerzielungsabsicht auch für Sonderzuweisungen

---

816 Dazu oben C.V.1.b)cc).

817 BFH, Urteil vom 4.11.2003, VIII R 38/01, BFH/NV 2004, 1372 unter II.B.2.b)cc); Beschluss vom 23.4.1999, IV B 149/98, BFH/NV 1999, 1336 unter 2.a); *Wacker*, in: Schmidt, EStG, § 15 Rz. 183.

818 BFH, Urteil vom 25.6.1996, VIII R 28/94, BFHE 181, 133, BStBl. II 1997, 202.

819 BFH, Urteil vom 8.12.1998, IX R 49/95, BFHE 187, 512, BStBl. II 1999, 468 unter II.1.a).

relevant. Resultieren gesondert zugewiesene Verluste auf Gesellschafterebene in Liebhaberei, bleiben die Verluste steuerlich unberücksichtigt. Das gilt auch für die Beteiligung an vermögensverwaltenden Gesellschaften.[820]

Fraglich erscheint die Gewinnerzielungsabsicht einzelner Gesellschafter außerdem, wenn die Gewinnverteilungsabrede für sie „Gewinnbeteiligungspausen" bestimmt. Das ist typischerweise bei der Periodenverlagerung der Fall. Bedient man sich der herkömmlichen Definition der Gewinnerzielungsabsicht, nämlich Betriebsvermögen zu mehren und auf Dauer einen Totalgewinn zu erzielen, ist sie gleichwohl zu bejahen. Ausreichend ist das Anstreben einer Betätigung, in der über die gesamte Lebensdauer eines Betriebs ein positives Gesamtergebnis angelegt ist.[821] Dass ein Mitunternehmer in einzelnen Wirtschaftsjahren auf einen Gewinnanteil verzichtet, um in späteren Jahren einen erhöhten Gewinnanteil zugewiesen zu bekommen, steht einer periodenübergreifend festzustellenden Gewinnerzielungsabsicht folglich nicht entgegen.

5. Gewinnanteile i.S.d. § 15 Abs. 1 Satz 1 Nr. 2 EStG

Nach Feststellung einer Mitunternehmerschaft und Bejahung der Mitunternehmerstellung ist geklärt, dass die Personengesellschafter aus ihrer Gesellschaftsbeteiligung dem Grunde nach gewerbliche Einkünfte erzielen. Die Höhe der gewerblichen Einkünfte bestimmt sich auf erster Gewinnermittlungsstufe nach ihren „Gewinnanteilen" an der Mitunternehmerschaft. Das Tatbestandsmerkmal setzt sich aus den beiden Untermerkmalen „Gewinn" sowie „Anteilen" zusammen, die jeweils auslegungsbedürftig sind.

a) „Gewinn"

Lange Zeit war streitig, was das Objekt der Gewinnermittlung ist – der Gewinn der Gesellschaft oder der Gewinn, der sich aus einer nach Gesellschaftern getrennten Gewinnermittlung ergab (letzteres war Folge der

820 *Bodden*, in: Korn, EStG, § 15 Rz. 284, 314.

821 BFH, Beschluss vom 25.6.1984, GrS 4/82, BFHE 141, 405, BStBl. II 1984, 751 unter C.IV.3.c); Urteil vom 30.10.2014, IV R 34/11, BFHE 247, 418, BStBl. II 2015, 380 unter II.2.b)aa).

früher vertretenen Bilanzbündeltheorie).[822] Dieser Streit ist inzwischen im Sinne der Einheitstheorie entschieden.[823] Die Gesellschaft selbst ist danach Subjekt der steuerlichen Gewinnermittlung. Die Gesellschaft wird für Zwecke der Gewinnermittlung wie ein gewöhnliches Steuersubjekt behandelt.[824] Ermittelt wird auf erster Stufe der steuerliche Gewinn der Gesellschaft.[825] Der Gewinnbegriff i.S.d. § 15 Abs. 1 Satz 1 Nr. 2 EStG wird allgemein mit demjenigen gleichgesetzt, den das Gesetz in § 2 Abs. 2 Satz 1 Nr. 1 EStG verwendet und in den §§ 4 bis 7k und § 13a EStG konkretisiert.[826]

Die Gewinnermittlung erfolgt bei Mitunternehmerschaften durch Betriebsvermögensvergleich gem. §§ 4 Abs. 1, 5 Abs. 1 EStG oder durch Einnahmen-Überschuss-Rechnung gem. § 4 Abs. 3 EStG. Der Gewinn ist durch Betriebsvermögensvergleich zu ermitteln, wenn die Mitunternehmerschaft nach den §§ 140, 141 AO zur Buchführung verpflichtet ist, also entweder einer handelsrechtlichen Buchführungspflicht oder durch Überschreiten der Grenzwerte des § 141 AO einer originär steuerrechtlichen Buchführungspflicht unterliegt. Außerhalb des Anwendungsbereichs von §§ 140, 141 AO können Mitunternehmerschaften ihren Gewinn freiwillig durch Betriebsvermögensvergleich ermitteln; ansonsten greift für sie die Gewinnermittlung durch Einnahmen-Überschuss-Rechnung gem. § 4 Abs. 3 EStG. Das Wahlrecht zwischen § 4 Abs. 1 und § 4 Abs. 3 EStG steht beispielsweise freiberuflichen Mitunternehmerschaften offen. Land- und

822 So noch RFH, Urteil vom 20.6.1928, VI A 281/28, RStBl. 1928, 344, StuW II 1928, 940, 943; mit anderem Ansatz bereits BFH, Urteil vom 14.01.1958, I 159/57 U, BFHE 66, 193, BStBl. III 1958, 75 („Eine Auflösung der Einheitsbilanz und eine Überbetonung der Sonderbilanzen der einzelnen Gesellschafter würde das System der einheitlichen Gewinnfeststellung beeinträchtigen, mit erheblichen praktischen Schwierigkeiten verbunden sein und zu einer dem Sinn des Gesetzes nicht entsprechenden Komplizierung der Bilanzierung und Gewinnberechnung führen.“).

823 BFH, Beschluss vom 10.11.1980, GrS 1/79, BFHE 132, 244, BStBl. II 1981, 164 unter C.I.1.b) (keine Gewinnermittlung durch gesellschafterbezogenen Vermögensvergleich, sondern durch Vermögensvergleich der Gesellschaft); *Stapperfend* u.a., in: Herrmann/Heuer/Raupach, EStG/KStG, § 15 EStG Rz. 93.

824 Ausnahmen bestehen bei personenbezogenen Steuervergünstigungen, die erst auf Mitunternehmerebene berücksichtigt werden, dazu *Bodden*, in: Korn, EStG, § 15 Rz. 441;

825 *Wacker*, in: Schmidt, EStG, § 15 Rz. 401; *Bode*, in: Brandis/Heuermann, Ertragsteuerrecht, § 15 EStG Rz. 489; *Rätke*, in: Herrmann/Heuer/Raupach, EStG/KStG, § 15 EStG Rz. 93.

826 *Bodden*, in: Korn, EStG, § 15 Rz. 437; *Tiede*, in: Herrmann/Heuer/Raupach, EStG/KStG, § 15 EStG Rz. 463; *Bode*, in: Brandis/Heuermann, Ertragsteuerrecht, § 15 EStG Rz. 444; *Prinz*, DStJG 34 (2011), S. 135, 138; *Krüger*, FR 2016, 1031, 1037.

forstwirtschaftliche Mitunternehmerschaften können überdies die Option der Gewinnermittlung nach Durchschnittssätzen gem. § 13a EStG wählen, Handelsschiffbetriebe die Tonnagebesteuerung gem. § 5a EStG.

aa) Betriebsvermögensvergleich gem. §§ 4 Abs. 1, 5 Abs. 1 EStG

(1) Erste Gewinnermittlungsstufe – Ermittlung des Unterschiedsbetrags

Bei gem. §§ 4 Abs. 1, 5 Abs. 1 EStG bilanzierenden Mitunternehmerschaften ist für den Betriebsvermögensvergleich die Steuerbilanz der Gesellschaft maßgeblich, die sich aus der Handelsbilanz ableitet (sog. Maßgeblichkeitsprinzip). Die Handelsbilanz wiederum wird gemäß den §§ 238 ff. HGB erstellt. Die Handelsbilanz bildet alle Vermögensgegenstände des zivilrechtlichen Gesellschaftsvermögens ab. Im Grundsatz sind alle diese Vermögensgegenstände auch Wirtschaftsgüter des notwendigen Betriebsvermögens und fließen damit in die Steuerbilanz ein.[827] Gleichwohl kann die Handelsbilanz aufgrund abweichender steuerrechtlicher Vorgaben der Gewinnermittlung in den §§ 4 ff. EStG nicht unbesehen als Steuerbilanz fungieren. Vielmehr ist unter Beachtung der §§ 4 bis 7k EStG eine gesonderte Steuerbilanz aufzustellen oder die Handelsbilanz per Überleitungsrechnung in eine Steuerbilanz zu überführen (§ 60 Abs. 2 Satz 1 EStDV). Das Maßgeblichkeitsprinzip führt dazu, dass die externe handelsrechtliche Gewinnermittlung grundsätzlich auch die steuerliche Gewinnermittlung bestimmt. Eine von diesem Ordnungsrahmen abweichende interne Gewinnermittlung mag für die Gewinnverteilung im Innenverhältnis der Gesellschafter relevant sein, kann indes nicht die Art und Weise der Bilanzierung im Außenverhältnis gem. §§ 238 ff. HGB bzw. §§ 4 Abs. 1, 5 Abs. 1 EStG ersetzen. Dementsprechend ist auch die aus der Handelsbilanz abgeleitete Steuerbilanz die Bilanz der gesamten Gesellschaft, nicht einzelner Geschäftsbereiche oder einzelner Gesellschafter. Auf erster Gewinnermittlungsstufe entsteht ein aggregiertes Ergebnis. Einzelne Geschäftsvorfälle werden nicht ermittelt.[828] Das Ergebnis der ersten Gewinnermittlungsstufe kennt – im Unterschied zum US-Steuerrecht (§§ 702, 703 IRC) – keine Einzelelemente, die sich qualitativ voneinander unterscheiden.

---

827 *Crezelius*, in: Herrmann/Heuer/Raupach, EStG/KStG, § 15 EStG Rz. 233 ff.
828 *Wacker*, in: Schmidt, EStG, § 15 Rz. 408.

(2) Zweite Gewinnermittlungsstufe – Gewinnkorrekturen und Entstehung von „Gewinnbestandteilen"

Der aus dem Steuerbilanzvergleich folgende Unterschiedsbetrag kann jedoch (außerbilanziellen) Korrekturen unterliegen. Diese Korrekturen sind erforderlich, soweit das Steuerrecht Änderungen im Betriebsvermögen für nicht ergebniswirksam erklärt. Wie bei der Ermittlung des Gesamtgewinns einer Mitunternehmerschaft wird auch insofern von zweistufiger Gewinnermittlung gesprochen.[829] Der reine Betriebsvermögensvergleich ist etwa unter Berücksichtigung von Einlagen und Entnahmen sowie dem Ergebnis außerbilanziell hinzuzurechnender Betriebsausgaben i.S.d. § 4 Abs. 5 EStG zu korrigieren.[830] Auf Gesellschafterebene steuerfreie Einnahmen der Mitunternehmerschaft, etwa im Rahmen von § 8b Abs. 1 und 2 KStG oder § 3 Nr. 40 EStG, sind außerbilanziell vom Ergebnis des Betriebsvermögensvergleichs abzuziehen.[831] Auch Gewinnanteile eines im Inland beschränkt steuerpflichtigen Mitunternehmers, die auf eine ausländische Betriebsstätte entfallen, sind zwecks Anwendung des § 49 Abs. 1 Nr. 2 Buchst. a EStG gesondert zu ermitteln.[832] Gleiches gilt für Einkünfte, die nach einem DBA im Inland von der Besteuerung freizustellen sind.[833]

Damit ist eine Thematik mit besonderer Relevanz für Sonderzuweisungen angesprochen. Die zweistufige Gewinnermittlung gem. §§ 4 Abs. 1, 5 Abs. 1 EStG erfordert nicht nur die betragsmäßige Ermittlung des Gesellschaftsgewinns als aggregierten Unterschiedsbetrag, sondern überdies eine qualitative und quantitative Ermittlung einzelner „Gewinnbestandteile". Die getrennte Ermittlung von Gewinnbestandteilen ist erforderlich, wenn für sie besondere Rechtsfolgen gelten.[834] Dazu zählen etwa die genannten steuerfreien Einnahmen gem. § 3 Nr. 40 EStG oder § 8b KStG, sodass Gewinne aus der Veräußerung von Portfoliobeteiligungen durch die Mitun-

---

829 *Krumm*, in: Brandis/Heuermann, Ertragsteuerrecht, § 5 EStG Rz. 97; *Prinz*, DStJG 34 (2011), S. 135, 144 f.

830 Einlagen und Entnahmen können hingegen innerhalb und außerhalb der Steuerbilanz zu korrigieren sein, dazu *Wassermeyer*, IStR 2001, 633, 634 f.

831 *Tiede*, in: Herrmann/Heuer/Raupach, EStG/KStG, § 15 EStG Rz. 481; *Schenke*, in: BeckOK-EStG, § 15 Rz. 1607 ff.; *Prinz*, DStJG 34 (2011), S. 135, 145; *Drüen*, FR 2001, 992, 999.

832 *Wacker*, in: Schmidt, EStG, § 15 Rz. 408.

833 *Seiler*, in: Kirchhof/Söhn/Mellinghoff, EStG, § 4 Rz. B 171; *Prinz*, DStJG 34 (2011), S. 135, 145.

834 Das gilt allgemein bei der Ermittlung von Einkünften, vgl. *Musil*, in: Herrmann/Heuer/Raupach, EStG/KStG, § 2 EStG Rz. 505.

ternehmerschaft oder Dividenden aus Portfoliogesellschaften gesondert zu ermitteln sind. Das folgt daraus, dass die Mitunternehmerschaft nicht nur verfahrensrechtlich im Rahmen von § 180 Abs. 1 Satz 1 Nr. 2 Buchst. a AO Gewinnfeststellungsbeteiligte, sondern auch materiellrechtlich Gewinnermittlungssubjekt ist.[835] Die steuerliche Gewinnermittlung ermöglicht es daher technisch, eine handelsrechtliche Gewinnverteilungsabrede steuerlich nachzuvollziehen, wonach Gewinne aus der Veräußerung von Kapitalgesellschaftsbeteiligungen oder Dividenden bestimmten Gesellschaftern gesondert zugewiesen werden sollen. Die außerbilanziellen Gewinnkorrekturen zeigen mithin, dass den Gesellschaftern nicht ein vollständig „aggregierter" Ergebnisanteil zugerechnet wird.[836] Das mag der Befund bei isolierter Betrachtung der ersten Gewinnermittlungsstufe sein, wonach der Bilanzgewinn als einheitlicher Unterschiedsbetrag erscheint. Auf zweiter Gewinnermittlungsstufe zeigt sich jedoch, dass das Steuerrecht durchaus zwischen verschiedenen Gewinnbestandteilen, etwa laufenden Gewinnen und Veräußerungsgewinnen oder in- und ausländischen Einkünften, unterscheidet.

bb) Einnahmen-Überschuss-Rechnung gem. § 4 Abs. 3 EStG

Parallel zur ersten Stufe der bilanziellen Gewinnermittlung gilt für die Einnahmen-Überschuss-Rechnung gem. § 4 Abs. 3 EStG, dass der Überschuss für die gesamte Gesellschaft zu ermitteln ist, nicht für einzelne Gesellschaftsteile oder Geschäftsvorfälle. Wie bei der zweiten Stufe der bilanziellen Gewinnermittlung endet die steuerliche Überschussermittlung allerdings nicht an diesem Punkt. Sie umfasst zusätzlich Einzelelemente, die für die zutreffende Besteuerung der Mitunternehmer von Bedeutung sind. Auch im Rahmen von § 4 Abs. 3 EStG ist das Ergebnis der Überschussrechnung zu korrigieren, soweit die Gesellschaft steuerfreie Zuflüsse zu verzeichnen hat.[837]

---

835 *Schön*, StuW 1996, 275, 282; *Lang*, in: FS Schmidt, S. 291, 296 ff.; verfahrensrechtlich ist die Ermittlung einzelner Gewinnbestandteile anerkannt, lediglich die Frage der Ermittlungsart – Stichwort Brutto- oder Nettomethode – bedurfte noch einer Klärung, dazu grundlegend BFH, Urteil vom 25.7.2019, IV R 47/16, BFHE 265, 273, BStBl. II 2020, 142 mit Akzeptanz der Bruttomethode; vgl. auch *Bodden*, in: Korn, EStG, § 15 Rz. 442.

836 Anders wohl *Kempelmann/Scholz*, DStR 2019, 630, 631.

837 *Seiler*, in: Kirchhof/Söhn/Mellinghoff, EStG, § 4 Rz. B 171.

b) „Anteile“

Nachdem der Gesellschaftsgewinn für steuerliche Zwecke ermittelt wurde, stellt sich die Frage nach dem Anteil der einzelnen Mitunternehmer. Durch den Begriff „Anteile“ schimmert das Transparenzprinzip, wonach die Besteuerung der Mitunternehmer eben nicht erst bei entsprechender Gewinnverwendung (Entnahmen) oder dem Zufluss ansetzt, sondern schon bei der Zuteilung des entstandenen Gewinns.[838] Gleichermaßen drückt sich in den „Gewinnanteilen“ die Zurechnungsfunktion von § 15 Abs. 1 Satz 1 Nr. 2 EStG aus: Der Erfolg des Gesellschaftsgewinns ist den Mitunternehmern in Höhe ihrer Gewinnanteile zuzurechnen. Weitere Aussagen lassen sich dem Wortlaut nicht entnehmen. Anders als zur Gewinnermittlung der Gesellschaft enthält das EStG, insbesondere § 15 Abs. 1 Satz 1 Nr. 2 EStG, keine ausdrücklichen Vorgaben zur Gewinnverteilung.[839]

aa) Maßgeblichkeit des zivilrechtlichen Gewinnverteilungsschlüssels

Die Anknüpfung des § 15 Abs. 1 Satz 1 Nr. 2 EStG an „Gewinnanteile“ blickt auf eine über 100-jährige Historie zurück. Schon nach Verabschiedung der *Miquel'schen* Steuerreform ausgangs des 19. Jahrhunderts waren die „Theilhaber“ einer Personengesellschaft „nach Maßgabe ihres Antheils“ zu besteuern.[840] Aus der Bezugnahme auf den „Geschäftsgewinn“ folgt, dass mit dem steuerpflichtigen „Anteil“ nicht lediglich die Vorabdividende gem. Art. 106 ADHGB gemeint war, sondern zusätzlich der – ggf. vertraglich vereinbarte – Anteil am Mehrgewinn gem. Art. 109 ADHGB.[841] § 7 Nr. 3

838 BFH, Urteil vom 29.03.1984, IV R 271/83, BStBl. II 1988, 663; vom 24.02.1988, I R 95/84, BFHE 153, 101, BStBl. II 1988, 663; Beschluss vom 03.05.1993, GrS 3/92, BStBl. II 1993, 616; *Wacker*, in: Schmidt, § 15 Rz. 441; *Bode*, in: Brandis/Heuermann, Ertragsteuerrecht, § 15 EStG Rz. 493; vgl. zur Genese der „zuflussunabhängigen“ Gewinnzurechnung in Mitunternehmerschaften *Schön*, StuW 1988, 253, 255.

839 *Desens/Blischke*, in: Kirchhof/Söhn/Mellinghoff, EStG, § 15 Rz. F 6.

840 § 14 Abs. 2 Nr. 2 PrEStG vom 24.6.1891, abgedruckt in FinArchiv 8 (1891), H. 2, 331, 335; anschließend § 13 Abs. 2 Nr. 2 PrEStG i.d.F. vom 19.6.1906, PrGS 1906, 241, vgl. auch Art. 17 der Ausführungsanweisungen zum PrEStG vom 5.8.1891 („der von einer offenen Handelsgesellschaft oder einer anderen nicht nach Art. 26 steuerpflichtigen Erwerbsgesellschaft erzielte Geschäftsbeginn ist den einzelnen Teilhabern nach Maßgabe ihres Anteils zuzurechnen“).

841 Nach Art. 109 ADHGB wird der Gewinn oder Verlust, „in Ermangelung einer anderen Vereinbarung, unter die Gesellschafter nach Köpfen vertheilt“.

des EStG 1920[842] führte das Gewinnanteilsprinzip fort, indem es den „Anteil am Geschäftsgewinne" von Mitunternehmern des Betriebs zu den Einkünften aus Gewerbebetrieb zählte. Der Tatbestand wurde ergänzt um Sondervergütungen für „Müheverwaltungen im Interesse der Gesellschaft". „Anteile am Geschäftsgewinne" sind auch noch Teil des EStG 1925;[843] seit 1934 spricht das Gesetz von „Gewinnanteilen".[844] Seitdem überdauern die „Gewinnanteile" alle Änderungen, denen § 15 EStG unterlag.[845] Allgemein wird insoweit auf eine Gewinnzurechnung nach dem gesellschaftsvertraglich vereinbarten Gewinnverteilungsschlüssel oder – fehlt eine entsprechende Abrede – nach den gesetzlichen Vorschriften aus BGB und HGB abgestellt.[846] Teils wird zur Begründung auf die Nähe des Wortlauts der „Gewinnanteile" zu den „Anteilen am Gewinn" in § 709 Abs. 3 Satz 1 BGB (§ 722 Abs. 1 BGB a.F.) rekurriert,[847] größtenteils indes auf eine Herleitung dieses Auslegungsergebnisses verzichtet. Das Ergebnis ist gleichwohl sachgerecht. Die zivilrechtliche Gewinnverteilung ist ein geeigneter Maßstab zur Ermittlung der Steigerung oder Verminderung der steuerlichen

842 Einkommensteuergesetz vom 29.3.1920, RGBl. 1920, 359.

843 § 29 Nr. 3 EStG 1925, RGBl. I 1925, 189, 195.

844 § 15 Nr. 2 EStG 1934, RGBl. I 1934, 1005, 1010.

845 Die einzige Änderung in § 15 Abs. 1 Satz 1 Nr. 2 EStG brachte das Steueränderungsgesetz vom 25.2.1992 (BGBl. I 1992, 297), wodurch in Satz 1 die Worte „des Betriebs" und Satz 2 eingefügt wurden.

846 Allgemeine Meinung, stellvertretend aus der Rechtsprechung: BFH, Urteil vom 31.10.1974, IV R 141/70, BFHE 113, 511, BStBl. II 1975, 73 unter B.2.; Urteil vom 23.4.1975, I R 234/74, BFHE 115, 488, BStBl. II 1975, 603; Beschluss vom 10.11.1980, GrS 1/79, BFHE 132, 244, BStBl. II 1981, 164 unter C.I.2.a); Urteil vom 7.7.1983, IV R 209/80, BFHE 139, 60, BStBl. II 1984, 53 unter II.1.; Urteil vom 24.2.1088, I R 95/84, BFHE 153, 101, BStBl. II 1988, 663 unter II.2.f)bb); Urteil vom 15.11.2011, VIII R 12/09, BFHE 236, 42, BStBl. II 2012, 207 unter II.2.c); ebenso OFD Frankfurt, Rundverfügung vom 13.5.2015, DStR 2015, 1802; aus der Literatur: *Schenke*, in: BeckOK-EStG, § 15 Rz. 1615; *Crezelius*, in: Herrmann/Heuer/Raupach, EStG/KStG, § 15 EStG Rz. 238; *Bodden*, in: Korn, EStG, § 15 Rz. 482 f.; *Wacker*, in: Schmidt, EStG, § 15 Rz. 443; *Krumm*, in: Kirchhof/Seer, EStG, § 15 Rz. 230; *Kaligin*, in: Lademann, EStG, § 15 Rz. 185; *Hennrichs*, in: Tipke/Lang, Steuerrecht, § 10 Rz. 125; *Niehus/Wilke*, Besteuerung der Personengesellschaften, C.IV.3.; *Teichmann/Widmann*, ZGR 1975, 156, 162; *Raupach*, StuW 1991, 278, 281; *Reiß*, StuW 1986, 232, 234; einen „Ausreißer" stellt die Formulierung des Großen Senats des BFH im Urteil vom 29.5.1972, GrS 4/71, BFHE 106, 504, BStBl. II 1973, 5 unter IV.2.b)bb) dar („es kann dahingestellt bleiben, ob tatsächlich das Handelsrecht, wie es gelegentlich angenommen wird [...], aufgrund der Vertragsfreiheit den Gesellschaftern einer Personengesellschaft völlig freistellt, in welcher Weise sie den Gewinn verteilen wollen" – kritisch dazu *Keuk*, StuW 1973, 74, 88 f.).

847 *Blischke/Desens*, in: Kirchhof/Söhn/Mellinghoff, EStG, § 15 Rz. F 192.

Leistungsfähigkeit eines Mitunternehmers, die durch seine Gesellschaftsbeteiligung entsteht.[848] Die Verbindung des Gewinnanteils im steuerlichen und im zivilrechtlichen Sinn führt dazu, dass die steuerliche Bemessungsgrundlage für die Gewinnanteilsbesteuerung nicht „zu hoch“ und nicht „zu niedrig“ ausfällt - der Versteuerung wird unterworfen, was auch die Gesellschafter im Innenverhältnis für einen zutreffenden Gewinnanteil halten. Verzerrungen entstehen nur durch Abweichungen der handelsrechtlichen von der steuerlichen Gewinnermittlung. Zudem: Ähnlich wie das Maßgeblichkeitsprinzip zur Vereinfachung der steuerlichen Gewinnermittlung an die Handelsbilanz anknüpft,[849] ist auch die Anknüpfung des steuerlich relevanten Gewinnanteils an den handelsrechtlichen Gewinnanteil der Gesellschafter effizient, den sie ohnehin ermitteln. Der zivilrechtlich vereinbarte Gewinnverteilungsschlüssel bestimmt die „Gewinnanteile“ gem. § 15 EStG grundsätzlich auch in den folgenden Fällen:

(1) Negatives Kapitalkonto des Kommanditisten

Trotz der Regelung des § 167 HGB, wonach der Kommanditist bei geleisteter Einlage keine Nachschusspflicht i.S.d. §§ 136, 149 HGB hat, erfolgt die Gewinn- und insbesondere Verlustverteilung nach dem gesellschaftsvertraglichen Gewinnverteilungsschlüssel auch bei Kommanditisten, denen durch Verlustzuweisung ein negatives Kapitalkonto entsteht.[850] § 15a EStG ist Ausweis der gesetzgeberischen Anerkennung des negativen Kapitalkontos, das sich wie ein Verlustvortragskonto verhält. In § 15a EStG spiegelt sich die „Verlusthaftung mit künftigen Gewinnanteilen“, die erst entfällt, wenn ein Ausgleich des negativen Kapitalkontos mit künftigen Gewinnanteilen nicht mehr in Betracht kommt.[851]

848 Damit die Leistungsfähigkeit unabhängig von Entnahmesperren besteht, ist den Mitunternehmern jedoch ein Steuerentnahmerecht zu gewähren - dazu grundlegend *Schön*, FS Beisse, S. 471, 487 f.

849 *Schanz/Schanz*, StuW 2009, 311, 312.

850 BFH, Urteil vom 13.3.1964, VI 343/61 S, BFHE 79, 351, BStBl. III 1964, 359; Beschluss vom 10.11.1980, GrS 1/79, BFHE 132, 244, BStBl. II 1981, 164; Urteil vom 7.7.1983, BFHE 139, 60, BStBl. II 1984, 53.

851 BFH, Beschluss vom 10.11.1980, GrS 1/79, BFHE 132, 244, BStBl. II 1981, 164 unter C.I.6.

(2) Disquotale Gewinnanteile

Vereinbarte disquotale Gewinnanteile, also Gewinnanteile in Abweichung von der Beteiligungsquote der Mitunternehmer, sind ebenfalls „Gewinnanteile“ i.S.d. § 15 Abs. 1 Satz 1 Nr. 2 Satz 1 EStG.[852] Die Gewinnanteile sind mithin nicht mit der Gesellschaftsbeteiligung gleichzusetzen, die sich typischerweise aus dem festen Kapitalkonto der Personengesellschafter ableiten lässt, auch wenn Gewinnanteile und Beteiligungsquote häufig übereinstimmen.

(3) Vorabgewinne und -verluste als „Gewinnanteile“

Vorabgewinne werden als Bestandteil der gesellschaftsvertraglichen Gewinnverteilungsabrede ebenfalls unter die Gewinnanteile i.S.d. § 15 Abs. 1 Satz 1 Nr. 2 Satz 1 Hs. 1 EStG gefasst. Sie sind mithin Teil der ersten Gewinnermittlungsstufe und nicht dem Sonderbereich der Mitunternehmer zuzuordnen.[853] Zu prüfen ist im Einzelfall unter Auslegung des Gesellschaftsvertrags, ob ein Vorabgewinn vorliegt und keine Sondervergütung i.S.d. § 15 Abs. 1 Satz 1 Nr. 2 Satz 1 Hs. 2 EStG. Faktoren für die Unterscheidung sind einerseits die handelsrechtliche Behandlung der Zahlung als Aufwand der Gesellschaft und andererseits die Verpflichtung der Gesellschaft zur Zahlung auch dann, wenn die Gesellschaft keinen hinreichenden Gewinn erzielt hat. Entscheidend für eine Tätigkeits- bzw. Sondervergütung i.S.d. Hs. 2 ist in der Regel die handelsrechtliche Behandlung als Aufwand.[854] Umgekehrt spricht für die Annahme eines Vorabgewinns, dass er handelsrechtlich von der Gesellschaft nicht als Aufwand behandelt wird. Vergütun-

852 *Wacker*, in: Schmidt, EStG, § 15 Rz. 443; *Bitz*, in: Littmann/Bitz/Pust, EStG, § 15 Rz. 68; *Krumm*, in: Kirchhof/Seer, EStG, § 15 Rz. 230; *Tiede*, in: Herrmann/Heuer/Raupach, EStG/KStG, § 15 EStG Rz. 485; *Blischke/Desens*, in: Kirchhof/Söhn/Mellinghoff, EStG, § 15 Rz. F 193; *Schenke*, in: BeckOK-EStG, § 15 Rz. 1625; *Kraeusel/Feldgen*, in: Fuhrmann/Kraeusel/Schiffers, e-Kommentar-EStG, § 15 Rz. 133; *Niehus/Wilke*, Besteuerung der Personengesellschaften, IV.C.3.; *Flume*, DB 1973, 786, 792; *Fuhrmann*, KöSDi 2017, 20563; *Birnbaum/Escher*, DStR 2014, 1413, 1416.

853 *Bodden*, in: Korn, EStG, § 15 Rz. 489; *Stapperfend u.a.*, in: Herrmann/Heuer/Raupach, EStG/KStG, § 15 EStG Rz. 480.

854 BFH, Urteil vom 13.10.1998, VIII R 4/98, BFHE 187, 235, BStBl. II 1999, 284 unter 2.b); vgl. auch EStH 15.8 Abs. 3, wonach Sondervergütung bei kumulativem Vorliegen von Behandlung als Aufwand der Gesellschaft und Zahlung auch im Verlustfall anzunehmen sind.

gen, die auch im Verlustfall zu zahlen sind, behandelt die Rechtsprechung regelmäßig nicht als Vorabgewinn, sondern als Tätigkeitsvergütung.[855] Eine Zahlungsverpflichtung im Verlustfall ist allerdings bloßes Indiz für eine Tätigkeitsvergütung.[856] Maßgeblich ist die Vereinbarung im Gesellschaftsvertrag.[857] Vorabgewinne können folglich auch im Verlustfall vorliegen.[858] Ist ein Vorabgewinn auch im Verlustfall beabsichtigt, sollten die Gesellschafter in ihrem Gesellschaftsvertrag ausdrücklich vereinbaren, dass der Vorabgewinn keinen handelsrechtlichen Aufwand darstellt und auch im Verlustfall zu zahlen ist. Daraus folgt: Gewinnanteile i.S.d. § 15 Abs. 1 Satz 1 Nr. 2 Satz 1 Hs. 1 EStG entstehen nicht nur, wenn die Gesellschaft insgesamt einen Gewinn erzielt hat. Über das Instrument des Vorabgewinns kann auch im Fall eines ausgeglichenen Ergebnisses oder eines Verlusts eine steuerliche Gewinnzuweisung erfolgen.

Ungeklärt ist die steuerliche Behandlung von Vorabverlusten, also Verlustanteilen, die Mitunternehmern ohne Rücksicht auf einen tatsächlich entstehenden Verlust zugewiesen werden. Teils werden „Vorabverlustanteile" unter den Begriff der „Gewinnanteile" i.S.d. § 15 Abs. 1 Satz 1 Nr. 2 Satz 1 Hs. 1 EStG subsumiert.[859] Die insoweit in Bezug genommenen BFH-Urteile beziehen sich allerdings auf vorab unter der Bedingung zugewiesene Verluste, dass diese Verluste im Jahr ihrer Zuweisung tatsächlich entstehen. Eine solche Verlustverteilung wird von der Rechtsprechung steuerlich

855 BFH, Urteil vom 23.5.1979, I R 163/77, BFHE 128, 213, BStBl. II 1979, 757 unter II.1; Urteil vom 13.10.1998, VIII R 4/98, BFHE 187, 235, BStBl. II 1999, 284 unter 2.b); Urteil vom 23.1.2001, VIII R 30/99, BFHE 194, 403, BStBl. II 2001, 621 unter III.3.; Urteil vom 7.2.2002, IV R 62/00, BFHE 198, 112, BStBl. II 2005, 88 unter II.1.c); gl.A. *Kahle/Hiller*, in: Prinz/Kahle, Beck'sches Hdb. Personengesellschaften, § 5 Rz. 185.

856 FG Düsseldorf, Urteil vom 23.11.2000, 10 K 3784/9, DStRE 2001, 226, 228.

857 BFH, Beschluss vom 20.5.2005, VIII B 161/04, BFH/NV 2005, 1785; FG Münster, Urteil vom 14.8.2013, 2 K 2483/11 F, EFG 2014, 29; ferner *Schulze-Osterloh*, Der gemeinsame Zweck der Personengesellschaften, S. 39.

858 FG Münster, Urteil vom 14.8.2013, 2 K 2483/11 F, EFG 2014, 29; FG Hamburg, Beschluss vom 29.7.2003, VI 34/03, juris („Gewinnvoraus – wenn auch nicht zwingend, so doch üblicherweise – an eine Gewinnsituation geknüpft"); FG Bremen, Urteil vom 6.3.2008, 1 K 25/07 (6), EFG 2008, 1609; *Groh*, DStZ 2001, 358; *Niehus/Wilke*, Besteuerung der Personengesellschaften, C.IV.3; gl.A. für vermögensverwaltende Personengesellschaften *Kemcke/Schäffer*, in: Haase/Dorn, Vermögensverwaltende PersGes, Teil III Rz. 68, 74; a.A. für vermögensverwaltende Personengesellschaften FG Berlin-Brandenburg, Urteil vom 15.1.2013, 6 K 6188/08, EFG 2013, 928, sofern der vereinbarte „Ergebnisvorab" nicht tatsächlich an den begünstigten Gesellschafter gezahlt wurde – näher unter E.III.1.b)aa)(3).

859 *Wacker*, in: Schmidt, EStG, § 15 Rz. 455.

anerkannt.[860] Denn Gesellschafter, die Verlustanteile „vorab" zugewiesen bekommen, erleiden echte Verluste – im Fall von Kommanditisten zumindest durch den Verlust künftiger Gewinnanteile.[861] Problematisch ist für diese Fälle insbesondere die Abgrenzung zum von der Rechtsprechung entwickelten sog. Rückwirkungsverbot.[862] Ob Vorabverluste allerdings auch „Gewinnanteile" i.S.d. § 15 Abs. 1 Satz 1 Nr. 2 Satz 1 Hs. 1 EStG sind, wenn im entsprechenden Wirtschaftsjahr kein ausreichender Steuerbilanzverlust entsteht, ist unter Referenz auf die zitierten Urteile nicht belegt. Dafür spricht jedoch eine spiegelbildliche Behandlung zu Vorabgewinnen, die nach den obigen Feststellungen auch vorliegen können, wenn die Gesellschaft in einem Wirtschaftsjahr insgesamt keinen ausreichenden Gewinn zur Bedienung der Vorabgewinne erzielt. Wenn Vorabgewinne im Verlustfall möglich sind, sind Vorabverluste auch im Gewinnfall möglich. Regelmäßig wird das eine das andere bedingen: Wird einem Mitunternehmer im Verlustfall ein Vorabgewinn zugewiesen, erhöhen sich die Verlustanteile der übrigen Mitunternehmer.[863] Sie bekommen daher Verlustanteile zugewiesen, die steuerbilanziell nicht entstanden sind. Es handelt sich dabei um Vorabverluste.

Dass Vorabverluste steuerlich „Gewinnanteile" i.S.d. § 15 Abs. 1 Satz 1 Nr. 2 Satz 1 Hs. 1 EStG sind, mag ein Störgefühl hervorrufen. Schließlich könnten die Mitunternehmer dazu verleitet sein, durch Zuweisung von Vorabverlusten „künstliche" Verluste zu generieren und dadurch die Steuerlast auf Mitunternehmerebene zu minimieren, ohne tatsächlich Verluste erlitten zu haben und in ihrer steuerlichen Leistungsfähigkeit eingeschränkt zu sein. Diese Befürchtung ist jedoch unbegründet. Zum einen gelten die Verlustverrechnungsbeschränkungen der § 15a und § 15b EStG, wonach zumindest Kommanditisten und Beteiligte eines „Steuerstundungsmodells" einer eingeschränkten Nutzbarkeit der ihnen zugewiesenen Vorabverluste unterliegen. Eine Verlustverrechnungsbeschränkung enthält für Verluste aus stillen Gesellschaften und Unterbeteiligungen auch § 15 Abs. 4 Satz 6 EStG, zumindest, solange sie nicht eine natürliche Person treffen (§ 15

---

860 BFH, Urteil vom 7.7.1983, BFHE 139, 60, BStBl. II 1984, 53 unter 1.; BFH, Urteil vom 17.3.1987, VIII R 293/82, BFHE 149, 454, BStBl. II 1987, 558.

861 BFH, Urteil vom 7.7.1983, BFHE 139, 60, BStBl. II 1984, 53 unter 1.

862 Vgl. die Abgrenzung in BFH, Urteil vom 17.3.1987, VIII R 293/82, BFHE 149, 454, BStBl. II 1987, 558 unter 4.; zum Rückwirkungsverbot im Einzelnen unten D.II.2.

863 Für vermögensverwaltende Personengesellschaften *Kemcke/Schäffer*, in: Haase/Dorn, Vermögensverwaltende PersGes, Teil III Rz. 68.

Abs. 4 Satz 8 EStG).[864] Der Gesetzgeber hat bestimmten Auswucherungen der Verlustzuweisung demnach schon vorgebeugt, woraus sich der Schluss ziehen lässt, dass nicht unter diese Tatbestände fallende Verlustzuweisungen steuerlich anzuerkennen sind.[865] Zum anderen gilt auch für Vorabverluste, dass sie auf den Kapitalkonten der Mitunternehmer als „echte" Verluste verbucht werden und sich daraus eine steuerliche Minderung der Leistungsfähigkeit ergibt. Jedenfalls aber für den Fall, in dem sich Vorabgewinne und Vorabverluste dergestalt ausgleichen, dass sie kumuliert den Steuerbilanzgewinn ergeben, sollten sie steuerlich als „Gewinnanteile" anerkannt werden. Denn in diesem Fall werden den Gesellschaftern nur solche Gewinn- und Verlustanteile zugewiesen, die von der Gesellschaft tatsächlich erzielt worden sind, sodass die Erfolgszurechnung auf einer realen Tatbestandsverwirklichung durch die Gesellschaft beruht.[866]

bb) Übertragung des Gewinnverteilungsschlüssels auf den Steuerbilanzgewinn

„Jede gesellschaftsrechtliche Gewinnverteilungsabrede bezieht sich – soweit die Beteiligten nichts anderes bestimmt haben – auf den Handelsbilanzgewinn".[867] Der zivilrechtliche Gewinnverteilungsschlüssel wird typischerweise nicht mit Bezug zum Steuerbilanzgewinn getroffen, der vom Handelsbilanzgewinn „nach oben" und „nach unten" abweichen kann. Das erfordert einen Transfer des vereinbarten Gewinnverteilungsschlüssels auf den Steuerbilanzgewinn.[868] In diesem Transfer zeigt sich eine (besser gesagt: die einzige) Abweichung des zivilrechtlichen und steuerrechtlichen Verständ-

864 Im Einzelnen zu diesen Tatbeständen unten D.II.3.

865 Zum Verhältnis der speziellen Verlustnutzungsschranken zu § 42 AO im Einzelnen unten F.I.2.

866 Abgrenzung zu FG Berlin-Brandenburg, Urteil vom 15.1.2013, 6 K 6188/08, EFG 2013, 928 unter I.2.c)aa)(4), wonach im Verlustfall keine Haftungsvergütung als Ergebnisvorab zugewiesen werden könne, weil dieser Ergebnisvorab nicht mit einer Tatbestandsverwirklichung der Gesellschaft korrespondiere.

867 BFH, Urteil vom 22.5.1990, VIII R 41/87, BFHE 161, 456, BStBl. II 1990, 965 unter II.2.

868 BFH, Urteil vom 27.11.1956, I 260/56 U, BFHE 64, 89, BStBl. III 1957, 35; Urteil vom 1.8.1968, IV R 177/66, BFHE 93, 293, BStBl. II 1968, 740; 22.6.2006, IV R 56/04, BFHE 214, 226, BStBl. II 2006, 838 unter II.2.b)aa); zur Sonderkonstellation des „ungetreuen Mitunternehmers" *Wacker*, in: Schmidt, EStG, § 15 Rz. 446.

nisses des Gewinnanteilsbegriffs.[869] Je nach Ursache der steuerbilanziellen Gewinnabweichung zum Handelsbilanzgewinn wird der steuerliche Mehr- oder Mindergewinn nur dem „ursächlichen“ Mitunternehmer zugerechnet, etwa bei Wirtschaftsgütern im Sonderbetriebsvermögen eines Mitunternehmers oder bei Sachentnahmen unter Aufdeckung stiller Reserven, die nur dem entnehmenden Mitunternehmer zugewiesen werden sollen.[870] Mit Blick auf die zitierte Aussage des BFH erscheint es zudem möglich, eine Gewinnverteilungsabrede für den vom Handelsbilanzgewinn abweichenden Steuerbilanzgewinn zu treffen. Dies kann sogar nachträglich, d.h. nach Kenntniserlangung vom steuerlichen Mehrgewinn, erfolgen. Insofern liege keine rückwirkende Gewinnverteilungsvereinbarung vor, sondern eine „erstmalige Verteilung steuerlicher Mehrgewinne“.[871]

cc) „Gewinnanteile“ und außerbilanzielle Gewinnkorrekturen

Fraglich ist, ob Gegenstand des Gewinnverteilungsschlüssels auch der Mehrgewinn aufgrund außerbilanzieller Korrekturen auf Gewinnermittlung zweiter Stufe sein kann. Diskutiert wird beispielsweise die Verteilung außerbilanzieller Hinzurechnungen aufgrund der Zinsschranke.[872] Entstehen die Hinzurechnungen durch Zinsen, die ein Mitunternehmer auf ein von ihm aufgenommenes Darlehen zur Beteiligungsfinanzierung zahlt und stellt dieses Darlehen passives Sonderbetriebsvermögen (II) bei der Personengesellschaft dar (dem Zinsschrankenbetrieb), besteht Anlass für eine verursachungsgerechte Verteilung des gem. § 4h Abs. 1 EStG entstehenden steuerlichen Mehrgewinns. Ansonsten müssten auch die anderen Mitunternehmer den Mehrgewinn nach dem „allgemeinen Gewinnverteilungsschlüssel“ versteuern, obwohl sie für das passive Sonderbetriebsvermögen ihres Mitgesellschafters und dessen zinsschrankenbefangenen Zinsaufwand

---

869 Näher zur möglichen steuerrechtsautonomen Auslegung des Gewinnanteilsbegriffs unten D.I.5.b)dd).

870 *Zimmermann*, in: Zimmermann u.a., PersGes im Steuerrecht, B.1. Rz. 365; zu Entnahmegewinnen im Einzelnen unten D.III.1.a)aa).

871 *Ritzrow*, BuW 2004, 501, 505; gl.A. *Zimmermann*, in: Zimmermann. u.a., PersGes im Steuerrecht, B.1. Rz. 369.

872 *Kußmaul/Ruiner/Schappe*, DStR 2008, 904, 906; *Kaltenbach/Layh*, Ubg 2014, 573, 580.

nicht ursächlich geworden sind.[873] Eine gesellschaftsvertragliche Abrede zur verursachungsgerechten Verteilung des Mehrgewinns durch die Zinsschranke wird aus diesem Grund überwiegend für zulässig gehalten.[874] Hier stellt sich die Frage, ob sich außerbilanzielle Hinzurechnungen oder Kürzungen einer Verteilungsabrede grundsätzlich öffnen oder ob derartige Gewinnverteilungsabreden nur in Fällen von fremdbestimmten Steuerwirkungen auf Gesellschaftsebene wie im Zinsschrankenbeispiel getroffen werden können.[875]

Zu Einkünften, die auf Mitunternehmerebene nach dem Teileinkünfteverfahren oder gemäß § 8b Abs. 1 und Abs. 2 KStG begünstigt sind, findet sich im Schrifttum die Aussage, dass solchermaßen begünstigte Einkünfte den Mitunternehmern nach dem „allgemeinen Gewinnverteilungsschlüssel" der Gesellschaft zuzurechnen seien.[876] Dieser Aussage ist grundsätzlich zuzustimmen: Die „Begünstigungen" nach § 3 Nr. 40 EStG, § 8b Abs. 2 KStG werden durch mitunternehmerspezifische außerbilanzielle Kürzungen verwirklicht. Die Höhe der Kürzungen bestimmt sich in Abhängigkeit von den individuellen Besteuerungsmerkmalen des Mitunternehmers, der die zugrundeliegenden Einkünfte (z.B. Veräußerungsgewinne) zugerechnet bekommt. Sind „begünstigte" Veräußerungsgewinne einer natürlichen Person zuzurechnen, findet für sie das Teileinkünfteverfahren gem. § 3 Nr. 40 EStG Anwendung. Bei Körperschaften als Zurechnungssubjekt der Veräußerungsgewinne greift § 8b Abs. 2 KStG. Außerbilanzielle Korrekturen, die wegen der Besteuerungsmerkmale der Mitunternehmer (natürliche Person oder Kapitalgesellschaft) erforderlich sind, sind nicht verteilungsfähig. Das gilt ebenso für das „Anrechnungsguthaben" gem. § 36 Abs. 2 Nr. 2 EStG, das durch den Einbehalt der Kapitalertragsteuer auf Ebene einer ausschütten-

873 So jedenfalls das Ergebnis nach BMF-Schreiben vom 4.7.2008, BStBl. I 2008, 718 Rz. 51: „Nicht abziehbare Zinsaufwendungen sind den Mitunternehmern auch dann nach dem allgemeinen Gewinnverteilungsschlüssel zuzurechnen, wenn es sich um Zinsaufwendungen aus dem Sonderbetriebsvermögensbereich eines Mitunternehmers handelt".

874 Ausführlich *Kußmaul/Ruiner/Schappe*, DStR 2008, 904, 906; *Kaltenbach/Layh*, Ubg 2014, 573, 580; weiterhin *Hick*, in: Herrmann/Heuer/Raupach, EStG/KStG, § 4h EStG Rz. 29 („vertraglicher Regelungsbedarf"); mit Einschränkungen *Korn*, in: Korn, EStG, § 4h Rz. 201 (Möglichkeit individueller Zuordnung der Folgen von Zinsaufwendungen im Sonderbetriebsbereich ungeklärt).

875 Grundlegend zu fremdbestimmten Steuerwirkungen *Marx/Löffler/Kläne*, StuW 2010, 65 ff., 71.

876 *Tiede*, in: Herrmann/Heuer/Raupach, EStG/KStG, § 15 EStG Rz. 481; *Wacker*, in: Schmidt, EStG, § 15 Rz. 439.

den Tochtergesellschaft entsteht; die anzurechnenden Steuerabzugsbeträge verschließen sich einer gesonderten Verteilungsabrede.[877]

Dass eine isolierte Verteilung der außerbilanziellen Kürzungen ausscheidet, besagt indes noch nichts dazu, ob die Gesellschafter per Gewinnverteilungsabrede die den außerbilanziellen Kürzungen zugrundeliegenden Gewinnbestandteile gesondert verteilen können. Die Frage betrifft die Fallgruppen der gesonderten Zuweisung einzelner Wirtschaftsgüter sowie der gesonderten Zuweisung von laufenden Gewinnen und Veräußerungsgewinnen. Derartige Gewinnverteilungsabreden sind – wie in Kapitel 2 dargestellt – gesellschaftsrechtlich zulässig und werden Teil des „allgemeinen" Gewinnverteilungsschlüssels. Der „allgemeine Gewinnverteilungsschlüssel" ist derjenige, der sich aus dem Gesellschaftsvertrag oder dem Gesetz ergibt.[878] „Allgemein" ist aber nicht, auch wenn dies zum Teil insinuiert wird,[879] mit „beteiligungsquotal" gleichzusetzen. Dieses Ergebnis folgt schon daraus, dass auch der gesetzliche Gewinnverteilungsschlüssel auf die Beteiligungsverhältnisse keine Rücksicht nimmt (so etwa das Kopfprinzip gem. § 722 Abs. 1 BGB). Der Begriff des „allgemeinen Gewinnverteilungsschlüssels" wird denn auch vom Gesetzgeber in § 35 Abs. 2 Satz 2 Hs. 2 EStG nur dahingehend eingegrenzt, dass „Vorabgewinne" nicht berücksichtigt werden. Vorabgewinne i.S.d. Norm sind solche Gewinnanteile, die vorrangig vor dem „Restgewinn" verteilt werden.[880] Auch Sondervergütungen i.S.d. § 15 Abs. 1 Satz 1 Nr. 2 Satz 1 Hs. 2 EStG sind nicht Teil des „allgemeinen Gewinnverteilungsschlüssels".[881] Über den Sinn und Zweck der Ausgrenzung von Vorabgewinnen aus dem „allgemeinen Gewinnverteilungsschlüssel" lässt sich streiten. Jedenfalls sind mit dem Begriff der Vorabgewinne – im hier gemeinten Gegensatz zu „allgemeinen" Gewinnanteilen – disquotale Gewinnanteile nicht gemeint, etwa in ihrer Ausprägung als wirtschaftsgutspezifische Gewinnanteile oder gesondert zugewiesener

877 *Hottmann*, in: Zimmermann u.a., PersGes im Steuerrecht, B. Rz. 238.

878 *Kaeser/Maunz*, in: Kirchhof/Söhn/Mellinghoff, EStG, § 35 Rz. E 17; *Levedag*, in: Herrmann/Heuer/Raupach, EStG/KStG, § 35 Rz. 118;

879 *Kröner*, in: Bott/Walter, KStG, § 8b Rz. 234: Der allgemeine Gewinnverteilungsschlüssel orientiere sich an der vermögensmäßigen Beteiligung an den Wirtschaftsgütern in der Gesamthandsbilanz.

880 BFH, Urteil vom 5.6.2014, IV R 43/11, BFHE 245, 240, BStBl. II 2014, 695 unter II.1.c); *Kaeser/Maunz*, in: Kirchhof/Söhn/Mellinghoff, EStG, § 35 Rz. E 25; *Levedag*, in: Herrmann/Heuer/Raupach, EStG/KStG, § 35 Rz. 121 f.

881 BFH, Beschluss vom 7.4.2009, IV B 109/08, BFHE 224, 548, BStBl. II 2010, 116 mit Bezug zur Gesetzesbegründung; BFH, Urteil vom 5.6.2014, IV R 43/11, BFHE 245, 240, BStBl. II 2014, 695 unter II.1.b).

laufender Gewinne bzw. Veräußerungsgewinne. Folglich sind steuerlich „begünstigte" – besser gesagt: körperschaftsteuerlich vorbelastete – Bezüge, die beim Empfänger § 3 Nr. 40 EStG oder § 8b Abs. 2 KStG unterliegen und die ihm gesondert zugewiesen werden, bei den „Gewinnanteilen" i.S.d. § 15 Abs. 1 Satz 1 Nr. 2 Satz 1 Hs. 1 EStG zu berücksichtigen. Gleiches gilt für die Anrechnungsbeträge i.S.d. § 36 Abs. 2 Nr. 2 EStG.

dd) Keine steuerrechtsautonome Auslegung des Begriffs der „Gewinnanteile"

Zu untersuchen bleibt, ob sich bei Auslegung des Gewinnanteilsbegriffs i.S.d. § 15 Abs. 1 Satz 1 Nr. 2 Satz 1 EStG wie etwa beim Begriff der „Gesellschaft"[882] eine eigenständige steuerrechtliche Teleologie herausgebildet hat, die „Gewinnanteile" demnach nicht streng zivilrechtsakzessorisch, sondern als steuerrechtsautonomer Wirtschaftsbegriff zu verstehen sind. Die Frage nach einer steuerrechtsautonomen Auslegung des Begriffs der „Gewinnanteile" lässt sich im Grunde auf die historische Frage des Verhältnisses von Zivil- und Steuerrecht zurückführen.[883] Immer mehr in den Hintergrund rückt dabei die Auffassung, das Zivilrecht genieße einen Vorrang vor dem Steuerrecht.[884] Ebenfalls verblasst die konträre Ansicht, das Steuerrecht unterliege einer vom Zivilrecht vollständig losgelösten „wirtschaftlichen Betrachtungsweise".[885] Vielmehr wird inzwischen ganz überwiegend von einem Gleichrang beider Rechtsgebiete ausgegangen, der es dem Steuerrecht ermöglicht, im Rahmen einer „systematisch-teleologischen Ge-

882 Näher *Schön*, StuW 2005, 247, 255; oben D.I.3.a).

883 Zusammenfassend *Hallerbach*, DStR 1999, 2125 ff.; *Vogel*, Auslegung privatrechtlich geprägter Begriffe, S. 26 ff.

884 So aber *Flume*, Steuerwesen und Rechtsordnung, S. 21 ff.; *Crezelius*, Steuerrechtliche Rechtsanwendung, S. 330 ff.; vgl. auch BFH, Urteil vom 29.3.1962, VI 105/61 U, BFHE 75, 96, BStBl. III 1962, 304: „Wenn in Steuergesetzen Begriffe verwendet werden, die im bürgerlichen Recht einen bestimmten festen Inhalt haben, so sind sie im Steuerrecht nach dem Grundsatz der Einheit der Rechtsordnung im Interesse der Rechtsklarheit und Rechtssicherheit in demselben Sinn auszulegen, sofern sie nicht erkennbar nach dem Willen des Gesetzgebers im Steuerrecht einen anderen Sinn haben sollen".

885 *Becker*, StuW 1932 (Band I), Sp. 481 ff.

setzesinterpretation“[886] eine eigenständige Terminologie zu entwickeln.[887] Gleichwohl ist es möglich, dass das zivilrechtliche Begriffsverständnis auch bei der Anwendung von Steuerrechtsnormen durchschlägt.[888]

Richtet man den Blick auf den Begriff der „Gewinnanteile“, kommt etwa eine steuerrechtsautonome Auslegung dahingehend in Betracht, dass das Steuerrecht für die Zurechnung von „Gewinnanteilen“ zu den einzelnen Mitunternehmern eine Beitragsgerechtigkeit voraussetzt, das Steuerrecht somit zwischen Gesellschafterbeitrag und Gewinnanteil einen Konnex sieht.[889] Das Erfordernis einer Beitragsgerechtigkeit der Gewinnanteile wäre Resultat eines rein steuerlichen Begriffsverständnisses, weil es sich im Zivilrecht nicht wiederfindet. § 168 Abs. 2 HGB, der zwar von „Angemessenheit“ spricht, ist gänzlich dispositiv und entfällt im Übrigen ersatzlos im Zuge der MoPeG-Reform. Vereinbaren die Gesellschafter eine vom dispositiven Recht abweichende vertragliche Gewinnverteilungsregelung, ist allein diese für die Gewinnanteile relevant und nicht mehr die einzelnen Gesellschafterbeiträge.[890] Für eine steuerrechtsautonome Auslegung des Gewinnanteilsbegriffs könnte angeführt werden, die Beitragsgerechtigkeit der Gewinnanteile folge daraus, dass die Mitunternehmer als Subjekte der Einkünfteerzielung selbst den Tatbestand des § 15 Abs. 1 Satz 1 Nr. 2 EStG verwirklichen. Den Tatbestand i.S.d. § 15 EStG könnten Mitunternehmer aber nur verwirklichen, wenn sie dafür eine Leistung erstellt oder einen Beitrag erbracht haben, und eben diese Leistung oder diesen Beitrag müsse sich in angemessener Weise in den Gewinnanteilen der Mitunternehmer

---

886 *Lehner*, in: FS Tipke, S. 237.

887 BVerfG, Beschluss vom 27.12.1991, 2 BvR 72/90, BStBl. II 1992, 212, DStR 1992, 106 unter 1.a)cc); aus der Literatur *Seer*, in: Tipke/Lang, Steuerrecht, § 1 Rz. 34; *Englisch*, ebenda, § 5 Rz. 70; *Schulze-Osterloh*, AcP 190 (1990), 139, 153 ff.; *Kirchhof*, StuW 1983, 173, 181 ff.; *ders.*, in: Kirchhof/Söhn/Mellinghoff, EStG, § 2 Rz. A 226; *Ruppe*, DStJG 1 (1978), 7, 11; *Schön*, StuW 2005, 247, 248; *Sieker*, Umgehungsgeschäfte, S. 77 f.

888 *Schulze-Osterloh*, AcP 190 (1990), 139, 154 mit Beispielen.

889 Vgl. zur Paralleldiskussion bei Kapitalgesellschaften *Groh*, DB 2000, 1433, 1434 – dort sieht der I. Senat des BFH die Kapitaleinkünfte als Ausdruck der Mitgliedschaft in der Kapitalgesellschaft an (vgl. Urteil vom 21.5.1986, I R 190/81, BFHE 147, 27, BStBl. II 1986, 815 unter 2.1), während nach dem VIII. Senat die Gewinnanteile im Sinne einer Beitragsgerechtigkeit für das zur Verfügung gestellte Kapital gewährt werden (Urteil vom 30.4.1991, VIII R 38/87, BFHE 164, 357, BStBl. II 1991, 574 unter 2.).

890 *Keuk*, StuW 1973, 74, 89.

ausdrücken.[891] Die Gewinnanteile wären folglich eine leistungsbezogene Größe. Dieser Gedanke trägt im Wesentlichen die „Angemessenheitskontrolle", die die Rechtsprechung insbesondere bei der Gewinnverteilung in Familiengesellschaften eröffnet.[892]

Unabhängig davon, ob man bei der Interpretation steuerlicher Begrifflichkeiten eher der „zivilistischen" oder der steuerrechtsautonomen Sicht zuneigt, ist jedoch das skizzierte wirtschaftliche Verständnis des Gewinnanteilsbegriffs vor dem Hintergrund der fortschreitenden Einheitstheorie im Zivil- und Steuerrecht abzulehnen.[893] Die Vorstellung, die Mitunternehmer seien selbst als Unternehmer aktiv, ist, wie an anderer Stelle dargelegt wurde, nicht überzeugend.[894] Auch *Ruppe* als Befürworter der Markteinkommenstheorie sieht die unternehmerische Leistung grundsätzlich nicht als „entscheidungsrelevantes Kriterium" für die Einkünftezurechnung an.[895] So bleibt die Frage, woraus sich ein unterstellter Telos der beitragsgerechten Gewinnverteilung ergeben soll. Gesetzeswortlaut und -systematik des § 15 Abs. 1 Satz 1 Nr. 2 Satz 1 EStG bieten keine Anhaltspunkte für eine wirtschaftliche Auslegung des Tatbestandsmerkmals der „Gewinnanteile", anders als beim Begriff der „Mitunternehmer", der kein zivilrechtliches Ebenbild hat, und anders als beim vom Gesetzgeber „geöffneten" Tatbestandsmerkmal der „Gesellschaft",[896] für deren steuerliche Bejahung nicht ihre zivilrechtliche Einstufung relevant ist, sondern ihre Fähigkeit, einen Zusammenschluss von Mitunternehmern abzubilden und Trägerin eines Betriebs zu sein. In systematischer Hinsicht ist speziell gegen ein Beitrags- oder Leistungserfordernis einzuwenden, dass ein solches Erfordernis zur Abgrenzung von gewerblichen Einkünften und Kapitaleinkünften nicht be-

---

891 *Raupach*, StuW 1991, 278, 281; *Ruppe*, DStJG 1 (1978), 7, 39 („Bei Personengesellschaften ist als Einkunftsquelle die Beitragsleistung des Gesellschafters anzusehen."); ähnlich *Musil*, in: Herrmann/Heuer/Raupach, EStG/KStG, § 2 EStG Rz. 165; *Schulze zur Wiesche*, StBp 1994, 177, 178.

892 Dazu unten D.II.1.

893 Ausführlich oben D.I.1.b).

894 Oben D.I.1.b).

895 *Ruppe*, DStJG 1 (1978), 7, 31.

896 Ausführlich *Vogel*, Auslegung privatrechtlich geprägter Begriffe, S. 105 ff.; vgl. ferner *Kruse*, DStJG 2 (1979), S. 37, 43: „Die Begriffe „gewerbliches Unternehmen", „Unternehmer" und „Mitunternehmer" sind allesamt steuerrechtliche Wirtschaftsbegriffe"; weiterhin S. 45: „auch der Begriff „Gesellschaft" ist ein steuerrechtlicher Wirtschaftsbegriff"; ferner *Schulze-Osterloh*, AcP 190 (1990), 139, 154 (Umschreibung der Personengesellschaften in § 15 Abs. 1 Satz 1 Nr. 2 EStG verweise nicht auf zivilrechtliche Vorgaben und sei nicht in zivilrechtlichem Sinne zu interpretieren).

nötigt wird – diese Abgrenzung leistet bereits der Mitunternehmerbegriff. Überzeugender erscheint es daher, die Gewinnanteile nicht als steuertatbestandlichen Erfolg einer Leistung anzusehen, sondern als Ausfluss der zivilrechtlichen Gesellschafterstellung, und infolgedessen das Erfordernis einer Leistungserstellung abzulehnen.[897] In diesem Sinne lässt sich auch der Große Senat des BFH verstehen: „Einkunftsquelle ist bei den in § 15 Nr. 2 EStG bezeichneten Personengesellschaften die Stellung als Gesellschafter (Mitunternehmer). Die dieser Einkunftsquelle zuzurechnenden Einkünfte sind die Gewinnanteile und die im Einzelnen näher bezeichneten Vergütungen".[898] Teilweise wird die BFH-Rechtsprechung so interpretiert, dass danach die Einkunftsquelle i.S.d. § 15 Abs. 1 Satz 1 Nr. 2 Satz 1 EStG die Mitunternehmerschaft und nicht die Gesellschafterstellung sei.[899] Dieses Auslegungsergebnis lässt sich jedoch weder der zitierten BFH-Passage noch dem Wortlaut von § 15 EStG entnehmen. Die Einkünfte folgen aus „den Gewinnanteilen" und den Sondervergütungen, nicht aber aus der Mitunternehmerschaft selbst; sonst müsste es (in Anlehnung an den Tatbestand der Nr. 1) heißen: „Einkünfte aus Gewerbebetrieb sind Einkünfte aus gewerblicher Mitunternehmerschaft".

Dem Gesetzeswortlaut lässt sich allenfalls eine Proportionalität von Beiträgen und Sondervergütungen des Gesellschafters i.S.d. § 15 Abs. 1 Satz 1 Nr. 2 Satz 1 Hs. 2 EStG entnehmen, weil die Sondervergütungen „*für* seine Tätigkeit im Dienst der Gesellschaft oder *für* die Hingabe von Darlehen oder *für* die Überlassung von Wirtschaftsgütern" gezahlt werden. Einen solchen Konnex zwischen Beitrag und Gewinnanteil enthält der Wortlaut von Hs. 1 gerade nicht. Dort ist es nur der Gewinnanteil, der den gewerblichen Einkünften zugerechnet wird, ohne dass das Gesetz darauf abstellt, *für* welche Leistung oder welchen Gesellschafterbeitrag dieser Anteil erlangt wurde. Die Historie des § 15 Abs. 1 Satz 1 Nr. 2 Satz 1 EStG unterstützt diese Unterscheidung. Gem. § 7 Abs. 3 EStG 1920 knüpften die „Vergütungen für Müheverwaltung im Interesse der Gesellschaft" an den Beitragsgedanken des § 705 BGB an, nicht jedoch die „Anteile am Geschäftsgewinn".[900] Relevant werden kann insofern die Abgrenzung der Gewinnanteile von

897 *Flume*, DB 1973, 786, 792; *Keuk*, StuW 1973, 74, 88 f.

898 BFH, Beschluss vom 29.05.1972, GrS 4/71, BFHE 106, 504, BStBl. II 1973, 5 unter IV.2.b).

899 *Groh*, DStJG 1 (1979), S. 97, 101.

900 So BFH, Beschluss vom 25.2.1991, GrS 7/89, BFHE 163, 1, BStBl. II 1991, 691 unter C.II.2.

Sondervergütungen. In dieser Hinsicht hat der BFH in jüngerer Zeit für Aufsehen gesorgt.[901] Kommanditisten, die zugleich Gesellschafter-Geschäftsführer der Komplementär-GmbH einer GmbH & Co. KG sind und die als Geschäftsführer der GmbH mittelbar die Geschäftsführungsleistung für die Kommanditgesellschaft erbringen, seien einkommensteuerlich „im Dienst" der Gesellschaft tätig. Die teleologische Auslegung des § 15 Abs. 1 Satz 1 Nr. 2 EStG und seines Tatbestandsmerkmals „im Dienst" ergebe, dass die unternehmerische Leistung der Geschäftsführung von den Kommanditisten erbracht werde. Ein Vorabgewinn zugunsten der GmbH, der deren Geschäftsführungstätigkeit vergüte, sei daher nicht der GmbH, sondern den eigentlich „im Dienst" der Gesellschaft tätigen Kommanditisten zuzurechnen. Zugerechnet wird den Kommanditisten nach dem BFH allerdings keine Sondervergütung nach § 15 Abs. 1 Satz 1 Nr. 2 Satz 1 Hs. 2 EStG, sondern der Vorabgewinn als Gewinnanteil nach Hs. 1.

Die Tätigkeit der Kommanditisten, die eine Leistung im Dienst der Gesellschaft erbringen, strahlt der Entscheidung zufolge auf den Gewinnanteil der Komplementär-GmbH aus. Er schrumpft auf eine angemessene Vergütung ihres Haftungsrisikos. Daraus folgt gleichwohl nicht, dass auch die Gewinnanteile i.S.d. Hs. 1 einen Leistungsbezug aufweisen. Vielmehr ist das BFH-Urteil so zu verstehen, dass Sondervergütungen i.S.d. Hs. 2 vorrangig vor den Gewinnanteilen i.S.d. Hs. 1 zu prüfen sind. Wenn der „Gewinn" der Gesellschaft durch Sondervergütungen „verbraucht" ist, bleiben demnach keine „Gewinnanteile" i.S.d. Hs. 1 übrig. Der Vorrang von Sondervergütungen vor Gewinnanteilen ist auch sachgerecht, weil Sondervergütungen nicht Teil des Gesellschaftsgewinns sind, sondern Aufwand der Gesellschaft. Kritisieren mag man am zitierten BFH-Urteil daher, dass der von der Komplementär-GmbH zu den Kommanditisten „verschobene" Vorabgewinn bei den Kommanditisten als solcher erfasst wird und nicht als Sondervergütung, wo doch das Entgelt die Geschäftsführungsleistung im Dienst der Gesellschaft vergütet und dadurch prädestiniert für eine Qualifikation als Sondervergütung ist.[902]

---

901 BFH, Urteil vom 28.5.2020, IV R 11/18, BFHE 269, 170, BStBl. II 2020, 641; dazu u.a. *Bolk*, DStR 2021, 401; *Briese*, DB 2021, 1363, *Levedag*, GmbHR 2020, R312; *Schulze zur Wiesche*, StBp 2021, 36; *Ungemach*, DStZ 2021, 241; *Korn*, NWB 2020, 2720; ähnlich bereits BFH, Urteil vom 14.2.2006, VIII R 40/03, BFHE 212, 270, BStBl. II 2008, 182.

902 Gl.A. *Bolk*, DStR 2021, 401, 403.

Ist Kern des Tatbestands von § 15 Abs. 1 Satz 1 Nr. 2 Satz 1 Hs. 1 EStG demnach nicht eine zur Tatbestandsverwirklichung des § 15 Abs. 2 EStG führende Beitragsleistung des Mitunternehmers, sondern die Inhaberschaft einer Gesellschaftsbeteiligung, kann bei Auslegung des Begriffs der Gewinnanteile nicht vorgebracht werden, die Anteile müssten den Beitrag der Mitunternehmer bei der Tatbestandsverwirklichung reflektieren. Einen solchen „Tatbeitrag" der Mitunternehmer setzt das Gesetz nicht voraus. Eine dahingehend „fingierte" Teleologie wäre auch nicht in der Lage, den Wortlaut, die Systematik und Historie von § 15 Abs. 1 Satz 1 Nr. 2 Satz 1 EStG als gleichberechtigte Auslegungskanones zu verdrängen.[903] Aus diesen Gründen ist der Versuchung zu widerstehen, einzelne Tatbeiträge der Gesellschafter zu ermitteln und daraus einen Gewinnverteilungsschlüssel abzuleiten. Das Gesetz nimmt eine Vereinfachung vor: Anstatt auf einzelne tatsächliche Verursachungsbeiträge abzustellen, die zu ermitteln kaum möglich wäre,[904] folgt der Steuertatbestand des § 15 Abs. 1 Satz 1 Nr. 2 Satz 1 Hs. 1 EStG einer Pauschalierung, die die Gesellschafter auch in ihrem Innenverhältnis anerkennen, nämlich dem gesellschaftsvertraglich vereinbarten Gewinnverteilungsschlüssel. Somit ist dargelegt, dass die „Gewinnanteile" als mitunternehmerische gewerbliche Einkünfte zivilrechtsakzessorisch zu verstehen sind. Dieses Verständnis bringt es mit sich, dass die zivilrechtlich vereinbarten Gewinnanteile aus steuerlicher Sicht nicht nur eine Verhältniszahl oder einen festen Betrag darstellen, sondern dass für Besteuerungszwecke der gesamten zivilrechtlich vereinbarten Gewinnverteilungsabrede Bedeutung beizumessen ist. Aus steuerlicher Sicht ist es demnach relevant, ob die Gesellschafter den Gesellschaftsgewinn als Ganzes untereinander nach einer Quote oder einem sonstigen Schlüssel verteilen oder eine segment-, standort- oder sonst qualifizierte Gewinnverteilungsabrede vereinbaren.[905] Weil diese Art von Gewinnverteilung zivilrechtlich wirksam ist, muss sie auch steuerlich – bei zivilrechtsgeprägtem Verständnis von § 15 Abs. 1 Satz 1 Nr. 2 EStG – berücksichtigt werden. Verkürzt gesagt führt zivilrechtliche Gestaltungsfreiheit bei der Gewinnverteilung zu steuerlichen Gestaltungswirkungen.

903 *Schön*, DStJG 33 (2010), S. 29, 50.

904 Vgl. *Pinkernell*, Einkünftezurechnung bei Personengesellschaften, S. 83.

905 *Birnbaum/Escher*, DStR 2014, 1413 (Fn. 38); wohl auch *Wacker*, in: Schmidt, EStG, § 15 Rz. 443.

6. Zwischenergebnis zur Einkünftezurechnung an Mitunternehmer

Der Gewinn wird von der Gesellschaft erwirtschaftet, sodass sie – nach vorzugswürdiger Ansicht – als Einkunftserzielungssubjekt anzusehen ist und den Mitunternehmern fremde Einkünfte vermittelt. Die Einkunftsquelle der Mitunternehmer ist also keine „unternehmerische Tätigkeit", sondern ihre Gesellschaftsbeteiligung. Eine Beitragsäquivalenz der Gewinnanteile setzt der Steuertatbestand des § 15 EStG folglich nicht voraus. Als Funktionen von § 15 Abs. 1 Satz 1 Nr. 2 EStG sind vor allem seine Qualifikations- und Zurechnungsfunktion zu nennen; an ihnen ist die steuerliche Anerkennung von Sonderzuweisungen zu messen. Der Gleichstellungsthese sollte hinsichtlich der Gewinnverteilung und ihrer steuerlichen Anerkennung keine Bedeutung zukommen. Beim Einzelunternehmer ist von vornherein kein Gewinn zu verteilen, sodass es diesbezüglich an einem sinnvollen Vergleichspunkt fehlt. Mitunternehmerschaften verfügen über einen einheitlichen Gewerbebetrieb, der von der Gewinnverteilungsabrede, mithin auch von Sonderzuweisungen, nicht berührt bzw. in verschiedene Betriebe aufgespalten wird. Die vereinbarte Gewinnverteilung hat indes Auswirkungen auf die Mitunternehmerstellung. Eine fehlende Beteiligung an den stillen Reserven der Mitunternehmerschaft lässt Zweifel am Mitunternehmerrisiko aufkommen, die nur durch eine erhöhte Mitunternehmerinitiative zu beseitigen sind. Liegt eine Mitunternehmerstellung vor, bestimmt sich die Einkünftezurechnung an die Mitunternehmer nach den „Gewinnanteilen" i.S.d. § 15 Abs. 1 Satz 1 Nr. 2 Satz 1 EStG. Die Gewinnanteile sind kein steuerrechtsautonomer Begriff, wonach sie eine Unternehmerleistung abzubilden hätten, sondern zivilrechtsakzessorisch zu verstehen. Das Steuerrecht bedient sich der zivilrechtlich vereinbarten Gewinnverteilung, um eine dem Leistungsfähigkeitsprinzip entsprechende Besteuerung der Mitunternehmer zu ermöglichen. Die Motive oder kommerziellen Erwägungen der Gewinnverteilungsabrede hinterfragt das Steuerrecht grundsätzlich nicht.

II. Allgemeine Maßstäbe für die steuerliche Anerkennung der Gewinnverteilung bei Mitunternehmerschaften

Vor diesem Hintergrund sind etwaige dem Ertragsteuerrecht entstammende Grenzen der steuerlichen Anerkennung der Gewinnverteilung bei Mitunternehmerschaften zu untersuchen.[906]

1. „Angemessenheitskontrolle"

Gewinnanteile sind nach den bisherigen Feststellungen[907] ein zivilrechtlich vorstrukturiertes Tatbestandsmerkmal.[908] Die tatbestandliche Anknüpfung des § 15 Abs. 1 Nr. 2 EStG an die zivilrechtlichen „Gewinnanteile" wirkt sich auf die steuerrechtliche Würdigung des Sachverhalts aus. Zivilrechtliche Positionen bestimmen im Allgemeinen und so auch im Rahmen von § 15 Abs. 1 Nr. 2 EStG die steuerliche Leistungsfähigkeit. Wenn das Zivilrecht selbst eine Rechtsposition anerkennt, wie dies bei Gewinnverteilungsvereinbarungen ganz überwiegend der Fall ist, leitet sich aus dieser Rechtsposition regelmäßig eine wirtschaftliche Position ab, die einem Steuertatbestand unterliegen kann. Der Steuertatbestand ist dabei prinzipiell an die (durch zutreffende Subsumtion zu erforschende) zivilrechtliche Position gebunden und bezieht sich nicht auf einen „steuerlich" oder „wirtschaftlich" gewürdigten Sachverhalt.[909]

Der zivilrechtlich vorgeprägte Sachverhalt kann gleichwohl unter andere Steuertatbestände zu fassen sein als unter § 15 Abs. 1 Satz 1 Nr. 2 EStG. Das ist eine Frage des Einzelfalls. In diesen Fällen wird der zivilrechtliche Gewinnverteilungsschlüssel steuerlich nicht nachvollzogen oder zumindest modifiziert. Der Gedanke, dass andere Steuertatbestände den § 15 Abs. 1 Satz 1 Nr. 2 EStG verdrängen können, wird zumeist unter dem „Vorbehalt entgegenstehender einkommensteuerlicher Bestimmungen" zu-

906 Zu § 42 AO gesondert unten F.

907 Vgl. oben D.I.5.b)aa) und D.I.5.b)dd).

908 Vgl. *Schön*, DStJG 33 (2010), S. 29, 41; zur „Vorherigkeit" des Zivilrechts weiterhin BVerfG, Beschluss vom 27.12.1991, 2 BvR 72/90, NJW 1992, 1219, BStBl. II 1992, 212 (Vorherigkeit, kein Vorrang des Steuerrechts); *Seer*, in: Tipke/Lang, § 1 Rz. 31 ff.; *P. Kirchhof*, StuW 1983, 173, 180.

909 *Schön*, DStJG 33 (2010), S. 29, 42 f.

sammengefasst.[910] Ein solcher Vorbehalt findet sich nicht im Wortlaut von § 15 EStG, anders als etwa in § 20 Abs. 8 EStG. Gemeint ist vielmehr die Notwendigkeit der Abgrenzung verschiedener Steuertatbestände voneinander, insbesondere durch ihre systematische Auslegung. Folgt man diesem Verständnis, ist der Vorbehalt einkommensteuerlicher Bestimmungen kein amorpher Nebel, der sich ohne erkennbare gesetzliche Anknüpfungspunkte und Grenzen über die Gewinnverteilungsabrede legt, sondern Ergebnis allgemeiner Auslegungsprinzipien. Der „Vorbehalt einkommensteuerlicher Bestimmungen" lässt sich dahingehend verformeln, dass Gewinnanteile i.S.d. § 15 Abs. 1 Satz 1 Nr. 2 Satz 1 EStG stets auch zivilrechtliche Gewinnanteile sind; umgekehrt allerdings sind nicht alle zivilrechtlichen Gewinnanteile zugleich Gewinnanteile i.S.d. § 15 EStG. Der Gewinnanteilsbegriff des Steuerrechts ist somit enger als der des Zivilrechts.

Eine herausgehobene Stellung unter dem Vorbehalt einkommensteuerlicher Wertungen nimmt die sog. Angemessenheitskontrolle der Finanzrechtsprechung ein. Die Angemessenheitskontrolle ist ein eigenständiges Korrekturinstrument und steht seit vielen Jahrzehnten nicht mehr in Verbindung mit dem Gestaltungsmissbrauch i.S.d. § 42 AO.[911] Die Angemessenheitskontrolle dreht sich um die Frage, welchem Rechtsgrund ein Werttransfer zuzuordnen ist[912] – einem Gewinnstammrecht oder einer persönlichen oder wirtschaftlichen Verflechtung auf Gesellschafterebene. Die Rechtsgrundlage der Angemessenheitskontrolle sieht der BFH in der dem Einkommensteuerrecht zugrundeliegenden „Unterscheidung zwischen Einkommenserzielung und Einkommensverwendung, die in den Vorschriften über die Zurechnung bestimmter Einkünfte, wie der des § 15 Abs. 1 Nr. 2 EStG und das grundsätzliche Abzugsverbot für private Zuwendungen nach

---

910 BFH, Urteil vom 29.5.2001, VIII R 10/00, BFHE 195, 486, BStBl. II 2001, 747 unter III.2.b)bb); *Tiede*, in: Herrmann/Heuer/Raupach, EStG/KStG, § 15 Rz. 485; *Wacker*, in: Schmidt, EStG, § 15 Rz. 443 („Widerstreit zu Vorschriften/Wertungen des EStG/KStG").

911 *Fischer*, in: Hübschmann/Hepp/Spitaler, AO/FGO, § 42 AO Rz. 464; s. auch BFH, Urteil vom 15.11.1967, IV R 139/67, BFHE 90, 399, BStBl. II 1968, 152 zur Vorgängernorm § 6 Abs. 1 StAnpG, der „nur die krassen Fälle eines Missbrauchs von Gestaltungsmöglichkeiten erfasst"; die frühere Rechtsprechung hat ihre Angemessenheitskontrolle indes auf § 6 Abs. 1 StAnpG gestützt, RFH, Urteil vom 30.9.1936, VI A 801/35, RStBl. 1936, 1099; Urteil vom 29.4.1942, VI 101/42, RStBl. 1942, 497; Urteil vom 15.4.1942, VI 181/41, RStBl. 1942, 505; BFH, Urteil vom 22.8.1951, IV 246/50 S, BFHE 55, 449, BStBl. III 1951, 181.

912 Vgl. *Fischer*, in: Hübschmann/Hepp/Spitaler, AO/FGO, § 42 AO Rz. 463.

§ 12 Nr. 2 EStG ihren Ausdruck gefunden hat".[913] Nach § 12 Nr. 2 EStG dürfen vom Gesamtbetrag der Einkünfte unter anderem keine freiwilligen Zuwendungen oder Zuwendungen an eine gegenüber dem Steuerpflichtigen oder seinem Ehegatten unterhaltsberechtigte Person oder deren Ehegatten abgezogen werden. § 12 EStG betrifft die für das Einkommensteuerrecht „zentrale" Abgrenzung der Erwerbssphäre von der Privatsphäre.[914]

Rechtsfolge der Angemessenheitskontrolle der Finanzrechtsprechung ist ein zwecks „zutreffender" Besteuerung durchgeführter Eingriff in die zivilrechtliche Gewinnverteilungsabrede. Die Besteuerung der Gesellschafter erfolgt, als wäre eine angemessene Gewinnverteilung verabredet worden.[915] Dem „übermäßig" begünstigten Gesellschafter ist nur ein angemessener Gewinnanteil zuzurechnen, während der überschießende Teil demjenigen Gesellschafter zugerechnet wird, der die „Einräumung der Gesellschafterstellung veranlasst" hat.[916] Die Gewinnverteilungskorrektur erfolgt auf Ebene der Personengesellschaft.[917] Der BFH verschiebt dadurch – anders als etwa die speziellen Missbrauchstatbestände §§ 15a und 15b EStG – die Höhe der Gewinnanteile der Gesellschafter.

Maßstab für die Frage nach der Angemessenheit des Gewinnanteils eines Personengesellschafters ist der Fremdvergleich.[918] Die Kontrollfragen der Rechtsprechung lauten: Hätte ein fremder Dritter in der Person des Gesellschafters einer vergleichbaren Gewinnverteilung zugestimmt (bei dispro-

---

913 BFH, Urteil vom 24.7.1986, IV R 103/83, BFHE 147, 495, BStBl. II 1987, 54 unter II.2.a); ferner Urteil vom 14.2.1973, I R 131/70, BFHE 108, 527, BStBl. II 1973, 395; Urteil vom 29.1.1976, IV R 89/75, BFHE 118, 311, BStBl. II 1976, 374 unter II.1.a); Urteil vom 7.11.2000, VIII R 16/97, BFHE 193, 542, BStBl. II 2001, 186 unter II.2.a); Urteil vom 29.5.2001, VIII R 10/00, BFHE 195, 486, BStBl. II 2001, 747 unter III.2.b)bb)aaa); *Wacker*, in: Schmidt, EStG, § 15 Rz. 777; in der Literatur finden sich auch andere Begründungsansätze ohne Verweis auf eine konkrete Rechtsgrundlage, so etwa bei *Paulick*, in: FS Laufke, S. 193, 203 (Gewinnverteilungsabrede dürfe im „Interesse einer gleichmäßigen und sachgerechten Besteuerung" nicht unbesehen übernommen werden).

914 *Loschelder*, in: Schmidt, EStG, § 12 Rz. 1.

915 BFH, Urteil vom 29.03.1973, IV R 158/68, BFHE 109, 47, BStBl. II 1973, 489; *Bode*, in: Brandis/Heuermann, Ertragsteuerrecht, § 15 EStG Rz. 428.

916 *Desens/Blischke*, in: Kirchhof/Söhn/Mellinghoff, EStG, § 15 Rz. C 221; *Buge*, in: Herrmann/Heuer/Raupach, EStG/KStG, § 15 EStG Rz. 898.

917 BFH, Urteil vom 18.6.2015, IV R 5/12, BFHE 250, 121, BStBl. II 2015, 935; Urteil vom 15.11.1967, IV R 139/67, BFHE 90, 399, BStBl. II 1968, 152.

918 BFH, Beschluss vom 29.5.1972, GrS 4/71, BFHE 106, 504, BStBl. II 1973, 5; außerdem etwa BFH, Urteil vom 25.7.1963, IV 421/62 U, BFHE 78, 3, BStBl. III 1964, 3 (mit dem Zusatz, die von der Vorinstanz angestellten Überlegungen zum Fremdvergleich seien „billig und gerecht");

portional niedrigem Gewinnanteil)[919] oder wäre einem fremden Dritten unter sonst gleichen Umständen ein ähnlich hoher Gewinnanteil zugewiesen worden (bei disproportional hohem Gewinnanteil)?[920] Der Fremdvergleich wird dabei in allen nachstehend näher dargestellten Fallgruppen unter dem Gesichtspunkt der Beitragsgerechtigkeit geführt. Der BFH rückt in der Beziehung zwischen Gesellschaft und Gesellschafter in die Nähe eines Leistungsaustauschs, den die Gewinnverteilung angemessen im Sinne eines Fremdvergleichs reflektieren müsse.[921] Damit lädt der BFH den Begriff der „Gewinnanteile" i.S.d. § 15 Abs. 1 Satz 1 Nr. 2 Satz 1 EStG mit einer zusätzlichen steuerlichen Ratio auf, nämlich der Herstellung einer Beitragsgerechtigkeit. Ist ausnahmsweise kein Fremdvergleich durchführbar, etwa weil bestimmte Sachverhalte unter fremden Dritten nicht verwirklicht werden, bildet der BFH einen eigenen Angemessenheitsmaßstab.[922] Die Rechtsprechung beurteilt die Angemessenheit der Gewinnverteilungsabrede aus *ex-ante*-Sicht zum Zeitpunkt ihrer Vereinbarung. Der Blick richtet sich nicht nur auf den konkreten Veranlagungszeitraum der Vereinbarung, sondern auf eine mehrjährige zukünftige Zeitspanne unter Beachtung wirtschaftlicher Prognosen für die Gesellschaft.[923] Die Feststellungslast für das Bestehen eines Missverhältnisses zwischen Gesellschafterbeitrag und Gewinnverteilung liegt beim Finanzamt. Ist ein Missverhältnis bewiesen, begründet dies eine widerlegbare Vermutung für die Unangemessenheit des betreffenden Gewinnanteils.[924]

---

919 Vgl. FG Münster, Urteil vom 14.05.2019, 2 K 3371/18 F (rkr.), EFG 2019, 1521, Rz. 40.

920 Vgl. BFH, Urteil vom 25.07.1963, IV 421/62 U, BFHE 78, 3, BStBl. III 1964, 3; Urteil vom 15. 11.1967, IV R 139/67, BFHE 90, 399, BStBl. II 1968, 152 („BFH [stellt die Frage,] wie unter Fremden die aus der Beteiligung fließenden Einkünfte gestaltet worden wären").

921 *Flume*, DB 1973, 786, 790; *Schön*, StuW 1996, 275, 276; *Levedag*, in: Blaurock, Hdb. Stille Gesellschaft, § 21 Rz. 21.105; ausführlich zum Verhältnis von Gesellschafter- und Gesellschaftsleistung *Groh*, DStJG 1 (1978), S. 97, 113 ff.

922 Insbesondere in Familiengesellschaften, vgl. BFH, Beschluss vom 29.05.1972, GrS 4/71, BFHE 106, 504, BStBl. II 1973, 5; dazu sogleich unter D.II.1.a)aa).

923 BFH, Urteil vom 15.11.1967, IV R 139/67, BFHE 90, 399, BStBl. II 1968, 152 („längerer Zeitraum"); Beschluss vom 29.5.1972, GrS 4/71, BFHE 106, 504, BStBl. II 1973, 5 (fünf Jahre); Urteil vom 06.02.1980, I R 50/76, BFHE 130, 268, BStBl II 1980, 477; FG Münster, Urteil vom 14.08.2013, 2 K 2483/11 F (rkr.), EFG 2014, 29 (etwa drei bis fünf Jahre); Urteil vom 14.05.2019, 2 K 3371/18 F (rkr.), EFG 2019, 1521; ebenso *Levedag*, in: Blaurock, Hdb. Stille Gesellschaft, Rz. 21.125; *Schustek*, in: Zimmermann u.a., PersGes im SteuerR, F Rz. 56.

924 *Groh*, DStJG 1 (1978), S. 97, 123.

a) Angemessenheitskontrolle bei nahestehenden Gesellschaftern

aa) Familiengesellschaften

Prominent ist die Angemessenheitskontrolle in der BFH-Rechtsprechung zu Familiengesellschaften.[925] Die Kontrolle der Gewinnverteilung müsse ebenso wie die Kontrolle des Entgelts bei Arbeitsverhältnissen zwischen Angehörigen möglich sein, weil zwischen Familienangehörigen kein „natürlicher" Interessengegensatz bestehe.[926] Ohne eine derartige Angemessenheitskontrolle könnten mit der Aufnahme von Kindern in die elterliche Gesellschaft außergesellschaftliche Ziele wie die Ausnutzung von steuerlichen Freibeträgen und die Senkung der Progressionskurve verwirklicht werden (faktisches „Familiensplitting").[927] Eine einheitliche Definition des Begriffs „Familiengesellschaft" besteht nicht.[928] Teils werden als Familiengesellschaften solche Gesellschaften bezeichnet, in die der elterliche Betrieb eingebracht wird oder in die Kinder mittels Schenkung von Gesellschaftsanteilen aufgenommen werden.[929] Nach anderer Definition kommt es für eine Familiengesellschaft auf die mehrheitliche Beteiligung naher Angehö-

925 BFH, Beschluss vom 29.5.1972, GrS 4/71, BFHE 106, 504, BStBl. II 1973, 5; Urteil vom 29.1.1976, IV R 89/75, BFHE 118, 311, BStBl II. 1976, 374; Urteil vom 13.3.1980, IV R 59/76, BFHE 130, 301, BStBl. II 1980, 437.; Urteil vom 24.7.1986, IV R 103/83, BFHE 147, 495, BStBl. II 1987, 54; Urteil vom 19.2.2009, IV R 83/06, BFHE 224, 340, BStBl. II. 2009, 798; zusammenfassend *Bode*, in: Brandis/Heuermann, Ertragsteuerrecht, § 15 EStG, Rz. 408 ff. sowie *Buge*, in: Herrmann/Heuer/Raupach, EStG/KStG, § 15 EStG Rz. 890; weiterhin *Bormann/Hellweg*, DB 1997, 2415, 2420; *Kittl*, DB 1979, 2243, 2244; *Paulick*, in: FS Laufke, S. 193, 203 ff.; *Teichmann/Widmann*, ZGR 1975, 156 ff.; *Groh*, DStJG 1 (1978), S. 97 ff.; kritisch zur Korrektur über § 12 Nr. 2 EStG *Schwandtner*, Disquotale Gewinnausschüttungen, S. 330 f.; *Keuk*, StuW 1973, 74, 88 f.

926 BFH, Urteil vom 7.6.2006, IX R 4/04, BFHE 214, 173, BStBl. II 2007, 294 unter II.1.a); Urteil vom v. 7.11.2000, VIII R 16/97, BFHE 193, 542, BStBl. II 2001, 186 unter 2.a); Urteil vom 19.1.1993, VIII R 128/84, BFHE 170, 511, BStBl. II 1993, 594 unter II.4.a); Beschluss vom 29.5.1972, GrS 4/71, BFHE 106, 504, BStBl. II 1973, 5 unter IV.2.b)aa); zu schuldrechtlichen Vereinbarungen unter Ehegatten auch BVerfG v. 7.11.1995, 2 BvR 802/90, BStBl II 1996, 34; *Wacker*, in: Schmidt, EStG, § 15 Rz. 779.

927 *Hennrichs*, in: Tipke/Lang, Steuerrecht, § 10 Rz. 79 f.; *Krumm*, in: Kirchhof/Seer, EStG, § 15 Rz. 217; *Schnitter*, EStB 2001, 383 f.; *Gassner*, in: FS Schmidt, S. 771, 773; *Schwendy*, in: FS Schmidt, S. 787, 788.

928 Zum Meinungsspektrum *Desens/Blischke*, in: Kirchhof/Söhn/Mellinghoff, EStG, § 15 Rz. C 164.

929 Vgl. *Wacker*, in: Schmidt, § 15 Rz. 740.

riger an,[930] wobei hier wiederum der Begriff der nahen Angehörigkeit umstritten ist.[931]

Die Rechtsprechung unterscheidet im Rahmen ihrer Angemessenheitskontrolle zwischen unentgeltlich und entgeltlich eingeräumten Beteiligungen.[932] Angemessen sei bei einer schenkweise übertragenen Gesellschaftsbeteiligung zunächst eine fremdübliche Vorabvergütung für besondere Leistungen und darüber hinaus (bezüglich des „Restgewinns") ein Gewinnanteil von nicht mehr als 15 Prozent des tatsächlichen Beteiligungswerts.[933] Zur Begründung dieser typisierten Grenze bei 15 Prozent Rendite verweist die Rechtsprechung darauf, dass bei schenkweiser Beteiligungsübertragung die Möglichkeit des Fremdvergleichs entfällt, weil eine unentgeltliche Aufnahme unter fremden Dritten nicht erfolge, und 15 Prozent eine marktübliche Verzinsung des tatsächlichen Beteiligungswerts ist.[934] Maßgeblicher Zeitpunkt für die Feststellung der Angemessenheit ist die Vereinbarung der Gewinnverteilungsabrede, sodass eine Prognoseentscheidung für die Ertragslage der Gesellschaft in den nächsten (nach dem BFH: fünf) Wirtschaftsjahren erforderlich ist.[935] Ein über den angemessenen

---

930 BFH, Urteil vom 15.12.1988, IV R 29/86, BFHE 155, 543, BStBl. II 1989, 500 unter I.2.; *Schenke*, in: BeckOK-EStG, § 15 Rz. 1825; vgl. auch *Desens/Blischke*, in: Kirchhof/Söhn/Mellinghoff, EStG, § 15 Rz. C 161 „Personengesellschaften zwischen nahen Angehörigen".

931 Für eine Anwendung von § 15 AO etwa *Bode*, in: Brandis/Heuermann, Ertragsteuerrecht, § 15 EStG Rz. 371; für die Einbeziehung aller Fälle fehlenden natürlichen Interessengegensatzes z.B. *Buge*, in: Herrmann/Heuer/Raupach, EStG/KStG, § 15 EStG Rz. 840; *Fischer*, in: Hübschmann/Hepp/Spitaler, AO/FGO, § 42 AO Rz. 467.

932 BFH, Urteil vom 9.10.2001, VIII R 77/98, BFHE 197, 43, BStBl. II 2002, 460; Urteil vom 24.7.1986, IV R 103/83, BFHE 147, 495, BStBl. II 1987, 54; Beschluss vom 29.5.1972, GrS 4/71, BFHE 106, 504, BStBl. II 1973, 5.

933 BFH, Urteil vom 21.9.2000, IV R 50/99, BFHE 193, 292, BStBl. II 2001, 299 unter I.3.b); Urteil vom 24.7.1986, IV R 103/83, BFHE 147, 495, BStBl. II 1987, 54 unter II.2.a); Urteil vom 5.11.1985, VIII R 275/81, BFH/NV 1986, 327 unter III.4.; Urteil vom 13.3.1980, IV R 59/76, BFHE 130, 301, BStBl II 1980, 437 unter 1.; Urteil vom 29.3.1973, IV R 158/68, BFHE 109, 47, BStBl. II 1973, 489 unter II.1.b) und 3.; Beschluss vom 29.5.1972, GrS 4/71, BFHE 106, 504, BStBl. II 1973, 5 unter IV.2.d)bb).

934 BFH, Beschluss vom 29.5.1972, GrS 4/72, BFHE 106, 504, BStBl. II 1973, 5; zur Rechtfertigung der 15% -Grenze *Groh*, DStJG 1 (1978), S. 97, 118 ff.; zur Ermittlung des „tatsächlichen Werts" des Gesellschaftsanteils s. *Krumm*, in: Kirchhof/Seer, EStG, § 15 Rz. 226; die 15 %-Grenze nicht mehr starr anwendend, sondern auf Beitragsgerechtigkeit der Gewinnverteilung abstellend BFH, Urteil vom 9.10.2001, VIII R 77/98, BFHE 197, 43, BStBl. II 2002, 460.

935 BFH, Beschluss vom 29.5.1972, GrS 4/72, BFHE 106, 504, BStBl. II 1973, 5 unter IV.2.d)cc).

Anteil hinausgehender Gewinnanteil wird dem Schenker zugerechnet. Insofern liege eine Einkommensverwendung gem. § 12 Nr. 2 EStG vor.[936] Auf den entgeltlichen Beteiligungserwerb wird die 15-Prozent-Grenze regelmäßig nicht angewandt, gleichwohl die Gewinnverteilung mittels Fremdvergleichs auf ihre Angemessenheit überprüft.[937] Dabei wird unter Heranziehung verschiedener Kriterien auf den Gesellschafterbeitrag des Kindes abgestellt (u.a. erbrachte Kapitalleistungen, übernommene Risiken, Arbeitsleistung).[938] Ergibt sich nach diesen Maßstäben eine unangemessen hohe Gewinnbeteiligung, findet bei der Verteilung des Gewinns auf Ebene der Mitunternehmerschaft unter dem Gesichtspunkt der Abgrenzung von Einkommenserzielung und Einkommensverwendung eine Korrektur statt.[939]

bb) GmbH & Co. KG

Daneben gibt es weitere Konstellationen, in denen die Gewinnverteilung aus Sicht der Rechtsprechung ihren Grund nicht im Gesellschaftsverhältnis hat, sondern in außergesellschaftlichen wirtschaftlichen Beziehungen der Gesellschafter. Wie bei Familiengesellschaften kann es auf Gesellschafterebene an einem natürlichen Interessengegensatz fehlen. Auch hier wendet der BFH Fremdvergleichsgrundsätze zur Bestimmung „angemessener“ Gewinnanteile der beteiligten Gesellschafter an. Beispielhaft sind dafür Konstellationen mit sich nahestehenden Gesellschaftern einer GmbH & Co. KG.[940] Typisch sind Fälle, in denen Kommanditisten und Gesellschafter-Geschäftsführer der Komplementär-GmbH personenidentisch sind. In diesen Fällen kann der Gewinn der Komplementär-GmbH sowohl „zu hoch“ als auch „zu niedrig“ ausfallen.

(1) Gewinnanteil der Komplementär-GmbH „zu hoch“: Ein aus Sicht der Rechtsprechung eigentlich den Kommanditisten zuzurechnender Gewinnanteil wird als verdeckte Einlage in die Komplementär-GmbH

936 Zur unentgeltlich erworbenen atypischen stillen Beteiligung und Unterbeteiligung s. *Bode*, in: Brandis/Heuermann, Ertragsteuerrecht, § 15 EStG Rz. 425.

937 BFH, Urteil vom 4.6.1973, IV R 26/68, BFHE 110, 238, BStBl. II 1973, 866 unter 2.

938 Überblick bei *Bode*, in: Brandis/Heuermann, Ertragsteuerrecht, § 15 EStG Rz. 423.

939 *Schulze zur Wiesche*, DStZ 2017, 451, 453.

940 BFH, Urteil vom 15.11.1967, IV R 139/67, BFHE 1968, 152, BStBl. II 1968, 152; Urteil vom 14.2.1973, I R 131/70, BFHE 108, 527, BStBl. II 1973, 395; Urteil vom 23.8.1990, IV R 71/89, BFHE 162, 401, BStBl. II 1991, 172; *Hottmann*, in: Zimmermann u.a., PersGes im Steuerrecht, R Rz. 69, 76 ff.

gewertet.[941] Die Angemessenheitskontrolle führt somit in Höhe des unangemessen hohen Gewinnanteils der Komplementär-GmbH zu einer Zurechnung bei den Kommanditisten und zur Annahme einer verdeckten Einlage der Kommanditisten an die Komplementär-GmbH. In diesem Umfang entstehen dem Kommanditisten nachträgliche Anschaffungskosten auf seine GmbH-Beteiligung.[942]

(2) Gewinnanteil der Komplementär-GmbH „zu niedrig": Umgekehrt kann der Gewinnanteil der Komplementär-GmbH auch unangemessen niedrig ausfallen, was nach der Rechtsprechung auf einer verdeckten Gewinnausschüttung der GmbH an ihre Gesellschafter (zugleich die Kommanditisten) beruht.[943] Eine Einkommenserhöhung auf Ebene der GmbH gem. § 8 Abs. 3 Satz 2 KStG kann jedoch unterbleiben, weil die Erhöhung bereits durch Korrektur der Gewinnverteilung auf Ebene der Mitunternehmerschaft (Kommanditgesellschaft) erfolgt. Die GmbH bekommt folglich einen Mehrgewinnanteil zugerechnet, der Kommanditist einen geringeren Gewinnanteil. Die Kommanditisten erzielen entsprechende Sonderbetriebseinnahmen gem. § 15 Abs. 1 Satz 1 Nr. 2 EStG (i.V.m. § 3 Nr. 40 EStG), weil ihre Beteiligung an der Komplementär-GmbH zu ihrem notwendigen Sonderbetriebsvermögen II zählt.[944]

Eine Rechtsgrundlage für eine Korrektur der Gewinnverteilung wurde in den Urteilen zur GmbH & Co. KG nicht immer ausdrücklich benannt, sondern der BFH stellte zunächst apodiktisch fest: „Angemessen, d.h. frei von außerbetrieblichen, nur auf Grund der Gesellschafteridentität erklärbaren Erwägungen ist eine Gewinnverteilung, wenn sie dem Wesen einer Gesell-

---

941 BFH, Urteil vom 28.5.2020, IV R 11/18, BFH/NV 2020, 1339; BStBl. II 2020, 641; Urteil vom 23.8.1990, IV R 71/89, BFHE 162, 401, BStBl. II 1991, 172; nach Einführung des § 1a KStG (Optionsmodell für gewerbliche Personengesellschaften) gilt das „Thesaurierungsargument" wohl nur noch für „nicht-optierte" Personengesellschaften.

942 *Blischke/Desens*, in: Kirchhof/Söhn/Mellinghoff, EStG, § 15 Rz. F. 195.

943 BFH, Urteil vom 15.11.1967, IV R 139/67, BFHE 90, 399, BStBl II 1968, 152; Urteil vom 23.8.1990, IV R 71/89, BFHE 162, 401, BStBl. II 1991, 172; vgl. *Desens/Blischke*, in: Kirchhof/Söhn/Mellinghoff, EStG, § 15 Rz. F 195.

944 BFH, Urteil vom 15.11.1967, IV R 139/67, BFHE 90, 399, BStBl II 1968, 152, 160; Urteil vom 24.3.1998, I R 79/97, BFHE 186, 64, BStBl II 1998, 578 (579); kritisch zur Einstufung der GmbH-Beteiligung der Kommanditisten als Sonderbetriebsvermögen und für die Qualifikation der verdeckten Gewinnausschüttung als Einkünfte des Kommanditisten nach § 20 EStG *Desens/Blischke*, in: Kirchhof/Söhn/Mellinghoff, EStG, § 15 Rz. F 196.

schaft und dem Wesen des Gewinns gemäß ist".[945] Letztlich setzte sich die von Familiengesellschaften bekannte Unterscheidung zwischen Einkommenserzielung und -verwendung auch bei der Fallgruppe der „Doppelgesellschafter" bei der GmbH & Co. KG durch, nur dass sie dort unter einer „außerbetrieblichen Veranlassung" firmiert.[946] Die außerbetriebliche Veranlassung gründet sich auf den Vorschriften zur verdeckten Gewinnausschüttung bzw. Einlage bei Kapitalgesellschaften (§ 8 Abs. 3 Satz 2 f. KStG). Nicht heranzuziehen brauchte der BFH die „außerbetrieblichen Interessen" im bereits angesprochenen Urteil vom 28.5.2020. Stattdessen korrigierte er die Gewinnverteilung in einer GmbH & Co. KG mit „Doppelgesellschafter" unter teleologischer Auslegung von § 15 Abs. 1 S. 1 Nr. 2 S. 1 Hs. 2 EStG („im Dienst") durch Abgrenzung eines Gewinnanteils i.S.d. Hs. 1 von einer Tätigkeitsvergütung i.S.d. Hs. 2.

cc) Atypisch stille Gesellschaft

Die bei der GmbH & Co. KG durchgeführte Angemessenheitskontrolle wird entsprechend bei Mitunternehmerschaften in Form atypisch stiller Gesellschaften angewandt.[947] Die Rechtsprechung erkennt in einer solchen atypisch stillen Gesellschaft eine mit der GmbH & Co. KG verwandte Struktur. Ist Inhaber des Handelsgeschäfts eine Kapitalgesellschaft (GmbH) und der atypisch stille Gesellschafter gleichzeitig Gesellschafter der Kapitalgesellschaft (GmbH & atypisch Still), kann die Gewinnverteilungsabrede der stillen Gesellschaft (steuerlich eine Mitunternehmerschaft[948]) unter dem Gesichtspunkt der Angemessenheit korrigiert werden. Dabei geht es um eine steuerlich angemessene Gewinnverteilung, nicht um die Angemessenheit i.S.d. § 231 Abs. 1 HGB. Mit der Angemessenheitskontrolle wirkt

945 BFH, Urteil vom 15.11.1967, IV R 139/67, BFHE 1968, 152, BStBl. II 1968, 152 unter B.I.4.; zuvor bereits BFH, Urteil vom 26.6.1964, VI 296/62 U, BFHE 80, 402, BStBl. III 1964, 619; kritisch *Groh*, DStJG 1 (1978), S. 97, 103 („Immanenzvorstellung kann generell nicht weiterführen").

946 BFH, Urteil vom 23.8.1990, IV R 71/89, BFHE 162, 401, BStBl. II 1991, 172 unter 1.

947 BFH, Urteil vom 18.6.2015, IV R 5/12, BFHE 250, 121, BStBl. II. 2015, 935, FR 2015, 1131 m. Anm. *Wendt*; Urteil vom 6.2.1980, I R 50/76, BFHE 130, 268; BStBl. II 1980, 477; FG Münster, Urteil vom 14.5.2019, 2 K 3371/18 F (rkr.), EFG 2019, 1521.

948 BFH, Urteil vom 10.11.1993, I R 20/93, BFHE 173, 184, BStBl. II 1994, 327; Urteil vom 10.08.1994, I R 133/93, BFHE 175, 357, BStBl. II 1995, 171; *Levedag*, in: Blaurock, Hdb. Stille Gesellschaft, § 22 Rz. 22.6 ff.; *Demuth*, KöSDi 2015, 19473, 19486; *Schulze zur Wiesche*, StBp 2015, 221 ff.

der BFH der steuerlichen Gestaltungsmöglichkeit entgegen, Gewinne und Verluste – an der körperschaftlich besteuerten GmbH vorbei – unmittelbar natürlichen Personen zuzuweisen („Verlusttransfer").[949] Die Korrektur erfolgt anhand eines Fremdvergleichs, wobei sich dahinter vor allem das von den vorherigen Fallgruppen bekannte Kriterium der „Beitragsgerechtigkeit" verbirgt.[950] Der Gewinnanteil des atypisch stillen Gesellschafters muss in einem angemessenen Verhältnis zum Gesamtgewinn des Handelsgeschäfts stehen. Dieses Verhältnis wird vom Wert der stillen Beteiligung und dem Unternehmenswert der GmbH beeinflusst.[951]

Ein Verzicht der GmbH auf einen ihr unter Fremden typischerweise gewährten Gewinnanteil kann nach dem BFH den der GmbH gem. § 15 Abs. 1 Satz 1 Nr. 2 EStG zuzurechnenden Gewinnanteil an der atypisch stillen Gesellschaft nicht schmälern. Denn dieser Verzicht sei durch das Gesellschaftsverhältnis der GmbH beeinflusst und beruhe damit aus Sicht der atypisch stillen Gesellschaft auf außergesellschaftlichen Gründen. Liege ein solcher Verzicht vor, sind grundsätzlich auch die Voraussetzungen einer verdeckten Gewinnausschüttung an ihren Gesellschafter erfüllt. Einer Einkommenskorrektur der GmbH gem. § 8 Abs. 3 Satz 3 KStG bedarf es dennoch nicht, weil es durch die Korrektur der Gewinnverteilung auf Ebene der Mitunternehmerschaft an einer von § 8 Abs. 3 Satz 2 KStG vorausgesetzten Minderung des GmbH-Einkommens fehle.[952] Beim atypisch stillen Gesellschafter, zugleich Gesellschafter der GmbH, führt der überhöhte Gewinnanteil zu Sonderbetriebseinnahmen, weil seine GmbH-Anteile notwendiges Sonderbetriebsvermögen II bei der atypisch stillen Gesellschaft sind.[953] Allerdings ist im Einzelfall zu prüfen, ob ein fremdunüblicher Gewinnverzicht der GmbH vorliegt. Er ist beispielsweise zu verneinen, wenn die GmbH nicht Inhaberin des Geschäftswerts ist (sondern ihre Be-

---

949 Vgl. *Levedag*, in: Blaurock, Hdb. Stille Gesellschaft, § 21 Rz. 21.76; *Demuth*, KöSDi 2015, 19473.

950 BFH, Urteil vom 06.02.1980, I R 50/76, BFHE 130, 268, BStBl. II 1980, 477; FG Münster, Urteil vom 14.08.2013, 2 K 2483/11 F, juris Rz. 37 (es komme im Ergebnis darauf an, „ob die Gewinn- und Verlustbeteiligung im Verhältnis zu den jeweiligen Beiträgen des Inhabers und des stillen Gesellschafters zu der stillen Gesellschaft angemessen ist").

951 *Levedag*, in: Blaurock, Hdb. Stille Gesellschaft, § 21 Rz. 21.126 ff. (einschl. Ausführungen zur Ermittlung des Unternehmenswerts).

952 BFH, Urteil vom 18.6.2015, IV R 5/12, BFHE 250, 121, BStBl. II 2015, 935, FR 2015, 1131 (m. Anm. *Wendt*); zur GmbH & Co. KG auch BFH Urteil vom 15.11.1967, IV R 139/67, BFHE 90, 399, BStBl. II 1968, 152.

953 BFH, Urteil vom 15.10.1998, IV R 18/98, BFHE 187, 250, BStBl. II 1999, 286.

triebsgrundlagen lediglich pachtet) und ihr ein Gewinnanteil von ca. sieben Prozent zukommt.[954]

b) Weitere Fallgruppen

Gesellschafter bzw. Mitunternehmer einer Personengesellschaft mit wirtschaftlichen Nähebeziehungen kann es in den unterschiedlichsten Konstellationen geben. So fragt sich, ob der BFH auch in Konzernstrukturen eine Angemessenheitskontrolle durchführen würde. Wenn verschiedene Gesellschafter einer Personengesellschaft mehrheitlich von derselben Obergesellschaft beherrscht werden, liegt eine ähnliche Struktur wie bei einer „beteiligungsidentischen" GmbH & Co. KG bzw. GmbH & atypisch Still vor. Die Gewinnverteilung zwischen den Gesellschaftern der Personengesellschaft müsste folglich angemessen sein. Der Blick soll vorliegend jedoch vor allem auf die „Beteiligungs-GmbH" und einander fremde Gesellschafter gerichtet werden.

aa) Beteiligungs-GmbH

Die Rechtsprechung erkennt nicht nur in Familiengesellschaften, sondern auch in anderen Konstellationen ohne Verwandtschaftsverhältnisse ein Bedürfnis zum Eingriff in die zivilrechtliche Gewinnverteilungsabrede. Voraussetzung ist allein, dass die Gewinnverteilungsabrede von außergesellschaftlichen Beziehungen beeinflusst wird. Solche Beziehungen sind nicht nur bei der GmbH & Co. KG oder atypisch stillen Gesellschaften denkbar.

Beispiel 13 *Die natürliche Person A ist Kommanditist einer KG, hält aber gleichzeitig über eine Beteiligungs-GmbH, deren Alleingesellschafter ebenfalls A ist, einen weiteren Kommanditanteil. Die Beteiligungs-GmbH wiederum hat über ihre KG-Beteiligung eine durchgerechnete Beteiligung an einer Tochterkapitalgesellschaft von weniger als 10 Prozent und fällt somit gem. § 8b Abs. 4 Satz 1 KStG nicht unter das Schachtelprivileg für Dividenden (§ 8b Abs. 1 Satz 1 KStG). Für A ist die Thesaurierung der Dividenden in der Beteiligungs-GmbH daher steuerlich*

954 BFH, Urteil vom 18.6.2015, IV R 5/12, BFHE 250, 121, BStBl. II 2015, 935; vgl. auch Anm. von *Fritsch*, SteuK 2015, 509.

weniger attraktiv. Er will sie lieber „ohne Umweg“ über die Beteiligungs-GmbH ausgeschüttet bekommen. Nach der Gewinnverteilungsabrede der KG werden daher sämtliche aus der Kapitalgesellschaftsbeteiligung der KG resultierenden Dividenden anteilig dem A zugewiesen, während Veräußerungsgewinne der Beteiligungs-GmbH zugewiesen werden.

In Beispiel 13 stehen zwei Kommanditisten derselben Gesellschaft in einem wirtschaftlichen Näheverhältnis, das nach der BFH-Rechtsprechung zur GmbH & Co. KG und GmbH & atypisch Still Anlass gibt, die Angemessenheit der Gewinnverteilungsabrede zu kontrollieren. Das gilt umso mehr, als A nicht nur in seiner Beteiligungs-GmbH, sondern anscheinend auch in der KG in der Lage ist, sein Interesse an einer bestimmten Gewinnverteilung durchzusetzen. Wie in den Fallgruppen der GmbH & Co. KG sowie der GmbH & atypisch Still läge es – der Rechtsprechungsansicht folgend – nahe, als Grundlage der Angemessenheitskontrolle eine verdeckte Gewinnausschüttung oder verdeckte Einlage im Verhältnis der Beteiligungs-GmbH und dem Kommanditisten anzunehmen.

Neben der im Beispiel beschriebenen Gewinnverteilungsabrede gäbe es ein ganzes Spektrum an möglichen steuerlich motivierten Sonderzuweisungen. Wie im Fall der GmbH & Co. KG könnte ein disproportional hoher Gewinnanteil der Beteiligungs-GmbH zu einem bei Personengesellschaften (jedenfalls ohne Optionsausübung gem. § 1a Abs. 1 KStG und Inanspruchnahme von § 34a EStG) nicht vorgesehenen Thesaurierungseffekt führen. In einer vermögensverwaltenden Personengesellschaft ließen sich außerdem Veräußerungsgewinne gem. § 20 Abs. 2 EStG der Beteiligungsgesellschaft zuweisen, während Veräußerungsgewinne aus privaten Veräußerungsgeschäften unmittelbar A zugewiesen werden. Die Veräußerungsgewinne sind für die Kapitalgesellschaft gem. § 8b Abs. 2 und 3 KStG i.V.m. § 39 Abs. 2 Nr. 2 AO effektiv zu 95 % ertragsteuerfrei und können in ihr thesauriert oder reinvestiert werden. Die Gewinne aus privaten Veräußerungsgeschäften sind bei A nach Ablauf der Spekulationsfristen von § 23 Abs. 1 EStG nicht steuerbar. Die Rechtsprechung würde womöglich aufgrund des wirtschaftlichen Näheverhältnisses zwischen A und seiner Beteiligungs-GmbH eine Angemessenheitskontrolle durchführen.[955] Dann

955 Vgl. andererseits BFH, Urteil vom 28.9.2022, VIII R 20/20, DStR 2022, 2606 und die Vorinstanz FG Münster, Urteil vom 6.5.2020, 9 K 3359/18 E, EFG 2020, 1603, wonach die disquotale Gewinnausschüttung einer GmbH an eine Beteiligungs-GmbH,

wiederum stellt sich die Frage, ob eine solche Gewinnaufteilung auch unter fremden Dritten vereinbart worden wäre, weil sie beitragsgerecht ist. Im Beispielsfall würde die Angemessenheit wohl vor allem von den Kapitalleistungen der Gesellschafter abhängen. Die gesondert zugewiesenen Dividenden und Veräußerungsgewinne müssten in einem Verhältnis zueinander stehen, dass auch dem Verhältnis der Kapitalleistungen von A und seiner Beteiligungs-GmbH entspricht.

bb) Angemessenheitskontrolle bei nicht nahestehenden Gesellschaftern

Eine Rolle spielt die Angemessenheitskontrolle bislang vor allem bei Personengesellschaften, bei denen die außergesellschaftlichen (verwandtschaftlichen oder wirtschaftlichen) Beziehungen ihrer Gesellschafter offenkundig sind. Bei einander nicht nahestehenden, also fremden Gesellschaftern erübrigt sich auch nach Ansicht der Rechtsprechung grundsätzlich eine Angemessenheitskontrolle:

> *„Der natürliche Interessengegensatz begründet eine Vermutung dahin, daß die vereinbarte Gewinnverteilung dem Beitrag des Gesellschafters zur Erreichung des Gesellschaftszwecks entspricht. Fälle, in denen zwischen Fremden gesellschaftsrechtliche Vereinbarungen mit nicht gesellschafts-rechtlichen Interessen verbunden werden, sind selten und können nur beim Vorliegen entsprechender konkreter Anhaltspunkte angenommen werden.“* [956]

Bei fremden Dritten wird danach grundsätzlich von einem beitragsgerechten Gewinnanteil ausgegangen. Der BFH hat außerdem zu zwei GmbH-Gesellschaftern entschieden, dass übereinstimmende Interessen nicht zu einem „Nahestehen“ führen,[957] was auch bei fremden Personengesellschaftern gegen die Eröffnung der Angemessenheitskontrolle spricht. Der BFH lässt jedoch auch bei fremden Gesellschaftern eine Hintertür für die An-

deren Alleingesellschafter (eine natürliche Person) auch zu 50 Prozent an der ausschüttenden GmbH beteiligt ist, keinen Gestaltungsmissbrauch darstellt – die Thesaurierung in der Beteiligungs-GmbH sei ein gesetzlich vorgesehener Steuervorteil; bei der natürlichen Person sei hingegen keine erhöhte Leistungsfähigkeit zu verzeichnen.

956 BFH, Beschluss vom 29.5.1972, GrS 4/71, BFHE 106, 504, BStBl. II 1973, 5 unter IV.2.b)aa); zustimmend etwa *Bitz*, in: Littmann/Bitz/Pust, EStG, § 15 Rz. 68.

957 BFH, Urteil vom 19.08.1999, I R 77/96, BFHE 189, 342, BStBl. II 2001, 43 unter II.3.

gemessenheitskontrolle offen, auch wenn unklar bleibt, welche Konstellationen er in den Blick nimmt.[958] Klärungsbedürftig ist, wann der BFH „konkrete Anhaltspunkte" für außergesellschaftliche Interessen bei fremden Gesellschaftern annehmen und damit die Angemessenheitskontrolle eröffnen würde. Wann ist eine Gewinnverteilungsabrede so besonders, dass sich die von der Rechtsprechung geforderte Verknüpfung zwischen Gesellschafterbeitrag und Gewinnanteil auflöst? Wenig erhellend ist insofern die Feststellung des BFH, dass „zwischen Fremden auch unübliche Gestaltungen hingenommen werden".[959] Ist daraus zu folgern, dass bei Verwandten nur fremdübliche Gewinnanteile akzeptiert werden, bei Fremden aber auch fremdunübliche Gewinnanteile? Ist die Gewinnverteilung unter Fremden nicht immer fremdüblich? Der Maßstab, nach dem die Angemessenheitskontrolle unter fremden Dritten angewandt werden könnte, erscheint vage und für den Steuerpflichtigen kaum vorhersehbar. Zumindest scheint die Rechtsprechung die Feststellungslast für „konkrete Anhaltspunkte" einer nicht beitragsgerechten Gewinnverteilung beim Finanzamt zu sehen.

Richtet man den Blick auf Personengesellschaften, deren Gesellschafter fremde Dritte sind, und auf deren mögliche Vereinbarung von Sonderzuweisungen, fragt sich gleichwohl, ob ein fehlender „tatsächlicher Interessengegensatz"[960] in einer Angemessenheitskontrolle durch die Rechtsprechung münden könnte. Das erscheint vorstellbar, weil auch fremde Dritte bei der Vereinbarung von Sonderzuweisungen einen Interessengleichlauf entwickeln können. Grundsätzlich werden sie zwar eine ihrem Gesellschaftsbeitrag entsprechende Gewinnverteilung anstreben, durch Sonderzuweisungen unter Umständen aber gleichzeitig einen „steueroptimierten" Gewinnverteilungsschlüssel vereinbaren, bei dem die Beitragsgerechtigkeit nicht augenscheinlich ist. Das FG Köln eröffnete die Angemessenheitskontrolle bei einer Gewinnverteilungsabrede, die in einer GbR ursprünglich zwischen fremden Dritten getroffen wurde. Kontrollmaßstab war die Frage, ob die Gewinnverteilung in einer vermögensverwaltenden Grundstücksgesellschaft den Gesellschaftsanteilen der Gesellschafter entspricht.[961] Die Gesellschaftsanteile dienten dabei als Kriterium für die Feststellung der „Beitragsgerechtigkeit", die wiederum Maßstab für eine angemessene Gewinnverteilung ist. Aus Sicht der Praxis kann daher nicht ausgeschlossen

958 Auch nach *Keuk*, StuW 1973, 74, 89, bezieht sich die Angemessenheitskontrolle auf Personengesellschaften „allgemein".
959 BFH, Urteil vom 14.4.1988, IV R 225/85, BFHE 153, 224, BStBl. II 1988, 670 unter I.1.
960 Begriff nach *Desens/Blischke*, in: Kirchhof/Söhn/Mellinghoff, EStG, § 15 Rz. C 165.
961 Urteil vom 14.4.2021, 3 K 1253/17, EFG 2021, 1480, 1486 Rz. 110 ff.

werden, dass die Beitragsgerechtigkeit der Gewinnverteilung auch zwischen fremden Dritten einer Kontrolle durch die Rechtsprechung unterliegt. Aus ihrer Sicht wäre danach zu fragen, inwieweit Sonderzuweisungen als beitragsgerecht anzusehen sind.

cc) Korrektur von Sonderzuweisungen

Ungeklärt ist die Frage, ob die Rechtsprechung auch die Verabredung von Sonderzuweisungen als „nicht beitragsäquivalent" oder sonst fremdunüblich einstufen würde, auch wenn die Höhe der Gewinnanteile letztlich, ggf. in der periodenübergreifenden Gesamtschau, der Beteiligungsquote der Gesellschafter entspricht. Denkbar wäre etwa im Fall einer wirtschaftsgutsspezifischen Sonderzuweisung, dass die Angemessenheitskontrolle in einer Querschnittsverteilung aller Gewinnbestandteile resultieren würde, also etwa bei laufenden Erträgen oder Veräußerungsgewinnen aus unterschiedlichen Grundstücken allen Gesellschaftern ein Ergebnisanteil aus allen Grundstücken zugerechnet würde. Gegen eine dahingehende Ausweitung der Angemessenheitskontrolle spricht gleichwohl, dass sie bislang darauf ausgerichtet war, mutmaßliche Einkommensverschiebungen auf Gesellschafterebene zu erfassen. Solange die Sonderzuweisungen in einer beteiligungsquotalen Gewinnverteilung resultieren, sollte jedoch auch aus Sicht der Rechtsprechung kein Anlass für eine Verteilungskorrektur bestehen. Zu diesem Ergebnis kommt auch ein jüngeres Urteil des FG Köln, das wirtschaftsgutsbezogene Sonderzuweisungen aufgrund der letztlich beteiligungsquotalen Gewinnanteile für angemessen hielt.[962]

c) Rezeption der Angemessenheitskontrolle im Schrifttum

Die Angemessenheitskontrolle sorgt im begleitenden Schrifttum zwar seit langem für Diskussionen,[963] trifft dort aber jedenfalls mit Bezug zu Familiengesellschaften überwiegend auf Unterstützung.[964] Teils wird als Rechts-

---

962 FG Köln, Urteil vom 14.4.2021, 3 K 1253/17, EFG 2021, 1480; näher unten E.I.4.b)aa).

963 Aus dem älteren Schrifttum etwa *Paulick*, in: FS Laufke, S. 193, 203 ff.; *Böttcher/Beinert*, DStR 1964, 683, 684, *Keuk*, StuW 1973, 74, 88 f.; *Flume*, DB 1973, 786, 792, 794; *Teichmann/Widmann*, ZGR 1975, 156.

964 *Buge*, in: Herrmann/Heuer/Raupach, EStG/KStG, § 15 Rz. 888, 896; *Blischke/Desens*, in: Kirchhof/Söhn/Mellinghoff, EStG, § 15 Rz. C176, 179; *Wacker*, in Schmidt,

grundlage ausschließlich § 15 Abs. 1 Satz 1 Nr. 2 EStG herangezogen,[965] teils i.V.m. § 12 Nr. 2 EStG,[966] teils § 42 AO.[967] Letztlich aber besteht bei Vertretern dieser Ansicht Einigkeit über das Erfordernis einer „angemessenen" Gewinnverteilung in Familiengesellschaften und sonstigen Personengesellschaften mit Nähebeziehungen der Gesellschafter. Auch Befürworter einer Angemessenheitskontrolle dem Grunde nach äußern sich jedoch kritisch zur von der Rechtsprechung ersonnenen typisierten 15-Prozent-Grenze bei unentgeltlich erlangten Gesellschaftsbeteiligungen.[968] Zum einen sei die Differenzierung zwischen entgeltlich und unentgeltlich erlangten Gesellschaftsbeteiligungen unbegründet.[969] Zum anderen ist die kritische Schwelle (15 Prozent des Beteiligungswerts) willkürlich gewählt worden.[970] Im Rahmen der Angemessenheitskontrolle sei allein auf den Fremdvergleichsgrundsatz abzustellen.[971]

EStG, § 15 Rz. 779; *Dißars*, in: Lademann, EStG, § 15 Rz. 463; *Bode*, in: Brandis/Heuermann, Ertragsteuerrecht, § 15 EStG Rz. 401 f.; *Krumm*, in: Kirchhof/Seer, EStG, § 15 Rz. 224; *Bodden*, in: Korn, EStG, § 15 Rz. 500; *Hallerbach*, in: Söffing, Besteuerung der Mitunternehmer, Rz. 1187; *Ritzrow*, StBp 2003, 173, 178; *Kleine-Rosenstein*, StuB 1999, 1027; *Stuhrmann*, in: FS Schmidt, 1993, 403, 413 f.; *Marx*, FR 1991, 3 ff.; *Meyer-Koppitz*, DStZ 1996, 265, 274; *Kleeberg*, BB 1989, 2448, 2449; *Westerfelhaus*, DB 1997, 2033, 2035; *Carlé/Halm*, KÖSDI 2000, 12383, 12390; *Groh*, DStJG 1 (1978), S. 97, 113 ff.; *Schulze zur Wiesche*, StBp 1994, 177 ff.

965 *Buge*, in: Herrmann/Heuer/Raupach, EStG/KStG, § 15 Rz. 845; *Schwendy*, in: FS Schmidt, 787, 808.

966 *Wacker*, in: Schmidt, EStG, § 15 Rz. 743; *Bitz*, in: Littmann/Bitz/Pust, EStG, § 15 Rz. 108a f.

967 *Drüen*, in: Tipke/Kruse, AO/FGO, § 42 AO Rz. 109; *Fischer*, in: Westermann/Wertenbruch, Hdb. Personengesellschaften, Bd. II, § 10 Rz. 1345; *Meßmer*, StbJb 1979/80, S. 163, 252 ff.; *Stadie*, Die persönliche Zurechnung von Einkünften, S. 55 ff.

968 *Rose*, FR 2002, 1, 9; *Carlé/Halm*, KÖSDI 2000, 12383, 12390; *Blischke/Desens*, in: Kirchhof/Söhn/Mellinghoff, EStG, § 15 Rz. C 201 f.; *Bitz*, in: Littmann/Bitz/Pust, EStG, § 15 Rz. 109; *Carlé/Bauschatz*, in Korn, EStG, § 15 Rz. 172 f. (bis 136. EL); *Kleeberg*, BB 1989, 2448, 2449; *Marx*, FR 1991, 3 ff.; *Gassner*, in: FS Schmidt, 1993, 771, 781; *Westerfelhaus*, DB 1997, 2033, 2034 ff.; *Carlé/Halm*, KÖSDI 2000, 12383, 12390 f.

969 Etwa *Bitz*, in: Littmann/Bitz/Pust, EStG, § 15 Rz. 109; *Buge*, in: Herrmann/Heuer/Raupach, EStG/KStG, § 15 EStG Rz. 896.

970 Etwa *Blischke/Desens*, in: Kirchhof/Söhn/Mellinghoff, EStG, § 15 Rz. C 201; *Musil*, in: Herrmann/Heuer/Raupach, EStG/KStG, § 2 EStG Rz. 171; *Hennrichs*, in: Tipke/Lang, SteuerR, § 10 Rz. 81; *Knobbe-Keuk*, Bilanz- und Unternehmensteuerrecht, § 12 II.; *Gassner*, in: FS Schmidt, S. 771, 781.

971 *Birnbaum/Escher*, DStR 2014, 1413, nach denen z.B. *Tracking-Stock*-Modelle auch in Familiengesellschaften möglich sind.

Auf der anderen Seite versagen beachtliche Stimmen der Angemessenheitskontrolle mangels erkennbarer Rechtsgrundlage die Anerkennung grundsätzlich.[972] Wer die Familiengesellschaft, wie seit langem der BFH,[973] als solche steuerlich anerkennt, müsse auch die vereinbarte Gewinnverteilung akzeptieren.[974] Die herangezogenen „Vorschriften" des Einkommensteuerrechts, die dem gesellschaftsvertraglich vereinbarten Gewinnverteilungsschlüssel entgegenstehen können, seien nur „Vorstellungen" der Finanzrechtsprechung.[975] Nach Einräumung einer Gesellschaftsbeteiligung an Verwandte ist es nicht mehr die verwandtschaftliche Beziehung, der die Begünstigten einen Gewinnanteil verdanken, sondern ihre Gesellschafterstellung.[976] Dieser Gedanke lässt sich als Fortschreibung einer früheren quellentheoretischen Unterscheidung zwischen dem „ursprünglichen" und „abgeleiteten" Einkommen verstehen. Das ursprüngliche Einkommen „fliesst aus einer Quelle, die sich im Besitze desjenigen befindet, der es bezieht"; das abgeleitete Einkommen „ist dasjenige, dessen Quelle im Besitze eines Dritten ist, wie z.B. bei Geschenken. Ist aber das Geschenk gemacht, und von dem Beschenkten fruchtbringend angelegt, so bildet es eine Einkommensquelle, die sich nicht mehr im Besitze eines Dritten, sondern seinem eigenen befindet".[977] Der Gedanke, dass nach Einräumung einer Gesellschafterstellung der Gewinnanteil „eigene" Einkunftsquelle des Neugesellschafters ist, findet sich allerdings auch heutzutage in anderem Kontext in der BFH-Rechtsprechung wieder, und zwar bei der einkommensteuerlichen Würdigung von Mitarbeiterbeteiligungen an Kapitalgesellschaften. Danach ist die erstmalige vergünstigte Einräumung von Gesellschaftsanteilen durch das Arbeitsverhältnis veranlasst und der geldwerte Vorteil der verbilligten Anteilseinräumung als Arbeitslohn zu qualifizieren. Sämtliche darauffolgenden Einkünfte aus der Gesellschaftsbeteiligung des Mitarbeiters sind gleichwohl Kapitaleinkünfte und keine Einkünfte aus

---

972 *Keuk*, StuW 1973, 74, 88; *Flume*, DB 1973, 786, 792, 794; *Schön*, StuW 1996, 275, 286; *Gassner*, in: FS Schmidt, S. 771, 780 ff.

973 BFH, Urteil vom 22.8.1951, IV 246/50 S, BFHE 55, 449, BStBl. III 1951, 181.

974 *Gassner*, in: FS Schmidt, S. 771, 781.

975 *Keuk*, StuW 1973, 74, 89.

976 *Keuk*, StuW 1973, 74, 89; insoweit auch *Buge*, in: Herrmann/Heuer/Raupach, EStG/KStG, § 15 EStG Rz. 896; *Felix/Streck*, DB 1975, 2213, 2215; wohl auch *Schücking*, in: Münchener Hdb. GesR, Bd. 1, § 2 Rz. 34 („der *Einräumung* einer Vorzugsstellung bei der Gewinnverteilung kann eine Schenkung an den bevorrechtigten Gesellschafter zugrunde liegen" – Hervorhebung d. Verf.).

977 *Guth*, Die Lehre vom Einkommen in dessen Gesammtzweigen, S. 62.

unselbständiger Tätigkeit. Die Gesellschaftsbeteiligung des Mitarbeiters ist eine vom Arbeitsverhältnis unabhängige Erwerbsgrundlage.[978] Prinzipiell lässt sich diese Rechtsprechung auf Familienpersonengesellschaften übertragen – eine „überhöhte" Gewinnbeteiligung hätte dann keine einkommensteuerliche Korrektur mehr zufolge, sondern allenfalls schenkungsteuerliche Konsequenzen gem. § 7 Abs. 6 ErbStG.[979]

d) Stellungnahme zur Angemessenheitskontrolle

aa) Grundsätzliche Anerkennung der Angemessenheitskontrolle

Eine Beitragsbezogenheit ist dem Tatbestandsmerkmal der „Gewinnanteile" nicht zu entnehmen. Diese vom BFH bei der Auslegung von § 15 Abs. 1 Satz 1 Nr. 2 Satz 1 EStG addierte steuerrechtsautonome Komponente lässt außer Acht, dass der Tatbestand nicht an eine Leistungserstellung anknüpft, sondern an die durch eine Mitunternehmerstellung qualifizierte Inhaberschaft einer Gesellschaftsbeteiligung.[980] Gleichwohl hat die Angemessenheitskontrolle einen „wahren Kern", der sich auf die Tatbestandsmäßigkeit der Besteuerung zurückführen lässt.

Erstens ist es möglich, dass schon zivilrechtlich die „Gewinnverteilung" nicht nur auf der *causa societatis* beruht, sondern auf einem anderen, außergesellschaftlichen Rechtsverhältnis. In Betracht kommen insbesondere Rechtsverhältnisse auf (horizontaler) Ebene der Gesellschafter. In diesem Umfang können auch steuerlich keine „Gewinnanteile" i.S.d. § 15 EStG vorliegen. Ein solches außergesellschaftsrechtliches Rechtsverhältnis, das Einfluss auf die Gewinnverteilung nimmt, ist eine zivilrechtliche Vorfrage der Angemessenheitskontrolle. Dass ein Werttransfer einem außergesellschaftlichen Rechtsverhältnis zuzurechnen ist, obwohl er dem Anschein nach auf einer entsprechenden Gewinnverteilungsabrede beruht, bedarf zunächst einer zivilrechtlichen Klärung. Allein ein fehlender Interessengegensatz der Gesellschafter kann eine Gewinnverteilungskorrektur nicht rechtfertigen. Ob ein Werttransfer Ausdruck einer Gewinnverteilungsabrede ist, ergibt sich typischerweise aus der Verbuchung von Gewinnan-

978 BFH, Urteil vom 1.12.2020, VIII R 40/18, BFHE 271, 493, DStR 2021, 1218 unter II.1.c).

979 Zum verbliebenen Anwendungsbereich von § 7 Abs. 6 ErbStG *Felten*, in: BeckOK-ErbStG, § 7 Rz. 448.

980 Oben D.I.5.b)dd).

teilen auf den (variablen) Kapital- oder Privatkonten. Die Gewinnanteilsverbuchung ist ein Beweisanzeichen für eine dahingehende Gewinnverteilungsabrede.[981] Die Angemessenheitskontrolle darf somit nicht zu einem steuerlichen Prinzip erhoben werden, das die steuerliche Anerkennung kapitaldisquotaler oder sonstiger nicht beitragsäquivalenter Gewinnanteile generell ausschließt. Der Steuertatbestand des § 15 Abs. 1 Satz 1 Nr. 2 Satz 1 Hs. 1 EStG fragt – anders als etwa § 42 Abs. 2 Satz 2 AO – nicht nach den Motiven, die zwischen den Gesellschaftern zur Vereinbarung ihres Gewinnverteilungsschlüssels geführt haben. Zu bedenken ist außerdem, dass das zivilrechtliche Verbot der Abspaltung von Mitgliedschaftsrechten (§ 711a Satz 1 BGB) eine isolierte Schenkung eines „überhöhten" Gewinnanteils ausschließt. Etwaiger Schenkungsgegenstand ist zivilrechtlich entweder der Gesellschaftsanteil selbst, gegebenenfalls auch in Form der „geschenkten" Einbuchung auf dem Festkapitalkonto eines Gesellschafters, oder ein Gewinnauszahlungsanspruch, der schenkweise abgetreten wird (vgl. § 711a Satz 2 BGB bzw. § 717 Satz 2 BGB a.F.).[982] Dass eine beteiligungsdisquotale Gewinnverteilung auf der Abtretung eines Gewinnauszahlungsanspruchs beruht, kann im Einzelfall erwogen werden, wird indes bei Beschluss und Durchführung einer entsprechenden Gewinnverteilungsabrede nicht ohne Weiteres anzunehmen sein.[983] Die „Gewinnverteilung" würde sich dann aber als Abkürzung von Zahlungswegen darstellen, die steuerlich zu korrigieren ist.

Ein derartiger Fall kann unter Umständen im Zusammenhang mit Gesellschafterwechseln anzunehmen sein. Angesprochen ist das sog. Gewinnvorabmodell, wonach der Kaufpreis für den Erwerb einer Gesellschaftsbeteiligung nicht unmittelbar durch eine außergesellschaftliche Zahlung im Verhältnis zwischen Alt- und Neugesellschafter geleistet wird, sondern durch die zeitlich begrenzte Vereinbarung von kapitaldisquotalen „Gewinnanteilen". Möglich ist dabei entweder die Vereinbarung eines rein gewinnabhängigen als auch eines festen, gewinnunabhängigen Gewinnanteils in Gestalt eines Vorabgewinns. Durch dieses Modell lässt sich die Kaufpreis-

---

981 BFH, Urteil vom 28.9.1995, IV R 39/94, BFHE 179, 75, BStBl. II 1996, 276 unter 2.

982 BGH, Urteil vom 2.7.1990, II ZR 243/89, BGHZ 112, 40 unter I.1.a)bb); *Koch*, in: MüKo-BGB, § 516 Rz. 91; *Schäfer*, in: MüKo-BGB, § 721 Rz. 13; *Mutter/Brombach*, in: Gummert, MAH Personengesellschaftsrecht, § 19 Rz. 406; so erklärt es sich auch, dass gem. § 7 Abs. 6 ErbStG schenkungsteuerlich das „Übermaß an Gewinnbeteiligung" als selbständige Schenkung fingiert werden muss („gilt").

983 BFH, Urteil vom 19.8.1999, I R 77/96, BFHE 189, 342, BStBl. II 2001, 43 unter II.2. (zur disquotalen Gewinnausschüttung in einer GmbH).

zahlung durch den Neugesellschafter strecken, der bei seinem Eintritt unter Umständen nicht über die nötige Liquidität verfügt. Diese Streckung ändert jedoch nichts daran, dass die „Gewinnanteile" schon zivilrechtlich nicht dem Gesellschaftsverhältnis zuzuordnen sind, sondern dem außergesellschaftlichen Kaufvertragsverhältnis zwischen Alt- und Neugesellschafter. Insofern ist es folgerichtig, die disquotalen „Gewinnanteile" des Altgesellschafters steuerlich als Veräußerungsentgelt i.S.d. § 16 Abs. 1 Satz 1 Nr. 2 oder Abs. 1 Satz 2 EStG zu qualifizieren, weil sich schon zivilrechtlich der Gewinnverteilungsschlüssel nicht nur als Vehikel für die Gewinnverteilung, sondern auch für die Kaufpreiszahlung entpuppt.[984] Als Reflex der Qualifikation eines „Gewinnanteils" als Veräußerungsentgelt ändern sich auch die Gewinnanteile der übrigen Gesellschafter. Denkbar ist folglich, dass die „Gewinnanteile" zivilrechtlich durch ein außergesellschaftliches Rechtsverhältnis beeinflusst sind, was sich steuerlich ebenfalls in einer vom „Gewinnverteilungsschlüssel" abweichenden Gewinnzurechnung niederschlagen muss.[985] Für ein solches außergesellschaftsrechtliches Rechtsverhältnis müssen jedoch (wie im Fall des Gesellschafterwechsels) eindeutige Anhaltspunkte vorliegen; es kann nicht unter Hinweis auf eine kapitaldisproportionale Gewinnverteilung unterstellt werden.

Zweitens ist auch der „Vorbehalt einkommensteuerlicher Bestimmungen" im Rahmen von § 15 Abs. 1 Satz 1 Nr. 2 Satz 1 EStG begründet. Der Anwendungsbereich der Norm kann von anderen Steuertatbeständen eingeschränkt werden. Möglich erscheint es beispielsweise, dass ein Vorabgewinn steuerlich nicht als Gewinnanteil i.S.d. § 15 Abs. 1 Satz 1 Nr. 2 Satz 1 Hs. 1 EStG, sondern als Sondervergütung i.S.d. Hs. 2 zu qualifizieren ist und damit einen von Hs. 1 abweichenden Steuertatbestand auslöst.[986] Weiterhin

---

984 BFH, Urteil vom 15.4.2002, VIII R 8/01, BFHE 199, 198, BStBl. II 2002, 532; Urteil vom 27.10.2015, VIII R 47/12, BFHE 252, 80, BStBl. II 2016, 600 unter II.2. (mit instruktiven Ausführungen zum Zufluss des Kaufpreises – dieser Ausführungen bedürfte es nicht, wenn man die „Gewinnanteile" als solche i.S.d. § 15 Abs. 1 Satz 1 Nr. 2 EStG qualifizieren würde); zusammenfassend *Levedag*, DStR 2017, 1233, 1237 ff.

985 *Flume* merkt treffend an: „Es kann allerdings auch bei entgeltlicher Einräumung von Gesellschaftsbeteiligungen vorkommen, dass durch die Gestaltung der Gewinnverteilungsabreden Vermögenszuwendungen erfolgen, die in Wirklichkeit eine ganz andere *causa* als die *causa societatis* haben, und die wirkliche *causa* durch die Gewinnverteilungsabrede nur verdeckt wird. Es ist selbstverständlich, [...] dass in diesen Fällen für die steuerliche Behandlung die wirkliche *causa* und nicht die vorgeschobene *causa societatis* maßgeblich ist", DB 1973, 786, 791.

986 So geschehen in BFH, Urteil vom 28.05.2020, IV R 11/18, BFH/NV 2020, 1339; BStBl. II 2020, 641.

können sich Abgrenzungsfragen stellen, wenn zwischen Gesellschafter und Gesellschaft eine über das Gesellschaftsverhältnis hinausgehende Sonderrechtsbeziehung besteht, etwa ein Arbeitsverhältnis. Dann ist zu prüfen, inwieweit ein Gewinnanteil durch das Gesellschaftsverhältnis oder das Arbeitsverhältnis veranlasst ist (sog. Veranlassungsprinzip).[987] Diese Fälle spielen sich vor allem im (vertikalen) Verhältnis von Gesellschaft und Gesellschafter ab. Die Angemessenheitskontrolle lässt sich damit als Ausfluss des Veranlassungsprinzips einordnen. Eine anderweitige dogmatische Verortung in § 15 Abs. 1 Nr. 2, § 12 Nr. 2 EStG ist nicht erforderlich.

Eine so auszulegende (nämlich als teleologische und systematische Tatbestandsauslegung verstandene) Angemessenheitskontrolle hat ihre Berechtigung. Soweit die Angemessenheitskontrolle Ausdruck des Veranlassungsprinzips ist, kann sie die „Gewinnanteile" der Mitunternehmer „umqualifizieren". Damit gilt: Eine zivilrechtlich vom Gesellschaftsverhältnis abweichende *causa* als Grundlage eines „Gewinnanteils" befugt zum steuerlichen Eingriff in die Höhe der Gewinnanteile der Mitunternehmer; eine Verdrängung von § 15 Abs. 1 Satz 1 Nr. 2 Satz 1 Hs. 1 EStG durch einen anderen Steuertatbestand führt infolge dieser Subsumtionskorrektur zur Umqualifizierung der Gewinnanteile.

bb) Einschränkungen

Allerdings ist kritisch zu prüfen, wann ein anderer Steuertatbestand als § 15 Abs. 1 Satz 1 Nr. 2 Satz 1 Hs. 1 EStG verwirklicht wird. Bei Personengesellschaften verweist die Rechtsprechung regelmäßig auf die Wertung des § 12 Nr. 2 EStG, bei sonstigen Fällen einander wirtschaftlich nahestehender Gesellschafter auf die Vorschriften zur verdeckten Gewinnausschüttung bzw. Einlage (§ 8 Abs. 3 Satz 2 f. KStG). Beides ist nicht zweifelsfrei.

---

987 Stellvertretend BFH, Urteil vom 18.10.2012, VI R 64/11, BFHE 239, 270, BStBl. II 2015, 184 unter II.1.b); Urteil vom 28.2.2013, VI R 58/11, BFHE 240, 345, BStBl. II 2013, 642 unter II.1.a); Urteil vom 17.7.2014, VI R 69/13, BFHE 246, 363, BStBl. II 2015, 41 unter II.2.; abzugrenzen ist etwa der sog. *Carried Interest* als beteiligungsdisquotaler Gewinnanteile von Arbeitslohn, wenn der begünstigte Gesellschafter zugleich Angestellter der Managementgesellschaft des Fonds ist (dazu *Levedag*, in: BeckOK-EStG, § 18 Rz. 575 f.).

(1) Familienpersonengesellschaften

§ 12 Nr. 2 EStG ist kein selbständiger Steuertatbestand, sondern eine deklaratorische Norm zur Klarstellung, dass private Zuwendungen nicht von einzelnen Einkunftsarten oder dem Gesamtbetrag der Einkünfte eines Steuerpflichtigen abziehbar sind.[988] Eine Zurechnung von Einkünften nimmt § 12 Nr. 2 EStG nicht vor.[989] So bezieht sich auch die Rechtsprechung lediglich auf die dort vorgeblich zum Ausdruck kommende Wertung, dass nur die auf einer Gesellschafterstellung beruhenden Zuweisungen „originäre" Einkünfte gem. § 15 EStG seien, im Übrigen aber private Zuwendungen vorlägen, die als Vollzug eines Schenkungsversprechens zu sehen seien.[990] Zum einen ist daran problematisch, dass eine Wertung nicht die Tatbestandsmäßigkeit der Besteuerung ersetzen kann.[991] Die Wertung der Nichtabziehbarkeit privater Zuwendungen kommt aber in § 15 EStG selbst nicht zum Ausdruck. Zum anderen bleibt im Dunkeln, worin der unterstellte Schenkungsgegenstand bestehen soll.

(1) Die unentgeltliche Einräumung einer Gesellschafterstellung kann zivilrechtlich nicht als Schenkung der später entstehenden Gewinnanteile des Begünstigten gesehen werden, weil diese Gewinnanteile dem Vermögen der Gesellschaft entstammen und nicht dem Vermögen des Mitgesellschafters.[992] Sie führen mithin – was Voraussetzung einer

---

988 *Loschelder*, in: Schmidt, EStG, § 12 Rz. 34; *Thürmer*, in: Brandis/Heuermann, Ertragsteuerrecht, § 12 EStG Rz. 142; vgl. auch *Fissenewert*, in: Herrmann/Heuer/Raupach, EStG/KStG, § 12 EStG Rz. 3 (§ 12 kommt „in erster Linie die Funktion zu, eine zu weite Auslegung des Betriebsausgaben- oder Werbungskostenbegriffs zu verhindern").

989 *Thürmer*, in: Brandis/Heuermann, Ertragsteuerrecht, § 12 EStG Rz. 143 f.; *Fissenewert*, in: Herrmann/Heuer/Raupach, EStG/KStG, § 12 EStG Rz. 103.

990 BFH, Urteil vom 24.7.1986, IV R 103/83, BFHE 147, 495, BStBl. II 1987, 54 unter II.2.a); ferner Urteil vom 14.2.1973, I R 131/70, BFHE 108, 527, BStBl. II 1973, 395; Urteil vom 29.1.1976, IV R 89/75, BFHE 118, 311, BStBl. II 1976, 374 unter II.1.a); Urteil vom 7.11.2000, VIII R 16/97, BFHE 193, 542, BStBl. II 2001, 186 unter II.2.a); Urteil vom 29.5.2001, VIII R 10/00, BFHE 195, 486, BStBl. II 2001, 747 unter III.2.b)bb)aaa).

991 *Schön*, DStR 1993, 185, 188; anders im US-Steuerrecht, wo der Gesetzgeber mit § 704(e) IRC einen Sondertatbestand für die Einkünftezurechnung in Familiengesellschaften geschaffen hat.

992 *Gassner*, in: FS Schmidt, S. 771, 781; vgl. auch *Servatius*, in: Henssler/Strohn, GesR, § 705 BGB Rz. 6 (ein Löwenanteil bei der Gewinnverteilung sei keine Schenkung, „soweit mit der Einräumung einer derartigen Vorzugsstellung nicht etwas aus dem Vermögen des Gesellschafters geleistet wird").

Schenkung wäre – nicht zu einer Entreicherung des „Schenkers". Der Verzicht auf einen Vermögenserwerb ist für eine Entreicherung nicht ausreichend.[993] Gegen eine Schenkung „überhöhter" Gewinnanteile aus dem Vermögen des „schenkenden" Gesellschafters spricht außerdem, dass die Gewinnverteilungsabrede ohne Zustimmung des „beschenkten" Gesellschafters irreversibel ist.[994] Somit sollte die Annahme der Schenkung „überhöhter" Gewinnanteile ausscheiden.

(2) Die Angemessenheitskontrolle könnte sich stattdessen darauf beziehen, dass zivilrechtliche Gewinnauszahlungsansprüche unentgeltlich an Familienmitglieder abgetreten werden, die ebenfalls Gesellschafter derselben Personengesellschaft sind.[995] In Betracht kommen insofern auch Vorausabtretungen vor Entstehung des Gewinnanspruchs.[996] Mit dieser Begründung lässt sich auch *nach* Einräumung einer Gesellschaftsbeteiligung, insbesondere bei kapitaldisquotaler Gewinnverteilung zugunsten von Familienmitgliedern, von einer „Gewinnverteilung" ausgehen, die nicht auf der Mitgliedschaft, sondern auf der schenkungsweisen Abtretung von Gewinnansprüchen beruht.[997] Eine derartige Angemessenheitskontrolle muss indes nicht auf die Wertungen des § 12 Nr. 2 EStG zurückgreifen. Sie nimmt ihren Ursprung im Zivilrecht und führt bereits zivilrechtlich zur Verneinung von Gewinnanteilen; mithin auch zur Verneinung von „Gewinnanteilen" i.S.d. § 15 EStG seitens des begünstigten Familienmitglieds. Sollte sich die Rechtspre-

---

993 *Koch*, in: MüKo-BGB, § 516 Rz. 6.

994 Zu den gesellschaftsrechtlichen Voraussetzungen der Änderung von Gewinnverteilungsabreden oben C.IV.

995 Die Abtretung einer Forderung ist Vollzug eines Schenkungsversprechens, sodass ein Formmangel beim Schenkungsversprechen durch Leistungsbewirkung geheilt wird (§ 518 Abs. 2 BGB), *Koch*, in: MüKo-BGB, § 518 Rz. 22. Die Gutschrift auf dem anzusprechenden Kapitalkonto des Begünstigten könnte als Folge aus der Abtretung des Auszahlungsanspruchs eines Mitgesellschafters angesehen werden.

996 *Schäfer*, in: MüKo-BGB, § 721 Rz. 13; § 717 Rz. 31; *Ehricke*, in: Ebenroth/Boujong/Joost/Strohn, § 122 Rz. 37; *Roth*, in: Hopt, HGB, § 121 Rz. 4; *Schneider/von Falkenhausen*, in: Münchener Hdb. GesR, Bd. I, § 58 Rz. 7 f.; *Flume*, DB 1973, 786, 791; *Schwandtner*, Disquotale Gewinnausschüttungen, S. 91 f.; der Auszahlungsanspruch muss gleichwohl zur Entstehung gelangen, was nicht der Fall ist, wenn der Gesellschaftsvertrag eine Beschlussfassung über die Gewinnverwendung vorsieht und die Gesellschafterversammlung eine Einstellung des Gewinns in die gesamthänderisch gebundene Rücklage beschließt – eine Verfügung der Gesellschafter über Auszahlungsansprüche scheidet dann aus, s. *Kahle/Mock*, DStZ 2022, 232, 236 f.

997 Vgl. *Heinicke*, in: FS Schmidt, S. 751, 764 („So liegt es z.B. bei der Abtretung zukünftiger Ertragsansprüche auf der Hand, dass nicht der Zessionar, sondern nach wie vor der Zedent die Tatbestandsmerkmale verwirklicht […]").

chung im Rahmen der Angemessenheitskontrolle auf diesen Befund stützen, spräche nichts dagegen, ihn auch so zu artikulieren. Geht man von einer schenkweisen Abtretung von Auszahlungsansprüchen aus, erübrigt sich des Weiteren eine steuerliche Differenzierung zwischen entgeltlich und unentgeltlich eingeräumten Gesellschaftsbeteiligungen. Prinzipiell wäre die Rechtsprechung also gehalten, diesen gebotenen „Umweg" über das Zivilrecht einzuschlagen, auch wenn sich eine zivilrechtliche Schenkung nicht stets wird feststellen lassen. Einen Rechtfertigungsgrund, stattdessen auf die „Wertungen" von § 12 Nr. 2 EStG zurückzugreifen, bietet diese „Beweisnot" allerdings nicht.

Ferner lässt sich an der Maßstabsbildung der Rechtsprechung für eine „angemessene" Gewinnverteilung bei Familiengesellschaften Kritik üben. Die Aufgabe besteht darin, den Gewinnanteil von einer Schenkung zu trennen. Freilich enthält der für Familiengesellschaften herangezogene § 12 Nr. 2 EStG keinen (impliziten) Maßstab zur Abgrenzung von Einkommenserzielung und -verwendung. Die Rechtsprechung behilft sich bei unentgeltlich eingeräumten Gesellschaftsbeteiligungen traditionell mit einer starren Grenze in Höhe von 15 Prozent des Ertragswerts der Gesellschaftsbeteiligung.[998] Für diese Typisierung gibt es allerdings keine Rechtsgrundlage.[999] Eine Typisierungsbefugnis kann dem Gesetzgeber zukommen, nicht aber der Rechtsprechung.[1000] Es ist auch nicht ersichtlich, wie über einen Zeitraum von mehreren Jahrzehnten und über alle Branchen hinweg diese Grenze eine marktübliche (Maximal-)Rendite repräsentiert, die mit einem Personengesellschaftsanteil erzielt werden kann. Stattdessen ist als alleiniger Maßstab der Fremdvergleich heranzuziehen, der auch zivilrechtlich zur Destillation des Schenkungsanteils bei einer gemischten Schenkung geeignet ist.

---

998 Eine Ausnahme stellt BFH, Urteil vom 9.10.2001, VIII R 77/98, BFHE 197, 43, BStBl. II 2002, 460 dar, wonach die 15 Prozent-Grenze keine starre Anwendung mehr finden soll.

999 *Krumm,* in: Kirchhof/Seer, EStG, § 15 Rz. 225; *Blischke/Desens,* in: Kirchhof/Söhn/Mellinghoff, EStG, 15 Rz. C 201 f.; *Bitz,* in: Lippmann/Bitz/Pust, EStG, § 15 Rz. 109; *Binz/Sorg,* in: dies., GmbH & Co. KG, § 16 Rz. 205 ff.; *Knobbe-Keuk,* Bilanz- und Unternehmenssteuerrecht, § 12 II.; *Kleeberg,* BB 1989, 2448, 2449; *Marx,* FR 1991, 3; *Gassner,* in: FS Schmidt, S. 771, 781; *Schmid,* DStR 1995, 1977, 1981; *Rose,* FR 2002, 1, 9; *Carlé/Halm,* KÖSDI 2000, 12383, 12390 f.

1000 *Hey,* in: Tipke/Lang, Steuerrecht, § 3 Rz. 147; *Buge,* in: Herrmann/Heuer/Raupach, EStG/KStG, § 15 Rz. C 201.

(2) GmbH & Co. KG und GmbH & atypisch Still mit „Doppelgesellschafter"

Auch die Behandlung der Fallgruppen der GmbH & Co. KG und der „GmbH & atypisch Still" mit „Doppelgesellschafter" durch die Finanzrechtsprechung lässt sich kritisch hinterfragen. § 8 Abs. 3 Satz 2 f. KStG dient dazu, den „richtigen" Gewinn einer Körperschaft zu ermitteln, und ermöglicht daher eine Korrektur verdeckter Ausschüttungen und Einlagen anhand eines Fremdvergleichs. Der Fremdvergleich fragt danach, ob die Kapitalgesellschaft als Gesellschafter der Personengesellschaft für ihre Leistungen zugunsten der Personengesellschaft eine fremdübliche Vergütung erhält. Zuzugeben ist der Rechtsprechung, dass verdeckte Ausschüttungen und Einlagen zwischen Komplementär-GmbH und Kommanditist nicht mit der *causa societatis* der Personengesellschaft in Verbindung stehen, sondern mit einem anderen Gesellschaftsverhältnis (nämlich dem Verhältnis zwischen der Komplementär-GmbH und dem Kommanditisten). Zum einen ist aber das Vorliegen einer verdeckten Gewinnausschüttung oder Einlage in diesem Verhältnis nicht zweifelsfrei. Blickt man auf die Behandlung disquotaler Gewinnausschüttungen einer Kapitalgesellschaft mit „Doppelgesellschafter" an eine persönliche Beteiligungs-GmbH des Doppelgesellschafters, die steuerlich nicht beanstandet wird,[1001] lässt sich fragen, warum im Zusammenhang mit Personengesellschaften ein strengerer Maßstab gelten soll. Zum anderen bestehen Zweifel an der steuerlichen Gewinnverteilungsanpassung auf Ebene der Personengesellschaft, wo doch § 8 Abs. 3 Satz 2 f. KStG als „eigentliche" Rechtsgrundlage der Angemessenheitskontrolle bei einer GmbH & Co. KG allein im nachgelagerten Verhältnis zwischen Kapitalgesellschaft (der Komplementär-GmbH) und ihrem Gesellschafter (dem Kommanditisten) anzuwenden ist.[1002] Systematisch zutreffend erscheint es, das Einkommen der betroffenen Körperschaft zu korrigieren (wie es § 8 Abs. 3 Satz 2 f. KStG vorsieht) und den Kommanditisten bzw. Stillen nicht nach § 15 EStG, sondern nach § 20 Abs. 1 Nr. 1 EStG oder § 8b Abs. 1 KStG zu besteuern, anstatt die Gewinnanteile auf Ebene der Personengesellschaft anzupassen. Die Begründung der Rechtsprechung, dass die Gewinnverteilung auf Ebene der Personengesellschaft anzupassen ist,

1001 Jüngst BFH, Urteil vom 28.9.2022, VIII R 20/20, DStR 2022, 1606.

1002 Kritisch auch *Korn*, NWB 2020, 2720, 2721 und *Bitz*, in: Littmann/Bitz/Pust, EStG, § 15 Rz. 48a (dergestaltige Auslegung von § 15 Abs. 1 Satz 1 Nr. 2 EStG führe zur „Besteuerung fiktiver Einkünfte").

weil die GmbH-Anteile im Sonderbetriebsvermögen des Kommanditisten oder Stillen gehalten werden und dieser Sonderbetriebseinnahmen erzielt, mag zwar im Einzelfall zutreffen. Eine solche Konstellation (GmbH-Anteile als Sonderbetriebsvermögen) kann jedoch nicht stets unterstellt werden. Ob die Anteile an der (Komplementär-)GmbH zum Sonderbetriebsvermögen des Kommanditisten oder Stillen gehört, hängt von dem Umfang eines eigenständigen Geschäftsbetriebs der GmbH und der Möglichkeit der Einflussnahme des Kommanditisten bzw. Stillen auf die Geschäftsführung der Mitunternehmerschaft über die GmbH ab.[1003] Ist die GmbH-Beteiligung nicht dem Sonderbetriebsvermögen des Kommanditisten bzw. Stillen zuzuordnen, erzielt er Kapitaleinkünfte gem. § 20 Abs. 1 Nr. 1 Satz 2 EStG.[1004] Die Voraussetzungen einer steuerlichen Korrektur der Gewinnverteilung auf Ebene der Personengesellschaft scheinen demgemäß vor allem von Zufällen abzuhängen. Die Angemessenheitskontrolle sollte in daher auch in dieser Fallgruppe nicht schematisch erfolgen.

(3) Nicht nahestehende Gesellschafter

Nach dem Vorstehenden dürfte eine Korrektur der Gewinnverteilung bei Personengesellschaftern ohne persönliches oder wirtschaftliches Näheverhältnis der Gesellschafter (Mitunternehmer) kaum je in Betracht kommen. Bei fremden Gesellschaftern, die wirtschaftlich oder persönlich allein ihre Beteiligung an einer Personengesellschaft eint, ist nicht ersichtlich, dass ihre gesellschaftsvertraglich vereinbarte Gewinnverteilung einen anderen Rechtsgrund als das Gesellschaftsverhältnis haben kann.[1005] Gegen eine Zuwendung spricht bei Fremden die vom BFH aufgestellte Vermutung für das Vorliegen eines entgeltlichen Geschäfts.[1006] Die im Zusammenhang mit

1003 BFH, Urteil vom 12.11.1985, VIII R 286/81, BFHE 145, 62, BStBl. II 1986, 55 unter 2.b); Urteil vom 11.12.1990, VIII R 14/87, BFHE 164, 20, BStBl. II 1991, 510 unter 2.a); Urteil vom 18.6.2015, IV R 5/12, BFHE 250, 121, BStBl. II 2015, 935 unter 2.b)cc)(3); jüngst BFH, Urteil vom 21.12.2021, IV R 15/19, DStR 2022, 467 unter B.II.

1004 *Blischke/Desens*, in: Kirchhof/Söhn/Mellinghoff, EStG, § 15 Rz. F 196.

1005 Eine Ausnahme sind Fälle im Zusammenhang mit Gesellschafterwechseln – zum Vorabgewinnmodell oben D.II.1.d)aa).

1006 BFH, Urteil vom 9.5.2017, IX R 1/16, BFHE 259, 36, BStBl. II 2018, 94 unter II.2.a); Urteil vom 21.10.1999, I R 43, 44/98, BFHE 190, 377, BStBl. II 2000, 424 unter II.2.b)dd)ccc).

der Gewinnverteilung getätigte Aussage der Rechtsprechung, der natürliche Interessengegensatz begründe eine Vermutung für eine angemessene Gewinnverteilung, ist insofern missverständlich. Auszudrücken gewesen wäre die Vermutung, dass die Gewinnverteilung nicht das Ergebnis einer Zuwendung ist. Ob die Gesellschafter darüber hinaus eine „angemessene" (beitragsäquivalente) Gewinnverteilung getroffen haben, ist unerheblich. Die „Angemessenheit" ist, sofern nicht etwa in Form des Fremdvergleichsgrundsatzes ausdrücklich normiert, kein ungeschriebenes Merkmal von Steuertatbeständen.[1007] Scheidet eine Zuwendung aus, ist Einfallstor einer Angemessenheitskontrolle allein die Abgrenzung zwischen § 15 Abs. 1 Satz 1 Nr. 2 EStG und anderen Steuertatbeständen. Ohne außergesellschaftliche (horizontale) Beziehung zwischen den Gesellschaftern sind jedoch § 12 Nr. 2 EStG oder § 8 Abs. 3 Satz 2 f. KStG keine tauglichen Anknüpfungspunkte für eine Angemessenheitskontrolle. Insbesondere unter fremden Dritten ist davon auszugehen, dass Sonderzuweisungen kein Ausdruck sonstiger außergesellschaftlicher Rechtsbeziehungen sind. Besteht im Übrigen neben dem Gesellschaftsverhältnis keine Sonderrechtsbeziehung im vertikalen Verhältnis zwischen Gesellschafter und Gesellschaft, stellen sich auch keine Abgrenzungsfragen nach dem Veranlassungsprinzip. In Konstellationen ohne horizontale oder vertikale Sonderbeziehung unterliegt die Vereinbarung von Sonderzuweisungen daher keiner Angemessenheitskontrolle. Das schließt gleichwohl nicht das Risiko aus, dass die Rechtsprechung auch bei fremden Gesellschaftern eine Angemessenheitskontrolle durchführen würde, insbesondere bei Sonderzuweisungen als Unterart disquotaler Gewinnverteilung. Eine Rechtsgrundlage bestünde dafür allerdings nicht.

(4) Verhältnis zu § 42 AO

Folgt man der heutigen Rechtsprechung und überwiegenden Literatur, ist die Angemessenheitskontrolle Ergebnis der teleologischen Auslegung von Steuertatbeständen. Eines Rückgriffs auf den Gestaltungsmissbrauch gem. § 42 AO bedarf es zur Herstellung der „Angemessenheit" nicht.[1008] Der RFH und anfänglich auch der BFH haben ihre Angemessenheitskon-

1007 Vgl. *Wendt*, DStJG 33 (2010), S. 117, 126 (nur über § 42 AO werde die Angemessenheit zu einem zusätzlichen Tatbestandsmerkmal).

1008 *Hennigfeld*, in: BeckOK-AO, § 42 Rz. 417.

trolle indes noch auf § 6 Abs. 1 StAnpG als Vorgängernorm zu § 42 AO gestützt.[1009] Auch die Finanzverwaltung und Teile der Literatur scheinen § 42 AO als Rechtsgrundlage der vom BFH konturierten Angemessenheitskontrolle zu sehen.[1010] Diese Ansicht bejaht bei der Gewinnverteilung demnach eine „unangemessene rechtliche Gestaltung", die zu einem „gesetzlich nicht vorgesehenen Steuervorteil führt" (§ 42 Abs. 2 Satz 1 AO). Diese Tatbestandsvoraussetzungen müssten den Mitunternehmern im Einzelfall nachgewiesen werden. Vor allem aber stünde den betroffenen Mitunternehmern ein Entlastungsbeweis offen (§ 42 Abs. 2 Satz 2 AO). Diese Möglichkeit besteht nicht, wenn man die Angemessenheitskontrolle, im Ergebnis der sog. Innentheorie[1011] folgend, auf andere Rechtsgrundlagen stützt. Das ist vor dem Hintergrund der von § 42 Abs. 2 Satz 2 AO vorgesehenen Entlastungsmöglichkeit bedenklich.

Anders ist das Verhältnis zu § 42 AO nach dem hier dargestellten Verständnis der Angemessenheitskontrolle zu beurteilen. Sie beschränkt sich auf die Prüfung, ob die „Gewinnanteile" entweder schon zivilrechtlich einem anderen Rechtsgrund als dem Gesellschaftsverhältnis zuzuordnen sind oder, falls dies zu verneinen ist, ob andere Steuertatbestände der Anwendung von § 15 Abs. 1 Satz 1 Nr. 2 Satz 1 Hs. 1 EStG vorgehen. In beiden Fällen ist der Tatbestand von § 15 EStG nicht erfüllt. Einer Korrektur des Auslegungsergebnisses von § 15 EStG durch § 42 AO bedarf es zur Verwirklichung der so verstandenen „Angemessenheitskontrolle" nicht mehr. § 42 AO kann allerdings relevant werden, wenn der Tatbestand von § 15 Abs. 1 Satz 1 Nr. 2 Satz 1 Hs. 1 EStG zwar erfüllt ist, die Gewinnverteilungsabrede gleichwohl mit steuerlichen Vorteilen verbunden ist, die sie gestaltungsmissbräuchlich erscheinen lässt. Der Rückgriff auf § 42 AO resultiert dann letztlich aus dem engen zivilrechtsakzessorischen Verständnis des Gewinnanteilsbegriffs. Denn je enger ein steuerliches Tatbestandsmerkmal

---

1009 RFH, Urteil vom 30.9.1936, VI A 801/35, RFHE 40, 131, RStBl. 1936, 1099; Urteil vom 29.4.1942, VI 101/42, RStBl. 1942, 497; Urteil vom 15.4.1942, VI 181/41, RStBl. 1942, 505; BFH, Urteil vom 22.8.1951, IV 246/50 S, BFHE 55, 449, BStBl. III 1951, 181; zusammenfassend *Schwendy*, in: FS Schmidt, S. 787, 799 f., der die Abkehr vom damaligen § 6 StAnpG auf den Beschluss des BVerfG zur Verfassungswidrigkeit der Zusammenveranlagung von Eltern und Kindern zurückführt (BVerfG, Beschluss vom 30.6.1964, 1 BvL 16/62-25/62, BVerfGE 18, 97).

1010 EStR 15.9 Abs. 3 Satz 2; *Drüen*, in: Tipke/Kruse, AO/FGO, § 42 AO Rz. 109; *Fischer*, in: Westermann/Wertenbruch, Hdb. Personengesellschaften, Bd. II, § 10 Rz. 1345; *Meßmer*, StbJb 1979/80, S. 163, 252 ff.; *Stadie*, Die persönliche Zurechnung von Einkünften, S. 55 ff.

1011 Dazu unten F.I.

interpretiert wird, „desto größer sind die Ausweichmöglichkeiten" des Steuerpflichtigen.[1012]

cc) Fazit zur Angemessenheitskontrolle

Gemeinhin wird die Angemessenheitskontrolle als einkommensteuerliches Korrekturinstrument verstanden, das bei fehlenden Interessengegensätzen auf Gesellschafterebene eine steuerliche Modifikation der Gewinnverteilung in Mitunternehmerschaften legitimiert. Die Korrektur erfolgt zwecks „angemessener", also fremdüblicher und insofern beitragsgerechter Gewinnverteilung. Die Angemessenheitskontrolle hat in bestimmten Konstellationen eine herausragende Stellung eingenommen; ihr Anwendungsbereich sackt bei genauerer Betrachtung allerdings erheblich in sich zusammen: § 15 Abs. 1 Satz 1 Nr. 2 EStG fragt in einem ersten Schritt nur nach den (zivilrechtlich wirksam vereinbarten) Gewinnanteilen. Denkbar ist es insbesondere bei Näheverhältnissen unter den Gesellschaftern, dass die „Gewinnverteilung" zivilrechtlich auf einem anderen Rechtsverhältnis als auf der Mitgliedschaft beruht. Zur Absonderung dieses anderen Rechtsverhältnisses von der Mitgliedschaft ist der Fremdvergleich und damit auch die Frage nach der Beitragsgerechtigkeit der Gewinnanteile ein geeigneter Maßstab. Solange allerdings die Gewinnverteilung zivilrechtlich allein Ausfluss der *causa societatis* ist, können die Gewinnanteile steuerlich nur korrigiert werden, wenn die konkrete Ausgestaltung der Gewinnverteilungsabrede andere Steuertatbestände als § 15 Abs. 1 Satz 1 Nr. 2 Satz 1 Hs. 1 EStG verwirklicht. Auf eine Beitragsgerechtigkeit kommt es hingegen nach Maßgabe von § 15 EStG nicht an. Dieser Befund entspricht im Übrigen auch der Behandlung von Familien-Kapitalgesellschaften, bei denen disquotale Ausschüttungen gänzlich unabhängig von den Beteiligungsverhältnissen steuerlich anzuerkennen sein sollen.[1013] Ebenfalls wurde dargetan, dass die in § 12 Nr. 2 EStG enthaltene Wertung der Nichtabziehbarkeit privater Zuwendungen zur steuerlichen Korrektur der Gewinnanteile nicht geeignet ist. Bei den Fallgruppen der GmbH & Co. KG sowie der GmbH & atypisch Still entspringt die Angemessenheitskontrolle nicht einkommensteuerlichen Wertungen, sondern § 8 Abs. 3 Satz 2 f. KStG. Eine Korrektur der Gewinnanteile auf Ebene der Personengesellschaft ist nur möglich, wenn

---

1012 *Sieker*, Umgehungsgeschäfte, S. 80.
1013 *Gosch*, DStR 1999, 1849, 1853.

die GmbH zum Sonderbetriebsvermögen II eines Mitunternehmers gehört, denn über Sonderbetriebseinnahmen und -ausgaben ist auf Ebene der Mitunternehmerschaft zu entscheiden. Solche Fälle sind nicht selten, aber ihr Vorliegen ist stets im Einzelfall zu prüfen. Zwischen Fremden, bei denen die Gewinnverteilung kaum je auf einen anderen Rechtsgrund als die *causa societatis* zurückzuführen ist, scheidet die Angemessenheitskontrolle in aller Regel aus. Diese Grundsätze sind auch bei der steuerlichen Beurteilung von Sonderzuweisungen zu berücksichtigen. Die Angemessenheitskontrolle eignet sich daher nicht als „Allzweckwaffe" gegenüber sämtlichen Formen disquotaler Gewinnverteilung. Erst recht gibt es kein steuerliches Prinzip einer angemessenen Gewinnverteilung in Personengesellschaften.[1014]

2. „Rückwirkungsverbot"

a) Inhalt

Nach ständiger Finanzrechtsprechung sind rückwirkende Änderungen der Gewinnverteilungsabrede oder die rückwirkende Gewährung von Sondervergütungen jedenfalls bei gewerblichen Personengesellschaften steuerlich nicht anzuerkennen.[1015] Das Rückwirkungsverbot betrifft verschiedene Fallkonstellationen. Zum einen geht es um den Fall, in dem bei unveränderter Gesellschafterkonstellation die Gesellschafter am Jahresende eine vom ursprünglich vereinbarten Gewinnverteilungsschlüssel abweichende (rückwirkende) Verteilungsabrede treffen. Zum anderen geht es um Eintritts- bzw. Austrittsfälle, d.h. um die Frage, ob ein unterjährig beitretender Gesellschafter am zuvor erwirtschafteten Gesellschaftsgewinn mit steuerlicher Wirkung beteiligt werden kann (bzw. ob ein unterjährig austretender Ge-

---

1014 Gl.A. *Schön*, 5. Gedächtnisvorlesung Max Hachenburg, S. 17, 55.

1015 BFH, Urteil vom 8.11.1960, I 131/59 S, BFHE 71, 706, BStBl. III 1960, 513; Urteil vom 21.12.1972, IV R 194/69, BFHE 108, 495, BStBl. II 1973, 389; Urteil vom 12.06.1980, IV R 40/77, BFHE 131, 224, BStBl. II 1980, 723; Urteil vom 7.7.1983, IV R 209/80, BFHE 139, 60, BStBl. II 1984, 53; Urteil vom 29.5.2001, VIII R 10/00, BFHE 195, 486, BStBl. II 2001, 747; Urteil vom 24.1.2008, IV R 87/06, BFHE 220, 385, BStBl. II 2008, 428; Urteil vom 3.4.2008, IV B 65/07, BFH/NV 2008, 1469; Beschluss vom 23.1.2009, IV B 149/07, BeckRS 2009, 25014712; FG Hessen, Urteil vom 7.7.2005, 13 K 4288/04, BeckRS 2005, 26022238; FG Münster, Urteil vom 14.5.2019, 2 K 3371/18 F, EFG 2019, 1521, juris Rz. 42; zu vermögensverwaltenden Personengesellschaften unten E.II.2.

sellschafter am nachträglich erwirtschafteten Gewinn teilhaben kann).[1016] Weiterhin betrifft das Rückwirkungsverbot sowohl die Änderung der Gewinnverteilung in vergangenen als auch in laufenden Wirtschaftsjahren. Die zivilrechtlich wirksame Rückwirkung bleibt vom steuerlichen Rückwirkungsverbot unberührt. Das Zivilrecht ermöglicht eine weitergehende, jahresübergreifende Rückwirkung der Gewinnverteilungsabrede. Nach dem Rückwirkungsverbot ändern sich dadurch jedoch nicht die im Wirtschaftsjahr entstandenen Steueransprüche. Die zivilrechtliche Rückwirkung führt steuerlich zu schuldrechtlichen Ausgleichszahlungen auf Gesellschafterebene (die als nicht abziehbare Einkommensverwendung i.S.d. § 12 Nr. 2 EStG einzustufen sein können) oder, sofern die Gewinnverteilungsabrede auf den Gesellschafterkapitalkonten vollzogen wird, zu Veräußerungs- oder Anschaffungsvorgängen von Mitunternehmeranteilen.[1017]

Der BFH fasst die rückwirkende Änderung der Gewinnverteilungsabrede unter den allgemeinen steuerlichen Grundsatz der Nichtberücksichtigung rückwirkender Vereinbarungen.[1018] Geschäftsvorfälle, auf denen der Gesellschaftsgewinn beruht, könnten „nicht rückwirkend herbeigeführt oder ungeschehen gemacht oder in ihrem Inhalt verändert werden“. Der Tatbestand der Einkünfteerzielung werde bereits mit den einzelnen angefallenen Geschäftsvorfällen verwirklicht.[1019] Weiterhin stützt sich das Rückwirkungsverbot auf den Vergleich zum Eintritt bzw. Austritt von Gesellschaftern, der ebenfalls nicht mit steuerlicher Rückwirkung möglich ist; folglich können nachträglich beitretenden Gesellschaftern grundsätzlich keine Gewinne zugerechnet werden, die vor ihrem Beitritt verwirklicht wurden.[1020] Wie einem Einzelunternehmer nur die Einkünfte zugerechnet werden können, die während seiner Unternehmensinhaberschaft erzielt werden, kann auch ein Mitunternehmer nur solche Einkünfte zugerechnet

---

1016 Zu dieser Frage sieht das US-Steuerrecht ein strenges Rückwirkungsverbot vor – Gewinnanteile können den Partnern nur in Abhängigkeit ihrer Gesellschafterstellung zugewiesen werden. Im Fall eines unterjährigen Gesellschafterwechsels werden die Gewinnanteile der betroffenen Gesellschafter stichtagsbezogen ermittelt. Zu diesem Zweck dürfen die stillen Reserven in der Gesellschaftsbilanz durch Ansatz des *current value* aufgedeckt werden, vgl. § 706(c) und (d) IRC; ausführlich Boris I. Bittker/Lawrence Lokken, *Federal Taxation of Income*, Vol. 3, § 86.2.4.

1017 BFH, Urteil vom 7.7.1983, IV R 209/80, BFHE 139, 60, BStBl. II 1984, 53 unter 2.; *Bodden*, in: Korn, EStG, § 15 Rz. 494.

1018 *Bode*, in: Brandis/Heuermann, Ertragsteuerrecht, § 15 EStG Rz. 543.

1019 BFH, Urteil vom 12.6.1980, IV R 40/77, BFHE 131, 224, BStBl. II 1980, 723; Urteil vom 7.7.1983, IV R 209/80, BFHE 139, 60, BStBl. II 1984, 53.

1020 BFH, Urteil vom 18.5.1995, IV R 125/92, BFHE 178, 63, BStBl. II 1996, 5 unter 2.a).

bekommen, die während seiner Stellung als Mitunternehmer erzielt worden sind.[1021] Mit dem Rückwirkungsverbot setzt die Rechtsprechung auch der Vereinbarung von Sonderzuweisungen zeitliche Anerkennungsgrenzen. Die Gesellschafter von Personengesellschaften sind nach der Rechtsprechung gehalten, Sonderzuweisungen mit ausschließlich zukünftiger Wirkung zu vereinbaren.[1022]

b) Einschränkungen

Die Rechtsprechung hat im Laufe der Zeit verschiedene Ausnahmen vom Rückwirkungsverbot anerkannt. Zum einen betrifft es nicht die steuerliche Anerkennung unterjährig vereinbarter Gewinnverteilungsänderungen, solange sie nicht rückwirkend in Kraft treten sollen.[1023] Je nach Verlauf eines Wirtschaftsjahres können die Gesellschafter also noch auf unterjährige Ereignisse „reagieren" und für den verbleibenden Teil des Jahres einen neuen Gewinnverteilungsschlüssel vereinbaren. Mit Wirkung für die Zukunft lassen sich auch Gewinne privatautonom verteilen, die aus der Realisierung von zuvor (in der Vergangenheit) entstandenen stillen Reserven stammen.[1024]

Zum anderen ist nach der Rechtsprechung eine Vereinbarung möglich, wonach in den ersten beiden Jahren nach Gesellschaftsgründung alle in diesem Zeitraum beitretenden Gesellschafter den gleichen Gewinn- und Verlustanteil tragen sollen.[1025] Diese Vereinbarung führte im entschiedenen Fall dazu, dass die im zweiten Gesellschaftsjahr beitretenden Gesellschafter einen höheren Verlustanteil im zweiten Jahr zugewiesen bekamen als

1021 *Hallerbach* mit Bezug zur Gleichstellungsthese, in: Söffing, Besteuerung der Mitunternehmer, Rz. 1181.

1022 Mit dem „Rückwirkungsverbot" formuliert die Rechtsprechung eine Regel, die im US-Recht in den Durchführungsvorschriften zu § 704(b) IRC impliziert wird: Nach dem *Substantial Economic Effect*-Test ist es erforderlich, dass sich eine Sonderzuweisung aus *ex-ante*-Sicht zur Zeit ihrer Vereinbarung mit hoher Wahrscheinlichkeit wirtschaftlich sowohl positiv als auch negativ beim adressierten Gesellschafter auswirken kann. Das Bestehen einer solchen Wahrscheinlichkeit setzt voraus, dass auch die Vereinbarung der Sonderzuweisung nur für die Zukunft, nicht aber mit Rückwirkung getroffen werden darf.

1023 BFH, Urteil vom 07.07.1983, IV R 209/80, BFHE 139, 60, BStBl. II 1984, 53.

1024 *Bodden*, in: Korn, EStG, § 15 Rz. 494; *Blischke/Desens*, in: Kirchhof/Söhn/Mellinghoff, EStG, § 15 Rz. F 208.

1025 BFH, Urteil vom 17.03.1987, VIII R 293/82, BFHE 149, 454, BStBl. II 1987, 558 unter 4.

die bereits zuvor beigetretenen Gesellschafter. Wirtschaftlich werden den später beitretenden Gesellschaftern auch Verluste aus einem Zeitraum zugewiesen, in dem sie noch keine Gesellschafterstellung innehatten. Darin liegt nach dem BFH aber weder eine (steuerlich abzuerkennende) rückwirkende Gewinnverteilungsabrede noch eine Rückbeziehung der Beitrittsvereinbarung. Gleichermaßen entfaltet eine unterjährig für die Zukunft getroffene Vereinbarung steuerliche Wirkung, wonach einem Gesellschafter im verbleibenden Teil des Wirtschaftsjahres ein erhöhter Gewinn- oder Verlustanteil zugewiesen wird, um einen bestimmten Gewinn- oder Verlustverteilungsschlüssel für das gesamte Jahr einschließlich des bereits abgelaufenen Teils zu simulieren.[1026]

Ganz konsequent untersagt der BFH selbst „echte" Rückwirkungen nicht. Erstrecke sich die Rückwirkung nur über eine kurze Zeit (wenige Monate) und erscheine sie nach den Umständen des Falls vertretbar, sei sie steuerlich anzuerkennen.[1027] Maßstab für die Vertretbarkeit ist nach dem BFH, dass mit der Rückwirkung keine steuerlichen Vorteile erstrebt werden dürfen. Von einer Rückwirkung abzugrenzen ist nach der jüngeren BFH-Rechtsprechung eine Gewinnverteilungsabrede für die Zukunft, nach der für den Fall eines unterjährigen Gesellschafterwechsels der neu eintretende Gesellschafter einen auf das gesamte Wirtschaftsjahr bezogenen Gewinnanteil erhalten soll.[1028] Die Zurechnung eines Gewinnanteils zu einem Gesellschafter setzt demnach keine Gesellschafterstellung während der Einkünfteerzielung durch die Gesellschaft voraus. Gleiches (also keine rückwirkende Änderung der Gewinnverteilung) gilt jedenfalls nach der Finanzverwaltung „aus Vereinfachungsgründen" für die Inanspruchnahme von Sonderabschreibungen und degressiver Absetzung für Abnutzung, die ein unterjährig eintretender Gesellschafter für das gesamte Wirtschaftsjahr in Anspruch nehmen kann.[1029] Eine weitere Ausnahme vom Rückwirkungsverbot stellen Änderungen der Gewinnverteilung im Rahmen gerichtlicher

1026 *Bodden*, in: Korn, EStG, § 15 Rz. 494; *Wacker*, in: Schmidt, EStG, § 15 Rz. 452.

1027 BFH, Urteil vom 18.09.1984, VIII R 119/81, BFHE 142, 130; BStBl. II 1985, 55, 57 unter 3.b).

1028 BFH, Urteil vom 25.09.2018, IX R 35/17, BFHE 262, 418, BStBl. II 2019, 167, Rz. 24, kritische Anm. von *Bode*, FR 2019, 373, 377, der einer solchen Abrede eine unzulässige Rückwirkung zuspricht; ausführlich zum unterjährigen Gesellschafterbeitritt *Loritz*, DStR 1994, 87.

1029 OFD Hannover, Verfügung vom 27.03.2000, S 2241 - 66 - StH 221–S 2241 - 30 - StO 221, DStR 2000, 730.

oder außergerichtlicher Vergleiche dar. Diese Änderungen entfalten nach dem BFH steuerliche Rückwirkung.[1030]

c) Rezeption des Rückwirkungsverbots im Schrifttum und Stellungnahme

Das Rückwirkungsverbot wird im Schrifttum unter Bezugnahme auf die BFH-Argumentation, wonach die Einkünfte von den Mitunternehmern laufend erzielt würden und der dadurch entstehende Steueranspruch nicht rückwirkend beeinflusst werden könnte, überwiegend geteilt.[1031] Diese Auffassung lässt sich aus der hergebrachten Ansicht ableiten, wonach die Mitunternehmer tatbestandsverwirklichend tätig und Subjekte der Einkünfteerzielung sind.

Nach anderer Ansicht ist das Rückwirkungsverbot zumindest für die rückwirkende Änderung der Gewinnverteilung im laufenden Geschäftsjahr abzulehnen.[1032] Das ist folgerichtig, wenn man – wie auch die Rechtsprechung – die Personengesellschaft als Einkünfteerzielungssubjekt ansieht und davon ausgeht, dass nur die Gesellschaft (und nicht die Gesellschafter) an der Entstehung von Geschäftsvorfällen beteiligt ist.[1033] Die Rechtsprechung, die das Rückwirkungsverbot an der Dogmatik zur Einkünfteerzielung festmacht, hält ihre Linie denn auch nicht ohne Brüche durch. Unklar bleibt etwa, warum eine auf einem Vergleich beruhende rückwirkende Änderung der Gewinnverteilung steuerlich anerkannt wird, nicht aber eine rückwirkende gesellschaftsvertragliche Änderung der Gewinnverteilungsabrede. Bei konsequenter Verfolgung der Ansicht des BFH dürften beide Arten von zivilrechtlichen Rechtsgeschäften nicht zur steuerlichen

1030 BFH, Urteil vom 23.4.1975 I R 234/74, BFHE 115, 488, BStBl. II 1975, 603; Urteil vom 18.1.1990, IV R 97/88, BFH/NV 1991, 21; Urteil vom 13.2.1997, IV R 15/96, BFHE 193, 39, BStBl. II 1997, 535.

1031 *Blischke/Desens*, in: Kirchhof/Söhn/Mellinghoff, EStG, § 15 Rz. F 208; *Bodden*, in: Korn, EStG, § 15 Rz. 493 ff.; *Wacker*, in: Schmidt, EStG, § 15 Rz. 452; *Tiede*, in: Herrmann/Heuer/Raupach, EStG/KStG, § 15 Rz. 491; *Schenke*, in: BeckOK-EStG, § 15 Rz. 1621; *Bode*, in: Brandis/Heuermann, Ertragsteuerrecht, § 15 EStG Rz. 543; *Krumm*, in: Kirchhof/Seer, EStG, § 15 Rz. 231; *Kraeusel/Feldgen*, in: Fuhrmann/Kraeusel/Schiffers, eKommentar-EStG, § 15 Rz. 133.

1032 *Bauschatz*, FR 2005, 1230, 1235 (keine Rückwirkung bis zur Feststellung des Jahresabschlusses der Mitunternehmerschaft); *Loritz*, DStR 1994, 87, 90 f.; *Knobbe-Keuk*, Bilanz- und Unternehmenssteuerrecht, § 10 II.1.; *Schwandtner*, Disquotale Gewinnausschüttungen, S. 369 ff.; für vermögensverwaltende Gesellschaften auch *Engel*, Vermögensverwaltende Personengesellschaften, Rz. 418.

1033 Vgl. *Bauschatz*, FR 2005, 1230, 1235.

Rückwirkung führen. Nicht zuletzt aufgrund der Aussage, eine steuerliche Rückwirkung über kurze Zeit sei zulässig, wenn mit der Rückwirkung keine steuerlichen Vorteile erstrebt werden, drängt sich die womöglich eigentliche Ratio hinter dem Rückwirkungsverbot auf: Dem BFH geht es um steuerliche Missbrauchsbekämpfung. Der passende Anknüpfungspunkt wäre dafür allerdings bei § 42 AO und nicht in der Zurechnungsdogmatik des § 15 EStG zu suchen.[1034] Die steuerliche Nachvollziehung rückwirkender Gewinnverteilungsänderungen würde daneben dem Umstand Rechnung tragen, dass die zivilrechtliche Situation (einschließlich zivilrechtlich wirksamer Rückwirkung) auch die wirtschaftliche Leistungsfähigkeit der Gesellschafter beeinflusst.

Im Ergebnis sollte eine Rückwirkung möglich sein, bis die Einkünfte den Gesellschaftern zugerechnet werden. Die Zurechnung erfolgt am Ende des Wirtschaftsjahres.[1035] Diese Grenze trägt der Tatsache Rechnung, dass die Einkommensteuer eine Jahressteuer ist, die erst mit Ablauf des Veranlagungszeitraums entsteht, nicht mit den einzelnen Geschäftsvorfällen (§§ 25 Abs. 1, 36 EStG). Der Grundsatz, dass ein Sachverhalt nicht rückwirkend gestaltet werden kann, weil der Steuerpflichtige auf einen entstandenen Steueranspruch oder auf ein zum Steueranspruch führendes Tatbestandsmerkmal nicht rückwirkend Einfluss nehmen kann,[1036] wird folglich nicht verletzt. Die Änderung der Gewinnverteilungsabrede im laufenden Geschäftsjahr stellt keine Änderung eines abgeschlossenen Sachverhalts dar, sondern ist inhärenter Bestandteil des Sachverhalts. Zumindest bis zum Ablauf eines Wirtschaftsjahres könnten die Gesellschafter folglich Sonderzuweisungen für das gesamte laufende Wirtschaftsjahr vereinbaren. Die zivilrechtliche Anerkennung rückwirkender Änderungen sollte sich daher – zumindest für das laufende Geschäftsjahr – auch im Steuerrecht widerspiegeln.

Man könnte weitergehend auf den Zeitpunkt der Feststellung des Jahresabschlusses als Grenze der steuerlichen Rückwirkung rekurrieren.[1037] Dafür spräche, dass erst bei Gewinnfeststellung für die Gesellschafter ersichtlich wird, was verteilt werden kann. Man könnte diesen Zeitpunkt sogar als

1034 *Loritz*, DStR 1994, 87, 91; zustimmend *Bitz*, in: Littmann/Bitz/Pust, EStG, § 15 Rz. 69.

1035 *Wacker*, in: Schmidt, EStG, § 15 Rz. 441; *Schenke*, in: BeckOK-EStG, § 15 Rz. 1616.

1036 BFH, Urteil vom 18.09.1984, VIII R 119/81, BFHE 142, 130, BStBl. II 1985, 55 unter 2.a).

1037 *Bauschatz*, FR 2005, 1230, 1234 f.

frühestmöglichen Zeitpunkt einer wirtschaftlich zutreffenden Gewinnverteilungsabrede anerkennen. Indes besteht dann die Gefahr, dass der Jahresabschluss gar nicht oder mit erheblicher Verzögerung festgestellt wird, die Steueransprüche aber – wie gesehen – bereits am Jahresende entstehen. Der Charakter der Einkommensteuer als Jahressteuer gebietet es, dass die Steueransprüche am Ende eines Veranlagungszeitraums feststellbar sind. Dieser Schwebezustand ist zugunsten des Steuerrechts aufzulösen, denn der Steuerpflichtige bzw. Steuerschuldner ist grundsätzlich nicht imstande, entstandene Steueransprüche durch Rückbeziehung von Vereinbarungen zu verändern.[1038]

Selbst unter grundsätzlicher Beachtung des Rückwirkungsverbots bestehen Gestaltungsmöglichkeiten der Gesellschafter, um die Gewinnverteilung an erwarteten zukünftigen Ereignissen auszurichten. Solche Ereignisse können – wie in einem vom BFH entschiedenen Fall – Gesellschafterbeitritte oder -austritte sein. Für den Fall des Gesellschafteraustritts könnten die Gesellschafter vereinbaren, dass der bis zum Austritt entstandene Anspruch auf den anteiligen laufenden Gesellschaftsgewinn entfällt bzw. den verbleibenden Gesellschaftern abgetreten wird.[1039] Denkbar ist indes auch die Anknüpfung an ein andersartiges zukünftiges Ereignis, etwa an das Erreichen bestimmter Umsatzgrößen. Beispielsweise ließe sich im Vorhinein vereinbaren, dass, sobald im laufenden Geschäftsjahr eine bestimmte Umsatzkennzahl erreicht wird, ein oder mehrere Gesellschafter einen erhöhten Gewinnanteil vom Jahresgewinn erhalten sollen. Nach hier vertretener Ansicht steht eine in die Zukunft gerichtete Gewinnverteilungsabrede, die auf eine bestimmte Umsatzkennziffer abstellt, einem zukünftigen Gesellschafterwechsel gleich und sollte daher nicht vom Rückwirkungsverbot erfasst werden. Auch durch anderweitige Gestaltung der Gewinnverteilungsabrede lässt sich dem Rückwirkungsverbot entgegensteuern. So können die Gesellschafter noch gegen Jahresende die Zuweisung von Vorabgewinnen oder -verlusten vereinbaren, um die gewünschte Verteilung des prognostizierten Jahresgewinns zu erreichen.[1040]

1038 *Drüen*, in: Tipke/Kruse, AO/FGO, § 38 AO Rz. 29; *Brühl*, in: BeckOK-AO, § 38 Rz. 109.

1039 BFH, Urteil vom 25.09.2018, IX R 35/17, BFHE 262, 418, BStBl. II 2019, 167, Rz. 24.

1040 FG Münster, Urteil vom 14.08.2013, 2 K 2483/11 F, juris Rz. 46 f.

3. Wirkung spezieller Verlustverrechnungsbeschränkungen

Der Gesetzgeber hat in der Vergangenheit Vorschriften eingeführt, die die steuerlichen Wirkungen der Gewinnverteilung in Personengesellschaften insbesondere im Verlustfall beschränken. Angesprochen sind damit nicht spezielle Verlustverrechnungsbeschränkungen, die auch außerhalb von Personengesellschaften anwendbar sind (etwa § 2a Abs. 1 und 2, § 15 Abs. 4 Sätze 1 bis 3, § 20 Abs. 6 Sätze 4 bis 6, § 22 Nr. 3 Satz 3 oder § 23 Abs. 3 Satz 7 EStG). Gemeint sind vielmehr Spezialtatbestände, die speziell auf Personengesellschaften zugeschnitten sind und deren Verhältnis zu Sonderzuweisungen klärungsbedürftig ist.

a) § 15 Abs. 4 Satz 6 ff. EStG

§ 15 Abs. 4 Satz 6 ff. EStG normiert Verlustverrechnungsbeschränkungen mit Bezug zu stillen Gesellschaften und anderen mitunternehmerischen Beteiligungsformen an Kapitalgesellschaften. Die Verrechnungsbeschränkung besteht in der Etablierung gesonderter Verlustverrechnungskreise in den genannten Geschäftssegmenten, die jedenfalls eine zeitliche Streckung der Verlustnutzung zur Folge hat, wenn nicht sogar im Einzelfall einen finalen Verlustfortfall.[1041] Verluste aus stillen Gesellschaften, Unterbeteiligungen oder Innengesellschaften an Kapitalgesellschaften können ausschließlich mit späteren Gewinnen aus „derselben" Beteiligung verrechnet werden, also nicht etwa mit Gewinnen aus einer anderen Unterbeteiligung. § 15 Abs. 4 Satz 6 ff. EStG knüpft für mitunternehmerische Kapitalgesellschaftsbeteiligungen mithin an eine einzelne Einkunftsquelle an. Die Ausgleichs- und Abzugsbeschränkung für stille Gesellschaften, Unterbeteiligungen oder sonstigen Innengesellschaften betrifft nur Fälle, in denen der beteiligte Mitunternehmer eine Kapitalgesellschaft ist (vgl. § 15 Abs. 4 Satz 8 EStG).

Die Verlustausgleichs- und Verlustabzugsbeschränkung bezweckt, dass Verluste einer Kapitalgesellschaft nicht über den „Umweg" einer stillen Beteiligung, Unterbeteiligung oder sonstigen Innengesellschaft mit Gewinnen einer anderen Kapitalgesellschaft ausgeglichen werden können, ohne dass die Voraussetzungen einer Organschaft vorliegen (§ 14 Abs. 1 KStG).[1042] Eine Verlustverrechnung bei natürlichen Personen wird indes

1041 *Intemann*, in: Herrmann/Heuer/Raupach, EStG/KStG, § 15 EStG Rz. 1506.
1042 *Bode*, in: Brandis/Heuermann, Ertragsteuerrecht, § 15 EStG Rz. 660.

nicht beschränkt. Insofern sind im Rahmen von § 15 Abs. 4 Satz 6 ff. EStG Sonderzuweisungen vorstellbar. Ist stille Gesellschafterin eine Personengesellschaft, auf die ein Verlustanteil entfällt, und sind an der Personengesellschaft wiederum eine Kapitalgesellschaft und eine natürliche Person beteiligt, ist der Verlust, soweit er auf die an der Personengesellschaft beteiligte Kapitalgesellschaft entfällt, nicht ausgleichs- oder abzugsfähig.[1043] § 15 Abs. 4 EStG beschränkt sich allerdings auf diese Rechtsfolgenanordnung. § 15 Abs. 4 Satz 6 ff. EStG regelt selbst nicht die Frage, ob ein Mitunternehmer die angesprochenen Verluste zugerechnet bekommt. Darüber gibt nur der Tatbestand des § 15 Abs. 1 Satz 1 Nr. 2 EStG Auskunft. § 15 Abs. 4 Satz 6 ff. EStG könnte allenfalls einen Anreiz für die Vereinbarung von Sonderzuweisungen geben, indem beschränkt nutzbare Verluste einer natürlichen Person zugewiesen werden, die keinen Verlustverrechnungsbeschränkungen unterliegt (§ 15 Abs. 4 Satz 8 EStG).

b) § 15a EStG

§ 15a EStG beschränkt den Verlustausgleich und -abzug bei Kommanditisten von Kommanditgesellschaften. Die Vorschrift erzeugt einen Gleichlauf zwischen der zivilrechtlichen Außenhaftung des Kommanditisten und der Möglichkeit, einen steuerlichen Verlustausgleich vornehmen zu können. Der sofortige horizontale und vertikale Verlustausgleich erfolgt gem. § 15a Abs. 1 Satz 1 EStG nur, soweit der verlusttragende Kommanditist ein positives Kapitalkonto aufweist („abzugsfähige Verluste"). Die darüber hinaus zugewiesenen Verluste werden vom Gesellschafter vorgetragen und mit späteren Gewinnanteilen verrechnet („verrechenbare Verluste"). Damit unterbindet die Vorschrift eine „vorzeitige" Verlustverrechnung ohne Verlustrealisierung in Gestalt der Außenhaftung. Die Verlustverrechnung erfolgt spätestens bei Liquidation der Gesellschaft, falls der Kommanditist – und nicht die Komplementäre – die ihm zugewiesenen Verluste zu diesem Zeitpunkt tatsächlich trägt.

Die Vorschrift ändert die steuerlichen Rechtsfolgen von Verlustzuweisungen bei Kommanditgesellschaften. In den zivilrechtlich vereinbarten Gewinn- und Verlustverteilungsschlüssel greift die Vorschrift jedoch nicht ein, auch nicht für steuerliche Zwecke. Das zeigt sich daran, dass entgegen

---

1043 Beispiel nach *Wacker*, in: Schmidt, EStG, § 15 Rz. 907.

ursprünglichen gesetzgeberischen Erwägungen[1044] verrechenbare Verluste nicht von vornherein dem oder den Komplementären zugewiesen werden, sondern weiterhin dem oder den Kommanditisten.[1045] Denn zur Zeit der Verlustzuweisung steht noch nicht fest, ob eine tatsächliche Verlusttragung einsetzt. Das hängt von der Erzielung möglicher zukünftiger Gewinne ab. Sonderzuweisungen von Verlusten an Kommanditisten mit der Folge eines negativen Kapitalkontos werden damit aus Sicht des § 15a EStG anerkannt und lediglich auf Rechtsfolgenseite in ihrer steuerlichen Wirkung begrenzt und „gestreckt".[1046] Damit geht die Vorschrift in ihren Rechtsfolgen weniger weit als die Rechtsprechung im Rahmen der Angemessenheitskontrolle für die Gewinnverteilung unter nahestehenden Personen. Die Angemessenheitskontrolle greift von vornherein in das vereinbarte Gewinnverteilungsverhältnis zwischen den Gesellschaftern ein.

Dass einem Gesellschafter im Innenverhältnis zugewiesene Verluste nicht unbeschränkt steuerlich verrechnet werden können, ist ein aus dem IRC bekanntes Prinzip. § 704(d) und § 465 IRC (sog. *At-Risk*-Regel)[1047] sind gesetzgeberisches Vorbild für § 15a EStG.[1048] Zudem werden nach dem *Alternative Test for Economic Effect* (*Treas. Reg.* § 1.704-1 (b)(2)(ii)*(d)*) Sonderzuweisungen i.S.d. § 704(b) IRC nur anerkannt, wenn sie im Wirtschaftsjahr ihrer Vornahme nicht zu einem negativen Kapitalkonto führen oder ein solches weiter belasten.[1049] Auch der deutsche Gesetzgeber setzt in Form von § 15a EStG einer bestimmten Form von Sonderzuweisung, nämlich einer Verlustzuweisung ohne korrespondierende zivilrechtliche Außenhaftung, steuerliche Grenzen. Wie das US-Recht, das zur Anerkennung einer Sonderzuweisung *Substantial Economic Effect* voraussetzt, verhindert

1044 *Bitz*, in: Littmann/Bitz/Pust, EStG. § 15a Rz. 4.

1045 BFH, Urteil vom 8.9.1992, IX R 335/87, BFHE 169, 418, BStBl. II 1993, 281 unter II.1. zu § 21 Abs. 1 Satz 1 i.V.m. § 15a EStG („Das Ausgleichsverbot des § 15a Abs. 1 Satz 1 EStG greift erst ein, wenn zuvor entschieden ist, welcher Verlustanteil dem Kommanditisten zuzurechnen ist. Diese Entscheidung wird im Gesellschaftsvertrag, mangels gesellschaftsvertraglicher Regelung durch die gesetzlichen Bestimmungen in §§ 707 ff. BGB, §§ 161 ff. HGB getroffen.").

1046 *Von Beckerath*, in: Kirchhof/Söhn/Mellinghoff, EStG, § 15a Rz. B 25; *Schäfers*, in: Bordewin/Brandt, EStG, § 15a Rz. 314, 560; *Lüdemann*, in: Herrmann/Heuer/Raupach, EStG/KStG, § 15a EStG Rz. 103; vgl. *Heuermann*, in: Brandis/Heuermann, Ertragsteuerrecht, § 15a EStG Rz. 2; zuvor bereits Rechtsprechung des BFH, s. Beschluss vom 10.11.1980, GrS 1/79, BFHE, 132, 244, BStBl. II 1981, 164.

1047 Oben B.II.2.c)bb)(4).

1048 *Lüdemann*, in: Herrmann/Heuer/Raupach, EStG/KStG, § 15a EStG Rz. 37.

1049 Oben B.II.2.c)aa)(2).

§ 15a EStG die steuerliche Nutzung „wirtschaftlich nicht durchschlagende[r] Verluste".[1050] Für die Frage nach der steuerlichen Anerkennung von Sonderzuweisungen ist jedoch entscheidend, dass § 15a EStG keine Aussage zur steuerlichen Anerkennung des Gewinnverteilungsschlüssels bei Personengesellschaften enthält. Lediglich die steuerliche Attraktivität von Sonderzuweisungen, die in den Anwendungsbereich von § 15a EStG fallen, sinkt. In der Praxis dürfte § 15a EStG Sonderzuweisungen von Verlusten an Kommanditisten verhindern (Präventionszweck), denen dadurch ein negatives Kapitalkonto entsteht (oder sich erhöht) und die eine sofortige oder jedenfalls zeitnahe Verlustverrechnung mit anderen Einkünften vornehmen wollen. Umgekehrt werden durch § 15a EStG gesonderte Verlustzuweisungen an Kommanditisten inzentiviert, die über ein ausreichend positives Kapitalkonto zur Verlustverrechnung verfügen.[1051]

c) § 15b EStG

Eine im Verhältnis zu § 15a EStG spezielle Regelung enthält § 15b EStG für sog. Steuerstundungsmodelle. Danach können „Anfangsverluste", die einem Gesellschafter einer Personengesellschaft aufgrund eines vorgegebenen Konzepts zugewiesen werden, nur mit zukünftigen Einkünften aus „derselben Einkunftsquelle" verrechnet werden, anstatt unmittelbar in den Grenzen von § 10d EStG horizontal und vertikal abzugsfähig zu sein. § 15b EStG setzt tatbestandlich nicht die Entstehung oder „Vertiefung" eines negativen Kapitalkontos voraus, sondern erfasst sämtliche negativen Einkünfte im Zusammenhang mit einem Steuerstundungsmodell. Die Norm nimmt geschlossene Fonds in den Blick, deren aus anfänglichen Investitionen stammenden Verluste die Steuerlast ihrer Gesellschafter planmäßig senken sollen.[1052] Eingeschränkt wird der Anwendungsbereich von § 15b EStG durch die Neuregelung zu Fondsetablierungskosten in § 6e EStG, weil durch die Aktivierungspflicht von Fondsetablierungskosten weniger Anfangsverluste entstehen.[1053]

Sonderzuweisungen können in den Anwendungsbereich von § 15b Abs. 1 EStG fallen, indem einem Gesellschafter sämtliche „Anfangsverluste" i.S.d. Vorschrift zugewiesen werden, bis diese durch zukünftige Gewinne wieder

1050 *Seufer*, in: BeckOK-EStG, § 15a Rz. 24.
1051 *Lüdemann*, in: Herrmann/Heuer/Raupach, EStG/KStG, § 15a EStG Rz. 22.
1052 *Heuermann*, in: Brandis/Heuermann, Ertragsteuerrecht, § 15b EStG Rz. 4.
1053 *Seufer*, in: BeckOK-EStG, § 15b Rz. 83.

ausgeglichen sind. Dem verlusttragenden Gesellschafter wird dann gem. § 15b EStG die Möglichkeit des horizontalen und vertikalen Verlustausgleichs außerhalb „derselben Einkunftsquelle" genommen. Das verhindert nicht die gesonderte Zuweisung der Anfangsverluste an ihn, sondern beschränkt lediglich seine Verlustverrechnungsmöglichkeiten.[1054] Die „scharfen" Rechtsfolgen von § 15b EStG treten jedoch nur ein, wenn eine „modellhafte Gestaltung" vorliegt und nach dem Gestaltungskonzept die prognostizierten Verluste 10 Prozent des gezeichneten Kapitals (oder bei Einzelinvestoren: des eingesetzten Eigenkapitals) übersteigen.

Mit Blick auf Sonderzuweisungen, die auch durch unterschiedliche Steuertarife motiviert sein können, ist ein BFH-Urteil aus dem Jahr 2017 zu § 20 Abs. 2b EStG a.F. (heute § 20 Abs. 7 EStG) i.V.m. § 15b EStG von Interesse.[1055] Im vom BFH entschiedenen Fall verrechneten Privatanleger im Jahr 2008 negative Einkünfte in Form sog. negativer Zwischengewinne aus einer Fondsbeteiligung mit ihren (zum Teil nicht fondsbezogenen) übrigen positiven Kapitaleinkünften, die damals (vor Einführung der Abgeltungsteuer zum Jahresbeginn 2009) noch dem progressiven Einkommensteuertarif unterlagen. Zukünftige positive Einkünfte aus der Fondsbeteiligung ab 2009 hingegen unterlagen dem Kapitalertragsteuertarif gem. § 32d Abs. 1 EStG in Höhe von 25 Prozent. Das Finanzamt sah in einer dergestaltigen „Ausnutzung" der mit Einführung der Abgeltungsteuer entstehenden Tarifspreizung zwischen § 32a EStG und § 32d EStG ein Steuerstundungsmodell i.S.d. § 15b EStG (i.V.m. § 20 Abs. 2b Satz 2 EStG a.F.). Dass die Anleger von unterschiedlichen Steuertarifen Gebrauch machen (Verrechnung von Verlusten aus der Fondsbeteiligung gegen progressiv besteuerte positive Kapitaleinkünfte und spätere Erzielung von schedulenbesteuerten positiven Kapitaleinkünften aus derselben Einkunftsquelle), fiel dem BFH zufolge allerdings nicht in den Tatbestand des § 20 Abs. 2b Satz 2 EStG a.F. Denn im entschiedenen Fall unterlagen die im Jahr 2008 erzielten positiven Kapitaleinkünfte, gegen die die negativen Zwischengewinne verrechnet wurden, dem progressiven Einkommensteuertarif gem. § 32a EStG, was die Anwendung von § 20 Abs. 2b Satz 2 EStG ausgeschlossen habe. Mangels Tatbe-

---

1054 Vgl. *Kaminski*, in: Korn, EStG, § 15b Rz. 17; *Kaligin*, in: Lademann, EStG, § 15b Rz. 64.

1055 Urteil vom 28.06.2017, VIII R 57/14, BFHE 258, 421, BStBl. II 2017, 1144.

standserfüllung von § 15b EStG ging der BFH noch auf § 42 AO ein[1056] und entschied, dass „allein aus der Ausnutzung eines Steuersatzgefälles nicht auf eine missbräuchliche Gestaltung i.S.d. § 42 AO geschlossen werden" kann, „da Vorteile aufgrund unterschiedlicher Steuersätze der Schedulenbesteuerung immanent sind".

d) Zwischenergebnis zu speziellen Verlustverrechnungsbeschränkungen

Der Gesetzgeber hat unter anderem mit § 15 Abs. 4 Satz 6 ff., § 15a und § 15b EStG bestimmte Verlustzuweisungen an Mitunternehmer einer „schnellen" Verlustverrechnung entzogen und damit steuerlich unattraktiv gemacht. Diese Tatbestände führen jedoch nicht zu einer steuerlichen Aberkennung gesonderter Verlustzuweisungen, sondern beschränken lediglich ihre steuerliche Wirkung auf Gesellschafterebene. Ob beschränkt verrechenbare Verluste eines Mitunternehmers vorliegen, ist allein § 15 Abs. 1 Satz 1 Nr. 2 Satz 1 Hs. 1 EStG zu entnehmen.

4. Zwischenergebnis zu allgemeinen steuerlichen Anerkennungsgrenzen der Gewinnverteilung

Im Ausgangspunkt wurden drei denkbare allgemeine Grenzen der steuerlichen Anerkennung von Gewinnverteilungsabreden identifiziert, die sich im Ergebnis als weniger einschneidend darstellen, als in Rechtsprechung und Literatur verbreitet angenommen wird. Erstens wurde eine von konkreten Steuertatbeständen abgekoppelte generelle Angemessenheitskontrolle verworfen, weil sich die steuerliche Befolgung der zivilrechtlich vereinbarten Gewinnverteilungsabrede nicht unter Hinweis auf fehlende Beitragsgerechtigkeit beiseiteschieben lässt. Das Steuerrecht sollte in einem ersten Schritt allein danach fragen, ob die verwirklichten Vorgänge zivilrechtlich als „Gewinnverteilung" zu qualifizieren sind. Ist diese zivilrechtliche Vorfrage zu bejahen, lässt sich die steuerliche Anerkennung der Gewinnverteilungsabrede in einem zweiten Schritt nur versagen, soweit die Gewinnverteilungsabrede bzw. ihre Durchführung unter andere Steuertatbestände als unter § 15 Abs. 1 Satz 1 Nr. 2 Satz 1 Hs. 1 EStG zu subsumieren ist. Die Angemes-

1056 Das Verhältnis von § 15b EStG und § 42 AO ist ungeklärt; zuletzt aber BFH, Urteil vom 26.4.2018, IV R 33/15, BFHE 261, 333, BStBl. II 2020, 645, wonach auch ohne Tatbestandserfüllung von § 15b EStG der Rückgriff auf § 42 AO gesperrt ist.

senheitskontrolle, will man sie als solche bezeichnen, ist damit allein Ausdruck von Normkonkurrenzen und der notwendigen Abgrenzung verschiedener Steuertatbestände. Diese Abgrenzung erfolgt durch Auslegung der betroffenen Steuertatbestände und lässt sich als „Vorbehalt einkommensteuerlicher Bestimmungen" bezeichnen. Auch die zweite untersuchte Grenze der steuerlichen Anerkennung der Gewinnverteilungsabrede, das Rückwirkungsverbot, sollte auf Fälle beschränkt werden, in denen die Gesellschafter die Gewinnverteilung rückwirkend für abgeschlossene Wirtschaftsjahre ändern. Während des laufenden Wirtschaftsjahres können Sonderzuweisungen mit Rückwirkung auf den Jahresbeginn vereinbart werden, ohne dass insoweit eine steuerliche Aberkennung erfolgen dürfte. Drittens sind spezielle Verlustnutzungsbeschränkungen nicht imstande, den zivilrechtlich vereinbarten Gewinnverteilungsschlüssel steuerlich zu modifizieren. Ihre Wirkung beschränkt sich auf die eingeschränkte Verlustnutzungsmöglichkeit, besagt aber nichts über die Höhe von Gewinn- oder Verlustanteilen.

Vor die Klammer der weiteren Untersuchung lässt sich daher die Feststellung ziehen, dass die steuerliche Anerkennung von Sonderzuweisungen nicht davon abhängt, ob der von einer Sonderzuweisung begünstigte Gesellschafter besonders zu diesem spezifischen Gewinnanteil beigetragen hat oder nicht. Bei wirtschaftsgutsbezogenen Sonderzuweisungen ist es unerheblich, ob es etwa der begünstigte Mitunternehmer mit seiner Einlage der Mitunternehmerschaft ermöglicht hat, das Wirtschaftsgut anzuschaffen. Bei der Periodenverlagerung ist es unerheblich, ob der zunächst von einer disquotalen Gewinnverteilung begünstigte Gesellschafter im entsprechenden Wirtschaftsjahr im Vergleich zu seinem Mitunternehmer besonders zum Gesellschaftserfolg beigetragen hat; ebenso ist es nicht Voraussetzung, dass der „aussetzende" Mitunternehmer im entsprechenden Wirtschaftsjahr gar nicht für die Gesellschaft tätig geworden ist. Hinsichtlich der verschiedenen Fallgruppen von Sonderzuweisungen ist allein fraglich, ob ihrer Anerkennung als „Gewinnanteile" i.S.d. § 15 Abs. 1 Satz 1 Nr. 2 Satz 1 Hs. 1 EStG sonstige einkommensteuerliche Bestimmungen entgegenstehen.

III. Besondere Maßstäbe für die steuerliche Anerkennung der Gewinnverteilung bei Mitunternehmerschaften

Wenngleich sich die dargestellten „herkömmlichen" steuerlichen Anerkennungsgrenzen für die Gewinnverteilung in Personengesellschaften auf einen Restanwendungsbereich beschränken, bleibt klärungsbedürftig, ob sich für die einzelnen Sonderzuweisungstypen spezielle einkommensteuerliche Anerkennungsgrenzen ergeben oder ob umgekehrt bestimmte Sonderzuweisungen bereits steuerliche Anerkennung gefunden haben.

1. Wirtschaftsgutsspezifische Sonderzuweisungen

Die erste zu untersuchende Fallgruppe betrifft wirtschaftsgutsspezifische Sonderzuweisungen. Gemeint ist die Zuweisung des laufenden Ergebnisses und des etwaigen Veräußerungserlöses aus einzelnen „Gewinnquellen" im Betriebsvermögen der Mitunternehmerschaft. Referenzobjekte könnten beispielsweise einzelne Portfoliobeteiligungen oder Grundstücke sein. Zunächst werden mit diesen Sonderzuweisungen steuerlich vergleichbare Konstellationen dargestellt, bevor auf die Frage eingegangen wird, ob den Sonderzuweisungen aufgrund entgegenstehender einkommensteuerlicher Bestimmungen die steuerliche Anerkennung zu versagen ist.

a) Anerkannte wirtschaftsgutsspezifische Sonderzuweisungen

aa) Sonderzuweisungen bei Entnahmegewinnen

Eine wirtschaftsgutsbezogene Gewinnzuweisung kann im Fall der Entnahme eines Wirtschaftsguts aus dem Betriebsvermögen einer Mitunternehmerschaft in das Privatvermögen eines Gesellschafters mit daraus entstehenden Buchgewinnen erfolgen. Grundsätzlich sind Entnahmegewinne den Mitunternehmern nach dem allgemeinen (zumeist beteiligungsquotalen) Gewinnverteilungsschlüssel zuzurechnen. Der Gewinn aus der (berechtigten) Entnahme eines Wirtschaftsguts, der durch Teilwertansatz gem. § 6 Abs. 1 Nr. 4 EStG entsteht, ist jedoch allein dem entnehmenden Gesellschafter zuzurechnen, wenn eine dahingehende ausdrückliche oder stillschweigend getroffene Gewinnverteilungsabrede besteht. Voraussetzung für dieses Ergebnis ist, dass (i) tatsächlich eine Entnahme gem. § 4 Abs. 1 Satz 2 EStG, d.h. eine unentgeltliche Übertragung in das Privatvermögen des Gesellschafters, erfolgt und (ii) die stillen Reserven nicht dem begünstigten Gesellschafter geschenkt werden.[1057]

1057 BFH, Urteil vom 31.3.1977, IV R 58/73, BFHE 122, 85, BStBl. II 1977, 823 unter 4.b) („Segelanleitung"); Urteil vom 6.8.1985, VIII R 280/81, BFHE 144, 386, BStBl. II 1986, 17 unter II.5.; Urteil vom 28.9.1995, IV R 39/94, BFHE 179, 75, BStBl. II

Die Möglichkeit der Zuweisung des Entnahmegewinns an einen bestimmten Gesellschafter per Gewinnverteilungsabrede ist insofern nicht selbstverständlich, als die im entnommenen Wirtschaftsgut enthaltenen stillen Reserven zuvor von der Gesellschaft erwirtschaftet wurden. Wer die Mitunternehmer in ihrer gesamthänderischen Verbundenheit als diejenigen betrachtet, die den Gewerbebetrieb unterhalten und tatbestandsverwirklichend tätig sind, könnte annehmen, die in der Gesellschaft entstandenen stillen Reserven seien allen Mitunternehmern zuzurechnen. Gleichwohl wird eine von den Gesellschaftern vereinbarte Sonderzuweisung des Entnahmegewinns steuerlich anerkannt, und die Anforderungen an eine solche Vereinbarung geringgehalten, wie der Hinweis der Rechtsprechung auf „stillschweigende" Gewinnverteilungsabreden impliziert.[1058] Dieses Ergebnis ist unter dem Gesichtspunkt der steuerlichen Leistungsfähigkeit gerechtfertigt. Nur die Leistungsfähigkeit des entnehmenden Gesellschafters ist gesteigert. Abgesehen vom Fall der Schenkung unter den Mitunternehmern, der vor allem in Familiengesellschaften virulent ist, gibt es keine Anhaltspunkte für eine gesteigerte Leistungsfähigkeit der übrigen Mitunternehmer. Sowohl im Fall der Entnahme als auch im Fall der Veräußerung eines Wirtschaftsguts aus dem Gesellschaftsvermögen werden stille Reserven aufgedeckt, die von der Gesellschaft erwirtschaftet worden sind. Wenn eine Entnahme eine gesonderte Zuweisung der Buchgewinne an den entnehmenden Mitunternehmer ermöglicht, liegt auch die steuerliche Anerkennung einer Gewinnverteilungsabrede nahe, wonach der Gewinn aus der Veräußerung des betreffenden Wirtschaftsguts durch die Gesellschaft einem Mitunternehmer gesondert zugewiesen wird.

Die Möglichkeit einer gesonderten Zuweisung von Entnahmegewinnen wird zum Teil für den Fall verneint, in dem eine rein steuerliche Entnahme vorliegt, d.h. das steuerlich aus dem Betriebsvermögen entnommene Wirtschaftsgut handelsrechtlich weiterhin zum Gesellschaftsvermögen gehört und bilanzierungspflichtig ist. Eine spezifische Gewinnverteilungsabrede für diesen Fall sei steuerlich abzuerkennen, weil sie zivilrechtlich nicht vollzogen werde.[1059] Ungeachtet der Frage, ob handelsrechtlich bilanzierungspflichtige Wirtschaftsgüter aus dem steuerlichen (notwendigen) Betriebsvermögen entnommen werden können, geht dieser Ansatz davon

1996, 276 unter II.2.; *Bode*, in: Brandis/Heuermann, Ertragsteuerrecht, § 15 EStG Rz. 482; *Wacker*, in: Schmidt, EStG, § 15 Rz. 446; *Kahle*, DStZ 2012, 61, 62.

1058 BFH, Urteil vom 28.9.1995, IV R 39/94, BFHE 179, 75, BStBl. II 1996, 276 unter II.2.

1059 *Blischke/Desens*, in: Kirchhof/Söhn/Mellinghoff, EStG, § 15 Rz. F 111.

aus, dass ein steuerlicher Mehrgewinn, der sich nicht in der Handelsbilanz widerspiegelt, nicht verteilungsfähig ist. Das würde bedeuten, dass ein fremdbestimmter Gesellschaftsgewinn, der vorliegend durch die (steuerliche) Entnahme eines Gesellschafters ausgelöst wird und wirtschaftlich allein diesem zugutekommt, nicht verursachungsgerecht auf den begünstigten Gesellschafter umgelegt werden könnte. Das sei erforderlich, weil die Gewinnverteilungsabrede zivilrechtlich nicht vollzogen würde. Die Differenzierung zwischen „auch steuerlichen Entnahmen“ und „rein steuerlichen Entnahmen“ ist indes nicht überzeugend. Zwar mag es bei „rein steuerlichen Entnahmen“ mangels handelsrechtlicher Buchung des Entnahmegewinns auf den Kapitalkonten der Gesellschafter schwieriger sein, eine (stillschweigende) Gewinnverteilungsabrede zwischen den Gesellschaftern zum steuerlichen Entnahmegewinn zu erkennen. Auch der Steuerbilanzgewinn steht jedoch einer Gewinnverteilungsabrede offen. Jedenfalls bei einer vertraglich ausdrücklichen Verteilungsabrede zum steuerlichen Entnahmegewinn ist ein sachlicher Grund für eine differenzierende Behandlung von „auch steuerlichen Entnahmen“ und „rein steuerlichen Entnahmen“ nicht ersichtlich.

bb) Zurechnung des Aufgabegewinns gem. § 16 Abs. 3 Satz 8 EStG

Für den Fall der Betriebsaufgabe mit anschließender Übernahme der Wirtschaftsgüter ins Privatvermögen bestimmt das Gesetz für Betriebe mit mehreren Beteiligten, dass für jeden einzelnen Beteiligten der gemeine Wert der Wirtschaftsgüter anzusetzen ist, die er bei der Auseinandersetzung erhalten hat (§ 16 Abs. 3 Satz 8 EStG).[1060] Das Gesetz trifft an dieser Stelle eine Regelung, die vom Grundprinzip bei Entnahmen abweicht, wonach die stillen Reserven in Ermangelung einer speziellen Gewinnverteilungsabrede allen Gesellschaftern im Verhältnis ihrer Gewinnanteile zuzurechnen sind. Mit Blick auf § 16 Abs. 3 Satz 8 EStG ließe sich behaupten, das Gesetz ordnet an dieser Stelle wirtschaftsgutsbezogene Sonderzuweisungen an. Der wesentliche Unterschied zur Gewinnverteilung im laufenden Betrieb besteht darin, dass die Gesellschafter gem. § 16 Abs. 3 Satz 8 EStG keinen wirtschaftsgutsbezogenen liquiden Gewinn zugewiesen bekommen, sondern stille Reserven von Wirtschaftsgütern zu versteuern haben, die sie

1060 Dazu BFH, Urteil vom 23.11.2021, VIII R 14/19, DStR 2022, 599 unter II.3.c)cc)aaa) („spezielle Gewinnzuweisungsnorm“).

bei Betriebsaufgabe erhalten. Wie bei der zuvor besprochenen gesonderten Zuweisung von Entnahmegewinnen erfolgt die gesonderte Zuweisung der stillen Reserven an einzelne Gesellschafter, obwohl die stillen Reserven zuvor von der Gesellschaft erwirtschaftet wurden. Daraus lässt sich folgern, dass das Einkommensteuerrecht kein Prinzip kennt, wonach mitunternehmerisch erwirtschaftete stille Reserven stets auf alle Gesellschafter nach ihren Anteilen am Gesellschaftsvermögen zu verteilen sind.

b) Keine entgegenstehenden Bestimmungen des EStG

Wirtschaftsgutspezifische Sonderzuweisungen sind nur dann nicht als „Gewinnanteile" i.S.d. § 15 Abs. 1 Satz 1 Nr. 2 Satz 1 EStG anzuerkennen, wenn der Gewinnverteilungsabrede anderweitige ertragsteuerliche Bestimmungen entgegenstehen.[1061]

aa) Bestimmungen zur Gewinnermittlung

Man könnte die Methoden der steuerlichen Gewinnermittlung – den Betriebsvermögensvergleich und die Einnahmen-Überschuss-Rechnung – als Hindernis für die gesonderte Zuweisung des Ergebnisses einzelner Wirtschaftsgüter ansehen, da sie nur ein aggregiertes Ergebnis abbildeten und nur an diesem Ergebnis ein Gewinnanteil bestehen könne. Eine Ergebnisbeteiligung an einzelnen Wirtschaftsgütern wäre ausgeschlossen. Dahingehenden Sonderzuweisungen könnten folglich die Bestimmungen der § 4 Abs. 1, Abs. 3, § 5 Abs. 1 EStG entgegenstehen.[1062] Möglicherweise greift der Hinweis auf die Gewinnermittlungsmethoden allerdings zu kurz. Zunächst ist festzustellen, dass die Vorschriften zur steuerlichen Gewinnermittlung einer rein rechnerischen Ermittlung der aus Sonderzuweisungen resultierenden Gewinnanteile nicht entgegenstehen: Die aus einem Wirtschaftsgut entstehenden laufenden Gewinne und die Wertveränderungen ihrer Substanz lassen sich im laufenden Wirtschaftsjahr durch die Gesellschaft voneinander getrennt nachhalten. Die Veränderungen in der Bewertung der Wirtschaftsgüter im Betriebsvermögen werden bei bilanzierenden Gesellschaften nach dem Grundsatz der Einzelbewertung ohnehin Jahr für

1061 Zu Fragen des Gestaltungsmissbrauchs unten F.
1062 Dahingehend *Kempelmann/Scholz*, DStR 2019, 630, 631.

Jahr ermittelt (§ 252 Abs. 1 Nr. 3 HGB und § 6 Abs. 1 EStG).[1063] Das so ermittelte Ergebnis einzelner Wirtschaftsgüter wird am Jahresende auf den nach dem Gesellschaftsvertrag anzusprechenden Gesellschafterkonten verbucht. Abzüglich der anteiligen laufenden Gemeinkosten ergeben die Kontenbuchungen in Summe die Höhe des Gewinnanteils der Gesellschafter. Es erfolgt eine disquotale Gewinnverteilung, wenn die so ermittelten Gewinnanteile nicht dem Verhältnis der Beteiligungsquoten der Gesellschafter entsprechen. Disquotale Gewinnanteile stehen jedoch nicht im Widerspruch zu den steuerlichen Gewinnermittlungsmethoden, sondern sind als „Gewinnanteile" i.S.d. § 15 Abs. 1 Satz 1 Nr. 2 Satz 1 Hs. 1 EStG anerkannt.[1064]

(1) Steuerliche Qualifikation der gesondert zugewiesenen Gewinnanteile

Fraglich ist indes, wie die so errechneten disquotalen Gewinnanteile steuerlich zu qualifizieren sind. Beispielsweise lässt sich bei der gesonderten Zuweisung von Dividenden oder Veräußerungsgewinnen aus Kapitalgesellschaftsbeteiligungen fragen, ob Ausfluss der vereinbarten disquotalen Gewinnanteile zugleich eine entsprechende disquotale außerbilanzielle Korrektur gem. § 3 Nr. 40 EStG oder § 8b KStG ist.[1065] Dazu müssten die steuerlichen Gewinnanteile der Mitunternehmer nicht nur quantitativ, sondern auch qualitativ mit den gesondert zugewiesenen Dividenden oder Veräußerungsgewinnen korrelieren.

Wer einem zivilrechtsakzessorischen Verständnis der „Gewinnanteile" i.S.d. § 15 Abs. 1 Satz 1 Nr. 2 EStG folgt, erkennt an, dass das Steuerrecht die zivilrechtliche Vereinbarung umfassend rezipiert. Wird zivilrechtlich das Ergebnis bestimmter Gewinnquellen einzelnen Gesellschaftern gesondert zugewiesen, ist die vereinbarte quellenbezogene Gewinnverteilung auch steuerlich zu berücksichtigen. So wird überwiegend befürwortet, dass eine auf Ebene der Mitunternehmerschaft vereinbarte disquotale Gewinnvertei-

---

1063 Vgl. nur *Hennrichs*, in: Tipke/Lang, Steuerrecht, Rz. 9.270; *Krumm*, in: Brandis/Heuermann, Ertragsteuerrecht, § 5 EStG Rz. 229.

1064 Oben D.I.5.b)aa)(2).

1065 Für Betriebsausgaben und Verluste auf Ebene der Mitunternehmerschaft stellt sich die Frage genauso umgekehrt. Bei Anwendung von § 8b Abs. 3 Sätze 1 bis 3, Abs. 5 Satz 1 KStG sowie von § 3c Abs. 2 EStG ist zu prüfen, ob die beschränkte Abziehbarkeit von Betriebsausgaben und Verlusten, die im Zusammenhang mit „steuerfreien" Einkünften stehen, nur die von der zugehörigen Sonderzuweisung betroffenen Mitunternehmer trifft.

lung bei der Anwendung von § 8b KStG Bedeutung zukommen soll.[1066] Offen bleibt zwar, ob diese Stimmen eine „allgemeine“ disquotale Gewinnverteilung meinen (etwa eine Aufteilung des Gesellschaftsgewinns im Verhältnis 60/40) oder auch *Tracking-Stock*-Modelle einbeziehen. Letzteres wäre jedenfalls überzeugend. § 8b Abs. 6 Satz 1 KStG, der den Fall der „zwischengeschalteten“ Mitunternehmerschaften regelt und die Abs. 1 bis 5 für entsprechend anwendbar erklärt, verweist zur Verteilung der begünstigten Dividenden und Veräußerungsgewinne auf die Zurechnung „im Rahmen des Gewinnanteils aus einer Mitunternehmerschaft“. Der Wortlaut stellt gerade auf den Gewinnanteil und nicht auf die Beteiligungsquote nach den Festkapitalkonten oder schlicht auf „die Beteiligung“ ab. Der Verweis auf die Gewinnanteile der Mitunternehmer enthält überdies keine Beschränkung auf einen „allgemeinen Gewinnverteilungsschlüssel“ (anders als § 35 Abs. 2 Satz 2 EStG). Die im Schrifttum vertretene Ansicht, die Vorschrift meine lediglich einen allgemeinen Gewinnverteilungsschlüssel, der nach den Beteiligungsquoten der Mitunternehmer zu bestimmen sei, findet im Gesetz keine Grundlage.[1067] Der Sinn und Zweck von § 8b Abs. 6 Satz 1 KStG, die Körperschaften, die Mitunternehmer einer Mitunternehmerschaft sind, so zu stellen, als wären sie unmittelbar an der nachgeordneten Körperschaft beteiligt, steht einer Berücksichtigung disquotaler Gewinnanteile der Mitunternehmer ebenso wenig entgegen.[1068] Wären sie

1066 *Pohl*, in: BeckOK-KStG, § 8b Rz. 890.4 mit dem Beispiel: „Die A-GmbH und A sind an der X-OHG beteiligt, die eine Dividende von brutto 100.000 EUR erhält. Nach dem GV sind die A-GmbH und A zu 50% am Gewinn und Verlust beteiligt. Die A-GmbH erhält allerdings 60.000 EUR zugewiesen.“; ferner *Frotscher*; in: Frotscher/Drüen, KStG, § 8b Rz. 564 (allein die steuerlich anzuerkennende Gewinnverteilungsabrede maßgeblich); *Gosch*, in: Gosch, KStG, § 8b Rz. 526, 534; *Schnitger*, in: Schnitger/Fehrenbacher, KStG, § 8b Rz. 647, 649; *Stelzer/Zöller*, in: eKommentar-KStG, § 8b Rz. 137; *Rödder/Schumacher*, DStR 2003, 909, 915; offen gelassen von *Dötsch/Pung*, DB 2003, 1016, 1026; ablehnend *Herlinghaus*, in: Rödder/Herlinghaus/Neumann, KStG, § 8b Rz. 496 (nur „allgemeiner Gewinnverteilungsschlüssel“ maßgeblich); wohl auch *Pung*, in: Dötsch/Pung/Möhlenbrock, KStG, § 8b Rz. 336; ungeklärt ist, ob auch Vorabgewinne die Rechtsfolgen von § 3 Nr. 40 EStG oder § 8b KStG bei der Besteuerung der Mitunternehmer-Gewinnanteile auslösen; bejahend *Watermeyer*, in: Herrmann/Heuer/Raupach, EStG/KStG, § 8b KStG Rz. 203; *Schnitger*, in: Schnitger/Fehrenbacher, KStG, § 8b Rz. 649; verneinend *Pung*, in: Dötsch/Pung/Möhlenbrock, KStG, § 8 Rz. 336; im Einzelnen sogleich (2).

1067 *Schnitger*, in: Schnitger/Fehrenbacher, KStG, § 8b Rz. 649; anders aber *Herlinghaus*, in: Rödder/Herlinghaus/Neumann, KStG, § 8b Rz. 496.

1068 BFHE, Urteil vom 7.2.2007, I R 27/06, BFHE 216, 551, BStBl. II 2008, 526 unter III.2.a)ee); *Rengers*, in: Brandis/Heuermann, Ertragsteuerrecht, § 8b KStG

aber mit einem derartigen Anteil an der Körperschaft direkt beteiligt, der ihrem Gewinnanteil in der Mitunternehmerschaft entspricht, würde die Mitunternehmer-Körperschaft in entsprechendem Umfang an den „§ 8b-Gewinnen" partizipieren. Im Übrigen wäre auch im Fall der Direktbeteiligung eine inkongruente Gewinnverteilung durch die ausschüttende Körperschaft möglich (vgl. § 29 Abs. 3 Satz 2 GmbHG). Sonderzuweisungen des Ergebnisses einzelner Portfoliogesellschaften bestimmen nicht nur die Höhe der Gewinnanteile der Mitunternehmer, sondern sind auch mit einer entsprechenden steuerlichen Qualifikation behaftet. Das wiederum führt dazu, dass die Portfoliobeteiligung, die sich im Betriebsvermögen der Mitunternehmerschaft befindet, dem Sonderbetriebsvermögen eines Mitunternehmers angenähert wird. Denn wären die Anteile i.S.d. § 8b Abs. 2 Satz 1 KStG Bestandteil des Sonderbetriebsvermögens eines Mitunternehmers, wären die dieser Kapitalgesellschaftsbeteiligung entstammenden Bezüge allein diesem Mitunternehmer zuzurechnen und unterlägen dort vollständig § 8b KStG.[1069]

§ 3 Nr. 40 EStG hingegen schweigt zum Fall der „zwischengeschalteten" Mitunternehmerschaft. Auch insoweit wird aber von der Zurechnung der vom Teileinkünfteverfahren begünstigten Gewinnanteile nach dem Gewinnverteilungsschlüssel ausgegangen.[1070] Disquotale Gewinnverteilungen seien ebenfalls zu berücksichtigen.[1071] In den Vorschriften zur Gewinnermittlung des Ertragsteuerrechts sind folglich keine Bestimmungen zu sehen, wonach einzelne Elemente der steuerlichen Gewinnermittlung bei Mitunternehmerschaften zwingend beteiligungsquotal auf die Mitunternehmer zu verteilen sind. Ein solches Ergebnis würde auch „ohne Not" der zivilrechtlich verbürgten Gestaltungsfreiheit der Gesellschafter zuwiderlaufen. Auch Einzelelemente der Gewinnermittlung werden vielmehr nach den vereinbarten Gewinnanteilen verteilt, was im Rahmen von § 15 EStG auch disquotale Gewinnanteile umfasst.

Rz. 405; *Herlinghaus*, in: Rödder/Herlinghaus/Neumann, KStG, § 8b Rz. 486; *Watermeyer*, in: Herrmann/Heuer/Raupach, EStG/KStG, § 8b KStG Rz. 202.

1069 *Kröner*, in: Bott/Walter, KStG, § 8b Rz. 234; *Watermeyer*, in: Herrmann/Heuer/Raupach, EStG/KStG, § 8b KStG Rz. 203.

1070 *Intemann*, in: Herrmann/Heuer/Raupach, EStG/KStG, § 3 Nr. 40 EStG Rz. 48 („allgemeiner Gewinnverteilungsschlüssel"); *Wacker*, in: Schmidt, EStG, § 15 Rz. 438.

1071 *Tormöhlen*, in: Korn, EStG, § 3 Nr. 40 Rz. 3; *Weber-Grellet*, DStR 2018, 992, 995 (bezogen auf den sog. *Carried Interest* eines Fondsinitiators, der seine Fondsbeteiligung im steuerlichen Betriebsvermögen hält).

(2) Steuerliche Qualifikation von Vorabgewinnen und -verlusten

Ein Sonderproblem stellt sich, wenn einzelne Wirtschaftsgüter der Mitunternehmerschaft ein positives, andere ein negatives Ergebnis erzeugen, und damit nur ein geringer, gar kein oder ein negativer Steuerbilanzgewinn entsteht. In diesem Fall kann es sich anbieten, durch die Vereinbarung von Vorabgewinnen und Vorabverlusten trotz des eigentlich unzureichenden Bilanzgewinns eine dem Gewinnverteilungsschlüssel entsprechende Zuweisung von Gewinn- und Verlustanteilen zu erreichen.[1072] Sofern eine derartige vertragliche Regelung getroffen wurde, ergibt sich folgende Situation: Der „erfolgreiche" Mitunternehmer, der vom Gewinn bestimmter Wirtschaftsgüter profitiert, erhält diesen Gewinn als Vorabgewinn zugewiesen. Sein Gewinnanteil ist ein Vorabgewinn, weil er unabhängig vom Bestehen eines ausreichenden Bilanzgewinns zugewiesen wird. Der „erfolglose" Mitunternehmer bekommt einen Vorabverlust in der Höhe zugewiesen, in der die ihm zugewiesenen Wirtschaftsgüter einen Verlust erzeugt haben. Sein Verlustanteil ist (spiegelbildlich zum Vorabgewinn) ein Vorabverlust, weil er unabhängig vom Bestehen eines tatsächlichen Bilanzverlusts zugewiesen wird. Fraglich ist insofern, wie die Vorabgewinne und -verluste steuerlich so zu qualifizieren sind. Speist sich der Gewinnanteil des „erfolgreichen" Mitunternehmers etwa vorrangig aus Dividenden, ist fraglich, ob der ihm zugewiesene Vorabgewinn bei ihm zu Einkünften führt, die unter das Teileinkünfteverfahren oder § 8b Abs. 1 Satz 1 KStG fallen. Umgekehrt stellt sich für den „erfolglosen" Mitunternehmer die Frage, ob ihm negative Einkünfte zugewiesen werden, die auf seiner Ebene nach § 3c Abs. 2 Satz 1 EStG oder § 8b Abs. 3 Satz 3 KStG nicht oder nur teilweise einkommensmindernd zu berücksichtigen sind.

Vorabgewinne und -verluste sind Gewinnanteile, die – bei entsprechender gesellschaftsvertraglicher Regelung – ohne Rücksicht auf das Zustandekommen eines ausreichenden Bilanzgewinns oder -verlusts entstehen. Abgesehen von dieser Besonderheit sind sie jedoch gewöhnlicher Bestandteil des Gewinnverteilungsschlüssels einer Personengesellschaft. So wird auch in der Literatur – wenn auch nicht einhellig – vertreten, dass Vorabgewinne im Rahmen von § 8b Abs. 6 KStG zu berücksichtigen sind.[1073] Anders als § 35 Abs. 2 Satz 2 EStG schließen weder § 8b KStG noch § 3 Nr. 40 EStG

1072 Dazu oben C.V.1.d)aa)(4).

1073 *Schnitger*, in: Schnitger/Fehrenbacher, KStG, § 8b Rz. 649; *Pohl*, in: BeckOK-KStG, § 8b Rz. 890.1 („Gewinnvorab"); *Watermeyer*, in: Herrmann/Heuer/Raupach, EStG/KStG, § 8b KStG Rz. 203; a.A. *Pung*, in: Dötsch/Pung/Möhlenbrock,

Vorabgewinne von ihrem jeweiligen Anwendungsbereich aus. Konsequent ist es daher, Vorabgewinne und -verluste, die im Rahmen eines *Tracking-Stock*-Modells unterschiedlichen Mitunternehmern zugewiesen werden, als „durchgestockte" Dividenden oder Veräußerungsgewinne zu behandeln, falls sich die Vorabgewinne und -verluste daraus speisen. Auf solche Vorabgewinne und -verluste sind folglich §§ 3 Nr. 40 EStG, § 3c Abs. 2 EStG und § 8b KStG anzuwenden.

(3) Verhältnis zur Spiegelbildmethode

Nach der herrschend angewandten, wenngleich nicht unstreitigen sog. Spiegelbildmethode wird angenommen, dass die Beteiligung an einer gewerblichen Personengesellschaft in der Steuerbilanz eines bilanzierenden Gesellschafters kein eigenständiges Wirtschaftsgut darstellt. Vielmehr wird in der Steuerbilanz des Gesellschafters die Summe der Anteile an den Wirtschaftsgütern der Personengesellschaft ausgewiesen.[1074] Das hat unter anderem Auswirkungen bei der Beteiligungsveräußerung. Der Erwerber eines Mitunternehmeranteils schafft steuerbilanziell nicht diesen, sondern ideelle Anteile an den Wirtschaftsgütern der Personengesellschaft an. Übersteigen die Anschaffungskosten den Kapitalanteil des Veräußerers, hat der Erwerber die Differenz in einer positiven Ergänzungsbilanz abzubilden. Dort sind die Mehraufwendungen auf die stillen Reserven in den Wirtschaftsgütern der Gesellschaft zu verteilen. Die Werte in der Ergänzungsbilanz sind die gesellschafterbezogenen Bemessungsgrundlagen für nach Beteiligungs-

KStG, § 8 Rz. 336 (nur „allgemeiner" Gewinnverteilungsschlüssel ohne Vorabgewinnanteile relevant); *Gosch*, in: Gosch, KStG, § 8b Rz. 526, der mit „Vorabgewinnanteilen" allerdings ausschließlich „Vorabvergütungen" meint, die als Tätigkeitsvergütung nicht im Zusammenhang mit der Beteiligung der Mitunternehmerschaft an der „vermittelten" Körperschaft stünden.

1074 BFH, Beschluss vom 25.2.1991, GrS 7/89, BFHE 163, 1, BStBl. II 1991, 691 unter C.III.3.b)cc); Urteil vom 30.10.2002, IV R 33/01, BFHE 201, 36, BStBl. II 2003, 272 unter II.2.; *Seer*, in: Kirchhof/Seer, EStG, § 16 Rz. 118; *Wacker*, in: Schmidt, EStG, § 15 Rz. 690; *Schallmoser*, in: Brandis/Heuermann, Ertragsteuerrecht, § 16 EStG Rz. 223; *Nickel/Bodden*, FR 2003, 391, 394 f.; *Ley*, KöSDi 2010, 17148, 17152; a.A. (Mitunternehmeranteil auch steuerbilanziell als eigenes Wirtschaftsgut) etwa *Schön*, FR 1994, 658, 661 f.; *Kilincsoy*, StuW 2021, 29, 37 ff., 45.

erwerb folgende Abschreibungen.[1075] Folgt man der Spiegelbildmethode, stellt sich mit Blick auf wirtschaftsgutsbezogene Sonderzuweisungen die Frage, ob sämtliche ideellen Anteile an den Wirtschaftsgütern des Gesellschaftsvermögens in die Steuerbilanz eines Gesellschafters einfließen oder lediglich Anteile an Wirtschaftsgütern, an denen der Gesellschafter nach der Gewinnverteilungsabrede vermögensmäßig beteiligt wird. Beim Mitunternehmerwechsel ergibt sich das Folgeproblem, ob ein Erwerber eines Mitunternehmeranteils seine Anschaffungskosten in seiner Ergänzungsbilanz auf sämtliche Wirtschaftsgüter der Mitunternehmerschaft aufzuteilen hat oder lediglich auf solche, an denen er wirtschaftlich partizipiert.

Auch wenn das Verhältnis von Sonderzuweisungen zur Aufstellung von Ergänzungsbilanzen bislang in Rechtsprechung und Literatur nicht spezifisch erörtert wurde, wird gleichwohl verbreitet vertreten, dass vertragliche Vereinbarungen zur Kaufpreisallokation auf die einzelnen Wirtschaftsgüter der Gesellschaft zu berücksichtigen sind, solange die Allokation nicht willkürlich erscheint.[1076] Diese Prämisse sollte auch gelten, wenn sich – wie im Fall von Sonderzuweisungen – der Kaufpreis auf solche Wirtschaftsgüter bezieht, an denen der Erwerber nach der Gewinnverteilungsabrede wirtschaftlich teilhaben soll. Sonderzuweisungen werden sich auf die Zusammensetzung des Kaufpreises typischerweise auswirken, weil der Erwerber in den Gewinnverteilungsschlüssel der Gesellschaft „eintritt" und den Wert des Mitunternehmeranteils am ihm zuteilwerdenden Gewinnanteil bemessen wird. Die Kaufpreisallokation unter Berücksichtigung der vereinbarten Sonderzuweisungen ist nicht willkürlich gewählt, sondern folgt wirtschaftlich einleuchtenden Erwägungen. Zutreffend wird daher auch teilweise auf den Gewinnverteilungsschlüssel als Maßstab für die Allokation der dem Erwerber zuzuordnenden stillen Reserven abgestellt.[1077] Somit sollte die Vereinbarung von Sonderzuweisungen, wonach der Wertzuwachs einzelner

---

1075 Zusammenfassend *Wacker*, in: Schmidt, EStG, § 15 Rz. 462, 464 ff.; grundlegend zur Restnutzungsdauer und Abschreibungsmethode in der Ergänzungsbilanz BFH, Urteil vom 20.11.2014, IV R 1/11, BFHE 248, 28, BStBl. II 2017, 34.

1076 Das FG Rheinland-Pfalz, Urteil vom 23.2.2011, 2 K 1903/09, EFG 2012, 63 (rkr.) mit Referenz zu BFH-Entscheidungen zur Kaufpreisallokation außerhalb von Mitunternehmeranteilen (Urteil vom 1.4.2009, IX R 35/08, BFHE 224, 533, BStBl. II 2009, 663, 2. Ls.; Urteil vom 18.1.2006, IX R 34/05, BFH/NV 2006, 1634, 3. Ls.); *Stapperfend* u.a. in: Herrmann/Heuer/Raupach, EStG/KStG, § 15 Rz. 504; *Bodden*, in: Korn, EStG, § 15 Rz. 535; *Bitz*, in: Littmann/Bitz/Pust, EStG, § 15 Rz. 64b; ähnlich *Blischke/Desens*, in: Kirchhof/Söhn/Mellinghoff, EStG, § 15 Rz. F 227 (keine „willkürliche" Zuordnung).

1077 *Krumm*, in: Kirchhof/Seer, EStG, § 15 Rz. 247.

Wirtschaftsgüter bestimmten Mitunternehmern zugewiesen wird, bei der Aufstellung von Ergänzungsbilanzen berücksichtigt werden. In der Ergänzungsbilanz des Erwerbers sind folglich nur die Wirtschaftsgüter zu berücksichtigen, an denen er nach der Gewinnverteilungsabrede partizipiert.

(4) Folgefragen bei gesellschafterbezogenen Gewinnermittlungsvorschriften

Wirtschaftsgutsbezogene Sonderzuweisungen werfen Fragen zur Anwendung gesellschafterbezogener Gewinnermittlungsvorschriften auf. Dazu gehören nach überwiegender Auffassung etwa § 6b EStG[1078] und einzelne Sonderabschreibungstatbestände.[1079] § 6b EStG sieht einen Besteuerungsaufschub für stille Reserven vor, die grundsätzlich im Zuge einer Wirtschaftsgutsveräußerung zu versteuern wären; die Sonderabschreibungstatbestände knüpfen an bestimmte, aus Sicht des Gesetzgebers förderungswürdige Tätigkeiten eines Steuerpflichtigen an. Aussagen zur grundsätzlichen steuerlichen Anerkennung von Sonderzuweisungen lassen sich den Vorschriften gleichwohl nicht entnehmen. § 6b EStG besagt etwa nichts über den einem Mitunternehmer zuzurechnenden Anteil am Veräußerungsgewinn eines von der Vorschrift erfassten Wirtschaftsguts. Bekommt allerdings nur ein Gesellschafter einen solchen Veräußerungsgewinn zugewiesen, beschränkt sich die Option der „§ 6b-Rücklage" auf ihn. Aus den Sonderabschreibungstatbeständen und § 7a Abs. 7 EStG lassen sich zwar

---

1078 Nach vormaliger Rechtslage etwa BFH, Urteil vom 10.7.1980, IV R 136/77, BFHE 131, 313, BStBl. II 1981, 84 unter 2.1.; Urteil vom 30.3.1989, IV R 81787, BFHE 156, 208, BStBl. II 1989, 558 unter 2.; zur aktuellen Gesetzeslage BT-Drs. 14/6882, S. 33 („Rückkehr [...] zur gesellschafterbezogenen Betrachtungsweise"); *Marchal*, in: Herrmann/Heuer/Raupach, EStG/KStG, § 6b EStG Rz. 25; *Loschelder*, in: Schmidt, EStG, § 6b Rz. 4; *Liebl*, in: Kirchhof/Seer, EStG, § 6b Rz. 1c; *Niehus/Wilke*, Besteuerung der Personengesellschaften, C. 2.3.1.1.; die früher vertretene Gegenauffassung (gesellschaftsbezogene Betrachtung, dazu *Knobbe-Keuk*, Bilanz- und Unternehmensteuerrecht, § 10 I.1.b)) konnte sich nicht durchsetzen, wenn auch zwischenzeitlich in § 6b Abs. 10 EStG 1999 gesetzlich verankert.

1079 Zu § 7b EStG BFH, Urteil vom 13.2.1990, IX R 102/85, BFHE 160, 432, BStBl. II 1990, 953 unter 2.; *Dornheim*, in: Bordewin/Brandt, EStG, § 7b Rz. 6; *Graw*, in: BeckOK-EStG, § 7b Rz. 26; zu § 7h EStG BFH, Urteil vom 17.7.2001, IX R 50/98, BFHE 196, 124, BStBl. II 2001, 760 unter II.1.; zum früheren § 7d Abs. 1 EStG BFH, Urteil vom 13.7.1993, VIII R 85/91, BFHE 172, 416, BStBl. II 1994, 243; zu Sonderabschreibungen i.S.d. § 8 Abs. 1 Satz 1 EStDV BFH, Urteil vom 7.11.2006, VIII R 13/04, BFHE 215, 260, BStBl. II 2008, 545 unter 2.

Erkenntnisse über die Höhe der subjektiven Abschreibungsberechtigung der Mitunternehmer ziehen, die auch vom Gewinnverteilungsschlüssel der Mitunternehmerschaft beeinflusst werden kann.[1080] Eine darüber hinausgehende Wertung zu den Gewinnanteilen der Gesellschafter enthalten sie jedoch nicht.

bb) Bedeutung der Sonderzuweisung für das Betriebsvermögen der Gesellschaft

Die vorstehenden Ausführungen zur Gewinnermittlung setzen voraus, dass das Wirtschaftsgut, dessen Ergebnis einer Sonderzuweisung unterliegt, dem Betriebsvermögen der Gesellschaft zuzurechnen ist. Diese Prämisse ist unter verschiedenen Blickwinkeln zu überprüfen.

(1) Verhältnis zum Sonderbetriebsvermögen

Das Sonderbetriebsvermögen hat mittlerweile einen festen Platz in der Mitunternehmerschaftsdogmatik eingenommen und kann spätestens seit seiner Anerkennung durch den Gesetzgeber in §§ 4h Abs. 2 Satz 7, 6 Abs. 5 Satz 2 f. und 50d Abs. 10 Satz 2 EStG nicht mehr bezweifelt werden.[1081] Das Institut des Sonderbetriebsvermögens dient dazu, Wirtschaftsgüter im (wirtschaftlichen) Eigentum von Mitunternehmern betrieblich zu verstricken, weil sie im Zusammenhang mit dem Gewerbebetrieb der Gesellschaft eingesetzt werden. Das sog. Sonderbetriebsvermögen I umfasst Wirtschaftsgüter, die der Mitunternehmer der Gesellschaft schuldrechtlich überlässt und die unmittelbar für betriebliche Zwecke genutzt werden oder zumindest dazu bestimmt sind.[1082] Das sog. Sonderbetriebsvermögen II umfasst Wirtschaftsgüter im (wirtschaftlichen) Eigentum des Mitunterneh-

1080 Näher unter D.III.2.c)bb) im Zusammenhang mit der gesonderten Zuweisung von laufenden Gewinnen und Veräußerungsgewinnen.

1081 Auch vor gesetzgeberischer Legitimation des Sonderbetriebsvermögens war es nach BVerfG, Beschluss vom 22.12.1992, 1 BvR 1333/89, NJW 1993, 2734 zulässige richterliche Rechtsfortbildung; das Sonderbetriebsvermögen auf der anderen Seite grundsätzlich in Frage stellend etwa *Knobbe-Keuk*, DStR 1979, 183, 184 f.; *Schön*, DStR 1993, 185 ff.

1082 BFH, Urteil vom 29.9.1966, IV 308/64, BFHE 87, 419, BStBl. III 1967, 180 unter 2.; Urteil vom 7.12.2000, III R 35/98, BFHE 194, 294, BStBl. II 2001, 316 unter 2.c).

mers, die dazu geeignet und bestimmt sind, der Beteiligung des Gesellschafters an der Gesellschaft auf andere Weise als durch Überlassung an die Gesellschaft zu dienen.[1083] Unterschieden wird des Weiteren notwendiges und gewillkürtes Sonderbetriebsvermögen (I und II).[1084] Das Sonderbetriebsvermögen betrifft beispielsweise Wirtschaftsgüter, die ein Mitunternehmer selbst anschafft, wie ein Fahrzeug, das zu betrieblichen Zwecken genutzt wird, oder – auf der Passivseite – ein Darlehen, mit dem er seine Gesellschaftsbeteiligung finanziert. Unter zumindest zwei Gesichtspunkten lässt sich ein möglicher Zusammenhang von Sonderzuweisungen und dem Sonderbetriebsvermögen untersuchen.

Zum einen könnte man aus der Existenz des Sonderbetriebsvermögens den Rückschluss ziehen, dass nur der Gewinn der Wirtschaftsgüter im Sonderbetriebsvermögen den einzelnen Mitunternehmern gesondert zugewiesen wird, hingegen nicht der Gewinn der Wirtschaftsgüter, die sich im Gesellschaftsvermögen befinden.[1085] Für Wirtschaftsgüter des Sonderbetriebsvermögens erübrigt sich ertragsteuerlich die Gewinnverteilungsabrede als Maßstab der Einkünftezurechnung. Das Ergebnis des Sonderbetriebsvermögens wird allein dem Mitunternehmer zugerechnet, der über das Sonderbetriebsvermögen verfügt.[1086] Wirtschaftsgüter des Sonderbetriebsvermögens erübrigen wirtschaftsgutsspezifische Sonderzuweisungen, etwa wenn ein Mitunternehmer über eine für den Betrieb wesentliche Maschine verfügt, sie allerdings nicht in das Gesellschaftsvermögen einlegen will. Aus dem Bestehen von Sonderbetriebsvermögen indes abzuleiten, dass das Ergebnis aller im Gesellschaftsvermögen befindlichen Wirtschaftsgüter beteiligungsquotal verteilt werden muss, findet in § 15 Abs. 1 Satz 1 Nr. 2 EStG keine Grundlage. Allein die Tatsache, dass das deutsche Steuerrecht die Besonderheit des Sonderbetriebsvermögens kennt und bezüglich der Wirtschaftsgüter des Sonderbetriebsvermögens eine gesonderte Gewinnzurechnung an den betreffenden Mitunternehmer erfolgt, kann die steuer-

---

1083 BFH, Urteil vom 9.9.1993, IV R 14/91, BFHE 173, 41, BStBl. II 1994, 250 unter 2.a); Urteil vom 1.2.2001, IV R 3/00, BFHE 194, 13, BStBl. II 2001, 520 unter 1.a).

1084 Vgl. nur den Überblick bei *Bode*, in: Brandis/Heuermann, Ertragsteuerrecht, § 15 EStG Rz. 461 ff.

1085 Dies insinuierend *Kempelmann/Scholz*, DStR 2019, 630, 631: „Nur wenn die Mitunternehmer ein Wirtschaftsgut nicht in das Gesamtgut überführen, sondern es stattdessen der Gesellschaft als Sonderbetriebsvermögen zur Nutzung überlassen, bleibt dem jeweiligen Mitunternehmer auch die volle steuerliche Entwicklung des Wirtschaftsguts".

1086 *Hallerbach*, in: Söffing, Besteuerung der Mitunternehmer, Rz. 1151.

liche Anerkennung von zivilrechtlich vereinbarten *Tracking-Stock*-Modellen nicht einschränken. Denn die Existenz des Sonderbetriebsvermögens hat auf die Auslegung des Begriffs der „Gewinnanteile" gem. § 15 Abs. 1 Satz 1 Nr. 2 Satz 1 Hs. 1 EStG mit seinem Ursprung im Zivilrecht keine Auswirkung. *Tracking-Stock*-Modelle betreffen die erste Stufe der Gewinnermittlung bei Mitunternehmern, das Sonderbetriebsvermögen die zweite Stufe.[1087]

Zum anderen stellt sich die – näherliegende – Frage, ob eine wirtschaftsgutsspezifische Sonderzuweisung dazu führt, dass das Wirtschaftsgut nicht mehr dem Betriebsvermögen der Mitunternehmerschaft, sondern dem Sonderbetriebsvermögen des Mitunternehmers zuzurechnen ist. Die Vereinbarung einer Sonderzuweisung wäre damit ein unter § 6 Abs. 5 Satz 3 Nr. 2 EStG fallender Übertragungsvorgang. Wäre das betreffende Wirtschaftsgut Sonderbetriebsvermögen, gehörte es steuerlich nicht mehr zum Betriebsvermögen der Gesellschaft (Mitunternehmerschaft), wäre bei der Gewinnermittlung des Mitunternehmers auf erster Stufe nicht zu berücksichtigen und könnte folglich auch bei den „Gewinnanteilen" i.S.d. § 15 Abs. 1 Satz 1 Nr. 2 EStG keine Rolle spielen. Die Einordnung als Sonderbetriebsvermögen würde dazu führen, dass eine Sonderbilanz des betreffenden Mitunternehmers aufzustellen wäre, in der das Wirtschaftsgut für steuerliche Zwecke erfasst würde.[1088]

Nach den Definitionen des Sonderbetriebsvermögens I und II umfasst es nur Wirtschaftsgüter im (zumindest wirtschaftlichen) Eigentum des Mitunternehmers. Damit eine Sonderzuweisung in einer Übertragung eines Wirtschaftsguts vom Gesellschafts- ins Sonderbetriebsvermögen resultiert, müsste dadurch ein Wechsel des wirtschaftlichen Eigentums zu bejahen sein.[1089] Ein Übergang des wirtschaftlichen Eigentums findet sich im spiegelbildlichen Fall der sog. Einlage *quoad sortem*, bei der ein Gesellschafter ein Wirtschaftsgut „dem Werte nach" in die Gesellschaft einlegt und im Verhältnis zur Gesellschaft so gestellt wird, als hätte er das Eigentum am Wirtschaftsgut an die Gesellschaft übertragen. Die Gesellschaft partizipiert somit an der Wertentwicklung des Wirtschaftsguts, der Gesellschafter bleibt aber zivilrechtlicher Eigentümer und räumt der Gesellschaft auch

---

1087 Zur Zweistufigkeit der Einkünfte von Mitunternehmern oben D.I.1.a)aa).

1088 *Wacker*, in: Schmidt, EStG, § 15 Rz. 475.

1089 *Niehus/Wilke*, in: Herrmann/Heuer/Raupach, EStG, § 6 Rz. 1550; *Bode*, in: Brandis/Heuermann, Ertragsteuerrecht, § 15 EStG Rz. 458;

keinen Eigentumsübertragungsanspruch ein.[1090] Umgekehrt lässt sich bei der Vereinbarung einer Sonderzuweisung fragen, ob der begünstigte Gesellschafter im Innenverhältnis wie ein Eigentümer gestellt werden soll und ob diese Stellung einen Wechsel der Zugehörigkeit des Wirtschaftsguts vom Betriebsvermögen der Gesellschaft zum Sonderbetriebsvermögen (I) des Gesellschafters zur Folge hätte.

Typischerweise erfolgt die Übertragung eines Wirtschaftsguts vom Betriebsvermögen der Gesellschaft ins Sonderbetriebsvermögen eines Mitunternehmers durch einen Rechtsträgerwechsel. Nur unter den Voraussetzungen von § 39 Abs. 2 Nr. 1 Satz 1 AO kann das wirtschaftliche Eigentum ohne Rechtsträgerwechsel übergehen. Der begünstigte Mitunternehmer müsste danach die tatsächliche Herrschaft über ein Wirtschaftsgut in der Weise ausüben, dass er den Eigentümer (die Mitunternehmerschaft) im Regelfall für die gewöhnliche Nutzungsdauer von der Einwirkung auf das Wirtschaftsgut wirtschaftlich ausschließen kann. Es ist fraglich, ob eine Sonderzuweisung diese Voraussetzungen erfüllt. Die Gewinnverteilungsabrede samt Sonderzuweisung müsste dem begünstigten Mitunternehmer eine innenrechtliche Stellung verschaffen, die seine Position derjenigen eines zivilrechtlichen Eigentümers annähert. Erforderlich wäre eine tatsächliche Herrschaft des Mitunternehmers über das ihm zugewiesene Wirtschaftsgut, wonach der Herausgabeanspruch des zivilrechtlich Berechtigten keine oder eine nur ganz untergeordnete Bedeutung hat.[1091] Maßgeblich ist das Gesamtbild der Verhältnisse im Einzelfall.[1092] Die Voraussetzungen für den Übergang des wirtschaftlichen Eigentums auf einen Mitunternehmer hängen davon ab, auf welche Art von Wirtschaftsgut sich die Sonderzuweisung bezieht.

(1) Bei Kapitalgesellschaftsanteilen wird gemeinhin darauf abgestellt, ob der mutmaßliche wirtschaftliche Eigentümer eine rechtlich geschützte, unentziehbare Position erworben hat, die ihm die mit den Gesellschaftsanteilen verbundenen wesentlichen Gesellschafterrechte wie das

---

1090 Ausführlich (auch zu den weiteren Einlageformen *quoad dominium* und *quoad usum*) *Reinhardt*, DStR 1991, 588; den Übergang wirtschaftlichen Eigentums auf die Gesellschaft im Fall der Einlage quoad sortem bejaht *Carlé*, in: Korn, EStG, § 23 Rz. 68.1.

1091 BFH, Urteil vom 26.1.1970, IV R 144/66, BFHE 97, 466, BStBl. II 1970, 264 unter C.III.1.; Urteil vom 23.1.1987, III R 240/83, BFH/NV 1987, 502 unter 1.

1092 Stellvertretend BFH, Urteil vom 13.10.2016, IV R 33/13, BFHE 255, 386, BStBl. II 2018, 81 unter II.3.; *Baum*, in eKommentar-AO, § 39 Rz. 10.

Gewinnbezugsrecht und das Stimmrecht sowie Chancen und Risiken der Wertentwicklung zuteilwerden lassen.[1093]

(2) Bei Grundstücken gelten hingegen die für Sachen aufgestellten Kriterien. Im Rahmen des Grundstückserwerbs setzt wirtschaftliches Eigentum Besitz, daneben außerdem die Gefahrtragung und den Übergang von Nutzungen und Lasten voraus.[1094] Besitzloses wirtschaftliches Eigentum an Grundstücken lehnt der BFH ab.[1095]

In beiden – hier exemplarisch herangezogenen – Fallgruppen bestehen für den Übergang des wirtschaftlichen Eigentums hohe Hürden. Für die Beurteilung des Übergangs des wirtschaftlichen Eigentums auf den Begünstigten einer Sonderzuweisung sind die Regelungen des Gesellschaftsvertrags maßgeblich. Abstrakt ist nur festzustellen: Hinsichtlich der Kapitalgesellschaftsanteile ließe sich im Zuge der Vereinbarung von Sonderzuweisungen über das Vorliegen einer „unentziehbaren Position" zumindest nachdenken, weil einmal eingeräumte Gewinnanteile gesellschaftsrechtlich zumeist nicht ohne Zustimmung des betroffenen Gesellschafters eingeschränkt werden können.[1096] Auch partizipiert der Gesellschafter an der Wertentwicklung der Kapitalgesellschaft, und er bezieht, durchgeleitet durch die Mitunternehmerschaft, ihre Ausschüttungen – das ist gerade Sinn und Zweck der Sonderzuweisung. Allerdings trägt in erster Instanz die Gesellschaft die Chancen und Risiken aus dem Wirtschaftsgut; lediglich das Ergebnis dieser Risikotragung wird an einen Mitunternehmer weitergegeben. Die Sonderzuweisung ist in dieser Hinsicht völlig unbeachtlich; auch bei „gewöhnlicher" beteiligungsquotaler Gewinnverteilung wird das Ergebnis eines Wirtschaftsguts im Rahmen der Gewinnverteilung an die Gesellschafter weitergegeben, gleichwohl werden sie dadurch nicht wirtschaftlicher Eigentümer des Wirtschaftsguts. Des Weiteren führt die Gewinnverteilungsabrede nicht dazu, dass der Begünstigte der Sonderzuweisung Stimmrechte in einer Tochterkapitalgesellschaft der Mitunternehmerschaft ausüben kann

1093 BFH, Urteil vom 20.7.2010, IX R 38/09, BFH/NV 2011, 41 unter II.1.a); Urteil vom 24.1.2012, IX R 51/10, BFHE 236, 356, BStBl. II 2012, 308 unter II.1.b); *Brühl*, BeckOK-AO, § 39 Rz. 154; *Fu*, in: Gosch, AO/FGO, § 39 AO Rz. 79; *Baum*, in eKommentar-AO, § 39 Rz. 13.

1094 BFH, Urteil vom 13.10.1972, I R 213/69, BFHE 107, 418; BStBl. II 1973, 209 unter 1.; Urteil vom 21.1.1974, III R 51/73, BFHE 111, 353, BStBl. II 1974, 263; Urteil vom 12.10.2006, II R 26/05, BFH/NV 2007, 386 unter II.2.a)aa).

1095 BFH, Urteil vom 23.2.2017, II R 44/17, BFHE 272, 384, BStBl. II 2022, 188 unter II.3.c); gl.A. *Fischer*, in: Hübschmann/Hepp/Spitaler, AO/FGO, § 39 AO Rz. 103.

1096 Oben C.IV.1 (Mehrheitsklauseln).

– die Gesellschafterrechte verbleiben bei der Mitunternehmerschaft. Auch liegt die Entscheidungszuständigkeit für eine Anteilsveräußerung bei der Mitunternehmerschaft. Von einer wirtschaftlichen Herrschaftsstellung des Mitunternehmers i.S.d. § 39 Abs. 2 Nr. 1 Satz 1 AO ist demnach kaum je auszugehen. Gleiches gilt im Ergebnis auch für Grundstücke im Gesellschaftsvermögen der Mitunternehmerschaft. Dem Begünstigten einer Sonderzuweisung wird keine Besitzposition eingeräumt, so wie sie der Übergang des wirtschaftlichen Eigentums erfordern würde. Dem Mitunternehmer wird es in aller Regel schon am allgemein vorausgesetzten Besitzwillen mangeln.[1097] Trotz der Sonderzuweisung trägt die Mitunternehmerschaft auch die Nutzungen und Lasten des Grundstücks; nur indirekt wird diese Belastung an den Mitunternehmer im Rahmen seines Gewinnanteils durchgereicht.

Im Ergebnis ist daraus zu folgern, dass Sonderzuweisungen in aller Regel nicht dazu führen, dass das wirtschaftliche Eigentum auf den von der Sonderzuweisung begünstigten Mitunternehmer übergeht. Das betroffene Wirtschaftsgut bleibt dadurch im Betriebsvermögen der Gesellschaft und wird nicht Bestandteil des Sonderbetriebsvermögens. Mangels wirtschaftlichen Eigentums der von Sonderzuweisungen begünstigten Mitunternehmer können die betroffenen Wirtschaftsgüter auch nicht in Sonderbilanzen dieser Mitunternehmer ausgewiesen werden, auch wenn eine strukturelle Nähe dieser Wirtschaftsgüter zum Sonderbetriebsvermögen nicht von der Hand zu weisen ist.

Ohnehin wäre aber fraglich, ob auf § 39 Abs. 2 Nr. 1 Satz 1 eine abweichende personelle Zuordnung eines Wirtschaftsguts gestützt werden könnte, oder ob die handelsrechtliche Verortung des Wirtschaftsguts im Gesellschaftsvermögen eine für das Steuerrecht gem. § 5 Abs. 1 EStG abschließende Vorgabe trifft.[1098] Das Maßgeblichkeitsprinzip aus § 5 Abs. 1 Satz 1 EStG

1097 *Herrler*, in: Grüneberg, § 854 Rz. 4; *Schäfer*, in: MüKo-BGB, § 854 Rz. 26.

1098 Offen gelassen von BFH, Urteil vom 21.12.2017, IV R 55/16, BFH/NV 2018, 593 unter II.2.a)cc); für einen Vorrang von § 5 Abs. 1 EStG *Fischer*, in: Hübschmann/Hepp/Spitaler, AO/FGO, § 39 AO Rz. 25; *Tiedchen*, in: Herrmann/Heuer/Raupach, EStG/KStG, § 5 EStG Rz. 516; *Koenig*, in: Koenig, AO, § 39 Rz. 3; *Drüen*, in: Tipke/Kruse, AO/FGO, § 39 AO Rz. 11; *Kahle/Baltromejus/Kopp*, in: Hachmeister/Kahle/Mock/Schüppen, Komm. Bilanzrecht, § 246 HGB Rz. 33; *Kowanda*, DStR 2017, 961, 962; für Deckungsgleichheit zwischen § 246 HGB und § 39 AO wohl BT-Drucks. 16/10067, S. 47; ebenso *Ratschow*, in: Klein, AO, § 39 Rz. 4; *Schmidt/Ries*, in: Beck'scher Bilanzkomm., § 246 HGB Rz. 5; *Wüstemann/Backes/Schober*, BB 2017, 1963 („weitgehende Übereinstimmung"); *Krumm*, in: Brandis/Heuermann, Ertragsteuerrecht, § 5 EStG Rz. 510 (unterschiedliche Behandlung in Handels- und Steuerbilanz „kaum vorstellbar"); *Ballwieser*, in: MüKo-HGB,

verpflichtet dazu, in der Handelsbilanz erfasste Wirtschaftsgüter auch in der Steuerbilanz der Gesellschaft zu erfassen. Grundsätzlich ist die Gesellschaft als zivilrechtliche Eigentümerin zum Ausweis aller im Gesellschaftsvermögen vorhandenen Wirtschaftsgüter in der Handelsbilanz verpflichtet (das folgt aus dem Vollständigkeitsprinzip des § 246 Abs. 1 Satz 1, Satz 2 Hs. 1 HGB), wenn nicht ein Fall von Hs. 2 vorliegt. Dass die von Sonderzuweisungen betroffenen Wirtschaftsgüter in der Handelsbilanz aufgrund der auch dort gem. § 246 Abs. 1 Satz 2 Hs. 2 HGB geltenden „wirtschaftlichen Betrachtungsweise" nicht erfasst werden, ist nicht anzunehmen. Als relevante Kriterien im Rahmen von § 246 Abs. 1 Satz 2 Hs. 2 HGB werden die rechtlich abgesicherte Nutzungsmöglichkeit für die Nutzungsdauer des Gegenstands, die tatsächliche Sachherrschaft und Ausschließungsbefugnis sowie die Nutzbarkeit als „Kreditunterlage" genannt.[1099] Alle Kriterien deuten jedoch auf die Gesellschaft als nicht nur zivilrechtliche, sondern auch wirtschaftliche Eigentümerin i.S.d. § 246 HGB. Sie nutzt das Wirtschaftsgut (und leitet dabei lediglich das Ergebnis der Nutzung an einen Gesellschafter weiter), sie übt tatsächliche Sachherrschaft aus und kann den Gegenstand zu Kreditsicherungszwecken einsetzen. Auch soweit generalisierend auf die Zuordnung der wesentlichen Chancen und Risiken aus dem Gegenstand abgestellt wird,[1100] ist zuvörderst die Gesellschaft angesprochen – in dieser Hinsicht gilt nichts anderes als im Rahmen von § 39 AO. Ob § 39 Abs. 2 Nr. 1 Satz 1 AO den handelsrechtlichen Grundsätzen ordnungsgemäßer Buchführung vorgeht, kann im Ergebnis dahinstehen, weil Sonderzuweisungen – wie zuvor festgestellt – regelmäßig nicht zum Übergang des wirtschaftlichen Eigentums i.S.d. § 39 AO auf die begünstigten Mitunternehmer führen.

---

§ 246 Rz. 35; für einen Vorrang von § 39 AO *Weber-Grellet*, in: Schmidt, EStG § 5 Rz. 151; *Wendt*, FR 2017, 527, 531 (Anm. zu BFH, Urteil vom 13.10.2016, IV R 33/13), 531; *Prinz/Keller*, StuB 2017, 211, 216; *Künkele/Zwirner*, DStR 2009, 1277, 1279 (allerdings „dürfte es zu keinen Abweichungen kommen"); *Mayer*, WPg 2003, 925.

1099 *Hennrichs*, in: MüKo-Bilanzrecht, § 246 Rz. 159.

1100 BT-Drucks. 16/10067, S. 47; *Schmidt/Ries*, in: Beck'scher Bilanzkomm., § 246 HGB Rz. 5.

(2) Sonderzuweisung als steuerliche Entnahme

Die gesonderte Zuweisung des Gewinns einzelner Wirtschaftsgüter an einen oder mehrere Mitunternehmer könnte eine steuerliche Entnahme des Wirtschaftsguts darstellen (§ 4 Abs. 1 Satz 2 EStG). „Entnahme" meint die Überführung oder unentgeltliche Übertragung eines Wirtschaftsguts, einer Nutzung oder Leistung vom Betriebs- in das Privatvermögen (vgl. § 4 Abs. 1 Satz 2 EStG).[1101] Die Unentgeltlichkeit der Entnahme grenzt sie von einer Ausbringung ab, die eine Gegenleistung des Gesellschafters an die Gesellschaft voraussetzt, zumeist in Form einer Minderung des festen Kapitalkontos I.[1102] Eine (Sach-)Entnahme hätte zwei Konsequenzen: In erster Linie würden stille Reserven aufgedeckt, weil das Wirtschaftsgut bei Entnahme mit dem Teilwert anzusetzen wäre (§ 6 Abs. 1 Nr. 4 EStG). Zum anderen wäre es nicht länger Teil des Betriebsvermögens der Mitunternehmerschaft und insofern weder bei der Gewinnermittlung gem. §§ 4 ff. EStG noch bei der Gewinnverteilung des Gesellschaftsgewinns zu berücksichtigen.

Eine wirtschaftsgutsbezogene Sonderzuweisung, wonach das Ergebnis eines Wirtschaftsguts gesellschafterspezifisch verteilt werden soll, könnte dazu führen, dass ein Wirtschaftsgut Teil des außerbetrieblichen (Privat-)Vermögens des begünstigten Gesellschafters wird. Bei einer Entnahme ins Privatvermögen würde das Wirtschaftsgut nicht mehr dem Betrieb dienen, sondern allein der privaten Vermögensmehrung des Gesellschafters, und dieser Vorgang müsste von einer Entnahmehandlung und einem Entnahmewillen getragen sein.[1103] Eine Entnahmehandlung erfordert bei einer Entnahme aus dem notwendigen Betriebsvermögen (worum es sich bei Wirtschaftsgütern des Gesellschaftsvermögens in der Regel handelt) eine „völlige Lösung des betrieblichen Zusammenhangs".[1104] Ein Rechtsträgerwechsel scheidet als Grundlage einer Entnahme aus. Auch das wirtschaftliche Eigentum verbleibt – wie gesehen – trotz der Sonderzuweisung bei der Mitunternehmerschaft. Allenfalls kommt bei einer Sachentnahme als Entnahmehandlung eine Nutzungsänderung in Betracht. Die gesellschaf-

---

1101 *Oellerich*, in: BeckOK-EStG, § 6 Rz. 2027; *Korn/Strahl*, in: Korn, EStG, § 6 Rz. 502.1

1102 *Blischke/Desens*, in: Kirchhof/Söhn/Mellinghoff, EStG, § 15 Rz. F 142; *Tiede*, in: Herrmann/Heuer/Raupach, EStG/KStG, § 15 EStG Rz. 476.

1103 BFH, Urteil vom 31.3.2021, VI R 30/18, BFHE 273, 6 unter II.3.b)aa); Urteil vom 14.5.2009, IV R 44/06, BFHE 225, 367, BStBl. II 2009, 811 unter II.1.b)aa).

1104 *Musil*, in: Herrmann/Heuer/Raupach, EStG/KStG, § 4 EStG Rz. 175;

terspezifische Gewinnverteilung setzt allerdings nicht bei der Nutzung eines Wirtschaftsguts an, sondern nachgelagert bei der Gewinnverteilung des Gesellschaftsgewinns. Die Nutzungsweise eines Wirtschaftsguts bleibt durch die Gewinnverteilungsabrede unberührt. Überdies wird ein Entnahmewille schwerlich festzustellen sein, wenn das betreffende Wirtschaftsgut weiterhin in der handelsrechtlichen Gesellschaftsbilanz erfasst wird. Dass ein Wirtschaftsgut Bezugsobjekt einer Gewinnverteilungsabrede wird, zeigt gerade den Willen der Gesellschafter, dass das Wirtschaftsgut Teil des Gesellschafts- bzw. Betriebsvermögens bleibt. Demnach verbliebe nur die Entnahme aufgrund eines Rechtsvorgangs, der die Rechtszuständigkeit des Wirtschaftsguts modifiziert.[1105] Die Gewinnverteilungsabrede beeinflusst die zivilrechtliche Rechtszuständigkeit indes nicht.

cc) Verhältnis zum Subjektsteuerprinzip

Nach dem aus dem Individualsteuerprinzip abgeleiteten Subjektsteuerprinzip muss jeder Steuerpflichtige das von ihm erwirtschaftete Einkommen versteuern, mithin auch die bei ihm entstandenen stillen Reserven.[1106] Das Subjektsteuerprinzip fragt nach der „richtigen" Zurechnung stiller Reserven. Das Prinzip wird, trotz teils abweichender Terminologie,[1107] überwiegend als tatbestandsübergreifendes einkommensteuerliches Prinzip anerkannt.[1108] Das Subjektsteuerprinzip findet im Gesetz Ausdruck in Vorschriften, die an bestimmte Vorgänge den Teilwertansatz knüpfen. „Buch-

---

1105 BFH, Urteil vom 13.7.1967, IV R 174/66, BFHE 89, 566, BStBl. III 1967, 751 (Ausscheiden eines Gesellschafters); Urteil vom 24.4.1975, IV R 115/73, BFHE 115, 495, BStBl. II 1975, 580 unter 2.c) (Tod eines Gesellschafters als Entnahme aus dem Sonderbetriebsvermögen).

1106 *Wendt*, in: FS Crezelius, S. 457, 459; vgl. auch *Reiß*, BB 2000, 1965; grundlegend zum Begriff „Subjektsteuerprinzip" *Ratschow*, DStJG 34 (2011), S. 35.

1107 Überblick bei *Danz*, FR 2018, 160.

1108 *Niehus/Wilke*, in: Herrmann/Heuer/Raupach, EStG/KStG, § 6 Rz. 1502; *Kulosa* in Schmidt, § 6 EStG Rz. 690; *Danz*, FR 2018, 160, 164; *Wendt*, FR 2002, 53, 59; *Reiß*, StuW 2000, 399, 405; *Crezelius*, FR 2002, 805, 810 f. („Subjektprinzip"); *Raupach*, DStJG 2 (1979), S. 87, 104 (Subjektsteuerprinzip als „Gebot der Besteuerung nach der Leistungsfähigkeit"); der BFH nimmt Bezug auf das Subjektsteuerprinzip etwa in Urteil vom 20.7.2005, BFHE 210, 345, BStBl. 2006, 457 unter II.3.d)bb); Urteil vom 26.6.2014, IV R 31/12, BFHE 246, 413, BStBl. II 2015, 463 unter II.3.d); von „Steuersubjektprinzip" spricht BFH, Urteil vom 20.5.2010, IV R 42/08, BFHE 229, 340, BStBl. II 2010, 820 unter 3.a). Mit Zweifeln, ob es eines Prinzips zur zutreffenden Einkünftezurechnung bedarf, *Ratschow*, DStJG 34 (2011), S. 35 ff.

wertklauseln", die die Fortführung der Buchwerte von Wirtschaftsgütern trotz Rechtsträgerwechsels zulassen, sind die Ausnahme (etwa in § 6 Abs. 5 und § 16 Abs. 3 Satz 3 EStG). Dort suspendiert der Gesetzgeber das Subjektsteuerprinzip zugunsten von betrieblichen Umstrukturierungen, die nicht durch die steuerpflichtige Aufdeckung stiller Reserven erschwert werden sollen.

Der US-Gesetzgeber hat mit § 704(c) IRC das Verhältnis von Subjektsteuerprinzip und *Special Allocations* einer speziellen Regelung unterworfen. Das wirft die Frage auf, wie sich hierzulande Sonderzuweisungen zum Subjektsteuerprinzip verhalten, wo ein Spezialregime zu dieser Frage fehlt. In der Literatur werden erste Einwände gegen eine Vereinbarkeit von Subjektsteuerprinzip und Sonderzuweisungen vorgebracht. Die Anerkennung wirtschaftsgutspezifischer Sonderzuweisungen würde verschleierte Veräußerungen von Wirtschaftsgütern ohne Besteuerung stiller Reserven ermöglichen und dem „Überspringen stiller Reserven Tür und Tor" öffnen.[1109] Folgender Beispielsfall soll den möglichen Konflikt zwischen Sonderzuweisungen und Subjektsteuerprinzip verdeutlichen:[1110]

Beispiel 14 *Gesellschafter A bringt als Gegenleistung für die Erhöhung seiner Gesellschaftsbeteiligung ein bereits betrieblich verstricktes Wirtschaftsgut in einen Betrieb einer bestehenden Personengesellschaft ein. Das laufende Ergebnis und das Ergebnis aus der Veräußerung des von Gesellschafter A eingebrachten Wirtschaftsguts wird allein Gesellschafter B zugewiesen (und Gesellschafter A erhält einen erhöhten Gewinnanteil, der sich aus den übrigen Wirtschaftsgütern der Gesellschaft zusammensetzt).*

Gesellschafter A hat in Beispiel 14 seine bisherige wirtschaftliche Verbindung zu dem von ihm eingebrachten Wirtschaftsgut zu einem großen Teil auf Gesellschafter B übertragen. Gleichzeitig wird er an den Gewinnen der Gesellschaft beteiligt, die aus den übrigen Wirtschaftsgütern stammen. Darin ließe sich eine Veräußerung von Gesellschafter A an Gesellschafter B vermuten, die das Gesetz als steuerlichen Realisierungsvorgang einstuft, oder aber ein Einbringungsvorgang zum Buchwert. Das Gesetz erlaubt Buchwerteinbringungen von (Teil-)Betrieben oder Mitunternehmerantei-

---

1109 *Kempelmann/Scholz*, DStR 2019, 630, 634.
1110 Vgl. *Kempelmann/Scholz*, DStR 2019, 630, 634 (dort Fn. 28).

len in eine Mitunternehmerschaft nur, sofern der Einbringende auch Mitunternehmer wird (§ 24 Abs. 1 UmwStG), das Besteuerungsrecht der Bundesrepublik Deutschland durch die Einbringung nicht beschränkt wird und etwaige sonstige Gegenleistungen der Gesellschaft außer Gesellschaftsanteilen bestimmte Grenzwerte nicht überschreiten (§ 24 Abs. 2 Satz 2 UmwStG). Bei betrieblich verstrickten Einzelwirtschaftsgütern wie im Beispielsfall setzt die Buchwertverknüpfung gem. § 6 Abs. 5 Satz 3 Nr. 1 EStG ebenfalls voraus, dass der Einbringende Mitunternehmer ist bzw. wird und die Besteuerung stiller Reserven im Inland sichergestellt ist.[1111]

(1) Veräußerungsvorgang auf Ebene der Mitunternehmer

Die Sonderzuweisung im Beispiel 14 könnte als nicht steuerbegünstigte Veräußerung des Wirtschaftsguts an Gesellschafter B anzusehen sein, wenn Gesellschafter A eine Gegenleistung von Gesellschafter B erhalten hätte. Mit der Einbringung erwirbt Gesellschafter A in erster Linie Mitgliedsrechte. Einbringungsvorgänge sind regelmäßig nicht mit einer entgeltlichen Veräußerung verbunden, wenn nicht der Einbringende eine Zuzahlung eines anderen Mitunternehmers in sein Privatvermögen erhält.[1112] Zweifelsfrei ist das vorliegende Ergebnis allerdings nicht. Denn Gesellschafter A begibt sich der wirtschaftlichen Teilhabe am Einbringungsgegenstand und überträgt sie – durch seine Zustimmung zur Gewinnverteilungsabrede – auf einen anderen Mitunternehmer. Als Gegenleistung könnte der (im Zuge der Einbringung erhöhte) Gewinnanteil von Gesellschafter A anzusehen sein.

Auch aus Sicht von Gesellschafter B könnte sich der Vorgang als Veräußerung darstellen, wobei Veräußerungsgegenstand der Teil eines Mitunternehmeranteils wäre (§ 16 Abs. 1 Satz 2 EStG). Nach § 16 Abs. 1 Satz 2 EStG werden entgeltliche Neuregelungen der Beteiligungsverhältnisse als Veräußerungsvorgang behandelt, der der laufenden Besteuerung unterliegt. Entscheidend ist das Anwachsen einer Vermögensposition des den Teilanteil erwerbenden Mitunternehmers, sodass etwa die Abtretung von Stimmrechten für eine Teilanteilsveräußerung nicht ausreicht.[1113] Eine Teilanteils-

---

1111 Ausführlich *Oellerich*, in: BeckOK-EStG, § 6 Rz. 2902 ff.

1112 Vgl. BFH, Beschluss vom 18.10.1999, GrS 2/98, BFHE 189, 465, BStBl. II 2000, 123; *Pyszka*, DStR 2003, 857, 861.

1113 *Patt*, in: Herrmann/Heuer/Raupach, EStG/KStG, § 16 Rz. 384.

veräußerung setzt entweder die entgeltliche Abtretung eines Teils des festen Kapitalkontos voraus, das den Umfang des Stimmrechts, den Gewinnanteil und den Anteil am Liquidationserlös des Gesellschafters repräsentiert, oder zumindest eine entgeltliche Neuvereinbarung von Stimmrechten und Vermögensrechten. Die Anteilsveräußerung muss sich folglich nicht in einer Veränderung der Festkapitalkonten zeigen.[1114] Nach dem BFH reicht auch die entgeltliche Übertragung der Gewinnbeteiligung und der Beteiligung an den stillen Reserven ohne Verlust der Mitunternehmerstellung für eine Teilanteilsveräußerung gem. § 16 Abs. 1 Satz 2 aus.[1115] Gesellschafter B überträgt infolge der neu geregelten Gewinnverteilung auf den ersten Blick einen Gewinnanteil an Gesellschafter A. Als Entgelt könnte die Gewinnbeteiligung am von Gesellschafter A eingebrachten Wirtschaftsgut anzusehen sein.

Bei genauerer Betrachtung hat Gesellschafter B jedoch durch die Neuregelung der Gewinnverteilung keinen Anteil seiner Gewinnbeteiligung an Gesellschafter A übertragen. Die Gewinnbeteiligung von Gesellschafter B setzt sich lediglich neu zusammen, weil nunmehr das eingebrachte Wirtschaftsgut zu seinem Gewinnanteil beiträgt, wie auch weiterhin die übrigen Wirtschaftsgüter der Gesellschaft, nur in verringertem Maße. Gesellschafter B hat damit keine Gewinnbeteiligung abgegeben, sondern nur die Zusammensetzung seines Gewinnanteils ausgetauscht. Weil bei Mitunternehmerschaften die Bruchteilsbetrachtung des § 39 Abs. 2 Nr. 2 AO „verdrängt" wird,[1116] sollten aus dieser „Neuordnung" der Gewinnanteile keine Anschaffungs- oder Veräußerungsvorgänge von Bruchteilen an einzelnen Wirtschaftsgütern der Gesellschaft gesehen werden.[1117]

Auch bei Gesellschafter A steht der Einbringungsvorgang anstelle einer Veräußerung im Vordergrund. Der Wertung der Einbringung als Veräußerung steht entgegen, dass Gesellschafter B am eingebrachten Wirtschaftsgut kein (wirtschaftliches) Eigentum erwirbt. Eigentümerin wird allein die Gesellschaft. Des Weiteren verstößt die Gewinnverteilungsabrede nicht gegen die Wertungen des § 6 Abs. 5 Satz 3 Nr. 1 EStG. Entscheidend ist nicht, wer die stillen Reserven versteuert, sondern dass sie im Inland versteuert

1114 BFH, Urteil vom 27.5.1981, I R 123/77, BFHE 133, 412, BStBl. II 1982, 211 unter II.2.; *Patt*, in: Herrmann/Heuer/Raupach, EStG/KStG, § 16 EStG Rz. 386; *Schulze zur Wiesche*, BB 1993, 1493.

1115 BFH, Beschluss vom 1.2.2017, VIII B 15/16, BFH/NV 2017, 574 unter 3.b)bb).

1116 Dazu unten E.I.

1117 Zur Beurteilung dieser Frage im vermögensverwaltenden Bereich unten E.I.4.b)bb)(2).

werden. Irrelevant für die Buchwertfortführung ist überdies, wem die *laufenden* Gewinne aus dem Wirtschaftsgut zugewiesen werden, denn darauf stellt der Wortlaut von § 6 Abs. 5 Satz 3 Nr. 1 EStG nicht ab. Folglich ist unerheblich, ob der Einbringende wirtschaftlich weiterhin am Erfolg der Sacheinlage in Form laufender Gewinne oder des Veräußerungsgewinns beteiligt wird.

(2) Sperrfristverletzung

Lehnt man eine Veräußerung von Gesellschafter A an Gesellschafter B ab, bleibt fraglich, ob nicht eine Aufdeckung stiller Reserven bei Gesellschafter A durch Anwendbarkeit von § 6 Abs. 5 Satz 4 EStG erfolgen muss, ob die Sonderzuweisung also in einem sperrfristverletzenden Vorgang resultiert. Das betrifft den Fall, dass Gesellschafter B, dem der laufende Gewinn und Liquidationserlös aus dem von Gesellschafter A zum Buchwert eingebrachten Wirtschaftsgut zugewiesen werden soll, eine natürliche Person oder Mitunternehmerschaft ist. Die Antwort enthält das Gesetz: Das Subjektsteuerprinzip gebietet innerhalb der Sperrfrist des § 6 Abs. 5 Satz 4 Hs. 2 EStG grundsätzlich die Zuordnung und Versteuerung der im eingebrachten Wirtschaftsgut enthaltenen stillen Reserven bei Gesellschafter A. Auf laufende Gewinne stellt das Gesetz nicht ab. Wenn das Wirtschaftsgut innerhalb der Sperrfrist *entnommen* oder *veräußert* wird, ist rückwirkend auf den Einbringungszeitpunkt bei Gesellschafter A der Teilwert anzusetzen – das resultiert in einer dem Subjektsteuerprinzip entsprechenden Zuordnung der stillen Reserven, die vor Einbringung in die Mitunternehmerschaft bei Gesellschafter A entstanden sind. Der Teilwertansatz hätte für Gesellschafter B den positiven Effekt, dass ihm durch die vereinbarte Sonderzuweisung auch das dann mögliche Abschreibungsvolumen zugerechnet wird, das er mit seinen laufenden Einkünften verrechnen kann.[1118] Die Sperrfristverhaftung kann durch Erstellung einer Ergänzungsbilanz für Gesellschafter A vermieden werden, indem ihm dadurch die stillen Reserven am eingebrachten Wirtschaftsgut zugeordnet werden (§ 6 Abs. 5 Satz 4 Hs. 1 a.E. EStG).

1118 Die steuerlichen Effekte einer Sperrfristverletzung zum Nachteil des A und zum Vorteil des B können durch vertragliche Ausgleichsklauseln nivelliert werden, *Oellerich*, in: BeckOK-EStG, § 6 Rz. 2979; *Kulosa*, in: Schmidt, EStG, § 6 Rz. 828; *Wendt*, FR 2002, 53, 65.

Die Sonderzuweisung des Gewinns des eingebrachten Wirtschaftsguts selbst stellt jedoch keine Entnahme oder Veräußerung i.S.d. § 6 Abs. 5 Satz 4 EStG dar. Das Tatbestandsmerkmal der Veräußerung knüpft an die Eigentumszuordnung an[1119] und betrifft grundsätzlich die Übertragung des zivilrechtlichen Eigentums von der Gesellschaft auf einen Gesellschafter oder Dritten. Die Sonderzuweisung ändert jedoch nichts an der Eigentumszuordnung – das Wirtschaftsgut bleibt Eigentum der Gesellschaft. Auch wird durch die Sonderzuweisung kein wirtschaftliches Eigentum i.S.d. § 39 Abs. 2 AO von Gesellschafter B begründet, solange er nicht gesellschaftsvertraglich dauerhaft die alleinige Verfügungsmacht über das Wirtschaftsgut eingeräumt bekommt.[1120] Eine Entnahme als Überführung oder unentgeltliche Übertragung eines Wirtschaftsguts vom Betriebs- in das Privatvermögen gem. § 4 Abs. 1 Satz 2 EStG liegt in Gestalt der Sonderzuweisung ebenso wenig vor.[1121] Nach Ablauf der Sperrfrist tritt das Subjektsteuerprinzip nach dem Willen des Gesetzgebers schließlich in den Hintergrund.[1122] Bei einer Veräußerung oder Entnahme nach Ablauf der Sperrfrist werden die stillen Reserven daher ohne Verletzung des Subjektsteuerprinzips allein Gesellschafter B zugeordnet, indem der entsprechende Veräußerungsgewinn allein in seinen Gewinnanteil einfließt. Dass die stillen Reserven nach Ablauf der Sperrfrist allein auf Gesellschafter B „überspringen", ist zwar kausale Folge der Sonderzuweisung, entspricht aber dem Gesetzeszweck des § 6 Abs. 5 Satz 4 EStG, der zugunsten betrieblicher Umstrukturierungen, die zumindest für drei Jahre Bestand haben, einen ebensolchen Übergang stiller Reserven vorsieht. Der Verlagerung stiller Reserven stehen auch ohne die Vereinbarung von Sonderzuweisungen Tür und Tor offen, weil der Gesetzgeber es so will. Ebenso gut wäre ein Übergang stiller Reserven auf Gesellschafter B möglich, indem Gesellschafter A nach Einbringung nur einen Zwerganteil an der Mitunternehmerschaft behält.

1119 *Niehus/Wilke*, in: Herrmann/Heuer/Raupach, EStG/KStG, § 6 EStG Rz. 1622; *Korn/Strahl*, in: Korn, EStG, § 6 Rz. 502.1; *Schallmoser*, in: Brandis/Heuermann, Ertragsteuerrecht, § 16 EStG Rz. 20.

1120 Vgl. FG Köln, Urteil vom 14.04.2021, EFG 2021, 1480 Rz. 78 ff.; zum bei der Gesellschaft verbleibenden wirtschaftlichen Eigentum auch zuvor D.III.1.b)bb).

1121 Dazu oben D.III.1.b)bb)(2).

1122 *Oellerich*, in: BeckOK-EStG, § 6 Rz. 2845 f.

(3) Behandlung der Anteilsbegründung durch eine Körperschaft

Ist Gesellschafter B eine Körperschaft, ist das Wirtschaftsgut in Höhe der Anteilsbegründung von Gesellschafter B am Wirtschaftsgut im „Herkunftsbetriebsvermögen" von Gesellschafter A mit dem Teilwert zu bewerten (§ 6 Abs. 5 Satz 5 EStG).[1123] Die nachträgliche Anteilsbegründung oder -erhöhung am Wirtschaftsgut durch eine Körperschaft innerhalb von sieben Jahren nach Einbringung führt ebenfalls zu einem (anteiligen) Teilwertansatz (§ 6 Abs. 5 Satz 6 EStG). Wenn nun allein Gesellschafter B am laufenden Gewinn und am Veräußerungserlös dieses Wirtschaftsguts partizipiert, fragt sich, ob der Teilwert des Wirtschaftsguts nur in Höhe der Beteiligungsquote von Gesellschafter B an der Mitunternehmerschaft anzusetzen ist oder in vollem Umfang, weil nur Gesellschafter B an den stillen Reserven partizipiert. Unter Berücksichtigung des Zwecks von § 6 Abs. 5 Satz 5 EStG, den infolge der Buchwertübertragung drohenden steuerneutralen Übergang stiller Reserven auf Körperschaftsteuersubjekte zu verhindern, die bei dieser „nur" der Körperschaft- und Gewerbesteuer unterliegen,[1124] und dem Umstand, dass mit der Gewinnverteilungsabrede allein Gesellschafter B an laufenden Gewinnen und dem Liquidationserlös aus diesem Wirtschaftsgut beteiligt werden soll, ist es nach hier vertretener Ansicht überzeugend, das Wirtschaftsgut in Gänze mit dem Teilwert anzusetzen. Umgekehrt sollte eine vollständige Buchwertfortführung möglich sein, wenn allein der einbringende Gesellschafter A an den stillen Reserven des von ihm eingebrachten Wirtschaftsgut beteiligt werden soll.[1125] Damit wird das Tatbestandsmerkmal des „Anteils" als „Gewinnanteil" ausgelegt. Dieses Verständnis widerspricht auf den ersten Blick anderen ertragsteuerlichen Bestimmungen, in denen ausdrücklich der „Gewinnanteil" in Bezug

---

1123 Vgl. den Wortlaut „soweit"; *Ehmcke*, in: Blümich, EStG/KStG/GewStG, § 6 EStG Rz. 1366.

1124 BT-Drs. 14/6882, S. 33 – über die Ratio der Sätze 5 und 6 lässt sich freilich streiten, weil mit dem Übergang stiller Reserven ins Körperschaftsteuerregime nicht zwingend eine Statusverbesserung, sondern in erster Linie ein Statuswechsel einhergeht.

1125 *Rödder/Schumacher*, DStR 2001, 1634, 1637; *Pfaar/Welke*, StuB 2001, 692, 701; gl.A., sofern eine Zuordnung der stillen Reserven durch Aufstellung einer Ergänzungsbilanz erfolgt: *Niehus/Wilke*, in: Herrmann/Heuer/Raupach, EStG/KStG, § 6 EStG Rz. 1656; *Krumm*; in: Kirchhof/Seer, EStG, § 15 Rz. 392a; *Groh*, DB 2003, 1403, 1407; a.A. (kapitalmäßige Beteiligung der Körperschaft maßgeblich) BMF-Schreiben vom 8.12.2011 - IV C 6 - S 2241/10/10002, BStBl. I 2011, 1279 Tz. 28; *Wendt*, FR 2002, 53, 65; *Briese*, GmbHR 2005, 207, 213.

genommen wird (z.B. in § 8b Abs. 6 KStG). Auch setzt sich diese Auslegung in Widerspruch zu der ebenfalls denkbaren Auffassung, dass § 6 Abs. 5 EStG primär auf die vermögensmäßige Beteiligung an einem Wirtschaftsgut abstellt. Da infolge der Einbringung Gesamthands- bzw. Gesellschaftsvermögen entsteht, an dem alle Gesellschafter vermögensmäßig beteiligt sind, wäre danach ein vollständiger Teilwertansatz oder eine vollständige Buchwertfortführung schwer zu begründen. Allerdings ist in § 6 Abs. 5 Satz 5 f. EStG nicht nur vom „Anteil" die Rede, sondern vom „Anteil [...] *an dem Wirtschaftsgut*". Das Gesetz fragt danach, inwieweit die Körperschaft an den stillen Reserven des konkret eingebrachten Wirtschaftsguts beteiligt ist, nicht an der vermögensmäßigen Beteiligungsquote der Körperschaft an der Mitunternehmerschaft insgesamt. Bei dieser Auslegung von § 6 Abs. 5 Satz 5 EStG besteht nicht die Gefahr, dass die Buchwertübertragung eines Wirtschaftsguts von den Mitunternehmern in einer vom Gesetzgeber nicht beabsichtigten Art und Weise zur Verschiebung stiller Reserven ins Körperschaftsteuerregime ausgenutzt werden kann.

(4) Abwandlung: Einlage aus dem steuerlichen Privatvermögen

Wird ein im steuerlichen Privatvermögen gehaltenes Wirtschaftsgut in eine Mitunternehmerschaft eingelegt, erfolgt dort der Ansatz zum Teilwert (§ 6 Abs. 1 Nr. 5 Satz 1 Hs. 1, Abs. 7 Nr. 2 EStG). Die bis zur Überführung entstandenen stillen Reserven sind grundsätzlich nicht steuerbar, wenn nicht das Wirtschaftsgut ein Grundstück oder grundstücksgleiches Recht ist und anschließend innerhalb der Sperrfrist des § 23 Abs. 1 Satz 5 Nr. 1 EStG aus dem Betriebsvermögen veräußert wird.[1126] Erfolgt statt einer Einlage eine tauschähnliche entgeltliche Überführung ins Betriebsvermögen, indem im Gegenzug für die Überführung Gesellschaftsrechte gewährt werden, findet auf diese Einbringung § 6 Abs. 1 Nr. 1 bzw. Nr. 2 EStG Anwendung.[1127] Das Wirtschaftsgut wird dann mit den Anschaffungskosten bewertet oder – falls dauerhaft niedriger – mit dem Teilwert. Die Einbringung stellt für den Einbringenden eine Veräußerung i.S.d. § 23 Abs. 1 Satz 1 EStG dar, die ohne

1126 *Trossen*, in: BeckOK-EStG, § 23 Rz. 271.

1127 *Ehmcke*, in: Blümich, EStG/KStG/GewStG, § 6 EStG Rz. 1033a; vgl. auch BFH, Urteil vom 24.01.2008, IV R 37/06, BFHE 220, 374, BStBl. II 2011, 617.

Ablauf der jeweiligen Spekulationsfristen des § 23 Abs. 1 EStG zu einem steuerbaren und -pflichtigen privaten Veräußerungsgeschäft führt.[1128]

Das Subjektsteuerprinzip kann auch in der Konstellation der Einlage aus dem Privat- ins Betriebsvermögen einer Mitunternehmerschaft durch die Vereinbarung von Sonderzuweisungen nicht ausgehöhlt werden. Wenn etwa das eingelegte Wirtschaftsgut ein Grundstück ist, das innerhalb von zehn Jahren nach Anschaffung aus dem Betriebsvermögen verkauft wird, und der Veräußerungsgewinn allein dem nicht einlegenden Gesellschafter zugewiesen wird, führt § 23 Abs. 1 Satz 5 Nr. 1 EStG dazu, dass die bis zur Einlage entstandenen stillen Reserven beim einlegenden Gesellschafter aufgedeckt werden. Die zivilrechtliche Gewinnverteilungsabrede in der Gesellschaft bleibt dadurch steuerlich unberührt. Der auf Gesellschaftsebene entstandene Gewinn (Veräußerungspreis abzüglich Teilwert zum Einlagezeitpunkt) kann weiterhin dem nicht einlegenden Gesellschafter zugewiesen werden. Der rückwirkende Teilwertansatz beeinflusst lediglich die Höhe des Veräußerungsgewinns. Die Vereinbarung der Sonderzuweisung selbst ist zudem keine „Veräußerung“ i.S.d. § 23 Abs. 1 Satz 5 Nr. 1 EStG. Das Tatbestandsmerkmal setzt – wie § 6 Abs. 5 Satz 4 EStG – zumindest den Übergang wirtschaftlichen Eigentums voraus,[1129] den die Sonderzuweisung mangels alleiniger Verfügungsgewalt des Sonderzuweisungsempfängers nicht bewirkt.

(5) Ergebnis zum Subjektsteuerprinzip

Zumindest im hier untersuchten Beispielsfall lässt sich nicht feststellen, dass die auf eine Einbringung folgende Sonderzuweisung zugunsten eines nicht einbringenden Mitunternehmers eine vom Gesetz nicht vorgesehene interpersonelle Verlagerung stiller Reserven mit sich bringt. Soweit stille Reserven steuerneutral auf ein anderes Steuersubjekt übergehen, geschieht dies nur im Rahmen vom Gesetz vorgesehener Buchwertklauseln und unter der Voraussetzung des Sperrfristenablaufs.

1128 Zur Einbringung einer Beteiligung i.S.d. § 17 EStG BFH, Urteil vom 19.10.1998, VIII R 69/95, BFHE 187, 434, BStBl. II 2000, 230 unter II.1.d); BMF, Schreiben vom 5.10.2000, BStBl. I 2000, 1383; *Kube*, in: Kirchhof/Seer, EStG, § 23 Rz. 16, *Wernsmann*, in: Kirchhof/Söhn/Mellinghoff, EStG, § 23 Rz. B 202; a.A. (Einlage) *Musil*, in: Herrmann/Heuer/Raupach, EStG/KStG, § 23 EStG Rz. 246; *Reiß*, BB 2000, 1965, 1972 f.

1129 *Trossen*, in: BeckOK-EStG, § 23 Rz. 250; *Musil*, in: Herrmann/Heuer/Raupach, EStG/KStG, § 20 EStG Rz. 24.

c) Ergebnis zu wirtschaftsgutspezifischen Sonderzuweisungen

Wie entnahmebedingte Buchgewinne einer wirtschaftsgutsspezifischen Sonderzuweisung unterliegen können, kann auch das Ergebnis einzelner Wirtschaftsgüter vor Entnahme bestimmten Gesellschaftern gesondert zugewiesen werden. Das Einkommensteuerrecht kennt kein Prinzip, wonach stille Reserven beteiligungsquotal auf die Mitunternehmer zu verteilen wären (vgl. § 16 Abs. 3 Satz 8 EStG). Auch im Übrigen stehen Sonderzuweisungen nicht im Konflikt mit einkommensteuerlichen Vorschriften. Das gilt erstens für Vorschriften zur Gewinnermittlung. Durch Sonderzuweisungen wird die steuerliche Qualität bestimmter Gewinnelemente nicht berührt – Dividenden und Gewinne aus der Veräußerung von Kapitalgesellschaftsanteilen sind auf Ebene der Mitunternehmerschaft gesondert zu ermitteln, sodass sich auch die steuerlichen Folgen von dividenden- oder anteilsveräußerungsbezogenen Sonderzuweisungen auf Mitunternehmerebene bestimmen lassen. Sonderzuweisungen verändern zweitens nicht den Umfang des steuerlichen Betriebsvermögens der Mitunternehmerschaft. Die von Sonderzuweisungen betroffenen Wirtschaftsgüter werden weder aus dem Betriebsvermögen entnommen noch sonst dem Sonderbetriebsvermögen des begünstigten Mitunternehmers zugeführt, sondern bleiben Teil des Betriebsvermögens und sind bei der Gewinnermittlung der Mitunternehmerschaft und der Gewinnanteile der Mitunternehmer zu berücksichtigen. Drittens stehen wirtschaftsgutsbezogene Sonderzuweisungen im Zusammenhang mit Einbringungsvorgängen nicht im Widerspruch zum Subjektsteuerprinzip. Der Übergang stiller Reserven auf ein Steuersubjekt, das am bisherigen Wertzuwachs nicht beteiligt war, ist zwar im Rahmen der gesetzlichen Vorschriften des § 6 Abs. 5 EStG möglich, allerdings nicht darüber hinaus in gesetzlich unbeabsichtigter Art und Weise.

2. Gesonderte Zuweisung von laufenden Gewinnen und Veräußerungsgewinnen

Die Fallgruppe der gesonderten Zuweisung von laufenden Gewinnen und Veräußerungsgewinnen ist vor allem bei vermögensverwaltenden Personengesellschaften von Interesse, wo sich aufgrund der teilweise noch bestehenden Nichtsteuerbarkeit von Veräußerungsgewinnen besondere steuerliche Gestaltungsmöglichkeiten ergeben können. Auch bei Mitunternehmerschaften kann die Fallgruppe jedoch eine Rolle spielen.[1130] Fragen lässt sich etwa, ob an die Mitunternehmerschaft ausgeschüttete Dividenden per Gewinnverteilungsschlüssel demjenigen Mitunternehmer zugewiesen werden können, bei dem die Dividenden „am günstigsten" besteuert werden. Das könnte eine Kapitalgesellschaft sein, die durchgerechnet zu mindestens 10 Prozent am Stammkapital der ausschüttenden Kapitalgesellschaft beteiligt ist.[1131]

a) Trennung von Nutzungs- und Vermögensebene als bekanntes Phänomen

aa) Stille Gesellschaften

Bei typisch stillen Gesellschaften partizipiert der Stille gewöhnlich nur an den laufenden Gewinnen des Geschäftsinhabers, nicht hingegen an der Wertsteigerung des Betriebsvermögens.[1132] Einkommensteuerlich wird eine solche Gewinnverteilung nicht korrigiert, lediglich die Mitunternehmerstellung des Stillen genauer geprüft. Ohne Beteiligung an den stillen Reserven des Prinzipals kann das Mitunternehmerrisiko zu verneinen sein, was beim Stillen zur Zurechnung von Kapitaleinkünften gem. § 20 EStG führen würde. Ist das Mitunternehmerrisiko des Stillen zu bejahen und liegt insofern eine Mitunternehmerschaft vor, werden dem Stillen laufende Gewinne als Einkünfte aus Gewerbebetrieb zugerechnet, während der Geschäftsinhaber die Veräußerungsgewinne zugerechnet bekommt (ebenfalls Gewinnanteile gem. § 15 Abs. 1 Satz 1 Nr. 2 EStG). Entgegenstehende einkommensteuerliche Bestimmungen, die einer getrennten Zuweisung von laufenden Gewinnen an den Stillen und Veräußerungsgewinnen (bzw. stiller Reserven) an den Geschäftsinhaber entgegenstehen, werden bei stillen Gesellschaften mit Ausnahme von stillen Familiengesellschaften und sonstigen Näheverhältnissen zwischen Geschäftsinhaber und stillem Ge-

---

1130 Beispiel unter C.V.2.a)aa).

1131 Dass bei der empfangenden Körperschaft die Steuerfreiheit der Dividende gem. § 8b Abs. 1 Satz 1 KStG eintritt, ist jedoch nur auf den ersten Blick eine steuerliche Begünstigung. Eine Vorbesteuerung der Dividende erfolgte zum einen auf Ebene der ausschüttenden Körperschaft, eine nachgelagerte Besteuerung erfolgt zudem im Fall der Ausschüttung aus der empfangenden Körperschaft. Bis auf eine Thesaurierungsmöglichkeit und einen Besteuerungsaufschub ist durch die Zuweisung der Dividende an eine Mitunternehmer-Körperschaft demnach „nichts gewonnen" – diese Vorteile aber immerhin.

1132 Oben C.I.1.a)dd).

sellschafter wie bei einer „GmbH & Still" nicht diskutiert. Das spricht dafür, auch die getrennte Zuweisung von laufenden Gewinnen und Veräußerungsgewinnen über den Bereich der stillen Gesellschaften hinaus steuerlich anzuerkennen. Auf der anderen Seite ist zuzugeben, dass sich der Stille typischerweise an einem Unternehmen beteiligt, das seine stillen Reserven erst bei Betriebsaufgabe auflöst. Überwiegend werden während der Beteiligung des Stillen daher ohnehin nur laufende Gewinne anfallen.

bb) Nießbrauch

Ebenso ist die Trennung von laufenden Gewinnen und Veräußerungsgewinnen in Nießbrauchskonstellationen anzutreffen. Der Nießbrauch dient insofern einer vorübergehenden Trennung von Erträgen und Vermögen.[1133] Steuerlich wird diese Trennung nachvollzogen, d.h. dem Nießbraucher etwa Einkünfte aus Vermietung und Verpachtung zugerechnet, wenn seine Rechtsposition die Tatbestandsverwirklichung des § 21 EStG erlaubt und diese Rechtsstellung auch dazu genutzt wird.[1134] Markteinkommenstheoretisch lässt sich dieses Ergebnis gut begründen, denn danach ist das Einkommen das Ergebnis einer mit Gewinnabsicht ausgeübten Erwerbstätigkeit,[1135] die beim Nießbrauch vom Nießbraucher ausgeübt wird. Im Einzelnen ist die ertragsteuerliche Behandlung des Nießbrauchs äußerst facettenreich und hängt maßgeblich vom Nießbrauchsgegenstand ab.[1136] Daneben werden verschiedene Nießbrauchstypen unterschieden, und zwar nicht nur zivilrechtlich,[1137] sondern auch steuerlich (wie der Vorbehaltsnießbrauch, der

1133 *Korn*, DStR 1999, 1461, 1462.

1134 BFH, Urteil vom 14.11.1979, I R 123/76, BFHE 130, 254, BStBl. II 1980, 432 unter 2.b); vgl. auch BFH, Urteil vom 26.4.1983, VIII R 205/80, BFHE 138, 242, BStBl. II 1983, 502 unter 3.; Urteil vom 31.10.1989, IX R 216/84, BFHE 159, 319, BStBl. II 1992, 506 unter 1. („rechtliche und tatsächliche Macht" zur Tatbestandsverwirklichung erforderlich).

1135 *Hey*, in: Tipke/Lang, Steuerrecht, § 8 Rz. 52; *Ruppe*, DStJG 1 (1978), S. 7 ff.; aus quellentheoretischer Sicht zum Nießbrauch an Kapitalvermögen BFH, Urteil vom 14.12.1976, VIII R 146/73, BFHE 121, 53, BStBl. II 1977, 115 (Einkommensquelle verbleibt beim Nießbrauchsbesteller).

1136 Überblick bei *Korn*, DStR 1999, 1461 und 1512; zum Nießbrauch an Personengesellschaftsanteilen *Wälzholz*, DStR 2010, 1786; *K. Schmidt*, in: MüKo-HGB, Vor § 230 Rz. 14 ff.; an GmbH-Anteilen *Fricke*, GmbHR 2008, 739; an Grundstücken *Goetze*, RNotZ 2013, 147.

1137 Vgl. die Unterscheidung zwischen Vollrechtsnießbrauch und Ertragsnießbrauch an Gesellschaftsanteilen, stellvertretend *Roth*, in: Hopt, HGB, § 105 Rz. 44.

Zuwendungsnießbrauch und der Vermächtnisnießbrauch).[1138] Am Beispiel eines unentgeltlich bestellten Nießbrauchs an einem Grundstück lässt sich die Trennung von Ertrag und Vermögen verdeutlichen. Wird an einem Grundstück unentgeltlich ein Nießbrauch bestellt, kann der Nießbraucher Einkünfte gem. § 21 EStG erzielen, die sich aus dem Überschuss der Vermietungseinnahmen über etwaige Grundstücksaufwendungen ergeben, während der Eigentümer und Nießbrauchsbesteller den Gewinn aus der Veräußerung des Wirtschaftsguts zugerechnet bekommt.[1139] Problematisch ist typischerweise die subjektive Abschreibungsberechtigung. Die Berechtigung zur Vornahme von AfA auf das Nießbrauchsrecht für die Dauer des Nießbrauchs besteht bei unentgeltlicher Nießbrauchsbestellung nicht.[1140] Der Nießbrauchsbesteller kann, sofern er mit dem Nießbrauchsgegenstand keine Einkünfte erzielt, ebenfalls keine Abschreibungen auf den Nießbrauchsgegenstand vornehmen.[1141]

Sonderzuweisungen von laufenden Gewinnen und Veräußerungsgewinnen und dingliche Nutzungsrechte wie der Nießbrauch sind gleichwohl nicht vergleichbar. Beim Nießbrauch erhält der Nießbraucher eine dingliche Rechtsposition, er trägt Kosten (§§ 1041, 1047 BGB), er wird (mittelbarer) Besitzer des Grundstücks und tritt nach außen als Vermieter auf. Der Mitunternehmer, der laufende Gewinne aus einer Gesellschaft zugewiesen bekommt, hat „nur" Mitgliedschaftsrechte aus seiner Gesellschaftsbeteiligung. Gleiches gilt für den Mitunternehmer, der die Veräußerungsgewinne zugewiesen bekommt. Anders als der Besteller eines Nießbrauchs ist der Gesellschafter nicht Eigentümer des Nießbrauchsgegenstands.

1138 Vgl. BMF, Schreiben vom 30.9.2013, BMF IV C 1 – S 2253/07/10004, BStBl. I, 1184 Tz. 10 ff., 39 ff.;

1139 *Pfirrmann*, in: Herrmann/Heuer/Raupach, EStG/KStG, § 21 EStG Rz. 25; *Spilker*, in: BeckOK-EStG, § 21 Rz. 443 ff.; vgl. zu lediglich schuldrechtlich gesicherter, aber nießbrauchsähnlicher Position BFH, Urteil vom 25.4.1995, IX R 41/92, BFH/NV 1996, 122 unter 1.

1140 BFH, Urteil vom 26.11.1996, IX R 33/94, BFH/NV 1997, 643 unter 3.; *Mellinghoff*, in: Kirchhof/Seer, § 21 Rz. 37.

1141 BMF, Schreiben vom 30.9.2013, BStBl. I 2013, 1184, Tz. 19, 21 mit Bezug zu BFH, Urteil vom 24.4.1990, IX R 9/86, BFHE 160, 552, BStBl. II 1990, 888, sowie BFH, Urteil vom 14.11.1989, IX R 110/85, BFHE 159, 442, BStBl. II 1990, 462 und vom 5.9.1991, IV R 40/90, BFHE 165, 512, BStBl. II 1992, 192; anders im Fall des „Vorbehaltsnießbrauchs" – dort bestehe die Berechtigung des Nießbrauchers zur Fortführung seiner zuvor als Eigentümer geltend gemachten AfA (Tz. 43).

b) Keine entgegenstehenden Bestimmungen des EStG

Beide Fallgruppen (stille Gesellschaft und Nießbrauch) betreffen die gänzliche Isolation des Stillen bzw. Nießbrauchers von der Beteiligung an Veräußerungsgewinnen. Sonderzuweisungen bezwecken nicht zwingend eine derart strikte Aufteilung von laufenden Gewinnen und Veräußerungsgewinnen. Möglich ist es, dass zwei Mitunternehmer über die Gesamtdauer der Gesellschaft gleich hohe Gewinnanteile zugerechnet bekommen sollen, sich aber der Gewinnanteil des einen Mitunternehmers nicht nur aus Veräußerungsgewinnen, sondern auch aus laufenden Gewinnen speisen soll. Die Vergleichbarkeit mit der stillen Gesellschaft und dem Nießbrauch ist daher eingeschränkt. Gleichwohl zeigen die Beispiele, dass die Aufteilung von laufendem Ertrag und dem Vermögen dem Steuerrecht bekannt ist.

Für die steuerliche Anerkennung der gesonderten Zuweisung von laufenden Erträgen und Veräußerungserlösen kommt es auf das Vorliegen einkommensteuerlicher Bestimmungen an, wonach die Gewinnverteilungsabrede möglicherweise nicht unter § 15 Abs. 1 Satz 1 Nr. 2 EStG, sondern unter einen anderen Steuertatbestand zu fassen sein könnte. In Betracht zu ziehen wäre zunächst, dass die laufenden Gewinne eine besondere Tätigkeit des begünstigten Mitunternehmers abgelten und daher als Sondervergütung i.S.d. § 15 Abs. 1 Satz 1 Nr. 2 Satz 1 Hs. 2 EStG zu qualifizieren wären. Ohne Anhaltspunkte für eine Geschäftsführungs- oder sonstige Tätigkeit des Mitunternehmers liegt dieses Ergebnis jedoch fern. Auch die Vorschriften zur Gewinnermittlung stehen – wie schon in der vorherigen Fallgruppe – einer gesonderten Zuweisung von laufenden Gewinnen und Veräußerungsgewinnen nicht entgegen. Sofern die laufenden Gewinne oder Veräußerungsgewinne besonderen Besteuerungsfolgen auf Gesellschafterebene unterliegen, sind sie ohnehin gesondert zu ermitteln. Demnach behalten etwa Dividenden ihren steuerlichen Charakter auch im Rahmen der Gewinnverteilung auf Ebene der Mitunternehmerschaft. Die Frage, ob Dividenden auch bei gesonderter Zuweisung an bestimmte Mitunternehmer den besonderen Steuerfolgen auf Mitunternehmerebene unterfallen (zu denken ist an das Teileinkünfteverfahren gem. § 3 Nr. 40 Buchst. d EStG, die Abzugsbeschränkung aus § 3c Abs. 2 EStG und die Steuerbefreiung aus § 8b Abs. 1 Satz 1 KStG), ist – wie in der vorherigen Fallgruppe – zu bejahen.[1142]

1142 Oben D.III.1.b)aa).

Um Sonderzuweisungen dieser Fallgruppe die steuerliche Anerkennung zu versagen, bedürfte es eines Steuertatbestands, wonach laufende Gewinne und Veräußerungsgewinne nur einheitlich verteilt werden können. Dass der Nachweis eines solchen Steuertatbestands schwerfällt, zeigt die steuerliche Anerkennung der gesonderten Zuweisung von Entnahmegewinnen. Auch wenn in der Vergangenheit der laufende Gewinn aus einem Wirtschaftsgut auf alle Mitunternehmer verteilt wurde, ist es möglich, den Entnahmegewinn, der durch Aufdeckung stiller Reserven bei Entnahme entsteht, allein dem entnehmenden Mitunternehmer zuzuweisen. Ebenso verhält es sich bei der Realteilung (§ 16 Abs. 3 Satz 8 EStG). Auch in diesen Fällen werden laufende Gewinne und stille Reserven nach einem unterschiedlichen Schlüssel verteilt. Die Entnahme ist zwar ein anderer Vorgang als eine Veräußerung. In beiden Fällen entsteht jedoch ein Gewinn auf Gesellschaftsebene. Es ist konsequent, beide Vorgänge steuerlich gleich zu behandeln, wenn eine dahingehende Gewinnverteilungsabrede getroffen wurde.

Schwierigkeiten bei der steuerlichen Anerkennung der gesonderten Zuweisung von laufenden Gewinnen und Veräußerungsgewinnen könnte aus Sicht der Rechtsprechung vor allem die Angemessenheitskontrolle bereiten. In Beispiel 13[1143] würde die Rechtsprechung das Näheverhältnis zwischen GmbH und A wahrscheinlich zum Anlass nehmen, die Gewinnverteilung auf Ebene der Kommanditgesellschaft auf ihre Angemessenheit zu überprüfen. Dies wäre möglich, wenn die GmbH zum Sonderbetriebsvermögen II des A bei der Kommanditgesellschaft gehört.[1144] Andernfalls kommt nur eine verdeckte Gewinnausschüttung oder verdeckte Einlage im Verhältnis zwischen GmbH und Kommanditisten in Betracht, ohne dass dadurch die Gewinnanteile auf Ebene der Personengesellschaft beeinflusst würden.

1143 Die natürliche Person A ist Kommanditist einer KG, hält aber gleichzeitig über eine Beteiligungs-GmbH, deren Alleingesellschafter ebenfalls A ist, einen weiteren Kommanditanteil. Die Beteiligungs-GmbH wiederum hat über ihre KG-Beteiligung eine durchgerechnete Beteiligung an einer Tochterkapitalgesellschaft von weniger als 10 Prozent und fällt somit gem. § 8b Abs. 4 Satz 1 KStG nicht unter das Schachtelprivileg für Dividenden (§ 8b Abs. 1 Satz 1 KStG). Für A ist die Thesaurierung der Dividenden in der Beteiligungs-GmbH daher steuerlich weniger attraktiv. Er will sie lieber „ohne Umweg“ über die Beteiligungs-GmbH ausgeschüttet bekommen. Nach der Gewinnverteilungsabrede der KG werden daher sämtliche aus der Kapitalgesellschaftsbeteiligung der KG resultierenden Dividenden anteilig dem A zugewiesen, während Veräußerungsgewinne der Beteiligungs-GmbH zugewiesen werden.

1144 Oben D.II.1.a)bb).

Denkbar ist, dass der Gewinnanteil der GmbH, gemessen an Fremdvergleichsmaßstäben, im Verhältnis zu ihrem Gesellschafterbeitrag „unangemessen" hoch oder niedrig ausfällt. Wenn eine Prognose zum Zeitpunkt der Gewinnverteilungsvereinbarung zum Ergebnis kommt, dass sich eine „angemessene", d.h. beitragsgerechte Gewinnverteilung einstellen wird, ist keine dahingehende Korrektur erforderlich, dass A und die GmbH sowohl an den laufenden Gewinnen als auch an den Veräußerungsgewinnen zu beteiligen sind. Nach den dargestellten Maßstäben reicht es aus, dass über die gesamte Lebensdauer der Gesellschaft eine angemessene Gewinnverteilung zustande kommt. Nicht per se unangemessen ist daher die zeitliche Bevorzugung eines Gesellschafters, dem die früher entstehenden laufenden Gewinne gesondert zugewiesen werden. Unangemessen könnte die Gewinnverteilung werden, wenn etwa keine laufenden Gewinne (sondern Verluste) oder keine Veräußerungsgewinne (sondern -verluste) entstehen. Sofern zwischen den Gesellschaftern ein gesellschaftsvertraglicher Ausgleichsmechanismus wie eine *Clawback*-Regelung besteht und sich unter Einbeziehung dieser Abreden eine marktübliche Rendite für jeden Gesellschafter ergibt, ist die Angemessenheit der Gewinnverteilung zu bejahen. Anders könnte das Ergebnis der Angemessenheitskontrolle ohne einen derartigen Ausgleichsmechanismus ausfallen. Erzielt ein Gesellschafter, dem das laufende Ergebnis aus der Nutzung eines Wirtschaftsguts gesondert zugewiesen wird, damit lediglich Verluste, während ein anderer Gesellschafter schließlich mit der Veräußerung des Wirtschaftsguts einen Gewinn erzielt, der ihm gesondert zugewiesen wird, könnte es an einer beitragsgerechten Gewinnverteilung fehlen. Abgesehen von diesem Spezialfall scheidet eine allgemeine Angemessenheitskontrolle jedoch auch in dieser Fallgruppe aus. Die grundsätzliche steuerliche Anerkennung der getrennten Zuweisung von laufenden Gewinnen und Veräußerungsgewinnen steht insofern nicht in Frage. Die Sonderzuweisungen führen vielmehr zu Folgeproblemen, die anhand einiger Beispiele beleuchtet werden sollen.

c) Einzelfragen

aa) Sonderzuweisung zur Vermeidung von Streubesitz-Dividenden

Mit Bezug zu § 8b KStG stellt sich die Frage, wonach sich die Steuerfreiheit gem. § 8b Abs. 1 Satz 1 KStG für Dividenden bestimmt, die eine Körperschaft über eine zwischengeschaltete Mitunternehmerschaft gesondert zugewiesen bekommt. Dass Dividenden bei einer Körperschaft steuerlich außer Ansatz bleiben (abgesehen von 5 Prozent der steuerfreien Bezüge, die gem. § 8 Abs. 5 Satz 1 KStG als nicht abziehbare Betriebsausgaben gelten), ist gem. § 8b Abs. 4 Satz 1 KStG an eine 10-prozentige Mindestbeteiligung am Stammkapital der ausschüttenden Körperschaft geknüpft. Unterhalb dieser Schwelle werden vollbesteuerte „Streubesitzdividenden" erzielt. Die Steuerfreiheit tritt auch bei Zwischenschaltung einer Mitunternehmerschaft ein, solange eine „durchgerechnete" 10-prozentige Mindestbeteiligung besteht (vgl. § 8b Abs. 4 Satz 4 f., Abs. 6 Satz 1 KStG). § 8b Abs. 4 Satz 4 KStG besagt insofern, dass Beteiligungen über eine Mitunternehmerschaft dem Mitunternehmer „anteilig zuzurechnen" sind, was eine zweistufige Prüfung erfordert. Die Beteiligung der Mitunternehmerschaft an der ausschüttenden Körperschaft (erste Stufe) richtet sich nach ihrer Stammkapitalquote. Bei Betrachtung des Wortlauts von Abs. 4 Satz 4 Hs. 1 bleibt gleichwohl unklar, wie sich der „Anteil" der Mitunternehmer-Körperschaft an der Mitunternehmerschaft selbst bestimmt (zweite Stufe). Es könnte auf das Verhältnis der Kapitalanteile der Mitunternehmer abzustellen sein oder auf ihre Gewinnanteile. Während der Wortlaut von § 8b Abs. 6 Satz 1 KStG ausdrücklich an den „Gewinnanteil" der Körperschaft anknüpft, ist die Formulierung des Abs. 4 Satz 4 Hs. 1 („Beteiligungen über eine Mitunternehmerschaft sind dem Mitunternehmer anteilig zuzurechnen") nicht eindeutig. „Anteilig" kann sich sowohl auf die durchgerechnete, aus dem Kapitalanteil des Mitunternehmers abzuleitende Stammkapitalquote der dividendenempfangenden Körperschaft beziehen als auch auf ihren (ggf. disquotalen) Gewinnanteil an der zwischengeschalteten Mitunternehmerschaft. Die Frage ist im Schrifttum nicht unumstritten; überwiegend wird jedoch auf den Gewinnanteil an der Mitunternehmerschaft abgestellt.[1145]

1145 Für die Maßgeblichkeit der (ggf. inkongruenten) Gewinnanteile *Gosch*, in: Gosch, KStG, 4. Aufl. 2020, § 8b Rz. 289e; *Herlinghaus*, in: Rödder/Herlinghaus/Neumann, KStG, § 8b Rz. 454; *Schober*, in: Musil/Weber-Grellet, Europäisches Steuerrecht, KStG, § 8b Rz. 322; *Pohl*, in: BeckOK-KStG, § 8b Rz. 822.3; *Schnitger*, in: Schnitger/Fehrenbacher, KStG, § 8b Rz. 562b; *Förster/Lang*, StbJb 2013/14, S. 103, 118, 128; *Hechtner/Schnitger*, Ubg 2013, 269, 274; *Haisch/Helios*, DB 2013, 724, 725; a.A. (kapitalmäßige Beteiligungsquote entscheidend) *Frotscher*, in: Frotscher/Drüen, KStG, § 8b Rz. 504 (demzufolge die Vermögenssubstanz nicht über die Gewinnverteilungsabrede repräsentiert wird); *Pung*, in: Dötsch/Pung/Möhlenbrock, KStG § 8b Rz. 282, 295; offen gelassen von *Kessler/Dietrich*, DStR 2012, 2101, 2102; bezüglich der Berücksichtigung inkongruenter Gewinnverteilungsschlüssel offen gelassen von *Rengers*, in: Brandis/Heuermann, Ertragsteuerrecht, § 8b KStG Rz. 117b; *Stelzer/Zöller*, in: eKommentar-KStG, § 8b Rz. 112.

Gegen die Maßgeblichkeit der „Gewinnanteile" könnte man den Vergleich mit § 8b Abs. 6 KStG heranziehen, wonach die angeordnete Ausweitung der Steuerbefreiung auf mittelbare Körperschaftsbeteiligungen ausdrücklich auf den zugerechneten „Gewinnanteil" bezieht.[1146] Andererseits mag diese Abweichung keine inhaltliche Bedeutung haben, sondern rein formulierungstechnischer Natur sein. Außerdem dürfte eine Auslegung der „anteiligen Zurechnung" nach Maßgabe der festen Kapitalanteile nicht immer erfolgreich sein, denn die Mitunternehmer sind nicht gehalten, solche zu bestimmen. Verfügen die Mitunternehmer über feste Kapitalanteile, ist aus ihnen jedoch kein zwingender Rückschluss auf die „vermögensmäßige" Beteiligung an der ausschüttenden Körperschaft möglich, was sich insbesondere bei disquotaler Gewinnverteilung zeigt. Ein möglicher Gleichlauf mit § 8b Abs. 6 Satz 1 KStG, nach dem ebenfalls (disquotale) Gewinnanteile von der Steuerbefreiung umfasst werden, lässt es folgerichtig erscheinen, auch für die 10-Prozent-Schwelle auf die Gewinnbeteiligung an der Mitunternehmerschaft abzustellen.[1147]

Damit ist gleichwohl noch nicht geklärt, ob es auf die (disquotale) Gewinnbeteiligung an den *Dividenden* ankommen soll oder auf den (disquotalen) Anteil am späteren *Veräußerungserlös* der Tochtergesellschaft, also an ihrem Substanzwert. Die zu stellende Frage lautet, ob es für die Vermeidung von Streubesitz-Dividenden ausreicht, eine Sonderzuweisung von Dividenden zu vereinbaren, oder ob der entsprechende Mitunternehmer am Gewinn der Mitunternehmerschaft insgesamt, also auch mit Blick auf den späteren Erlös aus der Veräußerung der Tochterkapitalgesellschaft, mit „durchgerechnet" 10 Prozent beteiligt sein muss. Man könnte zunächst auf den disquotalen Anteil an den Ausschüttungen abstellen. Wäre eine Mitunternehmerschaft zu mindestens 10 Prozent am Stammkapital einer Kapitalgesellschaft beteiligt, würde ein Mitunternehmer schon dann nach § 8b Abs. 1 Satz 1 KStG steuerbefreite Dividenden zugerechnet bekommen, wenn er sämtliche von der Mitunternehmerschaft erzielten Dividenden zugewiesen bekommt. Eine denkbare Auffassung wäre es somit, „Streubesitz" schon bei ausreichender disquotaler *Dividenden*beteiligung abzulehnen. Der Wortlaut von § 8b Abs. 4 Satz 4 Hs. 1 KStG spricht indes für ein anderes Ergebnis. Denn Satz 4 Hs. 1 bezieht sich mit dem Passus „Be-

1146 *Gosch*, in: Gosch, KStG, § 8b Rz. 526; *Schnitger*, in: Schnitger/Fehrenbacher, KStG, § 8b Rz. 647, 649; *Rödder/Schuhmacher*, DStR 2003, 909, 915; *Pohl*, in: BeckOK-KStG, § 8b Rz. 890.3 f.

1147 Vgl. *Hechtner/Schnitger*, Ubg 2013, 269, 274.

teiligungen über eine Mitunternehmerschaft…" auf den Begriff der „Beteiligung" gem. Satz 1 – und dort ist die Beteiligung am Stammkapital der Körperschaft gemeint, also eine vermögensmäßige Beteiligung. Diese vermögensmäßige Beteiligung spiegelt sich, wenn eine Mitunternehmerschaft „zwischengeschaltet" wird, eher im Anteil am Veräußerungserlös wider als am Anteil an den Dividenden. Daraus ist abzuleiten, dass es auf den Gewinnanteil am Veräußerungserlös ankommt.[1148] Eine getrennte Zuweisung von Veräußerungsgewinnen und Dividenden führt beim dividendenempfangenden Mitunternehmer damit zur Vollbesteuerung der Dividenden, wenn er am Veräußerungsgewinn nur so geringfügig beteiligt ist, dass er die danach zu bemessende „Mindestbeteiligungsquote" von durchgerechnet 10 Prozent nicht erreicht. Die gänzlich isolierte Zuweisung von Dividenden an einen vermögensmäßig nicht an der Mitunternehmerschaft beteiligten Gesellschafter wäre demnach dem Grunde nach möglich, würde aber nicht das angestrebte Ziel der Besteuerung nach dem Schachtelprivileg verwirklichen.

Ob eine Mitunternehmer-Körperschaft die Beteiligungsgrenze des § 8b Abs. 4 KStG überschreitet, ermittelt sich nach ihrem Gewinnanteil zu Beginn des Kalenderjahres (§ 8b Abs. 4 Satz 1 Hs. 1 KStG).[1149] Nach hier vertretener Ansicht besteht gleichwohl die Möglichkeit, bis zum Ende des (häufig kalenderjahrgleichen) Wirtschaftsjahres die Gewinnverteilungsabrede mit Rückwirkung auf den Jahresbeginn dergestalt zu ändern, dass der durchgerechnete Gewinnanteil der Körperschaft die Beteiligungsgrenze von 10 Prozent schon zu Beginn des Kalenderjahres erreicht.[1150] Dieses Ergebnis entspricht ebenfalls einer Direktbeteiligung des Mitunternehmers an der ausschüttenden Körperschaft, weil in dem Fall gem. § 8 Abs. 4 Satz 6 KStG der unterjährige Erwerb einer 10-Prozent-Beteiligung (oder Aufstockung einer bestehenden Beteiligung) ebenfalls auf den Beginn des Kalenderjahres zurückwirkt.

1148 Vgl. *Kessler/Dietrich*, DStR 2012, 2101, 2102 (Fn. 12) zur Frage der Anerkennung inkongruenter Gewinnverteilungsabreden: „Denkbar wären bspw. gesellschaftsvertragliche Sonderregelungen, wonach nicht allen, sondern nur einem oder mehreren Gesellschaftern der Wert und die Wertentwicklung einer zum Gesamthandsvermögen gehörenden Beteiligung zuzurechnen ist".

1149 Dazu jüngst FG Sachsen, Urteil vom 13.10.2020, 8 K 666/20, EFG 2022, 607 (Rev. eingelegt, Az. BFH I R 30/21); kritisch zur gesetzlichen Regelung u.a. *Pohl*, in: BeckOK-KStG, § 8b Rz. 774.

1150 Zum „Rückwirkungsverbot" der Rechtsprechung und der hier vertretenen Gegenauffassung untenD.II.2.

bb) Abschreibungsberechtigung

Die beim Nießbrauch diskutierten Fragen zur subjektiven Abschreibungsberechtigung, die aus der Trennung von laufender Einkünfteerzielung und Vermögen resultieren,[1151] könnten sich in ähnlicher Form bei Mitunternehmerschaften stellen, wenn dort laufende Erträge und stille Reserven verschiedenen Mitunternehmern gesondert zugewiesen werden. Als subjektiv „abschreibungsberechtigt“[1152] wird gemeinhin der zivilrechtliche oder (unter den Voraussetzungen von § 39 Abs. 2 Nr. 1 AO) der wirtschaftliche Eigentümer eines Wirtschaftsguts angesehen.[1153] Der Wortlaut von § 7 Abs. 1 Satz 1 EStG stellt jedoch, unabhängig vom zivilrechtlichen oder wirtschaftlichen Eigentum, auf die Nutzung oder Verwendung eines Wirtschaftsguts zur Erzielung von Einkünften durch einen Steuerpflichtigen ab, der als Rechtsfolge Jahr für Jahr Teile seiner Anschaffungs- oder Herstellungskosten absetzen darf. Maßgeblich für die Abschreibungsberechtigung ist daher, dass der Steuerpflichtige das Wirtschaftsgut zur Einkünfteerzielung nutzt und Anschaffungs- oder Herstellungskosten getragen hat.[1154] Die Abschreibungsberechtigung betrifft demnach Ertrags- und Vermögensebene, was insbesondere beim Nießbrauch zu Schwierigkeiten führt.

Im Zusammenhang mit Mitunternehmerschaften wird davon ausgegangen, dass die Abschreibungsberechtigung grundsätzlich bei der Mitunternehmerschaft liegt, soweit Wirtschaftsgüter des Gesamthandsvermögens betroffen sind,[1155] und bei den Mitunternehmern nur insoweit, als die Abschreibungen Wirtschaftsgüter des Sonderbetriebsvermögens betreffen.[1156] Als Begründung wird darauf abgestellt, dass die Personengesellschaft Sub-

1151 Zur Sicht der Finanzverwaltung BMF, Schreiben vom 30.9.2013, BStBl. I 2013, 1184; Überblick bei *Graw*, in: BeckOK-EStG, § 7 Rz. 156 ff.; *Anzinger*, in: Herrmann/Heuer/Raupach, EStG/KStG, § 7 EStG Rz. 112 ff.

1152 Zum passenderen Terminus „Abschreibungszurechnung“ *Anzinger*, in: Herrmann/Heuer/Raupach, EStG/KStG, § 7 EStG Rz. 89.

1153 *Winnefeld.*, Bilanzhandbuch, Kap. E, Rz. 920; *Kulosa*, in: Schmidt, EStG, § 7 Rz. 52; *Pfirrmann*, in: Kirchhof/Seer, EStG, § 7 Rz. 10.

1154 *Hennrichs*, in: Tipke/Lang, SteuerR, § 9 Rz. 340; *Anzinger*, in: Herrmann/Heuer/Raupach, EStG/KStG, § 7 EStG Rz. 90.

1155 BFH, Urteil vom 07.08.1986, IV R 137/83, BFHE 147, 224, BStBl. II 1986, 910 unter II.3.b); *Anzinger*, in: Herrmann/Heuer/Raupach, EStG/KStG, § 7 EStG Rz. 94; *Brandis*, in: Brandis/Heuermann, Ertragsteuerrecht, § 7 EStG Rz. 132; *Graw*, in: BeckOK-EStG, § 7 Rz. 115; *Bartone*, in: Korn, EStG, § 7 Rz. 47; *Stuhrmann*, in: Bordewin/Brandt, EStG, § 7 Rz. 58.

1156 Vgl. *Brandis*, in: Brandis/Heuermann, Ertragsteuerrecht, § 15 EStG Rz. 133.

jekt der Gewinnermittlung ist und somit Gewinnermittlungsvorschriften wie § 7 EStG ebenfalls auf Gesellschaftsebene zur Anwendung kommen müssen. Man könnte auch darauf abstellen, dass die Wirtschaftsgüter von der Gesellschaft angeschafft wurden und zur Einkünfteerzielung genutzt werden. Die Einheit der Gesellschaft zeigt sich folglich auch in der Abschreibungsberechtigung der Mitunternehmerschaft, sodass an die Stelle des „Steuerpflichtigen" i.S.d. § 7 Abs. 1 EStG die Personengesellschaft tritt.[1157] An diesen Grundsätzen können Sonderzuweisungen im Rahmen der Gewinnverteilung nichts ändern, weil die Gewinnverteilung das Subjekt der Einkünfteerzielung nicht beeinflusst. Die Sonderzuweisungen lassen im betrieblichen Bereich die Ertrags- und Vermögensebene nicht auseinanderfallen. Abschreibungen auf Ebene der Mitunternehmerschaft wirken sich bei den einzelnen Mitunternehmern somit allein durch einen verringerten Gewinnanteil (oder erhöhten Verlustanteil) aus.

Probleme können sich allerdings ergeben, soweit Abschreibungstatbestände personenbezogen ausgelegt werden. Personenbezogene Abschreibungen werden nur auf Ebene der Mitunternehmer vorgenommen, die die Voraussetzungen des Abschreibungstatbestands erfüllen.[1158] Die Abschreibungsberechtigung steht dann nicht der Gesellschaft, sondern nur den begünstigten Gesellschaftern zu. Für diese Tatbestände bestimmt § 7a Abs. 7 Satz 1 EStG, dass Abschreibungen von den verschiedenen begünstigten Beteiligten (Gesellschaftern) „anteilig" vorgenommen werden.[1159] „Anteilig" bezieht sich auf den Gesellschaftsanteil, wenn nicht nach den allgemeinen Kriterien der Tragung von Anschaffungs- und Herstellungskosten sowie der Nutzung zur Einkünfteerzielung von einer Verschiebung der Abschreibungsberechtigung auszugehen ist.[1160] Auf die anteilige Tragung

---

1157 *Knobbe-Keuk*, DStJG 2 (1979), S. 109, 114.

1158 Zu § 7b EStG BFH, Urteil vom 13.2.1990, IX R 102/85, BFHE 160, 432, BStBl. II 1990, 953 unter 2.; zu § 7h EStG BFH, Urteil vom 17.7.2001, IX R 50/98, BFHE 196, 124, BStBl. II 2001, 760 unter II.1.; zum früheren § 7d Abs. 1 EStG BFH, Urteil vom 13.7.1993, VIII R 85/91, BFHE 172, 416, BStBl. II 1994, 243; zu Sonderabschreibungen i.S.d. § 8 Abs. 1 Satz 1 EStDV BFH, Urteil vom 7.11.2006, VIII R 13/04, BFHE 215, 260, BStBl. II 2008, 545 unter 2.

1159 Technisch werden die Abschreibungen durch negative Ergänzungsbilanzen der begünstigten Gesellschafter ausgewiesen, *Stuhrmann*, in: Bordewin/Brandt, EStG, § 7a Rz. 71; abweichend *Knobbe-Keuk*, DStJG 2 (1979), S. 109, 116 (Abschreibungen in der Gesellschaftsbilanz, allerdings nur zum Prozentsatz, in dem begünstigte Gesellschafter beteiligt sind).

1160 *Anzinger/Siebenhüter*, in: Herrmann/Heuer/Raupach, EStG/KStG, § 7a EStG Rz. 63; *Bartone*, in: Korn, EStG, § 7a Rz. 17; *Brandis*, in: Brandis/Heuermann,

der Anschaffungs- und Herstellungskosten kann für die Höhe der Abschreibungsberechtigung nicht abgestellt werden, weil sie von der Gesellschaft selbst getragen werden. Für den Umfang der Nutzungsberechtigung zur Einkünfteerzielung ist auf den Schlüssel für die Verteilung laufender Gewinne abzustellen.[1161] Eine Nutzungsberechtigung zur Einkünfteerzielung steht dem einzelnen Gesellschafter prinzipiell nicht zu, weil die Einkünfte von der Gesellschaft erzielt werden. Gleichwohl bekommt der begünstigte Gesellschafter diese Einkünfte zugerechnet; somit partizipiert er an der Nutzung durch die Gesellschaft. Sonderzuweisungen, wonach lediglich ein Gesellschafter das laufende wirtschaftliche Ergebnis eines Wirtschaftsguts zugewiesen bekommt, sollten daher dazu führen, dass allein dieser Gesellschafter bei Erfüllung der persönlichen Abschreibungsvoraussetzungen von den Abschreibungen profitieren kann. Allerdings ist gerade im Vergleich mit vermögensverwaltenden Personengesellschaften eine Einschränkung dahingehend erwägenswert, dass das einem Gesellschafter „zustehende" Abschreibungsvolumen auf seine (gedachte) bruchteilsmäßige Beteiligung an den Anschaffungs- und Herstellungskosten gedeckelt wird. [1162] Denn versteht man die Abschreibungsberechtigung gesellschafterbezogenen, muss auch der Anschaffungs- und Herstellungskostenbegriff i.S.d. § 7 Abs. 1 Satz 1 EStG gesellschafterbezogen ausgelegt werden. Fraglich ist insofern, wie die (gedachte) Höhe der Anschaffungs- und Herstellungskosten eines Gesellschafters an einem Wirtschaftsgut zu bestimmen ist. Sie könnte sich einerseits nach seiner Gesellschaftsbeteiligung richten, die sich am Festkapitalanteil des Mitunternehmers ablesen lässt, andererseits nach dem Gewinnverteilungsschlüssel, soweit damit eine abweichende Beteiligung am Substanzwert der Wirtschaftsgüter des Gesellschaftsvermögens geregelt wird. Vorzugswürdig erscheint es, auf die Beteiligung des Gesellschafters am Veräußerungsgewinn abzustellen, da diese Größe seine vermögensmäßige Teilhabe am entsprechenden Wirtschaftsgut ausdrückt. Partizipiert der Gesellschafter nicht am Veräußerungsgewinn, sind ihm auch keine Anschaffungs- und Herstellungskosten der Mitunternehmerschaft zuzurechnen. Werden laufende Gewinne und Veräußerungsgewinne verschiedenen Gesellschaftern zugewiesen, scheidet eine Geltendmachung personenbezo-

---

Ertragsteuerrecht, § 7a EStG Rz. 59; nur auf das Verhältnis der Anschaffungs- bzw. Herstellungskosten abstellend *Kulosa*, in: Schmidt, EStG, § 7a Rz. 14.

1161 *Stuhrmann*, in: Bordewin/Brandt, EStG, § 7a Rz. 73.

1162 Im Einzelnen unten E.I.4.b)cc).

gener Abschreibungen sowohl durch den „nutzenden“ Gesellschafter als auch durch den „veräußernden“ Gesellschafter aus.

cc) Gesonderte Zuweisung laufender Gewinne durch Vorabgewinnanteile

Nach den Erkenntnissen zu wirtschaftsgutsbezogenen Gewinnanteilen ist auch für die gesonderte Zuweisung laufender Gewinne die Möglichkeit der gesonderten Zuweisung als Vorabgewinn zu bejahen. Daher können beispielsweise Gewinnelemente der Mitunternehmerschaft, die beim empfangenden Mitunternehmer als Dividenden besteuert werden und dem Teileinkünfteverfahren oder § 8b Abs. 1 Satz 1 KStG unterliegen, diesem Mitunternehmer als Vorabgewinne zugewiesen werden. Dieses Vorgehen kann relevant werden, wenn durch sonstige Geschäftsvorfälle kein ausreichender Bilanzgewinn vorhanden ist. Die steuerliche „Qualität“ der durch die Mitunternehmerschaft durchgeleiteten Dividenden wird durch ihre gesonderte Zuweisung als Vorabgewinn nicht berührt.[1163]

d) Zwischenergebnis zu Sonderzuweisungen von laufenden Gewinnen und Veräußerungsgewinnen

Die Fallgruppe der gesonderten Zuweisung von laufenden Gewinnen und Veräußerungsgewinnen ist im Bereich der Mitunternehmerschaften eng mit der Fallgruppe der wirtschaftsgutsbezogenen Sonderzuweisungen verwandt. Der wesentliche Unterschied besteht darin, dass einem Mitunternehmer der laufende Ertrag eines Wirtschaftsguts zugewiesen wird, nicht aber eine gesonderte Beteiligung an den darin enthaltenen stillen Reserven. Einkommensteuerliche Bestimmungen, wonach die gesonderte Zuweisung laufender Gewinne und Veräußerungsgewinne nicht als „Gewinnanteile“ anzusehen sein könnten, fehlen. Die gesonderte Zuweisung laufender Gewinne führt auch nicht zu „unlösbaren“ ertragsteuerlichen Einzelfragen, die gegen eine steuerliche Anerkennung sprechen könnten. Im Rahmen von § 8b KStG ist allerdings Vorsicht geboten. Die gesonderte Zuweisung von Dividenden, die eine Körperschaft über eine zwischengeschaltete Mitunternehmerschaft erhält, führt bei der Körperschaft zur Vollbesteuerung der Dividenden, wenn die Körperschaft nicht (mittels Teilhabe am etwaigen Veräußerungserlös) mit „durchgerechnet“ 10 Prozent an der ausschütten-

1163 Zur Begründung zuvor D.III.1.b)aa)(2).

den Gesellschaft beteiligt ist. Bei Sonderabschreibungen, für die § 7a Abs. 7 EStG einschlägig ist, lässt die gesonderte Zuweisung von laufenden Gewinnen und Veräußerungsgewinnen die subjektive Abschreibungsberechtigung der Mitunternehmer entfallen.

3. Periodenverlagerung

Die Periodenverlagerung hat einen anderen Gestaltungscharakter als die vorherigen beiden Fallgruppen. Sie zeichnet sich nicht durch eine besondere Verteilung des Gewinns eines Wirtschaftsjahres aus, sondern durch eine schwankende Gewinnverteilung im Laufe mehrerer Wirtschaftsjahre. Derartige Gewinnverteilungsabreden waren bereits in unterschiedlicher Form Gegenstand der steuerrechtlichen Diskussion.

a) Erkenntnisstand zur steuerlichen Anerkennung der Periodenverlagerung

aa) Rechtsprechung

Die Rechtsprechung hatte sich in der Vergangenheit verschiedentlich mit der zeitlich begrenzten disquotaler Gewinn- und Verlustzuweisung zu befassen. Ein Paradebeispiel bietet dafür das Urteil vom 19.8.1999, das das sog. Schütt-Aus-Hol-Zurück-Verfahren bei Körperschaften betrifft und für viel Aufsehen gesorgt hat.[1164] Auf diese Entscheidung wird an späterer Stelle zurückzukommen sein, nämlich bei Untersuchung der Sonderzuweisungen im Rahmen von § 42 AO. Zunächst gilt es sich Entscheidungen der Finanzrechtsprechung zu Personengesellschaften zu widmen, die sich ohne Berufung auf § 42 AO mit zeitlich begrenzter disquotaler Gewinnverteilung beschäftigen. Bei Betrachtung der nachfolgend vorgestellten Fällen ergibt sich, dass der BFH zeitlich begrenzte disquotale Gewinn- und Verlustzuweisungen steuerlich anerkennt.

1164 BFH, Urteil vom 19.8.1999, I R 77/96, BFHE 189, 342, BStBl. II 2001, 43; dazu zunächst der Nichtanwendungserlass der Finanzverwaltung mit BMF-Schreiben vom 7.12.2000 - IV A 2 - S 2810 - 4/00, BStBl. I 2001, 47; kritisch etwa *Groh*, DB 2000, 1433 („Freibrief für disquotale Gewinnausschüttungen in Kapitalgesellschaften"); *Paus*, FR 2000, 197; zustimmend *Rose*, FR 2002, 1; *Gosch*, DStR 1999, 1849, 1853; *Schwedhelm/Binnewies*, DB 2001, 503; laut *Roser*, GmbHR 2000, 1189, 1191 „Einzelfallentscheidung" erforderlich; offen gelassen von *Prinz*, GmbHR 2001, 131, 132; vgl. im Anschluss auch BFH, Beschluss vom 27.5.2010, VIII B 146/08, BFH/NV 2010, 1865.

(1) Zeitlich begrenzte disquotale Gewinn- und Verlustverteilung

Eine auf ein Geschäftsjahr befristete disquotale Gewinn- und Verlustzuweisung an Kommanditisten, die zuvor ihre Kommanditeinlage erhöht haben, ist nach dem BFH steuerlich anzuerkennen.[1165] Eine derartige Vereinbarung sei Teil des Gewinn- und Verlustverteilungsschlüssels, der für die einkommensteuerrechtliche Zurechnung der Gewinn- und Verlustanteile i.S.d. § 15 Abs. 1 Satz 1 Nr. 2 EStG maßgeblich sei. Erkenne man das negative Kapitalkonto des Kommanditisten steuerlich an, müsse auch eine zeitlich begrenzte Verlustzuweisung auf bestimmte Gesellschafter möglich sein. Einschränkend zu berücksichtigen ist nach dem BFH dabei das Rückwirkungsverbot und die Grenzen der „außerbetrieblichen Veranlassung“ sowie des Rechtsmissbrauchs. „Allgemein“ außerbetrieblich veranlasst oder rechtsmissbräuchlich sei eine derartige Abrede gleichwohl nicht. Die Verlustzuweisung zum Zweck der Steuerersparnis sei nicht dem außerbetrieblichen Bereich zuzuordnen.

In ähnlichem Fahrwasser bewegt sich ein BFH-Urteil zur erhöhten Verlustzuweisung an nachträglich einer Kommanditgesellschaft beitretende Kommanditisten.[1166] Die Gewinnverteilungsabrede im Gesellschaftsvertrag der Kommanditgesellschaft besagte, dass „sämtliche in 1974 und 1975 eingetretenen Kommanditisten gleichgestellt sind“. Anschließend sollten Gewinn und Verlust nach den festen Kapitalanteilen der Kommanditisten verteilt werden. In diesem Fall war insbesondere der Umfang des Rückwirkungsverbots streitig. Die Revision vermutete außerdem Anschaffungsvorgänge bei den später beigetretenen Kommanditisten, die Teile der negativen Kapitalkonten der Bestandskommanditisten erworben hätten. Der BFH indes erkannte weder einen Verstoß gegen das Rückwirkungsverbot, weil die maßgebliche Gewinnverteilungsabrede bereits vor Eintritt der in den Jahren 1974 und 1975 beitretenden Kommanditisten getroffen worden war, noch einen Veräußerungsvorgang, weil den Altgesellschaftern kein Entgelt gezahlt worden war. Die Verlustverteilungsabrede sei so auszulegen, dass den später beitretenden Kommanditisten ein erhöhter Verlustanteil zugewiesen wird. Diese Abrede komme nur zum Tragen, wenn tatsächlich Verluste entstehen – eine rückwirkende Vereinbarung könne nur vorliegen, wenn bereits feststehender Gewinn oder Verlust anders als bislang

1165 BFH, Urteil vom 7.7.1983, IV R 209/80, BFHE 139, 60, BStBl. II 1984, 53 unter II.1.

1166 BFH, Urteil vom 17.3.1987, VIII R 293/82, BFHE 149, 454, BStBl. II 1987, 558 unter II.4.

vereinbart verteilt werden soll. Der Verzicht der Bestandsgesellschafter auf Verlustzuweisungen stelle einen Anreiz zum Beitritt von Neugesellschaftern dar und diene damit der Eigenkapitalausstattung der Gesellschaft.

Ebenfalls gebilligt hat der BFH die Verlustzuweisung an Kommanditisten einer Mitunternehmerschaft bis zum „Verbrauch" ihrer positiven Kapitalkonten und die anschließende Verlustzuweisung an die Komplementär-GmbH.[1167] Diese Abrede, übrigens für ein Streitjahr vor Einführung von § 15a EStG getroffen,[1168] bezweckte, dass den Kommanditisten keine negativen Kapitalkonten entstehen. Diese hätten durch zukünftige Gewinnanteile gedeckt werden müssen, bevor die Kommanditisten eine Gewinnauszahlung hätten verlangen können (§ 169 Abs. 1 Satz 2 Hs. 2 HGB a.F.). Stattdessen wurden die Verluste der Komplementär-GmbH zugewiesen. Nach der Gewinnverteilungsabrede sollten ihr anschließende Gewinne zur Auffüllung ihres Kapitalkontos zugewiesen werden. So könne der Kommanditist durch eine Einlage leichter seine Pflichteinlage auffüllen, sodass ihm bei späteren Entnahmen nicht die Haftung aus § 172 Abs. 4 HGB drohe.

Mit Blick auf diese Entscheidungen zur zeitlich oder betragsmäßig begrenzten disquotalen Verteilung von Verlusten ist nach dem BFH bei der steuerlichen Gewinn- und Verlustzurechnung das Primat des gesellschaftsvertraglich vereinbarten Gewinnverteilungsschlüssels zu respektieren.

(2) Periodenverlagerung in der GmbH & atypisch Still

Im Zusammenhang mit der Gewinnverteilung bei einer GmbH & atypisch Still war das FG Münster bereits unmittelbar mit der Periodenverlagerung konfrontiert, die sich durch die „Umkehrung" disquotaler Gewinn- oder Verlustanteile in einem bestimmten Zeitraum auszeichnet.

(1) Dem ersten Urteil lag eine Gewinnverteilungsabrede zugrunde, wonach die Geschäftsinhaberin (eine GmbH) in drei aufeinanderfolgenden Jahren einen Vorabgewinn in Höhe von insg. 450.000 Euro erhalten sollte, während im darauffolgenden Jahr die drei atypisch stillen

1167 BFH, Urteil vom 26.3.1987, IV R 249/84, BFH/NV 1988, 699 unter 2.; zu einer ähnlichen Abrede bei einer vermögensverwaltenden Personengesellschaft BFH, Urteil vom 8.9.1992, IX R 335/87, BFHE 169, 418, BStBl. II 1993, 281 unter II.2.

1168 § 15a wurde mit dem Gesetz zur Änderung des Einkommensteuergesetzes, des Körperschaftsteuergesetzes und anderer Gesetze vom 20.8.1980 eingeführt (BGBl. 1980 I, S. 1545); das Streitjahr im Urteilsfall war 1974.

Gesellschafter eine Vorabvergütung in Höhe von 510.000 Euro erhalten sollten. Die stillen Gesellschafter waren drei Geschwister, die zugleich Gesellschafter der GmbH waren. Die GmbH erzielte laufend Verluste und nutzte die Vorabgewinne zur Verlustverrechnung. Das FG Münster unterzog die Gewinnverteilungsabrede aufgrund der familiären Verbindung der Beteiligten einer Angemessenheitskontrolle und betrachtete sie zudem im Licht des § 42 AO, erkannte die Gewinnverteilung aber im Ergebnis steuerlich an.[1169]

(2) Im zweiten Urteil war über eine Gewinnverteilungsabrede einer GmbH & atypisch Still zu entscheiden, wonach einem atypisch stillen Gesellschafter in einem Jahr ein Vorabverlust zugewiesen wurde, der in späteren Jahren bei ausreichender Ertragslage der GmbH durch „gegenläufige" Gewinnverteilung mit Verzinsung auszugleichen war, spätestens aber nach Ablauf von zehn Jahren. Auf diesen Zeitraum war die Laufzeit der Gewinnverteilungsabrede begrenzt. Vorher und nachher erfolgte die Gewinnverteilung nach dem Verhältnis der Einlage des Stillen zum Stammkapital der GmbH zuzüglich der Einlage. Der mittelbare Alleingesellschafter der GmbH und der stille Gesellschafter waren personenidentisch. Das FG Münster versagte im Zuge der Angemessenheitskontrolle der Gewinnverteilungsabrede unter anderem deshalb die steuerliche Anerkennung, weil die Ertragssituation der GmbH keine Rückzahlung des Vorabverlusts und damit Erfüllung der Gewinnverteilungsabrede erwarten ließ. Die Verlustzuweisung an den Stillen sei daher unangemessen gewesen. Im Ergebnis müsse der vor und nach der Periodenverlagerung geltende Gewinnverteilungsschlüssel durchgehend zur Anwendung kommen.[1170]

Die FG-Urteile ergingen jeweils zu atypisch stillen Gesellschaften mit „Doppelgesellschafter". Das führt nach der Rechtsprechung aufgrund des Näheverhältnisses zwischen GmbH-Gesellschafter und stillem Gesellschafter zur Eröffnung der Angemessenheitskontrolle, die aber – wie das erste der beiden Urteile zeigt – durchaus in der Feststellung einer beitragsgerechten Gewinnverteilung resultieren kann.[1171] Wenn sich im zu betrachtenden Mehrperioden-Zeitraum eine „angemessene" Gewinnverteilung ergibt, wird in den einzelnen Perioden keine Korrektur erfolgen. Kurzfristige

1169 FG Münster, Urteil vom 14.8.2013, 2 K 2483/11 F, EFG 2014, 29.

1170 FG Münster, Urteil vom 14.5.2019, 2 K 3371/18 F, EFG 2019, 1521 (rkr.).

1171 FG Münster, Urteil vom 14.8.2013, 2 K 2483/11 F, EFG 2014, 29.

Schwankungen in der Gewinnverteilung können unschädlich sein, wenn sich in der Gesamtschau eine Angemessenheit einstellt. Entscheidend ist die Angemessenheit aus Sicht der Beteiligten zum Zeitpunkt der Vereinbarung der Gewinnverteilungsabrede. Der Zeithorizont für die erforderliche Angemessenheitsprognose beträgt nach finanzgerichtlicher Rechtsprechung zur GmbH & Co. KG bzw. GmbH & atypisch Still drei bis fünf Jahre.[1172] Dieser Zeitraum lehnt sich an eine Vorgehensweise zur Ermittlung des Ertragswerts eines Unternehmens an.[1173] Dabei ist anhand des in den vergangenen drei bis fünf Jahren erzielten Gewinns zu schätzen, wie er sich zukünftig entwickeln wird.[1174] Ergibt die Gewinnprognose für die Personengesellschaft, dass sich in den nächsten drei bis fünf Jahren voraussichtlich eine fremdübliche (beitragsgerechte) Gewinnverteilung „einspielt", ist die Gewinnverteilung angemessen.[1175] Dementsprechend wären Gewinnverteilungsabreden wie in Beispiel 8 und Beispiel 9[1176] steuerlich anzuerkennen, wenn eine Gewinnprognose zum Zeitpunkt der Vereinbarung kein „nennenswertes Risiko"[1177] ergibt oder es „alles andere als wahrscheinlich"[1178] ist, dass die Gewinnverteilungsabrede mangels ausreichenden zukünftigen Gewinns nicht durchgeführt werden kann.

Will man mit der Rechtsprechung eine allgemeine Angemessenheitskontrolle bejahen, steht die Periodenverlagerung der Angemessenheit einer Gewinnverteilungsabrede also nicht von vornherein entgegen. Dies gilt

---

1172 BFH, Beschluss vom 29.5.1972, GrS 4/71, BFHE 106, 504, BStBl. II 1973, 5, juris Rz. 44 (Angemessenheit der Gewinnverteilungsabrede richtet sich nach der prognostizierten Rendite auf die einzelnen Gewinnanteile in den fünf Jahren ab dem Zeitpunkt ihrer Vereinbarung); vgl. auch BFH, Urteil vom 27.03.2001, I R 52/00, BFH/NV 2002, 537, juris Rz. 16 (zum Prognosezeitraum bei partiarischem Darlehen: fünf Jahre); FG Münster, Urteil vom 14.08.2013, 2 K 2483/11 F, EFG 2014, 29; Urteil vom 14.05.2019, 2 K 3371/18 F, EFG 2019, 1521, juris Rz. 37 (jeweils drei bis fünf Jahre); *Levedag*, in: Blaurock, Hdb. St. Gesellschaft, § 21 Rz. 21.66 (fünf Jahre).

1173 BFH, Urteil vom 05.12.1990, I R 106/88, BFH/NV 1991, 841, juris Rz. 14; Urteil vom 12.12.1990, I R 85/88, BFH/NV 1992, 59, juris Rz. 19; ohne nähere Begründung des fünfjährigen Prognosezeitraums allerdings noch BFH, Beschluss vom 29.05.1972, GrS4/72, BFHE 106, 504, BStBl. II 1973, 5 unter IV.2.d)cc).

1174 BFH, Urteil vom 05.12.1990, I R 106/88, BFH/NV 1991, 841, juris Rz. 14; Urteil vom 12.12.1990, I R 85/88, BFH/NV 1992, 59, juris Rz. 19; FG Brandenburg, Urteil vom 15.05.2002, 2 K 1964/00, EFG 2002, 1118, 1119; vgl. auch *Kamanabrou*, in: Oetker, HGB, § 131 Rz. 60.

1175 FG Münster, Urteil vom 14.08.2013, 2 K 2483/11 F, EFG 2014, 29.

1176 Oben C.V.4.

1177 FG Münster, Urteil vom 14.08.2013, 2 K 2483/11 F, EFG 2014, 29.

1178 FG Münster, Urteil vom 14.05.2019, 2 K 3371/18 F, EFG 2019, 1521, juris Rz. 40.

jedenfalls unter der Prämisse, dass die Gewinnverteilungsabrede auf einen Zeitraum begrenzt ist, in dem sich die Ertragslage der Personengesellschaft samt ihres erzielbaren Jahresgewinns abschätzen lässt. Der Gesellschafter, der einen Verlust zugewiesen bekommt, muss in einem drei- bis fünfjährigen Zeitfenster die realistische Aussicht haben, die Verlustzuweisung zu neutralisieren und einen seinem Gesellschaftsanteil angemessenen Gewinnanteil zugewiesen zu bekommen. Dieses aus dem Ertragswertverfahren abgeleitete Zeitfenster ist einerseits ein plausibler Hilfsmaßstab, um die Angemessenheit der Periodenverlagerung zu überprüfen. Andererseits erschließt sich nicht, warum die Angemessenheitskontrolle einen Prognosezeitraum von drei bis fünf Jahren umfassen soll, während beim Ertragswertverfahren die zukünftige Ertragslage der Gesellschaft anhand der *vergangenen* drei bis fünf Jahre vorherzusagen ist. Stattdessen sollte es bei der Angemessenheitskontrolle – soweit man sie bei der Periodenverlagerung unter fremden Dritten überhaupt anwenden wollte – allein darauf ankommen, ob sich die getroffene Gewinnverteilungsabrede in dem Zeitraum, auf den sie *ausgelegt* ist, nach der Ertragslage in den vergangenen drei bis fünf Jahren realistisch verwirklichen lässt. Bei dieser Prognose sollten sämtliche gesellschaftsvertraglichen Abreden berücksichtigt werden. Nicht nur relevant ist der Umstand, dass in den nächsten Jahren ein Kündigungsausschluss vereinbart wurde,[1179] sondern ebenso etwaige *Clawback*-Vereinbarungen[1180] oder die Abrede, dass der Gewinnanteil des zuerst begünstigten Gesellschafters auf einem Treuhand-Konto verwahrt wird, bis sich der Gesamtgewinn der Gesellschaft feststellen lässt. Weiterhin droht aufgrund der pauschalierenden Bezugnahme auf die nächsten drei bis fünf Jahre die Gefahr, gesellschaftsspezifische Geschäftsmodelle und die Besonderheiten des Einzelfalls nicht hinreichend zu würdigen. Private-Equity-Fonds mit einer typischen Laufzeit von etwa zehn Jahren erzielen ihren Gewinn im Wesentlichen in den letzten Lebensjahren des Fonds, in denen die Portfoliobeteiligungen veräußert werden.[1181] Eine Verlustübernahme in den Anfangsjahren würde dementsprechend nicht schon in drei bis fünf Jahren ausgeglichen werden können. Die Angemessenheit der Gewinnverteilung sollte sich daher nicht von vornherein an starren zeitlichen Grenzen bemessen, sondern an den Umständen des Einzelfalls. Die Angemessenheits-

1179 FG Münster, Urteil vom 14.08.2013, 2 K 2483/11 F, EFG 2014, 29, 33.

1180 Dazu oben C.V.4.g).

1181 Vgl. *Rodin/Mardini/Euhus*, in: Pöllath/Rodin/Wewel, Private Equity und Venture Capital Fonds, § 3 Rz. 10; zur marktüblichen Laufzeit § 22 Rz. 97.

prognose muss daher womöglich die gesamte voraussichtliche Lebensdauer der Personengesellschaft umfassen.

Besondere Besteuerungsmerkmale auf Ebene des Gesellschafters hat die Finanzrechtsprechung im Rahmen der Angemessenheitskontrolle nicht berücksichtigt. Sie fragt nur nach einem beitragsgerechten Gewinnanteil, für dessen Ermittlung die steuerliche Situation des Gesellschafters irrelevant ist. Steuerliche Effekte von Gewinnverteilungsabreden korrigiert die Angemessenheitskontrolle lediglich, soweit sie unmittelbarer Ausfluss einer Beitragsungerechtigkeit der Gewinnbeteiligung sind (etwa in Familiengesellschaften). Für die Angemessenheit der Gewinnverteilung ist es demnach unerheblich, ob etwa ein Gesellschafter, der einen Verlust zugewiesen bekommt, diesen Verlust seinerseits mit Gewinnen verrechnen kann (oder umgekehrt). Diese Frage stellt sich nach der Rechtsprechung nur im Rahmen von § 42 AO.[1182] Bei Betrachtung der Periodenverlagerung in der bisherigen Rechtsprechung zeigt sich, dass es in erster Linie der Angemessenheitskontrolle unterzogen wird. In diesem Zusammenhang kommt es auf die „Angemessenheit" der Gewinnverteilung über einen mehrjährigen Zeitraum an, sodass sogar nach den (strengen) Maßstäben der Rechtsprechung die Angemessenheit der Periodenverlagerung zu bejahen sein kann.

bb) Literaturstimmen

Auch in der Literatur ist das „Problem" der Periodenverlagerung in Personengesellschaften bekannt. Teils wird seine steuerliche Anerkennung bejaht,[1183] teils offen gelassen,[1184] teils unter bestimmten Voraussetzungen verneint.[1185] Eine überwiegende Auffassung hat sich bisher nicht herauskristallisiert. Wer die steuerliche Anerkennung bejaht, stützt sich auf den Grundsatz der Privatautonomie im Gesellschaftsrecht und der grundsätzlichen Nachvollziehung der Gewinnverteilungsabrede durch das Steuerrecht. Die steuerliche Anerkennung wird nach anderer Ansicht für den Fall verneint, dass die Gesellschafter bei der Periodenverlagerung einen Ausgleichsme-

1182 FG Münster, Urteil vom 14.08.2013, 2 K 2483/11 F, EFG 2014, 29, 33; vgl. für eine disquotale Gewinnausschüttung einer GmbH zu Verlustverrechnungszwecken („Schütt-Aus-Hol-Zurück") BFH, Urteil vom 19.08.1999, I R 77/96, BFHE 189, 342, BStBl. II 2001, 43.

1183 *Tavakoli*, DB 2006, 1882 f.

1184 *Schön*, in: GS Knobbe-Keuk, S. 139, 154.

1185 *Schwandtner*, Disquotale Gewinnausschüttungen, S. 365.

chanismus vereinbart haben, wonach die Gewinnanteile der Gesellschafter über die Totalperiode gesehen die gleichen Gewinnanteile erhalten. Weil diese Vereinbarung nur den Zuflusszeitpunkt verlagern soll, § 15 Abs. 1 Satz 1 Nr. 2 EStG indes eine zuflussunabhängige Besteuerung bezweckt, sei eine steuerliche Korrektur – gem. § 42 AO – vorzunehmen. Tragen die Mitunternehmer indes das wirtschaftliche Risiko, ob in „ihren" jeweiligen Wirtschaftsjahren überhaupt ein Gewinn erzielt wird, sei keine steuerlich unbeachtliche Zuflussregelung, sondern eine steuerlich anzuerkennende Gewinnverteilung anzunehmen.[1186] Damit wird ein aus dem US-Steuerrecht bekanntes Kriterium zur Abgrenzung steuerlich unangemessener und angemessener rechtlicher Gestaltungen angewendet, nämlich die Frage danach, ob sich eine vereinbarte Sonderzuweisungen bei den Gesellschaftern allein steuerlich oder auch wirtschaftlich auswirken wird. Voraussetzung einer wirtschaftlichen Auswirkung ist aus Sicht der US-Finanzverwaltung, dass die Sonderzuweisung mit hoher Wahrscheinlichkeit die Gesellschafter-Kapitalkonten nachhaltig beeinflusst. Maßgeblich für die steuerliche Anerkennung der Periodenverlagerung ist nach den *Treasury Regulations* zu § 704(b) IRC der sog. *Transitory-Test.*[1187]

b) Keine entgegenstehenden Bestimmungen des EStG

Bereits zuvor wurde dargelegt, dass es sich bei der Periodenverlagerung um eine „echte" Gewinnverteilungsabrede handelt und nicht um bloße Entnahmeregelungen, um wechselseitige Abtretung von Gewinnansprüchen oder ein Darlehen.[1188] Zivilrechtliche *causa* ist bei der Periodenverlagerung allein das Gesellschaftsverhältnis. Sodann bleibt zu prüfen, ob der Gewinnverteilungsabrede einkommensteuerliche Bestimmungen entgegenstehen.

1186 *Schwandtner*, Disquotale Gewinnausschüttungen, S. 365 f. – im Fall eines Ausgleichsmechanismus ist nach hier vertretener Auffassung zunächst die zivilrechtliche Vereinbarung eines Darlehens zwischen den Gesellschaftern zu prüfen (oben C.V.4.c)). Bejaht man ein Darlehensgeschäft, wird dem zunächst begünstigten Gesellschafter auch die Möglichkeit der Verlustverrechnung auf Gesellschafterebene genommen. Das Darlehen führt nicht zur Erzielung verrechenbarer Einkünfte.

1187 Oben B.II.2.c)aa)(2).

1188 Oben C.V.4.

aa) Vereinbarkeit mit der Zurechnungsfunktion von § 15 Abs. 1 Satz 1 Nr. 2 EStG

Aufgegriffen werden soll zunächst die Frage nach einem möglichen Konflikt der Periodenverlagerung mit der zuflussunabhängigen Besteuerung der Mitunternehmer. § 15 Abs. 1 Satz 1 Nr. 2 EStG und seiner Zurechnungsfunktion lässt sich womöglich der Normbefehl entnehmen, dass Mitunternehmern, die den Gesellschaftsgewinn über die Totalperiode der Gesellschaft in einem bestimmten Verhältnis („Grundverhältnis") aufteilen wollen, in jedem Wirtschaftsjahr ein Gewinnanteil zuzurechnen ist, der dem Grundverhältnis entspricht. „Zurechnungspausen" bei einzelnen Mitunternehmern aufgrund von temporalen Sonderzuweisungen wären somit ausgeschlossen. Folgten zwei Mitunternehmer bei der Gewinnverteilung über die Totalperiode betrachtet etwa dem Kopfprinzip, wäre ihnen danach der Gewinn oder Verlust in jedem Wirtschaftsjahr zwingend hälftig zuzurechnen. Alle temporalen Sonderzuweisungen wären als steuerlich unbeachtliche Vereinbarungen über den Zufluss der Gewinnanteile auszulegen.

Ein Normbefehl, wonach Gesellschaftern konstant ein dem Grundverhältnis entsprechender Gewinnanteil zuzurechnen wäre, spiegelt sich zunächst nicht im Wortlaut von § 15 Abs. 1 Satz 1 Nr. 2 Satz 1 Hs. 1 EStG wider. Er stellt auf den „Gewinnanteil" ab, der sich nach zivilrechtlichen Maßstäben bestimmt und zivilrechtlich Änderungen unterliegen kann. Das steuerliche Leistungsfähigkeitsprinzip, das auch auf die Leistungsfähigkeit in einem Besteuerungsabschnitt abstellt,[1189] gebietet es, zivilrechtliche Änderungen bzw. Schwankungen bei der Mitunternehmerbesteuerung zu berücksichtigen. Ob die Mitunternehmer infolge der vereinbarten Periodenverlagerung ein wirtschaftliches Risiko tragen oder dieses durch eine Ausgleichsklausel minimiert wird, ist für ihre steuerliche Leistungsfähigkeit in den einzelnen Besteuerungsabschnitten irrelevant. Wer in einem Abschnitt keinen Gewinnanteil zugewiesen bekommt, ist in diesem Abschnitt nicht leistungsfähig.[1190] Dass der „fehlende" Gewinnanteil mit Zu-

1189 *Kube*, DStR 2011, 1781, 1784.

1190 Das gilt nach hier vertretener Ansicht sowohl für einen Mitunternehmer, der nach dem Zuflussprinzip besteuert wird, als auch für einen bilanzierenden Mitunternehmer. Letzterer könnte, wenn im Jahr 01 beim „begünstigten" Mitunternehmer ein Gewinn von 100 entstanden ist, bei Bestehen einer Ausgleichsklausel verpflichtet sein, eine Forderung bzgl. des zu erwartenden Gewinnausgleichs nach Ablauf des Jahres 02 i.H.v. 50 zu aktivieren. Diese Forderung entsteht jedoch erst mit Feststellung des Jahresabschlusses der Mitunternehmerschaft für das Jahr 01, also

stimmung des entsprechenden Gesellschafters zustande kommt, gleichsam ein zeitweiser Gewinnverzicht vorliegt, ändert daran nichts. Jeder Gewinnverteilungsschlüssel beruht auf Freiwilligkeit und Konzessionen der Gesellschafter. Die Leistungsfähigkeit des Gesellschafters bestimmt sich nicht danach, ob er bei Verhandlung der Gewinnverteilung „mehr herausholen" hätte können. Weiterhin bereitet es mitunter Schwierigkeiten, dem Gesellschaftsvertrag oder den dispositiven gesetzlichen Regelungen zur Gewinnverteilung ein Grundverhältnis zu entnehmen, nach dem sich eine jährliche Gewinnzurechnung richten könnte. Hatten etwa Gesellschafter einer Kommanditgesellschaft keine dauerhafte vertragliche Gewinnverteilungsregelung getroffen, war nach Rechtslage vor MoPeG der „Mehrgewinn" i.S.d. § 168 Abs. 2 HGB a.F. in einem „angemessenen" Verhältnis unter den Gesellschaftern zu verteilen. Das sich aus diesem Tatbestand ergebende Verteilungsverhältnis kann sich mit der Zeit – oder sogar jährlich – verändern.[1191] Schließlich gebietet die Zurechnungsfunktion keine „gleichmäßige" Besteuerung der Mitunternehmer. Vielmehr ist die Zurechnungsfunktion Ausdruck des steuerlichen Transparenzprinzips, wonach eine Thesaurierung des Gewinns in der Personengesellschaft ausgeschlossen und in jedem Jahr der gesamte Gesellschaftsgewinn den Mitunternehmern zuzurechnen ist.[1192] Die transparente Besteuerung wird jedoch unabhängig davon gewährleistet, welchem Mitunternehmer der Gesellschaftsgewinn zugerechnet wird, solange stets der gesamte Gewinn ein Zurechnungssubjekt findet. Die Zurechnungsfunktion des § 15 Abs. 1 Satz 1 Nr. 2 Satz 1 EStG steht der Periodenverlagerung daher nicht entgegen.

bb) Verhältnis zur Gleichstellungsthese

Vertreter der Gleichstellungsthese könnten in der Periodenverlagerung einen Verstoß gegen die Gleichstellung von Einzel- und Mitunternehmer

---

in Jahr 02. Die Ausgleichsforderung des Mitunternehmers wird daher erst in seiner Bilanz für das Jahr 02 aktiviert. In Jahr 01 ist daher auch beim bilanzierenden Mitunternehmer keine Steigerung der steuerlichen Leistungsfähigkeit zu verzeichnen.

1191 *Staake*, in: BeckOGK-HGB, § 168 Rz. 36; *v. Falkenhausen/Schneider*, in: Münchener Hdb. GesR Bd. 2, § 23 Rz. 16; *Bormann/Hellweg*, DB 1997, 2415, 2418.

1192 *Schön* (StuW 1988, 253, 258) spricht vom „Gebot der vollständigen Erfassung des Gesellschaftsgewinns"; Ausnahmen gelten nur bei Wahl der Thesaurierungsbegünstigung gem. § 34a EStG und – neuerdings – bei der Optionsausübung zur körperschaftlichen Besteuerung nach § 1a KStG.

sehen, wenn man in einer „Einkunfts- und Steuerpause" des aussetzenden Mitunternehmers eine vom Gesetz nicht vorgesehene Ungleichbehandlung mit dem Einzelunternehmer sähe. Letzterer kann eine Ertragsteuerpause allenfalls teilweise durch die sog. Thesaurierungsbegünstigung nach § 34a EStG in Anspruch nehmen, auch wenn sie ihrerseits mit tariflichen Nachteilen verbunden sein kann.[1193] Bei genauerer Betrachtung führt die Periodenverlagerung indes nicht zu einer steuerlichen Besserstellung der Mitunternehmer. Zum einen ermöglicht sie keine vom Gesetz nicht vorgesehene Gewinnthesaurierung. Lediglich die Steuerlast wird auf einen oder mehrere ausgewählte Mitunternehmer verschoben. Die Periodenverlagerung lässt sich damit als bloßer Ausfluss der generellen Notwendigkeit einer Gewinnverteilung in Mitunternehmerschaften werten, die beim Einzelunternehmer nicht besteht und weswegen die Gleichstellungsthese im Hinblick auf die „Gewinnanteile" der Mitunternehmer von vornherein nicht zur Anwendung kommen sollte. Zum anderen reflektiert die Periodenverlagerung mitunter Lebenssachverhalte, die beim Einzelunternehmer nicht denkbar sind. Ändert sich etwa der Tätigkeitsumfang der Mitunternehmer in zwei aufeinanderfolgenden Jahren oder haben sie im Laufe der Lebensperiode der Gesellschaft unterschiedliche Liquiditätsbedürfnisse, eignet sich die Gewinnverteilungsabrede zur Abbildung dieser Verhältnisse. So zeigt sich, dass die Periodenverlagerung eine Reaktion auf komplexere Lebenssachverhalte in Mitunternehmerschaften darstellen kann, aber keine rein steuerliche Erweiterung der Gestaltungsoptionen, die in einer strukturellen steuerlichen Ungleichbehandlung mit dem Einzelunternehmer resultiert.

cc) Zwischenzeitliche Mitunternehmerteilanteilsveräußerung (§ 16 Abs. 1 Satz 2 EStG)

Fraglich ist, ob die Periodenverlagerung zu einer zwischenzeitlichen Teilanteilsveräußerung gem. § 16 Abs. 1 Satz 2 EStG durch den zeitweise „gewinnverzichtenden" Mitunternehmer führt. Nach dieser Vorschrift werden entgeltliche Neuregelungen der Beteiligungsverhältnisse einer Veräußerung gleichgestellt. Für eine Teilanteilsveräußerung gem. § 16 Abs. 1 Satz 2 ist zumindest die entgeltliche Übertragung der Gewinnbeteiligung und der

---

1193 Insb. bei Mitunternehmern mit niedrigerem persönlichen Einkommensteuersatz, *Dörfler/Graf/Reichl*, DStR 2007, 645, 647; *Hey*, DStR 2007, 925, 930; *dies.*, in: Tipke/Lang, SteuerR, § 8 Rz. 828.

Beteiligung an den stillen Reserven ohne Verlust der Mitunternehmerstellung erforderlich.[1194] Die Mitunternehmerstellung bleibt durch die Periodenverlagerung unberührt, weil sie über die Gesamtdauer der Mitunternehmerschaft zu beurteilen ist und temporäre Einschränkungen des Mitunternehmerrisikos die Mitunternehmerstellung nicht entfallen lassen.[1195] Eine Veräußerung eines gesamten Mitunternehmeranteils scheidet damit im Rahmen der Periodenverlagerung aus, aber in Betracht käme zumindest eine Teilanteilsveräußerung.

Bei näherer Betrachtung sprechen allerdings zumindest zwei Gründe gegen eine Teilanteilsveräußerung gem. § 16 Abs. 1 Satz 2 EStG. Erstens lässt die Periodenverlagerung im Regelfall die Zuordnung stiller Reserven unberührt, wenn im betroffenen Zeitraum keine Veräußerungsvorgänge stattfinden. Die Schwankungen in der Gewinnverteilung werden vereinbart, um etwa Anlaufverluste einem Gesellschafter gesondert zuzuweisen oder ihm die Verlustnutzung auf Gesellschafterebene zu ermöglichen. Mit der Gewinnverteilungsabrede wird des Weiteren nicht der in der Mitunternehmerbeteiligung enthaltene Wert veräußert, weil sich die Gewinnverteilung nach einer bestimmten Zeit wieder umkehrt. Eine bloß zeitlich verzögerte Gewinnzuweisung an den zunächst „verzichtenden" Gesellschafter ist keine irreversible Abgabe von Vermögensrechten. Schließlich fehlt es bei der Periodenverlagerung an einem Entgelt des zunächst „verzichtenden" Gesellschafters. Sollte er eine Kompensation in Form einer Verzinsung erhalten,[1196] ist darin kein Entgelt für eine Teilanteilsveräußerung, sondern ein Entgelt für das temporäre Aussetzen bei der Gewinnverteilung zu sehen.

c) Zwischenfazit zur Periodenverlagerung

Die Periodenverlagerung ist im Vergleich zu den vorherigen Fallgruppen ein zumindest teilweise ausgeleuchtetes Problem. Die Rechtsprechung stellt in Konstellationen, die sich durch ein wirtschaftliches Näheverhältnis der Mitunternehmer auszeichnen, für die Frage der steuerlichen Anerkennung auf die Angemessenheitskontrolle ab. Entscheidend sei, ob die Mitunternehmer auf Basis einer Prognoseentscheidung zum Zeitpunkt der Gewinn-

1194 BFH, Beschluss vom 1.2.2017, VIII B 15/16, BFH/NV 2017, 574 unter 3.b)bb); oben bereits D.III.1.b)cc)(1).

1195 Oben D.I.4.

1196 Wie in FG Münster, Urteil vom 14.5.2019, 2 K 3371/18 F, EFG 2019, 1521 (rkr.).

verteilungsabrede über einen mehrjährigen Zeitraum mit einem insgesamt angemessenen Gewinnanteil rechnen können. Danach ist es selbst unter den Maßstäben der Angemessenheitskontrolle der Rechtsprechung möglich, eine Abrede zur Periodenverlagerung steuerlich wirksam zu treffen. Wie die Rechtsprechung bei einander fremden Mitunternehmern entscheiden würde, ist offen. In der Literatur hat sich noch keine vorherrschende Ansicht gebildet.

Nach hier vertretener Auffassung ist die Periodenverlagerung bei Feststellung der Gewinnanteile i.S.d. § 15 Abs. 1 Satz 1 Nr. 2 Satz 1 Hs. 1 EStG zu berücksichtigen. Ausgangspunkt ist die Erkenntnis, dass Vereinbarungen zur Periodenverlagerung zivilrechtlich zumeist als Gewinnverteilung und nicht etwa als Darlehensverträge auszulegen sind. Damit ist der Anwendungsbereich von § 15 Abs. 1 Satz 1 Nr. 2 Satz 1 Hs. 1 EStG eröffnet, der auf die zivilrechtlich vereinbarten Gewinnanteile abstellt. Auf die Angemessenheit der Gewinnanteile im Sinne einer Beitragsäquivalenz kommt es dabei nicht an. Entscheidend für die steuerliche Anerkennung ist sodann, dass die Periodenverlagerung weder mit den verschiedenen Funktionen von § 15 Abs. 1 Satz 1 Nr. 2 Satz 1 Hs. 1 EStG unvereinbar ist noch zur Verwirklichung anderer Tatbestände als § 15 EStG führt. Dabei wurde insbesondere festgestellt, dass der Periodenverlagerung nicht die Zurechnungsfunktion des § 15 Abs. 1 Satz 1 Nr. 2 EStG als Ausdruck des Transparenzprinzips entgegensteht. Auch eine zwischenzeitliche Veräußerung eines Mitunternehmeranteils ist zu verneinen.

IV. Ergebnisse zur Gewinnverteilung in Mitunternehmerschaften

Im ersten Teil dieses Kapitels wurde gezeigt, dass das Tatbestandsmerkmal der „Gewinnanteile" i.S.d. § 15 Abs. 1 Satz 1 Nr. 2 EStG zivilrechtsakzessorisch auszulegen ist und für eine „wirtschaftliche" Betrachtung keinen Raum lässt. Eine allgemeingültige steuerliche „Aufladung" des Gewinnanteilsbegriffs mit einer Forderung nach „Beitragsäquivalenz" ist abzulehnen. Aus der Maßgeblichkeit des zivilrechtlich vereinbarten Gewinnverteilungsschlüssels folgt, dass die getroffene Abrede steuerlich umfassend zu würdigen ist und somit auch Sonderzuweisungen als „Gewinnanteile" i.S.d. § 15 Abs. 1 Satz 1 Nr. 2 Satz 1 Hs. 1 EStG zu berücksichtigen sind. Dieses Ergebnis präjudiziert die hier vertretene Ansicht zur Angemessenheitskontrolle, die im zweiten Teil dieses Kapitels untersucht wurde. Der von der Rechtsprechung durchgeführten „allgemeinen" Angemessenheitskontrolle fehlt es an einer Rechtsgrundlage, sodass sie kein entscheidendes Hindernis für Sonderzuweisungen darstellen darf. Der verbleibende Anwendungsbereich der Angemessenheitskontrolle beschränkt sich auf Sonderkonstellationen im Zusammenhang mit „Doppelgesellschaftern", betrifft jedoch nicht einander fremde Gesellschafter. Das Rückwirkungsverbot erstreckt sich nach hier vertretener Ansicht nicht auf rückwirkende Vereinbarungen im laufenden Wirtschaftsjahr, sodass Sonderzuweisungen grundsätzlich am Jahresende mit Wirkung für das gesamte Jahr vereinbart werden können. § 15 Abs. 4 Satz 6 ff., § 15a und § 15b EStG wirken allein rechtsfolgenseitig, indem sie den Verlustausgleich und -abzug auf Gesellschafterebene beschränken, enthalten jedoch keine Aussagen zur Bestimmung der Gewinnanteile von Mitunternehmern. Der dritte Teil dieses Kapitels hat ergeben, dass das Einkommensteuerrecht auch keine spezifisch für die untersuchten Sonderzuweisungstypen zu beachtenden steuerlichen Anerkennungsgrenzen enthält. Weder sind Sonderzuweisungen unvereinbar mit der Qualifikations- und Zurechnungsfunktion von § 15 Abs. 1 Satz 1 Nr. 2 EStG, noch sprechen Vorschriften außerhalb von § 15 EStG – zu denken ist etwa an Vorschriften zur Gewinnermittlung – oder das Subjektsteuerprinzip gegen eine steuerliche Anerkennung von Sonderzuweisungen. Gezeigt hat sich vielmehr, dass Sonderzuweisungen in der ein oder anderen Form bereits steuerliche Anerkennung erfahren, sei es bei der Zuweisung von Entnahmegewinnen oder bei der Periodenverlagerung, die in den unterschiedlichsten Facetten schon von der Rechtsprechung gebilligt wurde.

E. Ertragsteuerliche Einordnung im Überschussanteil bei vermögensverwaltenden Personengesellschaften

Mitunternehmerschaften lassen sich aus steuerlicher Sicht vermögensverwaltende Personengesellschaften gegenüberstellen, die ausschließlich im Bereich der Überschusseinkünfte i.S.d. § 2 Abs. 2 Satz 1 Nr. 2 EStG tätig sind und keiner fiktiven Gewerblichkeit gem. § 15 Abs. 3 EStG unterliegen.[1197] Der steuerlich vermögensverwaltende Status einer Personengesellschaft ist nicht an bestimmte zivilrechtliche Personengesellschaftsformen geknüpft; sofern aus zivilrechtlicher Sicht eine vermögensverwaltende Tätigkeit tauglicher Gesellschaftszweck ist (wie es etwa § 107 Abs. 1 HGB für Personenhandelsgesellschaften ausdrücklich zulässt), kommt auch eine steuerliche Vermögensverwaltung in Betracht. Die Trennung zwischen Mitunternehmerschaften und vermögensverwaltenden Personengesellschaften entspringt dem in § 2 Abs. 2 EStG manifestierten Dualismus der Einkunftsarten und erfolgt einkunftsartenbezogen. Die Abgrenzung der gewerblichen Tätigkeit i.S.d. § 15 Abs. 2 EStG und vermögensverwaltender Tätigkeit, die der Gesetzgeber in § 14 Satz 3 AO mit zwei Regelbeispielen umschreibt und die als ungeschriebenes negatives Tatbestandsmerkmal in § 15 Abs. 1 Satz 1 Nr. 2 EStG hineingelesen wird,[1198] bereitet mitunter Schwierigkeiten,[1199] ist jedoch für die Frage der Überschussverteilung nicht unmittelbar relevant. Für die weitere Untersuchung wird das Vorliegen des steuerlich vermögens-

1197 *Kahle*, in: Beck'sches Hdb. PersGes, § 7 Rz. 286; *Siering*, in: Haase/Dorn, Vermögensverwaltende PersGes, 2. Teil, A Rz. 4; *Kahle/Rombach*, Ubg 2019, 181; *Milatz/Sax*, DStR 2017, 141; ein Nebeneinander von Gewinn- und Überschusseinkünften soll nach Auffassung der Finanzverwaltung bei Erbengemeinschaften möglich sein, BMF-Schreiben vom 11.1.2006, IV B 2 – S 2242 – 2/04, BStBl. I 2006, 253 Tz. 4 (keine Anwendung von § 15 Abs. 3 Nr. 1 EStG).

1198 BFH, Urteil vom 23.10.1987, III R 275/83, BFHE 151, 399, BStBl. II 1988, 293; *Buge*, in: Herrmann/Heuer/Raupach, EStG/KStG, § 15 EStG Rz. 1100; *Wacker*, in: Schmidt, EStG, § 15 Rz. 46; *Kister*, in: BeckOK-AO, § 14 Rz. 41.

1199 Die Rechtsprechung stellt auf die sog. Fruchtziehungsformel ab, BFH, Urteil vom 2.11.1971, VIII R 1/71, BFHE 104, 321, BStBl. II 1972, 360; Beschluss vom 3.7.1995, GrS 1/93, BFHE 178, 86, BStBl. II 1995, 617 unter C.I.; Beschluss vom 10.12.2001, GrS 1/98, BFHE 197, 240, BStBl. II 2002, 291 unter B.III.1.; vgl. auch *Blischke/Desens*, in: Kirchhof/Söhn/Mellinghoff, EStG, § 15 Rz. A 219; *Elicker*, DStJG 30 (2007), S. 97 ff.; *Kemcke/Schäffer*, in: Haase/Dorn, Vermögensverwaltende PersGes, 3. Teil B Rz. 19 ff.

verwaltenden Status einer Personengesellschaft unterstellt. Als Folge der Vermögensverwaltung ist das Gesellschaftsvermögen steuerliches Privatvermögen.[1200] Das wiederum hat konzeptionell – der historischen Unterscheidung zwischen Reinvermögenszugangstheorie bei den Gewinneinkünften und der Quellentheorie bei den Überschusseinkünften geschuldet – zur Folge, dass Wertzuwächse des Stammvermögens, das zur Einkünfteerzielung eingesetzt wird, nur im gesetzlich vorgeschriebenen „Ausnahmefall" besteuert werden.[1201]

Eine Zentralnorm, wie sie § 15 Abs. 1 Satz 1 Nr. 2 EStG für Mitunternehmerschaften darstellt, sieht das Steuerrecht für vermögensverwaltende Personengesellschaften nicht vor. Dass der Gesetzgeber die gemeinschaftliche Einkünfteerzielung im Bereich der Überschusseinkunftsarten für möglich hält, kommt im Gesetz immerhin fragmentarisch zum Ausdruck (§ 20 Abs. 3 Satz 2, § 21 Abs. 1 Satz 2 und § 23 Abs. 1 Satz 4 EStG). Aus der Tatsache, dass Steuerpflichtige im Ertragsteuerrecht entweder natürliche Personen (§ 1 Abs. 1 EStG) oder Körperschaften sind (§ 1 Abs. 1, § 3 Abs. 1 KStG), lässt sich überdies ableiten, dass die vermögensverwaltende Personengesellschaft nicht selbst steuerpflichtig ist, sondern die hinter ihr stehenden steuerpflichtigen Gesellschafter besteuert werden.[1202] Weil das Transparenzprinzip demnach auch für vermögensverwaltende Personengesellschaften gilt, fragt sich, nach welchem Maßstab den Gesellschaftern das Ergebnis der Gesellschaft zuzurechnen ist.

Nach tradiertem Verständnis wird bei vermögensverwaltenden Personengesellschaften § 39 Abs. 2 Nr. 2 AO eine maßgebende Rolle zugeschrieben, wonach Wirtschaftsgüter, die mehreren zur gesamten Hand zustehen, den Beteiligten anteilig zugerechnet werden, soweit eine getrennte Zurechnung für die Besteuerung erforderlich ist. Die Vorschrift dient dazu, die Vermögensordnung nach dem zivilrechtlichen Gesamthandsprinzip „wirtschaftlich auszudeuten" und in (real nicht existierende) ideelle Bruchteile zu übersetzen (sog. Bruchteilsbetrachtung).[1203] Das Steuerrecht schafft sich im Bereich der Gesamthandsgesellschaften folglich eine eigene, vom Zivilrecht unabhängige Vermögenszuständigkeit. Bei Mitunternehmerschaften

---

1200 *Hennrichs*, in: Tipke/Lang, Steuerrecht, Rz. 10.26.

1201 *Hey*, in: Tipke/Lang, Steuerrecht, Rz. 8.181 ff.; *Elicker*, DStJG 30 (2007), S. 97, 98.

1202 *Kahle*, in: Beck'sches Hdb. PersGes, § 7 Rz. 17; *Kahle/Rombach*, Ubg 2019, 181.

1203 BFH, Urteil vom 24.6.1981, III R 49/78, BFHE 134, 157, BStBl. II 1982, 2 unter 1. mit Bezugnahme zu *Riewald*, in: Becker/Riewald/Koch, RAO, § 11 StAnpG Rz. 4; *Fischer*, in: Hübschmann/Hepp/Spitaler, AO/FGO, § 39 Rz. 297;

hingegen wird § 39 Abs. 2 Nr. 2 AO nach allgemeiner Ansicht durch § 15 Abs. 1 Satz 1 Nr. 2 EStG verdrängt.[1204] Weil Mitunternehmerschaften Subjekt der Gewinnermittlung und Gewinnerzielung seien, gelte ein Vorrangverhältnis von § 15 Abs. 1 Satz 1 Nr. 2 EStG vor § 39 Abs. 2 Nr. 2 AO.[1205] Die Zuordnung von Wirtschaftsgütern zum Betriebsvermögen einer Mitunternehmerschaft stelle eine abschließende Vermögensordnung dar, die eine Zuordnung zum (Betriebs-)Vermögen des einzelnen Gesellschafters ausschließe.[1206] Grundlage der Verdrängung des § 39 AO im Bereich der Mitunternehmerschaften ist demnach die Vorstellung, dass § 15 Abs. 1 Satz 1 Nr. 2 EStG i.V.m. §§ 4, 5 EStG ein spezielles Zurechnungsmodell enthält, sodass eine getrennte Zurechnung von Wirtschaftsgütern ertragsteuerlich bedeutungslos, mithin nicht „erforderlich" i.S.d. § 39 Abs. 2 Nr. 2 AO ist.

Ausfluss der Bruchteilsbetrachtung bei vermögensverwaltenden Personengesellschaften ist also die Fiktion von Bruchteilseigentum der Gesellschafter an den Wirtschaftsgütern der Gesellschaft. Weiterhin werden schuldrechtliche Beziehungen zwischen Gesellschaft und Gesellschafter steuerlich nur insoweit anerkannt, als der Gesellschafter nicht selbst nach Maßgabe der Bruchteilsbetrachtung am Gesellschaftsvermögen beteiligt

---

1204 BFH, Urteil vom 10.7.1980, IV R 136/77, BFHE 131, 313, BStBl. II 1981, 84 unter 1.2.; Beschluss vom 25.2.1991, GrS 7/89, BFHE 163, 1, BStBl. II 1991, 691 unter C.III.2. („doppelstöckige Personengesellschaft"); BFH, Urteil vom 28.11.2002, III R 1/01, BFHE 201, 133, BStBl. II 2003, 250 unter II.1.b); Urteil vom 2.4.2008, IX R 18/06, BFHE 221, 1, BStBl. II 2008, 679 unter II.1.b); Urteil vom 9.3.2011, IX R 50/10, BFHE 232, 527, BStBl. II 2011, 704 unter II.2.c)bb); Urteil vom 26.4.2012, IV R 44/09, BFHE 237, 453, BStBl. II 2013, 142 unter II.2.a)bb); Beschluss vom 21.7.2016, IV R 26/14, BFHE 254, 371, BStBl. II 2017, 202 unter B.IV.3.a); aus dem Schrifttum *Bodden*, in: Korn, EStG, § 15 Rz. 39; *Tiede*, in: Herrmann/Heuer/Raupach, EStG/KStG, § 15 EStG Rz. 456; *Blischke/Desens*, in: Kirchhof/Söhn/Mellinghoff, EStG, § 15 Rz. C 69; *Kahle*, in: Prinz/Kahle, Beck'sches Hdb. PersGes, § 7 Rz. 305; *Drüen*, in: Tipke/Kruse, AO/FGO, § 39 AO Rz. 91 f.; *Ratschow*, in: Klein, AO, § 39 Rz. 76, 78; *Koenig*, in: ders., AO, § 39 Rz. 76; *kritisch* zur „Verdrängung" *Fischer*, in: Hübschmann/Hepp/Spitaler, AO/FGO, § 39 AO Rz. 303 (Vermögenszurechnung steht nicht in Verbindung mit Einkommenszurechnung).

1205 BFH, Urteil vom 10.7.1980, IV R 136/77, BFHE 131, 313, BStBl. II 1981, 84 unter 1.2. (§ 15 i.V.m. §§ 4, 5 EStG „erscheinen als gesetzessystematische Ausnahme" gegenüber § 39 AO); Beschluss vom 25.2.1991, GrS 7/89, BFHE 163, 1, BStBl. II 1991, 691 unter C.III.2. („doppelstöckige Personengesellschaft"); Urteil vom 26.4.2012, IV R 44/09, BFHE 237, 453, BStBl. II 2013, 142 unter II.2.a)bb).

1206 BFH, Beschluss vom 21.7.2016, IV R 26/14, BFHE 254, 371, BStBl. II 2017, 202 unter B.IV.3.a).

ist.[1207] Die Veräußerung eines betrieblich verstrickten Wirtschaftsguts von einem Gesellschafter an eine vermögensverwaltende Gesellschaft führt daher insoweit nicht zur Aufdeckung stiller Reserven, als dem Veräußerer das Wirtschaftsgut auch nach Veräußerung nach Bruchteilen noch zuzurechnen ist (§ 39 Abs. 2 Nr. 2 AO).[1208] Die vorstehenden Annahmen sind vor dem Hintergrund der mit dem MoPeG vorläufig abgeschlossenen zivilrechtlichen Entwicklung, die Personengesellschaft (zumindest die Außengesellschaft) als eigenständiges Rechtssubjekt anzuerkennen, nicht zweifelsfrei. Würde man steuerlich auch im vermögensverwaltenden Bereich ein selbständiges Gesellschaftsvermögen anerkennen und nicht auf die Bruchteilsbetrachtung rekurrieren, würden sich derartige steuerliche Fiktionen, wie sie bei Schuldverhältnissen zwischen Gesellschafter und Gesellschaft angenommen werden, erübrigen. Verfechter der Bruchteilsbetrachtung beherrschen jedoch nach wie vor das Meinungsbild,[1209] sodass auch im Folgenden von ihrer Anwendbarkeit auf vermögensverwaltende Personengesellschaft ausgegangen werden soll. Bevor das Verhältnis der von § 39 Abs. 2 Nr. 2 AO vorgegebenen steuerlichen Vermögenszuordnung und der Einkünftezurechnung an die Gesellschafter untersucht wird, ist die Steuersubjektivität der vermögensverwaltenden Personengesellschaft zu betrachten. Daraus ergibt sich, inwieweit die Gesellschaft oder aber der einzelne Gesellschafter tatbestandsverwirklichend tätig ist und sich überhaupt eine Zurechnungsfrage stellt.

Einzuschieben bleibt eine Notiz zum MoPeG, dessen Auswirkungen auf den Anwendungsbereich von § 39 Abs. 2 Nr. 2 AO zunächst umstritten waren. Teils wurde vorgebracht, die Abschaffung des Gesamthandsprinzips führe zu einem eingeschränkten Anwendungsbereich der Norm, weil vermögensverwaltende Personengesellschaften, die das Zivilrecht nicht länger als Gesamthandsgesellschaften behandelt, nicht mehr darunter gefasst

---

1207 BFH, Urteil vom 18.5.2004, IX R 83/00, BFHE 206, 162, BStBl. II 2004, 898 unter II.2.a)bb)(2) (Mietvertrag); FG Düsseldorf, Urteil vom 8.10.2019, 13 K 1695/19 F, DStRE 2020, 280 (Darlehensvertrag; nicht rkr., Az. BFH IX R 35/19); *Geck*, KöSDi 2010, 16843, 16845.

1208 BFH, Urteil vom 26.4.2012, IV R 44/09, BFHE 237, 453, BStBl. II 2013, 142 unter II.3.

1209 Zuletzt etwa BFH, Urteil vom 3.5.2022, IX R 22/19, BFH/NV 2022, 1244 unter II.2.c)cc); Urteil vom 18.5.2021, I R 77/17, BFHE 273, 216, BStBl. II 2022, 114 unter II.3.b); aus dem jüngeren Schrifttum *Bodden*, KöSDi 2018, 21043, 21050; *Carlé*, KöSDi 2020, 21701, 21702; *Kahle/Rombach*, Ubg 2019, 181, 183, 186; *Milatz/Sax*, DStR 2017, 141, 142; *Schallmoser*, UR 2020, 614, 616.

werden könnten. Es verbleibe lediglich ein Restanwendungsbereich für zivilrechtlich fortbestehende Gesamthandsgemeinschaften wie die Erbengemeinschaft.[1210] Nach anderer Auffassung hat das MoPeG keinen Einfluss auf die bisherige Auslegung von Steuertatbeständen, soweit sie auf die „Gesamthand" Bezug nehmen.[1211] Das Tatbestandsmerkmal meine das Vermögen der Gesellschaft im Unterschied zum Vermögen einzelner Gesellschafter (Sonderbetriebsvermögen), unabhängig davon, welches Prinzip der Vermögenszuordnung zivilrechtlich vorherrscht.[1212] Auch bisher habe § 39 Abs. 2 Nr. 2 AO eine vom Zivilrecht losgelöste Vermögensordnung für steuerliche Zwecke fingiert.[1213] Dem ist zuzustimmen, denn die von § 39 Abs. 2 Nr. 2 AO bezweckte „wirtschaftliche Ausdeutung" der zivilrechtlichen Vermögensordnung lässt sich unabhängig von der Tatsache verwirklichen, ob zivilrechtlich eine Vermögenszuständigkeit der Gesellschaft oder der Gesellschafter in gesamthänderischer Verbundenheit besteht. Wie die steuerrechtsautonome Auslegung des Begriffs der „Gesellschaft" in § 15 Abs. 1 Satz 1 Nr. 2 Satz 1 EStG nicht bezweifelt wird,[1214] so sollte auch mit der Auslegung des Gesamthandbegriffs in § 39 Abs. 2 Nr. 2 AO verfahren werden. Daneben ist es der erklärte gesetzgeberische Wille, dass das MoPeG keine steuerlichen Nebenwirkungen entfaltet.[1215] Letztlich hat der Gesetzgeber durch das Kreditzweitmarktförderungsgesetz[1216] für Klarheit gesorgt, indem § 39 Abs. 2 Nr. 2 Satz 1 AO nunmehr ausdrücklich rechtsfähige Personenge-

1210 *Bodden*, in: Korn, EStG, § 15 Rz. 66.46; *Heinze*, DStR 2020, 2107, 2110; wohl auch *Brühl*, in: BeckOK-AO, § 39 Rz. 426; mit Blick auf §§ 5 bis 7 GrEStG *Behrens/Seemaier*, DStR 2021, 644, 649 f.; offen gelassen von *Mayer/Käshammer*, NWB 2021, 2514, 2521.

1211 BT-Drs. 19/27635, S. 107; *Baum*, in: eKommentar-AO, § 39 Rz. 31; Arbeitskreis Bilanzrecht Hochschullehrer Rechtswissenschaft, ZIP 2021, S3, S7; *Möhlenbrock/Haubner*, FR 2022, 54; *Kahle/Mock*, DStZ 2022, 232, 240; *Wacker*, in: Schmidt, EStG, § 15 Rz. 166; *Bachem*, DStR 2022, 725, 727; wohl auch *Noack*, BB 2021, 643, 644; *K. Schmidt*, ZHR 2021, 16, 28.

1212 BT-Drs. 19/27635, S. 107.

1213 Arbeitskreis Bilanzrecht Hochschullehrer Rechtswissenschaft, ZIP 2021, S3, S7; *Kahle/Mock*, DStZ 2022, 232, 240

1214 Näher *Schön*, StuW 2005, 247, 255 und oben D.I.3.a) (Gesellschaften i.S.d. § 15 Abs. 1 Satz 1 Nr. 2 EStG).

1215 BT-Drs. 19/27635, S. 107 („Änderungen an den ertragsteuerlichen Grundsätzen bei der Besteuerung von Personengesellschaften sind mit dem vorliegenden Entwurf nicht verbunden").

1216 Gesetz zur Förderung geordneter Kreditzweitmärkte und zur Umsetzung der Richtlinie (EU) 2021/2167 über Kreditdienstleister und Kreditkäufer sowie zur Änderung weiterer finanzrechtlicher Bestimmungen vom 22.12.2023, BGBl. I 2023 Nr. 411.

sellschaften einschließt und nach § 39 Abs. 2 Nr. 2 Satz 2 AO rechtsfähige Personengesellschaften für ertragsteuerliche Zwecke als „Gesamthand" mit „Gesamthandsvermögen" gelten.

Eine andere Frage ist, ob das MoPeG nicht zu einer Begrenzung der „Erforderlichkeit" der Bruchteilsbetrachtung führen sollte, indem die zivilrechtlich manifestierte Einheit der Gesellschaft es zunehmend weniger erforderlich erscheinen lässt, das Gesellschaftsvermögen steuerlich aufzulösen und den Gesellschaftern zuzurechnen. Hiergegen ließe sich vorbringen, dass die „Erforderlichkeit" weder von § 39 AO noch von zivilrechtlichen Wertungen vorgegeben wird, sondern in Ansehung einzelner Steuertatbestände zu beurteilen ist.[1217] Wer jedoch die zivilrechtliche Vorprägung von Sachverhalten als Grundlage der Besteuerung ernst nimmt und anerkennt, dass sich bezüglich des Verhältnisses von Gesellschaft und Gesellschaftern zivilrechtlich ein Trennungsprinzip herausgebildet hat, muss sich fragen, ob sich eine sachgerechte Besteuerung der Gesellschafter nicht ebenso gut verwirklichen lässt, wenn man auch steuerlich die Gesellschafts- von der Gesellschafterebene trennt. Auf diese Frage ist bei Betrachtung der verschiedenen Sonderzuweisungsgestaltungen zurückzukommen.

I. Grundlagen der Überschussverteilung bei vermögensverwaltenden Personengesellschaften

Bevor die steuerliche Anerkennung von Sonderzuweisungen in vermögensverwaltenden Personengesellschaften untersucht werden kann, sind die Grundlagen der Besteuerung der Gesellschafter von vermögensverwaltenden Personengesellschaften darzustellen. Insbesondere ist das Verhältnis der Bruchteilsbetrachtung zur Einkünftezurechnung klärungsbedürftig. Daraus ergibt sich wiederum, welche steuerliche Rolle dem zivilrechtlich vereinbarten Gewinnverteilungsschlüssel zukommt.

1217 *Fischer*, in: Hübschmann/Hepp/Spitaler, AO/FGO, § 39 AO Rz. 298; *Fu*, in: Gosch, AO/FGO, § 39 AO Rz. 217; *Engel*, Vermögensverwaltende Personengesellschaften, Rz. 52.

1. Partielle Steuerrechtsfähigkeit der vermögensverwaltenden Personengesellschaft

Weil § 15 Abs. 1 Satz 1 Nr. 2 EStG bei den Einkünften aus Gewerbebetrieb verortet ist, vermögensverwaltende Personengesellschaften allerdings Überschusseinkünfte erzielen, ist die Vorschrift und die dazu entwickelte Dogmatik nicht direkt auf vermögensverwaltende Personengesellschaften anwendbar. Daraus folgt jedoch nicht, dass die vermögensverwaltende Personengesellschaft nicht ähnlichen Entwicklungen unterlag, die bei Mitunternehmerschaften der zivilrechtlichen Entwicklung gen Rechtsfähigkeit der Gesamthandsgesellschaft entsprungen sind. Der steuerrechtliche Strukturwandel von der Bilanzbündeltheorie zur „Einheit der Gesellschaft" lässt sich auch bei der vermögensverwaltenden Personengesellschaft nachvollziehen. Der Geprägebeschluss des Große Senats des BFH vom 25.6.1984 erstreckt sich auf vermögensverwaltende Personengesellschaften, der darin partielle Steuerrechtsfähigkeit zugesprochen wird.[1218] Danach ist die vermögensverwaltende Gesellschaft Subjekt der Einkünftequalifikation und -ermittlung, denn in der Einheit der Gesellschaft werde über die Verwirklichung des Tatbestands einer bestimmten Einkunftsart und über das Erzielen von Gewinn oder Überschuss im Rahmen dieser Einkunftsart entschieden.[1219] Bestätigung fand diese Grundsatzentscheidung einige Jahre später im Beschluss des Großen Senats zum gewerblichen Grundstückshandel eines GbR-Gesellschafters[1220] und wurde seitdem aufrechterhalten.[1221] Auch in der Literatur trifft die partielle Subjektstellung der vermögensverwaltenden Personengesellschaft verbreitet auf Zustimmung.[1222]

1218 BFH, Beschluss vom 25.6.1984, GrS 4/82, BFHE 141, 405, BStBl. II 1984, 751 unter III.3.a).

1219 BFH, Beschluss vom 25.6.1984, GrS 4/82, BFHE 141, 405, BStBl. II 1984, 751 unter III.3.a) und b)bb)(3).

1220 BFH, Beschluss vom 3.7.1995, GrS 1/93, BFHE 178, 86, BStBl. II 1995, 617 unter C.IV.2.b)aa).

1221 BFH, Urteil vom 13.07.1999, VIII R 72/98, BStBl. II 1999, 820, 821; Beschluss vom 11.4.2005, GrS 2/02, BFHE 209, 399, BStBl. II 2005, 679 unter C.2. („Zebrabeschluss").

1222 *Mellinghoff*, in: Kirchhof/Seer, EStG, § 21 Rz. 30; *Levedag/Kulosa*, in: Schmidt, EStG, § 21 Rz. 65; *Tulloch/Wellisch*, DStR 1999, 1093, 1094; *Bodden*, KöSDi 2018, 21043, 21045; *ders.*, in: Korn, EStG, § 15 Rz. 271; *Engel*, Vermögensverwaltende Personengesellschaften, Rz. 56; *Kahle/Rombach*, Ubg 2019, 181, 182; *Milatz/Sax*, DStR 2017, 141, 142.

Die Einheitstheorie tritt gleichwohl in einigen Fallgruppen zwecks „sachlich zutreffender“[1223] Besteuerung hinter der sog. Bruchteilsbetrachtung gem. § 39 Abs. 2 Nr. 2 Satz 1 AO zurück. Nach *Hüttemann* bleibt von der Einheitstheorie „bei vermögensverwaltenden Gesellschaften kaum noch etwas übrig“.[1224] Vor allem bei der vermögensverwaltenden Personengesellschaft zeigt sich daher der Dualismus zwischen Einheitstheorie und Gesellschaftervielheit.[1225] Die Erforderlichkeit der Bruchteilsbetrachtung besteht, „wenn der auf der Stufe der Gesellschaft verwirklichte Handlungstatbestand (ertrag-)steuerrechtlich nicht von Bedeutung ist [...] und deshalb beim Gesellschafter selbst im Hinblick auf den für ihn in Betracht zu ziehenden Steuertatbestand zu berücksichtigen ist“.[1226] Daraus lässt sich ableiten, dass Steuertatbestände entweder von der Gesellschaft oder von einzelnen Gesellschaftern verwirklicht werden können. In der zweiten Alternative, also bei individueller Tatbestandsverwirklichung, ist die vermögensverwaltende Personengesellschaft gerade kein Subjekt der Einkünfteerzielung und -ermittlung.[1227] Es lässt sich insoweit auch nicht davon sprechen, dass die Gesellschaft ihren Gesellschaftern diese Einkünfte vermittelt. Die Zurechnungsthese kommt bei individueller Tatbestandsverwirklichung folglich nicht zum Tragen.

2. Tatbestandsverwirklichung und Einkünftequalifikation

a) „Gemeinschaftlich“ verwirklichte Steuertatbestände

Der Kreis der Überschusseinkünfte, die „gemeinschaftlich“ erzielt werden können, umfasst Einkünfte aus Kapitalvermögen (§ 20 EStG), Vermietung

1223 BFH, Urteil vom 13.7.1999, VIII R 72/98, BFHE 190, 87, BStBl. II 1999, 820 unter 2.a).

1224 DStJG 34 (2011), S. 291, 308.

1225 *Stapperfend* u.a., in: Herrmann/Heuer/Raupach, EStG/KStG, § 15 EStG Rz. 89; *Wacker*, in: Schmidt, EStG, § 15 Rz. 163.

1226 BFH, Urteil vom 3.2.2010, IV R 26/07, BFHE 228, 365, BStBl. II 2010, 751 unter II.5.b)bb).

1227 BFH, Urteil vom 26.04.2012, IV R 44/09, BFHE 237, 453, BStBl. II 2013, 142 unter II.2.b)bb)(2).

und Verpachtung (§ 21 EStG) oder sonstige Einkünfte gem. § 22 Nr. 2 i.V.m. § 23 EStG.[1228]

(1) Unstreitig wird das für Einkünfte aus Vermietung und Verpachtung angenommen.[1229] Stützen lässt sich diese Erkenntnis auf § 21 Abs. 1 Satz 2 EStG, denn der Verweis auf § 15a EStG impliziert eine Vermietungs- oder Verpachtungstätigkeit einer Kommanditgesellschaft.[1230]
(2) Bei Einkünften aus Kapitalvermögen erstreckt sich die Möglichkeit „gemeinschaftlicher" Einkünfteerzielung nicht nur auf die entgeltliche Nutzungsüberlassung von Kapitalvermögen (§ 20 Abs. 1 EStG), sondern herrschend auch auf Veräußerungsvorgänge gem. § 20 Abs. 2 EStG, die von der Gesellschaft selbst durchgeführt werden.[1231] Erst auf Ebene des Gesellschafters kann, abhängig von der durchgerechneten Beteiligungshöhe an der Kapitalgesellschaft, eine Umqualifizierung in gewerbliche Einkünfte gem. § 17 Abs. 1 EStG erfolgen.[1232] Gegen die gemeinschaftliche Verwirklichung von Veräußerungsvorgängen wird vor-

---

1228 Für alle Tatbestände: *Carlé*, KöSDi 2020, 21701, 21702 f.; *Wacker*, DStR 2005, 2014; *Engel*, in: FS Crezelius, S. 299 f.; *Kahle*, in: Prinz/Kahle, Beck'sches Hdb. PersGes, § 7 Rz. 291.

1229 BFH, Urteil vom 15.4.1986, IX R 69/81, BFHE 147, 134, BStBl. II 1986, 792; Urteil vom 7.10.1986, IX R 167/83, BFHE 148, 501, BStBl. II 1987, 322 unter 1.; Urteil vom 29.10.2019, IX R 38/17, BFHE 267, 18, BStBl. II 2021, 202 unter II.2.a); aus dem Schrifttum *Pfirrmann*, in: Herrmann/Heuer/Raupach, EStG/KStG, § 21 Rz. 11, 21; *Mellinghoff*, in: Kirchhof/Seer, EStG, § 21 Rz. 28; *Eggers*, in: Korn, EStG, § 21 Rz. 36 f.; *Dornheim*, in: Bordewin/Brandt, EStG, § 21 Rz. 5; *Drüen*, in: Kirchhof/Söhn/Mellinghoff, EStG, § 21 Rz. B 236; *Schallmoser*, UR 2020, 614, 615.

1230 *Bodden*, in: Korn, EStG, § 15 Rz. 274; *Kuhn*, Steuerrechtliche Behandlung vermögensverwaltender Gesamthandsgemeinschaften, S. 50.

1231 Für laufende Einkünfte aus Kapitalvermögen BFH, Urteil vom 16.12.2008, VIII R 83/05, BFH/NV 2009, 1118 unter III.2.b); für laufende Einkünfte und Veräußerungsvorgänge BMF, Schreiben vom 18.1.2016, IV C 1 – S 2252/08/10004:017, BStBl. I 2016, 85, Tz. 72, 77; *Buge*, in: Herrmann/Heuer/Raupach, EStG/KStG, § 20 EStG Rz. 23; *Jochum*, in: Kirchhof/Söhn/Mellinghoff, EStG, § 20 Rz. A 14; *Ratschow*, in: Brandis/Heuermann, Ertragsteuerrecht, § 20 EStG Rz. 8; *Bleschick*, in: Kirchhof/Seer, EStG, § 20 Rz. 147; *Levedag*, in: Schmidt, EStG, § 20 Rz. 2 mit Verweis auf § 20 Abs. 2 Satz 3 EStG; *Brandis*, in: Tipke/Kruse, AO/FGO, § 180 AO Rz. 16; *Engel*, Vermögensverwaltende Personengesellschaften, Rz. 482 (mit Zweifeln wiederum in Rz. 996 ff.); *Kahle/Rombach*, Ubg 2019, 181, 183 f.; *Schallmoser*, UR 2020, 614, 615; für Veräußerungsgeschäfte offen lassend *Bodden*, in: KöSDi 2018, 21034, 21045.

1232 *Bodden*, in: Korn, EStG, § 15 Rz. 278 (zusätzlich kommen Einkünfte nach § 24 EStG in Betracht); *Dißars*, in: Lademann, EStG, § 15 Rz. 194/8-10; *Kahle/Rombach*, Ubg 2019, 181, 184; zu „Zebragesellschaften" unten E.I.2.c).

gebracht, mangels „eigenen" Kapitalvermögens der Gesellschaft (vgl. § 39 Abs. 2 Nr. 2 Satz 1 AO) kann die Gesellschaft keine Veräußerungstatbestände erfüllen.[1233] Diese Ansicht überdehnt nach hier vertretener Auffassung jedoch das Merkmal der „Erforderlichkeit" in § 39 Abs. 2 Nr. 2 Satz 1 AO. Der Normbefehl geht nicht dahin, der Personengesellschaft ein eigenes Gesellschaftsvermögen *a priori* abzusprechen, sondern auf die ideellen Bruchteile der Gesellschafter nur insoweit zu rekurrieren, als dies für die Anwendung eines Steuertatbestands erforderlich ist. Für § 20 Abs. 2 EStG, der im Gegensatz zu § 17 Abs. 1 Satz 1 EStG nicht auf die individuelle Beteiligungshöhe eines Veräußerers abstellt, erscheint die Bruchteilsbetrachtung gerade nicht erforderlich. Für die sachgerechte Anwendung von § 20 Abs. 2 EStG kann die Betrachtung der Gesellschaftsebene genügen.[1234] Aus § 20 Abs. 2 Satz 3 EStG ließe sich sogar der Umkehrschluss ziehen, dass nur für den Fall des Gesellschafterwechsels die Bruchteilsbetrachtung anzuwenden ist.

(3) Schließlich können nach überwiegender Ansicht auch Einkünfte aus privaten Veräußerungsgeschäften i.S.d. § 23 Abs. 1 Satz 1 EStG „gemeinschaftlich" erzielt werden. Das ist der Fall, wenn die Gesellschaft ein unter § 23 Abs. 1 Satz 1 EStG fallendes Wirtschaftsgut anschafft hat und innerhalb der Veräußerungsfristen von Nr. 1 bis 3 wieder veräußert, wenn also beide Teilakte (Anschaffung und Veräußerung) durch die Gesellschaft verwirklicht werden.[1235] Zwischenzeitliche Ein- bzw. Austritte von Gesellschaftern (vgl. § 23 Abs. 1 Satz 4 EStG) sind demgegenüber der individuellen Tatbestandsverwirklichung durch die Gesellschafter zuzurechnen.[1236] Teilweise wird der „gemeinschaftlichen"

1233 *Kemcke/Schäffer*, in: Haase/Dorn, Vermögensverwaltende PersGes, 3. Teil, Rz. 147.

1234 Gl.A. *Kahle/Rombach*, Ubg 2019, 181, 184.

1235 BFH, Urteil vom 10.11.2015, IX R 10/15, BFH/NV 2016, 529 unter 2.c); Urteil vom 13.7.1994, X R 7/91, BFH/NV 1995, 303 unter 4.a)aa); Urteil vom 6.9.2016, IX R 44/14, BFHE 255, 148, BStBl. II 2018, 323 unter II.5.a) (jeweils per *Obiter Dictum*); OFD Frankfurt/M., Rundverfügung vom 7.8.2014 – S 2256 A – 41 – St 213, DStR 2014, 1832 Tz. 2; *Ratschow*, in: Brandis/Heuermann, Ertragsteuerrecht, § 23 EStG Rz. 83; *Trossen*, in: BeckOK-EStG, § 23 Rz. 146 f.; *Leister*, in: Lippross/Seibel, Basiskomm. SteuerR, § 23 EStG Rz. 115; *Strahl*, KöSDi 2001, 12802, 12804; *Schießl*, DStR 2014, 512, 515; *Kahle/Rombach*, Ubg 2019, 181, 187; wohl auch *Wernsmann*, in: Kirchhof/Söhn/Mellinghoff, EStG, § 23 Rz. A 45; offen gelassen von BFH, Urteil vom 27.11.2008, IV R 38/06, BFHE 223, 476, BStBl. II 2009, 278 unter II.2.

1236 BFH, Urteil vom 21.1.2014, IX R 9/13, BFHE 244, 225, BStBl. II 2016, 515 unter II.2.a)cc); Urteil vom 10.11.2015, IX R 10/15, BFH/NV 2016, 529 unter II.2.d); ausführlich unten E.I.2.b)bb).

Tatbestandsverwirklichung entgegengehalten, nur die individuellen Verhältnisse eines Gesellschafters könnten Aufschluss darüber geben, ob eine Verfügung innerhalb oder außerhalb einer Spekulationsfrist stattgefunden habe und wie die Höhe des von § 23 EStG erfassten Gewinns zu bestimmen ist.[1237] Diese Ansicht stellt maßgeblich darauf ab, dass es kaum je zur „gemeinschaftlichen“ Verwirklichung beider Teilakte kommt. Schon ein Gesellschafterwechsel während der Spekulationsfrist führe zu einer von § 39 Abs. 2 Nr. 2 AO angeordneten Bruchteilsübertragung an den Wirtschaftsgütern der Gesellschaft, die nicht in der Einheit der Gesellschaft verwirklicht werde. Auch die Anschaffung eines Wirtschaftsguts durch die Gesellschaft von einem Gesellschafter oder Veräußerung an einen Gesellschafter lasse die „gemeinschaftliche“ Tatbestandsverwirklichung entfallen, weil im Umfang der Bruchteilsbeteiligung des involvierten Gesellschafters kein steuerlich relevanter Vorgang anzunehmen sei.[1238] Gegen diese Beobachtungen bestehen keine Einwände, ändern aber nichts an der Tatsache, dass sich sowohl die Anschaffung als auch Veräußerung eines unter § 23 EStG fallenden Wirtschaftsguts in der Einheit der Gesellschaft, d.h. mit identischem Gesellschafterbestand und ohne Beteiligung eines Gesellschafters als Veräußerer oder Erwerber verwirklichen lassen.[1239]

(4) Es können in derselben vermögensverwaltenden Gesellschaft auch Einkünfte verschiedener Einkunftsarten „gemeinschaftlich“ erzielt werden, wobei für die Abgrenzung verschiedener Einkunftsarten die gesetzlichen Konkurrenzregelungen zu beachten sind.[1240]

Als Ausfluss der partiellen Steuerrechtsfähigkeit der vermögensverwaltenden Personengesellschaft werden die „gemeinschaftlich“ erzielten Einkünfte auf Ebene der Gesellschaft qualifiziert. Die Einkünftequalifikation ist im Fall gemeinsamer Tatbestandsverwirklichung Bestandteil der gesonderten

---

1237 *Schallmoser*, UR 2020, 614, 618 f. (gemeinschaftliche Tatbestandsverwirklichung privater Veräußerungsgeschäfte grundsätzlich abzulehnen).

1238 Diese Einschränkungen bei der „gemeinschaftlichen“ Tatbestandsverwirklichung betonen auch *Kemcke/Schäffer*, in: Haase/Dorn, Vermögensverwaltende PersGes, 3. Teil, Rz. 187 ff.; *Geils*, in: Beck'sches Hdb. Immobiliensteuerrecht, § 16 Rz. 52 f.

1239 Im Ergebnis auch *Kemcke/Schäffer*, in: Haase/Dorn, Vermögensverwaltende PersGes, 3. Teil, Rz. 192.

1240 FG Berlin-Brandenburg, Urteil vom 6.1.2015, 6 K 6190/12; *Dißars*, in: Lademann, EStG, § 15 Rz. 194/5; *Kahle*, in: Prinz/Kahle, Beck'sches Hdb. PersGes, § 7 Rz. 291; *Kahle/Rombach*, Ubg 2019, 181, 182; *Bodden*, in: KöSDi 2018, 21034, 21047; *ders.*, in: Korn, EStG, § 15 Rz. 288; *Middendorf/Rickermann*, BB 2021, 539, 540.

und einheitlichen Feststellung der steuerpflichtigen Einkünfte der Gesellschafter (§§ 179 Abs. 2 Satz 2, 180 Abs. 1 Nr. 1 Buchst. a AO).[1241] Für die Qualifikation kommt es nach dem BFH wie bei gewerblichen Personengesellschaften auf die „Tätigkeit der Gesellschafter in ihrer gesamthänderischen Verbundenheit, mithin auf die Tätigkeit der Gesellschaft" an.[1242] Es lässt sich – analog zu Mitunternehmerschaften – fragen, ob mit der „gemeinschaftlichen" Tatbestandsverwirklichung die Gesellschaft oder das Zusammenwirken der einzelnen Gesellschafter gemeint ist.

aa) Tatbestandsverwirklichung durch die Gesellschaft

Die Reichweite der Einheitstheorie ist, wie bei Mitunternehmerschaften, umstritten. Die Rechtsprechung fährt auch im Hinblick auf steuerliche Bruchteilsgemeinschaften keinen geradlinigen Kurs. Der Große Senat des BFH nimmt im Geprägebeschluss an, in der Einheit der Gesellschaft werden Merkmale eines Besteuerungstatbestands verwirklicht, und das umfasse „insbesondere die Verwirklichung oder Nichtverwirklichung des Tatbestands einer bestimmten Einkunftsart und das Erzielen von Gewinn oder Überschuss im Rahmen dieser Einkunftsart".[1243] Andererseits sei Subjekt der Einkünfteerzielung auch bei gemeinschaftlich erzielten Überschüssen immer der einzelne Gesellschafter.[1244] Die wiederholte Verwendung der Formulierung der „Einkünfteerzielung in gesamthänderischer Verbundenheit"[1245] gibt letztlich wenig Aufschluss über den Standpunkt der Rechtspre-

---

1241 BFH, Beschluss vom 11.4.2005, GrS 2/02, BFHE 209, 399, BStBl. II 2005, 679, DStR 2005, 1274, 1275 unter C.1.

1242 BFH, Beschluss vom 25.6.1984, GrS 4/82, BFHE 141, 405; BStBl. II 1984, 751 unter C.III.3.a); Urteil vom 21.9.2000, IV R 77/99, BFHE 193, 311, BFHE 193, 311, unter 1.c).

1243 BFH, Beschluss vom 25.6.1984, GrS 4/82, BFHE 141, 405; BStBl. II 1984, 751 unter C.III.3.a); grundsätzlich bestätigt durch Beschluss vom 3.7.1995, GrS 1/93, BFHE 178, 86, BStBl. II 1995, 617 („Gewerblicher Grundstückshandel") unter C.IV.2.b)aa); vgl. auch Urteil vom 27.7.2004, IX R 20/03, BFHE 206, 444, BStBl. II 2005, 33 unter II.2.b)aa)(1) (vermögensverwaltende Gesamthandsgesellschaft sei selbst nicht Schuldnerin der Einkommensteuer, aber erfülle den Besteuerungstatbestand).

1244 Beschluss vom 3.7.1995, GrS 1/93, BFHE 178, 86, BStBl. II 1995, 617 („Gewerblicher Grundstückshandel") unter C.IV.2.b)cc).

1245 Etwa in BFH, Beschluss vom 11.4.2005, GrS 2/02, BFHE 209, 399, BStBl. II 2005, 679 („Zebragesellschaft") unter II.3.b)aa); Urteil vom 28.6.2006, XI R 31/05, BFHE 214, 302, BStBl. II 2007, 378 unter II.4.; Urteil vom 2.4.2008, IX R 18/06, BFHE 221,

chung. Zumindest mit Blick auf einzelne Überschusseinkunftsarten scheint der BFH die Einheitstheorie bei vermögensverwaltenden Personengesellschaften anzuwenden.[1246]

In der Literatur wird die Einheitstheorie für vermögensverwaltende Personengesellschaften zum Teil vollständig abgelehnt.[1247] Man könnte mit dieser Ansicht davon ausgehen, dass § 39 Abs. 2 Nr. 2 Satz 1 AO der vermögensverwaltenden Personengesellschaft aus steuerlicher Sicht die Herrschaft und Dispositionsbefugnis über ihre Wirtschaftsgüter bzw. Erwerbsgrundlagen abspricht, sodass sie als Einkünfteerzielungssubjekt ausscheidet. Dagegen spricht, dass das Steuerrecht nur bei „Erforderlichkeit" eine Auflösung der zivilrechtlichen Vermögenszuständigkeit der Personengesellschaft fingiert. Wo bereits bei isolierter Betrachtung der Gesellschaft alle relevanten Tatbestandsvoraussetzungen verwirklicht werden, besteht kein „Erfordernis", die Gesellschafter in die Tatbestandsverwirklichung „hereinzuziehen". Mit einem anderen Teil der Literatur[1248] ist daher nach hier vertretener Auffassung im Bereich der „gemeinschaftlichen" Einkünfteerzielung die Tatbestandsverwirklichung durch die Gesellschaft zu bejahen und sie zum Subjekt der Einkünfteerzielung zu erheben. Die Separierung der Tätigkeit der Gesellschafter von der Tätigkeit der Gesellschaft war gerade das Kernelement des Geprägebeschlusses des Großen Senats des BFH.[1249] Die anschließend retrograde Entwicklung zur Einheitstheorie, wonach der vermögensverwaltenden Personengesellschaft beispielsweise

---

1, BStBl. II 2008, 679 unter II.2.b); Urteil vom 16.12.2008, VIII R 83/05, BFH/NV 2009, 1118 unter III.2.b); Urteil vom 29.10.2019, IX R 38/17, BFHE 267, 18, BStBl. II 2021, 202 unter II.2.a); FG Brandenburg, Urteil vom 14.11.2007, 1 K 10547/03 B, DStRE 2009, 183 unter 1.

1246 BFH, Urteil vom 15.4.1986, IX R 69/81, BFHE 147, 134, BStBl. II 1986, 792; Urteil vom 7.10.1986, IX R 167/83, BFHE 148, 501, BStBl. II 1987, 322 unter 1. (Einkünfte aus Vermietung und Verpachtung); BFH, Urteil vom 13.7.1994, X R 7/91, BFH/NV 1995, 303 unter 4.a)aa); Urteil vom 6.9.2016, IX R 44/14, BFHE 255, 148, BStBl. II 2018, 323 unter II.5.a) (private Veräußerungsgeschäfte – jeweils *obiter*); BFH, Urteil vom 16.12.2008, VIII R 83/05, BFH/NV 2009, 1118 unter III.2.b) (laufende Einkünfte aus Kapitalvermögen, § 20 Abs. 1 EStG).

1247 *Hörmann*, BB 1992, 191, 192; *Mönkemöller*, Zurechnung der Überschusseinkünfte bei PersGes, S. 126 f., 154 f.; *Beierl*, Einkünftequalifikation bei gemeinsamer wirtschaftlicher Betätigung, S. 73 f., 84 ff.

1248 *Kahle*, in: Prinz/Kahle, Beck'sches Hdb. PersGes, § 7 Rz. 291 f.; *Engel*, Vermögensverwaltende Personengesellschaften, Rz. 56, 396; *Bodden*, KöSDi 2018, 21034, 21045; *ders.*, in: Korn, EStG, § 15 Rz. 271; *Strahl*, KöSDi 2001, 12802 ff.; *Knobbe-Keuk*, BB 1985, 473, 474.

1249 BFH, Beschluss vom 25.6.1984, GrS 4/82, BFHE 141, 405; BStBl. II 1984, 751.

keine „Abschirmwirkung“ gegenüber ihren Gesellschaftern zukommt, betrifft nicht den Bereich „gemeinschaftlicher“ Tatbestandsverwirklichung, sondern die individuellen Besteuerungsmerkmale einzelner Gesellschafter, auf die es zwecks „sachlich zutreffender Besteuerung“ ankommt.[1250] Nur insoweit tritt nach dem BFH die Einheit der Gesellschaft zurück. Aus punktuell für notwendig gehaltener Limitierung der Einheitstheorie ist jedoch kein „Alles-oder-Nichts“-Prinzip abzuleiten. Die Einheit der Gesellschaft bleibt unberührt, wo ein Durchgriff auf die Gesellschafter gem. § 39 Abs. 2 Nr. 2 Satz 1 AO nicht erforderlich ist. Das ist im Bereich der „gemeinschaftlichen“ Tatbestandsverwirklichung der Fall, wo der auf der Stufe der Gesellschaft verwirklichte Handlungstatbestand ertragsteuerlich von Bedeutung ist.[1251] Jedenfalls bei Tatbestandsverwirklichung durch die Gesellschaft stellt sich folglich die Frage nach einem Zurechnungsmaßstab der von der Gesellschaft erzielten Einkünfte an die Gesellschafter.[1252] Weil grundsätzlich die Gesellschaft tatbestandsverwirklichend tätig ist, kann die steuerliche Anerkennung von Sonderzuweisungen nicht mit dem Argument versagt werden, die begünstigten Gesellschafter hätten nicht in gesteigertem Maße zur zugehörigen Tatbestandsverwirklichung beigetragen.

bb) Erfordernis von Risikotragung und Initiativrechten auf Gesellschafterebene

Weiterhin fragt sich mit Blick auf die steuerliche Anerkennung von Sonderzuweisungen, ob qualifizierte Voraussetzungen an eine „gemeinschaftliche“ Einkünfteerzielung zu stellen sind. Bei gewerblichen Personengesellschaften wird durch das Tatbestandsmerkmal des „Mitunternehmers“ eine Einschränkung dahingehend vorgenommen, dass nur Gesellschaftern mit eigenem Mitunternehmerrisiko und eigener Mitunternehmerinitiative von der Gesellschaft erzielte Einkünfte zugerechnet werden. In der Literatur wird deshalb vorgeschlagen, dass in Anlehnung an den Begriff des

---

1250 BFH, Beschluss vom 3.7.1995, GrS 1/93, BFHE 178, 86, BStBl. II 1995, 617 („Gewerblicher Grundstückshandel“).

1251 BFH, Urteil vom 3.2.2010, IV R 26/07, BFHE 228, 365, BStBl. II 2010, 751 unter II.4.b)bb); dass die Personengesellschaft den Steuertatbestand verwirklicht, grenzt sie von der zivilrechtlichen Bruchteilsgemeinschaft ab – dort ist für die einzelnen Miteigentümer gesondert über die Tatbestandsverwirklichung zu entscheiden, s. BFH, Urteil vom 15.12.2009, IX R 55/08, BFH/NV 2010, 863 unter II.2.

1252 Dazu unten E.I.4.a).

Mitunternehmers in § 15 Abs. 1 Satz 1 Nr. 2 EStG auch bei gemeinschaftlicher vermögensverwaltender Tätigkeit im Innenverhältnis eine qualifizierte Gesellschafterstellung vorliegen muss, die eine Einkünftezurechnung rechtfertigt.[1253] Das diene der Abgrenzung von stillen Beteiligungen und Darlehensverträgen zwischen Gesellschafter und Gesellschaft. Erzielt die Gesellschaft etwa Einkünfte aus Vermietung und Verpachtung, könne ein Gesellschafter nur Zurechnungssubjekt dieser Einkünfte sein, wenn er Mitvermieterrisiko und Mitvermieterinitiative hat. Dem Wortlaut von § 20, § 21 oder § 23 EStG lässt sich dieses Erfordernis allerdings nicht entnehmen, obwohl der Gesetzgeber mit § 20 Abs. 5, § 21 Abs. 1 Satz 2 und § 23 Abs. 1 Satz 4 EStG durchaus Regelungen für den Fall der gemeinschaftlichen Einkünfteerzielung getroffen hat. Auch die Rechtsprechung hat bislang keine gesteigerten Anforderungen an die gemeinschaftliche Einkünfteerzielung bei vermögensverwaltenden Personengesellschaften gestellt. Vielmehr geht der BFH davon aus, dass eine gemeinschaftliche Tatbestandsverwirklichung bereits vorliegt, wenn die Personengesellschaft aus Miet- oder Pachtverträgen oder Verträgen über die Überlassung von Kapitalvermögen berechtigt und verpflichtet ist, die Gesellschaft also nach außen als Vertragspartner auftritt.[1254] Auf eine Beteiligung an den stillen Reserven der Gesellschaft, bei Mitunternehmerschaften ein nach dieser Entscheidung „unerlässliches" Kriterium für die Mitunternehmerstellung, komme es nicht an.[1255] Gegen die Notwendigkeit einer mitunternehmerähnlichen Gesellschafterstellung spricht daneben § 20 Abs. 5 EStG, der eine Einkünftezurechnung unabhängig von den Mitunternehmerkriterien des § 15 EStG, sondern allein auf Basis einer wirtschaftlichen Berechtigung i.S.d. § 39 AO anordnet.[1256] § 20 Abs. 5 EStG ist insofern Ausdruck der Tendenz, dass die Erzielung von Überschusseinkünften eher auf (passiven) Rechtsverhältnissen basiert denn auf (aktiven) Tätigkeiten, die für Gewinneinkunftsarten prägend sind (vgl. § 24 Nr. 2 EStG).[1257] Das Erfordernis einer mitunternehmerähnlichen Rolle ist aus diesen Gründen für die gemeinschaftliche Erzielung von

---

1253 *Engel*, Vermögensverwaltende Personengesellschaften, Rz. 403 ff.; vgl. mit Einschränkungen auch *Mönkemöller*, Zurechnung der Überschusseinkünfte bei PersGes, S. 72 ff., S. 262, S. 368.

1254 BFH, Urteil vom 16.12.2008, VIII R 83/05, BFH/NV 2009, 1118 unter III.2.b); Urteil vom 16.01.1999, IX R 17/95, BFHE 188, 53, BStBl. II 1999, 360 unter II.1.

1255 BFH, Urteil vom 16.12.2008, VIII R 83/05, BFH/NV 2009, 1118 unter III.2.b).

1256 Im Ergebnis auch *Buge*, in: Herrmann/Heuer/Raupach, EStG/KStG, § 20 EStG Rz. 23.

1257 *Buge*, in: Herrmann/Heuer/Raupach, EStG/KStG; § 20 EStG Rz. 20.

Überschusseinkünften abzulehnen.[1258] Die steuerliche Anerkennung von Sonderzuweisungen kann daher nicht von besonderen Anforderungen an die Ausgestaltung der Mitgliedschaft im Innenverhältnis abhängig gemacht werden. Die Gesellschafterstellung selbst reicht zur Partizipation am Gesellschaftsüberschuss aus.

b) Von Gesellschaftern individuell verwirklichte Steuertatbestände

Nicht alle Steuertatbestände der §§ 13 ff. EStG können von einer vermögensverwaltenden Personengesellschaft verwirklicht werden. Keiner gemeinschaftlichen Tatbestandsverwirklichung zugänglich sind etwa Einkünfte aus unselbständiger Arbeit (§ 19 EStG), die an eine individuelle, persönliche Leistungserbringung anknüpfen.[1259] Daneben bestehen weitere Tatbestände mit Tatbestandsmerkmalen, unter die nur unter Berücksichtigung der Verhältnisse auf Ebene der einzelnen Gesellschafter sinnvoll subsumiert werden kann. In diesen Fällen erzielen Gesellschafter Einkünfte, die sie auch ohne Einschaltung der Personengesellschaft erzielen würden. Die zivilrechtliche Gesellschaft wird durch die Bruchteilsbetrachtung als Steuersubjekt hinweggedacht.[1260] Hauptsächlich spielt die individuelle Tatbestandsverwirklichung bei Veräußerungsgeschäften aus dem Gesellschaftsvermögen heraus und beim Ein- und Austritt von Gesellschaftern eine Rolle. Diese Fälle handeln von steuerpflichtigen Wertsteigerungen, die außerhalb der Einheit der Gesellschaft realisiert werden.[1261]

aa) Veräußerung von Kapitalgesellschaftsanteilen (§ 17 und § 20 EStG)

Ein Anwendungsfall der individuellen Tatbestandsverwirklichung ist § 17 Abs. 1 Satz 1 EStG, wonach unter qualifizierten Beteiligungsvoraussetzungen der Gewinn aus der Veräußerung von Kapitalgesellschaftsanteilen zu den Einkünften aus Gewerbebetrieb gehört. Der Veräußerungstatbestand von § 17 Abs. 1 Satz 1 EStG setzt eine Mindestbeteiligung des Veräußerers an

1258 Gl.A. *Eggers*, in: Korn, EStG, § 21 Rz. 38.

1259 *Bodden*, KöSDi 2018, 21043, 21045.

1260 *Wacker*, DStR 2005, 2014, 2015.

1261 Vgl. etwa BFH, Urteil vom 26.04.2012, IV R 44/09, BStBl. II 2013, 142 Rz. 18, 27; Urteil vom 21.1.2014, IX R 9/13, BFHE 244, 225, BStBl. II 2016, 515 unter II.2.a)cc); *Schenke*, in: BeckOK-EStG, § 15 Rz. 1467.

einer Kapitalgesellschaft i.H.v. einem Prozent über einen Zeitraum von fünf Jahren voraus. In Fällen mit „Einschaltung" einer vermögensverwaltenden Personengesellschaft entstehen Veräußerungsgewinne i.S.d. § 17 EStG entweder, wenn der Personengesellschafter seine Beteiligung an der Personengesellschaft oder die Personengesellschaft selbst die von ihr gehaltenen Anteile an der Kapitalgesellschaft veräußert.[1262] Genauer betrachtet liegt nur in der ersten Alternative eine individuelle Tatbestandsverwirklichung vor; in der zweiten Alternative handelt es sich um einen Fall der Umqualifizierung nach den für Zebragesellschaften geltenden Grundsätzen.[1263]

Der Wortlaut von § 17 Abs. 1 Satz 1 EStG lässt zwar offen, wer Veräußerer ist – die Personengesellschaft oder der Gesellschafter –, ganz überwiegend wird indes auf den Gesellschafter abgestellt.[1264] Insofern sei auch zur „sachlich zutreffenden" Ermittlung der Mindestbeteiligungsschwelle des § 17 Abs. 1 Satz 1 EStG nicht auf die Gesellschaft selbst, sondern auf die dahinterstehenden Gesellschafter abzustellen. Für die Bestimmung der Haltedauer und der Mindestbeteiligung komme es daher auf seine Verhältnisse an, nicht auf diejenigen der Gesellschaft.[1265] Die Mindestbeteiligungshöhe i.S.d. § 17 Abs. 1 EStG erfüllt ein Gesellschafter, dessen bruchteilsmäßige Beteiligung an der Kapitalgesellschaft und seiner sonstigen Anteile an der Kapitalgesellschaft zusammengerechnet mindestens ein Prozent ergeben. Dieses Ergebnis ist im Lichte der Einheitstheorie nicht zweifelsfrei, denn zumindest im Fall, in dem die Kapitalgesellschaftsbeteiligung aus dem Gesellschaftsvermögen der Personengesellschaft veräußert wird, kann mit guten Gründen die Personengesellschaft als „Veräußerer" angesehen wer-

---

1262 *R. Schmidt*, in: Herrmann/Heuer/Raupach, EStG/KStG, § 17 EStG Rz. 88; *Fischer*, in: Hübschmann/Hepp/Spitaler, AO/FGO, § 39 AO Rz. 308; *Vogt*, in: Brandis/Heuermann, Ertragsteuerrecht, § 17 EStG Rz. 47.

1263 Dazu sogleich E.I.2.c).

1264 BFH, Urteil vom 13.7.1999, VIII R 72/98, BFHE 190, 87, BStBl. II 1999, 820 unter 2.b) (offen lassend, ob die „Mindestbeteiligung" auf Ebene der Gesellschaft oder des Gesellschafters zu beurteilen ist); Urteil vom 9.5.2000, VIII R 41/99, BFHE 192, 273, BStBl. II 2000, 686 unter II.2.a); Urteil vom 6.9.2016, IX R 44/14, BFHE 255, 148, BStBl. II 2018, 323 unter II.5.a); OFD Frankfurt a.M., Verfügung vom 2.9.2015, – S 2256 A – 41 – St 213, DStR 2015, 2554, Tz. 18; *Bodden*, in: Korn, EStG, § 15 Rz. 275; *Vogt*, in: Brandis/Heuermann, Ertragsteuerrecht, § 17 EStG Rz. 47; *Levedag*, in: Schmidt, EStG, EStG, § 17 Rz. 83; *Trossen*, in: BeckOK-EStG, § 17 Rz. 188; *Strahl/Winkler*, in: Korn, EStG, § 17 Rz. 102; *Schneider*, in: Kirchhof/Söhn/Mellinghoff, EStG, § 17 Rz. B 140; *Wacker*, BB 2000, 1976, 1980; *Niemann*, in: FS Schmidt, S. 127, 144.

1265 Urteil vom 9.5.2000, VIII R 41/99, BFHE 192, 273, BStBl. II 2000, 686 unter II.2.a).

den.[1266] Auch der einstige Zweck hinter § 17 Abs. 1 Satz 1 EStG, den „wesentlich“ beteiligten Gesellschafter einem Mitunternehmer gleichzustellen und aus diesem Grund – wie auch in § 16 EStG vorgesehen – Veräußerungsgewinne zu erfassen,[1267] ist nach Absenkung der Mindestbeteiligungsschwelle auf 1 Prozent[1268] und dem Wegfall der Gleichstellungsratio kein zwingender Grund, auf den einzelnen Personengesellschafter als „Veräußerer“ durchzugreifen. Allerdings hat sich diese Ansicht nicht durchsetzen können,[1269] sodass für die folgende Untersuchung im Rahmen von § 17 EStG von „individueller“ Tatbestandsverwirklichung ausgegangen werden soll. Eine von diesen Grundsätzen zu trennende Frage ist, wie die Bruchteilsquote eines Gesellschafters an den Wirtschaftsgütern der vermögensverwaltenden Gesellschaft und sein Veräußerungsgewinn zu bestimmen sind.[1270]

Aufgrund der individuellen Tatbestandsverwirklichung durch einzelne Gesellschafter verhindert die „materiell-rechtliche Struktur“ von § 17 Abs. 1 EStG auch eine gesonderte und einheitliche Einkunftsfeststellung.[1271] Soweit der Kapitalgesellschaftsanteil von der Personengesellschaft veräußert wird und zugleich einer ihrer Gesellschafter die Voraussetzungen von § 17 Abs. 1 EStG erfüllt, kommt es für ihn zu einer Umqualifizierung in gewerbliche Einkünfte.[1272] Den „Umqualifizierungsfall“ zeichnet es aus, dass schon auf Gesellschaftsebene ein Steuertatbestand verwirklicht wird (z.B. § 20 EStG), auf Gesellschafterebene indes weitere Besteuerungsmerkmale hinzutreten, die zur Erfüllung eines abweichenden Steuertatbestands führen (etwa § 17 EStG oder § 18 Abs. 1 Nr. 4 EStG).

Auch bei den Einkünften aus Kapitalvermögen gem. § 20 EStG kann es zu „individueller“ Tatbestandsverwirklichung kommen. § 20 Abs. 2 Satz 3

1266 *Groh*, JbFfSt 1979/80, S. 209 ff.; *Crezelius*, in: FS Priester, S. 55, 61 f.; *Hüttemann*, DStJG 34 (2011), S. 291, 309 f.; *Knobbe-Keuk*, Bilanz- und Unternehmensteuerrecht, § 24 I.2.

1267 BFH, Urteil vom 9.5.2000, VIII R 41/99, BFHE 192, 273, BStBl. II 2000, 686 unter II.2.b)aa); *Jakob*, in: FS Schmidt, S. 115, 118.

1268 Art. 1 Nr. 10 des Steuersenkungsgesetzes vom 23.10.2000, BGBl. I 2000, 1433, 1435.

1269 *Hüttemann*, DStJG 34 (2011), S. 291, 310.

1270 BFH, Urteil vom 7.4.1976, I R 75/13, BFHE 119, 146, BStBl. II 1976, 557 unter 2.; Urteil vom 19.3.1996, VIII R 15/94, BStBl. II 1996, 312, 314 unter II.1.c.; zur Frage, wie die Beteiligungshöhe i.S.d. § 39 Abs. 2 Nr. 2 AO zu bestimmen ist unten E.I.4.b).

1271 BFH, Urteil vom 8.11.2005, VIII R 11/02, BFHE 211, 277, BStBl. II 2006, 253 unter II.2.a)bb).

1272 BMF, Schreiben betr. Einzelfragen zur Abgeltungsteuer vom 18.1.2016, BStBl. I 2016, 85 Rz. 72.

EStG bestimmt, dass die Anschaffung oder Veräußerung einer unmittelbaren oder mittelbaren Beteiligung an einer Personengesellschaft als Anschaffung oder Veräußerung der anteiligen rechnenden Wirtschaftsgüter i.S.d. § 20 Abs. 2 EStG gilt. Der Gesetzgeber sah sich durch anderslautende BFH-Rechtsprechung veranlasst,[1273] die Bruchteilsbetrachtung an dieser Stelle ausdrücklich festzuschreiben und sich nicht auf die Auslegung des Tatbestandsmerkmals der „Erforderlichkeit“ i.S.d. § 39 Abs. 2 Nr. 2 AO durch die Rechtsprechung zu verlassen. § 20 Abs. 2 Satz 3 EStG greift im Fall von Gesellschafterwechseln ein, die die „durchgerechnete“ Mindestbeteiligungsschwelle des § 17 Abs. 1 Satz 1 EStG nicht erreichen (dieser genießt sonst gem. § 20 Abs. 8 EStG Vorrang). Eine gesonderte und einheitliche Feststellung von Kapitaleinkünften scheidet im Fall individueller Tatbestandsverwirklichung aus.[1274]

bb) Private Veräußerungsgeschäfte (§ 23 EStG)

Zum anderen können auf Ebene der Gesellschaft vorgenommene Veräußerungen von Wirtschaftsgütern zu individueller Tatbestandsverwirklichung im Bereich privater Veräußerungsgeschäfte führen.[1275] Nach § 23 Abs. 1 Satz 4 EStG – einer Parallelvorschrift zu § 20 Abs. 2 Satz 3 EStG – gilt die Anschaffung oder Veräußerung einer Gesellschaftsbeteiligung als Anschaffung oder Veräußerung der anteiligen Wirtschaftsgüter der Gesellschaft.[1276] Ein Gesellschafter verwirklicht etwa „individuell“ den Tatbestand eines privaten Veräußerungsgeschäfts, wenn sich Wirtschaftsgüter schon länger als die Spekulationsfristen des § 23 Abs. 1 Satz 1 EStG im Gesamthandsvermögen befinden, aber der Gesellschafter der Gesellschaft erst später beigetreten ist. Zum Veräußerungszeitpunkt läuft für den Gesellschafter aufgrund seines nachträglichen Beitritts und die erst dadurch verwirklichte Anschaffung i.S.d. § 23 Abs. 1 Satz 4 EStG noch die entsprechende Spekulationsfrist.

1273 BFH, Urteil vom 4.10.1990, X R 148/88, BFHE 162, 304, BStBl. II 1992, 211 unter 2.b) (zu § 23 Abs. 1 Nr. 1 Buchst. a EStG); *Buge*, in: Herrmann/Heuer/Raupach, EStG/KStG, § 20 EStG Rz. 535.

1274 BFH, Urteil vom 20.11.2018, VIII R 39/15, BFHE 263, 112, BStBl. II 2019, 239 unter

1275 *Schallmoser*, UR 2020, 614 ff.; *Engel*, Vermögensverwaltende Personengesellschaften, Rz. 951 ff.

1276 Dahinstehen kann hier, ob die Vorschrift wegen der ohnehin geltenden Bruchteilsbetrachtung des § 39 Abs. 2 Nr. 2 AO rein deklaratorischer Natur ist, vgl. *Ratschow*, in: Brandis/Heuermann, Ertragsteuerrecht, § 23 EStG Rz. 82.

Weil ihm die Veräußerung durch die Gesellschaft nach § 39 Abs. 2 Nr. 2 Satz 1 AO anteilig zugerechnet wird, verwirklicht er den Tatbestand eines privaten Veräußerungsgeschäfts.[1277] Gleiches gilt im umgekehrten Fall, dass ein Gesellschafter vor Ablauf der Fristen des § 23 Abs. 1 Satz 1 EStG aus einer Gesellschaft ausscheidet. Die Anschaffung der Wirtschaftsgüter durch die Personengesellschaft wird dem Gesellschafter gem. § 39 Abs. 2 Nr. 2 Satz 1 AO anteilig zugerechnet und sein Ausscheiden löst die Veräußerungsfiktion des § 23 Abs. 1 Satz 4 EStG aus. In den Fällen der individuellen Tatbestandsverwirklichung erfolgt keine gesonderte und einheitliche Feststellung eines Veräußerungsgewinns i.S.d. § 23 Abs. 3 Satz 1 EStG.[1278] In den beschriebenen Fällen erfolgt keine Umqualifizierung auf Gesellschafterebene, weil auf Gesellschaftsebene kein Steuertatbestand verwirklicht wurde. Stattdessen tritt allein auf Ebene eines Gesellschafters ein steuerbarer Vorgang ein.

cc) Gewerblicher Grundstückshandel

Weiterhin kann ein Grundstücksverkauf durch die Gesellschaft (innerhalb oder außerhalb der Spekulationsfrist des § 23 Abs. 1 Satz 1 Nr. 1 EStG) auf Ebene eines Gesellschafters zu gewerblichen Einkünften nach den Grundsätzen zum gewerblichen Grundstückshandel führen. Insoweit entfaltet die Personengesellschaft keine Abschirmwirkung gegenüber dem Gesellschafter.[1279] Hat dieser im maßgeblichen Fünf-Jahres-Zeitraum zumindest drei weitere Grundstücke oder Beteiligungen an anderen Grundstücksgesell-

1277 BFH, Urteil vom 21.1.2014, IX R 9/13, BFHE 244, 225, BStBl. II 2016, 515 unter II.2.b) (obiter); Urteil vom 10.11.2015, X R 10/15, BFH/NV 2016, 529; FG Köln, Urteil vom 14.4.2021, 3 K 1253/17, EFG 2021, 1480, Rz. 74; *Wernsmann*, in: Kirchhof/Söhn/Mellinghoff, EStG, § 23 Rz. B 100; *Schallmoser*, UR 2020, 614, 616; *Schießl*, DStR 2014, 512, 514 f.; *Ratschow*, in: Brandis/Heuermann, Ertragsteuerrecht, § 23 EStG Rz. 82; nach T.d.L. wird § 39 Abs. 2 Nr. 2 AO in sog. „Mischfällen" von § 23 Abs. 1 Satz 4 EStG verdrängt, *Musil*, in: Herrmann/Heuer/Raupach, EStG/KStG, § 23 EStG Rz. 241; *Levedag*, in: Schmidt, EStG, § 23 Rz. 47; dagegen *Engel*, Vermögensverwaltende Personengesellschaften, Rz. 957; *Peter*, DStR 1999, 1337, 1339; *Stephan*, DB 1994, 1588, 1589.

1278 *Schallmoser*, UR 2020, 614, 617; *Söhn*, in: Hübschmann/Hepp/Spitaler, AO/FGO, § 180 AO Rz. 235a; *Brandis*, in: Tipke/Kruse, AO/FGO, § 180 AO Rz. 16.

1279 BFH, Beschluss vom 3.7.1995, GrS 1/93, BFHE 178, 86, BStBl. II 1995, 617 („Gewerblicher Grundstückshandel"); Urteil vom 28.10.2015, X R 22/13, BFHE 251, 369, BStBl. II 2016, 95; *Wacker*, in: Schmidt, EStG, § 15 Rz. 73.

schaften[1280] aus seinem Privatvermögen veräußert, deren Anschaffung oder Bebauung jeweils nicht mehr als fünf Jahre zurückliegt, und veräußert die Gesellschaft ein Grundstück aus dem Gesamthandsvermögen, überschreitet der Gesellschafter die Grenze zum gewerblichen Grundstückshandel und erzielt gewerbliche Einkünfte. Auch die Veräußerung seines Anteils an einer Grundstücksgesellschaft steht der Veräußerung eines Objekts gleich.[1281] Die vermögensverwaltende Personengesellschaft wird dadurch zur Zebragesellschaft (dazu sogleich). Die Finanzverwaltung beschränkt die Zusammenrechnung von Grundstücksverkäufen des Gesellschafters und der Gesellschaft allerdings auf Fälle, in denen der Gesellschafter zu mindestens 10 Prozent an der Gesellschaft beteiligt ist oder dass bei geringerer Beteiligung der Verkehrswert des Gesellschaftsanteils oder des Anteils an dem veräußerten Grundstück mehr als 250.000 EUR beträgt.[1282] Der solchermaßen realisierte gewerbliche Grundstückshandel kann sowohl in die Kategorie „Umqualifizierung auf Gesellschafterebene" fallen als auch in die Kategorie, dass ein steuerbarer Vorgang allein auf Gesellschafterebene verwirklicht wird. Die Zuordnung zu einer der beiden Kategorien hängt davon ab, ob der gesamthänderisch getätigte Grundstücksverkauf innerhalb der Haltefrist des § 23 Abs. 1 Satz 1 Nr. 1 EStG erfolgt und dadurch schon auf Gesellschaftsebene ein steuerbares privates Veräußerungsgeschäft festzustellen ist, oder ob die Haltefrist auf Gesellschaftsebene abgelaufen ist und allein der betreffende Gesellschafter aufgrund seiner weiteren Grundstücksverkäufe und der Begründung eines gewerblichen Grundstückshandels in den steuerbaren Bereich fällt.

c) „Zebragesellschaften"

An vermögensverwaltenden Personengesellschaften können Gesellschafter mit unterschiedlichen Besteuerungsmerkmalen beteiligt sein. Dadurch entstehen mitunter Personengesellschaften, an denen manche Gesellschafter privat, andere betrieblich beteiligt sind. Gesellschafter mit Anteilen im Betriebsvermögen, insbesondere Kapitalgesellschaften, erzielen gewerbliche Einkünfte, auch wenn solche auf Gesellschaftsebene nicht festgestellt wer-

---

1280 BFH, Urt. vom 28.10.2015, X R 22/13, BFHE 251, 369, BStBl. II 2016, 95; BMF, Schreiben vom 26.3.2004, BStBl. I 2004, 434 Rz. 18.

1281 BFH, Urteil vom 5.6.2008, IV R 81/06, BFHE 222, 295, BStBl. II 2010, 974 unter II.1.a)bb).

1282 BMF, Schreiben vom 26.03.2004, BStBl. I 2004, 434 Rz. 17.

den.[1283] Folglich treffen Gesellschafter aufeinander, die Gewinn- bzw. Überschusseinkünfte erzielen. Solche Personengesellschaften werden als „Zebragesellschaften" bezeichnet.[1284] Mit Ausnahme von Fällen des § 15 Abs. 3 Nr. 2 EStG (gewerblich geprägte Personengesellschaft) begründet die Erzielung gewerblicher Einkünfte durch einzelne Gesellschafter keine Gewerblichkeit der Personengesellschaft insgesamt.[1285] Zebragesellschaften lassen sich als Zwischenstufe zwischen der Tatbestandsverwirklichung durch die Gesellschaft und der individuellen Tatbestandsverwirklichung betrachten. Einerseits werden in der Einheit der Gesellschaft Überschusseinkünfte erzielt, andererseits führen weitere Besteuerungsmerkmale auf Gesellschafterebene bei ihm zu einer Einkünfteumqualifizierung. Die Umqualifizierung rückt den Gesellschafter in die Nähe der individuellen Tatbestandsverwirklichung, auch wenn er mit dem eigentlichen (Veräußerungs-)Vorgang auf Ebene der Gesellschaft in keiner direkten Verbindung steht, er als Minderheitsgesellschafter mitunter gar keine Einflussmöglichkeit auf die Verwirklichung eines Veräußerungstatbestands nehmen konnte.

3. Einkünfteermittlung

a) Tatbestandsverwirklichung durch die Gesellschaft

Das Gesetz enthält keine spezifischen Vorgaben zur Einkünfteermittlung bei vermögensverwaltenden Personengesellschaften bzw. ihren Gesellschaftern. Wie § 2 Abs. 2 Satz 1 Nr. 2 EStG vorschreibt, sind die Einkünfte bei Überschusseinkunftsarten als Überschuss der Einnahmen über die Werbungskosten zu ermitteln. Auch wenn die Erfolgsermittlungsmethode vorgegeben ist, lässt das Gesetz offen, ob eine Erfolgsermittlung auf Ebene der Gesellschaft oder nur auf Ebene der Gesellschafter durchzuführen ist. Weil der BFH jedoch auch die vermögensverwaltende Gesellschaft zum Subjekt der Einkünfteermittlung erklärt hat, ist im Bereich der gemeinschaftlichen Tatbestandsverwirklichung von einer Überschussermittlung auf Gesellschaftsebene auszugehen. Sie erfolgt durch Ermittlung des

1283 *Schenke*, in: BeckOK-EStG, § 15 Rz. 1469 f.; im Einzelnen nachfolgend E.I.3.b).

1284 BFH, Beschluss vom 11.4.2005, GrS 2/02, BFHE 209, 399, BStBl. II 2005, 679; Beschluss vom 03.07.1995, GrS 1/93, BFHE 178, 86, BStBl. II 1995, 617; zur Begriffsgenese *Zähle*, DStR 2003, 1328, 1329.

1285 Zur Aufgabe der „Geprägetheorie" BFH, Beschluss vom 25.6.1984, GrS 4/82, BFHE 141, 405, BStBl. II 1984, 751.

Überschusses der Einnahmen über die Werbungskosten der Gesellschaft (§§ 8 bis 9a EStG), unabhängig von einer etwaigen handelsrechtlichen Bilanzierung.[1286] Im Fall der Veräußerungstatbestände des § 20 Abs. 2 EStG und § 23 Abs. 1 EStG wurden mit § 20 Abs. 4 EStG und § 23 Abs. 3 EStG spezielle Einkünfteermittlungstatbestände geschaffen.[1287] Hinsichtlich des Zuflussprinzips gem. § 11 EStG kommt es auf den Zufluss auf Gesellschaftsebene an, der einen „anteiligen" Zufluss bei den Gesellschaftern bewirkt; auf eine Entnahme kommt es nicht an.[1288] Der anteilige Zufluss erfolgte nach früherer BFH-Rechtsprechung nur bei denjenigen Gesellschaftern mit Gesellschafterstellung während des Zu- und Abflusses von Einnahmen bzw. Ausgaben auf Ebene der Gesellschaft.[1289] Von dieser Einschränkung ist der BFH inzwischen abgerückt; die Verteilung des im Wirtschaftsjahr entstandenen Überschusses richte sich primär nach der zivilrechtlichen Vereinbarung, während die Gesellschafterstellung während des Zu- oder Abflusses auf Gesellschaftsebene kein Zurechnungskriterium sei.[1290] Auf Gesellschafterebene sind außerdem angefallene Sonderwerbungskosten zu berücksichtigen und im Fall des Beteiligungserwerbs Ergänzungsrechnungen aufzustellen.[1291] Die gemeinschaftlich erzielten Einkünfte sind gesondert und einheitlich festzustellen (§§ 179, 180 Abs. 1 Nr. 2 Buchst. a AO).[1292]

1286 BFH, Urteil vom 27.07.2004, IX R 20/03, BFHE 206, 444, BStBl. II 2005, 33 unter II.1.; Beschluss vom 05.05.1981, VIII B 26/80, BFHE 133, 285, BStBl. II 1981, 574; *Engel*, Vermögensverwaltende Personengesellschaften, Rz. 138; *Kahle*, in: Prinz/Kahle, Beck'sches Hdb. PersGes, § 7 Rz. 305; *Kemcke/Schäffer*, in: Haase/Dorn, Vermögensverwaltende Personengesellschaften, 3. Teil, Kap. 1 Rz. 42; *Knobbe-Keuk*, BB 1985, 473.

1287 *Gröpl*, in: Kirchhof/Söhn/Mellinghoff, EStG, § 8 Rz. A 39; insb. zu § 23 Abs. 3 EStG als „Fremdkörper" im Bereich der Überschusseinkünfte *Musil*, DStJG 34 (2011), S. 237, 241 ff.

1288 BFH, Beschluss vom 19.8.1986, IX B 5/83, BFHE 147, 453, BStBl. II 1987, 212 unter 3.; FG Hamburg, Urteil vom 1.10.2009, 6 K 45/07, EFG 2010, 425 unter 1.b)bb); *Kube/Schomäcker*, in: Kirchhof/Söhn/Mellinghoff, EStG, § 11 Rz. B 13; *Engel*, Vermögensverwaltende Personengesellschaften, Rz. 157, 401.

1289 BFH, Beschluss vom 19.8.1986, IX S 5/83, BFHE 147, 453, BStBl. II 1987, 212 unter 3.

1290 BFH, Urteil vom 25.9.2018, IX R 35/17, BFHE 262, 418, BStBl. II 2019, 167 (näher unter E.II.2 – Rückwirkungsverbot).

1291 Zu Sonderwerbungskosten *Bodden*, KöSDi 2018, 21043, 21050; *Kahle*, in: Prinz/Kahle, Beck'sches Hdb. PersGes, § 7 Rz. 306, zu Ergänzungsrechnungen BFH, Urteil vom 3.5.2022, IX R 22/19, BFH/NV 2022, 1244 unter II.2.c)ff); FG Rheinland-Pfalz, Urteil vom 19.11.2018, 3 K 1280/18, EFG 2019, 358 (rkr.); *Bodden*, in: Korn, EStG, § 15 Rz. 298; *Engel*, Vermögensverwaltende Personengesellschaften, Rz. 227; *Reiß*, StuW 1986, 232, 246 f.

Die Überschussermittlung auf Ebene der Personengesellschaft resultiert prinzipiell in einem aggregierten Ergebnis, das entweder positiv oder negativ ausfällt. Erzielt etwa die Gesellschaft in einem Veranlagungszeitraum ausschließlich Vermietungseinkünfte, wird der Überschuss der Vermietungseinnahmen über die Werbungskosten (oder umgekehrt) „als Ganzes" ermittelt und den Gesellschaftern zugerechnet, obschon etwa die laufenden Abschreibungen zunächst grundstücksbezogen zu ermitteln sind. Wie bei Mitunternehmerschaften sind jedoch auch bei vermögensverwaltenden Personengesellschaften bestimmte Überschussbestandteile isoliert zu ermitteln. Verfahrensrechtlich werden diese Bestandteile bei der Einkünftefeststellung gem. § 180 Abs. 1 Satz 1 Nr. 2 Buchst. a AO getrennt ausgewiesen. Das betrifft zum einen die Fallgruppe der Einkünfte aus Kapitalvermögen, die beim Personengesellschafter unter § 3 Nr. 40 EStG oder § 8b Abs. 1 oder Abs. 2 KStG fallen können.[1293] Zum anderen folgt eine Besonderheit bei gemeinschaftlich erzielten Einkünften aus Kapitalvermögen daraus, dass eine getrennte Feststellung von positiven und negativen Einkünften i.S.d. § 20 Abs. 6 EStG erforderlich ist, um die verschiedenen Verlustverrechnungskreise der Norm nachvollziehen zu können.[1294] Verluste aus Aktiengeschäften können demnach nicht mit sonstigen positiven Kapitaleinkünften verrechnet werden, sondern sind gesondert zu erfassen und den Gesellschaftern getrennt zuzurechnen.[1295] Das gleiche Prinzip ist für von der Gesellschaft verwirklichte steuerpflichtige private Veräußerungsgeschäfte anzunehmen, bei denen ein Veräußerungsverlust entsteht. Der Verlust ist aufgrund der Verlustausgleichs- und Verlustabzugsbeschränkungen des § 23 Abs. 3 Satz 7 EStG gesondert festzustellen und den Gesellschaftern zuzurechnen. Der Sparerpauschbetrag aus § 20 Abs. 9 Satz 1 f. EStG und die Freigrenze aus § 23 Abs. 3 Satz 5 EStG finden hingegen allein auf Gesellschafterebene Anwendung und fließen nicht in die gesonderte

---

1292 BFH, Urteil vom 29.10.2019, IX R 38/17, BFHE 267, 18, BStBl. II 2021, 202 unter 2.; *Bodden*, in: Korn, EStG, § 15 Rz. 327.5; *Brandis*, in: Tipke/Kruse, AO/FGO, § 180 AO Rz. 19a (zur gesonderten und einheitlichen Feststellung von Sonderwerbungskosten Rz. 60 f.); *Strahl*, KöSDi 2001, 12802, 12809 f.; *Lang*, in: FS Schmidt, S. 291, 305.

1293 *Engel*, Vermögensverwaltende Personengesellschaften, Rz. 513 f., 533; Pöllath + Partner, Private Equity Fonds, S. 168 – Voraussetzung ist, dass die Beteiligung an der vermögensverwaltenden Personengesellschaft im Betriebsvermögen einer natürlichen Person gehalten wird oder eine Körperschaft beteiligt ist.

1294 *Schmidt*, in: BeckOK-EStG, § 20 Rz. 430.

1295 *Buge*, in: Herrmann/Heuer/Raupach, EStG/KStG, § 20 EStG Rz. 23.

und einheitliche Einkünftefeststellung ein.[1296] Darüber hinaus bestehen Verlustverrechnungsbeschränkungen, die über Verweisvorschriften auch bei vermögensverwaltenden Personengesellschaften „sinngemäße“ Anwendung finden und bei der Einkünfteermittlung zu berücksichtigen sind.[1297] Werden auf Gesellschaftsebene mehrere Einkunftsarten verwirklicht, sind die Einkünfte in der gesonderten und einheitlichen Einkünftefeststellung im Verfahren nach § 180 Abs. 1 Satz 1 Nr. 2 Buchst. a AO getrennt auszuweisen.[1298] Auch wenn dem Feststellungsverfahren primär eine „dienende Funktion“ zukommt,[1299] lässt sich daraus ableiten, dass auch materiell eine nach Einkunftsarten differenzierte Einkünfteermittlung zu erfolgen hat. Einen Hinweis darauf gibt auch § 9 Abs. 1 Satz 2 EStG, wonach Werbungskosten bei der Einkunftsart abzuziehen sind, bei der sie erwachsen sind. Der zutreffende Werbungskostenabzug setzt daher eine nach Einkunftsarten getrennte Überschussermittlung voraus. Vor dem Hintergrund dieser tendenziell feingliedrigen Vorgehensweise bei der Überschussermittlung der vermögensverwaltenden Personengesellschaft lässt sich das Ergebnis der Einkünfteermittlung – in größerem Ausmaß noch als bei Mitunternehmerschaften – eher als Mosaik aus unterschiedlichen Überschussbestandteilen betrachten denn als einheitliches aggregiertes Ergebnis.

b) Individuelle Tatbestandsverwirklichung

Im Bereich der individuellen Tatbestandsverwirklichung ist der Überschuss der Einnahmen über die Werbungskosten nur für den betreffenden Gesellschafter zu ermitteln;[1300] bei betrieblich beteiligten Gesellschaftern der Gewinn nach der für ihn anwendbaren Gewinnermittlungsmethode. Es erfolgt keine gesonderte und einheitliche Gewinnfeststellung.[1301] Der Dualismus von gemeinschaftlicher und individueller Tatbestandsverwirklichung wirkt sich somit auch auf die Einkünfteermittlung aus.

1296 *Brandis*, in: Tipke/Kruse, AO/FGO, § 180 Rz. 56; *Hamacher/Dahm*, in: Korn, EStG, § 20 Rz. 434; *Schmidt*, in: BeckOK-EStG, § 20 Rz. 1475;

1297 Im Einzelnen unten E.II.3.

1298 BMF-Schreiben vom 15.9.2020, IV C 1-S 2253/08/10006:033, BStBl. I 2020, 919 Tz. 18.

1299 BT-Drs. IV/1982, S. 157; *Koenig*, in: Koenig, AO, § 181 Rz. 33; *Beierl*, Einkünftequalifikation bei gemeinsamer wirtschaftlicher Betätigung, S. 96.

1300 *Kemcke/Schäffer*, in: Haase/Dorn, Vermögensverwaltende Personengesellschaften, 3. Teil Rz. 200;

1301 BFH, Urteil vom 21.1.2014, IX R 9/13, BFHE 244, 225, BStBl. II 2016, 515 unter II.2.a).

c) Zebragesellschaften

Schließlich sind bei der Einkünfteermittlung Besonderheiten für Zebragesellschaften zu berücksichtigen. Auf Ebene der Gesellschaft werden im Besteuerungsverfahren einheitlich und gesondert Überschusseinkünfte festgestellt, die die Gesellschaft in ihrer Einheit verwirklicht hat. Die Einkünftequalifikation auf Gesellschaftsebene richtet sich nach dem „kleinsten gemeinsamen Nenner“ an gemeinschaftlich verwirklichten Tatbestandsmerkmalen. Auf Ebene betrieblich beteiligter Gesellschafter treten weitere (persönliche) Besteuerungsmerkmale hinzu. Für Zwecke des Folgebescheids erfolgt für solche Gesellschafter eine Umqualifizierung in (gewerbliche) Gewinneinkünfte, die auf seiner Ebene gem. §§ 4 Abs. 1, 5 EStG oder nach § 4 Abs. 3 EStG zu ermitteln sind.[1302] Im Umfang seiner Beteiligung sind die Wirtschaftsgüter der Gesellschaft dem betrieblich beteiligten Gesellschafter als anteiliges Betriebsvermögen zuzurechnen. Diese Zurechnung ist Folge der Bruchteilsbetrachtung gem. § 39 Abs. 2 Nr. 2 Satz 1 AO.[1303] Soweit Wirtschaftsgüter anteilig einem betrieblich beteiligten Gesellschafter zugerechnet werden, finden alle Vorschriften über das Betriebsvermögen Anwendung.[1304] Sowohl der Art als auch der Höhe nach werden die gewerblichen Einkünfte des betrieblich beteiligten Gesellschafters vom (Wohnsitz-)Finanzamt festgestellt, das für die Besteuerung des Gesellschafters zuständig ist.[1305]

1302 BFH, Urteil vom 11.07.1996, IV R 103/94, BStBl. II 1997, 39; *Kahle*, in: Prinz/Kahle, Beck'sches Hdb. PersGes, § 7 Rz. 341; der Vorschlag einer „doppelten“ Ergebnisermittlung auf Gesellschaftsebene in Gestalt einer Überschuss- und einer Gewinnermittlung von *Reiß* (StuW 1986, 232, 248 f.) hat sich nicht durchgesetzt; vgl. auch *Schön* (in: GS Knobbe-Keuk, S. 139, 157) mit der Feststellung, dass „Zebragesellschaften“ im US-Recht (gemeint ist die Beteiligung einer *C Corporation* an einer *Partnership*, vgl. § 448(a)(2) IRC) von der Gewinnermittlung per „Cash-Rechnung“ zum Bestandsvermögensvergleich (*Accrual Method*) übergehen müssen, dazu oben B.II.1.

1303 *Wacker*, in: Schmidt, EStG, § 15 Rz. 201; *Bodden*, KöSDi 2018, 21043, 21049.

1304 *Wacker*, in: Schmidt, EStG, § 15 Rz. 206; *Krumm*, in: Kirchhof/Seer, EStG, § 15 Rz. 394; *Dürrschmidt/Friedrich-Vache*, DStR 2005, 1515, 1516; *Kahle/Rombach*, Ubg 2019, 181, 189; *Kuhn*, Steuerrechtliche Behandlung vermögensverwaltender Gesamthandsgemeinschaften, S. 61.

1305 BFH, Beschluss vom 11.4.2005, GrS 2/02, BFHE 209, 399, BStBl. II 2005, 679 unter C. („Zebrabeschluss“); zur Historie des Beschlusses des Großen Senats des BFH *Dürrschmidt/Friedrich-Vache*, DStR 2005, 1515 ff.

4. Einkünftezurechnung

Der so ermittelte Überschuss ist den Gesellschaftern nach dem Transparenzprinzip zuzurechnen. Weil bei der Tatbestandsverwirklichung zwischen dem Individualhandeln der Gesellschafter, dem Handeln der Gesellschaft und Zebrafällen unterschieden wird, sind der Zurechnungsmaßstab und die Rolle der zivilrechtlichen Gewinnverteilungsabrede für die drei Konstellationen getrennt zu untersuchen.

a) Tatbestandsverwirklichung durch die Gesellschaft

Ausgehend von der Prämisse, dass die Personengesellschaft auch bei Überschusseinkunftsarten Steuertatbestände selbst verwirklichen kann, bedarf es einer Einkünftezurechnung an die Gesellschafter als Steuerpflichtige. Objekt der Zurechnung ist der sich nach dem Zuflussprinzip ergebende Überschuss der Einnahmen über die Werbungskosten der Gesellschaft.

aa) Maßgeblichkeit des zivilrechtlichen Gewinnverteilungsschlüssels

Damit ist die Frage des Verteilungsmaßstabs für die Einkünftezurechnung angesprochen. Die Einkünftezurechnung erfolgt mangels Anwendbarkeit auf vermögensverwaltende Personengesellschaften nicht nach § 15 Abs. 1 Nr. 2 EStG.[1306] Auch § 39 Abs. 2 Nr. 2 Satz 1 AO trifft grundsätzlich keine Aussage darüber, wie die Einkünftezurechnung zu erfolgen hat, sondern betrifft nur die vermögensmäßige Zurechnung von Wirtschaftsgütern im zivilrechtlichen Gesamthandsvermögen.[1307] Stattdessen richtet sich die Zurechnung bei Einkünften, die von der Gesellschaft erzielt werden, nach dem privatautonom vereinbarten Gewinnverteilungsschlüssel oder – subsidiär – nach den gesetzlichen Gewinnverteilungsregeln und damit nach den gleichen Prinzipien wie bei gewerblichen Gesellschaften. Auch wenn man-

1306 BFH, Urteil vom 18.11.1980, VIII R 194/78, BFHE 132, 522, BStBl. II 1981, 510 unter 1.d); *Tiede*, in: Herrmann/Heuer/Raupach, EStG/KStG, § 15 EStG Rz. 456; *Kahle*, in: Prinz/Kahle, Beck'sches Hdb. PersGes, § 7 Rz. 305; *Lang*, in: FS Schmidt, S. 291, 297 f.

1307 *Fischer*, in: Hübschmann/Hepp/Spitaler, AO, § 39 Rz. 29 ff., 303; *Drüen*, in: Tipke/Kruse, AO, § 39 Rz. 18; *Reiß*, StuW 1986, 232, 246; allgemein zu § 39 AO *Ruppe*, DStJG 1 (1978), S. 7, 15.

gels Anwendbarkeit von § 15 Abs. 1 Nr. 2 EStG die Rechtsgrundlage für eine Zurechnung nach dem Gewinnverteilungsschlüssel unklar ist, herrscht in diesem Punkt Einigkeit.[1308] Man könnte insofern zumindest den Rechtsgedanken von § 15 Abs. 1 Satz 1 Nr. 2 Satz 1 Hs. 1 EStG fruchtbar machen oder die Norm mit Blick auf die Einkünftezurechnung für deklaratorisch halten.[1309] Letztlich kann der Grund für eine Einkünftezurechnung nach dem zivilrechtlichen Gewinnverteilungsschlüssel auch im Leistungsfähigkeitsprinzip gesehen werden. Denn – wie bei Mitunternehmerschaften – ist die zivilrechtlich vereinbarte und durchgeführte Überschussverteilung ein zuverlässiger Maßstab für die Bestimmung steuerlicher Leistungsfähigkeit.[1310] Der Gewinnverteilungsschlüssel kann auch von den „fiktiven" Bruchteilsanteilen i.S.d. § 39 Abs. 2 Nr. 2 Satz 1 AO abweichen,[1311] sodass beteiligungs-

1308 BFH, Urteil vom 27.7.2004, IX R 20/03, BFHE 206, 444, BStBl. II 2005, 33 unter II.1.; Urteil vom 8.9.1992, IX R 335/87, BFHE 169, 418, BStBl. II 1993, 281 unter II.1.; Beschluss vom 5.5.1981, VIII B 26/80, BFHE 133, 285, BStBl. II 1981, 574 unter III.2.a); FG Köln, Urteil vom 14.4.2021, 3 K 1253/17, EFG 2021, 1480 Rz. 99 f.; FG München, Urteil vom 17.11.2020, 12 K 2334/18, DStRE 2021, 587, 590 (Rev. eingelegt, Az. BFH VIII R 3/21); *Hüttemann*, DStJG 34 (2011), S. 291, 308; *Fischer*, in: Hübschmann/Hepp/Spitaler, AO, § 39 Rz. 304; *Kreft*, in: Herrmann/Heuer/Raupach, EStG/KStG, § 9 EStG Rz. 50; *Wacker*, in: Schmidt, EStG, § 15 Rz. 200; *Claßen*, in: Lademann, EStG, § 21 Rz. 76 ff.; *Drüen*, in: Kirchhof/Söhn/Mellinghoff, EStG, § 21 Rz. B 224; *Dornheim*, in: Bordewin/Brandt, EStG, § 21 Rz. 9a f.; *Nacke*, in: Littmann/Bitz/Pust, EStG, § 21 Rz. 106; *Kube*, in: Kirchhof/Seer, EStG, § 23 Rz. 1; *Kahle*, in: Prinz/Kahle, Beck'sches Hdb. PersGes, § 7 Rz. 306; *Mönkemöller*, Zurechnung der Überschusseinkünfte, S. 341; *Kahle/Rombach*, Ubg 2019, 181, 185; *Baumgartner*, DStR 2021, 1858, 1862; *Reiß*, StuW 1986, 232, 246; *Birnbaum/Escher*, DStR 2014, 1413, 1417; vgl. zudem BFH, Urteil vom 7.10.1986, IX R 167/83, BFHE 148, 501, BStBl. II 1987, 322 unter 2.; Urteil vom 30.6.1999, IX R 83/95, BFHE 190, 82 unter 2.; Urteil vom 20.1.2009, IX R 18/07, BFH/NV 2009, 1247 unter II.2. (jeweils zu Einkünftezurechnung bei zivilrechtlicher Bruchteilsgemeinschaft).

1309 Für die erste Variante *Schulte*, FR 1980, 341, 343; *Mellwig*, DB 1985, 2066 ff.; für eine sinngemäße Anwendung von § 15 Abs. 1 Nr. 2 früher *Trzaskalik*, in: Kirchhof/Söhn/Mellinghoff, EStG, § 21 B Rz. 200 f. (Stand Juli 1996); für die zweite Variante *Engel*, Vermögensverwaltende Personengesellschaften, Rz. 402.

1310 Vgl. oben D.I.5.b)aa) (Gewinnanteile i.S.d. § 15 Abs. 1 Satz 1 Nr. 2 Satz 1 Hs. 1 EStG).

1311 BFH, Urteil vom 27.06.1978, VIII R 168/73, BFHE 125, 532, BStBl. II 1978, 674; FG Köln, Urteil vom 14.4.2021, 3 K 1253/17, EFG 2021, 1480, Rz. 101; *Fischer*, in: Hübschmann/Hepp/Spitaler, AO/FGO, § 39 AO Rz. 304; *Bodden*, in: Korn, EStG, § 15 Rz. 311; *Lang*, in: FS Schmidt, S. 291, 305; *Weber-Grellet*, DStR 2018, 992, 996 f.; wohl auch *Engel*, Vermögensverwaltende Personengesellschaften, Rz. 416; *Lothmann*, Vermögensverwaltende Personengesellschaften, S. 468.

disquotale Überschussanteile steuerlich zu berücksichtigen sind.[1312] Bezugspunkt des zivilrechtlichen Verteilungsschlüssels ist nicht zwangsläufig der nach §§ 8, 9 und 11 EStG zu ermittelnde Gesellschaftsüberschuss, sondern – das mag sogar der Regelfall sein – der nach handelsrechtlichen Maßstäben ermittelte Gesellschaftsgewinn. Der dazu vereinbarte Verteilungsschlüssel ist jedoch auch auf den steuerlich ermittelten Überschuss zu übertragen.[1313]

Teils wird vorgebracht, für die Überschusszurechnung nach dem vereinbarten Verteilungsschlüssel sei es unerheblich, ob der Gesellschaft eine partielle Rechtsfähigkeit zuerkannt wird oder ob die Gesellschafter eigene Einkünfte erzielen oder ihnen fremde Einkünfte zugerechnet werden.[1314] Das lässt sich mit Blick auf Sonderzuweisungen auch anders beurteilen. Ginge man davon aus, dass die Gesellschafter selbst tatbestandsverwirklichend tätig sind, wäre nicht nur die steuerliche Anerkennung kapital- oder sonst beitragsdisquotaler Gewinnanteile allgemein fraglich, sondern insbesondere die Anerkennung von wirtschaftsgutsspezifischen Sonderzuweisungen. Denn wären alle Gesellschafter tatbestandsverwirklichend tätig und trügen durch ihre Leistungen zum Gesellschaftsüberschuss bei, ließe sich annehmen, dass ihnen der Erfolg „beitragsgerecht" zuzurechnen ist, sie demnach anteilig (beitragsquotal) alle Überschussbestandteile erzielen und zu versteuern haben. Warum sollte einem bestimmten Gesellschafter der gesamte mit einem Wirtschaftsgut erzielte Überschuss zugewiesen werden können, wenngleich alle Gesellschafter eine anteilige steuerliche Dispositionsbefugnis über dieses Wirtschaftsgut innehaben? Eine dahingehende Gewinnverteilungsabrede würde dann wiederum in die Nähe der steuerlich unbeachtlichen Einkommensverwendung rücken. Nach der hier vertretenen Ansicht ist es im Bereich gemeinsamer Tatbestandsverwirklichung jedoch – wie gesehen – die Gesellschaft, die tatbestandsverwirklichend tätig ist. Für die vorstehend angestellten Zurechnungsüberlegungen bleibt daher kein Raum.

1312 Kürzlich FG München, Urteil vom 17.11.2020, 12 K 2334/18, DStRE 2021, 587 unter II.1.c) (nicht rkr., Az. BFH VIII R 3/21); *Baumgartner*, DStR 2021, 1858, 1862.

1313 BFH, Beschluss vom 5.5.1981, VIII B 26/80, BFHE 133, 285, BStBl. II 1981, 574 unter III.2.a) (Übertragung entspricht „im Allgemeinen dem Parteiwillen").

1314 *Fischer*, in: Hübschmann/Hepp/Spitaler, AO/FGO, § 39 AO Rz. 304.

bb) Zur Bedeutung von § 20 Abs. 5 EStG

Bei gesamthänderisch erzielten Einkünften aus Kapitalvermögen wirft § 20 Abs. 5 EStG die Frage auf, ob sich die Einkünftezurechnung ebenfalls nach dem privatautonom vereinbarten Gewinnverteilungsschlüssel richtet oder stets nach der bruchteilsmäßigen Beteiligung der Gesellschafter an den Wirtschaftsgütern der Personengesellschaft. § 20 Abs. 5 Sätze 1 und 2 EStG bestimmen, dass Einkünfte gem. § 20 Abs. 1 Nr. 1 und 2 EStG von dem Anteilseigner erzielt werden, dem die Anteile am Kapitalvermögen nach § 39 AO zuzurechnen sind. Die Anteilseigner von Wirtschaftsgütern vermögensverwaltender Gesellschaften sind nach der Bruchteilsbetrachtung des § 39 Abs. 2 Nr. 2 Satz 1 AO deren Gesellschafter. Das bedeutet jedoch nicht, dass bei gesamthänderisch erzielten Einkünften aus Kapitalvermögen alle Gesellschafter die Einkünfte im Verhältnis ihrer Bruchteile zugerechnet bekommen. Aus § 20 Abs. 5 EStG folgt lediglich, dass nur den Personengesellschaftern (und niemandem sonst) Einkünfte aus Kapitalvermögen zugerechnet werden können. Eine Verteilung der Einkünfte nach einem privatautonomen Gewinnverteilungsschlüssel bleibt unter den Gesellschaftern gleichwohl möglich.[1315]

b) Individuelle Tatbestandsverwirklichung

Fraglich ist der Zurechnungsmaßstab für Einkünfte aus individuell verwirklichten Steuertatbeständen, der in Rechtsprechung und Literatur bislang ein Schattendasein führt. Grundsätzlich erfolgt – wie nachfolgend gezeigt wird – auch bei individueller Tatbestandsverwirklichung die Einkünftezurechnung nach Maßgabe des zivilrechtlichen Gewinnverteilungsschlüssels. Dieser Befund mag naheliegen in Zebrafällen, in denen bereits auf Ebene der Gesellschaft durch gesamthänderisches Wirken ein Steuertatbestand erfüllt wird und auf Gesellschafterebene lediglich eine Umqualifizierung der ihm zuzurechnenden Einkünfte in eine andere Einkunftsart erfolgt. In Fällen, in denen jedoch nicht bloß eine Umqualifizierung erfolgt, sondern allein ein Gesellschafter einen möglicherweise steuerbaren und -pflichtigen Vorgang verwirklicht (etwa indem ein Gesellschafter aus einer vermögensverwaltenden Gesellschaft mit Grundvermögen austritt, kurz nachdem diese ein Grundstück angeschafft hat, vgl. § 23 Abs. 1 Satz 4

1315 Im Ergebnis auch *Buge*, in: Herrmann/Heuer/Raupach, EStG/KStG, § 20 EStG Rz. 23; *Engel*, Vermögensverwaltende Personengesellschaften Rz. 416, 592.

EStG), ergibt sich keine offenkundige Antwort auf die Frage der Einkünftezurechnung. Im Rahmen der individuellen Tatbestandsverwirklichung bei vermögensverwaltenden Personengesellschaften wird demzufolge die Frage nach dem Verhältnis zwischen der Bruchteilsbetrachtung und der Gewinnverteilung aufgeworfen. Denkbar sind zumindest zwei Lösungsmöglichkeiten.

aa) Zurechnung nach zivilrechtlich vereinbarten Verteilungsschlüssel

Zunächst ist die Möglichkeit in Betracht zu ziehen, dass die Bruchteile i.S.d. § 39 Abs. 2 Nr. 2 Satz 1 AO und die Einkünftezurechnung nach dem Gewinnverteilungsschlüssel zwei sorgsam zu trennende Kategorien sind: Sind einem Gesellschafter anhand seiner kapitalmäßigen Beteiligung an einer vermögensverwaltenden Personengesellschaft Bruchteile i.S.d. § 39 Abs. 2 Nr. 2 Satz 1 AO zuzurechnen, kommt in seiner Person eine individuelle Tatbestandsverwirklichung dem Grunde nach in Betracht. Allein der zivilrechtliche Gewinnverteilungsschlüssel gibt indes Auskunft darüber, in welcher Höhe der Gesellschafter Einkünfte erzielt. Der Gewinnverteilungsschlüssel verdrängt dadurch eine Einkünftezurechnung nach der Bruchteilsbetrachtung. Dieses Prinzip könnte sowohl bei Steuertatbeständen anwendbar sein, die auf Gesellschafterebene zu einer Umqualifizierung der gesamthänderisch erzielten Einkünfte führen (etwa § 17 EStG, § 18 Abs. 1 Nr. 4 EStG), als auch bei Steuertatbeständen, die ein Gesellschafter in seiner Person verwirklicht. Diesen Weg wählte das FG Köln in seinem Urteil vom 14.4.2021.[1316]

In diesem Fall waren die Klägerin (natürliche Person A) und weitere Personen in ungeteilter Erbengemeinschaft seit 1998 Gesellschafter einer Grundstücks-GbR, in deren Gesellschaftsvermögen sich insgesamt fünf Wohnungseinheiten (Nr. 1 und Nrn. 8 bis 11) zu Sondereigentum befanden. Die GbR-Gesellschafter hatten im Zuge des Erwerbs des GbR-Anteils durch A die Vereinbarung getroffen, dass für den Fall einer Realteilung der GbR die zur Erbengemeinschaft gehörenden Gesellschafter die Wohnungseinheit Nr. 9 erhalten sollten, während die übrigen Einheiten an A gehen sollten. Analog zu dieser Aufteilung wurden auch die Nutzen und Lasten sowie ein etwaiger Verkaufserlös für den Fall der Veräußerung der Wohnungseinheiten aus der GbR verteilt. Dementsprechend erklärte A in

---

1316 3 K 1253/17 (rkr.), EFG 2021, 1480 Rz. 99 ff. (m. Anm. *Wiesch*).

den Folgejahren Vermietungseinkünfte für die Wohnungseinheiten Nr. 1 und 8, 10 und 11. Eine gesonderte und einheitliche Feststellung von Vermietungseinkünften der Grundstücks-GbR erfolgte nicht. Im Jahr 2004 erwarb der (inzwischen verstorbene) Ehemann der A (E) den GbR-Anteil von der Erbengemeinschaft und ist, jedenfalls nach Ansicht von A, in die mit der Erbengemeinschaft bestehende Abrede zur Verteilung von Einnahmen und Kosten eingetreten. Auch hat E – wie zuvor die Erbengemeinschaft – allein Vermietungseinkünfte aus der Wohnungseinheit Nr. 9 erklärt. Im Jahr 2009 veräußerte die GbR die der Klägerin A zugewiesenen Wohnungseinheiten Nr. 8 und 10.

Zu entscheiden war, ob E als GbR-Gesellschafter Einkünfte aus zwei privaten Veräußerungsgeschäften gem. §§ 22 Nr. 2, 23 Abs. 1 Satz 1 Nr. 1 EStG erzielt hat, indem er erst im Jahr 2004 beigetreten ist und die Wirtschaftsgüter i.S.d. § 23 Abs. 1 Satz Nr. 1 EStG im Jahr 2009 verkauft wurden. Der Beteiligungserwerb des E gilt gem. § 23 Abs. 1 Satz 4 EStG als (anteilige) Anschaffung der Wohnungseinheiten im Gesellschaftsvermögen der GbR. Nach der Bruchteilsbetrachtung des § 39 Abs. 2 Nr. 2 Satz 1 AO war ihm dem FG Köln zufolge die Veräußerung der Wohnungseinheiten durch die GbR anteilig zuzurechnen, weshalb er grundsätzlich den Veräußerungstatbestand des § 23 Abs. 1 Satz 1 Nr. 1 EStG erfüllte. Das Gericht folgte insofern nicht der Argumentation der A, wonach trotz zivilrechtlicher Gesamthand allein sie wirtschaftliche Eigentümerin der verkauften Wohnungseinheiten sei (§ 39 Abs. 2 Nr. 1 AO). Denn nach Auffassung des Gerichts konnte A den E schon deshalb nicht von der Einwirkung auf die beiden Wohnungseinheiten ausschließen und dadurch wirtschaftliches Eigentum begründen, weil nach dem Einstimmigkeitsprinzip des § 709 Abs. 1 BGB die Wohnungen nur durch gemeinsamen Beschluss von A und E veräußert werden konnten. Jedoch werde die Tatbestandsverwirklichung des § 23 Abs. 1 Satz 1 Nr. 1 EStG von der Überschussverteilungsabsprache „überlagert", wonach sowohl die Vermietungseinkünfte als auch die Veräußerungserlöse allein A zugewiesen wurden. Der E sei bei seinem Beteiligungserwerb in diese bereits zuvor in der GbR bestehende Verteilungsabrede eingetreten. Das Gericht sah seitens des E damit zwar den Tatbestand privater Veräußerungsgeschäfte dem Grunde nach erfüllt, weil ihm an den veräußerten Wirtschaftsgütern Bruchteilsanteile i.S.d. § 39 Abs. 2 Nr. 2 Satz 1 AO zuzurechnen seien, hat ihm allerdings in Anerkennung der Gewinnverteilungsabrede keine Einkünfte i.S.d. § 23 EStG zugerechnet. Einkommensteuerrechtliche Wertungen, wonach die Verteilungsabrede zu korrigieren sei, bestünden keine.

Die Abrede sei zunächst unter fremden Dritten, nämlich A und B zustande gekommen, sodass die Gewinnverteilung auch im Verhältnis zwischen A und ihrem Ehemann E nicht als private Einkommensverwendung des E i.S.d. § 12 Nr. 2 EStG zu werten sei. Auch sei § 42 AO nicht erfüllt, weil die vor über zehn Jahren getroffene Abrede damals kaum zum Zwecke einer verminderten Steuerlast geschlossen worden sein könne und überdies beachtliche außersteuerliche Gründe für sie vorlägen. Diese bestünden in der Schaffung einer gewissen Eigenständigkeit hinsichtlich der Verwaltung der einzelnen Wohnungseinheiten sowie der Erleichterung der Erlösverteilung im Fall des Verkaufs oder der Realteilung. Dem Gericht sei nicht erkennbar, „dass damit zugleich die Vermeidung von Besteuerungstatbeständen in Gestalt steuerpflichtiger privater Veräußerungsgeschäfte angestrebt wird".[1317] Schließlich beurteilte das Gericht den Fall auch unter dem Gesichtspunkt der Angemessenheitskontrolle. Dies aber nicht nur deswegen, weil es vorliegend um die Einkünftezurechnung in einer durch Eintritt des E entstandenen Familiengesellschaft ging,[1318] sondern unter der Fragestellung, ob eine wirtschaftsgutsbezogene Gewinnverteilungsabrede in einem angemessenen Verhältnis zum Gesellschaftsanteil der Gesellschafter stehen muss. Letztlich ließ das Gericht die Frage offen, weil die dem E zugewiesene Wohnungseinheit Nr. 9 im Verhältnis zur Gesamtfläche aller von der GbR gehaltenen Wohnungseinheiten in etwa seinem prozentualen Beteiligungsverhältnis an der Gesellschaft entsprach.

Mit dem FG Köln ließe sich annehmen, dass ein gesellschaftsvertraglich vereinbarter Gewinnverteilungsschlüssel sowohl auf Ebene der Gesellschaft (also bei gesamthänderisch erzielten Einkünften) als auch bei individueller Tatbestandsverwirklichung auf Ebene des Gesellschafters die Einkünftezurechnung bestimmt, dass der Gewinnverteilungsschlüssel folglich die Bruchteilsbetrachtung „überlagert". So könnten auch im Bereich der individuellen Tatbestandsverwirklichung (§§ 17, 23 EStG) Sonderzuweisungen vereinbart werden, die trotz bruchteilsmäßiger Beteiligung an einem von der Gesellschaft veräußerten Wirtschaftsgut in einer davon losgelösten Einkünftezurechnung resultieren. Ein Gesellschafter, der vom Erlös aus der Veräußerung einer im Gesamthandsvermögen gehaltenen Kapitalgesellschaftsbeteiligung, die auf seiner Ebene gewerblich verstrickt i.S.d. § 17 Abs. 1 EStG ist, keinen Anteil zugewiesen bekommt, würde dann keine

1317 FG Köln, Urteil vom 14.4.2021, 3 K 1253/17 (rkr.), EFG 2021, 1480, Rz. 109.
1318 Näher zur Familiengesellschaft als „Standardfall" der Angemessenheitskontrolle unter D.II.1.a)aa).

Einkünfte i.S.d. § 17 Abs. 1 EStG erzielen. Gleiches gälte für private Veräußerungsgeschäfte i.S.d. § 23 Abs. 1 Satz 1 EStG: Solange ein Gesellschafter nach der Gewinnverteilungsabrede der Personengesellschaft keinen Anteil am Veräußerungserlös erhalten soll, erzielt er keine Einkünfte aus privatem Veräußerungsgeschäft, obwohl er bruchteilsmäßig an dem von der Gesellschaft veräußerten Wirtschaftsgut i.S.d. § 23 Abs. 1 Satz 1 EStG beteiligt ist. Diese Auffassung steht im Einklang mit dem Befund für die Überschusszurechnung bei Tatbeständen, die von der Gesellschaft verwirklicht werden. Dort ist es stets der zivilrechtliche Gewinnverteilungsschlüssel, der über die steuerliche Einkünftezurechnung bei den Gesellschaftern entscheidet.[1319]

bb) Verhältnis der Bruchteile i.S.d. § 39 Abs. 2 Nr. 2 Satz 1 AO als Zurechnungsschlüssel

Man könnte andererseits davon ausgehen, dass in Fällen der individuellen Tatbestandsverwirklichung die Bruchteile i.S.d. § 39 Abs. 2 Nr. 2 Satz 1 AO als Überschussverteilungsmaßstab fungieren und zu einer Einkünftezurechnung im Verhältnis der Bruchteile führen. Schafft etwa eine vermögensverwaltende Personengesellschaft ein Grundstück an und veräußert kurz danach ein Gesellschafter seine Gesellschaftsbeteiligung, verwirklicht er einen anteiligen, gem. § 23 Abs. 1 Satz 4 EStG steuerbaren und -pflichtigen Veräußerungsvorgang. „Gewinn"[1320] aus der Veräußerung wäre der Saldo aus gem. § 39 Abs. 2 Nr. 2 Satz 1 AO zu bestimmendem anteiligen „Veräußerungserlös"[1321] abzüglich seiner ebenfalls gem. § 39 Abs. 2 Nr. 2 Satz 1 AO zu bestimmenden anteiligen Anschaffungskosten am Grundstück und etwaiger Werbungskosten (§ 23 Abs. 3 Satz 1 EStG).

1319 Oben E.I.4.a)aa).

1320 Der Wortlaut von § 23 Abs. 3 Satz 1 EStG spricht vom „Gewinn" aus Veräußerungsgeschäften, auch wenn im Bereich der Überschusseinkunftsarten lediglich der Überschuss der Einnahmen über die Werbungskosten besteuert wird. Erklären lässt sich die Terminologie, indem man § 23 EStG gedanklich nicht den Überschuss, sondern den Gewinneinkunftsarten zuordnet; schließlich passt die Steuerbarkeit von Veräußerungsgeschäften im Bereich des steuerlichen Privatvermögens ohnehin konzeptionell nicht zum quellentheoretischen Fundament der Überschusseinkunftsarten.

1321 Gemeint ist der Teil des Erlöses aus der Veräußerung seiner Gesellschaftsbeteiligung, der auf das Grundstück im Gesellschaftsvermögen entfällt.

(1) Bestimmung der Bruchteilsquoten der Gesellschafter

In einem nächsten Schritt wäre die Höhe der Bruchteile klärungsbedürftig, weil § 39 Abs. 2 Nr. 2 Satz 1 AO diesbezüglich keine Auskunft gibt.[1322] Der Wortlaut öffnet sich verschiedenen Auslegungsmöglichkeiten. Gemeint sein könnten die festen Kapitalanteile der Gesellschafter, aber auch die Höhe der gesamten (materiellen und immateriellen) Gesellschafterbeiträge, zudem der vertraglich vereinbarte Anteil am Gesellschaftsüberschuss oder am Liquidationserlös. Aus der Historie von § 39 AO ergeben sich keine Anhaltspunkte für eine bestimmte Auslegung. Die vormals in § 11 Nr. 5 StAnpG vorgesehenen Verteilungsmaßstäbe wurden in § 39 AO nicht übernommen. Nach dieser Vorgängernorm war entweder der Vermögensanteil oder aber der Anteil am Liquidationserlös für die Ermittlung der Beteiligungsquote eines Gesellschafters maßgeblich.[1323] Bei Einführung von § 39 Abs. 2 Nr. 2 Satz 1 AO ging der Gesetzgeber davon aus, dass sich der Aufteilungsmaßstab „nach den gesetzlichen und vertraglichen Regelungen der Gesamthand" ergebe.[1324]

(1) Der BFH hat die Anteilsquoten eines Gesellschafters i.S.d. § 17 EStG „rein kapitalmäßig", also nach dem Verhältnis der Festkapitalkonten des Gesellschafters, bestimmt.[1325] Danach kann eine disquotale Gewinnverteilungsabrede nicht die Bruchteile i.S.d. § 39 Abs. 2 Nr. 2 Satz 1 AO beeinflussen, und somit dem Grunde nach auch nicht die Tatbestandsverwirklichung von § 17 Abs. 1 EStG. Auch wenn ein Gesellschafter per Gewinnverteilungsabrede nicht am Erlös aus der Veräußerung einer Kapitalgesellschaftsbeteiligung partizipieren sollte, würde er den Tatbestand des § 17 Abs. 1 Satz 1 EStG dem Grunde nach verwirklichen.

1322 *Ratschow*, in: Klein, AO, § 39 Rz. 81; *Madle*, in Leopold/Madle/Rader, AO, § 39 Rz. 21.

1323 *Drüen*, in: Tipke/Kruse, AO/FGO, § 39 AO Rz. 96; *Horn*, in: Schwarz/Pahlke, AO/FGO, § 39 AO Rz. 97; vgl. auch *Flume*, DB 1973, 13 zur Auslegung von § 11 Nr. 5 StAnpG.

1324 BT-Drs. VI/1982, S. 113.

1325 BFH, Urteile vom 09.05.2000, VIII R 40/99 und VIII R 41/99, BFHE 192, 273, BStBl. II 2000, 686; vgl. auch Urteile vom 21.01.2014, IX R 9/13, BFHE 244, 225, BStBl. II 2016, 515 unter II.2.b) und vom 13.07.1999, VIII R 72/98, BFHE 190, 87, BStBl. II 1999, 820; vgl. *Kuhn*, Steuerrechtliche Behandlung vermögensverwaltender Gesamthandsgemeinschaften, S. 55.

Die Ansicht lässt sich auf weitere individuell verwirklichte Tatbestände übertragen, namentlich § 23 Abs. 1 EStG.[1326]

(2) Nach der Finanzverwaltung sind zur Bestimmung der Bruchteilshöhe „die allgemeinen gesetzlichen und vertraglichen Regelungen maßgebend“, ohne dass eine Präzisierung der in Bezug genommenen vertraglichen Regelungen erfolgt.[1327]

(3) Die überwiegende Literatur stellt auf die gesellschaftlichen und gesellschaftsvertraglichen Regelungen ab, um die den Gesellschaftern rechnerisch zustehenden Anteile am Gesamthandsvermögen zu beziffern.[1328] Herrschend wird mit dem BFH davon ausgegangen, dass das Festkapitalkonto eines Gesellschafters an einer vermögensverwaltenden Personengesellschaft seinen Bruchteil an den einzelnen Wirtschaftsgütern der Gesellschaft vorgibt, wobei etwaige stille Reserven oder ein Geschäftswert nach dem allgemeinen Gewinnverteilungsschlüssel auf die Kapitalkonten zu verteilen seien.[1329] Auch bei der Ermittlung der mindestens einprozentigen Kapitalgesellschaftsbeteiligung i.S.d. § 17 Abs. 1 Satz 1 EStG wird überwiegend auf den Kapitalanteil der Gesellschafter an der zwischengeschalteten Personengesellschaft abgestellt, und zwar ungeachtet eines möglicherweise divergierenden Gewinnverteilungs- oder Liquidationsschlüssels.[1330] Der

1326 Vgl. FG Köln, Urteil vom 14.4.2021, 3 K 1253/17, EFG 2021, 1480 Rz. 75; der BFH ist in der Vergangenheit – vor Abschaffung der Gewerbekapitalsteuer – von der „kapitalmäßigen“ Betrachtung abgewichen, indem er bei der bruchteilsmäßigen Aufteilung des damals festzustellenden Einheitswerts des Betriebsvermögens auf die Gesellschafter nicht nur auf die Kapitalanteile, sondern zur „zutreffenden“ Zurechnung etwaiger stiller Reserven auch auf den Gewinnverteilungsschlüssel abgestellt hat, s. BFH, Urteil vom 31.01.1996, II R 6/93, BFHE 179, 439, BStBl. II 1996, 181 unter II.2.

1327 AEAO Nr. 2 Satz 1 zu § 39.

1328 *Fu*, in: Gosch, AO/FGO, § 39 AO Rz. 218; *Drüen*, in: Tipke/Kruse, AO/FGO, § 39 AO Rz. 97; *Horn*, in: Schwarz/Pahlke, AO/FGO, § 39 AO Rz. 97; *Baum*, in: eKommentar-AO, § 39 Rz. 29 („Maßgebend für die Aufteilung sind die vermögensmäßigen Beziehungen der Gesellschafter untereinander, wie sie sich aus dem Gesellschaftsvertrag und dem Gesetz ergeben.“; *Brühl*, in: BeckOK-AO, § 39 Rz. 449 (maßgeblich seien sämtliche Parteivereinbarungen sowie die Vorschriften des bürgerlichen Rechts und namentlich des Gesellschaftsrechts zu den Gesamthandsgemeinschaften); *Ratschow*, in: Klein, AO, § 39 Rz. 81; *Koenig*, in: Koenig, AO, § 39 Rz. 70 f.; *Madle*, in: Leopold/Madle/Rader, AO, § 39 Rz. 21.

1329 *Fu*, in: Gosch, AO/FGO, § 39 AO Rz. 219: *Koenig*, in: Koenig, AO, § 39 Rz. 71; *Brühl*, in: BeckOK-AO, § 39 Rz. 450.

1330 *Trossen*, in: BeckOK-EStG, § 17 Rz. 276; *Oellerich*, in: Bordewin/Brandt, EStG, § 17 Rz. 145; *R. Schmidt*, in: Herrmann/Heuer/Raupach, EStG/KStG, § 17 EStG Rz. 102;

Gewinnverteilungsschlüssel kann danach nicht die wertmäßige Zuordnung von Wirtschaftsgütern beeinflussen.
Auf der anderen Seite wird vorgebracht, dass die Bruchteile nicht in jedem Fall im Verhältnis der festen Kapitalanteile der Gesellschafter aufzuteilen sind, sondern von anderweitigen vertraglichen Abreden beeinflusst werden können. Eine Ausnahme von der Maßgeblichkeit des Kapitalanteils sei zuzulassen, wenn sich der Liquidationsschlüssel ausnahmsweise nicht nur auf die Verteilung des Gesellschaftsvermögens nach ihrer Auflösung bezieht, sondern überdies eine Zuordnung von Wirtschaftsgütern der nicht in Liquidation befindlichen „werbenden" Gesellschaft regeln soll.[1331] Die verabredete Verteilung stiller Reserven nach dem Gewinnverteilungsschlüssel wäre danach bereits bei der Bestimmung der Bruchteile i.S.d. § 39 Abs. 2 Nr. 2 Satz 1 AO ausschlaggebend. Durch eine derartige Abrede hätten die Gesellschafter einer vermögensverwaltenden Personengesellschaft die Möglichkeit, durch

---

Schneider, in: Kirchhof/Söhn/Mellinghoff, EStG, § 17 Rz. B 200; *Leister*, in: Lippross/Seibel, Basiskommentar Steuerrecht, § 17 EStG Rz. 50; *Herzig/Gocksch*, DB 2002, 600, 606 (spezifisch zum Carried Interest); *Engel*, Vermögensverwaltende Personengesellschaften, Rz. 866; früher *Weber-Grellet*, in: Schmidt, EStG, 40. Aufl. 2021, § 17 Rz. 60; gl.A. bei individueller Tatbestandsverwirklichung im Rahmen von § 23 EStG *Kemcke/Schäffer*, in: Haase/Dorn, Vermögensverwaltende Personengesellschaften, 3. Teil Rz. 200; nicht eindeutig *Vogt*, in: Brandis/Heuermann, Ertragsteuerrecht, § 17 EStG Rz. 278.

1331 *Engel*, Vermögensverwaltende Personengesellschaften im Ertragsteuerrecht, Rz. 870; *Lorenz*, DStR 2001, 821, 824 (zu § 17 Abs. 1 Satz 1 EStG); *Hils*, in: Fuhrmann/Kraeusel/Schiffers, eKommentar-EStG, § 17 Rz. 49; *Birnbaum/Escher*, DStR 2014, 1413, 1417; *Gosch* vertritt zu § 17 Abs. 1 EStG, dass es für die Ermittlung der anteiligen Beteiligungsquote i.S.d. § 39 Abs. 2 Nr. 2 AO „allein auf den Gewinnverteilungsschlüssel" ankommt, zugleich aber die disproportionale Verteilung von Gewinn unberücksichtigt bleiben müsse (in: Kirchhof/Seer, EStG, § 17 Rz. 25 – unklar bleibt, ob damit die disquotale Verteilung laufenden Gewinns oder von Veräußerungsgewinnen gemeint ist); für den Fondskontext wohl auch *Schnittker/Steinbiß*, IStR 2015, 760, 764 (bei der Zurechnung von Portfoliobeteiligungen nach § 39 Abs. 2 Nr. 2 AO müsse auch die Gewinnverteilung hinsichtlich des Carried Interest Berücksichtigung finden); nach *Drüen* (in: Tipke/Kruse, AO/FGO, § 39 AO Rz. 97; zustimmend *Levedag*, in: Schmidt, EStG, § 17 Rz. 86 – Neukommentierung in 41. Aufl. 2022) ist zur Ermittlung der Anteile i.S.d. § 39 Abs. 2 Nr. 2 AO auch auf die vertraglichen Vereinbarungen der Beteiligten abzustellen, was m.E. den Gewinnverteilungsschlüssel umfasst; vgl. weiterhin *Madle* (in: Leopold/Madle/Rader, § 39 AO Rz. 21) und *Horn* (in: Schwarz/Pahlke, AO/FGO, § 39 AO Rz. 97), die (zumindest als Hilfsmaßstab für den Fall der Auflösung der Gesellschaft) in der Tradition von § 11 Nr. 5 StAnpG auf den Liquidationsschlüssel als Aufteilungsmaßstab i.S.d. § 39 Abs. 2 Nr. 2 AO abstellen.

gesonderte Zuweisung stiller Reserven zugleich eine privatautonome Verteilung der (steuerlich fingierten) Bruchteile zu vereinbaren. Obschon mit der Bezugnahme auf die „vertraglichen Abreden" im Schrifttum insbesondere die vertraglich festgelegte Höhe der Kapitalanteile gemeint sein dürfte, ist es zumindest denkbar, eine abweichende Verteilung des Gesellschaftsvermögens bzw. stiller Reserven für die Bestimmung der Bruchteile i.S.d. § 39 Abs. 2 Nr. 2 Satz 1 AO zu berücksichtigen.

Folge der zuletzt genannten Auffassung wäre, dass sich die Beteiligungshöhe eines Gesellschafters an einer Kapitalgesellschaft i.S.d. § 17 Abs. 1 EStG nicht nach seinem Festkapitalkonto in der Personengesellschaft bemisst, sondern anhand seiner vertraglich bestimmten vermögensmäßigen Beteiligung an der Tochterkapitalgesellschaft. Gleiches gälte für die Frage der Tatbestandsverwirklichung von § 20 Abs. 2, § 23 Abs. 1 EStG, bei der es nach dieser Ansicht nicht auf das Festkapitalkonto in der wirtschaftsgutveräußernden Personengesellschaft ankäme, sondern auf den vereinbarten Anteil am Erlös aus der Veräußerung des Wirtschaftsguts. Würde ein Gesellschafter etwa keinen Anteil am Erlös aus der Veräußerung eines Grundstücks der Gesellschaft zugewiesen bekommen, wäre ihm in der Konsequenz auch der Veräußerungsvorgang selbst nicht anteilig zuzurechnen. Der Tatbestand eines privaten Veräußerungsgeschäfts wäre schon dem Grunde nach nicht erfüllt. Diesen Weg hätte auch das FG Köln gehen können,[1332] steuerlich hätte er allerdings zum gleichen Ergebnis wie in der Entscheidung geführt (kein steuerbarer Veräußerungsgewinn seitens des später beigetretenen Gesellschafters). Dass die disproportionale Gewinnverteilung – vorbehaltlich Fällen steuerlichen Gestaltungsmissbrauchs – ein legitimes Kriterium zur Bestimmung der Bruchteilsanteile i.S.d. § 39 Abs. 2 Nr. 2 Satz 1 AO sein kann, zeigt Beispiel 4.[1333] Würde man den Bruchteil des Gesellschafters A am verkauften Grundstück anhand seines Kapitalanteils an der veräußernden Gesellschaft bemessen, würde ihm die

1332 FG Köln, Urteil vom 14.4.2021, 3 K 1253/17, EFG 2021, 1480.

1333 Oben C.V.1.a): „A hat in den letzten zwei Jahren drei Grundstücke aus seinem steuerlichen Privatvermögen veräußert. Außerdem ist er seit fünf Jahren Gesellschafter einer steuerlich vermögensverwaltenden GbR mit B und C als weiteren Gesellschaftern. Teil des Gesamthandsvermögens ist ein Grundstück, das von der GbR verkauft wird. Nach der Gewinnverteilungsabrede der GbR sollen nur B und C am Erlös aus der Veräußerung des Grundstücks beteiligt werden, während C ausschließlich am Veräußerungserlös anderweitiger Wirtschaftsgut partizipiert".

Veräußerung aus der GbR heraus dem Grunde nach als anteilig eigene Veräußerung zugerechnet werden, sodass A nach den Maßstäben der Drei-Objekt-Grenze – unabhängig vom ihm konkret zuteilwerdenden Gewinn – einen gewerblichen Grundstückshandel betreiben würde.[1334] Indes wird A nicht am Veräußerungserlös beteiligt. Lehnt man eine bruchteilsmäßige Beteiligung des Gesellschafters A am veräußerten Grundstück ab, würde ihm die Veräußerung aus dem Gesamthandsvermögen nicht als anteilige eigene Veräußerung zugerechnet werden. Damit würde er, was hier sachgerecht erscheint, auch hinsichtlich seiner vorherigen Grundstücksverkäufe nicht in den gewerblichen Grundstückshandel „rutschen".[1335]

(2) Auswirkungen von Änderungen der Gewinnverteilungsabrede auf die Bruchteilsquote

Würde der Gewinnverteilungsschlüssel die Höhe der Bruchteile i.S.d. § 39 Abs. 2 Satz 2 Satz 1 AO bestimmen, könnte allerdings die Änderung des Gewinnverteilungsschlüssels steuerliche Auswirkungen haben.

Beispiel 15 *Gesellschafter A und Gesellschafter B (beides Kommanditisten) sind an einer vermögensverwaltenden GmbH & Co. KG beteiligt, die wiederum Anteile an den Kapitalgesellschaften X-GmbH und Y-GmbH hält. Beide Gesellschafter (A und B) halten nach der Bruchteilsbetrachtung i.S.d. § 39 Abs. 2 Nr. 2 AO jeweils mehr als 1 Prozent an den beiden Kapitalgesellschaften. Nach einiger Zeit entwickeln die Gesellschafter A und B unterschiedliche Auffassungen über die Aussichten der Kapitalgesellschaftsbeteiligungen. Gesellschafter A hält die Beteiligung an der X-GmbH für zukunfts- und gewinnträchtig, während Gesellschafter B sie lieber sofort verkaufen würde. Mit der Beteiligung an der Y-GmbH verhält es sich umgekehrt. Sie vereinbaren daher, dass Gesellschafter A allein den Gewinn*

1334 Anderes würde gelten, wenn A, B und C das Grundstück durch Erbschaft unentgeltlich erworben hätten – dann fehlt es an hinsichtlich des Erbgrundstücks an einem händlertypischen Verhalten und seine Veräußerung wird nicht als Veräußerung eines „Zählobjekts" gewertet, BFH, Urteil vom 20.04.2006, III R 1/05, BFHE 214, 31, BStBl. II 2007, 375 unter II.2.d).

1335 Zum „rückbezogenen" gewerblichen Grundstückshandel *Söffing*, Gewerblicher Grundstückshandel, Rz. 106.

aus der Veräußerung der X-GmbH zugewiesen bekommen soll und Gesellschafter B allein den Gewinn aus der Veräußerung der Y-GmbH.

Die Gesellschafter modifizieren in diesem Beispiel ihre je hälftige Beteiligung am Gewinn aus der für die Zukunft geplanten Veräußerung der Anteile an der X- bzw. Y-GmbH.[1336] Wenn man die Beteiligung der Gesellschafter am Veräußerungsgewinn als maßgeblich für die Höhe ihres jeweiligen Bruchteils an den Kapitalgesellschaftsbeteiligungen betrachtet, tauschen die Gesellschafter durch Änderung des Gewinnverteilungsschlüssels gegenseitig ihnen anteilig zugewiesene Bruchteile.[1337] Dieser Tausch ist entgeltlich, weil Gegenleistung für die Abgabe eines Bruchteils ein anderer, neu hinzugewonnener Bruchteil ist. In der Änderung des Gewinnverteilungsschlüssels liegt konsequenterweise ein Veräußerungsvorgang i.S.d. § 17 Abs. 1 Satz 1 EStG, wobei die Steuerbemessungsgrundlage der gemeine Wert des empfangenen Bruchteils ist.[1338] Tauschähnliche Änderungen des Gewinnverteilungsschlüssels beeinflussen die für § 17, § 20 und § 23 EStG maßgeblichen Bruchteile und lösen einen steuerlichen Realisierungsakt aus. Auch bei anderweitigen Änderungen der Gewinnverteilung würden, soweit keine laufenden Erträge, sondern Veräußerungsgewinne neu zugeordnet werden sollen, Anschaffungen oder Veräußerungen von Bruchteilen i.S.d. § 39 Abs. 2 Nr. 2 Satz 1 AO zur Folge haben. Wird etwa ein zuvor nicht vermögensmäßig beteiligter Gesellschafter am Gesellschaftsvermögen beteiligt, würde er von seinen Mitgesellschaftern ideelle Bruchteile an den Wirtschaftsgütern der vermögensverwaltenden Gesellschaft erwerben. Solche Fälle wären mit Gesellschafterbeitritten oder -austritten vergleichbar.[1339] Für die Annahme, dass eine Änderung der Gewinnverteilung mit einem Veräußerungsvorgang fiktiver Bruchteile einhergehen kann, spricht auch ein Vergleich mit § 16 Abs. 1 Satz 2 EStG. Als Teilanteilsveräußerungen

1336 Auch zivilrechtlich stellt die Änderung der Bruchteilsquoten i.S.d. § 742 BGB eine Anteilsübertragung dar, vgl. *Eickelbeck*, in: Staudinger, BGB, § 747 Rz. 25.

1337 Vgl. für Einbringungsfälle, in denen verschiedene Gesellschafter verschiedene Wirtschaftsgüter in die vermögensverwaltende Gesellschaft einbringen, *Bodden*, in: Korn, EStG, § 15 Rz. 310; *Wacker*, DStR 2005, 2014, 2018; zum Tausch von Bruchteilen i.S.d. § 39 Abs. 2 Nr. 2 AO durch Veränderung der bisherigen Beteiligungsquoten BFH, Urteil vom 2.4.2008, IX R 18/06, BFHE 221, 1, BStBl. II 2008, 679 unter II.3.a).

1338 Vgl. *Trossen*, in: BeckOK-EStG, § 17 Rz. 412.

1339 Dazu *Carlé*, KöSDi 2020, 21701, 21705.

i.S. dieser Norm werden Änderungen der Gewinnverteilungsabrede angesehen, sofern damit eine Verschiebung stiller Reserven zwischen Mitunternehmern einhergeht.[1340] Für vermögensverwaltende Personengesellschaften sollte nichts anderes gelten.[1341] Problematisch wären typische Gewinnverteilungsabreden in geschlossenen Fonds, wo den Fondsinitiatoren nach Rückzahlung des eingezahlten Kapitals an die Investoren und Erreichen einer Mindestverzinsung dieses Kapitals (sog. *Hurdle*) ein im Vergleich zu ihrem festen Kapitalanteil erhöhter Gewinnanteil eingeräumt wird (sog. *Carried Interest*).[1342] Hier wäre diskutabel, ob mit Erreichen der *Hurdle* eine Verschiebung von Bruchteilen i.S.d. § 39 Abs. 2 Nr. 2 Satz 1 AO von den Investoren an die Initiatoren erfolgt. Bei Bejahung dieser Frage könnte zu diesem Zeitpunkt eine Teilveräußerung von ideellen Bruchteilen an den verbleibenden Wirtschaftsgütern der Fondsgesellschaft von den Initiatoren an die Initiatoren anzunehmen sein.

(3) Ein- und Austritt von Gesellschaftern

An einer Tatbestandserfüllung von § 17 Abs. 1 Satz 1 EStG würde es im Beispiel 15 fehlen, wenn Gesellschafter A seit Beginn seiner Beteiligung an der vermögensverwaltenden Personengesellschaft nicht am Veräußerungsgewinn einer der Kapitalgesellschaftsbeteiligungen beteiligt wird. Ihm wäre dann kein Bruchteil an diesem Wirtschaftsgut zuzurechnen, sodass bei Verkauf dieser Gesellschaftsbeteiligung durch die Personengesellschaft für

1340 Oben D.III.1.b)cc)(1) und D.III.3.b)cc).

1341 Möglicherweise käme der BFH zu dem Ergebnis, dass der Bruchteilstausch keine ertragsteuerlichen Folgen hat, soweit die Gesellschafter anschließend noch im Umfang ihrer Beteiligungsquote am Gesellschaftsvermögen beteiligt sind. So hat er mit Urteilen vom 14.12.2004, IX R 23/02, BFHE 208, 229, BStBl. II 2006, 296 und vom 10.10.2018, IX R 1/17, BFHE 263, 1, BStBl. II 2019, 170 unter II.2.b) entschieden, dass die Realteilung einer Erbengemeinschaft (steuerlich eine vermögensverwaltende Gemeinschaft) keine Anschaffungs- bzw. Veräußerungsvorgänge auslöst, soweit jeder Erbe dem Wert nach erhält, was ihm nach seiner Beteiligungsquote zusteht („Saldothese", zustimmend *Wübbelsmann*, DStR 2019, 2289, 2291). Damit wird die Bruchteilsbetrachtung partiell außer Kraft gesetzt, ohne dass einkommensteuerlich eine solche Privilegierung der Realteilung normiert wäre (im Ergebnis gl.A. *Carlé*, KöSDi 2020, 21701, 21707 f.) und ohne dass die abweichende Behandlung der Realteilung im Vergleich zur Einbringung unterschiedlicher Wirtschaftsgüter durch verschiedene Gesellschafter erklärbar wäre, vgl. zu dieser Differenzierung auch *Wacker*, DStR 2005, 2014, 2018.

1342 Überblick bei *Veith*, in: Pöllath/Rodin/Wewel, Private Equity und Venture Capital Fonds, § 11 Rz. 109 ff.

Gesellschafter A kein Realisierungstatbestand i.S.d. § 17 EStG vorläge. Ein vergleichbares Beispiel lässt sich auch im Zusammenhang mit privaten Grundstücksveräußerungsgeschäften bilden.

Beispiel 16 *Eine vermögensverwaltende Personengesellschaft hält seit 1.1.2000 drei Grundstücke. Bis Ende 2014 sind A und B die alleinigen Gesellschafter. Am 1.1.2015 tritt C der Gesellschaft bei, indem er von den anderen beiden Gesellschaftern jeweils 1/6 ihrer Beteiligung erwirbt. Zum Zeitpunkt des Beitritts von C ist absehbar, dass ein bestimmtes Grundstück bereits im Laufe des Jahres 2015 veräußert werden soll. Mit dem Beitritt des C vereinbaren die Gesellschafter, dass C nicht an Gewinnen beteiligt werden soll, die aus dieser Veräußerung resultieren. Im Gegenzug – damit alle Gesellschafter ab dem Beitritt des C einen gleich hohen 1/3-Gewinnanteil erhalten – soll C einen erhöhten Anteil am Gewinn aus den späteren Veräußerungen der übrigen beiden Grundstücke zugewiesen bekommen, die letztlich am 1.3.2025 veräußert werden.*

Betrachtet man die Gewinnverteilungsabrede als maßgebliches Kriterium für die Bruchteilshöhe i.S.d. § 39 Abs. 2 Nr. 2 Satz 1 AO, erwirbt Gesellschafter C mit seinem Beteiligungskauf an der vermögensverwaltenden Personengesellschaft aufgrund der Gewinnverteilungsabrede keine Bruchteile am zuerst verkauften Grundstück, das innerhalb der für Gesellschafter C geltenden Spekulationsfrist des § 23 Abs. 1 Satz 4 i.V.m. Satz 1 Nr. 1 EStG veräußert wird. Gesellschafter A und B tätigen ihrerseits ein nicht steuerbares privates Veräußerungsgeschäft. Als die anderen beiden Grundstücke veräußert werden, sind auch die Gesellschafter C zuzurechnenden Bruchteile an diesen Grundstücken nicht mehr steuerverstrickt. Gesellschafter C konnte – vorbehaltlich einer Missbrauchsprüfung gem. § 42 AO – durch steuerliche Gestaltung bereits dem Grunde nach die Tatbestandserfüllung von § 23 Abs. 1 Satz 1 Nr. 1 EStG verhindern. Umgekehrt wäre im Hinblick auf das Grundstück, an dessen Veräußerungserlös Gesellschafter C nicht beteiligt werden soll, auch ein Austritt des Gesellschafters C kurz nach seinem Eintritt kein nach § 23 Abs. 1 Satz 4 EStG anteilig steuerpflichtiges privates Veräußerungsgeschäft.

cc) Stellungnahme

Der Zurechnungsmaßstab für Überschusseinkünfte im Bereich der individuellen Tatbestandsverwirklichung bei vermögensverwaltenden Personengesellschaften ist bisher nicht geklärt. Festzustellen ist allein das Bestreben, den zivilrechtlichen Vereinbarungen der Gesellschafter auch steuerliche Geltung zu verschaffen. Verschiedene Gründe sprechen dafür, den zivilrechtlichen Gewinnverteilungsschlüssel auch im Fall der individuellen Tatbestandsverwirklichung als Maßstab für die Einkünftezurechnung heranzuziehen.

(1) Ausgangspunkt für die zutreffende steuerliche Erfassung von Überschüssen bei Personengesellschaftern muss auch im Fall individueller Tatbestandsverwirklichung die Feststellung sein, dass sich die Gesellschafter in einem zivilrechtlichen Raum bewegen, der ihrer privatautonomen Gestaltungsfreiheit kaum Grenzen setzt und in dem die Gesellschafter vielgestaltige Gewinnverteilungsabreden treffen können. Damit setzen sie einen zivilrechtlichen Sachverhaltsrahmen, der typischerweise auch im Steuerrecht Beachtung finden muss, weil zivilrechtliche Positionen die Leistungsfähigkeit eines Gesellschafters beeinflussen.[1343] Diese Leistungsfähigkeit ist „realitätsgerecht" zu erfassen.[1344]

(2) Es ist zweifelhaft, ob § 39 Abs. 2 Nr. 2 Satz 1 AO die *ertragsteuerliche* Leistungsfähigkeit des Gesellschafters einer vermögensverwaltenden Personengesellschaft zutreffend erfassen kann. Zur Begründung lässt sich auf die Historie des § 39 Abs. 2 Nr. 2 AO abstellen. Seine Funktion bzw. diejenige seiner Vorgängervorschriften bestand seit jeher in der Schaffung einer für steuerliche Zwecke relevanten Vermögensordnung bei Gesamthandsgesellschaften. Die Ursprünge der Norm gehen auf eine Bewertungsvorschrift zurück, die für *Vermögensteuerzwecke* erforderlich war, namentlich § 5 Nr. 3 des Ergänzungssteuergesetzes aus dem Jahr 1893[1345] und § 4 des Besitzsteuergesetzes aus dem Jahr 1913.[1346] Danach war das Betriebsvermögen einer Erwerbsgesellschaft

1343 *Schön*, DStJG 33 (2010), S. 29, 42; *ders.*, StuW 2005, 247, 251.

1344 *Kirchhof*, StuW 2000, 316, 320; vgl. auch BVerfG, Beschluss vom 22.6.1995, 2 BvL 37/91, BVerfGE 93, 121 zur realitätsgerechten Erfassung von Grundstückswerten in vermögensteuerlichem Kontext.

1345 Gesetzessammlung für die Preußischen Staaten 1893, S. 134.

1346 RGBl. 1913, S. 524.

(als solche wurde explizit die OHG genannt), bei welcher der Gesellschafter als Unternehmer (Mitunternehmer) des Betriebs anzusehen ist, den einzelnen Teilhabern nach dem Verhältnis ihrer Anteile zuzurechnen. Das Gesamthandsvermögen musste, um den bei den Gesellschaftern zu besteuernden Vermögensanteil zu ermitteln, in Bruchteile übersetzt werden. Erst mit der Nachfolgervorschrift des § 80 Abs. 2 RAO 1919 übertrug der Gesetzgeber die Bewertungsvorschriften in die Reichsabgabenordnung als „Klammergesetz" und löste sie aus ihrem bewertungsrechtlichen Zusammenhang.[1347] Später fand sich die Vorschrift in § 11 Nr. 5 StAnpG,[1348] der unmittelbaren Vorgängervorschrift zu § 39 Abs. 2 Nr. 2 Satz 1 AO.

Es zeigt sich, dass der heutige § 39 Abs. 2 Nr. 2 Satz 1 AO einer für die individuelle Vermögenserfassung notwendigen Bewertungsvorschrift entspringt und keinen ertragsteuerlichen Gehalt aufweist, auch wenn sein Anwendungsbereich mittlerweile in das Ertragsteuerrecht hinüberschwappt – denn auch ertragsteuerlich wird die vermögensverwaltende Personengesellschaft mitunter einer Bruchteilsgesellschaft gleichgestellt.[1349] Eine Verbindung der Bruchteilsbetrachtung mit der Einkünftezurechnung würde indes eine weitere Anwendungsdimension der Norm eröffnen, die in ihrem Kern nicht angelegt ist und die sie auch nicht sachgerecht auszufüllen vermag. Dem Verhältnis der Bruchteile i.S.d. § 39 Abs. 2 Nr. 2 Satz 1 AO lässt sich allein eine Aussage über die Substanzzuordnung im Innenverhältnis der Gesellschafter entnehmen, indes keine Aussage über die Einkünftezurechnung.[1350] Letztere sollte sich nach dem zivilrechtlich vereinbarten Gewinnverteilungsschlüssel richten, der sowohl bei Mitunternehmerschaften als auch bei vermögensverwaltenden Personengesellschaften der zuverlässigen Erfassung steuerlicher Leistungsfähigkeit der Gesellschafter dient.[1351]

1347 *Drüen*, in: Tipke/Kruse, AO/FGO, § 39 AO Rz. 80; in der Reichsabgabenordnung geregelt bei den Vorschriften zum „Steueranspruch".

1348 Steueranpassungsgesetz vom 16.10.1934, RGBl. I 1934, 925.

1349 BFH, Urteil vom 2.4.2008, IX R 18/06, BFHE 221, 1, BStBl. II 2008, 679 unter II.2.b); *Groh*, DB 1984, 2373, 2374; dagegen BFH, Urteil vom 4.4.1974, III R 168/72, BStBl. II 1974, 598, BFHE 112, 401 unter 3. (keine „völlige Gleichstellung der Gesamthandsgemeinschaft mit der Bruchteilsgemeinschaft"; Entscheidung zu § 11 Nr. 5 StAnpG).

1350 *Fischer*, in: Hübschmann/Hepp/Spitaler, AO/FGO, § 39 AO Rz. 303; *Koenig*, in: Koenig, AO, § 39 Rz. 77; *Drüen*, in: Tipke/Kruse, AO/FGO, § 39 AO Rz. 94.

1351 Vgl. zu Mitunternehmerschaften *Schön*, StuW 1988, 253, 260; oben D.I.5.b)aa).

(3) Sieht man in § 39 Abs. 2 Nr. 2 Satz 1 AO den Zweck, die vermögensverwaltende Personengesellschaft zivilrechtlichen Bruchteilsgemeinschaften gleichzustellen,[1352] steht einer Überlagerung der Bruchteilsbetrachtung durch die Gewinnverteilungsabrede nichts im Weg, weil auch zivilrechtlich bei Bruchteilsgemeinschaften eine privatautonome Ergebnisverteilung möglich ist. Denkbar sind Vereinbarungen, die eine von den Bruchteilsanteilen abweichende Verteilung der Kosten und Nutzen zulassen. Die Fruchtziehung in einer Bruchteilsgemeinschaft, die nach dem gesetzlichen Leitbild in § 743 Abs. 1 BGB nach „Anteilen" erfolgt, kann mit Zustimmung des etwaig nachteilig betroffenen Teilhabers (§ 745 Abs. 3 Satz 2 BGB) einer privatautonomen Regelung unterliegen.[1353]

(4) Für eine Beachtung disquotaler Gewinnverteilungsabreden im Rahmen der Veräußerungstatbestände der § 17, § 20 und § 23 EStG spricht ferner, dass der steuerliche Belastungsgrund dieser Steuertatbestände entfällt, wenn ein Gesellschafter vom von der Gesellschaft erzielten Veräußerungsgewinn keinen Anteil zugerechnet bekommt. Der nicht erlösbeteiligte Gesellschafter nimmt bei Verkauf des Wirtschaftsguts durch die Gesellschaft nicht mit einer gesteigerten Intensität am Markt teil, die § 17 Abs. 1 EStG erfassen will,[1354] er partizipiert nicht am Ergebnis einer Kapitalnutzung am Markt und er zeigt kein Spekulationsverhalten, das eine Belastung gem. § 23 Abs. 1 EStG rechtfertigen würde.[1355]

1352 BFH, Urteil vom 2.4.2008, IX R 18/06, BFHE 221, 1, BStBl. II 2008, 679 unter II.2.b); *Groh*, DB 1984, 2373, 2374; dagegen BFH, Urteil vom 4.4.1974, III R 168/72, BStBl. II 1974, 598, BFHE 112, 401 unter 3.

1353 BGH, Urteil vom 28.9.2007, V ZR 276/06, BGHZ 174, 20 unter II.2.b) (Aufteilung eines Grundstücks im Miteigentum in individuell zugeordnete Parzellen); Urteil vom 28.11.1963, II ZR 41/62, BGHZ 40, 326 unter III.; aus der Finanzrechtsprechung BFH, Urteil vom 30.6.1999, IX R 83/95, BFHE 190, 82 unter 2.; Urteil vom 20.1.2009, IX R 18/07, BFH/NV 2009, 1247 unter II.2.a); aus dem Schrifttum *K. Schmidt*, in: MüKo-BGB, § 743 Rz. 8; *von Proff*, in: Staudinger, BGB, § 743 Rz. 30; *Aderhold*, in: Erman, BGB, § 743 Rz. 5; *Gregor*, in: jurisPK-BGB, § 743 Rz. 5 f.

1354 *Schneider*, in: Kirchhof/Söhn/Mellinghoff, EStG, § 17 Rz. A 45.

1355 Vgl. Begrifflichkeiten in BT-Drs 14/23, S. 180 (§ 23 EStG decke „typische Spekulationen" ab, „Spekulationsbesteuerung", „Spekulationsfrist") zum Entwurf des Steuerentlastungsgesetzes 1999/2000/2002; ähnlich BFH, Urteil vom 18.10.2006, IX R 28/05, BFHE 215, 202, BStBl. II 2007, 259 unter II.2.b)bb)bbb)(1) (Sinn und Zweck von § 23 EStG seien kurzfristige Wertdurchgänge eines Wirtschaftsguts im Privatvermögen); ebenso Urteil vom 25.8.2009, IX R 60/07, BFHE, 226, 252, BStBl.

Dem FG Köln ist danach grundsätzlich zu folgen: Die Gewinnverteilungsabrede „überlagert" im Fall individueller Tatbestandsverwirklichung eine ebenfalls denkbare Einkünftezurechnung nach der Bruchteilsbetrachtung.[1356] Gleichwohl sind damit nicht alle Zweifelsfragen zur Einkünftezurechnung geklärt. Der zivilrechtliche Gewinnverteilungsschlüssel ist nicht imstande, alle Komponenten zur Ermittlung steuerpflichtiger Überschüsse aus Veräußerungsgeschäften festzulegen. Denn er besagt beispielsweise nichts über die den Gesellschaftern zuzurechnenden Anschaffungskosten, die im Fall individueller Tatbestandsverwirklichung nach § 23 EStG bei der Ermittlung des Gewinns oder Verlusts aus Veräußerungen durch die Gesellschaft zu ermitteln sind (§ 23 Abs. 3 Satz 1 EStG).[1357] Auch in dem Fall, in dem eine Gesellschaft ein Grundstück anschafft und kurz darauf ein Gesellschafter seine Gesellschaftsbeteiligung veräußert („Austrittsfall"), ist zweifelhaft, ob dem Gewinnverteilungsschlüssel ein Maßstab zur Höhe des „fiktiven" Veräußerungsgewinns des Gesellschafters gem. § 23 Abs. 1 Satz 4 EStG entnommen werden kann, wo der Gewinnverteilungsschlüssel nichts zum Austritt eines Gesellschafters besagt (entsprechendes gilt für Austrittsfälle bei Personengesellschaften mit Kapitalvermögen, vgl. § 20 Abs. 2 Satz 3 EStG). In solchen Fällen muss daher auf die Bruchteilsbetrachtung zurückgegriffen werden, die § 20 Abs. 2 Satz 3 und § 23 Abs. 1 Satz 4 EStG spezialgesetzlich normieren.

Bei individueller Tatbestandsverwirklichung kommt es zur Ermittlung von Veräußerungsgewinnen auf die Verhältnisse des einzelnen Gesellschafters an, nicht auf diejenigen der Gesellschaft. § 39 Abs. 2 Nr. 2 Satz 1 AO übernimmt insoweit eine Hilfsfunktion bei der Ermittlung der steuerbaren und -pflichtigen Veräußerungsgewinne eines Gesellschafters. Diese Funktion von § 39 Abs. 2 Nr. 2 Satz 1 AO ist gemeint, wenn darauf abgestellt wird,

---

II 2009, 999 unter II.2.b); kritisch zum Spekulationsgedanken als Belastungsgrund *Wernsmann*, in: Kirchhof/Söhn/Mellinghoff, EStG, § 23 Rz. A 2.

1356 Gl.A. wohl *Lothmann*, Vermögensverwaltende Personengesellschaften, S. 468 f.

1357 Tritt beispielsweise ein Gesellschafter durch Beteiligungserwerb in eine vermögensverwaltende Personengesellschaft ein, liegt darin gem. § 39 Abs. 2 Nr. 2 AO eine Anschaffung von Bruchteilsanteilen an den einzelnen Wirtschaftsgütern der Gesellschaft. In Höhe des für den Beteiligungserwerb an den Veräußerer gezahlten Entgelts entstehen dem Beitretenden Anschaffungskosten, die auf die einzelnen Wirtschaftsgüter der Gesellschaft zu verteilen sind. Auf die dem Gesellschafter zuzurechnenden Anschaffungskosten kommt es im Fall der Veräußerung i.S.d. § 17, § 20 Abs. 2, § 23 EStG an. Nicht der Gewinnverteilungsschlüssel, sondern die Bruchteile an den Wirtschaftsgütern entscheiden über die Verteilung der Anschaffungskosten des beitretenden Gesellschafters.

dass bei vermögensverwaltenden Personengesellschaften die Bruchteilsbetrachtung gem. § 39 Abs. 2 Nr. 2 Satz 1 AO die Größen vorgibt, die den individuell verwirklichten Veräußerungsgewinn bestimmen, nämlich die Anschaffungs- und Veräußerungskosten sowie den Veräußerungserlös.[1358] Soweit der Gewinnverteilungsschlüssel die Ermittlung des steuerpflichtigen Veräußerungsgewinns nicht vollständig abbilden kann, ist auf die Bruchteilsbetrachtung zurückzugreifen. Diese Vorgehensweise entspricht der in § 39 Abs. 2 Nr. 2 Satz 1 AO angeordneten Subsidiarität. Denn die Bruchteilsbetrachtung erfolgt nur, „soweit eine getrennte Zurechnung für die Besteuerung erforderlich ist".

Damit kommt es auf die Beantwortung der bereits aufgeworfenen Frage an, ob die Bruchteile i.S.d. § 39 Abs. 2 Nr. 2 Satz 1 AO von der zivilrechtlich vereinbarten Gewinnverteilungsabrede beeinflusst werden, wenn diese eine beteiligungsdisquotale Zuweisung von Veräußerungsgewinnen regelt. Nach hier vertretener Ansicht ist diese Frage zu bejahen. Mit einem derartigen Gewinnverteilungsschlüssel vereinbaren die Gesellschafter einer Personengesellschaft im Innenverhältnis eine Vermögenszuordnung der Wirtschaftsgüter der Gesellschaft. Der Wortlaut von § 39 AO setzt dem keine Grenzen und die Ratio, das zivilrechtliche Gesamthandsvermögen „wirtschaftlich auszudeuten", wird gerade dann verwirklicht, wenn das Steuerrecht die zivilrechtlich vereinbarten Vermögensverhältnisse in der Gesellschaft möglichst abredegetreu umsetzt. Gerade bei der Vereinbarung kapitaldisquotaler Gewinnanteile sind jedoch die Festkapitalkonten der Gesellschafter kein aussagekräftiger Maßstab für die Vermögenszuständigkeit im Innenverhältnis der Gesellschafter. Daher ist auf den Gewinnverteilungsschlüssel zurückzugreifen.

Auch soweit der Zweck von § 39 Abs. 2 Nr. 2 Satz 1 AO darin zu sehen sein sollte, die Gesamthand in fiktives Bruchteilseigentum zu übersetzen und einer Bruchteilsgemeinschaft gleichzustellen,[1359] sollten die der Privatautonomie entspringenden Gestaltungsspielräume zum Bruchteilseigentum

---

1358 BFH, Urteil vom 7.4.1976, I R 75/73, BFHE 119, 146, BStBl. II 1976, 557 unter 2.; Urteil vom 19.3.1996, VIII R 15/94, BFHE 180, 146, BStBl. II 1996, 312; *R. Schmidt*, in: Herrmann/Heuer/Raupach, EStG/KStG, § 17 EStG Rz. 102; *Trossen*, in: BeckOK-EStG, § 23 Rz. 78; *Vogt*, in: Brandis/Heuermann, Ertragsteuerrecht, § 17 EStG Rz. 48; *Lothmann*, Vermögensverwaltende Personengesellschaft, S. 358; *Engel*, Vermögensverwaltende Personengesellschaften, Rz. 858.

1359 BFH, Urteil vom 2.4.2008, IX R 18/06, BFHE 221, 1, BStBl. II 2008, 679 unter II.2.b); *Groh*, DB 1984, 2373, 2374; dagegen BFH, Urteil vom 4.4.1974, III R 168/72, BStBl. II 1974, 598, BFHE 112, 401 unter 3. (keine „völlige Gleichstellung der

beachtet werden. Zivilrechtlich wäre es den Gesellschaftern im Fall einer „echten", nicht nur steuerlich fingierten Bruchteilsgemeinschaft möglich, die Bruchteile nach ihren Vorstellungen festzulegen.[1360] Das besagt schon die Regelung des § 742 BGB, wonach den Teilhabern nur „im Zweifel" gleiche Anteile zustehen. Daher sollten auch Gewinnverteilungsabreden, die eine kapitaldisquotale Zuweisung von Veräußerungserlösen regeln, die Höhe der Bruchteile der Gesellschafter i.S.d. § 39 Abs. 2 Nr. 2 Satz 1 AO bestimmen. Einem Gesellschafter, der aus einer Gesellschaft mit kürzlich angeschafften Grundstücken austritt, wäre demzufolge kein „fiktiver" Veräußerungsgewinn aus anteiliger Grundstücksveräußerung gem. § 23 Abs. 1 Satz 4 EStG zuzurechnen, wenn er nach der Gewinnverteilungsabrede ohnehin nicht am Veräußerungserlös beteiligt war. Dem neu eintretenden Gesellschafter sind spiegelbildlich keine Anschaffungskosten auf die Grundstücke der Gesellschaft zuzurechnen, weil seine Anschaffungskosten nur auf diejenigen Wirtschaftsgüter zu verteilen sind, an deren Veräußerungserlös er beteiligt wird.

c) Zebragesellschaften

Die Maßgeblichkeit des zivilrechtlich vereinbarten Gewinnverteilungsschlüssels erstreckt sich grundsätzlich auf die Einkünfte eines betrieblich beteiligten Gesellschafters (Zebragesellschaft).[1361] Wird etwa ein betrieblich beteiligter Gesellschafter am Gesellschaftsüberschuss hälftig beteiligt, sind auf seiner Ebene die hälftigen Gesellschaftszuflüsse in der Bilanz zu erfassen.[1362] Die Umqualifizierung der Einkünfte auf Ebene des betrieblich beteiligten Gesellschafters beeinflusst seinen Gewinnanteil allerdings, soweit im Zuge der Anwendung der Gewinnermittlungsvorschriften für Gewinneinkünfte nicht nur Zuflüsse zu erfassen sind, sondern auch das Betriebs-

---

Gesamthandsgemeinschaft mit der Bruchteilsgemeinschaft"; Entscheidung zu § 11 Nr. 5 StAnpG).

1360 *Von Proff*, in: Staudinger, BGB, § 742 Rz. 4; *Aderhold*, in: Ermann, BGB, § 742 Rz. 3; *Gregor*, in: jurisPK-BGB, § 742 Rz. 3; vgl. *Gehrlein*, in: BeckOK-BGB, § 741 Rz. 8 dazu, dass auch über eine Mehrheit von Gegenständen eine einheitliche Bruchteilsgemeinschaft i.S.d. §§ 741 ff. BGB bestehen kann.

1361 BMF-Schreiben vom 29.04.1994, IV B 2 – S 2241 – 9/94; IV A 4 – S 0341 – 11/94, BStBl. I 1994, 282, Tz. 4; *Engel*, Vermögensverwaltende Personengesellschaften, Rz. 1241.

1362 *Schlagheck*, StuB 2003, 346, 347 f.

vermögen als solches.[1363] Der betrieblich beteiligte Gesellschafter hat, falls er seinen Gewinnanteil durch Bestandsvermögensvergleich ermittelt, die Wirtschaftsgüter der Personengesellschaft „anteilig“ in seiner Bilanz auszuweisen. Die angesprochenen Anteile richten sich nach der Bruchteilsbetrachtung i.S.d. § 39 Abs. 2 Nr. 2 Satz 1 AO, weil der bilanzielle Ausweis von Wirtschaftsgütern die Vermögensordnung der Personengesellschaft betrifft und insofern eine „anteilige Zurechnung“ für die Besteuerung auf Basis eines Betriebsvermögensvergleichs erforderlich ist.[1364] Wiederum kommt es auf die Frage an, wie die Bruchteile zu ermitteln sind. Herrschend wird auf die vermögensmäßige Beteiligung des Gesellschafters an der Personengesellschaft abgestellt, typischerweise gemessen an seinem Festkapitalkonto. Dieses Ergebnis entspricht allerdings nicht dem Leistungsfähigkeitsprinzip, wenn die zivilrechtlich vereinbarte Gewinnverteilung den betrieblich beteiligten Gesellschafter vom Gewinn oder Verlust aus der Substanz einzelner Wirtschaftsgüter der Personengesellschaft ausschließt. Werden die Vermögenswerte der Gesellschaft beteiligungsdisquotal verteilt, ist diese Abrede beim bilanziellen Ausweis des betrieblich beteiligten Gesellschafters zu berücksichtigen. Der betrieblich beteiligte Gesellschafter hätte demnach keinen fiktiven Bruchteil i.S.d. § 39 Abs. 2 Nr. 2 Satz 1 AO an einem Wirtschaftsgut, an dessen Ergebnis er nicht partizipiert. Mithin entstünden ihm diesbezüglich auch weder Anschaffungskosten noch Veräußerungsgewinn oder -verlust; das Wirtschaftsgut taucht in der Bilanz des betrieblich beteiligten Gesellschafters nicht auf.

5. Zwischenergebnis zur Überschusszurechnung bei vermögensverwaltenden Personengesellschaften

Dem zivilrechtlich vereinbarten Gewinnverteilungsschlüssel kommt nicht nur bei Mitunternehmerschaften, sondern auch bei vermögensverwaltenden Personengesellschaften eine wesentliche Rolle für die Überschusszu-

1363 Der betrieblich Beteiligte kann beispielsweise (anteilige) Teilwertabschreibungen gem. § 6 Abs. 1 Nr. 1 Satz 2 EStG geltend machen. Die Finanzverwaltung verzichtet auf eine Umrechnung in betriebliche, nach § 4 Abs. 1 oder Abs. 3 EStG zu ermittelnde Einkünfte, wenn die gewerbliche Beteiligung unter 10 Prozent liegt. Die gewerblichen Einkünfte werden in diesem Fall geschätzt, BMF-Schreiben vom 29.04.1994, IV B 2 – S 2241 – 9/94; IV A 4 – S 0341 – 11/94, BStBl. I 1994, 282, Tz. 7.

1364 BMF-Schreiben vom 29.04.1994, IV B 2 – S 2241 – 9/94; IV A 4 – S 0341 – 11/94, BStBl. I 1994, 282, Tz. 4; *Pyszka*, DStR 2010, 1372, 1373; *Engel*, Vermögensverwaltende Personengesellschaften, Rz. 1241.

rechnung an die Gesellschafter zu. Das gilt sowohl in Bezug auf die Tatbestandsverwirklichung durch die Gesellschaft sowie in vielen Fällen der individuellen Tatbestandsverwirklichung durch einzelne Gesellschafter. In beiden Konstellationen bestimmt prinzipiell die zivilrechtliche Gewinnverteilungsabrede, wie der auf Gesellschaftsebene erzielte Überschuss auf die Gesellschafter zu verteilen ist. Die Bruchteilsbetrachtung nach § 39 Abs. 2 Nr. 2 Satz 1 AO wird dadurch allerdings nicht obsolet. Sie kommt im Bereich der individuellen Tatbestandsverwirklichung zum Tragen, indem sie etwa über die Mindestbeteiligung i.S.d. § 17 Abs. 1 Satz 1 EStG, über die anteiligen, einem Gesellschafter zuzurechnenden Anschaffungskosten an einem Wirtschaftsgut der Gesellschaft sowie über die Frage entscheidet, welche Wirtschaftsgüter der betrieblich beteiligte Gesellschafter dem Grunde und der Höhe nach in seiner eigenen Steuerbilanz zu erfassen hat. Der Anwendungsfall, in dem die Bruchteilsquote tatsächlich eine Überschusszurechnung bewirkt, ist ein Austrittsfall i.S.d. § 20 Abs. 2 Satz 3 oder § 23 Abs. 1 Satz 4 EStG. In diesen Fällen, in denen es nicht um die Zurechnung eines Überschussanteils, sondern um die Zurechnung von Gesellschaftsvermögen geht, ist eine Wertparzellierung des Gesellschaftsvermögens der Personengesellschaft „erforderlich". Die Bruchteile i.S.d. § 39 Abs. 2 Nr. 2 Satz 1 AO, zu deren Ermittlung die Norm keine Vorgaben macht, sind wiederum unter Berücksichtigung des zivilrechtlichen Gewinnverteilungsschlüssels zu bestimmen. Eine Verteilung der Vermögenssubstanz der Wirtschaftsgüter im Gesellschaftsvermögen, die vom Verhältnis der festen Kapitalanteile der Gesellschafter abweicht und einen kapitaldisquotalen Verteilungsschlüssel entstehen lässt, beeinflusst die Vermögenszuordnung innerhalb der Gesellschaft und ist bei der von § 39 Abs. 2 Nr. 2 Satz 1 AO bezweckten „wirtschaftlichen Ausdeutung" des Gesamthandsprinzips zu berücksichtigen.

II. Allgemeine steuerliche Anerkennungsgrenzen der Überschussverteilung bei vermögensverwaltenden Personengesellschaften

Die Grenzen steuerlicher Anerkennung der Überschussverteilung in vermögensverwaltenden Personengesellschaften sind in Rechtsprechung und Literatur bislang weniger ausführlich behandelt worden als bei Mitunternehmerschaften. Gleichwohl lassen sich aus Rechtsprechung und Literatur Erkenntnisse zur Angemessenheitskontrolle und zum Rückwirkungsverbot auch bei vermögensverwaltenden Personengesellschaften ableiten.

1. Angemessenheitskontrolle

a) Rechtsprechung

Eine auf die Auslegung von § 15 EStG gestützte Angemessenheitskontrolle der Ergebnisverteilung bezieht sich nur auf Mitunternehmerschaften. Gleichwohl scheint die Rechtsprechung auch in vermögensverwaltenden Personengesellschaften oder Gemeinschaften die Überschussverteilung unter einkommensteuerliche Vorbehalte zu stellen, die überwiegend allerdings nicht unter dem Terminus der Angemessenheitskontrolle, sondern unter der Frage nach gesellschaftlicher oder außergesellschaftlicher Veranlassung verhandelt werden. Schauplatz dieser Angemessenheitskontrolle sind häufig zivilrechtliche Bruchteilsgemeinschaften, bei denen eine beteiligungsdisquotale Übernahme von Werbungskosten, zumeist in Gestalt von Abschreibungen, oder eine vollständige Verschiebung der Nutzungen und Lasten auf einen Gesellschafter vereinbart wurde.[1365] Anknüpfungspunkt der Angemessenheitskontrolle ist die Frage, ob die vereinbarte Ergebnisverteilung ihren Grund im Gesellschafts- oder Gemeinschaftsverhältnis hat; ansonsten handele es sich um „Einkommensverwendung nach § 12 Nr. 2 EStG" in Form einer Zuwendung an einen Mitgesellschafter.[1366] Im Gemeinschaftsverhältnis sei eine Verteilungsabrede begründet, wenn ein Gemeinschafter, der die Nutzungen eines Wirtschaftsguts zugewiesen bekommt, auch alleine die Lasten trägt oder er bei im Gegenzug für seinen erhöhten Ergebnisanteil besondere Arbeits- oder Kapitalleistungen erbringt und sich dadurch eine Fremdüblichkeit einstellt.[1367] Wie bei Mitunternehmerschaften geht

1365 BFH, Urteil vom 20.1.2009, IX R 18/07, BFH/NV 2009, 1247 unter II.2.a) („überhöhte" Kostentragung eines Gesellschafters sei steuerlich unbeachtlich, wenn damit Zuwendungen oder eine bloß vorläufige Kostentragung im Sinne einer Kreditgewährung beabsichtigt sind); ebenso Urteil vom 23.11.2004, IX R 59/01, BFHE 208, 203, BStBl. II 2005, 454 unter II.1.; Urteil vom 7.10.1986, IX R 167/83, BFHE 148, 501, BStBl. II 1987, 322 unter 2. (keine Sonderzuweisungen von Werbungskosten möglich, sofern nach der zivilrechtlichen Abrede keine „korrespondierende" Zurechnung von Einkünften erfolgt).

1366 BFH, Urteil vom 27.6.1978, VIII R 168/73, BFHE 152, 532, BStBl. II 1978, 674 unter 1.; Urteil vom 23.11.2004, IX R 59/01, BFHE 208, 203, BStBl. II 2005, 454 unter II.1.; Urteil vom 20.1.2009, IX R 18/07, BFH/NV 2009, 1247 unter II.2.a); ebenso *Bodden*, in: Korn, EStG, § 15 Rz. 311; *Engel*, Vermögensverwaltende Personengesellschaften, Rz. 416.

1367 BFH, Urteil vom 27.6.1978, VIII R 168/73, BFHE 152, 532, BStBl. II 1978, 674 unter 1.; Urteil vom 31.3.1992, IX R 245/87 BFHE 168, 248, BStBl. II 1992, 890 unter 2.a); Urteil vom 16.12.2008, VIII R 83/05, BFH/NV 2009, 1118 unter III.2.a);

die Rechtsprechung vom Erfordernis einer Beitragsgerechtigkeit aus, wobei bei den Entscheidungen zu zivilrechtlichen Bruchteilsgemeinschaften nicht von Beiträgen i.S.d. § 709 Abs. 1 BGB (§ 705 a.E. BGB a.F.) die Rede ist, sondern von Kostentragung oder Arbeitsleistungen (vgl. § 748 BGB). Rechtsfolge der Angemessenheitskontrolle in zivilrechtlichen Bruchteilsgemeinschaften ist die Einkünftezurechnung nach dem Verhältnis der Bruchteile i.S.d. §§ 743, 748 BGB.[1368]

Auch Verteilungsabreden in vermögensverwaltenden Personengesellschaften waren Gegenstand der Rechtsprechung. So führte das FG Köln im bereits vorgestellten Urteil vom 14.4.2021 mit Bezug zu einer „nachträglich" (also nach erstmaliger Vereinbarung der Überschussverteilung) entstandenen Familiengesellschaft eine Angemessenheitskontrolle unter der Fragestellung durch, ob die Gesellschaftsbeteiligungen der Gesellschafter in einem „angemessenen" Verhältnis zur Größe der ihnen jeweils gesondert zugewiesenen Wohneinheiten im Vergleich zur Gesamtfläche aller Wohneinheiten stehen. Dies war zu bejahen. Weil die Erträgnisse aus Vermietung und Veräußerung der gesondert zugewiesenen Wohneinheiten den Gesellschaftsanteilen entsprachen, sei auch keine Einkommensverwendung bei einem der Gesellschafter anzunehmen.[1369] Das FG München hat den *Carried Interest* von Initiatoren eines geschlossenen vermögensverwaltenden Fonds auf seine gesellschaftliche Veranlassung geprüft, ohne indes von „Angemessenheit" zu sprechen. Aufgrund des Interessengegensatzes der Gesellschafter wurde die gesellschaftliche Veranlassung letztlich nicht ernsthaft in Frage gestellt. Mitentscheidend mag für dieses Ergebnis auch der Umstand gewesen sein, dass immaterielle Gesellschafterbeiträge der Initiatoren (vgl. § 709 Abs. 1 BGB) durch einen kapitaldisquotalen Überschussanteil vergütet würden.[1370] Der BFH hat eine zeitlich begrenzte Verlustzuweisung an neu eintretende Gesellschafter einer Überprüfung un-

---

FG Nürnberg, Urteil vom 28.1.1977, III 109/76, EFG 1977, 325 unter 3.; dem folgt die Finanzverwaltung, vgl. EStR 2012 H 21.6; nach BFH, Urteil vom 5.2.1965, VI 234/63 U, BFHE 82, 25, BStBl. III 1965, 256, sowie Beschluss vom 23.7.2004, IX B 61/04, BFH/NV 2005, 41 (unter 1.) genügt eine erhöhte Kostentragung nicht zur Zurechnung eines von der Beteiligungsquote abweichenden Ergebnisanteils, wenn dem belasteten Gesellschafter ein Ausgleichsanspruch nach § 426 BGB gegen seine Mitgesellschafter zusteht oder er anderweitig mit Ersatz rechnen kann.

1368 BFH, Urteil vom 7.10.1986, IX R 167/83, BFHE 148, 501, BStBl. II 1987, 322 unter 2.

1369 EFG 2021, 1480 unter III.2.d).

1370 FG München, Urteil vom 17.11.2020, 12 K 2334/18, DStRE 2021, 587 unter II.1.a)bb) („Der kapitaldisproportionale Gewinnanteil ist Gegenleistung für den von den Initiatoren geleisteten Gesellschafterbeitrag").

terzogen, die Abrede allerdings aufgrund gesellschaftlicher Veranlassung gebilligt (die Abrede schuf einen Anreiz zur Eigenkapitalzufuhr).[1371] Eine Angemessenheitskontrolle hat der BFH in einem Familiengesellschaftsfall von vornherein abgelehnt, in dem die Überschussverteilungsabrede der gesetzlichen Regelung des § 167 Abs. 3 HGB a.F. entsprach.[1372]

Die Sichtung der Rechtsprechung zur steuerlichen Anerkennung von Gewinnverteilungsabreden in vermögensverwaltenden Personengesellschaften oder Gemeinschaften ergibt, dass im Gegensatz zu Mitunternehmerschaften zumeist nicht von der Angemessenheit der Gewinnverteilung die Rede ist, aber gleichwohl eine mit der Angemessenheitskontrolle verwandte Prüfung erfolgt. Sie fragt danach, ob die Gewinnverteilungsabrede gesellschaftlich veranlasst ist. Eine Überschneidung mit der Angemessenheitskontrolle bei Mitunternehmerschaften zeigt auch der wiederkehrende Verweis auf § 12 Nr. 2 EStG mit dem dabei zum Vorschein tretenden Verdacht, dass die Ergebnisanteile auf Zuwendungen unter den Gesellschaftern beruhen könnten. Maßstab für eine angemessene Überschussverteilung ist wie bei Mitunternehmerschaften der Fremdvergleich. Bei vermögensverwaltenden Gesellschaften mit einander fremden Gesellschaftern gilt – ebenfalls wie bei Mitunternehmerschaften – die Vermutung der gesellschaftlichen Veranlassung, weil die Gesellschafter in einem Interessengegensatz stehen.

b) Literatur

Die herrschende Literatur teilt die Ansicht der Rechtsprechung und erstreckt die Angemessenheitskontrolle – gemeint ist die Frage nach gesellschaftlicher oder außergesellschaftlicher Veranlassung der Ergebnisanteile – auf vermögensverwaltende Personengesellschaften, ohne dass sich Widerspruch spezifisch zur vermögensverwaltenden Gesellschaft regt.[1373] Ist ein

1371 BFH, Urteil vom 25.9.2018, IX R 35/17, BFHE 262, 418, BStBl. II 2019, 167 unter II.2.b).

1372 BFH, Urteil vom 8.9.1992, IX R 335/87, BFHE 169, 418, BStBl. II 1993, 281 unter II.2.a).

1373 *Pfirrmann*, in: Herrmann/Heuer/Raupach, EStG/KStG, § 21 EStG Rz. 22; *Eggers*, in: Korn, EStG, § 21 Rz. 39; *Mellinghoff*, in: Kirchhof/Seer, EStG, § 21 Rz. 31; *Kulosa*, in: Schmidt, EStG, § 21 Rz. 66; *Bodden*, in: Korn, EStG, § 15 Rz. 311; *Schallmoser*, in: Brandis/Heuermann, Ertragsteuerrecht, § 21 EStG Rz. 66; *Kemcke/Schäffer*, in: Haase/Dorn, Vermögensverwaltende Personengesellschaften, 3. Teil Rz. 56; *Lothmann*, Vermögensverwaltende Personengesellschaften, S. 468 f.; *Engel*, Vermögensverwaltende Personengesellschaften, Rz. 416.

Ergebnisanteil als Folge einer Zuwendung anzusehen oder sonst außergesellschaftlich veranlasst, erfolge die Einkünftezurechnung nach dem gesetzlich bestimmten Gewinnverteilungsschlüssel.[1374] Ob sich Kritiker der Angemessenheitskontrolle bei Mitunternehmerschaften gleichermaßen zu vermögensverwaltenden Personengesellschaften äußern würden, kann nur gemutmaßt werden. Die etwa von *Knobbe-Keuk* erhobenen Einwände gegen die Angemessenheitskontrolle bei Familienmitunternehmerschaften ließen sich jedenfalls in den Bereich der Vermögensverwaltung übertragen.[1375]

c) Stellungnahme

Wie im Bereich der Mitunternehmerschaften ist bei vermögensverwaltenden Personengesellschaften die Anknüpfung an eine taugliche Rechtsgrundlage der neuralgische Punkt der Angemessenheitskontrolle. Naturgemäß können Rechtsprechung und Literatur nicht mehr auf die in §§ 15 Abs. 1 Satz 1 Nr. 2, 12 Nr. 2 EStG zum Ausdruck kommenden Wertungen zurückgreifen,[1376] sondern beschränken sich auf den Verweis auf § 12 Nr. 2 EStG und die Frage nach gesellschaftlicher oder außergesellschaftlicher Veranlassung der Ergebnisverteilung. Diese Unterscheidung ist auf eine anzuerkennende Idee zurückzuführen, nämlich auf die Frage, ob der Gewinnverteilungsschlüssel zivilrechtlich überhaupt als solcher auszulegen ist oder sich (zumindest teilweise) als verschleierte Zuwendung in Form einer Abtretung von Gewinnauszahlungsansprüchen entpuppt. Um die Klärung dieser zivilrechtlichen Vorfrage machen Rechtsprechung und Literatur indes einen großen Bogen und unterziehen stattdessen den Gewinnverteilungsschlüssel jedenfalls bei nahestehenden Gesellschaftern einem Fremdvergleich, ohne dass ein Steuertatbestand dieses Vorgehen stützen würde. § 12 Nr. 2 EStG als rein deklaratorische Vorschrift ohne eigenen Aussagegehalt darüber, unter welchen Voraussetzungen eine freiwillige Zuwen-

1374 *Dornheim*, in: Bordewin/Brandt, EStG, § 21 Rz. 9a; *Engel*, Vermögensverwaltende Personengesellschaften, Rz. 416.

1375 Vgl. *Keuk*, StuW 1973, 74, 87 ff.; dazu oben D.II.1.c).

1376 BFH, Urteil vom 24.7.1986, IV R 103/83, BFHE 147, 495, BStBl. II 1987, 54 unter II.2.a); ferner Urteil vom 14.2.1973, I R 131/70, BFHE 108, 527, BStBl. II 1973, 395; Urteil vom 29.1.1976, IV R 89/75, BFHE 118, 311, BStBl. II 1976, 374 unter II.1.a); Urteil vom 7.11.2000, VIII R 16/97, BFHE 193, 542, BStBl. II 2001, 186 unter II.2.a); Urteil vom 29.5.2001, VIII R 10/00, BFHE 195, 486, BStBl. II 2001, 747 unter III.2.b)bb)aaa).

dung vorliegt, eignet sich dafür schließlich nicht.[1377] Zuzustimmen ist der Rechtsprechung in der Annahme, dass sich außergesellschaftliche Ursachen der Gewinnverteilungsabrede bei Gesellschaften mit fremden Dritten als Gesellschaftern regelmäßig ausschließen lassen.[1378] Diese Prämisse ist der nachstehenden Untersuchung der verschiedenen Fallgruppen zu Sonderzuweisungen zugrunde zu legen.

2. Rückwirkungsverbot

Bis vor einigen Jahren gab es keine Anhaltspunkte für eine abweichende Beurteilung des Rückwirkungsverbots bei Mitunternehmerschaften und vermögensverwaltenden Personengesellschaften durch die Rechtsprechung.[1379] Das änderte sich mit einer BFH-Entscheidung vom 25.9.2018, die ausdrücklich offen lässt, ob sich das Rückwirkungsverbot auch auf vermögensverwaltende Personengesellschaften bezieht.[1380] Der BFH spart eine Erklärung aus, warum eine Differenzierung zwischen gewerblichen und vermögensverwaltenden Gesellschaften in Betracht kommen könnte. In der Literatur wird darauf hingewiesen, dass die steuerliche Anerkennung rückwirkender Gewinnverteilungsänderungen im „offenkundigen Widerspruch zur bisherigen ständigen BFH-Rechtsprechung“ stünde.[1381] Einschränkend ist festzustellen, dass sich die zitierte Entscheidung auf eine im Vorfeld eines Gesellschafterbeitritts vereinbarte Gewinnverteilung bezog, wonach unterjährig beitretende Gesellschafter und ganzjährig beteiligte Gesellschafter gewinnmäßig gleichzustellen waren. Die Gewinnverteilungsabrede wurde folglich nicht rückwirkend geändert. Problematisch war lediglich eine Einkünftezurechnung an Gesellschafter, die bei Verwirk-

1377 Ausführlich oben D.II.1.d)bb)(1).

1378 FG München, Urteil vom 17.11.2020, 12 K 2334/18, DStRE 2021, 587.

1379 FG München, Urteil vom 27.6.2007, 9 K 2373/05, BeckRS 2007, 26023861; einen Gleichlauf des Rückwirkungsverbots bei Mitunternehmerschaften und vermögensverwaltenden Personengesellschaften nahm der BFH früher ausdrücklich an: „Die Anwendung dieses Rechtsgrundsatzes [des Rückwirkungsverbots] im Bereich der Einkünfte aus Vermietung und Verpachtung einer vermögensverwaltenden KG ergibt, dass ein Überschuss der Werbungskosten über die Einnahmen jeweils nur den Personen zugerechnet werden kann, die im Zeitpunkt des Zuflusses der Einnahmen bzw. des Abflusses von Ausgaben nach einkommensteuerrechtlichen Grundsätzen Gesellschafter waren.“, s. Beschluss vom 19.8.1986, IX S 5/83, BFHE 147, 453, BStBl. II 1987, 212 unter II.3.

1380 IX R 35/17, BFHE 262, 418, BStBl. II 2019, 167 unter II.2.b).

1381 *Bode*, FR 2019, 373, 377.

lichung mancher Geschäftsvorfälle und damit „laufender steuerlicher Tatbestandsverwirklichung“ noch keine Gesellschafterstellung innehatten. Begründen ließe sich die Entscheidung mit Verweis darauf, dass auch bei vermögensverwaltenden Gesellschaften die Gesellschaft selbst Subjekt der Einkünfteerzielung ist und ihr die Verwirklichung von Geschäftsvorfällen zuzurechnen ist (und nicht den Gesellschaftern).

Dass die Rechtsprechung eine zivilrechtlich rückwirkende Änderung des Gewinnverteilungsschlüssels steuerlich nachvollziehen würde, lässt sich dem Urteil also nicht entnehmen. Eine Abkehr vom Rückwirkungsverbot steht danach nicht zu erwarten, obwohl für eine solche Abkehr die gleichen Argumenten wie bei Mitunternehmerschaften streiten.[1382] *Engel* wirft zudem den Gedanken auf, dass selbst nach der derzeitigen dispositiven Gewinnverteilungsregel des § 168 Abs. 2 HGB a.F., wonach die Gewinnverteilung in einer Kommanditgesellschaft nach einem „angemessenen Verhältnis“ zu erfolgen hatte, eine Rückwirkung entsteht, weil erst nach Abschluss des Wirtschaftsjahres und Würdigung der Gesellschafterbeiträge eine solche „Angemessenheit“ festgestellt werden kann.[1383] Nach hier vertretener Auffassung betrifft das Rückwirkungsverbot folglich keine Änderungen der laufenden Ergebnisverteilung für das laufende Wirtschaftsjahr, weil bis zum Jahresende kein Steueranspruch entstanden ist. Soweit es um die Zuweisung laufender Erträge geht, könnten die Gesellschafter demzufolge unterjährig eine steuerlich anzuerkennende Neuverteilung mit Rückwirkung zum Jahresbeginn vereinbaren. Anders könnte die rückwirkende Änderung der Verteilungsabrede zu Veräußerungsgewinnen zu beurteilen sein, unabhängig davon, ob zum Zeitpunkt der Änderung das entsprechende Wirtschaftsgut bereits veräußert wurde oder nicht. Denn mit dieser Abrede würden die Gesellschafter rückwirkend ihre Bruchteilsquoten i.S.d. § 39 Abs. 2 Nr. 2 Satz 1 AO verändern. Rückwirkend würden dabei bereits auf Ebene der Gesellschafter entstandene stille Reserven verschoben, was dem Subjektsteuerprinzip widerspräche. Eine rückwirkende Änderung der Abrede zu Veräußerungsgewinnen sollte steuerlich folglich nicht anerkannt werden.

Unklar ist, wie sich die Rechtsprechung im Fall von „gestreckten“ Steuertatbeständen verhalten würde. Ein Beispiel dafür bietet § 23 Abs. 1 Satz 4

1382 Oben D.II.2.c); *Knobbe-Keuk* (BB 1985, 473) betont, dass es auch bei der vermögensverwaltenden Personengesellschaft keiner Zurechnung einzelner Geschäftsvorfälle an die Gesellschafter bedarf.

1383 *Engel*, Vermögensverwaltende Personengesellschaften, Rz. 418.

EStG, also ein Fall, in dem ein Steuerpflichtiger innerhalb einer Spekulationsfrist i.S.d. § 23 Abs. 1 Satz 1 EStG seine Beteiligung an einer Personengesellschaft veräußert, die das (auf Gesellschafterebene) steuerverstrickte Wirtschaftsgut im Gesellschaftsvermögen hält. Kann ohne Verstoß gegen das Rückwirkungsverbot während der Spekulationsfrist eine Sonderzuweisung vereinbart werden, wonach der austretende Gesellschafter nicht am Veräußerungsgewinn dieses Wirtschaftsguts beteiligt ist? Ein solcher Eingriff in „steuerlich" nicht abgeschlossene Sachverhalte ließe sich als unechte Rückwirkung bezeichnen. Die Sonderzuweisung richtet sich nur auf einen zukünftigen Austritt des betreffenden Gesellschafters, was gegen einen Verstoß gegen das Rückwirkungsverbot spricht. Eine solche Abrede während der laufenden Spekulationsfrist zu treffen, wäre nach hier vertretener Ansicht allerdings wiederum als Veräußerung von Bruchteilen i.S.d. § 39 Abs. 2 Nr. 2 Satz 1 AO zu werten, die den Tatbestand des § 23 Abs. 1 Satz 1 Nr. 1 EStG erfüllen würde. Die Gesellschafter nehmen mit ihrer Vereinbarung zwar keinen Einfluss auf einen bereits entstandenen Steueranspruch, sie lassen aber zum Vereinbarungszeitpunkt einen neuen Steueranspruch entstehen.

3. Spezielle Verlustverrechnungsbeschränkungen

Teilweise enthalten die Überschusstatbestände eigenständige Verlustverrechnungsbeschränkungen (§ 20 Abs. 6 und § 23 Abs. 3 Satz 7 EStG), teilweise verweisen sie auf Verlustverrechnungsbeschränkungen für Gewinneinkünfte, die „sinngemäß" anzuwenden sind (§ 20 Abs. 1 Nr. 4 Satz 2 verweist auf § 15 Abs. 4 Satz 6 ff. und § 15a EStG; § 21 Abs. 1 Satz 2 auf § 15a und § 15b EStG). Insbesondere die Übertragung von § 15a EStG auf den Bereich der Überschusseinkünfte sorgt für verschiedene Probleme.[1384] Mit Blick

1384 Ausführlich *Middendorf/Rickermann*, BB 2021, 539 ff.; *Dorn*, DStR 2015, 1598 ff.; *Engel*, Vermögensverwaltende Personengesellschaften, Rz. 1321 ff.; vom BFH geklärt wurde inzwischen, dass negative Einkünfte aus § 21 EStG, die unter § 15a EStG fallen, mit positiven Einkünften anderer Einkunftsarten verrechnet werden können, s. Urteil vom 2.9.2014, IX R 51/13, BFHE 247, 209, BStBl. II 2015, 263 unter II.2.d); zustimmend etwa *Bührer*, DStR 2015, 1546 ff.; zuvor bereits *Wüllenkemper*, EFG 2014, 186; im Anschluss auch BMF-Schreiben vom 15.9.2020 – IV C 1 - S 2253/08/10006 :033, BStBl. I 2020, 919; das FG Rheinland-Pfalz (Urteil vom 30.10.2019, 1 K 12540/18, EFG 2020, 1309, rkr.) hat allerdings die Frage verneint, ob auch nicht steuerbare Veräußerungsgewinne nach § 23 EStG das negative Kapitalkonto i.S.d. §15a EStG wieder auffüllen.

auf die steuerliche Anerkennung von Sonderzuweisungen sind die Verlustverrechnungsbeschränkungen jedoch unerheblich, weil sie nichts über die Überschussanteile der Personengesellschafter aussagen.[1385] Sie können allenfalls Motiv für die Vereinbarung von Sonderzuweisungen sein, etwa um positive und negative Einkünfte bestimmter Verlustverrechnungskreise alsbald ausgleichen zu können.

4. Zwischenergebnis zu allgemeinen steuerlichen Anerkennungsgrenzen

Wie bei Mitunternehmerschaften spielen die praktisch verbreiteten einkommensteuerlichen Anerkennungsgrenzen im vermögensverwaltenden Bereich eine untergeordnete Rolle. Die Angemessenheitskontrolle ist bei fremden Gesellschaftern grundsätzlich auszublenden. Das Rückwirkungsverbot sollte jedenfalls für die unterjährige, auf den Jahresbeginn zurückwirkende Neuregelung zu laufenden Erträgen nicht angewandt werden. Anderes ergibt sich bei der rückwirkenden Neuverteilung von Veräußerungserlösen, die – sofern man der Bruchteilsbetrachtung folgt und die Bruchteilsquote anhand des Gewinnverteilungsschlüssels bestimmt – zu einer rückwirkenden Neuzuordnung stiller Reserven führen würde. Die Spezialtatbestände zur Verlustverrechnung haben indes keinen Einfluss auf die steuerliche Anerkennung von Sonderzuweisungen.

III. Spezielle steuerliche Anerkennungsgrenzen für Sonderzuweisungen bei vermögensverwaltenden Personengesellschaften

Bei vermögensverwaltenden Personengesellschaften lässt sich die Einkünftezurechnung nicht an einen konkretem Zurechnungstatbestand wie § 15 Abs. 1 Satz 1 Nr. 2 Satz 1 EStG überprüfen. Sonderzuweisungen sind stattdessen vor dem Hintergrund zu untersuchen, dass Maßstab der Einkünftezurechnung sowohl bei Tatbestandsverwirklichung durch die Gesellschaft als auch bei individueller Tatbestandsverwirklichung der zivilrechtliche Ge-

1385 BFH, Urteil vom 8.9.1992, IX R 335/87, BFHE 169, 418, BStBl. II 1993, 281 unter II.1. zu § 21 Abs. 1 Satz 1 i.V.m. § 15a EStG („Das Ausgleichsverbot des § 15a Abs. 1 Satz 1 EStG greift erst ein, wenn zuvor entschieden ist, welcher Verlustanteil dem Kommanditisten zuzurechnen ist. Diese Entscheidung wird im Gesellschaftsvertrag, mangels gesellschaftsvertraglicher Regelung durch die gesetzlichen Bestimmungen in §§ 707 ff. BGB, §§ 161 ff. HGB getroffen.“).

winnverteilungsschlüssel ist. Die Bruchteilsbetrachtung nach § 39 Abs. 2 Nr. 2 Satz 1 AO beschränkt sich auf die Hilfsfunktion, bei der konkreten Berechnung des Überschusses eines Gesellschafters im Fall individueller Tatbestandsverwirklichung (d.h. bei Veräußerungsvorgängen i.S.d. §§ 17, 20 oder 23 EStG oder bei Beteiligungsverschiebungen auf Gesellschafterebene) die Ermittlung der individuell zu ermittelnden Anschaffungskosten für ein Wirtschaftsgut zu ermöglichen oder – im Fall der Zebragesellschaft – die Frage zu beantworten, welche Wirtschaftsgüter in welchem Umfang in der Steuerbilanz des „Zebragesellschafters" zu erfassen sind. Die Einkünftezurechnung erfolgt nach den zivilrechtlichen Gewinnanteilen, sofern keine einkommensteuerlichen Bestimmungen entgegenstehen. Dieser Vorbehalt, der für Mitunternehmerschaften ausdrücklich formuliert wird, ist auf vermögensverwaltende Personengesellschaften zu übertragen. Denn auch bei Überschusseinkünften ist es denkbar, dass Vorgänge, die zivilrechtlich als Gewinnverteilung tituliert werden, unter andere Tatbestände als § 20, § 21 oder § 22 Nr. 3 i.V.m. § 23 EStG zu fassen sind, etwa weil besondere Leistungen eines Gesellschafters vergütet werden oder die vereinbarte Gewinnverteilung aufgrund der Vorschriften zur Überschussermittlung steuerlich nicht die beabsichtigte Wirkung haben.

1. Wirtschaftsgutsspezifische Sonderzuweisungen

a) Bisherige Indizien zur steuerlichen Anerkennung

aa) Rechtsprechung

Wirtschaftsgutsbezogene Sonderzuweisungen im steuerlich vermögensverwaltendem Bereich waren bereits Gegenstand der Rechtsprechung. Mit Urteil vom 27.6.1978 hat der BFH eine in einer Bruchteilsgemeinschaft tatsächlich durchgeführte Ergebnisverteilung steuerlich anerkannt, wonach zwei Gemeinschafter zwei Grundstücke unabhängig voneinander verwalteten und die Überschüsse getrennt vereinnahmten. Solange die Gemeinschafter die Grundstückserträge in dieser Form verteilen und der Grund für diese Verteilung im Gemeinschaftsverhältnis liege, sei eine Abweichung von §§ 743, 748 BGB auch steuerlich nachzuvollziehen. Lediglich die Zurechnung der laufenden Abschreibungen folgte nicht dem Verhältnis der Verteilung der Erträge, sondern nach Miteigentumsanteilen. Jedem Gemeinschafter wurden danach auch zur Hälfte die Abschreibungen des

Grundstücks zugerechnet, das vom jeweils anderen Gemeinschafter verwaltet wurde.[1386]

Das bereits zusammengefasste Urteil des FG Köln vom 14.4.2021 betraf ebenfalls wirtschaftsgutsspezifische Sonderzuweisungen.[1387] Das Gericht hat die zivilrechtliche Abrede steuerlich anerkannt: Auch im Bereich der Überschusseinkünfte ist

> *„auf die von den Beteiligten kraft ihrer Privatautonomie getroffenen dispositiven Vereinbarungen bezüglich der Zuordnung der Gewinn- oder Überschussanteile abzustellen […]. Der Umfang der Beteiligung bzw. die Höhe des Anteils an der betreffenden Personenmehrheit – Gesellschaft oder Gemeinschaft – hat insoweit keine ausschlaggebende Bedeutung für die Verteilung der gemeinschaftlich erzielten Einkünfte. […] Dem Senat ist insoweit nicht einsichtig, dass diese Rechtsgrundsätze, die auch für die Überschusseinkunftsarten gelten, nicht auch im Bereich der Einkunftsart der privaten Veräußerungsgeschäfte zur Geltung kommen sollen. Vereinbaren die Beteiligten einer Personengesellschaft oder einer Bruchteilsgemeinschaft, deren Gesellschafts- oder Gemeinschaftsvermögen z. B. aus mehreren Vermietungsobjekten besteht, dass nicht nur die Vermietungseinkünfte aus den einzelnen Objekten jeweils den Beteiligten einzeln und getrennt zugewiesen werden, sondern dass dies auch für etwaige Erlöse gelten soll, die sich aus der Veräußerung eines dem einzelnen Beteiligten zugewiesenen Objekts ergeben, so bestehen aus Sicht des Senats gegeneine solche Regelung keine Bedenken, soweit diese sich noch innerhalb der genannten Grenzen ertragsteuerlicher Wirksamkeit hält“*.[1388]

bb) Literatur

In der Literatur finden sich nur bruchstückhafte Erkenntnisse zur steuerlichen Anerkennung wirtschaftsgutsspezifischer Sonderzuweisungen bei ver-

---

1386 VIII R 168/73, BFHE 125, 532, BStBl. II 1978, 674; eine ähnliche Verteilungsabrede scheiterte in BFH, Urteil vom 7.10.1986, IX R 167/83, BFHE 148, 501, BStBl. II 1987, 322 an der Angemessenheitskontrolle (die Verwaltung eines Grundstücks durch einen Gemeinschafter rechtfertige nicht die gesonderte Zuweisung der daraus erwachsenden Einnahmen abzüglich der Werbungskosten an ihn).

1387 FG Köln, Urteil vom 14.4.2021, 3 K 1253/17, EFG 2021, 1480.

1388 FG Köln, Urteil vom 14.4.2021, 3 K 1253/17, EFG 2021, 1480 Rz. 101 ff. mit anschließender Prüfung der „Angemessenheit“ der Gewinnverteilungsabrede und des Gestaltungsmissbrauchs nach § 42 AO.

mögensverwaltenden Personengesellschaften. Eine klare Tendenz für oder gegen ihre Anerkennung ist bislang nicht auszumachen.

(1) Rezeption der Entscheidung des FG Köln vom 14.4.2021

Die Entscheidung des FG Köln ist in der Literatur auf ein gemischtes Echo gestoßen. Teils wird in der Gewinnverteilungsabrede der Gesellschafter eine unzulässige Disposition über einen entstandenen Steueranspruch gesehen.[1389] Dazu ist anzumerken, dass die Entstehung eines Steueranspruchs gerade fraglich war und von der steuerlichen Anerkennung der Gewinnverteilungsabrede abhing. Die Gesellschafter disponierten nicht über einen entstandenen Steueranspruch und nach dem FG Köln auch nicht über die Tatbestandsverwirklichung eines privaten Veräußerungsgeschäfts durch einen Gesellschafter an sich, sondern allein über die Gewinnverteilung, woraus entsprechende steuerliche Folgen abzuleiten waren. Andere Stimmen folgen der Entscheidung und weisen teils auf die sich daraus ergebenden Gestaltungsmöglichkeiten hin.[1390]

(2) Ergebnisverteilung beim unvollendeten „Hamburger Modell“

Als „Hamburger Modell“ wurde in der Vergangenheit ein Vorgehen zum schrittweisen Erwerb von Eigentumswohnungen bezeichnet. Es handelt sich um ein Anlagemodell für Immobilieninvestitionen von Privatanlegern. Dabei erbauten oder renovierten steuerlich vermögensverwaltende Personengesellschaften (Fonds) Mehrfamilienhäuser, die anschließend in Eigentumswohnungen der Anleger aufgeteilt und von diesen vermietet werden sollten. Jeder Anleger bzw. Gesellschafter sollte im Wege der Realteilung eine Wohnung als Abfindung erhalten. Die Pflichteinlage der einzelnen Anleger bemaß sich bereits am prognostizierten Verkehrswert der ihnen

1389 Ohne nähere Erläuterung *Levedag*, in: Schmidt, EStG, § 23 Rz. 47. Die gewählte Formulierung lässt indes auf einen vermuteten Verstoß gegen das steuerliche Rückwirkungsverbot schließen – dazu oben E.II.2.

1390 *Wiesch*, EFG 2021, 1480, 1486 („Das FG wendet die für die Zurechnung von Gewinneinkünften einer Mitunternehmerschaft geltenden Grundsätze konsequent auf die Zurechnung von Überschusseinkünften [...] an.“); weiterhin *Kube*, in: Kirchhof/Seer, EStG, § 23 Rz. 1; *Bodden*, in: Korn, EStG, § 15 Rz. 311.

zugewiesenen Wohnung.[1391] Teilweise unterblieb jedoch nach Fertigstellung der Mehrfamilienhäuser die Aufteilung in Eigentumswohnungen mangels Erteilung einer Abgeschlossenheitsbescheinigung nach § 7 Abs. 4 Satz 1 Nr. 2 WEG (in diesen Fällen war das Hamburger Modell „unvollendet"). Die Wohnungen blieben dann – entgegen der ursprünglichen Planung der Anleger – Gesamthandseigentum aller Anleger. Für sie ergab sich dann die Frage, ob sie das ursprünglich angestrebte Ergebnis (die Erzielung von Vermietungseinkünften bei gleichzeitigem Abzug von Finanzierungskosten) nicht nur durch eine Realteilung, sondern auch mittels einer speziellen Ergebnisverteilungsabrede erreichen konnten. Dazu vereinbarten die Gesellschafter die gesonderte Zuweisung der Vermietungseinnahmen und Werbungskosten bezüglich „ihrer" Wohnung.[1392] Im Schrifttum wurde die steuerliche Anerkennung einer dahingehenden Vereinbarung bejaht;[1393] die Rechtsprechung musste nicht darüber entscheiden.

b) Spezielle Anerkennungsgrenzen nach dem EStG

aa) Verhältnis zur Überschussermittlung

Die Überschussermittlung bei vermögensverwaltenden Personengesellschaften richtet sich nach § 8 bis § 9a, § 11 EStG. Wie im Bereich der Gewinneinkünfte ließe sich bei vermögensverwaltenden Personengesellschaften vorbringen, die Ermittlung eines einheitlichen Überschusses der Einnahmen über die Werbungskosten der Gesellschaft verhindere wirtschaftsgutspezifische Sonderzuweisungen. Zunächst sind alle Geschäftsvorfälle, im Fall der Erfolgsermittlung gem. §§ 8 ff. EStG folglich die Einnahmen

---

1391 *Wagner*, in: Assmann/Schütze/Buck-Heeb, Hdb. Kapitalanlagerecht, § 16 Rz. 155 (auch zum bei diesem Modell drohenden gewerblichen Grundstückshandel der Gesellschaft, vgl. Rz. 161 ff.); *Schallmoser*, in: Brandis/Heuermann, Ertragsteuerrecht, § 21 EStG Rz. 423; zur Einkünfteerzielungsabsicht der Gesellschafter beim „Hamburger Modell" OFD Frankfurt a.M., Rundverfügung vom 3.3.1999 S 2253 A - 48 - St II 24, DStR 1999, 1442.

1392 *Meyer-Scharenberg*, DStR 1991, 1309.

1393 *Meyer-Scharenberg*, DStR 1991, 1309 unter Berufung auf die heutigen EStR (2012) Rz. R 21.6: „Die Einnahmen und Werbungskosten sind den Miteigentümern grundsätzlich nach dem Verhältnis der nach bürgerlichem Recht anzusetzenden Anteile zuzurechnen. Haben die Miteigentümer abweichende Vereinbarungen getroffen, sind diese maßgebend, wenn sie bürgerlich-rechtlich wirksam sind und hierfür wirtschaftlich vernünftige Gründe vorliegen, die grundstücksbezogen sind".

und Werbungskosten, auf Ebene der Gesellschaft akkumuliert zu ermitteln. Erst dann kann zwecks Ergebniszurechnung an die Gesellschafter aus dem Gesamtergebnis ein Überschussanteil abgeleitet werden, der sich aus allen Überschussbestandteilen der Gesellschaft zusammensetzt. Eine wirtschaftsgutsbezogene Sonderzuweisung würde danach allenfalls rechnerisch einen Überschussanteil eines Gesellschafters beeinflussen, steuerlich würde sich der Überschussanteil indes als Querschnitt aus allen Überschussbestandteilen der Gesellschaft darstellen.

Die Frage, ob wirtschaftsgutsbezogene Sonderzuweisungen unter den Vorschriften zur Überschussermittlung steuerlich nachvollzogen werden, lässt sich auf den Bereich der Tatbestandsverwirklichung durch die Gesellschaft beschränken. Nur insoweit wird auf Gesellschaftsebene überhaupt ein aggregiertes Gesellschaftsergebnis ermittelt. Bei individueller Tatbestandsverwirklichung, wo auch eine einheitliche und gesonderte Feststellung von Besteuerungsgrundlagen unterbleibt, sondern wo der Überschuss aus einem individuell verwirklichten Veräußerungsvorgang zu ermitteln ist, wird dem betroffenen Gesellschafter von vornherein kein Anteil an einem zusammengefassten Gesellschaftsergebnis zugerechnet.

(1) Steuerliche Qualifikation der Überschussanteile

Eine erste Problematik bei wirtschaftsgutsbezogenen Sonderzuweisungen liegt in der Frage, ob auch die steuerliche Qualität der Überschussanteile von der zivilrechtlichen Gewinnverteilungsabrede bestimmt wird, ob etwa bei vereinbarter gesonderter Zuweisung von Aktienerträgen an einen Gesellschafter und von Vermietungserträgen an einen anderen Gesellschafter die Überschussanteile der Gesellschafter mit einer entsprechenden Einkünftequalifikation verbunden sind. Dieser Konnex zwischen zivilrechtlicher Gewinnverteilungsabrede und steuerlicher Einkünftezurechnung erfordert als erstes die Subsumtion des verwirklichten Sachverhalts unter die einschlägigen Steuertatbestände. Eine steuerliche Nachvollziehung der Gewinnverteilungsabrede kommt nur insoweit in Betracht, als etwa die im Gewinnverteilungsschlüssel angesprochenen „Aktienerträge" oder „Vermietungserträge" steuerlich tatsächlich als Einkünfte aus Kapitalvermögen oder aus Vermietung und Verpachtung zu qualifizieren sind. In vielen Fällen dürfte diese Subsumtionshürde indes erfolgreich übersprungen werden. Die nächste Frage lautet, ob die verschiedenen von der Gewinnverteilungsabrede betroffenen Überschussbestandteile auf Gesellschaftsebene – die

Gesellschaft ist schließlich das maßgebliche Einkünfteermittlungssubjekt – auch steuerlich gesondert ermittelt werden. Nur dann kann eine gesonderte Zuweisung verschiedener Überschussbestandteile steuerliche Wirkung entfalten.

Das Einkommensteuerrecht sieht zum einen eine Verknüpfung der verschiedenen Einnahmen mit den zugrundeliegenden Einkunftsarten vor. Das ergibt sich aus dem Wortlaut von § 8 Abs. 1 Satz 1 EStG, wonach Einnahmen dem Steuerpflichtigen „im Rahmen einer der Einkunftsarten des § 2 Abs. 1 Satz 1 Nummer 4 bis 7 zufließen". Dieser Passus drückt nicht nur aus, dass ausschließlich Einnahmen besteuert werden, die einer der sieben Einkunftsarten zuzuordnen sind. Darüber hinaus kommt darin zum Vorschein, dass bei der Überschussermittlung auf Gesellschaftsebene eine nach Einkunftsarten getrennte Einkünfteermittlung erfolgt.[1394] Dem entspricht es, dass für vermögensverwaltende Personengesellschaften kein Steuertatbestand vorschreibt, dass die steuerpflichtigen Einkünfte der Gesellschafter die „Überschussanteile" sind, in die Einkünfte aller Einkunftsarten einfließen. Die Steuerpflicht der Gesellschafter bezieht sich vielmehr auf die von der Gesellschaft abgeleiteten Einkünfte aus § 20, § 21 oder § 23 EStG (vorbehaltlich etwaiger Umqualifizierungen auf Gesellschafterebene). Zum anderen erfolgt innerhalb der Einkunftsarten eine Verrechnung von positiven und negativen Einkünften nur, wenn nicht das Gesetz besondere Verlustverrechnungskreise vorschreibt, deren Anwendung eine getrennte Ermittlung von „Gewinnen" und „Verlusten" erfordert,[1395] oder wenn sonstige Vorschriften zur Einkünfteermittlung eine gesonderte Ermittlung einzelner Überschussbestandteile erfordern, z.B. weil an bestimmte Einkunftsteile unterschiedliche Rechtsfolgen geknüpft werden. Im Rahmen von § 23 EStG muss etwa nach der Finanzverwaltung eine wirtschaftsgutsbezogene Gewinnermittlung erfolgen, um die verschiedenen Haltefristen für jedes Wirtschaftsgut gesondert beurteilen zu können.[1396] Gleiches sollte für vermietete Grundstücke gelten, um angefallene Werbungskosten den verschiedenen

---

1394 Vgl. zum Feststellungsverfahren BMF-Schreiben vom 15.9.2020, – IV C 1 - S 2253/08/10006 :033, BStBl. I 2020, 919 Tz. 18, wonach im Bescheid über die gesonderte und einheitliche Feststellung der gemeinschaftlichen Einkünfte die Einkünfte nach Einkunftsarten getrennt auszuweisen sind.

1395 Zu Einkünften aus § 20 Abs. 2 EStG *Buge*, in: Herrmann/Heuer/Raupach, EStG/KStG, § 20 EStG Rz. 23.

1396 Das gilt sowohl im Fall gemeinschaftlicher als auch im Fall individueller Tatbestandsverwirklichung. OFD Frankfurt a.M., Verfügung vom 2.9.2015 – S 2256 A - 41 - St 213, DStR 2015, 2554 Rz. 3, 8.

Grundstücken zuordnen zu können.[1397] Auch bei Dividenden von unterschiedlichen Tochterkapitalgesellschaften hat eine getrennte Ermittlung zu erfolgen, wenn an der Personengesellschaft Körperschaften beteiligt sind und es insofern auf die Frage des Streubesitzes ankommt (§ 8b Abs. 4 Satz 1 KStG). Ein weiteres Beispiel einer gesonderten Ermittlung von Überschussbestandteilen betrifft die Veräußerung von Kapitalgesellschaftsbeteiligungen, die bei den beteiligten Gesellschaftern je nach ihren individuellen Besteuerungsmerkmalen zur Anwendung von § 20 Abs. 2, § 17 Abs. 1 Satz 1 EStG oder § 8b Abs. 2 KStG führen können und daher ebenfalls getrennt zu ermitteln sind. Das Gesetz öffnet sich daher bei allen Überschusseinkünften, die durch eine vermögensverwaltende Personengesellschaft erzielt werden können (§§ 20, 21 und 23 EStG), einer wirtschaftsgutsbezogenen Überschussermittlung.

Wenn also einem Gesellschafter die Erträge aus einer Immobilie gesondert zugewiesen werden, sind ihm die laufenden Erträge *als Vermietungseinkünfte* und ein etwaig steuerpflichtiger Veräußerungsgewinn *als sonstige Einkünfte* aus privatem Veräußerungsgeschäft zuzurechnen. Einem Gesellschafter, dem Aktienerträge gesondert zugewiesen werden, werden steuerlich *Einkünfte aus Kapitalvermögen* zugerechnet. Soweit die Ergebnisanteile der Gesellschafter auf bestimmte Wirtschaftsgüter Bezug nehmen, weisen die Ergebnisanteile ebenfalls die „zugehörige" steuerliche Qualifikation auf. Je differenzierter die steuerliche Überschussermittlung erfolgt, desto präziser können Sonderzuweisungen steuerlich nachvollzogen werden. Die Überschussermittlung folgt jedoch steuerlichen Vorschriften, nicht den Vorgaben der zivilrechtlichen Gewinnverteilungsabrede. Sofern sich eine Sonderzuweisung auf ein Wirtschaftsgut bezieht, dessen Ergebnis steuerlich nur zusammen mit dem Ergebnis anderer, gleichartiger Wirtschaftsgüter ermittelt wird (z.B. Dividenden unterschiedlicher Tochterkapitalgesellschaften, sofern an der Personengesellschaft keine Kapitalgesellschaft beteiligt ist und es insofern nicht auf die Frage des Streubesitzes ankommt), zeigt sich die Sonderzuweisung im Überschussanteil des betroffenen Gesellschafters nur rechnerisch als „disquotaler" Ergebnisanteil.

1397 *Musil*, in: Herrmann/Heuer/Raupach, EStG/KStG, § 2 EStG Rz. 505; *Lothmann*, Vermögensverwaltende Personengesellschaften, S. 370.

(2) Abschreibungen

Des Weiteren stellt sich bei der gesonderten Zuweisung abzuschreibender Wirtschaftsgüter, insbesondere Gebäuden (§ 9 Abs. 1 Satz 3 Nr. 7 i.V.m. § 7 Abs. 1 Satz 1, Abs. 4 EStG), die Frage, ob der begünstigte Gesellschafter die gesamten laufenden Abschreibungen auf das Wirtschaftsgut als Werbungskosten geltend machen kann. Angesprochen ist damit die subjektive Abschreibungsberechtigung. Überwiegend wird im vermögensverwaltenden Bereich – anders als bei Mitunternehmerschaften – nicht die Gesellschaft, sondern der Gesellschafter als abschreibungsberechtigt angesehen.[1398] Grundlage dieser Auffassung ist die Bruchteilsbetrachtung. Abschreibungsberechtigt sei nach § 7 Abs. 1 Satz 1 EStG nur der Träger von Anschaffungs- und Herstellungskosten. Das sei nach § 39 Abs. 2 Nr. 2 AO der Gesellschafter, und zwar „anteilig" im Verhältnis seiner (fiktiven) Bruchteilsquote. Das nehmen Rechtsprechung und Literaturmehrheit trotz der heute vorherrschenden Einstufung der vermögensverwaltenden Personengesellschaft als Subjekt der Einkünfteermittlung an. Dabei ließe sich durchaus diskutieren, ob die Bruchteilsbetrachtung in diesem Fall „erforderlich" ist. § 7 EStG ist eine Einkünfteermittlungsvorschrift[1399] (die über den Verweis in § 9 Abs. 1 Satz 3 Nr. 7 EStG auch bei Überschusseinkünften Anwendung findet), die Einkünfteermittlung findet aber auch bei vermögensverwaltenden Personengesellschaften auf Gesellschaftsebene statt. Blickt man auf die Ratio des § 7 EStG, die teils in einer Abbildung des Wertverzehrs, teils in der periodengerechten Verteilung von Aufwand gese-

1398 BFH, Urteil vom 27.7.2004, IX R 20/03, BFHE 206, 444, BStBl. II 2005, 33 unter II.2.b)aa)(1); Urteil vom 2.4.2008, IX R 18/06, BFHE 221, 1, BStBl. II, 679 unter 4.; für den Fall des Beteiligungserwerbs an einer vermögensverwaltenden Personengesellschaft jüngst BFH, Urteil vom 3.5.2022, IX R 22/19, BFH/NV 2022, 1244 unter II.2.; aus der Literatur *Anzinger*, in: Herrmann/Heuer/Raupach, EStG/KStG, § 7 EStG Rz. 94; *Brandis*, in: Brandis/Heuermann, Ertragsteuerrecht, § 7 EStG Rz. 134; *Pfirrmann*, in: Kirchhof/Seer, EStG, § 7 Rz. 11; *Rosarius*, in: Fuhrmann/Kraeusel/Schiffers, eKommentar-EStG, § 7 Rz. 11 f.; wohl auch *Waldhoff*, in: Kirchhof/Söhn/Mellinghoff, EStG, § 7 Rz. B 7c; unklar *Bartone*, in: Korn, EStG, § 7 Rz. 47 (AfA wird einheitlich ermittelt, aber jedem Beteiligten nach Maßgabe seiner Beteiligung zugerechnet); a.A. (abschreibungsberechtigt ist Gesellschaft selbst) *Stuhrmann*, in: Bordewin/Brandt, EStG, § 7 Rz. 58; *Dißars*, in: Lademann, EStG, § 15 Rz. 194/7; *Engel*, Vermögensverwaltende Personengesellschaften Rz. 202.

1399 *Pfirrmann*, in: Kirchhof/Seer, EStG, § 7 Rz. 4; *Waldhoff*, in: Kirchhof/Söhn/Mellinghoff, EStG, § 7 Rz. A 21.

hen wird,[1400] ließe sich ebenfalls von einer Abschreibungsberechtigung der Gesellschaft ausgehen. Denn nach der Einheitstheorie entsteht auf ihrer Ebene der nutzungsbedingte Wertverzehr und sie selbst trägt die Anschaffungskosten eines Wirtschaftsguts.

Folgt man gleichwohl der herrschenden Ansicht, ist festzustellen, dass sie die Abschreibungsberechtigung den Gesellschaftern nicht zwingend beteiligungsquotal zuweist, sondern auf vertragliche Vereinbarungen Rücksicht nimmt.[1401] Demgemäß erhöht bzw. verringert sich die anteilige Abschreibungsberechtigung, soweit die Nutzungen des Wirtschaftsguts einem Gesellschafter mehr bzw. weniger als im Umfang seines Gesellschaftsanteils zugewiesen werden. Im Fall einer wirtschaftsgutsbezogenen Sonderzuweisung wird dem begünstigten Gesellschafter das Ergebnis der Nutzung allein zugewiesen, sodass sich auch das Abschreibungsvolumen bei ihm konzentriert. Vereinfachend könnte man sagen, die Abschreibungen folgen der Einnahmenzuweisung. Wenn „Destinatär" der Einnahmen ein bestimmter Gesellschafter ist, liegt bei ihm die Abschreibungsberechtigung. Die gesteigerte Abschreibungsberechtigung ist allerdings gedeckelt auf den Betrag der auf ihn entfallenden Anschaffungs- oder Herstellungskosten.[1402] Die ermitteln sich bei Gesellschaftern vermögensverwaltender Personengesellschafter nach der Bruchteilsbetrachtung. Insofern kommt es für das individuelle Abschreibungsvolumen eines Gesellschafters auf seine Bruchteilsquote i.S.d. § 39 Abs. 2 Nr. 2 Satz 1 AO am Gebäude an. Nach hier vertretener Ansicht ist die Quote unter Berücksichtigung der Beteiligung am Veräußerungsergebnis aus dem Wirtschaftsgut zu ermitteln, vorrangig vor der

---

1400 Überblick über den Meinungsstand bei *Anzinger*, in: Herrmann/Heuer/Raupach, EStG/KStG, § 7 EStG Rz. 14.

1401 BFH, Urteil vom 27.6.1978, VIII R 168/73, BFHE 152, 532, BStBl. II 1978, 674 unter 2.; zu § 7b EStG Urteil vom 25.8.1992, IX R 320/87, BFHE 169, 95, BStBl. II 1993, 105 unter 2.; einschränkend BFH, Urteil vom 20.1.2009, IX R 18/07, BFH/NV 2009, 1247 unter II.2.a) („überhöhte" Kostentragung eines Gesellschafters sei steuerlich unbeachtlich, wenn damit Zuwendungen oder eine bloß vorläufige Kostentragung im Sinne einer Kreditgewährung beabsichtigt sind); ebenso Urteil vom 23.11.2004, IX R 59/01, BFHE 208, 203, BStBl. II 2005, 454 unter II.1.; Urteil vom 7.10.1986, IX R 167/83, BFHE 148, 501, BStBl. II 1987, 322 unter 2. (keine Sonderzuweisungen von Werbungskosten möglich, sofern nach der zivilrechtlichen Abrede keine „korrespondierende" Zurechnung von Einkünften erfolgt).

1402 *Anzinger*, in: Herrmann/Heuer/Raupach, EStG/KStG, § 7 EStG Rz. 90, 94; *ders.* (§ 7 EStG Rz. 14) zur „zweifachen teleologischen Begrenzung" der Normzwecke von § 7 EStG durch die Rechtsprechung, wonach die Vorschrift den Wertverzehr eines Wirtschaftsguts abbilden sowie die Aufwandstragung in zeitlicher Hinsicht verteilen soll.

kapitalmäßigen Gesellschaftsbeteiligung.[1403] Vereinbaren die Gesellschafter etwa, dass nur einzelne Gesellschafter die Einkünfte aus einem bebauten Grundstück zugewiesen bekommen, erhöht sich folglich ihr Bruchteil i.S.d. § 39 Abs. 2 Nr. 2 Satz 1 AO daran und damit auch ihr individuelles Abschreibungsvolumen. Wirtschaftsgutsspezifische Sonderzuweisungen verlagern daher zugleich die subjektive Abschreibungsberechtigung auf die begünstigten Gesellschafter.

(3) Vorabanteile und Zuflussprinzip

Wie bei Mitunternehmerschaften kann die Problematik auftreten, dass im gleichen Wirtschaftsjahr manche Wirtschaftsgüter zu einem positiven Ergebnis führen, andere – etwa abschreibungsbedingt – zu einem negativen Ergebnis. Der auf Gesellschaftsebene zu ermittelnde Überschuss bildet in diesem Fall lediglich den Mittelwert aller positiven und negativen Ergebnisanteile ab. Fraglich ist, ob den „erfolgreichen" Gesellschaftern gleichwohl ein Überschussanteil zugerechnet werden kann, der dem Überschuss der ihm zugewiesenen „erfolgreichen" Wirtschaftsgüter entspricht. In Betracht kommt die Zuweisung eines Vorabanteils am Gesellschaftsüberschuss, dessen steuerliche Anerkennung allerdings vor dem Hintergrund des Zuflussprinzips (§ 11 EStG) zu beleuchten ist. An der steuerlichen Beachtlichkeit einer Zuweisung von Vorabanteilen könnten Zweifel aufkommen, wenn die Gesellschaft insgesamt keinen Überschuss erzielt hat. Das FG Berlin-Brandenburg hat einen „Ergebnisvorab", der in einer vermögensverwaltenden GmbH & Co. KG zugunsten der nicht am Gesellschaftsvermögen beteiligten Komplementär-GmbH vereinbart war, mangels ausreichendem Gesellschaftsüberschuss und mangels tatsächlicher Zahlung an die GmbH steuerlich aberkannt.[1404] Die Gesellschafter hatten vereinbart, dass der Vorabanteil das Haftungsrisiko der GmbH abgelten sollte. Der Vorabanteil wurde auf dem Verrechnungskonto der GmbH verbucht. Gemäß der Steuererklärung der GmbH & Co. KG erhöhte der Vorabanteil zugunsten der Komplementär-GmbH das negative Jahresergebnis und damit die Verlustanteile der Kommanditisten. Das Gericht ließ zunächst die Frage unbeantwortet, ob es sich beim „Ergebnisvorab" um eine schuldrechtliche Vergütung oder um einen Gewinnanteil handelte. Jedenfalls sei ein Vorabanteil

1403 Oben E.I.4.b)cc).

1404 Urteil vom 15.1.2013, 6 K 6188/08, EFG 2013, 928 mit zustimmender Anmerkung *Levedag*; *ders.*, in: Münchener Hdb. GesR, Bd. 2, § 57 Rz. 192.

am Gesellschaftsüberschuss steuerlich nicht zu akzeptieren, wenn er nicht tatsächlich an den Gesellschafter gezahlt wurde. Andernfalls werde beim Gesellschafter ein Zufluss unterstellt, den es auf Gesellschaftsebene nicht gegeben habe. Der Zu- und Abfluss könne nicht durch eine bloße – im Überschussbereich nicht ergebniswirksame – Verpflichtung ersetzt werden. Im Zuge der Verbuchung des Vorabanteils auf dem Verrechnungskonto der GmbH hätte diese mangels Zahlungsfähigkeit der GmbH & Co. KG auch keine wirtschaftliche Verfügungsmacht über den Betrag erlangt, die einen Zufluss begründen könne.

Das Urteil beleuchtet die Besonderheiten des Zuflussprinzips bei vermögensverwaltenden Gesellschaften, das auch auf betrieblich beteiligte Gesellschafter wie die Komplementär-GmbH durchschlägt. Auch mit Blick auf den eingangs erwähnten Problemfall, in dem sich das Gesellschaftsergebnis aus positiven wie negativen Einkünften zusammensetzt, lassen sich daraus Erkenntnisse ableiten. Zuzustimmen ist dem Gericht in der Annahme, dass ein Vorabanteil am Gesellschaftsüberschuss voraussetzt, dass die Gesellschaft selbst einen entsprechenden Einnahmenzufluss verbuchen konnte. Diese Voraussetzung ist nach hier vertretener Auffassung erfüllt, wenn ein „erfolgreiches" Wirtschaftsgut Zuflüsse bei der Gesellschaft generiert, die per Vorabanteil an den Gesellschafter „durchgereicht" werden sollen. Der Gesellschafter partizipiert dann – anders als im Fall des FG Berlin-Brandenburg – an einer realen Tatbestandsverwirklichung durch die Gesellschaft mit entsprechendem Zuflusserfolg. Dass der Gesellschaftsüberschuss durch anderweitig zustande gekommene negative Einkünfte verwässert wird, sollte die Durchstockung von tatsächlich erfolgten Zuflüssen auf Gesellschaftsebene an den Gesellschafter nicht verhindern können. Zweifelhaft ist hingegen die Auffassung des FG Berlin-Brandenburg, dass es im Fall eines für den Vorabanteil nicht ausreichenden Gesellschaftsüberschusses einer tatsächlichen Zahlung an den begünstigten Gesellschafter bedarf, die seinerseits zu einem Zufluss führen muss. Eine Verbuchung auf einem Gesellschafterkonto reiche dafür nur aus, wenn die Gesellschaft ausreichend zahlungsfähig ist. Andernfalls trete keine für den Zufluss erforderliche wirtschaftliche Verfügungsmacht beim Gesellschafter ein.[1405] Einzuwenden ist dagegen, dass es bei Personengesellschaften mit Gewinnermittlung nach §§ 8 ff. EStG nur auf den Zufluss auf ihrer Ebene

1405 Vgl. zu einer Geschäftsführer-Tantieme kürzlich BFH, Urteil vom 12.7.2021, VI R 3/19, BFH/NV 2022, 9 unter II.2.c).

ankommt. Der Gesellschafter partizipiert nur indirekt, vermittelt durch seinen Überschussanteil, an diesem Zufluss.[1406] Auf einen eigenständigen Zufluss beim Gesellschafter ist folglich zu verzichten.

bb) Verhältnis zum Subjektsteuerprinzip

Bei Mitunternehmerschaften war die Vereinbarkeit von wirtschaftsgutsbezogenen Sonderzuweisungen und dem Subjektsteuerprinzip[1407] zu prüfen. Parallele Überlegungen lassen sich bei vermögensverwaltenden Personengesellschaften anstellen, auch wenn im Bereich der Überschusseinkünfte die Besteuerung stiller Reserven nach ihrer ursprünglich quellentheoretischen Konzeption eine untergeordnete Rolle spielt. Diese Prämisse (keine Besteuerung stiller Reserven im Bereich der Überschusseinkünfte) ist jedoch seit Absenkung der Beteiligungsschwelle i.S.d. § 17 Abs. 1 Satz 1 EStG auf 1 Prozent,[1408] der Verlängerung der „Spekulationsfristen" des § 23 Abs. 1 EStG[1409] und der Totalerfassung von Wertsteigerungen des Kapitalvermögens gem. § 20 Abs. 2 EStG[1410] weitgehend ausgehöhlt worden.[1411] Maßgebend für die Zuordnung stiller Reserven ist im Bereich der vermögensverwaltenden Personengesellschaften die Bruchteilsbetrachtung, die – wie gesehen – das Gesellschaftsvermögen zum Zweck der Besteuerung der Gesellschafter in Bruchteilsvermögen transformiert, das den Gesellschaftern unmittelbar zuzuordnen ist. Die stillen Reserven werden aus Sicht des Steuerrechts demnach nicht bei der Gesellschaft verortet, sondern bei den Gesellschaftern, und zwar in Höhe ihrer fiktiven („ideellen") Bruchteilsquote. Diese Quote bestimmt sich nach hier vertretener Ansicht unter Berücksichtigung des Gewinnverteilungsschlüssels, genauer gesagt nach der Aufteilung von Veräußerungsgewinnen. Dann nämlich vereinbaren die

1406 FG Hamburg, Urteil vom 1.10.2009, 6 K 45/07, EFG 2010, 425 unter 1.b)bb); *Martini*, in: Brandis/Heuermann, Ertragsteuerrecht, § 11 EStG Rz. 127; *Kister*, in: Herrmann/Heuer/Raupach, EStG/KStG, § 11 EStG Rz. 18; *Mönkemöller*, Zurechnung der Überschusseinkünfte, S. 343 f.

1407 Zum Subjektsteuerprinzip und seiner einkommensteuerlichen Bedeutung oben D.III.1.b)cc).

1408 Art. 1 Nr. 10 des Steuersenkungsgesetzes vom 23.10.2000, BGBl. I 2000, 1433, 1435.

1409 Art. 1 Nr. 31 des Steuerentlastungsgesetzes 1999/2000/2002 vom 24.3.1999, BGBl. I 1999, 402, 410.

1410 Art. 1 Nr. 16 des Unternehmensteuerreformgesetzes vom 14.8.2007, BGBl. I 2007, 1912, 1916.

1411 Stellvertretend *Musil*, in: Herrmann/Heuer/Raupach, EStG/KStG, § 2 EStG Rz. 521; *Söhn*, DStJG 30 (2007), S. 13, 14.

Gesellschafter eine interne Vermögenszuständigkeit, die von ihren festen Kapitalanteilen abweichen kann.

Daraus folgt, dass bei Änderungen der Bruchteilsquote auf Gesellschafterebene im Umfang der Quotenänderung auch steuerverstrickte stille Reserven übergehen. Das ist anerkannt für Fälle, in denen verschiedene Gesellschafter verschiedene Wirtschaftsgüter in eine Gesellschaft einbringen.[1412] Die Gesellschafter tauschen dabei Bruchteile an den Wirtschaftsgütern aus. Dieser Austausch ist als anteilige Veräußerung einzustufen. Ist eine wirtschaftsgutsbezogene Sonderzuweisung vereinbart, wonach zukünftig nicht der einbringende Gesellschafter, sondern allein ein Mitgesellschafter am Veräußerungsgewinn des Wirtschaftsguts beteiligt sein soll, liegt demnach eine vollständige Veräußerung des Wirtschaftsguts vor. Ist es beim einbringenden Gesellschafter steuerverstrickt, werden die bei ihm entstandenen stillen Reserven aufgedeckt. Das Ergebnis entspricht dem Subjektsteuerprinzip und sollte daher auch grundsätzlich bei der Diskussion um die zutreffende Bestimmung der Bruchteilsquote i.S.d. § 39 Abs. 2 Nr. 2 Satz 1 AO berücksichtigt werden.[1413] Für den Fall der Änderung einer Gewinnverteilungsabrede, wonach nicht mehr alle Gesellschafter, sondern mittels Sonderzuweisung nur noch ein Gesellschafter am Substanzwert eines Wirtschaftsguts partizipieren soll, wäre demnach eine Übertragung von Bruchteilen anzunehmen. Der Veräußerungsgewinn der „abgebenden" Gesellschafter bemisst sich am Wert der Gegenleistung des „begünstigten" Gesellschafters, die in einer schuldrechtlichen Ausgleichszahlung oder in einer tauschweisen Gewährung eigener Bruchteile liegen kann. Auch in diesem Fall wären die steuerverstrickten stillen Reserven – im Einklang mit dem Subjektsteuerprinzip – bei den bruchteilsveräußernden Gesellschaftern zu besteuern. Zusammenfassen lässt sich mithin, dass Sonderzuweisungen im Bereich der vermögensverwaltenden Personengesellschaften und das Subjektsteuerprinzip jedenfalls dann harmonieren, wenn man die Bruchteilsquote i.S.d. § 39 Abs. 2 Nr. 2 Satz 1 AO nach dem vereinbarten Verteilungsschlüssel für Veräußerungsgewinne bemisst.

1412 *Bodden*, in: Korn, EStG, § 15 Rz. 310; *ders.*, KöSDi 2018, 21043, 21050; *Kahle*, in: Prinz/Kahle, Beck'sches Hdb. PersGes, § 7 Rz. 311; *Carlé*, KöSDi 2020, 21701, 21703 f.; *Brunsbach/Mock*, BB 2013, 1051, 1052; *Fleischer*, ZEV 2003, 190 ff.; *Milatz/Sax*, DStR 2017, 141, 142; *Wacker*, DStR 2005, 2014, 2018; zum Tausch von Bruchteilen i.S.d. § 39 Abs. 2 Nr. 2 AO durch Veränderung der bisherigen Beteiligungsquoten BFH, Urteil vom 2.4.2008, IX R 18/06, BFHE 221, 1, BStBl. II 2008, 679 unter II.3.a).

1413 Oben E.I.4.b)cc).

c) Zwischenergebnis zu wirtschaftsgutsbezogenen Sonderzuweisungen

Mit dem FG Köln ist die steuerliche Anerkennung von wirtschaftsgutsbezogenen Sonderzuweisungen zu bejahen. Die Art und Weise der Überschussermittlung bei vermögensverwaltenden Personengesellschaften, wonach eine Vielzahl einzelner Überschussbestandteile gesondert zu ermitteln ist, ermöglicht eine weitgehende steuerliche Abbildung der zivilrechtlichen Gewinnverteilungsabrede. Zu berücksichtigen ist die Gewinnverteilungsabrede auch bei der Frage der subjektiven Abschreibungsberechtigung. Wirtschaftsgutsbezogene Sonderzuweisungen erhöhen die Abschreibungsberechtigung des begünstigten Gesellschafters. Schließlich sind derartige Sonderzuweisungen auch mit dem Subjektsteuerprinzip vereinbar, indem die Vereinbarung der Sonderzuweisung zu einer Veränderung der Bruchteilsquoten i.S.d. § 39 Abs. 2 Nr. 2 Satz 1 AO führt, was zu einer (unter Umständen steuerpflichtigen) Aufdeckung stiller Reserven führt.

2. Gesonderte Zuweisung von laufenden Gewinnen und Veräußerungsgewinnen

Die getrennte Zuweisung von laufenden Einnahmen und Veräußerungserträgen ist im Bereich der vermögensverwaltenden Personengesellschaften als weitgehend unerforscht zu betrachten. Nachfolgend sollen exemplarisch steuerliche Fragen in den drei Fallgruppen beleuchtet werden, die bereits Gegenstand des zweiten Kapitels waren. Angesprochen sind dabei (i) die gesonderte Zuweisung laufender Dividenden und Veräußerungsgewinne bei Kapitalgesellschaftsbeteiligungen der vermögensverwaltenden Personengesellschaft, (ii) die gesonderte Zuweisung von Vermietungseinkünften und Grundstücksveräußerungsgewinnen und (iii) die Sonderzuweisung von Zwischeneinkünften i.S.d. § 23 Abs. 1 Satz 1 Nr. 2 Satz 4 EStG.

a) Sonderzuweisungen mit Bezug zu Einkünften gem. § 20 Abs. 1 bzw. Abs. 2 EStG

Diese Fallgruppe zeichnet sich nicht dadurch aus, dass einem Gesellschafter nicht steuerbare Veräußerungsgewinne zugewiesen werden sollen. Im Gegenteil: Sowohl privat als auch betrieblich beteiligte Gesellschafter haben Veräußerungsgewinne aus Kapitalvermögen entweder nach § 20 Abs. 2

EStG, nach § 17 Abs. 1 Satz 1 EStG i.V.m. § 3 Nr. 40 Buchst. a EStG oder nach § 8 Abs. 2 i.V.m. § 8b Abs. 2 Satz 1 KStG zu versteuern. Der steuerliche Reiz an dieser Sonderzuweisungsform besteht bei körperschaftlich verfassten Gesellschaftern vielmehr darin, Dividenden demjenigen zuzuweisen, der sie unter Wirkung von § 8b Abs. 1 Satz 1 i.V.m. Abs. 4 f. KStG effektiv zu 95 Prozent steuerfrei vereinnahmen kann. Für Direktbeteiligungen mehrerer Körperschaften an einer ausschüttenden Körperschaft wird diese Art der disquotalen Gewinnverteilung ausdrücklich als Gestaltungsoption vorgeschlagen.[1414]

aa) Vereinbarkeit mit der steuerlichen Überschussermittlung

Fraglich ist zunächst die Vereinbarkeit dieses Vorgehens mit der Art und Weise der Überschussermittlung auf Gesellschaftsebene. Wenn Dividenden und Veräußerungsgewinne im gleichen Jahr anfallen, müssten entweder die Dividenden oder die Veräußerungsgewinne getrennt ermittelt werden. Nur auf diesem Weg könnten die Überschussanteile der Gesellschafter die beabsichtigte steuerliche Qualität aufweisen. Bereits im Zusammenhang mit Sonderzuweisungen bei Mitunternehmerschaften ergab sich, dass zumindest Einkünfte, die unter § 8b KStG fallen, auf Ebene der Personengesellschaft festzustellen sind. Zu diesen Feststellungen gehört nicht nur die Einkünfte selbst, sondern auch die Beteiligungsquote der einzelnen Gesellschafter daran.[1415] Gleiches muss für die Einkünftefeststellung bei vermögensverwaltenden Personengesellschaften gelten, die ebenfalls Gewinnermittlungssubjekt sind und für die ein Feststellungsverfahren gem. §§ 179 Abs. 2 Satz 2, 180 Abs. 1 Satz 1 Nr. 2 Buchs. a AO durchgeführt wird. Getrennt festzustellen sind überdies nicht nur die aggregierten Einkünfte, die unter § 8b KStG fallen, sondern aufgrund der gesellschafterbezogenen Voraussetzungen für die Steuerbefreiungen von § 8b Abs. 1 KStG – nämlich der Mindestbeteiligungsquote i.S.d. Abs. 4 Satz 1 – Dividenden und Veräußerungsgewinne gesondert.

1414 *Gosch*, in: Gosch, KStG, § 8b Rz. 288a; *Schmidtmann*, Ubg 2014, 502, 508.

1415 Im Zusammenhang mit § 8b Abs. 6 KStG *Gosch*, in: Gosch, KStG, § 8b Rz. 534; *Herlinghaus*, in: Rödder/Herlinghaus/Neumann, KStG, § 8b Rz. 502.

bb) Auswirkungen der Bruchteilsbetrachtung

Die Einkünfteermittlung ist demnach kein Hindernis für die steuerliche Anerkennung der in Rede stehenden Sonderzuweisungen. Anders könnte es sich mit der Bruchteilsbetrachtung nach § 39 Abs. 2 Nr. 2 Satz 1 AO verhalten. Auf die Bruchteilsbetrachtung ist bei der Frage zu rekurrieren, ob ein Personengesellschafter die von § 8b Abs. 4 Satz 1 KStG vorausgesetzte Beteiligungshöhe erreicht.[1416] Dazu folgendes

Beispiel 17 *Die Kapitalgesellschaften A und B sind an einer vermögensverwaltenden Personengesellschaft mit festen Kapitalanteilen im Verhältnis 40/60 beteiligt. Die Personengesellschaft hält eine 20-prozentige Stammkapitalbeteiligung an einer Tochterkapitalgesellschaft. A und B vereinbaren, dass A den Erlös aus der Veräußerung der Tochtergesellschaftsbeteiligung, während B die vorher ausgeschütteten Dividenden erhalten soll.*

Man könnte vermuten, dass Gesellschafter B mit einer Bruchteilsquote von 60 Prozent i.S.d. § 39 Abs. 2 Nr. 2 Satz 1 AO eine unmittelbare (durchgerechnete) Beteiligung an der Tochterkapitalgesellschaft in Höhe von 12 Prozent hält, die ihn hinsichtlich der ihm zugewiesenen Dividenden für die Steuerbefreiung nach § 8b Abs. 1 Satz 1, Abs. 4 Satz 1 KStG qualifiziert. Gesellschafter A hingegen, dessen Beteiligung mit durchgerechnet 8 Prozent als „Streubesitz" einzustufen wäre, beschränkt sich „folgerichtig" auf die Veräußerungsgewinne. Problematisch an dieser Rechnung ist allerdings, dass die gesonderte Zuweisung der Veräußerungsgewinne an Gesellschafter A nach hier vertretener Ansicht[1417] die Bruchteilsquoten der Gesellschafter A und B dahingehend verändert, dass allein Gesellschafter A überhaupt einen ideellen Bruchteil an der Tochterkapitalgesellschaft innehat. Das hätte zur Folge, dass die bruchteilsmäßige Beteiligung von Gesellschafter B an der Tochterkapitalgesellschaft nicht bei 12 Prozent läge, sondern bei null Prozent. Wäre die Bruchteilsquote i.S.d. § 39 Abs. 2 Nr. 2 Satz 1 AO für die Anwendung des § 8b Abs. 4 Satz 1 KStG maßgeblich, würde Gesellschafter B nicht die Voraussetzungen für die Steuerbefreiung der Dividenden

1416 *Rengers*, in: Brandis/Heuermann, Ertragsteuerrecht, § 8b KStG Rz. 117c; *Gosch*, in: Gosch, KStG, § 8b Rz. 289e; *Förster/Lang*, StbJb 2013/14, S. 103, 118; *Kessler/Dietrich*, DStR 2012, 2101, 2102 f.; *Haisch/Helios*, DB 2013, 724, 725.

1417 Zur Begründung oben E.I.4.b)cc).

nach § 8b Abs. 1 Satz 1 KStG erfüllen. Im Zusammenhang mit Mitunternehmerschaften wurde festgestellt, dass es auf die vermögensmäßige Beteiligung eines Personengesellschafters an einer nachgeordneten Körperschaft ankommt, nicht auf die disquotale Zuweisung der Dividenden selbst.[1418] Dasselbe muss für vermögensverwaltende Personengesellschaften gelten. Maßgeblich ist demnach die durchgerechnete Beteiligung am Vermögen der Tochterkapitalgesellschaft, die sich nach der Bruchteilsquote i.S.d. § 39 Abs. 2 Nr. 2 Satz 1 AO bestimmt. Im Beispielsfall führt die verabredete Gewinnverteilungsabrede folglich dazu, dass Gesellschafter B vollbesteuerte Streubesitzdividenden zugerechnet bekommt. Die Bruchteilsquote hat im Beispielsfall eine weitere Auswirkung: Weil allein Gesellschafter A an der Wertentwicklung der Tochtergesellschaft beteiligt sein soll, wäre nur er in seiner Steuerbilanz zur Geltendmachung von Teilwertabschreibungen auf die Tochtergesellschaftsbeteiligung befugt. Steuerlich würde sich die Abschreibung gem. § 8b Abs. 3 Satz 3 KStG indes nicht gewinnmindernd auswirken.

b) Sonderzuweisung von Vermietungseinnahmen und Grundstücksveräußerungserlös

Die nächste Fallgruppe betrifft vermögensverwaltende Immobiliengesellschaften. Bei ihnen ist es denkbar, dass sich natürliche Personen beteiligen, die nach Ablauf der Haltefrist des § 23 Abs. 1 Satz 1 Nr. 1 EStG auf steuerfreie Veräußerungserlöse abzielen, während andere Gesellschafter die Vermietungseinnahmen zugewiesen bekommen und laufende Gebäudeabschreibungen geltend machen wollen. Bei Letzteren gilt es, in einem ersten Schritt die Überschusserzielungsabsicht zu prüfen, wenn die Abschreibungen voraussichtlich die Vermietungseinnahmen übersteigen.[1419] Sodann ist zu konstatieren, dass die Überschussermittlung einer steuerlichen Nachvollziehung der Gewinnverteilungsabrede nicht entgegensteht. Die Vermietungserträge und der Veräußerungserlös sind unterschiedlichen Einkunfts-

1418 Oben D.III.2.c)aa); vgl. auch *Kessler/Dietrich*, DStR 2012, 2101, 2102 (Fn. 28), die ebenfalls auf die Partizipation am Wert der Kapitalgesellschaftsbeteiligung abstellen.

1419 BFH, Urteil vom 8.12.1998, IX R 49/95, BFHE, 187, 512, BStBl. II 1999, 468 unter II.1. (auch zur erforderlichen zweistufigen Prüfung der Überschusserzielungsabsicht bei vermögensverwaltenden Personengesellschaften); Urteil vom 30.6.1999, IX R 68/96, BFHE 189, 387, BStBl. II 1999, 718 unter I.

arten zuzuordnen, die getrennt ermittelt und im Feststellungsverfahren separat ausgewiesen werden.

Werden laufende Vermietungserträge und Grundstücksveräußerungsgewinne verschiedenen Gesellschaftern gesondert zugewiesen, stellt sich die Frage nach einer zutreffenden Zuordnung von Werbungskosten. Die Frage wurzelt im objektiven Nettoprinzip, wonach die mit einer steuerpflichtigen Tätigkeit zusammenhängenden Aufwendungen die einkommensteuerliche Bemessungsgrundlage vermindern.[1420] Nach dem Veranlassungsprinzip des § 9 Abs. 1 Satz 2 EStG sind Werbungskosten bei der Einkunftsart abzuziehen, bei der sie erwachsen sind. Erhaltungsaufwendungen, die zum Zwecke der Vermietung getätigt wurden, sind daher den Vermietungseinkünften zuzuordnen und werden mithin wirtschaftlich von demjenigen Gesellschafter getragen, dem die Vermietungseinkünfte zugewiesen werden. Aufwendungen, die zum Zweck der Grundstücksveräußerung getätigt werden, fließen in den Veräußerungsgewinn i.S.d. § 23 Abs. 3 Satz 1 EStG ein und werden wirtschaftlich von dem Gesellschafter getragen, dem der Veräußerungsgewinn zugewiesen wird.[1421] Weil diese Werbungskosten jeweils Eingang in die Überschussermittlung auf Gesellschaftsebene finden, liegen keine Sonderwerbungskosten vor, die den Gesellschaftern außerhalb der gemeinschaftlichen Überschussrechnung zuzurechnen wären.[1422] „Gemischte" Aufwendungen, die sowohl durch die Vermietung als auch durch einen bevorstehenden Verkauf veranlasst sind und damit mehreren Einkunftsarten zuzurechnen sind, sind auf die Einkunftsarten aufzuteilen. Die Aufteilung ist an objektiven Gesichtspunkten auszurichten, kann bei Fehlen derartiger Kriterien aber auch gänzlich zugunsten der Einkunftsart mit der vorrangig erscheinenden Veranlassung erfolgen. Eine beliebige (privatautonome) Zuordnung scheidet indes aus.[1423] Veräußert folglich die Gesellschaft ein Grundstück und stellt dieser Vorgang für einen Gesellschafter (anteilig) ein nicht steuerbares privates Veräußerungsgeschäft dar, sind zuvor angefallene Erhaltungsaufwendungen keine für diesen Gesellschafter (anteilig) abziehbaren Werbungskosten. Sie mindern vielmehr den Überschussanteil

1420 Stellvertretend *Hey*, in: Tipke/Lang, Steuerrecht, § 8 Rz. 54 m.w.N.; *Drüen*, StuW 2008, 3, 4 ff.

1421 Vgl. *Haase*, FR 2016, 159, 161.

1422 Vgl. zu Sonderwerbungskosten BFH, Urteil vom 23.11.2004, IX R 59/01, BFHE 208, 203, BStBl. II 2005, 454; *Straßburger*, in: BeckOK-EStG, § 9 Rz. 143.

1423 BFH, Urteil vom 10.6.2008, VIII R 76/05, BFHE 222, 313, BStBl. II 2008, 937 unter II.2.a); Urteil vom 3.9.2015, VI R 58/13, BFHE 251, 429, BStBl. II 2016, 305.

des anderen Gesellschafters, dem die Vermietungseinnahmen zugewiesen werden.

Fraglich ist vor diesem Hintergrund, welchem der beiden Gesellschafter AfA zuzuordnen sind (§ 9 Abs. 1 Satz 3 Nr. 7 EStG). Abschreibungsberechtigt i.S.d. § 7 Abs. 1 Satz 1 EStG ist derjenige, der ein Wirtschaftsgut zur Erzielung von Einkünften „verwendet" oder „nutzt". Wiederum ist zu bedenken, dass nach überwiegender Ansicht bei vermögensverwaltenden Personengesellschaften die Gesellschafter subjektiv abschreibungsberechtigt sind.[1424] Das Steuerrecht betrachtet damit die Gesellschafter als „Nutzer". Weist der Gewinnverteilungsschlüssel die Vermietungseinnahmen einem Gesellschafter gesondert zu, ist ausschließlich er der „Nutzer" i.S.d. § 7 Abs. 1 Satz 1 EStG. Die Bemessungsgrundlage für die laufenden Abschreibungen beschränkt sich allerdings auf die diesem Gesellschafter zuzurechnenden Anschaffungs- und Herstellungskosten.[1425] Sie richten sich nach der Bruchteilsbetrachtung gem. § 39 Abs. 2 Nr. 2 Satz 1 AO und werden nach hier vertretener Ansicht maßgeblich vom Gewinnverteilungsschlüssel beeinflusst. Es kommt für die Bruchteilsquote darauf an, in welchem Umfang ein Gesellschafter nach der Gewinnverteilungsabrede am Substanzwert eines Wirtschaftsguts beteiligt ist. Demjenigen, der am Veräußerungsgewinn nicht beteiligt wird, sind keine Anschaffungskosten zuzurechnen. Der Gesellschafter, der allein Vermietungseinkünfte zugewiesen bekommt und damit nicht am Vermögen, sondern nur am Ergebnis eines Grundstücks beteiligt ist, kann folglich keine laufenden Abschreibungen geltend machen. Das Ergebnis entspricht dem Fall des Zuwendungsnießbrauchs, bei dem der Nießbraucher keine Gebäudeabschreibungen, sondern – im Fall des entgeltlichen Zuwendungsnießbrauchs – allein Abschreibungen auf das Nießbrauchsrecht selbst geltend machen kann.[1426] Ein anderes Ergebnis würde sich ergeben, wenn man die Einheitstheorie auch bei vermögensverwaltenden Personengesellschaften dahingehend fortschreiben würde, dass sie selbst als Trägerin der Anschaffungskosten für ein Grundstück und als abschreibungsberechtigt anzusehen ist. Die laufenden Abschreibungen würden dann auf Gesellschaftsebene bei Ermittlung des Vermietungsüberschusses zur Geltung kommen; der Gesellschafter, dem das Ergebnis der

1424 Oben E.III.1.b)aa)(2).

1425 *Anzinger*, in: Herrmann/Heuer/Raupach, EStG/KStG, § 7 EStG Rz. 90, 94.

1426 BMF-Schreiben vom 30.9.2013, IV C 1 – S 2253/07/10004, BStBl. I 2013, 1184 Tz. 20 f., 27; *Brandis*, in: Brandis/Heuermann, Ertragsteuerrecht, § 7 Rz. 179 f.; 182; *Goetze*, RNotZ 2013, 147, 154.

Vermietungstätigkeit zugewiesen wird, erhielte dann die abschreibungsgeminderten Vermietungseinkünfte.

Für den anderen Gesellschafter, dem der Veräußerungsgewinn zugewiesen wird, ergeben sich keine Schwierigkeiten, wenn in seiner Person die Haltefrist des § 23 Abs. 1 Satz 1 Nr. 1 EStG bereits abgelaufen ist. Mangels eines für ihn steuerbaren Vorgangs ist kein Veräußerungsgewinn i.S.d. § 23 Abs. 3 EStG zu ermitteln. Anders aber, wenn seine Haltefrist zum Veräußerungszeitpunkt noch läuft. Der Gewinn ergibt sich aus dem Unterschied zwischen Veräußerungspreis einerseits und den Anschaffungs- und Herstellungskosten und den Werbungskosten andererseits (§ 23 Abs. 3 Satz 1 EStG). Die Anschaffungskosten des Gesellschafters sind zu ermitteln, indem seine Einlage in die Personengesellschaft oder der Kaufpreis, den er einem Vorgesellschafter zum Erwerb seiner Gesellschaftsbeteiligung gezahlt hat, anteilig auf die Wirtschaftsgüter der Personengesellschaft verteilt wird.[1427] Von dieser Aufteilung erfasst sind indes nur die Wirtschaftsgüter, an denen der Gesellschafter vermögensmäßig beteiligt wird. Wenn der Gesellschafter ausschließlich am Erlös eines Grundstücks beteiligt wird, sind ihm dafür Anschaffungskosten in Höhe seiner Einlage bzw. des Kaufpreises für die Beteiligung entstanden. Fraglich ist nunmehr, ob sich seine Anschaffungskosten um die laufenden Abschreibungen mindern. § 23 Abs. 3 Satz 4 EStG bestimmt diese Anschaffungskostenminderung, soweit die laufenden Abschreibungen „bei der Ermittlung der Einkünfte im Sinne des § 2 Abs. 1 Satz 1 Nr. 4 bis 7 EStG abgezogen worden sind". Bei wortlautgetreuer Auslegung wäre diese Voraussetzung erfüllt. Die Abschreibungen wurden bei der Einkünfteermittlung abgezogen, allerdings nur bei dem Gesellschafter, dem die Vermietungseinkünfte zugewiesen worden sind. Die Norm fragt nur danach, ob die Abschreibungen abgezogen worden sind, nicht von wem. Dieses Ergebnis widerspräche indes dem objektiven Nettoprinzip. Der Gesellschafter, dem der Veräußerungserlös zugewiesen wird, müsste einen durch Berücksichtigung der Abschreibungen „erhöhten" Veräußerungsgewinn versteuern, obwohl die Abschreibungen sein Einkommen zuvor nicht vermindert haben. Dieses Ergebnis liegt auf einer Linie mit einer BFH-Entscheidung, wonach die Abschreibungen auf ein im

1427 Zum Fall des Beteiligungserwerbs (und der Notwendigkeit einer Ergänzungsrechnung für den Gesellschafter) BFH, Urteil vom 3.5.2022, IX R 22/19, BFH/NV 2022, 1244; FG Rheinland-Pfalz, Urteil vom 19.11.2018, 3 K 1280/18, EFG 2019, 358 (rkr.); *Bodden*, in: Korn, EStG, § 15 Rz. 298; *Engel*, Vermögensverwaltende Personengesellschaften, Rz. 227.

Ausland belegenen Grundstücks bei Ermittlung des Veräußerungsgewinns nach § 23 Abs. 3 EStG die Anschaffungskosten nicht mindern, wenn sich die Abschreibungen nach dem anwendbaren DBA im Inland nicht steuermindernd ausgewirkt haben.[1428] Der Veräußerungsgewinn bemisst sich danach ohne Minderung der Anschaffungskosten durch Abschreibungen.

Resümieren lässt sich, dass das Steuerrecht die gesonderte Zuweisung der Vermietungseinnahmen und des Veräußerungserlöses grundsätzlich nachvollzieht. Der „vermietende" Gesellschafter erzielt Einkünfte gem. § 21 EStG, der „veräußernde" Gesellschafter in Abhängigkeit vom Ablauf der Haltefrist einen steuerbaren Gewinn oder Verlust gem. § 23 EStG. Gleichwohl treten nach hier vertretener Auffassung ungewollte steuerliche Konsequenzen ein: Jedenfalls aus steuerplanerischer Sicht ist das „Modell" der gesonderten Zuweisung von Vermietungseinnahmen und Veräußerungserlös für den „vermietenden" Gesellschafter nicht ratsam, weil er keine laufenden Abschreibungen geltend machen kann.

c) Sonderzuweisung mit Bezug zu Einkünften gem. § 23 Abs. 1 Satz 1 Nr. 2 Satz 4 EStG

Die dritte Fallkonstellation betrifft die getrennte Zuweisung von laufenden Erträgen und Veräußerungsgewinnen bei Wirtschaftsgütern, die unter § 23 Abs. 1 Satz 1 Nr. 2 EStG fallen und bei denen sich die Haltefrist auf zehn Jahre verlängert, falls sie als Einkunftsquelle genutzt werden (sog. Zwischennutzung[1429]). An diese Fallkonstellation schließt sich ein „Fristenproblem" an, nämlich die Frage, ob für die Gesellschafter, die nicht an den laufenden Einkünften aus Wirtschaftsgütern i.S.d. § 23 Abs. 1 Satz 1 Nr. 2 EStG beteiligt werden und die mangels „Nutzung als Einkunftsquelle" keine Einkünfte daraus erzielen, die einjährige Spekulationsfrist des § 23 Abs. 1 Satz 1 Nr. 2 Satz 1 EStG gilt oder die auf zehn Jahre verlängerte Frist von Nr. 2 Satz 4.

Beispiel 18 *A, B und C sind Gesellschafter einer vermögensverwaltenden Personengesellschaft, deren Zweck der Erwerb, die Vermietung und die Veräußerung von Flugzeugen ist. A und B haben jeweils eine Einlage von 100 geleistet und C eine Einlage von 50. Die laufenden Vermietungseinnahmen sollen nach der ge-*

1428 BFH, Urteil vom 14.7.2020, VIII R 37/16, BFHE 269, 568, BStBl. II 2021, 95 unter II.4.b).

1429 *Wernsmann*, in: Kirchhof/Söhn/Mellinghoff, EStG, § 23 Rz. B 60.

sellschaftsvertraglichen Gewinnverteilungsabrede nur den Gesellschaftern A und B zugewiesen werden, während am Veräußerungsgewinn (oder -verlust) alle Gesellschafter zu gleichen Teilen (je 1/3) partizipieren sollen. Ein Flugzeug wird sieben Jahre nach Anschaffung durch die Gesellschaft veräußert.

Alle Gesellschafter sind für steuerliche Zwecke nach der Bruchteilsbetrachtung des § 39 Abs. 2 Nr. 2 Satz 1 AO zu einem bestimmten Anteil an den Wirtschaftsgütern im Gesellschaftsvermögen beteiligt. Stellt man auf den Gewinnverteilungsschlüssel ab, beträgt die Bruchteilsquote in Beispiel 18 bei allen Gesellschaftern ein Drittel. Die Veräußerung eines Flugzeugs aus dem Gesamthandsvermögen wird dementsprechend jedem Gesellschafter steuerlich als anteilige Veräußerung zugerechnet. Ob die Gesellschafter jedoch anteilig ein steuerbares privates Veräußerungsgeschäft verwirklicht haben, richtet sich nach der für sie anwendbaren Haltefrist. Flugzeuge zählen zu den Wirtschaftsgütern i.S.d. § 23 Abs. 1 Satz 1 Nr. 2 EStG,[1430] sodass bei einer über ein Jahr dauernden Halteperiode kein steuerbares privates Veräußerungsgeschäft vorliegt. Anderes (d.h. eine zehnjährige Haltefrist) gilt jedoch, wenn das Wirtschaftsgut zwischen Anschaffung und Veräußerung als Einkunftsquelle zur Erzielung von Einkünften genutzt wird. Im Beispielsfall werden die durch Nutzung des Flugzeugs erzielten Vermietungseinkünfte lediglich A und B zugewiesen, sodass fraglich ist, ob auch C anteilig ein *steuerbares* Veräußerungsgeschäft verwirklicht hat. Der Wortlaut von § 23 Abs. 1 Satz 1 Nr. 2 Satz 4 EStG unterscheidet nicht danach, wem die Einkünfte aus Zwischennutzung gesellschaftsvertraglich zugewiesen werden. Fraglich ist also, ob die zehnjährige Haltefrist des § 23 Abs. 1 Satz 1 Nr. 2 Satz 4 EStG wirtschaftsgutsbezogen oder gesellschafterbezogen zu verstehen ist. Davon hängt zugleich ab, ob die Flugzeugveräußerung der Tatbestandsverwirklichung durch die Gesellschaft oder der individuellen Tatbestandsverwirklichung durch die Gesellschafter zuzuschreiben ist, was wiederum verfahrensrechtliche Konsequenzen hat.[1431] Der Wortlaut von § 23 Abs. 1 Satz 1 Nr. 2 Satz 4 EStG stellt lediglich darauf ab, ob ein Wirtschaftsgut überhaupt zur zwischenzeitlichen Einkünfteerzielung

1430 *Musil*, in: Herrmann/Heuer/Raupach, EStG/KStG, § 23 EStG Rz. 141 („Fahrzeuge aller Art" erfasst).

1431 Bei Tatbestandsverwirklichung durch die Gesellschaft ist der Veräußerungsgewinn einheitlich und gesondert festzustellen, BFH, Urteil vom 21.1.2014, IX R 9/13, BFHE 244, 225, BStBl. II 2016, 515 unter II.2.a); Urteil vom 10.11.2015, IX R 10/15, BFH/NV 2016, 529 unter II.2.; *Levedag*, in: Schmidt, EStG, § 23 Rz. 47.

genutzt wurde, und öffnet sich demnach einer wirtschaftsgutsbezogenen Auslegung. Demgemäß gälte für alle Gesellschafter eine zehnjährige Haltefrist. Der Wortlaut harmoniert indes gleichermaßen mit dem Verständnis, dass für jeden Gesellschafter eine individuelle Haltefrist zu ermitteln ist, abhängig davon, ob ihm Einkünfte aus der Zwischennutzung zugewiesen werden oder nicht. Die Diskussion um die Frage, ob die Gesellschaft oder die Gesellschafter tatbestandsverwirklichend tätig sind, gewinnt an dieser Stelle wieder an Relevanz. Folgt man der Ansicht, dass die Gesellschafter selbst das Subjekt der Einkünfteerzielung sind, ließe sich argumentieren, dass allein die „vermietenden" Gesellschafter den Nutzungstatbestand i.S.d. § 23 Abs. 1 Satz 1 Nr. 2 Satz 3 EStG verwirklicht haben. Befürworter der Zurechnungsthese müssten eingestehen, dass der Gesellschafter Einkünfte aus der Veräußerung eines Wirtschaftsguts zugerechnet bekommt, dass als Einkunftsquelle zwischengenutzt wurde. Er leitet also von § 23 Abs. 1 Satz 1 Nr. 2 Satz 4 EStG „infizierte" Einkünfte von der Gesellschaft ab, sodass sich auch in seiner Person die Haltefrist auf zehn Jahre verlängern würde.

Ein zwingendes Ergebnis lässt sich diesen prinzipiengeleiteten Erwägungen jedoch nicht entnehmen, sodass ein Auslegungsergebnis vielmehr unter spezifischer Betrachtung von Telos und Historie der Nr. 2 Satz 4 gefunden werden sollte. Die wiederum deuten darauf hin, dass eine gesellschafterbezogene Auslegung zu bevorzugen ist. Als spezielle Missbrauchspräventionsnorm soll die Vorschrift Geschäftsmodelle austrocknen, bei denen ein Steuerpflichtiger ein Wirtschaftsgut erwirbt, daraus Vermietungseinnahmen erzielt (die sogleich durch laufende Abschreibungen gemindert werden) und bereits nach etwas über einem Jahr zu einem garantierten Rückkaufpreis als nicht steuerbares privates Veräußerungsgeschäft mit Gewinn verkaufen kann.[1432] Der Gesetzgeber wollte die zehnjährige Haltefrist von § 23 Abs. 1 Satz 1 Nr. 2 Satz 4 EStG folglich denjenigen Steuerpflichtigen aufbürden, die sowohl Vermietungseinkünfte gem. § 22 Nr. 3 EStG aus der Zwischennutzung des Wirtschaftsguts vereinnahmen als auch einen Veräußerungsgewinn. Im Beispielsfall bekommt Gesellschafter C indes keine Vermietungseinnahmen zugewiesen. Das Geschäftsmodell, das der Gesetzgeber bei Einführung von § 23 Abs. 1 Satz 1 Nr. 2 Satz 4 EStG vor Augen hatte, wird von Gesellschafter C nicht verfolgt. Überzeugend erscheint es daher, dass sich die Haltefrist für Gesellschafter C durch die den übrigen Gesellschaf-

1432 BT-Drs. 16/4841, S. 58 mit dem Beispiel Container-Leasing; *Ratschow*, in: Brandis/Heuermann, Ertragsteuerrecht, § 23 EStG Rz. 68; *Wernsmann*, in: Kirchhof/Söhn/Mellinghoff, EStG, § 23 Rz. B 58.

tern zuzurechnenden Zwischennutzung nicht auf zehn Jahre erhöht. Bei Veräußerung des Flugzeugs nach sieben Jahren Haltedauer ist der auf ihn zu einem Drittel entfallende Veräußerungsgewinn folglich nicht steuerbar. Gesellschafter B und C verwirklichen indes anteilig den Tatbestand von § 23 Abs. 1 Satz 1 Nr. 2 Satz 1, Satz 4 EStG.[1433]

d) Zwischenergebnis zur gesonderten Zuweisung von laufenden Gewinnen und Veräußerungsgewinnen

Bei dieser Sonderzuweisungsform steht im vermögensverwaltenden Bereich vor allem die Klärung von Einzelfragen im Vordergrund, die sich aus den verschiedenen angesprochenen Steuertatbeständen ergeben. Bei § 8b KStG ist klärungsbedürftig, ob ein körperschaftlich verfasster Gesellschafter Streubesitzdividenden versteuern muss, wenn er nicht am Veräußerungsergebnis der nachgeordneten Kapitalgesellschaft beteiligt wird. Bei der Trennung von Vermietungseinnahmen und dem Erlös aus der Grundstücksveräußerung stellen sich insbesondere Fragen zur subjektiven Abschreibungsberechtigung. Im Rahmen von § 23 EStG lässt sich erörtern, ob die Zwischennutzung auf alle Gesellschafter abfärbt und zur Verlängerung von Haltefristen führen kann, auch wenn nur einzelne Gesellschafter an den Einkünften aus Zwischennutzung partizipieren. Die Vereinbarung von Sonderzuweisungen wirft jedoch nur ein Schlaglicht auf die gestellten Fragen, deren tieferer Grund in verschiedenen ertragsteuerlichen Systembrüchen liegt. Auf diese Beobachtung wird bei der Untersuchung des Verhältnisses von Sonderzuweisungen zu § 42 AO zurückzukommen sein.

3. Sonderzuweisung von Einkünften unterschiedlicher Einkunftsarten

Vermögensverwaltende Personengesellschaften können verschiedene Einkunftsarten erzielen.[1434] Fraglich ist die steuerliche Anerkennung einer zivilrechtlichen Gewinnverteilungsabrede, die eine nach unterschiedlichen

1433 Vgl. für die Frage nach einer gesellschafterbezogenen Betrachtung der Steuerbarkeit im Rahmen von § 23 Abs. 1 Satz 1 Nr. 1 EStG *Schallmoser*, UR 2020, 614, 618.

1434 FG Berlin-Brandenburg, Urteil vom 6.1.2015, 6 K 6190/12; *Dißars*, in: Lademann, EStG, § 15 Rz. 194/5; *Kahle*, in: Prinz/Kahle, Beck'sches Hdb. PersGes, § 7 Rz. 291; *Kahle/Rombach*, Ubg 2019, 181, 182; *Bodden*, in: KöSDi 2018, 21034, 21047; *ders.*, in: Korn, EStG, § 15 Rz. 288; *Middendorf/Rickermann*, BB 2021, 539, 540.

Einkunftsarten getrennte Verteilung vorgibt. Bei genauerer Betrachtung entpuppen sich solche Abreden als *Tracking-Stock*-Modell, nur dass nicht einzelne konkrete Wirtschaftsgüter in der Gewinnverteilungsabrede in Bezug genommen werden, sondern verschiedene Gattungen an Wirtschaftsgütern, deren Nutzung oder Veräußerung steuerlich zu Einkünften unterschiedlicher Einkunftsarten führt.[1435] Die steuerliche Anerkennung einer derartigen Gewinnverteilungsabrede setzt primär voraus, dass der Gesellschaftsvertrag einen zutreffenden Subsumtionsvorschlag enthält und steuerlich tatsächlich die vertraglich in Bezug genommenen Einkunftsarten erzielt werden. Sodann sind die zu wirtschaftsgutsspezifischen Sonderzuweisungen entwickelten Grundsätze auf die Fallgruppe der Sonderzuweisungen von Einkünften unterschiedlicher Einkunftsarten übertragbar. Danach gilt:

(1) Die Überschussermittlung bei vermögensverwaltenden Personengesellschaften geht selbst von einer gesonderten Ermittlung von Einkünften verschiedener Einkunftsarten aus. Der vereinbarte Ergebnisanteil der Gesellschafter wird steuerlich „automatisch“ ermittelt.[1436]
(2) Geht man davon aus, dass der Gewinnverteilungsschlüssel die Höhe der Bruchteile i.S.d. § 39 Abs. 2 Nr. 2 Satz 1 AO bestimmt, ergibt sich auch kein Konflikt mit dem Subjektsteuerprinzip. Die in den unterschiedlichen Wirtschaftsgütern entstehenden stillen Reserven wären bis zu einer Änderung der Gewinnverteilungsabrede oder einem Austritt eines Gesellschafters aus der Gesellschaft bei den einzelnen Gesellschaftern steuerverstrickt.[1437]

Gegen die steuerliche Anerkennung der Sonderzuweisung von Überschussbestandteilen, die unterschiedlichen Einkunftsarten zuzurechnen sind, ließe sich allerdings einwenden, dass damit den Steuerpflichtigen die Entscheidungsbefugnis über das Besteuerungsregime eingeräumt wird, unter das sie fallen wollen. Derjenige, der allein nach dem Sonderregime für Kapitaleinkünfte besteuert werden will, könnte dies per Gewinnverteilungsabrede erreichen, genauso wie derjenige, der vorrangig Vermietungseinkünfte zugerechnet bekommen will, um seine Sonderwerbungskosten geltend machen zu können. Der BFH steht einem Wechsel des Besteuerungsregimes

1435 Oben C.V.3.b).
1436 Zur Überschussermittlung bei Erzielung von Einkünften unterschiedlicher Einkunftsarten oben E.III.1.b)aa)(1) und E.I.3.a).
1437 Oben E.III.1.b)bb).

vor allem im Zusammenhang mit dem Übergang von der Einkommen- zur Körperschaftsteuer kritisch gegenüber. Das lässt sich etwa an der bereits besprochenen Entscheidung vom 28.5.2020 festmachen, wo der Vorabgewinn zugunsten der Komplementär-GmbH auch vor dem Hintergrund steuerlich aberkannt wurde, dass eine Vergütung für die Tätigkeit eines Kommanditisten nicht in der Komplementär-GmbH thesauriert werden kann.[1438] Um einen dahingehenden Statuswechsel zu Thesaurierungszwecken geht es beim *Character Shifting* nicht, gleichwohl um einen „Einkunftsartenwechsel", der den Personengesellschaftern ebenfalls steuerlich attraktiv erscheint.

Anders als im zitierten Urteil, das sich auf die Auslegung von § 15 Abs. 1 Satz 1 Nr. 2 Satz 1 Hs. 2 EStG stützen konnte, fehlt es in Bezug auf vermögensverwaltende Personengesellschaften an einem einkommensteuerlichen Tatbestand, der als Rechtsgrundlage für die Aberkennung der Gewinnverteilungsabrede dienen könnte. Das Steuerrecht folgt zur Einkünftezurechnung bei vermögensverwaltenden Personengesellschaften grundsätzlich den zivilrechtlichen Gewinnverteilungsschlüssel, wenn er gesellschaftsrechtlich wirksam zustande gekommen ist und einen materiellen Gehalt aufweist. Ebendiese Voraussetzungen sind bei der gesonderten Zuweisung des Ergebnisses von Wirtschaftsgütern, die zur Erzielung von Einkünften verschiedener Einkunftsarten genutzt werden, erfüllt.[1439] Das folgt daraus, dass es sich beim *Character Shifting* um eine Spielart eines *Tracking-Stock*-Modells handelt. Anknüpfungspunkt der Gewinnverteilungsabrede sind nicht Einkünfte oder Einkunftsarten, sondern – in handelsrechtlicher Terminologie – Vermögensgegenstände. Nur über die Zuordnung dieser Vermögensgegenstände disponieren die Gesellschafter, und zwar im Einklang mit ihren der Privatautonomie entspringenden Regelungsbefugnissen, sie disponieren indes nicht über die ihnen zuzurechnenden Einkünfte oder Einkunftsarten. Die steuerliche Qualifikation ihrer Gewinnanteile ist bloßer Reflex der Gewinnverteilungsabrede. Von einer steuerlich nicht vorgesehenen Dispositionsbefugnis über die den Gesellschaftern zuzurechnenden Einkünfte ist folglich nicht auszugehen.

1438 BFH, Urteil vom 28.5.2020, IV R 11/18, BFHE 269, 170, BStBl. II 2020, 641 unter II.1.c) („Die dargestellte Rechtsprechung hat zwar zur Folge, dass nur einem Gesellschafter-Geschäftsführer der Komplementär-GmbH, der nicht zugleich Kommanditist der KG ist, die Möglichkeit gegeben wird, durch vorherigen Verzicht auf eine Geschäftsführungsvergütung gegenüber der Komplementär-GmbH Gewinne bei der Komplementär-GmbH zu thesaurieren [...]").

1439 Oben C.V.3.

4. Periodenverlagerung

Die vierte Fallgruppe von Sonderzuweisungen bei vermögensverwaltenden Personengesellschaften betrifft die Periodenverlagerung. In der Rechtsprechung hat diese Fallgruppe im Bereich der Vermögensverwaltung noch keine herausgehobene Stellung eingenommen. Wie bei Mitunternehmerschaften hat der BFH etwa eine Abrede anerkannt, wonach eine Zuweisung von Werbungskostenüberschüssen (Verlustzuweisung) an die Kommanditisten bis zum „Verbrauch" ihrer positiven Kapitalkonten und anschließende Verlustzuweisung an die Komplementär-GmbH vereinbart war.[1440] Der vertraglichen Verteilungsabrede sei steuerlich Folge zu leisten, da sie der gesetzlichen Regelung des § 167 Abs. 3 HGB a.F. entspreche. Der Urteilsfall betraf Einkünfte aus Vermietung und Verpachtung, die von den Gesellschaftern „gemeinschaftlich" erzielt wurden.

Man mag die Entscheidung als ersten Anhaltspunkt dafür nehmen, dass die Periodenverlagerung im Fall der Tatbestandsverwirklichung und Erzielung laufender Erträge durch die Gesellschaft steuerlich anzuerkennen ist. Zur Verfestigung dieser Annahme kann zumindest teilweise auf die Ausführungen zur Periodenverlagerung bei Mitunternehmerschaften rekurriert werden, auch wenn es im Zusammenhang mit vermögensverwaltenden Personengesellschaften nicht auf die Zurechnungsfunktion des § 15 Abs. 1 Satz 1 Nr. 2 Satz 1 EStG oder die Gleichstellungsthese ankommt. Parallelen lassen sich jedoch mit Blick auf das Transparenzprinzip feststellen, das auch der Besteuerung vermögensverwaltender Personengesellschaften zugrunde liegt. Zu Mitunternehmerschaften wurde festgestellt, dass die transparente Besteuerung des Gesellschaftsgewinns uneingeschränkt verwirklicht wird, wenn in jedem Wirtschaftsjahr der gesamte Gewinn der Besteuerung unterworfen wird.[1441] Unerheblich ist dabei, ob alle oder nur einzelne Gesellschafter das betroffene Steuersubjekt sind. Weiterhin lässt sich dieses Ergebnis dem hier zitierten Urteil zur Periodenverlagerung in der GmbH & Co. KG entnehmen, wonach der Gewinnverteilungsschlüssel steuerlich anzuerkennen war, obwohl Werbungskostenüberschüsse in einem bestimmten Zeitraum allein von der Komplementär-GmbH getragen und dementsprechend nur bei ihr der Besteuerung unterworfen wurden. Sofern von der Periodenverlagerung nur laufende Erträge einer vermögensverwaltenden

1440 BFH, Urteil vom 8.9.1992, IX R 335/87, BFHE 169, 418, BStBl. II 1993, 281 unter II.2.a).
1441 Oben D.III.3.b)aa).

Personengesellschaft betroffen sind, ergeben sich schließlich auch keine Besonderheiten aufgrund der Bruchteilsbetrachtung nach § 39 Abs. 2 Nr. 2 Satz 1 AO. Die Gesellschafter regeln mit der Periodenverlagerung keine beteiligungsdisquotale Zuweisung von Veräußerungsgewinnen, sodass sich ihre Bruchteilsquote an den Wirtschaftsgütern der Gesellschaft nicht verändert. Die Vereinbarung der Periodenverlagerung führt folglich nicht zu Anschaffungs- bzw. Veräußerungsvorgängen von Bruchteilen i.S.d. § 39 Abs. 2 Nr. 2 Satz 1 AO und einer damit möglichen Realisierung stiller Reserven.

Problematisch dürften im vermögensverwaltenden Bereich Fälle sein, die auf eine interpersonelle Verlagerung von Veräußerungserlösen abzielen.

Beispiel 19 *Die X GmbH & Co. KG ist eine steuerlich vermögensverwaltende Gesellschaft, die seit mehreren Jahren Krypto-Token hält. Kommanditist A, eine natürliche Person, erwirbt zu Beginn des Jahres 1 seinen Kommanditanteil vom austretenden Kommanditisten B. Als weiterer Kommanditist ist seit einigen Jahren C beteiligt. A und C vereinbaren beim Eintritt des A, dass C den gesamten Gesellschaftsüberschuss im Jahr 1 zugewiesen bekommen soll und A den gesamten Gesellschaftsüberschuss im darauffolgenden Jahr 2. Sowohl in Jahr 1 als auch in Jahr 2 veräußert die Gesellschaft die gleiche Anzahl von Krypto-Token mit Gewinn.*

Das steuerliche Motiv hinter dieser Abrede dürfte der etwaigen fehlenden Steuerbarkeit der Veräußerungsgewinne nach Ablauf der Spekulationsfrist des § 23 Abs. 1 Satz 1 Nr. 2 Satz 1 EStG entspringen. Fraglich ist, ob sich diese Gesellschaftervorstellung realisiert. Der Gesellschaftseintritt von Kommanditist A führt zu einer anteiligen Anschaffung der Token (§ 23 Abs. 1 Satz 4 EStG), wobei die Bruchteilsquote an jedem der Token 50 Prozent beträgt. Mangels Unterscheidbarkeit der Token kann sich A nicht darauf berufen, nach dem Gewinnverteilungsschlüssel seien ihm ausschließlich Bruchteile an den Token zuzurechnen, die in Jahr 2 veräußert werden. Die Veräußerung der Token aus dem Gesellschaftsvermögen in Jahr 1 führt dem Grunde nach zu einer individuellen Verwirklichung des § 23 Abs. 1 Satz 1 Nr. 2 Satz 1 EStG in der Person des A. Allerdings ist ihm nach der Gewinnverteilungsabrede kein Veräußerungsgewinn i.S.d. § 23 Abs. 3 Satz 1 EStG zuzurechnen. Die Gewinnverteilungsabrede überlagert insofern die Bruchteilsbetrachtung des § 39 Abs. 2 Nr. 2 Satz 1 AO.[1442] Der Veräußerungsgewinn im zweiten Verkaufsjahr ist wiederum in der Person des A nicht steuerbar, weil „seine" Haltefrist abgelaufen ist. Anders verhält es sich in Fällen, in denen die Periodenverlagerung nicht nur die Einkünftezurechnung in zeitlicher Hinsicht steuern soll, sondern auch in qualitativer Hinsicht.

Beispiel 20 *Die X-GmbH & Co. KG ist eine steuerlich vermögensverwaltende Gesellschaft, die seit einigen Jahren Krypto-Token und Aktien hält. Die Geschäftsführungs-GmbH ist vermögensmäßig nicht an der Gesellschaft beteiligt. Die einzigen Kommanditisten sind seit Anschaffung der Token und Aktien A und B. B führt Verlustvorträge in Höhe von 100 aus anderweitigen Aktiengeschäften. Die Kommanditisten beabsichtigen, im Jahr 1 einige Krypto-Token und im Jahr 2 einige Aktien zu veräußern, allerdings nur bis zu einem Gewinn von jeweils 100. Sie vereinbaren gesellschaftsvertraglich eine Gewinnverteilung, wonach Kommanditist A den Überschuss des Jahres 1 zugewiesen bekommt und Kommanditist B den Überschuss des Jahres 2. Beide Veräußerungsvorgänge lassen sich wie geplant realisieren. Weitere Wirtschaftsgüter werden abredegemäß nicht veräußert.*

Die Beispielsregelung ist nicht als Darlehensvereinbarung zwischen Kommanditist B als Darlehensgeber und Kommanditist A als Darlehensnehmer auszulegen, weil B keine Rückzahlung von A verlangen kann und insofern auch nicht das Insolvenzrisiko des A trägt, sondern das Kursrisiko der ihm zugewiesenen Aktien. Ebenso wenig ist die Vereinbarung als bloße Entnahmeregelung einzustufen. Sie bestimmt keine Entnahmerechte, sondern die zukünftige Verbuchung des handelsrechtlichen Gesellschaftsgewinns auf

1442 FG Köln, Urteil vom 14.04.2021, 3 K 1253/17, EFG 2021, 1480; oben E.I.4.b)cc); ist Kommanditist C eine Kapitalgesellschaft oder hält er seinen Kommanditanteil im steuerlichen Betriebsvermögen, wäre seinerseits ein Veräußerungsgewinn zu erfassen, der nach Maßgabe seiner hälftigen Bruchteilsquote an den veräußerten Token zu berechnen wäre (die Anschaffungskosten der Gesellschaft wären ihm daher hälftig zuzurechnen). C könnte sich nicht darauf berufen, seine Bruchteilsquote an den veräußerten Token sei höher als 50 Prozent, weil nur er am Gesellschaftsüberschuss des Jahres 1 partizipieren soll.

den Kapitalkonten der Kommanditisten.[1443] Folglich ist von einer „echten“ Gewinnverteilungsabrede auszugehen. In diesem Fall könnte von folgender Lösung auszugehen sein: Eine Aufteilung der Anschaffungskosten der Gesellschaft auf beide Kommanditisten nach der Bruchteilsbetrachtung ist nicht „erforderlich“ i.S.d. § 39 Abs. 2 Nr. 2 Satz 1 AO, weil mit den Anschaffungs- und Veräußerungsvorgängen keine individuelle Tatbestandsverwirklichung im Raum steht, sondern eine Tatbestandsverwirklichung durch die Gesellschaft. Durch Veräußerung der Token in Jahr 1 wäre dem Kommanditisten A ein Veräußerungsgewinn in Höhe von 100 zuzurechnen, der allerdings durch Ablauf der Haltefrist des § 23 Abs. 1 Satz 1 Nr. 2 Satz 1 EStG in seiner Person nicht steuerbar wäre. Durch Veräußerung der Aktien in Jahr 2 entstünde dem Kommanditisten B ein gleich hoher Veräußerungsgewinn i.S.d. § 20 Abs. 4 Satz 1 EStG, den er mit seinen anderweitigen Aktienverlusten verrechnen könnte (§ 20 Abs. 6 Satz4 Hs. 1 EStG). Problematisch an dieser Lösung ist jedoch, dass die Kommanditisten nicht nur eine Periodenverlagerung vereinbaren, sondern zugleich wirtschaftsgutsspezifische Sonderzuweisungen. Zum Zeitpunkt dieser Vereinbarung reorganisieren A und B die internen Vermögensverhältnisse in ihrer Gesellschaft, sodass sich ihre Bruchteilsquoten an den Krypto-Token sowie den Aktien verschieben. Diese Verschiebung führt zu wechselseitigen Veräußerungs- und Anschaffungsvorgängen von Bruchteilen und damit – soweit die Wirtschaftsgüter bei den Gesellschaftern steuerverstrickt sind – zur Aufdeckung stiller Reserven. Fraglich wäre im Beispielsfall, in welcher Höhe Bruchteile abweichend von der bisherigen Zuordnung zwischen den Kommanditisten übergehen, da die Gewinnverteilungsabrede nicht auf eine konkrete Anzahl von zu veräußernden Token oder Aktien Bezug nimmt, sondern auf einen angestrebten Veräußerungsgewinn. Möglich erscheint es, auf Basis einer Prognose zur Kursentwicklung der Wirtschaftsgüter abzuschätzen, wie viele Token bzw. Aktien zum vorgesehenen Zeitpunkt voraussichtlich zu veräußern sind, um den angestrebten Gewinn zu erzielen. Aus dem Ergebnis dieser Prognose kann abgeleitet werden, in welchem Umfang die Gesellschafter Token- und Aktienbruchteile getauscht haben.

1443 Im Einzelnen zur Abgrenzung der Periodenverlagerung von einer Darlehensvereinbarung und Entnahmeregelungen oben C.V.4.c) und C.V.4.d).

IV. Ergebnisse zu Überschussanteilen in vermögensverwaltenden Personengesellschaften

Der erste Teil dieses Kapitels hat diverse ungeklärte Punkte zu grundsätzlichen Fragen der Überschussverteilung in vermögensverwaltenden Personengesellschaften offenbart. Ursächlich für diesen Befund erscheint das Fehlen einer Zentralnorm der Einkünftezurechnung, wie sie für Mitunternehmerschaften in § 15 Abs. 1 Satz 1 Nr. 2 EStG besteht. Klarheit besteht nur in der Frage, dass bei Tatbestandsverwirklichung durch die Gesellschaft der Gesellschaftsüberschuss nach dem zivilrechtlich vereinbarten Gewinnverteilungsschlüssel zugerechnet wird. Die offenen Fragen im vermögensverwaltenden Bereich betreffen die individuelle Tatbestandsverwirklichung durch einzelne Gesellschafter. Zum einen ist ungeklärt, in welchem Verhältnis der zivilrechtlich vereinbarte Gewinnverteilungsschlüssel zur Bruchteilsbetrachtung des § 39 Abs. 2 Nr. 2 Satz 1 AO steht. Nach hier vertretener Ansicht ist nicht die Bruchteilsquote, sondern die Gewinnverteilungsabrede maßgeblich für die steuerliche Überschusszurechnung. Zum anderen ist selbst unter Zugrundelegung dieser Prämisse nicht gesichert, welche verbleibende Rolle der Bruchteilsbetrachtung zukommt und wie dabei die Bruchteilsquote zu bestimmen ist. Vorgeschlagen wird hier ein Lösungsansatz, wonach der vereinbarte Gewinnverteilungsschlüssel bei der Ermittlung der Bruchteile i.S.d. § 39 Abs. 2 Nr. 2 Satz 1 AO zu beachten ist, sofern sich aus ihm Erkenntnisse zur gesellschafterintern beabsichtigten Vermögenszuordnung ergeben. Diese Vorstellungen wurden der weiteren Untersuchung von Sonderzuweisungen zugrunde gelegt. Festzustellen bleibt allerdings, dass die Bruchteilsbetrachtung Fragen aufwirft, die bei konsequenter Weiterverfolgung der Einheitstheorie auch bei vermögensverwaltenden Personengesellschaften vermeidbar wären. Würde man das Gesellschaftsvermögen nicht für steuerliche Zwecke in fiktive Bruchteile der Gesellschafter an den Wirtschaftsgütern der Gesellschaft umdeuten, wäre der Bruchteilsbetrachtung für die Einkünftezurechnung von vornherein keine Bedeutung mehr zuzuschreiben. Das Gesetz lässt mit dem Tatbestandsmerkmal der „Erforderlichkeit" in § 39 Abs. 2 Nr. 2 Satz 1 AO in dieser Richtung hinreichenden Auslegungsspielraum. Vor dem Hintergrund des MoPeG und der damit verbundenen zivilrechtlich normierten Vermögenszuständigkeit der Gesellschaft ist eine Abwendung von der Bruchteilsbetrachtung im vermögensverwaltenden Bereich zumindest erwägenswert.

Der zweite Teil dieses Kapitels zu denkbaren allgemeinen steuerlichen Anerkennungsgrenzen der Gewinnverteilung in vermögensverwaltenden

Personengesellschaften hat ergeben, dass eine allgemeine Angemessenheitskontrolle nicht steuertatbestandlich fundiert und daher abzulehnen ist. Beim Rückwirkungsverbot haben sich im Vergleich zum mitunternehmerschaftlichen Bereich Abweichungen ergeben, als eine rückwirkende Änderung der Verteilung von Veräußerungsgewinnen auch die Bruchteilsquote i.S.d. § 39 Abs. 2 Nr. 2 Satz 1 AO und damit die Zuordnung stiller Reserven rückwirkend verändern würde. Die rückwirkende Neuzuordnung von bereits entstandenen stillen Reserven widerspräche allerdings dem Subjektsteuerprinzip und ist daher steuerlich nicht anzuerkennen. Spezielle Verlustverrechnungsbeschränkungen, die auch im vermögensverwaltenden Bereich anzuwenden sind, beeinflussen nicht die Überschussanteile der Gesellschafter und stellen keine steuerliche Anerkennungsschranke der vereinbarten Gewinnverteilung dar.

Im dritten Teil dieses Kapitels wurden etwaige spezielle steuerliche Anerkennungsgrenzen mit Blick auf die einzelnen Sonderzuweisungsarten untersucht. Wie bei Mitunternehmerschaften stehen der Vereinbarung der verschiedenen Sonderzuweisungen allerdings keine ertragsteuerlichen Tatbestände oder tatbestandsübergreifenden Prinzipien entgegen. Im vermögensverwaltenden Bereich werfen Sonderzuweisungen vielmehr steuerliche Einzelfragen auf, die durch Auslegung der je nach Sachverhaltskonstellation angesprochenen Steuertatbestände zu beantworten sind. Die Vereinbarung von Sonderzuweisungen kann trotz ihrer grundsätzlichen steuerlichen Anerkennung zu steuerlichen Folgen führen, die von den Gesellschaftern typischerweise nicht beabsichtigt sein dürften, etwa bei der fehlenden subjektiven Abschreibungsberechtigung eines Gesellschafters, der lediglich laufende Vermietungseinnahmen zugewiesen bekommt.

F. Grenzen des Gestaltungsmissbrauchs

Zu untersuchen bleibt die mögliche Missbräuchlichkeit von Sonderzuweisungen, die zu einer steuerlichen Korrektur gem. § 42 AO führen würde. Vom Verdikt des Gestaltungsmissbrauchs können Sonderzuweisungen betroffen sein, die zu einem „steuerlichen Vorteil" führen. Steuerliche Vorteile können sich prinzipiell bei allen der vorgenannten Sonderzuweisungstypen ergeben; zwingend ist diese Folge allerdings nicht. Gedacht sei an *Tracking-Stock*-Strukturen in einer Mitunternehmerschaft, wonach das Ergebnis einzelner Portfoliobeteiligungen bestimmten Gesellschaftern zugewiesen wird. Das Resultat sind womöglich kapitaldisquotale Gewinnanteile der Gesellschafter, ohne dass damit steuerliche Vorteile verbunden wären. Steuerliche Vorteile können indes in Fällen zu bejahen sein, in denen sich die Gesellschafter ertragsteuerliche Systemdurchbrechungen zunutze machen und in „kollusiver" Art und Weise ihre persönliche Besteuerungssituation auf von der Personengesellschaft erwirtschaftete einzelne Gewinnbestandteile und ihre Besteuerung abstimmen. Sofern diese ertragsteuerlichen Inkohärenzen das Motiv zur Vereinbarung von Sonderzuweisungen sind, lassen sie sich als „steuerlich motiviert" qualifizieren. Hinsichtlich dieser Sonderzuweisungen ist die Tatbestandsmäßigkeit von § 42 AO zu prüfen.

I. Vorüberlegungen

1. Zur Notwendigkeit des Rückgriffs auf § 42 AO

Ein langjähriger Streit im Zusammenhang mit § 42 AO handelt von der Frage, ob es eines Rückgriffs auf eine „missbrauchsverhindernde Generalklausel" bedarf, wo doch die steuerrechtsautonome Auslegung von Wirtschaftsbegriffen für zufriedenstellende Lösungen sorge. Vertreter dieser sog. Innentheorie versuchen, gesetzlichen Wertungen durch teleologische Auslegung von Steuertatbeständen zur Durchsetzung zu verhelfen,[1444] wäh-

1444 Früher insb. *Becker*, StuW 1924, Sp. 145, 151, 154; aus dem heutigen Schrifttum *Fischer*, in: Hübschmann/Hepp/Spitaler, AO/FGO, § 42 Rz. 71 ff.; *Sieker*, Umgehungsgeschäfte, S. 18 ff., 22 f., 27 f.; *Gassner*, in: FS Kruse, S. 183 ff.; *Pezzer*, in: StbJb

rend Vertreter der Gegenansicht, der sog. Außentheorie, den Wortlaut als Auslegungsgrenze betrachten und für darüber hinausgehende Wertungskorrekturen auf § 42 AO zurückgreifen.[1445] Einigkeit besteht insofern, dass eine wortlautgetreue Gesetzesauslegung Ergebnisse hervorbringen kann, die materiell korrekturbedürftig erscheinen. Der Gesetzgeber hat dieses Bedürfnis früh erkannt und mit § 5 RAO 1919 eine Generalklausel verabschiedet, deren Programm dem heutigen § 42 Abs. 1 Satz 1 AO bereits sehr ähnlich sah.[1446] Angesichts der seitdem fortwährenden Existenz und gesetzgeberischen Revisionen der Generalklausel, zuletzt durch das JStG 2008,[1447] sollte der Streit um Innen- und Außentheorie prinzipiell *ad acta* gelegt werden, denn grundsätzlich ist zu unterstellen, dass vom Gesetzgeber geschaffene Tatbestände einen materiellen Gehalt aufweisen und nicht nur als Appell an eine teleologische Gesetzesauslegung fungieren sollen.[1448] So beschränkt sich § 42 AO auch nicht auf den Programmsatz des Abs. 1 Satz 1. Vielmehr hat der Gesetzgeber die Norm mit verschiedenen positiven Tatbestandsmerkmalen bestückt, deren Beachtung durch den Rechtsanwender verfassungsrechtlich zwingend ist,[1449] und eine Exkulpationsmöglichkeit zugunsten des Steuerpflichtigen als negative Tatbestandsvoraussetzung vorgesehen, die bei Befolgung der Innentheorie zu kurz zu kommen droht.[1450] Dass sich der Gesetzgeber auf die Seite der Außentheorie geschlagen

---

2000/01, S. 61, 63 ff.; *Kirchhof*, StuW 1983, 173 ff.; *Schenke*, StuW 2008, 206, 214, nach dem der Fortbestand von § 42 AO gerade die Vorstellung des Gesetzgebers manifestiert, dass die Wortlautgrenze keine Auslegungsschranke darstellt.

1445 Früher insb. *Hensel*, Steuerumgehung, S. 219, 247; aus dem heutigen Schrifttum *Drüen*, in: Tipke/Kruse, AO/FGO, § 42 AO Rz. 8a; *Schön*, DStJG 33 (2010), S. 29, 50 ff. (unter Ablehnung einer steuerverschärfenden Analogie); *Hüttemann*, DStR 2015, 1146, 1147; *Clausen*, DB 2003, 1590; *Heuermann*, StuW 2004, 124, 125; *Rose*, FR 2003, 1274, 1277; tendenziell auch *Ratschow*, in: Klein, AO, § 42 Rz. 12; vermittelnd *Stöber*, in: Gosch, AO/FGO, § 42 AO Rz. 6.

1446 § 5 Abs. 1 RAO 1919 lautete: "Durch Missbrauch von Formen und Gestaltungsmöglichkeiten des bürgerlichen Rechts kann die Steuerpflicht nicht umgangen oder gemindert werden". Als Auslöser zur Verabschiedung von § 5 RAO 1919 wird gemeinhin die „Mitropa"-Entscheidung des RFH gesehen (Urteil vom 16.7.1919, II A 142/19, RFHE 1, 126), wonach der „formalen Rechtskontinuität der juristischen Person" der Vorzug vor der „wirtschaftlichen Neugründung" gegeben wurde, s. *Kirchhof*, DStJG 33 (2010), 9, 22; *Wienbracke*, DB 2008, 664, 665.

1447 Jahressteuergesetz 2008 vom 20.12.2007, BStBl. I 2007, 3150.

1448 So aber *Sieker*, Umgehungsgeschäfte, S. 35; *Fischer*, in: Hübschmann/Hepp/Spitaler, AO/FGO, § 42 AO Rz. 196.

1449 Das folgt aus dem Prinzip der Gesetzmäßigkeit der Verwaltung (Art. 20 Abs. 3 GG), *Haas*, FS Raupach, S. 13, 16; *Heuermann*, StuW 2004, 124, 125.

1450 Vgl. mit gl.A. zu § 42 AO a.F. *Glorius-Rose*, Gestaltungsmissbrauch, S. 39.

hat, zeigen schließlich wiederholte Aktualisierungen des Missbrauchstatbestands,[1451] mit denen der Gesetzgeber an seiner „Anwendbarkeit“ gearbeitet hat und die den gesetzgeberischen Willen zeigen, dass die Norm auch angewendet werden *soll*.[1452]

Dass ein Rückgriff auf § 42 AO mitunter unumgänglich ist, lässt sich anhand der untersuchten Fallgruppen von Sonderzuweisungen zeigen. Sofern der Anwendungsbereich von § 15 Abs. 1 Satz 1 Nr. 2 Satz 1 EStG eröffnet ist (also eine Vereinbarung zivilrechtlich als Gewinnverteilungsabrede auszulegen ist und das Veranlassungsprinzip keine Zuordnung der Gewinnanteile zu einer anderen Einkunftsart gebietet), besteht auf Basis der Gesetzesauslegung keine Möglichkeit, die steuerlichen Folgen der vereinbarten Gewinnanteile auf Gesellschafterebene zu korrigieren. § 15 Abs. 1 Satz 1 Nr. 2 Satz 1 EStG beschränkt sich auf die Aussage, dass die Mitunternehmer jeweils einen bestimmten Teil des Gesellschaftsgewinns als gewerbliche Einkünfte der Besteuerung unterwerfen müssen (nämlich den zivilrechtlich vereinbarten Gewinnanteil). Die konkreten Besteuerungsfolgen beim Mitunternehmer liegen allerdings außerhalb der Sphäre des § 15 EStG, denn sie hängen von den persönlichen Besteuerungsmerkmalen des Gesellschafters ab (etwa der Höhe seiner anderen Einkünfte oder seiner Rechtsform). Das ist im System des Einkommensteuerrechts keine Besonderheit; stets entscheiden die individuellen Umstände wie das Vorhandensein von Verlustvorträgen oder Sonderausgaben über die konkrete Besteuerung des erzielten Einkommens. Würde § 15 EStG eine Korrektur der steuerlichen Auswirkungen einer Gewinnverteilung bei einzelnen Mitunternehmern ermöglichen, wären außerdem Spezialtatbestände wie § 15a oder § 15b EStG überflüssig.

1451 Auf § 5 RAO 1919 bzw. den inhaltsgleichen § 10 RAO 1931 folgte § 6 StAnpG (Steueranpassungsgesetz vom 16.10.1934, RGBl. 1934, 925 unter Aufhebung der speziellen Missbrauchsvoraussetzungen von § 10 Abs. 2 RAO 1931); im Anschluss modifiziert in § 42 AO 1977 (eingeführt mit Gesetz vom 16.3.1976, BGBl. I 1976, 613, mit der Aufhebung der Beschränkung auf „Gestaltungsmöglichkeiten des bürgerlichen Rechts“), § 42 AO 2001 (Steueränderungsgesetz vom 20.12.2001, BGBl. I 2001, 3794, mit einer Regelung zum Verhältnis zu speziellen Missbrauchstatbeständen) und in § 42 AO 2008 (mit einer – erneuten – Legaldefinition des Missbrauchs in Abs. 2 und Akzentuierung des Verhältnisses zu Spezialtatbeständen).

1452 Vgl. BT-Drs. 16/7036, S. 24 (§ 42 AO sollte “präziser und effektiver“ gestaltet werden); einen Anschluss des Gesetzgebers an die Außentheorie sehen auch *Drüen*, in: Tipke/Kruse, AO/FGO, § 42 AO Rz. 11; *Wendt*, DStJG 33 (2010), 117, 137; *Mosler/Münzner/Schulze*, DStR 2021, 193; *Hüttemann*, DStR 2015, 1146, 1147; *Hey*, BB 2009, 1044, 1047; *Hahn*, DStZ 2008, 483, 484; *Kempelmann*, StuW 2016, 385, 389; *Heuermann*, StuW 2004, 124, 125 (zur Neufassung durch das StÄndG 2001).

Mithin haben es die Gesellschafter einer Personengesellschaft über die zivilrechtliche Vereinbarung einer bestimmten Gewinnverteilung in der Hand, das Steuersubstrat (den Gesellschaftsgewinn) mit Blick auf die persönlichen Besteuerungsmerkmale der Gesellschafter zu verteilen. Der Tatbestand des § 15 Abs. 1 Satz 1 Nr. 2 Satz 1 EStG steht diesem Vorgehen neutral gegenüber, sofern sich nicht bereits die zivilrechtliche Gewinnverteilungsabrede als ein anderweitiges Rechtsgeschäft entpuppt oder das Veranlassungsprinzip eine abweichende Einkünftequalifikation erfordert (etwa als Einkünfte aus unselbständiger Tätigkeit statt als gewerbliche Einkünfte i.S.d. § 15 Abs. 1 Satz 1 Nr. 2 EStG).[1453] Die weitergehende und ergebnisorientierte Angemessenheitskontrolle der Rechtsprechung mit dem Bestreben, „zutreffende" Besteuerungsfolgen bei nahestehenden Gesellschaftern zu erreichen, ist abzulehnen. Denn dieser Eingriff in die privatautonome Gestaltung der Gesellschafter findet allein unter Hinweis auf die „fehlende Beitragsgerechtigkeit" der Gewinnanteile keine Stütze in der Teleologie des § 15 EStG (erst recht nicht im „sicherheitshalber" kumulativ herangezogenen § 12 Nr. 2 EStG). Mit der Auslegung von § 15 EStG lässt sich keine allgemeine Angemessenheitskontrolle der Gewinnverteilungsabrede rechtfertigen.[1454]

Die Auslegung von § 15 EStG stößt daher bei Sonderzuweisungen, die mit dem Zusammentreffen zivilrechtlicher Gestaltungsfreiheit, der Einheit der Gesellschaft, des Transparenzprinzips und verschiedener Brüche im System der Einkommensteuer spielen, an ihre Grenzen. Insofern richtet sich das Licht auf § 42 AO, denn die Steuerumgehung fängt „genau dort an, wo die Auslegungskunst zu versagen beginnt".[1455] Offenkundig wird dieses Ergebnis bei vermögensverwaltenden Personengesellschaften. Dort ist § 15 EStG nicht anwendbar; bis auf § 39 Abs. 2 Nr. 2 Satz 1 AO, der bei der Zurechnung von Einkünften nur eine Hilfsfunktion übernimmt, gibt es gar keinen steuertatbestandlichen Anknüpfungspunkt, dessen Auslegung eine Korrektur der steuerlichen Effekte von Sonderzuweisungen ermöglichen würde. Eine allgemeine Angemessenheitskontrolle ließe sich bei vermögensverwaltenden Personengesellschaften ohne Rückgriff auf § 42

1453 Eine so verstandene „Angemessenheitskontrolle" ist nach hier vertretener Ansicht zulässig (ausführlich oben D.II.1.d)).

1454 Im Einzelnen oben D.II.1.d).

1455 *Hensel*, Steuerumgehung, S. 219, 244.

AO kaum begründen. Gleiches sollte auch bei Mitunternehmerschaften gelten.[1456]

Die Erkenntnis, dass im Zusammenhang mit Sonderzuweisungen auf § 42 AO zu rekurrieren ist, reift außerdem bei Betrachtung der steuerlichen Motive, die hinter den verschiedenen Sonderzuweisungstypen stehen können. Die Gesellschafter können durch Sonderzuweisungen als „rechtliche Gestaltung" ihre Gesamtsteuerlast mindern, auch wenn sie handelsrechtlich mitunter dasselbe Ergebnis erzielen wie ohne Sonderzuweisungen. Handelsrechtlich ist es unerheblich, ob sich ein Gewinnanteil aus Veräußerungsgewinnen, Dividenden, Vermietungseinnahmen oder sonstigen Quellen zusammensetzt; auf dem Kapitalkonto der Gesellschafter wird nur ein zugehöriger Betrag verbucht. Diese Beträge lassen sich aus Sicht der Gesellschafter untereinander beliebig verschieben, solange sich am Ende eines Geschäftsjahres oder auch der Gesamtlaufzeit der Gesellschaft die insgesamt gewünschten Gewinnanteile für alle Gesellschafter ergeben. Es entsteht ein Verteilungsmuster, das steuersystematische Brüche ausnutzt und im Vergleich zu einer Gewinnverteilungsabrede ohne Sonderzuweisungen den Fiskus benachteiligt.

2. Verhältnis zu spezialgesetzlichen Missbrauchstatbeständen

Wie festgestellt, besagen etwa die § 15 Abs. 4, § 15a oder § 15b EStG nichts über die Höhe der Gewinn- bzw. Überschussanteile von Personengesellschafters; die Vorschriften betreffen lediglich die Rechtsfolge von Verlustzuweisungen. Gleichwohl mag es vorkommen, dass infolge der Vereinbarung von Sonderzuweisungen der Anwendungsbereich spezialgesetzlicher Missbrauchsvorschriften eröffnet wird. Als solche wird jedenfalls § 15b EStG angesehen.[1457] Die Zuweisung von Anfangsverlusten an einen Gesellschafter als Fall der Periodenverlagerung können – sofern die weiteren Voraus-

1456 Vgl. *Drüen*, in: Tipke/Kruse, AO/FGO, § 42 AO Rz. 109 ("Auch derjenige, der die Angemessenheit einer Gewinnverteilungsabrede unter Angehörigen nachprüfen will, muss nach der angemessenen Gestaltung fragen. Dazu berechtigt allein § 42.").

1457 BFH, Urteil vom 26.04.2018, IV R 33/15, BFHE 261, 333, BStBl. II 2020, 645; BFH, Urteil vom 17.01.2017, VIII R 7/13, BFHE 256, 492, BStBl. II 2017, 700; *Stöber*, in: Gosch, AO/FGO, § 42 AO Rz. 58; *Hallerbach*, in: Herrmann/Heuer/Raupach, EStG/KStG, § 15b EStG Rz. 19; *Heuermann*, in: Brandis/Heuermann, Ertragsteuerrecht, § 15b EStG Rz. 5a; *Hey*, DStJG 33 (2010), 139, 157.

setzungen der Norm vorliegen – bei zur Anwendung von § 15b EStG führen, sodass dessen Verlustverrechnung einer Schedulierung und zeitlichen Streckung unterliegt. Damit berühren Sonderzuweisungen zumindest am Rande die umstrittene Frage nach dem Konkurrenzverhältnis von § 42 AO zu Spezialklauseln wie § 15b EStG.[1458] Der Gesetzgeber hat bei der Neufassung von § 42 AO durch das JStG 2008 intendiert, § 42 AO den Charakter einer Auffangnorm für den Fall zu geben, dass die Voraussetzungen von Spezialtatbeständen nicht erfüllt sind.[1459] Ob dieses Ziel indes erreicht wurde, wird in Rechtsprechung und Literatur unterschiedlich bewertet. Die überwiegenden Stimmen vertreten, dass bei fehlender Tatbestandserfüllung einer Spezialnorm § 42 AO nicht subsidiär herangezogen werden kann.[1460] Die Spezialtatbestände entfalteten eine „Abschirmwirkung".[1461] Wenn der Gesetzgeber darin festgelegt habe, welche Gestaltungen er für unangemessen halte (und welche für angemessen), strahle diese Wertung auf § 42 AO aus und verhindere dessen Anwendbarkeit auch außerhalb der Tatbestandserfüllung von Spezialklauseln.[1462] Teilweise wird zur Begründung auf die Konkurrenzregel *lex specialis derogat lex generali* verwiesen, die der Ge-

1458 BFH, Urteil vom 26.04.2018, IV R 33/15, BFHE 261, 333, BStBl. II 2020, 645 (§ 42 AO nicht anwendbar, selbst wenn die Tatbestandsvoraussetzungen von § 15b EStG nicht erfüllt sind); Konkurrenzverhältnis offen gelassen in Urteil vom 17.01.2017, VIII R 7/13, BFHE 256, 492, BStBl. II 2017, 700 unter II.3.a); für einen Vorrang von § 15b EStG *Stöber*, in: Gosch, AO/FGO, § 42 AO Rz. 58; allgemein zum Vorrang von Spezialklauseln *Wendt*, DStJG 33 (2010), S. 117, 136.

1459 BT-Drucks. 16/6290, 81; BT-Drs. 16/7036, 24; zum Ausdruck kommt dieser Wille im Wort „anderenfalls".

1460 BFH, Urteil vom 17.11.2020, I R 2/18, BFHE 271, 330, BStBl. II 2021, 580; Urteil vom 26.04.2018, IV R 33/15, BFHE 261, 333, BStBl. II 2020, 645; BFH, Urteil vom 17.01.2017, VIII R 7/13, BFHE 256, 492, BStBl. II 2017, 700; *Stöber*, in: Gosch, AO/FGO, § 42 AO Rz. 53; *Fischer*, in: Hübschmann/Hepp/Spitaler, AO/FGO, § 42 AO Rz. 280 ff.; wohl auch *Drüen*, in: Tipke/Kruse, AO/FGO, § 42 AO Rz. 33; *Hennigfeld*, in: BeckOK-AO, § 42 Rz. 175 ff.; *Ratschow*, in: Klein, AO, § 42 Rz. 91; *Wendt*, DStJG 33 (2010), S. 117, 135 f.; *Hey*, StuW 2008, 167, 173; *dies.*, DStJG 33 (2010), S. 139, 145 f.; *Jehke*, DStR 2012, 677, 678 f.; a.A. (§ 42 AO neben Spezialtatbeständen anwendbar) *Koenig*, in: Koenig, AO, § 42 Rz. 15; *Mosler/Münzner/Schulze*, DStR 2021, 193, 196; *Vogt*; in: Zugmaier/Nöcker, § 42 AO Rz. 8, 17; *v. Wedelstädt*, DB 2007, 2558 f.

1461 *Stöber*, in: Gosch, AO/FGO, § 42 AO Rz. 53.

1462 Kürzlich BFH, Urteil vom 17.11.2020, I R 2/18, BFHE 271, 330, BStBl. II 2021, 580 unter II.1.c); *Hennigfeld*, in: BeckOK-AO, § 42 Rz. 176.

setzgeber nicht aushebeln könne.[1463] Dieser Grundsatz betrifft m.E. jedoch nur den Fall, dass die Tatbestandsvoraussetzungen einer spezialgesetzlichen Missbrauchsnorm erfüllt sind.[1464] Wenn der sachliche Anwendungsbereich des „speziellen Gesetzes“ nicht eröffnet ist, wird auch keine andere Norm verdrängt. Indes folgt dasselbe Ergebnis (keine Anwendbarkeit von § 42 AO) nach hier vertretener Ansicht aus dem Prinzip der Tatbestandsmäßigkeit eines Steuergesetzes.[1465] Der Steuerpflichtige muss sich auf die Tatbestandsgrenzen der Spezialklauseln verlassen können, was impliziert, dass er bei fehlender Tatbestandserfüllung einer Missbrauchsnorm nicht in das Fahrwasser einer anderen Missbrauchsnorm gerät. Überzeugend ist es daher, die Spezialtatbestände sowohl im Fall ihrer Tatbestandserfüllung als auch bei teilweiser Nichterfüllung als vorrangig vor § 42 AO anzusehen. Erfüllt ein Steuerpflichtiger den Tatbestand von § 15b EStG nicht, weil es etwa an einer „modellhaften Gestaltung“ fehlt, ist sein Verlustausgleich und -abzug uneingeschränkt (d.h. im Rahmen von § 2 Abs. 3, § 10d EStG) möglich. Ein Rückgriff auf § 42 AO scheidet aus.

Grundsätzlich besagen spezielle Missbrauchsklauseln wie § 15b EStG nichts über das „Ob“ und „Wie“ von Verlustanteilen eines Gesellschafters. Deren steuerliche Anerkennung hängt allein von § 15 Abs. 1 Satz 1 Nr. 2 EStG, unter Umständen auch § 39 Abs. 2 Nr. 2 AO sowie § 42 AO ab. Bei Beurteilung, ob einem Personengesellschafter steuerliche Verluste zuzurechnen sind, können allerdings Steuertatbestände, die nachgelagert die Verlustnutzung betreffen, auf die Tatbestandsmäßigkeit von § 42 AO ausstrahlen. Beschränken etwa § 15b und § 15a EStG die Verrechenbarkeit von Verlusten auf Rechtsfolgenseite, setzen sie eine wirksame Verlustzuweisung an einen Personengesellschafter voraus. Daraus lassen sich möglicherweise Rückschlüsse auf die Wirksamkeit einer Verlustzuweisung auf Tatbestandsseite ziehen, die der Gesetzgeber gerade nicht spezialtatbestandlich geregelt hat.

1463 *Stöber*, in: Gosch, AO/FGO, § 42 AO Rz. 53; wohl auch *Fischer*, in: Hübschmann/Hepp/Spitaler, AO/FGO, § 42 AO Rz. 280 f.; a.A. *Mosler/Münzner/Schulze*, DStR 2021, 193, 196.

1464 Gl. A. BFH, Urteil vom 17.11.2020, I R 2/18, BFHE 271, 330, BStBl. II 2021, 580 unter II.1.b).

1465 Dazu *Schön*, DStJG 33 (2010), S. 29, 39 f., 54, 59 f.

II. Der Tatbestand des Gestaltungsmissbrauchs

1. Rechtliche Gestaltung

Erste Tatbestandsvoraussetzung des Gestaltungsmissbrauchs i.S.d. § 42 Abs. 2 AO ist das Vorliegen einer rechtlichen Gestaltung, die im Fall von Sonderzuweisungen als privatautonom vereinbarte Abweichung von gesetzlichen Gewinnverteilungsbestimmungen regelmäßig zu bejahen ist. Eine rechtliche Gestaltung ist grundsätzlich bei allen privatautonomen, vom zivil- oder handelsrechtlichen Regelstatut abweichenden Vereinbarungen anzunehmen.[1466] Der Wortlaut des § 42 Abs. 2 Satz 1 AO lässt dabei offen, ob derjenige, der die rechtliche Gestaltung „wählt", identisch mit dem Steuerpflichtigen oder Dritten sein muss, den womöglich die Rechtsfolge des § 42 Abs. 1 Satz 3 AO trifft. Hinsichtlich Sonderzuweisungen dürfte sich die Frage indes erübrigen. Der von einer Sonderzuweisung begünstigte Gesellschafter wird typischerweise am Beschluss des Gewinnverteilungsschlüssels mitgewirkt haben, weil die Sonderzuweisung in seinem wirtschaftlichen Interesse liegt. Im Übrigen erfolgen sowohl der Abschluss des Gesellschaftsvertrags und Änderungen der Gewinnverteilungsabrede zumeist einstimmig.[1467] Folglich ist davon auszugehen, dass das Tatbestandsmerkmal des „Wählens einer rechtlichen Gestaltung" bei Sonderzuweisungen in aller Regel erfüllt ist.

2. Unangemessenheit der Gestaltung

Beim Tatbestandsmerkmal der „Unangemessenheit" zeigen sich erste Schwierigkeiten, den Missbrauchstatbestand greifbar zu machen. Aufgrund des dahingehend ausgedrückten Willens des Gesetzgebers besteht Einigkeit, dass die Unangemessenheit als wertender Begriff nicht mit „Ungewöhnlichkeit" als empirischer Begriff gleichzusetzen ist.[1468] Die mögliche Unangemessenheit von Sonderzuweisungen kann demnach nicht mit dem

---

1466 Vgl. *Koenig*, in: Koenig, AO, § 42 Rz. 11; *Drüen*, in: Tipke/Kruse, AO/FGO, § 42 AO Rz. 39 (zu den Gestaltungsmöglichkeiten des Zivilrechts gehören „Verträge, einseitige Willenserklärungen, rechtsgeschäftsähnliche Handlungen und Rechtshandlungen (Realakte)").

1467 Zu Mehrheitsklauseln und der mit ihnen behafteten Unsicherheit bei der Änderung von Gewinnverteilungsabreden oben C.IV.1.

1468 BT-Drs. 16/7036, S. 24; zum Gesetzgebungsverfahren *Fischer*, FR 2008, 306, 310.

Hinweis abgetan werden, anderswo seien solche Gestaltungen üblich und sogar gesetzlich vorgesehen, zumal zweifelhaft wäre, ob eine Üblichkeit der Gestaltung außerhalb der deutschen Rechtsordnung überhaupt zu berücksichtigen wäre. Gleichwohl soll der Ungewöhnlichkeit Indizcharakter für die Beurteilung der Unangemessenheit zukommen, genauso wie einer Kurzfristigkeit der Gestaltung.[1469] Darauf wird zurückzukommen sein.

Gemeinhin wird darauf hingewiesen, dass allein das Motiv der Steuerersparnis eine Gestaltung nicht unangemessen macht.[1470] Die Unangemessenheit folgt demnach nicht schon daraus, dass eine andere Gestaltung zu einem höheren Steueranspruch geführt hätte. Mit Blick auf „steuerlich motivierte" Sonderzuweisungen wäre dieses Merkmal erfüllt, da ohne sie jedenfalls ein Personengesellschafter eine höhere Steuerlast zu tragen hätte. Ein Maßstab für das Tatbestandsmerkmal der Angemessenheit lässt sich der Unschädlichkeit des „Steuersparmotivs" gleichwohl nicht entnehmen. Insofern bedürfte es grundsätzlich einer generischen Definition der Unangemessenheit. Von den bisherigen dahingehenden Versuchen[1471] konnte sich allerdings keiner nachhaltig durchsetzen.[1472] Damit bleibt von der Unangemessenheit vor allem ein Auftrag an den Rechtsanwender, objektivierbare Maßstäbe zu entwickeln. Dieser Auftrag ist ein doppelter: Zum einen ist der scheinbar verwirklichte oder vermiedene Steuertatbestand zu befra-

---

1469 *Stöber*, in: Gosch, AO/FGO, § 42 AO Rz. 75; *Ratschow*, in: Klein, AO, § 42 Rz. 48; *Drüen*, DStR 2020, 1465, 1467 f.; kritisch zur Berücksichtigung der Ungewöhnlichkeit einer Gestaltung *Leisner-Enzensperger*, DStZ 2008, 358, 362.

1470 BVerfG, Beschluss vom 14.4.1959, 1 BvL 23 und 34/57, BVerfGE 9, 237, NJW 1959, 979 unter B.II.4. (es stehe „grundsätzlich jedem Steuerpflichtigen frei [...], seine Angelegenheiten so einzurichten, daß er möglichst wenig Steuern zu zahlen braucht"); BFH, Beschluss vom 29.11.1982, GrS 1/81, BFHE 137, 433, BStBl. II 1983, 272 unter C.III; Urteil vom 18.7.2001, I R 48/97, BFHE 196, 128, DStR 2001, 1883 unter II.3.d); vgl. ferner Urteil vom 17.11.2020, I R 2/18, BFHE 271, 330, BStBl. II 2021, 580 unter II.2.b)aa); Urteil vom 23.4.2021, IX R 8/20, BFHE 272, 328, BStBl. II 2021, 743 unter II.2.b)cc); AEAO zu § 42 Ziff. 2.2; *Stöber*, in: Gosch, AO/FGO, § 42 AO Rz. 70; *Hennigfeld*, BeckOK-AO, § 42 Rz. 136; *Drüen*, Ubg 2022, 61, 67; *ders.*, AO-StB 2009, 209, 212; *Rose*, FR 2003, 1276; *Mack/Wollweber* (DStR 2008 182, 184) beziehen diese Formel auf den gesetzlich nicht vorgesehenen Steuervorteil; *Schön*, DStJG 33 (2010), S. 29, 38 f. mit rechtsvergleichenden Hinweisen zum „Recht auf steuerliche Gestaltung".

1471 BFH, Urteil vom 17.1.1991, IV R 132/85, BFHE 163, 449, BStBl. II 1991, 607; Urteil vom 19.8.1999, I R 77/96, BFHE 189, 342, BStBl. II 2001, 43; Urteil vom 8.5.2003, IV R 54/01, BFHE 202, 219, BStBl. II 2003, 854; die Finanzverwaltung zieht sich auf eine Einzelfallbetrachtung zurück und benennt Indizien einer Unangemessenheit aus ihrer Sicht (AEAO zu § 42, Ziff. 2.2);

1472 *Wendt*, DStJG 33 (2010), S. 117, 127.

gen. Seine Ratio soll Auskunft über die Angemessenheit einer Gestaltung geben.[1473] In diesem Rahmen könnten auch Vorschläge zu einer Stufenprüfung[1474] oder einer Untersuchung der Zweck-Mittel-Relation der Gestaltung befolgt werden.[1475] Zum anderen lässt sich eine Objektivierbarkeit und Vorhersehbarkeit der Unangemessenheit mit der Bildung von Fallgruppen bewerkstelligen. So hat sich bereits unter Geltung früherer Fassungen von § 42 AO eine „Umgehungstrias" herausgebildet. Die Hauptanwendungsfälle von § 42 AO betreffen demnach (i) die subjektive Zurechnung von Einkünften (gemeint sind insbesondere Fälle unter Einschaltung einer sog. Basisgesellschaft im Ausland), (ii) „Gesamtpläne" als gegenläufige (*self-cancelling*) Gestaltungen sowie (iii) „die Zuordnung von Wertbewegungen" zur richtigen *causa.*[1476] Letzteres meint etwa die Aufspaltung von Zahlungen in betrieblichen Aufwand und Gewinnausschüttungen nach dem Fremdvergleichsgrundsatz (vgl. § 8 Abs. 3 Satz 2 KStG). Solche Fälle können auch im Zusammenhang mit Sonderzuweisungen unter fremden Dritten auftreten, etwa wenn die „Gewinnverteilung" eine Kaufpreiszahlung darstellt. Insoweit ist jedoch schon zivilrechtlich nicht von einer disquotalen Gewinnbeteiligung des Veräußerers auszugehen, sondern von einem abgekürzten Zahlungsweg zwischen Neu- und Altgesellschafter zwecks Kaufpreistilgung.[1477] Auf § 42 AO kommt es folglich nicht an. Die Fallgruppe der „richtigen" Einkünftezurechnung ist bei der Gewinnverteilung in Personengesellschaften hingegen vermehrt betroffen. Ursächlich dafür ist das Auseinanderfallen des Subjekts der Einkünfteerzielung und der Subjekte der Einkünftezurechnung. Bei Betrachtung der verschiedenen Sonderzuweisungstypen lassen sich unter diese Säule der „Umgehungstrias" jedenfalls *Tracking-Stock*-Gestaltungen einschließlich des *Character Shifting* sowie der gesonderten Zuweisung von laufenden Gewinnen und Veräußerungsgewinnen fassen. Die Periodenverlagerung als sich „umkehrender" Gewinnverteilungsschlüssel ist indes eher in die Nähe des Gesamtplans zu rücken, der sich durch die Vornahme von Ausweich- und Korrekturge-

1473 *Ratschow*, in: Klein, AO, § 42 Rz. 49; *Drüen*, Ubg 2008, 31, 35; *ders.*, in: Tipke/Kruse, AO/FGO, § 42 AO Rz. 44; *Wendt*, DStJG 33 (2010), S. 117, 128; *Fischer*, FR 2008, 308, 309; *Hey*, BB 2009, 1044, 1046; *Leisner-Enzensperger*, DStZ 2008, 358, 361.

1474 *Stöber*, in: Gosch, AO/FGO, § 42 AO Rz. 71 ff.

1475 *Horn*, in: Schwarz/Pahlke, AO/FGO, § 42 AO Rz. 75 ff.

1476 *Fischer*, in: Hübschmann/Hepp/Spitaler, AO/FGO, § 42 AO Rz. 173 ff., 301 ff.; zustimmend *Hey*, DStJG 33 (2010), 139, 153.

1477 Oben D.II.1.d)aa).

schäft auszeichnet.[1478] Sonderzuweisungen sind daher mit den bisherigen Erkenntnissen zu diesen Anwendungsfeldern von § 42 AO abzugleichen.

Bei der Zuordnung von Sachverhalten zu den einzelnen Fallgruppen des Missbrauchs ist als unabdingbare Voraussetzung der „Unangemessenheit" zu berücksichtigen, dass dem Steuerpflichtigen überhaupt eine Alternativgestaltung für sein wirtschaftliches Ziel zur Verfügung stand.[1479] Andernfalls lässt sich kein Vergleich mit einer angemessenen Gestaltung ziehen. Zunächst ist folglich ein wirtschaftliches Ziel der Gestaltung zu identifizieren. Fehlt es von vornherein an einem wirtschaftlichen Ziel (wie es die Rechtsprechung in „Gesamtplan"-Fällen mit gegenläufigen Gestaltungen annimmt),[1480] soll die Unangemessenheit ohne weitere Prüfung zu bejahen sein.[1481] Unklar erscheint das Verhältnis dieser Aussage zur Formel, dass „allein das Motiv, Steuern zu sparen, eine Gestaltung noch nicht unangemessen" macht. Ungeachtet dessen dürfte das mit Sonderzuweisungen verbundene wirtschaftliche Ziel der Gesellschafter regelmäßig in einer interessengerechten Gewinnverteilung liegen.

Ob die angestrebte Gewinnverteilung nur auf einem oder auf mehreren Wegen erreicht werden kann, ist durch Auslegung des Gesellschaftsvertrags sowie etwaiger schuldrechtlicher Nebenabreden der Gesellschafter zu ermitteln. Wollen die Gesellschafter ein *Tracking-Stock*-Modell verwirklichen, das möglicherweise mit Steuervorteilen verbunden ist, im Übrigen aber nicht durch Ausgleichsklauseln oder sonstige Abreden zur „Rückgängigmachung" der Gestaltung verwässert wird, ist das wirtschaftliche Ziel nicht die Gewinnverteilung nach festen Kapitalanteilen, sondern eine wirtschaftsgutsbezogene disquotale Gewinnverteilung. Mitunter können auch weitere wirtschaftliche Ziele vorliegen, etwa wenn eine *Tracking-Stock*-Struktur als „vorweggenommene" Realteilung dienen soll, die aus Gründen der Kosteneffizienz und des Aufschubs eines steuerlichen Realisierungsvorgangs beschlossen wird. Dieses Beispiel zeigt, dass die Parteivorstellungen nicht stets auf eine im Ergebnis beteiligungsquotale Gewinnverteilung hinaus

---

1478 *Fischer*, in: Hübschmann/Hepp/Spitaler, AO/FGO, § 42 AO Rz. 181; *Sieker*, S. 54 f., 120 ff.; *Kempelmann*, StuW 2016, 385 ff.; *Kugelmüller-Pugh*, FR 2007, 1139, 1141; *Schmidtmann*, FR 2015, 57, 59.

1479 *Stöber*, in: Gosch, AO/FGO, § 42 AO Rz. 71; *Horn*, in : Schwarz/Pahlke, AO/FGO, § 42 Rz. 76.

1480 BFH, Urteil vom 12.6.2018, VIII R 32/16, BFHE 262, 74, BStBl. II 2019, 221 unter II.2.a); Urteil vom 8.3.2017, IX R 5/16, BFHE 257, 211, BStBl. II 2017, 930 unter II.1.a).

1481 *Stöber*, in: Gosch, AO/FGO, § 42 AO Rz. 71

wollen, sondern mit ihrer Abrede auch sonstige wirtschaftliche Motive verfolgen können. In diesen Fällen verengt sich der Korridor für denkbare Alternativgestaltungen; das wiederum lässt die Gewinnverteilungsabrede tendenziell angemessen erscheinen. Geht es den Gesellschaftern jedoch – bei Betrachtung der Totalperiode einer Gesellschaft – im Ergebnis um eine Gewinnverteilung im Verhältnis ihrer Kapitalanteile, ist diese Art der Gewinnverteilung das wirtschaftliche Ziel.[1482] Zu untersuchen sind dann „angemessene" Alternativgestaltungen, die womöglich zu betragsmäßig identischen Gewinnanteilen führen, allerdings ohne Rücksicht auf die steuerliche „Qualität" einzelner Gewinn- bzw. Überschussbestandteile und die individuelle Besteuerungssituation der Gesellschafter.

Mit einer zu Vergleichszwecken heranzuziehenden angemessenen Gestaltung kann nur ein Szenario ohne Vereinbarung von „steuermotivierten" Sonderzuweisungen gemeint sein. Das zwingt gleichwohl nicht dazu, auf den gesetzlichen Gewinnverteilungsmaßstab zurückzugreifen, der zweifellos eine „angemessene", da vom Gesetzgeber selbst vorgeschlagene Gewinnverteilung darstellen würde. Zur Erfassung einer präziseren „angemessenen" Vergleichssituation ist vielmehr der Regelungsgehalt der Sonderzuweisung zu isolieren und hinwegzudenken. Übrig bleibt ein Gewinnverteilungsschlüssel, der gegebenenfalls vom dispositiven Gesetzesrecht abweicht, aber sich immer noch möglichst nahe an den wirtschaftlichen Verteilungsvorstellungen der Gesellschafter orientiert. Vorbehaltlich der Gewinnverteilungsabrede im Einzelfall wären als „angemessene" Alternativgestaltungen denkbar:

(1) bei *Tracking-Stock*-Modellen einschließlich des *Character Shifting* eine Auflösung der wirtschaftsgutsbezogenen Gewinnanteile und Ersatz durch eine Gewinnverteilung nach den Beteiligungsquoten;
(2) bei der gesonderten Zuweisung von laufenden Gewinnen und Veräußerungsgewinnen die Aufhebung dieser Trennung und Ersetzung durch eine kontinuierliche beteiligungsquotale Verteilung des Gewinns bzw. Überschusses und
(3) bei der Periodenverlagerung ebenfalls die kontinuierliche Gewinn- oder Überschussverteilung nach den Beteiligungsverhältnissen.

1482 Maßgeblich für die Beurteilung der Gestaltungsangemessenheit ist der Zeitraum, für den die gewählte Gestaltung (voraussichtlich) gelten soll, s. BFH, Urteil vom 10.6.1992, I R 105/89, BFHE 168, 279, BStBl. II 1992, 1029 unter II.2.b)bb).

3. Gesetzlich nicht vorgesehener Steuervorteil

a) Zur Bedeutung des Tatbestandsmerkmals

Über die Bedeutung des Tatbestandsmerkmals des „gesetzlich nicht vorgesehenen" Steuervorteils bestehen unterschiedliche Auffassungen. Zum Teil wird seine eigenständige Bedeutung gänzlich verneint, weil der gesetzlich nicht vorgesehene Steuervorteil notwendige Bedingung der Unangemessenheit einer Gestaltung sei,[1483] während andererseits gerade der Steuervorteil als objektivierbare Konkretisierung der Unangemessenheit gesehen wird,[1484] sodass mit der Bejahung des Steuervorteils zugleich die Unangemessenheit der Gestaltung zu bejahen wäre. Einigkeit besteht jedenfalls darin, dass keine Gleichsetzung mit dem nicht gerechtfertigten Steuervorteil i.S.d. § 370 Abs. 1 AO gemeint ist, sondern – im Wege einer normspezifischen Auslegung und unter Bezugnahme auf frühere BFH-Rechtsprechung – jede Steuerminderung tatbestandlich ist. Unerheblich ist, ob ein belastender Steuertatbestand umgangen oder ein begünstigender Steuertatbestand erschlichen wird.[1485] Des Weiteren wird übereinstimmend davon ausgegangen, dass ein Steuervorteil als rechnerischer Vorteil zu verstehen ist, der sich aus einer Differenzbetrachtung unter Vergleich mit einer „angemessenen" Gestaltung ergeben muss.[1486]

Nach der Gesetzesbegründung ist der gesetzlich nicht vorgesehene Vorteil im Rahmen der Angemessenheit zu prüfen.[1487] Die Gesetzesbegründung sieht gleichwohl – anders als etwa *Wendt*[1488] – keinen Gleichlauf

---

1483 *Hey*, BB 2009, 1044, 1046.

1484 *Wendt*, DStJG 33 (2010), S. 117, 129; *kritisch* Drüen, in: Tipke/Kruse, AO/FGO, § 42 AO Rz. 54a.

1485 AEAO zu § 42 Ziff. 2.4; *Ratschow*, in: Klein, AO, § 42 Rz. 67; *Drüen*, in: Tipke/Kruse, AO/FGO, § 42 AO Rz. 55.; *Horn*, in: Schwarz/Pahlke, AO/FGO, § 42 AO Rz. 81; *Stöber*, in: Gosch, AO/FGO, § 42 AO Rz. 76; *Wienbracke*, BB 2008, 664, 668; vgl. aus der BFH-Rechtsprechung etwa Urteil vom 21.11.1991, V R 20/87, BFHE 166, 506, BStBl. II 1992, 446 unter II.2.a).

1486 BT-Drs. 16/7036, S. 24; *Drüen*, in: Tipke/Kruse, AO/FGO, § 42 AO Rz. 55; v. *Wedelstädt*, DB 2007, 2558, 2559.

1487 BT-Drs. 16/7036, S. 24: „Für die Auslegung [des Begriffs der Unangemessenheit] ist zunächst ein Vergleich zu ziehen zwischen den steuerlichen Auswirkungen einer angemessenen rechtlichen Gestaltung und den steuerlichen Auswirkungen der gewählten rechtlichen Gestaltung. Ergibt dieser Vergleich einen Steuervorteil beim Steuerpflichtigen oder Dritten, ist weiter zu prüfen, ob dieser Steuervorteil gesetzlich vorgesehen ist".

1488 DStJG 33 (2010), S. 117, 128 f.

zwischen der Bejahung des Steuervorteils und der Unangemessenheit: Die Unangemessenheit sei auch bei Bejahung eines gesetzlich nicht vorgesehenen Steuervorteils positiv festzustellen, wobei unklar ist, ob der Gesetzgeber gesetzlich vorgesehene Steuervorteile ausschließlich in den von ihm genannten Fällen der Ausübung gesetzlicher Wahlrechte oder der Nutzung steuergesetzlicher Lenkungs- und Fördernormen meint.[1489] Nach hier vertretener Ansicht ist eine trennscharfe Abgrenzung zwischen den Merkmalen der Unangemessenheit und des gesetzlich nicht vorgesehenen Vorteils weder möglich noch erforderlich. In beiden Fällen handelt es sich um unbestimmte Tatbestandsmerkmale, die sich einer wertenden Betrachtung öffnen und dazu verpflichten. Beide Wertungen sind in Ansehung der Norm vorzunehmen, deren steuerlich positive Rechtsfolge erschlichen oder deren steuerlich nachteilige Rechtsfolge umgangen wird.[1490] Weil dieselbe Norm zu befragen ist, kann eine einheitliche Wertung erfolgen. Im Ergebnis läuft dieser Ansatz auf die von *Wendt* vertretene Lösung hinaus, wonach der „gesetzlich nicht vorgesehene Steuervorteil" das entscheidende Kriterium für die „unangemessene" Gestaltung ist.[1491]

Die Prüfung der „Unangemessenheit" beschränkt sich insofern darauf, das wirtschaftliche Ziel der Gestaltung zu identifizieren und festzustellen, ob das Gesetz für dieses Ziel auch einen „einfachen und übersichtlichen" Weg vorsieht.[1492] Eine möglichst „steuereffiziente" Gewinnverteilung als wirtschaftliches Ziel ist dabei nicht anzuerkennen, auch wenn aus Sicht der Steuerpflichtigen Steuervorteile eine erhebliche wirtschaftliche Dimension haben. Gegen eine Berücksichtigung der Steuervorteile als wirtschaftliches Ziel spricht entscheidend, dass in dem Fall keine Alternativgestaltung denkbar ist und somit die Angemessenheit der Gestaltung automatisch zu bejahen wäre. Würde man angestrebte Steuervorteile als Teil eines „wirtschaftlichen Ziels" anerkennen, könnte sich der Steuerpflichtige im Übrigen stets auf § 42 Abs. 2 Satz 2 AO berufen. Das wäre ein zirkuläres Ergebnis. Der Begriff des „wirtschaftlichen Ziels" muss die steuerliche Dimension einer Gestaltung folglich ausklammern. Als wirtschaftliches Ziel von *Tracking-Stock-*

1489 BT-Drs. 16/7036, S. 24: „Ist der Steuervorteil gesetzlich nicht vorgesehen, ist zu prüfen, ob die gewählte Gestaltung unangemessen ist".

1490 *Stöber*, in: Gosch, AO/FGO, § 42 AO Rz. 73, 79; *Ratschow*, in: Klein, AO, § 42 Rz. 55, 68 (Merkmal des gesetzlich nicht vorgesehenen Vorteils ohne eigene Bedeutung); vgl. auch *Hahn*, DStZ 2008, 483, 486 („gesetzlich nicht vorgesehener Steuervorteil" und „Unangemessenheit" sind tautologisch).

1491 DStJG 33 (2010), S. 117, 128 f.

1492 *Horn*, in: Schwarz/Pahlke, AO/FGO, § 42 AO Rz. 77.

Gestaltungen ist damit grundsätzlich eine Gewinnverteilung anzusehen, die sich aus dem Gesellschaftsvertrag bei Hinwegdenken der Sonderzuweisung ergeben würde. Die „Unangemessenheit“ einer Sonderzuweisung lässt sich bei diesem Prüfprogramm bejahen, wenn als wirtschaftliches Ziel der Gestaltung im Ergebnis nur eine beteiligungsquotale Gewinnverteilung auszumachen ist. Denn für dieses Ziel wäre eine Gewinnverteilung im Verhältnis der festen Kapitalkonten der Gesellschafter und sonstiger (immaterieller) Gesellschafterbeiträge die direktere Alternativgestaltung.

b) Identifikation des potenziell umgangenen Steuertatbestands

Bei Untersuchung des Vorliegens eines gesetzlich nicht vorgesehenen Steuervorteils ist mit Blick auf Sonderzuweisungen zunächst danach zu fragen, worin der Steuervorteil bestehen soll. Grundsätzlich wird jeder Gesellschafter so besteuert, wie es seinen Verhältnissen entspricht. Eine Körperschaft, die zu mehr als zehn Prozent (unmittelbar oder – „durchgerechnet“ – mittelbar) an einer Tochterkapitalgesellschaft beteiligt ist, ist nicht von der Vollbesteuerung von Streubesitz-Dividenden betroffen. Eine natürliche Person, die nach Ablauf der in Ansehung ihrer Person abgelaufenen Haltefrist i.S.d. § 23 Abs. 1 EStG einen Veräußerungsgewinn zugewiesen bekommt, hat diesen nicht zu versteuern. Dass gleichwohl ein gesetzlich nicht vorgesehener Vorteil zu bejahen sein könnte, zeigt der Umstand, dass der Gesellschafter ohne die Vereinbarung von Sonderzuweisungen weniger „§ 8b-Dividenden“ zugewiesen bekommen hätte oder nur einen Teil des Veräußerungsgewinns; stattdessen aber Gewinnelemente, die bei ihm einer höheren Besteuerung unterlegen hätten. Ein Steuervorteil entsteht bei Sonderzuweisungen folglich dadurch, dass entweder bestimmte Gewinnelemente beim Gesellschafter günstiger als andere besteuert werden oder dass der Gewinnanteil einen anderweitigen Steuervorteil herbeiführt (gemeint ist etwa eine „beschleunigte“ Verlustverrechnungsmöglichkeit).

Daraus folgt jedoch nicht gleichzeitig, dass ausschließlich – um bei den genannten Beispielen zu bleiben – § 8b KStG oder § 23 EStG auf die Missbräuchlichkeit der Gestaltung des Gewinnverteilungsschlüssels zu befragen sind. Denn im Ausgangspunkt ist es § 15 Abs. 1 Satz 1 Nr. 2 Satz 1 EStG, der anordnet, dass Mitunternehmer in Höhe ihres zivilrechtlich vereinbarten Gewinnanteils gewerbliche Einkünfte erzielen und damit die mit Sonderzuweisungen verbundene Gestaltungsdimension erst eröffnet. Bei vermögensverwaltenden Personengesellschaften fehlt eine entsprechende Vorschrift. Analog zu Mitunternehmerschaften ist bei ihnen stattdessen auf der ungeschriebenen, aber gleichzeitig unumstrittenen Annahme aufzubauen, wonach die Einkünftezurechnung an die Gesellschafter ebenfalls nach dem zivilrechtlichen Gewinnverteilungsschlüssel erfolgt. Bei Betrachtung der „Gemengelage“ zwischen einkommensteuerlichen Zurechnungsnormen und den auf Gesellschafterebene möglichen Steuervorteilen aufgrund ihrer persönlichen Besteuerungsmerkmale erscheint eine normübergreifende Betrachtung sachgerecht. Zu fragen ist folglich danach, ob etwa die Steuervorteile des § 8b KStG oder die Nichtsteuerbarkeit nach § 23 EStG auch einem Personengesellschafter zukommen sollen, der sich zur Einkünfteerzielung mit anderen Steuerpflichtigen in einer transparent besteuerten Gesellschaft zusammenschließt. Konkret betrifft die Frage solche Steuervorteile, die infolge einer Sonderzuweisung nicht mehr proportional zu der Beteiligungsquote des begünstigten Gesellschafters an der Gesellschaft, sondern überproportional eintreten, weil ihm etwa die *gesamte* bei ihm unter das Schachtelprivileg fallende Dividende oder der *gesamte* in seiner Person nicht steuerbare Veräußerungsgewinn zugewiesen wird.

Grundsätzlich ist damit das Prüfprogramm hinsichtlich des „Steuervorteils“ abgesteckt. Lohnenswert erscheint gleichwohl die Untersuchung zweier Sonderfragen, nämlich das Verhältnis des Tatbestandsmerkmals „Steuervorteil“ zum Prinzip der Abschnittsbesteuerung und zum Individualsteuerprinzip.

aa) Steuervorteil und Abschnittsprinzip

Das Tatbestandsmerkmal des „Steuervorteils“ wirft die Frage nach dem maßgeblichen Beurteilungszeitraum auf. Dient eine Gestaltung dazu, die Entstehung eines Steueranspruchs hinauszuzögern, sodass der Steuerpflichtige einen Liquiditäts- und Zinsvorteil erlangt, aber im Ergebnis nicht notwendigerweise von einer geminderten Steuerlast profitiert, lässt sich bezweifeln, ob die Gestaltung zu einem tatbestandlichen Steuervorteil führt. Beispielsweise können wirtschaftsgutsspezifische Sonderzuweisungen in Mitunternehmerschaften dazu dienen, die Entnahme von Wirtschaftsgütern ins steuerliche Privatvermögen oder eine Betriebsaufgabe mitsamt Realteilung der Wirtschaftsgüter des Betriebsvermögens aufzuschieben.[1493] Beide Szenarien (Entnahme wie Realteilung) wären mit der Aufdeckung

1493 Oben C.V.1.a); ändert sich infolge der Vereinbarung wirtschaftsgutsbezogener Sonderzuweisungen nicht der Umfang, sondern allein die Zusammensetzung eines

stiller Reserven verbunden (§ 6 Abs. 1 Nr. 4 bzw. § 16 Abs. 3 Satz 1, Satz 7 f. EStG). Die Vereinbarung einer *Tracking-Stock*-Struktur kann diesen Realisierungsvorgang in die Zukunft verschieben, aber nicht gänzlich verhindern. Denn die stillen Reserven bleiben trotz der Gewinnverteilungsabrede steuerverstrickt. Die temporär verbesserte Liquiditätslage hat bei periodenübergreifender Betrachtung nicht zwingend einen steuermindernden Effekt. Die Entwicklung der stillen Reserven ist nicht vorhersehbar – womöglich fallen bei späterer Entnahme oder Realteilung weit höhere Steuern an. Es ließe sich überdies argumentieren, dass sich bei Vergleich der „unangemessenen" Gestaltung (Reservenbesteuerung in der Zukunft) mit der „angemessenen" Gestaltung (sofortige Auflösung der stillen Reserven) kein Steuervorteil als Ergebnis einer rechnerischen Differenzbetrachtung[1494] ermitteln lässt.

Gleichwohl wird auch bei „hinausgeschobener" Entstehung eines Steueranspruchs überwiegend ein tatbestandlicher Steuervorteil angenommen.[1495] Die zu sog. „Steuerpausen" ergangenen BFH-Entscheidungen betrafen Sachverhalte, in denen der Steuerpflichtige einen Besteuerungsaufschub durch Bestimmung eines vom Kalenderjahr abweichenden Wirtschaftsjahres erlangte. Die *Tracking-Stock*-Gestaltung im Beispielsfall ist damit nur bedingt vergleichbar, weil jedenfalls die laufenden Gewinne bei den Mitunternehmern konstant der Besteuerung unterworfen werden. Lediglich

---

Gewinnanteils eines Mitunternehmers, ist darin kein Veräußerungsvorgang zu sehen (dazu oben D.III.1.b)cc)(1)).

1494 BT-Drs. 16/7036, S. 24; *Drüen*, in: Tipke/Kruse, AO/FGO, § 42 AO Rz. 55; v. *Wedelstädt*, DB 2007, 2558, 2559.

1495 Entschieden für den Fall einer „Steuerpause" durch Festlegung abweichender Wirtschaftsjahre in einer mehrstöckigen Personengesellschaftsstruktur, BFH, Urteil vom 18.12.1991, XI R 40/89, BFHE 166, 550, BStBl. II 1992, 486 (Ls.); ebenso BFH, Urteil vom 16.12.2003, VIII R 89/02, BFH/NV 2004, 936 unter II.2.a) zu abweichenden Wirtschaftsjahren im Fall einer Betriebsaufspaltung; BFH, Urteil vom 28.6.2006, I R 97/05, BFHE 214, 276, DStR 2006, 1938 unter II.2.c)aa) (wirtschaftlicher [Liquiditäts-]Vorteil sei „im Ergebnis" ein Steuervorteil); aus dem Schrifttum *Stöber*, in: Gosch, AO/FGO, § 42 AO Rz. 77; *Drüen*, in: Tipke/Kruse, AO/FGO, § 42 AO Rz. 55; *Ratschow*, in: Klein, AO, § 42 AO Rz. 67; *Wendt*, DStJG 33 (2010), S. 117, 129 („jede günstige Steuerfolge" erfasst, darunter niedrigere oder spätere Steuerbelastung); *Michel*, FR 2008, 448, 449; vgl. ferner BFH, Urteil vom 15.7.2004, III R 66/98, BFH/NV 2005, 186 unter II.3.c) (Vereitelung der Durchsetzung der Steuerfestsetzung ist gestaltungsmissbräuchlich); kritisch zur Missbräuchlichkeit der „Steuerpause" *Rose/Glorius-Rose*, DB 2004, 2174, 2176; abweichendes Wirtschaftsjahr zur Vermeidung eines Rumpfwirtschaftsjahres nicht rechtsmissbräuchlich nach BFH, Urteil vom 9.11.2006, IV R 21/05, BFHE 216, 57, BStBl. II 2010, 230 unter II.3.c).

der Besteuerungszeitpunkt der stillen Reserven ist von der Gestaltung betroffen. Ein tatbestandlicher Steuervorteil lässt sich nur bejahen, wenn man von einer streng abschnittsbezogenen Vergleichsbetrachtung ausgeht. Demzufolge wäre die „angemessene“ Gestaltung der sofortigen Entnahme bzw. Realteilung mit dem Szenario zu vergleichen, dass im nämlichen Wirtschaftsjahr keine stillen Reserven aufgedeckt werden. Die zitierten BFH-Entscheidungen zur „Steuerpause“ können zur Begründung zwar nur bedingt herangezogen werden, weil sie zu früheren Fassungen von § 42 AO und damit vor Einführung des Tatbestandsmerkmals des „Steuervorteils“ ergangen sind. Gleichwohl lässt sich bei verzögerter Entstehung eines Steueranspruchs von einem tatbestandlichen Steuervorteil ausgehen. Denn weder steht die Höhe noch der Zeitpunkt der Entstehung eines Steueranspruchs zur Disposition des Steuerpflichtigen. Nach § 38 AO entsteht der Steueranspruch, sobald der Tatbestand verwirklicht ist, an den das Gesetz die Leistungspflicht knüpft. § 42 Abs. 2 Satz 3 AO schließt daran an, der Steueranspruch entstehe „so, wie er bei einer den wirtschaftlichen Vorgängen angemessenen rechtlichen Gestaltung entsteht“. Ist eine angemessene Gestaltung die sofortige Entnahme oder Realteilung mit Übernahme der Wirtschaftsgüter ins Privatvermögen, entsteht der Steueranspruch im entsprechenden Veranlagungszeitraum. Der Verweis auf einen später entstehenden Steueranspruch wäre eine „hypothetische Ersatzursache“, die den Steuervorteil nicht entfallen lässt. Das Prinzip der Abschnittsbesteuerung (vgl. § 2 Abs. 7 Satz 1 EStG) ist mithin auch im Rahmen von § 42 AO zu beachten. Damit ist gleichwohl noch nichts über die Missbräuchlichkeit der Gestaltung insgesamt ausgesagt. Denn dass ein Steueranspruch später entstehen könnte, kann bei der Frage der Unangemessenheit berücksichtigt werden; ebenso mag es für die Gestaltung beachtliche außersteuerliche Gründe geben.

bb) Steuervorteil und Individualsteuerprinzip

Genauer untersuchen lässt sich zudem das Verhältnis des „Steuervorteils“ zum Individualsteuerprinzip, wonach jedes Steuersubjekt nach seiner objektiven und subjektiven steuerlichen Leistungsfähigkeit besteuert wird.[1496] Grundsätzlich besteht das Prinzip auch im Rahmen von § 42 AO Anwen-

1496 BFH, Beschluss vom 17.12.2007, GrS 2/04, BFHE 220, 129, BStBl. II 2008, 608 unter D.III.1.; *Hey*, in: Tipke/Lang, Steuerrecht, § 3 Rz. 14, § 8 Rz. 22 ff.; *Drüen*,

dung,[1497] auch wenn es mit Blick auf konzernierte Gesellschaften hin und wieder Zweifelsfragen gibt.[1498] Aus dem Individualsteuerprinzip ist zunächst abzuleiten, dass eine höhere Steuerlast eines Dritten den Steuervorteil eines Steuerpflichtigen nicht entfallen lässt. Hier soll auf eine andere Konstellation eingegangen werden, nämlich auf den Fall, dass eine Mitunternehmerschaft sowohl Mieteinnahmen erwirtschaftet, andererseits aber auch Dividenden und Beteiligungsveräußerungsgewinne, die bei einer Mitunternehmer-Körperschaft unter § 8b KStG fallen. Ist bei der Mitunternehmer-Körperschaft ein Steuervorteil anzunehmen, wenn sie nicht an den Mieteinnahmen beteiligt wird, sondern allein an den ihrerseits unter § 8b KStG fallenden Gewinnen? Auf den ersten Blick macht es den Anschein, weil die Körperschaft die Mieteinnahmen der Körperschaft- und Gewerbesteuer unterwerfen müsste, während „§ 8b-Gewinne" bis auf die zu vernachlässigende „Schachtelstrafe" nach § 8b Abs. 3 KStG steuerfrei sind. Beschränkt man den Blick allein auf die Steuerfreiheit des ausgeschütteten Betrags im Vergleich zur Steuerpflichtigkeit der Mieteinnahmen, ist der Steuervorteil zu bejahen.

Auf den zweiten Blick kommen Zweifel an dieser Würdigung auf, weil § 8b KStG dem Grunde nach keine privilegierende Steuerbegünstigung enthält.[1499] Dass Beteiligungsveräußerungsgewinne und „schachtelprivilegierte" Dividenden auf Ebene einer empfangenden Körperschaft (fast) steuerfrei gestellt werden, ist die systembedingte Folge der körperschaftsteuerlichen Vorbesteuerung auf Ebene der ausschüttenden Gesellschaft und der „Nachbesteuerung" im Rahmen des Teileinkünfteverfahrens oder gem. § 20

DStR 2020, 1465, 1476 unter Ablehnung einer subjektübergreifenden Missbrauchswürdigung.

1497 Ausdrücklich *Stöber*, in: Gosch, AO/FGO, § 42 AO Rz. 77.

1498 FG München, Urteil vom 25.5.2012, 8 K 1509/10, EFG 2012, 1849 („konzernübergreifende Gesamtschau" unter Berücksichtigung der Gesamtsteuerbelastung einer Unternehmensgruppe erforderlich; aus anderen Gründen aufgehoben durch BFH, Urteil vom 2.7.2014, I R 57/12, BFH/NV 2015, 11); FG Hessen, Urteil vom 21.10.2020, 4 K 1644/18, EFG 2021, 669 (Nichtzulassungsbeschwerde vom BFH zurückgewiesen, Beschluss vom 4.1.2022, I B 83/20, BFH/NV 2022, 427).

1499 *Gosch*, in: Gosch, KStG, § 8b Rz. 1; *Frotscher*, in: Frotscher/Drüen, KStG, § 8b Rz. 5 (Steuerfreistellung, keine Steuervergünstigung); ebenso *Watermeyer*, in: Herrmann/Heuer/Raupach, EStG/KStG, § 8b KStG Rz. 5; *Herlinghaus*, in: Rödder/Herlinghaus/Neumann, KStG, § 8b Rz. 5 („Charakter als Steuersubventionsnorm verloren"); *Schön*, FR 2001, 381, 384 (keine systemwidrige „Vergünstigung", sondern folgerichtige Konsequenz aus der Änderung der Körperschaftbesteuerung); *Herzig*, DB 2003, 1459, 1460; *Rödder*, ZHR 171 (2007), 380, 398 (Dividendenfreistellung nur eine technische, nicht aber materielle Steuerbefreiung).

EStG i.V.m. § 32d EStG, sobald die empfangende Körperschaft ihrerseits Ausschüttungen vornimmt.[1500] Diese Begründung trägt jedenfalls für Dividenden, die tatsächlich einer Vorbesteuerung unterliegen.[1501] Kritischer wird die Steuerfreiheit von Veräußerungsgewinnen gem. § 8b Abs. 2 KStG gesehen, sofern mit der Veräußerung erstmalig stille Reserven aufgedeckt werden.[1502] Erkennt man aber die Ratio der steuerlichen Vor- und Nachbelastung als systemimmanente Rechtfertigung des § 8b Abs. 1 und 2 KStG an, entpuppt sich die fehlende Vollbesteuerung dieser Gewinnanteile bei der Mitunternehmer-Körperschaft als eine zur Verhinderung von Kaskadeneffekten gebotene Steuerbefreiung, nur erklärt sich die Steuerbefreiung allein aus einer steuersubjektübergreifenden Betrachtung. Erst die „Summe aus der Tarifsteuer auf der Ebene der Körperschaft und der Steuer bei dem Anteilseigner" ergibt eine „angemessene" Gesamtbelastung.[1503] Man könnte daher annehmen, dass in einem solchen Fall auch bei Beurteilung eines Steuervorteils i.S.d. § 42 Abs. 2 Satz 1 AO eine steuersubjektübergreifende Betrachtung erfolgen sollte. Erweitert man den Blick auf die steuerliche Vor- und Nachbelastung, müsste ein Steuervorteil bei der Mitunternehmer-Körperschaft bei der skizzierten rechtlichen Gestaltung verneint werden. Diese gesellschaftsübergreifende Betrachtung ließe allerdings das Individualsteuerprinzip außer Betracht, ohne dass sich eine Rechtfertigung dafür in § 42 AO fände.[1504] Nach dessen Wortlaut ist allein der „Steuerpflichtige" und sein persönliches Steuerrechtsverhältnis in den Blick zu nehmen. Außerdem genießt die Körperschaft nicht nur einen Liquiditätsvorteil, denn auf ihrer Ebene werden die „§ 8b-Gewinne" auch später nicht mehr besteuert. Eine gesellschaftsübergreifende Betrachtung sollte bei Beurteilung des „Steuervorteils" daher ausscheiden, jedoch ist das dem § 8b KStG zugrundeliegende Mehrebenensystem bei der Frage des „gesetzlich nicht vorgesehenen" Vorteils zu berücksichtigen.

1500 *Pung*, in: Dötsch/Pung/Möhlenbrock, KStG, § 8b Rz. 27, 141; *Gosch*, in: Gosch, KStG, § 8b Rz. 1, 150 (Verhinderung von Kaskadeneffekten); *Desens*, DStR-Beih. 2013, 13; *Rödder/Schumacher*, DStR 2003, 909.

1501 An die tatsächliche Vorbesteuerung knüpft § 8b Abs. 1 Satz 1 KStG zwar nicht an, allerdings betrifft Satz 1 lediglich Dividenden, die das „Einkommen der leistenden Körperschaft nicht gemindert haben" (Satz 2) – dieses sog. Korrespondenzprinzip reflektiert den hinter Satz 1 stehenden Gedanken der Steuerfreiheit „vorbelasteter" Dividenden (vgl. BT-Drs. 16/2712, S. 70; *Schnitger*, in: Schnitger/Fehrenbacher, KStG, § 8b Rz. 184).

1502 *Seer/Drüen*, GmbHR 2002, 1093, 1099 („überschießende Regelungswirkung").

1503 *Frotscher*, in: Frotscher/Drüen, KStG, § 8b Rz. 3.

1504 *Stöber*, in: Gosch, AO/FGO, § 42 AO Rz. 77.

c) Steuervorteil „beim Steuerpflichtigen oder einem Dritten"

Erfasst werden von § 42 AO – der Wortlaut enthält keine dahingehende Einschränkung – auch Gestaltungen unter fremden Dritten.[1505] Fraglich ist indes, was der Gesetzgeber meint, wenn er die Entstehung eines Steuervorteils bei einem Dritten ausreichen lässt. Die mit dem JStG 2008 eingeführte Tatbestandserweiterung führt stellenweise zu Rätselraten über ihren Anwendungsbereich.[1506] In Anbetracht einzelner Sonderzuweisungen lässt sich dem Tatbestandsmerkmal möglicherweise doch eine Bedeutung zumessen. Einerseits ist denkbar, dass der Steuervorteil, den der eine Gesellschafter aufgrund einer Sonderzuweisung erlangt, im Nachgang auf alle Gesellschafter verteilt wird.[1507] Alle Gesellschafter partizipierten somit an der „Steuerbeute".[1508] Obwohl der Mitgesellschafter als „Dritter" so zumindest indirekt am Steuervorteil teilhat, entsteht der Vorteil nicht in seiner Person (bzw. in den Worten des § 42 Abs. 2 Satz 1 AO: die rechtliche Gestaltung „führt" nicht zu einem Steuervorteil bei einem Dritten). Erst eine weitere Gestaltung (nämlich die Vereinbarung einer Ausgleichszahlung) ist ursächlich für die nachfolgende Verteilung des Steuervorteils auf alle Gesellschafter. Diesen Fall unter § 42 Abs. 2 Satz 1 AO zu fassen, würde das Tatbestandsmerkmal des „Führens" nach hier vertretener Ansicht überstrapazieren. Derartige Ausgleichszahlungen sind als bloß mittelbare Folge einer rechtlichen Gestaltung folglich nicht als Steuervorteil „beim" Dritten anzusehen.[1509] Aus diesem Grund sollten aus § 42 AO keine nachteiligen Rechtsfolgen für den Dritten ableitbar sein. Damit ist gleichwohl noch nicht präjudiziert, dass die Verpflichtung zur Verteilung eines Steuervorteils

1505 *Drüen*, DStR 2020, 1465, 1473.

1506 Vgl. *Fischer*, in: Hübschmann/Hepp/Spitaler, AO/FGO, § 42 AO Rz. 261 (nachteilige Rechtsfolgen können nicht gegenüber Dritten gezogen werden); *Wendt*, DStJG 33 (2010), S. 117, 134 f. („Erstreckung auf Dritte geht vollständig ins Leere"); mit Einschränkungen auch *Hey*, BB 2009, 1044, 1046 („unklar, bei wem die Rechtsfolgen von § 42 AO eintreten sollen").

1507 So geschehen in BFH, Urteil vom 19.8.1999, I R 77/96, BFHE 189, 342, BStBl. II 2001, 43 und in FG Baden-Württemberg, Urteil vom 7.5.2008, 13 K 146/04, EFG 2008, 1206.

1508 *Hoffmann*, DStR 2006, 1938, 1941 mit Bezug zur „Mobilisierung" von Körperschaftsteuerguthaben.

1509 Vgl. BFH, Urteil vom 19.8.1999, I R 77/96, BFHE 189, 342, BStBl. II 2001, 43 unter II.1.c) (Teilhabe von Mitgesellschaftern am Steuervorteil eines anderen Gesellschafters ziehe keinen Gestaltungsmissbrauch nach sich; es handele sich um „Reflexwirkungen"), ebenso FG Baden-Württemberg, Urteil vom 7.5.2008, 13 K 146/04, EFG 2008, 1206.

an alle Gesellschafter keinen „gesetzlich nicht vorgesehenen Steuervorteil“ beim zunächst steuerlich begünstigten Gesellschafter indiziert.[1510]

Der Dritte könnte bei Anwendung von § 42 AO indes noch auf einem anderen Weg berücksichtigt werden. Wenn eine Sonderzuweisung, die bei einem Gesellschafter zu einem Steuervorteil führt, als missbräuchlich qualifiziert wird, ist fraglich, ob die Rechtsfolge des § 42 Abs. 1 Satz 3 AO nur bei diesem Gesellschafter eintritt oder sich die Besteuerung nach einer „angemessenen“ Gestaltung auf alle Gesellschafter erstreckt. Schließlich ist der „mit dem Steuervorteil versehene“ Gesellschafter aus Sicht seiner Mitgesellschafter „Dritter“, sodass sich § 42 AO auch auf die Besteuerung der Mitgesellschafter auswirken könnte. Ignoriert man unter Anwendung von § 42 Abs. 1 Satz 3 AO eine Sonderzuweisung, ist daher fraglich, ob auch die Gewinnanteile der Mitgesellschafter entsprechend anzupassen sind. Das Problem lässt sich am Beispiel der Periodenverlagerung illustrieren: Wird in einem Wirtschaftsjahr der gesamte Gesellschaftsgewinn einer Mitunternehmerschaft einem verlustführenden Gesellschafter zugewiesen, damit dieser in den Genuss einer „beschleunigten“ Verlustverrechnung kommt, könnte als Rechtsfolge von § 42 AO dieser Gesellschafter lediglich einen Gewinnanteil zugerechnet bekommen, der seiner Gesellschaftsbeteiligung entspricht – was aber wäre das steuerliche Schicksal des übrigen Gewinns? Nach dem Zurechnungsprinzip des § 15 Abs. 1 Satz 1 Nr. 2 Satz 1 EStG muss in jedem Jahr der volle Gesellschaftsgewinn der Versteuerung unterworfen werden. Das wäre im Beispielsfall nur möglich, wenn auch gegenüber den Gesellschaftern, die keine „unangemessene“ Verlustnutzung betrieben haben, ein Gewinnanteil zugerechnet werden könnte. Es ist zweifelhaft, ob § 42 AO diese Umverteilung des Gesellschaftsgewinns ermöglicht, zumal die „aussetzenden“ Gesellschafter im betreffenden Wirtschaftsjahr tatsächlich (handelsrechtlich) keinen Gewinn zugewiesen bekommen haben und folglich keine gesteigerte Leistungsfähigkeit aufweisen. Zutreffend erscheint daher Folgendes: Die Rechtsfolgen des § 42 AO beschränken sich auf den Gesellschafter, in dessen Person der Steuervorteil hätte entstehen sollen.[1511] Im Beispielsfall müsste die Verlustverrechnung des „begünstigten“ Gesell-

1510 Zu Ausgleichsklauseln unten F.III.2.b)ee).

1511 BFH, Urteil vom 19.8.1999, I R 77/96, BFHE 189, 342, BStBl. II 2001, 43 unter II.1.c) („Die Wirkungen von § 42 Satz 1 AO 1977 werden indes überdehnt, wenn die fraglichen Beträge bei einem anderen Anteilseigner [...] fiktiv als zugeflossen behandelt werden“); Urteil vom 12.7.2012, I R 23/11, BFHE 238, 344, DStR 2012, 2058 unter II.2.b)cc); *Ratschow*, in: Klein, AO, § 42 Rz. 85.

schafters auf den Gewinnanteil beschränkt werden, den er im Umfang seiner Gesellschaftsbeteiligung hätte zugewiesen bekommen. Den übrigen Gewinnanteil müsste er ohne Verlustverrechnung versteuern. Der verbleibende Verlustvortrag wird auf die Folgejahre „gestreckt". Somit bleibt der „Dritte", der selbst nicht in den Genuss eines Steuervorteils kommt, in Sonderzuweisungsfällen bei der Anwendung von § 42 AO außer Betracht. Dieses Ergebnis deckt sich mit der überwiegend vertretenen Auffassung, dass der Begriff des „Dritten" einschränkend auszulegen ist, um § 42 AO nicht zu „einer Art Gefährdungshaftung ausufern" zu lassen.[1512] Mitgesellschafter, in deren Person sich kein Steuervorteil verwirklicht, sind von den Korrekturen des § 42 AO folglich nicht betroffen.

4. Missbrauchsabsicht

Streitig ist das Erfordernis einer Missbrauchsabsicht als subjektives Tatbestandsmerkmal.[1513] Die Entlastungsmöglichkeit des § 42 Abs. 2 Satz 2 AO weist zwar darauf hin, dass die Motivlage des Steuerpflichtigen bedeutsam ist.[1514] Überwiegend wird der Diskussion jedoch keine gesteigerte praktische Bedeutung zugemessen,[1515] weil der BFH die Missbrauchsabsicht bei

---

1512 *Hey*, BB 2009, 1044, 1046; ferner *Drüen*, in: Tipke/Kruse, AO/FGO, § 42 AO Rz. 63; *Stöber*, in: Gosch, AO/FGO, § 42 AO Rz. 78; *Ratschow*, in: Klein, AO, § 42 Rz. 66; die Finanzverwaltung konkretisiert (AEAO zu § 42, Ziff. 2.3 Satz 3 f.): „Dritte i.S.d. § 42 Abs. 2 Satz 1 AO sind nur solche Personen, die in einer gewissen Nähe zum Steuerpflichtigen stehen. Dies ist insbesondere dann anzunehmen, wenn die Beteiligten Angehörige des Steuerpflichtigen i.S.d. § 15 AO oder persönlich oder wirtschaftlich mit ihm verbunden sind (z.B. nahe stehende Personen i.S.v. H 8.5 KStH 2015 oder § 1 Abs. 2 AStG)".

1513 Befürwortend *Ratschow*, in: Klein, AO, § 42 Rz. 75; *Stöber*, in: Gosch, AO/FGO, § 42 AO Rz. 90; *Drüen*, in: Tipke/Kruse, AO/FGO, § 42 AO Rz. 61; ablehnend *Fischer*, in: Hübschmann/Hepp/Spitaler, AO/FGO, § 42 AO Rz. 265 f.; der I., III., V. und VIII. BFH-Senat geben ein gemischtes Bild ab – für eine „zweckgerichtete Handlung" BFH, Urteil vom 5.2.1992, I R 127/90, BFHE 166, 356, BStBl. II 1992, 532; Beschluss vom 20.5.1997, VIII B 108/96, BFHE 183, 174 unter II.2.c) („Umgehungsabsicht"); Urteil vom 18.3.2004, III R 25/02, BFHE 205, 470, BStBl. II 2004, 787 unter II.2.d); offen gelassen von BFH, Beschluss vom 23.2.1989, V B 66/88, BFHE 155, 503, BStBl. II 1989, 396 unter 2.c); Urteil vom 10.9.1992, V R 104/91, BFHE 169, 258, BStBl. II 1993, 253;.

1514 *Hey*, StuW 2008, 167, 170; *Wendt*, DStJG 33 (2010), S. 117, 131 f., sieht in § 42 Abs. 2 Satz 2 AO ein negatives subjektives Tatbestandsmerkmal, dessen Vorliegen bei Bejahung eines gesetzlich nicht vorgesehenen Steuervorteils vermutet werde.

1515 *Horn*, in: Schwarz/Pahlke, AO/FGO, § 42 AO Rz. 88;

fehlenden außersteuerlichen Gründen für die Gestaltung vermutet.[1516] Auch die Vereinbarung von Sonderzuweisungen indiziert ein planerisches Vorgehen aus steuerlichen Motiven, sodass die Rechtsprechung – so steht es zu vermuten – eine Missbrauchsabsicht bejahen würde.

5. Nachweis beachtlicher außersteuerlicher Gründe

Der Steuerpflichtige kann nach § 42 Abs. 2 Satz 2 AO das Verdikt des Gestaltungsmissbrauchs abwenden, wenn er nach dem Gesamtbild der Verhältnisse beachtliche außersteuerliche Gründe für seine Gestaltung nachweist. Auch diese Tatbestandsergänzung durch das JStG 2008 knüpft an frühere Rechtsprechung an, wonach „beachtliche außersteuerliche Gründe" eine ansonsten unangemessene Gestaltung rechtfertigen konnten.[1517] Die Formulierung der „Beachtlichkeit" der außersteuerlichen Gründe „nach dem Gesamtbild der Verhältnisse" lässt Zweifel an der hinreichenden Bestimmtheit der Norm aufkommen, zumal die Gesetzesbegründung ebenfalls wenig aufschlussreich ist.[1518] Überdies stellt sich die Frage, wie sich Abs. 2 Satz 2 zum Amtsermittlungsgrundsatz gem. § 88 Abs. 1 Satz 1 AO verhält. Verbreitet wird nach dem Gedanken einer Sphärenaufteilung angenommen, dass eine missbräuchliche Gestaltung von der Finanzbehörde zu begründen ist, während sich der Steuerpflichtige durch den Nachweis beachtlicher außersteuerlicher Gründe nicht nur von der Vermutung der Missbrauchsabsicht, sondern von den drohenden Rechtsfolgen des § 42 AO insgesamt befreien kann.[1519] Nach dem Wortlaut ist allein unklar, wie der Begriff des „Nachweises" zu verstehen ist. Gemeint sein könnte eine vollständige Beweislastumkehr i.S. eines Beweises des Gegenteils, die dem Sys-

1516 BFH, Urteil vom 28.1.1992, VIII R 7/88, BFHE 167, 273, BStBl. II 1993, 84 unter 2.b)bb); Urteil vom 18.3.2004, III R 25/02, BFHE 205, 470, BStBl. II 2004, 787 unter II.2.d).; gl.A. *Stöber*, in: Gosch, AO/FGO, § 42 AO Rz. 91.

1517 BFH, Urteil vom 31.5.2005, I R 74, 88/04, BFHE 210, 117, BStBl. II 2006, 118 unter II.2.a); Urteil vom 14.1.2003, IX R 5/00, BFHE 201, 246, BStBl. II 2003, 509 unter II.1.b)aa).

1518 BT-Drs. 16/7036, S. 24 (Sind die nachgewiesenen außersteuerlichen Gründe nach dem Gesamtbild der Verhältnisse nicht wesentlich oder sogar nur von untergeordneter Bedeutung, sind sie nicht beachtlich im Sinne von Satz 2"); kritisch zu Abs. 2 Satz 2 etwa auch *Leisner-Enzensperger*, DStZ 2008, 358, 359.

1519 *Ratschow*, in: Klein, AO, § 42 Rz. 80 f.; *Hennigfeld*, in: BeckOK-AO, § 42 Rz. 210; *Drüen*, in: Tipke/Kruse, AO/FGO, § 42 AO Rz. 69 (kritisch allerdings zur Vermutung der Missbrauchsabsicht bei Bejahung einer unangemessenen Gestaltung).

tem der AO indes fremd wäre,[1520] oder eine bloß gesteigerte Mitwirkungspflicht zur Vorlage außersteuerlicher Gründe, bei deren Fehlen die negativen Rechtsfolgen eines non-liquet den Steuerpflichtigen treffen. Überwiegend wird letzteres i.S. einer partiellen Beweislastumkehr bejaht.[1521]

Außersteuerliche Gründe können „wirtschaftliche oder persönliche, aber auch im nichtsteuerlichen Bereich liegende rechtliche Gründe sein".[1522] Vor allem wirtschaftliche Motive können ausschlaggebend für die Vereinbarung von Sonderzuweisungen sein. Erinnert sei an die verschiedenen wirtschaftlichen Erwägungen, die zu einer Einführung von *Tracking-Stock*-Gestaltungen zugrunde liegen können.[1523] Die getrennte Verteilung von laufenden Gewinnen und Veräußerungsgewinnen ist aus der typischen stillen Gesellschaft bekannt und ebenfalls nicht stets steuerlich motiviert, so wie auch die Periodenverlagerung mitnichten ausschließlich der Verlustnutzung dienen kann, sondern sich etwa aus einem erhöhten Liquiditätsbedarf eines Gesellschafters ergeben kann. Sollten in diesen Fällen steuerliche Vorteile als Nebenfolge der Gestaltung auftreten, ist ein Gestaltungsmissbrauch abzulehnen. Denn bei der anzustellenden Gewichtung[1524] von außersteuerlichen und steuerlichen Gründen ist zu berücksichtigen, dass ein „Überwiegen" der außersteuerlichen Gründe vom Gesetzeswortlaut nicht gefordert wird.[1525]

1520 *Heintzen*, FR 2009, 599, 604.

1521 *Stöber*, in: Gosch, AO/FGO, § 42 AO Rz. 91; *Horn*, in: Schwarz/Pahlke, AO/FGO, § 42 AO Rz. 92; *Ratschow*, in: Klein, AO, § 42 Rz. 81; *Koenig*, in: Koenig, AO, § 42 Rz. 26; *Baum*, in: eKommentar-AO, § 42 Rz. 52; *Mack/Wollweber*, DStR 2008, 182, 185 f.; *Hahn*, DStZ 2008, 483, 490; *Hey*, BB 2009, 1044, 1047; *Carlé*, DStZ 2008, 653, 654.

1522 *Horn*, in: Schwarz/Pahlke, AO/FGO, § 42 AO Rz. 90; ferner *Stöber*, in: Gosch, AO/FGO, § 42 AO Rz. 93.

1523 Oben C.V.1.a) und C.V.1.b)aa) (z.B. Finanzierungsfunktion, Einsatz als Akquisitionswährung, Reduktion von Gemeinkosten, Rücksichtnahme auf Gesellschafterinteressen oder Anreizmittel für Geschäftsführer).

1524 Vgl. den Wortlaut von § 42 Abs. 2 Satz 2 AO („nach dem Gesamtbild der Verhältnisse beachtlich"); so auch *Drüen*, in: Tipke/Kruse, AO/FGO, § 42 AO Rz. 74.

1525 *Wendt*, DStJG 33 (2010), S. 117, 132; *Horn*, in: Schwarz/Pahlke, AO/FGO, § 42 AO Rz. 91.

6. Rechtsfolge – Steueranspruch wie bei angemessener Gestaltung

In Abweichung von § 38 AO entsteht der Steueranspruch beim Vorliegen eines Gestaltungsmissbrauchs so, wie er bei einer den wirtschaftlichen Vorgängen angemessenen rechtlichen Gestaltung entsteht (§ 42 Abs. 1 Satz 3 AO). Die Frage, ob die Vorschrift eine Sachverhaltsfiktion vorschreibt oder dem verwirklichten Sachverhalt eine abweichende Rechtsfolge zuordnet,[1526] bedarf vorliegend keiner Entscheidung. Entscheidend ist, bei wem geänderte steuerliche Folgen eintreten. An der missbräuchlichen Gestaltung sind zwar im Regelfall alle Gesellschafter beteiligt, indem sie sowohl den Gewinnverteilungsschlüssel beschlossen haben als auch zivilrechtlich darauf basierende Gewinnanteile zugewiesen bekommen. Vom Gesetz nicht vorgesehene Steuervorteile sind jedoch gesellschafterbezogen zu ermitteln – nur sie sind „Steuerpflichtige" i.S.d. § 42 AO –, sodass auch ausschließlich die „steuerlich begünstigten" Gesellschafter eine vom Sachverhalt abweichende Besteuerung treffen können.[1527] Wie das genannte Beispiel zur Periodenverlagerung verdeutlicht, können Sonderzuweisungen dazu führen, dass bei einem Gesellschafter ein Gestaltungsmissbrauch zu bejahen ist, bei einem Mitgesellschafter hingegen nicht.[1528]

Ist somit festgestellt, dass nur die von einer Sonderzuweisung „steuerlich begünstigten" Gesellschafter von der Rechtsfolge des § 42 Abs. 1 Satz 3 AO betroffen sind, fragt sich weiterhin, welche die der Besteuerung zugrunde zu legende „angemessene" Gestaltung ist. Bei der Gewinnverteilung einer Personengesellschaft ergeben sich unter Umständen mehrere Alternativgestaltungen, zumindest aber der Rückfall auf den gesetzlichen Gewinnverteilungsschlüssel oder aber eine Verteilung nach dem Verhältnis der Festkapitalanteile. Zutreffenderweise wird insofern auf die für den Steuerpflichtigen

1526 Für eine Sachverhaltsfiktion BFH, Urteil vom 2.3.2016, I R 73/14, BFHE 253, 331, BStBl. II 2016, 887 unter II.3.d)cc)aaa); *Drüen*, in: Tipke/Kruse, AO/FGO, § 42 AO Rz. 78; für eine Rechtsfolgenänderung *Koenig*, in: Koenig, AO, § 42 Rz. 28; zur verfahrensrechtlichen Dimension der Frage *Hennigfeld*, BeckOK-AO, § 42 Rz. 218 ff.

1527 BFH, Urteil vom 19.8.1999, I R 77/96, BFHE 189, 342, BStBl. II 2001, 43 unter II.1.c); Urteil vom 12.7.2012, I R 23/11, BFHE 238, 344, DStR 2012, 2058 unter II.2.b)cc); *Ratschow*, in: Klein, AO, § 42 Rz. 85.

1528 BFH, Urteil vom 6.6.1991, V R 70/89, BFHE 165, 1, BStBl. II 1991, 866 unter 3.b); Urteil vom 19.8.1999, I R 77/96, BFHE 189, 342, BStBl. II 2001, 43 unter II.1.c); Urteil vom 4.12.2014, IV R 28/11, BFH/NV 2015, 495 unter II.1.b)bb).

steuerlich günstigste Alternativgestaltung abgestellt.[1529] Zum einen spiegelt sich in dieser Lösung, dass § 42 AO keinen Strafcharakter hat, sondern nur den missbräuchlichen Teil einer Gestaltung zu neutralisieren bezweckt.[1530] Insofern ist es sachgerecht, dem Gesellschafterwillen noch ein hinreichendes Maß an Beachtung zu schenken. Zum anderen wird dem Umstand Rechnung getragen, dass zivilrechtlich weiterhin die „unangemessene" Gestaltung vollzogen wird,[1531] was sich auf die Leistungsfähigkeit des betroffenen Gesellschafters auswirkt. Je punktueller eine Sonderzuweisung ausgestaltet war, desto geringere Eingriffsfolgen zieht § 42 AO folglich nach sich. Damit deckt sich die auf Rechtsfolgenseite heranzuziehende „angemessene" Gestaltung mit derjenigen Gestaltung, die auf Tatbestandsseite bereits bei Prüfung der Unangemessenheit als Vergleichsmaßstab für die mutmaßlich „unangemessene" Gestaltung genutzt wurde.

7. Zwischenergebnis

Mit den „Außentheoretikern" ist § 42 AO als Rechtsnorm mit eigenem Tatbestand und Rechtsfolgen ernst zu nehmen. Gleichwohl ist damit nicht beantwortet, welche rechtlichen Gestaltungen als missbräuchlich zu verwerfen sind. Diese Erkenntnis kann nur der Blick auf einzelne Steuertatbestände leisten, die allerdings vor dem Hintergrund zu beurteilen sind, dass sich die Personengesellschafter in einer Gesellschaft zusammenschließen und die Steuervorteile mithin nicht nur aufgrund ihrer persönlichen Verhältnisse erlangen, sondern durch planerisches, womöglich „kollusives" Vorgehen mehrerer. Herzstück der Prüfung des § 42 AO sind – auch im Fall von Sonderzuweisungen – die Tatbestandsmerkmale der „Unangemessenheit" und des „gesetzlich nicht vorgesehenen Steuervorteils", wobei eine einheitliche Wertung unter Berücksichtigung der umgangenen Norm vorzunehmen ist. Ist der Gestaltungsmissbrauch zu bejahen, beschränken sich die Rechtsfolgen des § 42 Abs. 1 Satz 3 AO allein auf die „unangemessen"

1529 *Stöber*, in: Gosch, AO/FGO, § 42 AO Rz. 59; *Koenig*, in: Koenig, AO, § 42 Rz. 28; *Drüen*, in: Tipke/Kruse, AO/FGO, § 42 Rz. 78; *Horn*, in: Schwarz/Pahlke, AO/FGO, § 42 AO Rz. 84.

1530 Vgl. FG Münster, Urteil vom 30.6.2021, 13 K 272/19 G, F, (rkr.), EFG 2021, 1615 unter I.2.b)aa) (§ 42 AO bezwecke keine „Überkompensation").

1531 BFH, Urteil vom 6.3.1996, II R 38/93, BFHE 179, 443, BStBl. II 1996, 377 (2. Ls.); *Drüen*, in: Tipke/Kruse, AO/FGO, § 42 AO Rz. 80; *Koenig*, in: Koenig, AO, § 42 Rz. 31; *Hennigfeld*, in: BeckOK-AO, § 42 Rz. 216.

begünstigten Gesellschafter und erstrecken sich nicht auf ihre Mitgesellschafter. Zur eingehenderen Untersuchung des Gestaltungsmissbrauchs bei Sonderzuweisungen ist eine Orientierung an Fallgruppen praktikabel wie notwendig, die von der Rechtsprechung mitunter schon vor Inkrafttreten des JStG 2008 als missbräuchlich beurteilt hat. Denn nach Betrachtung der seit Neufassung des § 42 AO ergangenen BFH-Entscheidungen ist eine Neuausrichtung der Rechtsprechung in den bestehenden Missbrauchsfallgruppen nicht auszumachen.[1532]

III. § 42 AO und einzelne Sonderzuweisungen

Sonderzuweisungen können aus den verschiedensten steuerlichen Motiven angestrebt werden. Nicht sämtliche in Betracht kommenden Konstellationen sollen nachfolgend untersucht werden, sondern bereits in den vorstehenden Kapiteln thematisierte Fälle, die stellvertretend für die zuvor dargestellten Fallgruppen von Sonderzuweisungen stehen.

1. Steuervorteile

a) Wirtschaftsgutsspezifische Sonderzuweisungen

Bei *Tracking-Stock*-Gestaltungen ist zwischen Mitunternehmerschaften und vermögensverwaltenden Personengesellschaften zu unterscheiden. Das folgt aus dem Umstand, dass Mitunternehmerschaften im Bereich der Gewinneinkünfte tätig sind, bei denen es nicht zu Brüchen zwischen steuerbaren und nicht steuerbaren Veräußerungsgeschäften oder steuertariflichen Sprüngen aufgrund des Sondertarifs für Kapitaleinkünfte kommen kann. Man könnte daher annehmen, der eigentliche Problemfall liege in den vermögensverwaltenden Personengesellschaften. Jedoch sind auch bei *Tracking-Stock*-Modellen in Mitunternehmerschaften steuerliche Gestaltungsoptionen denkbar, etwa indem eine Mitunternehmer-Körperschaft „überquotal“ Dividenden zugewiesen bekommt, die bei ihr unter das

1532 Zum Schluss, dass die Neufassung von § 42 AO durch das JStG 2008 keine inhaltlichen Änderungen mit sich bringt, kommen auch *Hennigfeld*, in: BeckOK-AO, § 42 Rz. 137; *Mack/Wollweber*, DStR 2008, 182; *Hey*, BB 2009, 1044; *Hahn*, DStZ 2008, 483; *Leisner-Enzensperger*, DStZ 2008, 358, 360.

Schachtelprivileg des § 8b Abs. 1 Satz 1, Abs. 4 Satz 1 KStG fallen.[1533] Die „überquotale“ Ausnutzung des Schachtelprivilegs führt zu einem steuerlichen Definitiveffekt, der sich für die Mitunternehmer-Körperschaft steuermindernd auswirkt.

Im steuerlich vermögensverwaltenden Bereich besteht für natürliche Personen ein besonderes steuerliches Interesse darin, von Veräußerungsgewinnen zu profitieren, die in ihrer Person ein (anteiliges) nicht steuerbares privates Veräußerungsgeschäft darstellen. Die Gesellschafter partizipieren infolge dahingehender Sonderzuweisungen „überquotal“ an nicht steuerbaren Überschussanteilen, was bei beteiligungsquotaler Verteilung aller Veräußerungsgewinne auf alle Gesellschafter nicht der Fall gewesen wäre.[1534] Die Sonderzuweisung des Veräußerungserlöses aus einem Grundstücksverkauf kann außerdem speziell darauf abzielen, bei einzelnen Gesellschaftern das Überschreiten der „Drei-Objekt-Grenze“ zu verhindern, um keine Indizwirkung für einen gewerblichen Grundstückshandel entstehen zu lassen.[1535] Der gewerbliche Grundstückshandel würde bei ihm auch vorherige Grundstücksverkäufe aus dem (ursprünglich) steuerlichen Privatvermögen

---

1533 Vgl. oben C.V.1.a) (Beispiel 3): Eine Mitunternehmerschaft ist am Stammkapital von zwei Kapitalgesellschaften mit 5 bzw. 15 Prozent beteiligt. An der Mitunternehmerschaft sind die A-GmbH und die B-GmbH im Verhältnis 75/25 beteiligt. Die A-GmbH bekommt nach dem Gewinnverteilungsschlüssel das gesamte Ergebnis aus der 15-Prozent-Beteiligung zugewiesen, die B-GmbH das gesamte Ergebnis aus der 5-Prozent-Beteiligung.

1534 Vgl. oben E.I.4.b)bb)(3) (Beispiel 16): Eine vermögensverwaltende Personengesellschaft hält seit 1.1.2000 drei Grundstücke. Bis Ende 2014 sind A und B die alleinigen Gesellschafter. Am 1.1.2015 tritt C der Gesellschaft bei, indem er von den anderen beiden Gesellschaftern jeweils 1/6 ihrer Beteiligung erwirbt. Zum Zeitpunkt des Beitritts von C ist absehbar, dass ein bestimmtes Grundstück bereits im Laufe des Jahres 2015 veräußert werden soll. Mit dem Beitritt des C vereinbaren die Gesellschafter, dass C nicht an Gewinnen beteiligt werden soll, die aus dieser Veräußerung resultieren. Im Gegenzug – damit alle Gesellschafter ab dem Beitritt des C einen gleich hohen 1/3-Gewinnanteil erhalten – soll C einen erhöhten Anteil am Gewinn aus den späteren Veräußerungen der übrigen beiden Grundstücke zugewiesen bekommen, die letztlich am 1.3.2025 veräußert werden.

1535 Vgl. oben C.V.1.a) (Beispiel 4): A hat in den letzten zwei Jahren drei Grundstücke aus seinem steuerlichen Privatvermögen veräußert. Außerdem ist er seit fünf Jahren Gesellschafter einer steuerlich vermögensverwaltenden GbR mit B und C als weiteren Gesellschaftern. Teil des Gesamthandsvermögens ist ein Grundstück, das von der GbR verkauft wird. Nach der Gewinnverteilungsabrede der GbR sollen nur B und C am Erlös aus der Veräußerung des Grundstücks beteiligt werden, während C ausschließlich am Veräußerungserlös anderweitiger Wirtschaftsgut partizipiert.

erfassen, unabhängig vom Ablauf der Haltefrist des § 23 Abs. 1 Satz 1 Nr. 1 EStG.[1536]

Erwägen ließe sich, auch die persönliche Steuerbefreiung eines Mitunternehmers[1537] als Element eines missbräuchlichen *Tracking-Stock*-Gestaltung anzusehen. Insofern wird unter Bezug zum US-Steuerrecht der „paradigmatische" Fall referenziert, wonach der persönlich steuerbefreite Gesellschafter die sachlich steuerbaren und -pflichtigen Gewinnbestandteile, der regulär besteuerte Gesellschafter hingegen die günstig oder gar nicht besteuerten Gewinnbestandteile zugewiesen bekommt.[1538] In diesem Fall ist es gleichwohl nicht der steuerbefreite Gesellschafter, der einen steuerlichen Vorteil genießt, sondern wiederum der steuerpflichtige Mitgesellschafter, dem „überquotal" niedrig besteuerte Gewinnbestandteile zugewiesen werden. Der persönlich steuerbefreite Gesellschafter kommt von vornherein nicht in die Position, Steuervorteile oder -nachteile erfahren zu können, unabhängig von der konkreten Ausgestaltung der Gewinnverteilung. Nicht anders ist es bei einem verlustführenden Gesellschafter, der sich mit der Sonderzuweisung steuerlich nicht „begünstigter" (besser gesagt: nicht steuerlich vorbelasteter) Gewinnbestandteile wie etwa Zinsen einverstanden erklärt, weil ihn sein Verlustvortrag vor einer tatsächlichen Steuerbelastung schützt. Der Verlustvortrag hätte ihn auch vor der Besteuerung bewahrt, wenn er „günstiger" besteuerte Gewinnbestandteile zugewiesen bekommen hätte. Es ist auch in diesem Szenario nicht der verlustführende Gesellschafter, sondern der Mitgesellschafter, der durch die „überquotale" Partizipation an „günstig" besteuerten Gewinnbestandteilen einen steuerlichen Vorteil hat.

b) Gesonderte Zuweisung von laufenden Gewinnen und Veräußerungsgewinnen

Im vermögensverwaltenden Bereich stehen bei diesen Sonderzuweisungen nicht steuerbare Veräußerungsgewinne im Vordergrund. Exemplarisch für diese Fallgruppe können Fälle der gesonderten Zuweisung von Zwischeneinkünften i.S.d. § 23 Abs. 1 Satz 1 Nr. 2 Satz 4 EStG herangezogen

1536 Zum „rückbezogenen" gewerblichen Grundstückshandel *Söffing*, Gewerblicher Grundstückshandel, Rz. 106.

1537 Mitunter beteiligen sich etwa öffentlich-rechtliche Kreditinstitute (vgl. § 5 Abs. 1 Nr. 2 KStG) im Rahmen staatlicher Förderprogramme an geschlossenen Fonds.

1538 *Schön*, in: GS Knobbe-Keuk, S. 139, 155.

werden.[1539] Auch bei Mitunternehmerschaften ist die gesonderte Zuweisung von laufenden Gewinnen und Veräußerungsgewinnen denkbar, die Fallgruppe hat im gewerblichen Bereich allerdings einen beschränkten Anwendungsbereich. Das zeigt sich etwa daran, dass die isolierte Zuweisung von Dividenden an eine Mitunternehmer-Körperschaft bei dieser zu Streubesitz-Dividenden führt, weil sie ohne Beteiligung am Veräußerungserlös nicht die Beteiligungsschwelle des § 8b Abs. 4 Satz 1, Satz 4 KStG erreicht. Ein verbleibender Anwendungsfall kann sich bei gewerblichen Grundstücksgesellschaften ergeben, wo Mieteinnahmen und Grundstücksveräußerungserlöse verschiedenen Mitunternehmern gesondert zugewiesen werden können, ohne dass eine Versagung laufender Abschreibungen beim „vermietenden" Mitunternehmer droht.

c) Character-Shifting

Das *Character-Shifting* als Unterfall einer *Tracking-Stock*-Gestaltung kann mit einem Prisma an steuerlichen Vorteilen verbunden sein:

(1) Tarifspreizung: Mit der Schedule für Einkünfte aus Kapitalvermögen ist ein Sondertarif verbunden (§ 32d Abs. 1 Satz 1 EStG), der sich bei Gesellschaftern, die einem hohen persönlichen Grenzsteuersatz unterliegen, vorteilhaft im Vergleich zu progressiv besteuerten Einkünften auswirken kann. Besonders deutlich zeigt sich der Effekt bei Zinsen, die keiner körperschaftsteuerlichen Vorbelastung unterliegen, aber (sofern nicht die Voraussetzungen des § 32d Abs. 2 Nr. 1 EStG vorliegen),

1539 Oben C.V.2.a)cc) (Beispiel 6): Eine vermögensverwaltende Gesellschaft mit den Gesellschaftern A und B kauft und hält Oldtimer. Die Fahrzeuge werden nach dem Kauf auf alleinigen Wunsch des Gesellschafters A an Dritte vermietet. Nach der Gewinnverteilungsabrede soll nur Gesellschafter A die Mieteinnahmen erhalten, weil er sich um die notwendige Abwicklung kümmert. Nach zwei Jahren veräußert Gesellschafter B seine Gesellschaftsbeteiligung. Ferner oben E.III.2.c) (Beispiel 18): A, B und C sind Gesellschafter einer vermögensverwaltenden Personengesellschaft, deren Zweck der Erwerb, die Vermietung und die Veräußerung von Flugzeugen ist. A und B haben jeweils eine Einlage von 100 geleistet und C eine Einlage von 50. Die laufen-den Vermietungseinnahmen sollen nach der gesellschaftsvertraglichen Gewinnverteilungsabrede nur den Gesellschaftern A und B zugewiesen werden, während am Veräußerungsgewinn (oder -verlust) alle Gesellschafter zu gleichen Teilen (je 1/3) partizipieren sollen. Ein Flugzeug wird sieben Jahre nach Anschaffung durch die Gesellschaft veräußert.

aber gleichwohl linear mit 25 Prozent besteuert werden.[1540] Für Körperschaften hingegen, die auf ihrer Ebene stets linear mit 15 Prozent (zuzüglich der Gewerbesteuer in etwa gleicher Höhe) besteuerte gewerbliche Einkünfte erzielen, wären keine steuerlichen Nachteile verbunden, Einkünfte aus anderen Quellen (etwa aus Vermietung und Verpachtung) zugerechnet zu bekommen.

(2) Werbungskostenabzug: Wer abgeltungsbesteuerte Einkünfte aus Kapitalvermögen erzielt, ist gem. § 20 Abs. 9 Satz 1 EStG (abgesehen vom Sparer-Pauschbetrag) vom Werbungskostenabzug ausgeschlossen. Eine natürliche Person als Gesellschafter, die ihre Gesellschaftsbeteiligung fremdfinanziert und dadurch Sonderwerbungskosten in Form von Zinsaufwand trägt, hat ein steuerliches Interesse daran, anderweitige Einkünfte zugerechnet zu bekommen (beispielsweise aus Vermietung und Verpachtung). Dieser Gesellschafter profitiert folglich „überquotal" vom Werbungskostenabzug im Vergleich zu einer Situation, in der ihm von den Kapitaleinkünften und anderweitigen Einkünften ein beteiligungsquotaler Anteil zugerechnet würde.

(3) Verlustverrechnungskreise: Einkünfte aus Kapitalvermögen und Einkünfte aus steuerbaren privaten Veräußerungsgeschäften unterliegen Verlustverrechnungsbeschränkungen in Form separater Verlustverrechnungskreise (§ 20 Abs. 6 Satz 1, ferner Satz 4 ff. EStG bzw. § 23 Abs. 3 Satz 7 f. EStG). Die gesonderten Verlustverrechnungskreise durchbrechen das in § 2 Abs. 3 EStG angelegte Prinzip des vertikalen und horizontalen Verlustausgleichs und führen zu einer zeitlichen Streckung der Verlustnutzung. Sollte ein Gesellschafter von diesen Verrechnungsschranken betroffene Verlustvorträge führen, gelingt ihm durch eine Sonderzuweisung „komplementärer" Überschüsse eine beschleunigte Verlustnutzung. Der Steueranspruch hinsichtlich solcher Überschüsse vermindert sich im Jahr der Verlustnutzung stärker („überquotal"), als es ohne Sonderzuweisung und bloß beteiligungsquotaler Zurechnung von entsprechenden Überschüssen der Fall wäre. Nach dem Prinzip der Abschnittsbesteuerung ist dieser Steuervorteil tatbestandlich i.S.d. § 42 Abs. 2 Satz 1 AO. Der Gesellschafter hätte seinen verbleibenden Verlustvortrag womöglich zu einem späteren Zeitpunkt noch nutzen können, allerdings verschafft ihm die beschleunigte Verlustnutzung einen Liquiditäts- und Zinsvorteil. Spiegelbildlich

1540 *Werth*, in: Brandis/Heuermann, Ertragsteuerrecht, § 32d EStG Rz. 46.

kann die „überquotale" Zurechnung beschränkt verrechenbarer Verluste aus der Personengesellschaft zum Gesellschafter „zugehörige" Überschüsse ausgleichen, die der Gesellschafter außerhalb der Gesellschaft erzielt hat, und ihm dadurch einen Progressionsvorteil verschaffen.[1541]

d) Periodenverlagerung

An die Verlustverrechnungsmöglichkeiten durch das *Charakter-Shifting* schließen sich die Verlustverrechnungsmöglichkeiten durch die Periodenverlagerung an.[1542] Es bestehen zwei Vorgehensweisen, um die Periodenverlagerung zur Verlustverrechnung zu instrumentalisieren. Entweder wird ein Verlust der Gesellschaft mit positiven Einkünften auf Gesellschafterebene verrechnet oder der einem Mitunternehmer gesondert zugewiesene Gesellschaftsgewinn wird mit dessen Verlustvortrag oder -rücktrag verrechnet. Der aus der Gestaltung resultierende steuerliche Vorteil liegt wiederum in einer beschleunigten Verlustnutzung auf Gesellschafterebene oder in einem Progressionsvorteil aus der Minderung des Gesamtbetrags der Einkünfte gem. § 10d Abs. 1 EStG.

2. „Gesetzlich nicht vorgesehene" Steuervorteile

a) Steuervorteile aufgrund von Systembrüchen

Bei Betrachtung der ersten drei Fallgruppen (*Tracking-Stock*-Strukturen einschließlich des *Character-Shiftings* und die getrennte Zuweisung von laufenden Gewinnen und Veräußerungsgewinnen) zeigt sich, dass sämtliche angesprochenen Steuervorteile auf Systembrüchen bestehen, die dem deutschen Ertragsteuerrecht seit jeher oder mittlerweile innewohnen. Des Weiteren zeigt die nachstehende Untersuchung, der sich der Gesetzgeber über die von ihm verursachte Fragmentierung stets bewusst war. Nicht

---

1541 Unter Beachtung der teilweise eingeschränkten (§ 23 Abs. 3 Satz 8 Hs. 1 EStG) bzw. ausgeschlossenen Verlustrücktragsmöglichkeiten (vgl. § 20 Abs. 6 Satz 1 Hs. 2 und Satz 2 EStG).

1542 Oben C.V.4 (Beispiel 10): Gewinne und Verluste werden grundsätzlich nach Köpfen verteilt. Ergibt sich im Jahr 2020 ein Gewinn, erhält diesen Gesellschafter A vollständig. In den nachfolgenden Geschäftsjahren erhält Gesellschafter B den vollen Gewinn bis zu dem Betrag, den Gesellschafter A im Jahr 2020 zugewiesen bekommen hat. Anschließend wird der Gewinn nach Köpfen verteilt.

in Unkenntnis über Prinzipien des Einkommensteuerrechts, sondern aus unterschiedlichen (außersteuerlichen) politischen Erwägungen sah er sich veranlasst, systemwidrige Steuertatbestände einzuführen oder bestehende Systemwidrigkeiten unangetastet zu lassen.

aa) Dualismus der Einkunftsarten

Als in § 2 Abs. 2 EStG manifestierter „Dualismus der Einkunftsarten" wird gemeinhin die Unterscheidung zwischen den Gewinn und den Überschusseinkunftsarten bezeichnet.[1543] Er zeigt sich einerseits in einem Dualismus der Einkunftsermittlung, andererseits in den verschiedenen Einkommensbegriffen, die nach der Reinvermögenstheorie bzw. der Quellentheorie den Gewinn- bzw. den Überschusseinkünften zugrunde liegen.[1544] Ursprünglicher Markenkern der Überschusseinkünfte war ihre quellentheoretische Konzeption, wonach Wertveränderungen des Stammvermögens nicht zu besteuern sind. Daraus folgt prinzipiell die fehlende Steuerbarkeit von privaten Veräußerungsgeschäften. Mit Blick auf Einkünfte aus Kapitalvermögen hat sich das Gesetz zwar inzwischen von der Quellentheorie verabschiedet, für die sonstigen Einkünfte gem. § 22 Nr. 2 i.V.m. § 23 EStG besteht sie dem Grunde nach fort. Allein zur Vermeidung von An- und Verkäufen aus Spekulationsgründen enthält das Gesetz in § 23 Abs. 1 EStG Haltefristen, die im Laufe der Zeit vom Gesetzgeber immer weiter ausgedehnt wurden.[1545]

Der Dualismus der Einkunftsarten ist eng mit den Namen *Bernhard Fuisting*[1546] und *Georg von Schanz*[1547] verbunden, die maßgebliche Vertreter der Quellentheorie (*Fuisting*) bzw. Reinvermögenstheorie (*von Schanz*) waren.[1548] Vor die Wahl der Einkommensbegriffe gestellt, konnte sich der

---

1543 *Musil*, in: Herrmann/Heuer/Raupach, EStG/KStG, § 2 EStG Rz. 520 ff.; *Söhn*, DStJG 30 (2007), S. 13, 14 ff.

1544 *Eckhoff*, FR 2007, 989, 930; *Elicker*, DStJG 30 (2007), S. 97, 98; z.T. wird der Dualismus auch als Summe der Unterschiede zwischen den Gewinn- und Überschusseinkunftsarten gesehen, vgl. *Musil*, in: Herrmann/Heuer/Raupach, EStG/KStG, § 2 EStG Rz. 520.

1545 Oben E.I.2.b)bb).

1546 Grundzüge der Steuerlehre, S. 41 ff., 110, 132 ff.

1547 FinArch 13 (1896), 1 ff. und FinArch 39 (1922), 107 ff.

1548 Als Begründer der Quellentheorie ist allerdings nicht *Bernhard Fuisting*, sondern *Franz Guth* anzusehen (Die Lehre vom Einkommen in dessen Gesammtzweigen, S. 62: „Einkommen ist jede aus einer Quelle, also mit einer gewissen Regelmäs-

Gesetzgeber des EStG 1919 und mehr noch des EStG 1925 weder in Gänze für den einen noch den anderen Ansatz entscheiden.[1549] Das damals zur Begründung des Dualismus vorgebrachte Argument für eine Trennung der beiden „Hauptgruppen", dass nur im betrieblichen Bereich ein der Erwerbstätigkeit „gewidmetes" Vermögen bestehe, dessen Wertveränderungen es zu erfassen gelte, schlägt nicht durch. Solches Vermögen existiert ebenso im Bereich der Überschusseinkünfte.[1550] Dass in Abkehr vom ursprünglich geplanten streng quellentheoretischen Ansatz des PrEStG 1891 die Einkünfte aus „Handel und Gewerbe" nach Maßgabe der handelsrechtlichen Buchführung und somit durch einen Bestandsvergleich ermittelt werden sollte, ist vielmehr als Ergebnis erfolgreicher Lobbyarbeit damaliger Unternehmer zu werten. Sie wollten aus Vereinfachungsgründen ihre nach dem ADHGB ohnehin verpflichtende Buchführung zur Grundlage ihrer Steuererklärung machen.[1551] Der so entstandene Dualismus ist denn eher auf Pragmatismus als auf steuerliche Prinzipientreue gebettet und als konzeptioneller Bruch, quasi als Geburtsfehler des EStG, von Beginn an in Kauf genommen worden.[1552] Im Zuge der Einkommensteuerreform von 1934 gab der Gesetzgeber offen zu, „keiner Lehrmeinung zu folgen".[1553] Durch die abermalige Entscheidung gegen einen einheitlichen Einkommensbegriff setzte er den sachlich schwer zu rechtfertigenden Dualismus der Einkunftsarten fort. Dass der Dualismus seit Einführung des EStG besteht und inzwischen selbst einen einkommensteuerrechtlichen Grundsatz darstellen soll,[1554] lässt einen Systembruch nicht entfallen, denn seine lange Historie ändert nichts an der materiellen Ungleichbehandlung verschiedener Einkunftsarten.[1555] Einkommensteuerbezogene Reformvorschläge streben daher *uni sono* eine Aufgabe des Dualismus der Einkunftsarten an.[1556] Die vom Gesetzgeber

---

sigkeit wiederkehrende Vermehrung des Vermögens."), vgl. *Kirchhof*, in: Kirchhof/Söhn/Mellinghoff, EStG, § 2 Rz. A 314.

1549 *Schneider*, in: Kirchhof/Söhn/Mellinghoff, EStG, § 17 Rz. A 181.

1550 Ausführlich *Söhn*, DStJG 30 (2007), S. 13, 18 ff.

1551 *Elicker*, DStJG 30 (2007), S. 96, 105 f.; *Velte*, Ubg 2015, 265, 269.

1552 *Kirchhof*, in: Kirchhof/Söhn/Mellinghoff, EStG, § 2 Rz. A 438 („bewusste" Schaffung zweier qualitativ unterschiedlicher Arten von „Einkommen"); *Elicker*, DStJG 30 (2007), S. 96, 105 f.

1553 *Elicker*, DStJG 30 (2007), S. 96, 107 mit Bezug zur Gesetzesbegründung in RStBl. 1935, S. 34.

1554 *Söhn*, DStJG 30 (2007), S. 13, 16.

1555 Vgl. *Hey*, BB 2007, 1303, 1308 (EStG stets hinter dem Ideal einer synthetischen Einkommensteuer zurückgeblieben).

1556 *Desens*, DStJG 37 (2014), S. 95, 128.

vorgenommene Grenzziehung zwischen steuerpflichtigen und steuerfreien Veräußerungsgewinnen rechtfertigt es, dass das bewusste Abwarten der Haltefristen des § 23 Abs. 1 EStG keinen Gestaltungsmissbrauch begründet.[1557]

bb) Abgeltungsteuer

Die Aufgabe der Quellentheorie für Einkünfte aus Kapitalvermögen wurde mit Absenkung der im Rahmen von § 17 EStG maßgeblichen Beteiligungsschwelle auf 1 Prozent in Gang gesetzt und mit der haltefristunabhängigen Erfassung aller Veräußerungsvorgänge i.S.d. § 20 Abs. 2 EStG besiegelt.[1558] Als Sammelbegriff bezeichnet die Abgeltungsteuer den Sondertarif des § 32d EStG, die Verlustverrechnungskreise des § 20 Abs. 6 EStG sowie den eingeschränkten Werbungskostenabzug nach § 20 Abs. 9 EStG.[1559] Alle diese Komponenten sind Ausdruck der Bruttobesteuerung für Kapitaleinkünfte gem. § 20 EStG und tragen maßgeblich zur weiteren Fragmentierung des Einkommensteuersystems bei. Bezeichnenderweise sind es ausgerechnet diese drei „Sonderwege“[1560] der Abgeltungsteuer, die sich als steuerliche Hauptanreize für das *Character-Shifting* herauskristallisieren lassen.

Mit der Abgeltungsteuer folgte der Gesetzgeber einem globalen Trend zur Einführung einer dualen Einkommensteuer, wonach Arbeits- und Kapitaleinkommen grundsätzlich unterschiedlich belastet wird.[1561] Der fiskalische Zweck der Quellenbesteuerung privater Kapitaleinkünfte bestand darin, einen verbesserten Steuerzugriff auf das „flüchtige“ Kapital zu erlangen.[1562] Internationaler Steuerwettbewerb kombiniert mit vormals eingeschränkten Vollzugsmöglichkeiten[1563] ließ eine Abkehr von einer progressi-

1557 *Wernsmann*, in: Kirchhof/Söhn/Mellinghoff, EStG, § 23 Rz. A 82; *Trossen*, in: BeckOK-EStG, § 23 Rz. 82; *Rödder*, DStJG 33 (2010), S. 93, 97, 100.

1558 Oben E.I.2.b)aa).

1559 *Anzinger*, GmbHR 2018, 445, 446.

1560 *Anzinger*, GmbHR 2018, 445, 447.

1561 *Hey*, in: Tipke/Lang, Steuerrecht, Rz. 7.76; 8.1, 8.492 ff.; *Lang*, DStJG 24 (2001), 49, 51 f.; *Anzinger*, GmbHR 2018, 445, 446.

1562 BR-Drs. 220/07, S. 52 („Deutschland verliert […] Steuersubstrat […] durch den Transfer von Kapitalvermögen der privaten Haushalte“); BT-Drs. 16/5452, S. 2; vgl. auch den Satz des damaligen Bundesministers der Finanzen Steinbrück: „Lieber 25 % auf x als 42 % auf nix“.

1563 Vgl. das sog. Zinsurteil des BVerfG vom 27.6.1991, 2 BvR 1493/89, BVerfGE 84, 239 unter C.I.2.; der Mangel an „genügenden Kontrollmitteln“ etwa auf Börsengeschäfven (Netto-)Besteuerung von Kapitaleinkünften im Veranlagungswege opportun erscheinen. Die Bruttobesteuerung, d.h. den Austausch des tatsächlichen Werbungskostenabzugs durch den Sparerpauschbetrag (§ 20 Abs. 9 EStG), rechtfertigte der Gesetzgeber als „Typisierung“ und unter Hinweis auf die Abgeltung der Werbungskosten in den oberen Einkommensgruppen durch den „relativ niedrigen“ Tarif von 25 Prozent.[1564] Dass das Ausnutzen einer abgeltungsteuerbedingten Tarifspreizung nicht gestaltungsmissbräuchlich ist, hat der BFH bereits mit der Begründung festgestellt, dass „Vorteile aufgrund unterschiedlicher Steuersätze der Schedulenbesteuerung immanent sind“.[1565]

cc) Gesonderte Verlustverrechnungskreise

Einkunftsartenabhängige (oder gar einkunftsunterartenabhängige) Verlustausgleichsbeschränkungen (etwa in § 15 Abs. 4, § 20 Abs. 6, § 23 Abs. 3 Satz 7 f. EStG) sind Ausnahmen von der Verheißung der § 2 Abs. 1 bis 3, § 10d EStG, die grundsätzlich einen unbegrenzten horizontalen und vertikalen Verlustabzug bzw. -ausgleich vorsehen. Mit einem umfassenden, auch intertemporalen Verlustausgleich wird das objektive Nettoprinzip verwirklicht, wonach nur die Differenz aus steuerbaren Einnahmen oder Erträgen und den damit zusammenhängenden Ausgaben bzw. Aufwendungen besteuert wird.[1566] Wenngleich der Verfassungsrang des objektiven Nettoprinzips nach wie vor ungeklärt ist,[1567] wird es als Grundprinzip des Einkommensteuerrechts angesehen.[1568] Vertikale (vgl. § 20 Abs. 6 Satz 1

---

te wurde schon zur Zeit der *Miquel'schen* Reform des PrEStG 1891 problematisiert, vgl. *Wagner*, FinArchiv 8 (1891), 71, 212 f.

1564 BR-Drs. 220/07, S. 92; BT-Drs. 16/4841, S. 57.

1565 BFH, Urteil vom 24.02.2015, VIII R 44/12, BFHE 249, 224; BStBl. II 2015, 649 unter II.1.b)bb); Urteil vom 28.06.2017, VIII R 57/14, BFHE 258, 421, BStBl. II 2017, 1144 unter II.3.d).

1566 *Seer*, in: Kirchhof/Seer, EStG, § 2 Rz. 4; *Hallerbach*, in: Herrmann/Heuer/Raupach, EStG/KStG, § 10d Rz. 10.

1567 Als einfachgesetzliche Entscheidung des Gesetzgebers eingestuft von BVerfG, Beschluss vom 19.11.2019, 2 BvL 22/14, BVerfGE 152, 274 unter C.I.4.a); Verfassungsrang offen gelassen in BVerfG, Beschluss vom 4.12.2002, 2 BvR 400/98, 2 BvR 1735/00, BVerfGE 107, 27 unter C.I.1.c)aa); Beschluss vom 23.1.1990, 1 BvL 4/87, BVerfGE 81, 228 unter B.I.1.

1568 *Seer*, in: Kirchhof/Seer, EStG, § 2 Rz. 4 (systemdirigierendes Prinzip); *Schulze-Osterloh*, DStJG 23 (2000), S. 67, 69 ff.; *Wendt*, DStJG 28 (2005), S. 41, 50 (gleichheitsrechtlich fundiert).

EStG) sowie horizontale Verlustausgleichsbeschränkungen (vgl. § 20 Abs. 6 Satz 4 ff. EStG) sind rechtfertigungsbedürftige Ausnahmen des objektiven Nettoprinzips.

(1) Für § 20 Abs. 6 Satz 1 EStG findet sich die Rechtfertigung grundsätzlich in der Schedulierung der Kapitaleinkünfte, die gerade auf eine Abkopplung von den übrigen Einkünften hinausläuft. Eine Verrechnung von Verlusten aus „niedrig" besteuerten Kapitaleinkünften mit Gewinnen aus „hoch" (progressiv) besteuerten Gewinnen würde eine schedulenwidrige Asymmetrie erzeugen.[1569] Die Folgerichtigkeit von § 20 Abs. 6 Satz 1 EStG darf gleichwohl nicht den Blick darauf verstellen, dass die Schedule für Kapitaleinkünfte ihrerseits einen Systembruch verkörpert.[1570] Die Folgerichtigkeit des aus haushaltspolitischen Gründen eingeführten § 20 Abs. 6 Satz 4 bis 6 EStG wird verbreitet verneint.[1571]

(2) Auch die gesonderten Verlustverrechnungskreise des § 15 Abs. 4 EStG stellen bewusste Durchbrechungen des objektiven Nettoprinzips dar, denen allerdings unterschiedliche Motive zugrunde liegen. § 15 Abs. 4 Satz 1 f. EStG, wonach Verluste aus gewerblicher Tierzucht und Tierhaltung beschränkt ausgleichs- und abzugsfähig sind, diente dem Schutz landwirtschaftlicher Betriebe vor verlustbringender „Tierproduktion", die mit dem Ziel der Verrechenbarkeit mit positiven außerlandwirtschaftlichen Einkünften betrieben wurde.[1572] Folglich waren es agrarpolitische Gründe, aus denen der Gesetzgeber eine Verlustschedulierung in Kauf nahm. § 15 Abs. 4 Satz 3 bis 5 EStG regeln Verlustausgleichs- und Verlustabzugsbeschränkungen für „Termingeschäfte". Der Zweck der Regelung bestand darin, entsprechende Verlustverrechnungsbeschränkungen im Rahmen von § 23 Abs. 3 Satz 4 EStG i.d.F.

1569 *Jachmann*, DStJG 34 (2011), S. 251, 263 f.; *Wendt*, DStJG 28 (2005), S. 41, 47.

1570 *Englisch*, StuW 2007, 221, 236.

1571 *Buge*, in: Herrmann/Heuer/Raupach, EStG/KStG, § 20 EStG Rz. 620; *Englisch*, StuW 2007, 221, 237 f.; *Worgulla*, FR 2013, 921, 929 f.; *Bron*, BB 2020, 535 ff.; *Oho/Hagen/Lenz*, DB 2007, 1322, 1324.

1572 BT-Drs. VI/1934, S. 2 (Einschränkung des Verlustausgleichs „dringend geboten", damit „die modernen strukturierten landwirtschaftlichen Betriebe die Veredelungswirtschaft weiter betreiben können"); zum Schutzzweck von § 15 Abs. 4 Satz 1 f. EStG auch BFH, Beschluss vom 24.4.2012, IV B 84/11, BFH/NV 2012, 1313 unter 1.a); *Blischke/Desens*, in: Kirchhof/Söhn/Mellinghoff, EStG, § 15 Rz. I 9.

des StEntlG im betrieblichen Bereich zu spiegeln,[1573] um hier wie dort „negative Auswirkungen“ zu verhindern.[1574] Der Verlustverrechnungskreis des § 15 Abs. 4 Satz 3 EStG sollte Umgehungsversuchen hinsichtlich der in § 23 EStG enthaltenen Beschränkungen vorbeugen und hat damit einen Missbrauchsbekämpfungszweck.[1575] Heute flankiert § 15 Abs. 4 Satz 3 EStG den § 20 Abs. 6 Satz 2 ff. EStG, nachdem die Termingeschäfte von § 23 EStG mit dem Unternehmensteuerreformgesetz[1576] in den Anwendungsbereich von § 20 EStG verlegt wurden.[1577] § 15 Abs. 4 Satz 6 bis 8 EStG schränkt die Verlustverrechnung aus stillen Gesellschaften, Unterbeteiligungen und sonstigen Innengesellschaften an Kapitalgesellschaften ein. Auch mit Einführung dieser Beschränkungen beabsichtigte der Gesetzgeber, „unerwünschte“ Gestaltungen zu verhindern, womit sich Verluste einer Kapitalgesellschaft auf eine andere transferieren lassen.[1578]

(3) § 23 Abs. 3 Satz 7 f. EStG ist eine Nachfolgevorschrift von erstmals mit § 13 Nr. 8 EStG i.d.F. des Änderungsgesetzes vom 24.3.1921[1579] eingeführten Verlustabzugsbeschränkungen. Ursprünglich, d.h. unter Geltung des PrEStG 1891 und 1906 und des EStG 1920, war ein vollständiger horizontaler und vertikaler Verlustausgleich vorgesehen, sofern ein (gedachter) Veräußerungsgewinn steuerbar gewesen wäre.[1580] Ab 1921 beschränkte sich die Verlustverrechnung auf einen Abzug in Höhe der im selben „Rechnungsjahr“ entstandenen positiven Spekulationsgewinne, denn mithilfe der „Spekulationsverluste ließen Spekulanten Einkommen aus anderen Quellen verschwinden“.[1581] Die

1573 BT-Drs. 14/443, S. 27 („Folgeänderung zur Besteuerung der Termingeschäfte“ i.S.d. § 23 EStG).

1574 BT-Drs. 14/4626, S. 3; zur Gesetzesgenese auch *Hufeld/Schenke*, in: BeckOK-EStG, § 15 Rz. 101.

1575 *Blischke/Desens*, in: Kirchhof/Söhn/Mellinghoff, EStG, § 15 Rz. I 40; *Stapperfend* u.a., in: Herrmann/Heuer/Raupach, EStG/KStG, § 15 EStG Rz. 1506; *Sorgenfrei*, DStR 1999, 1928, 1933 f.

1576 Gesetz vom 14.8.2007, BGBl. I 2007, 1912.

1577 BFH, Urteil vom 28.4.2016, IV R 20/13, BFHE 253, 260, BStBl. II 2016, 739 unter II.4.b).

1578 BT-Drs. 15/15158, S. 4.

1579 RGBl. 1921, S. 313.

1580 Vgl. die ausführliche Nachzeichnung der Gesetzeshistorie von § 23 Abs. 3 Satz 7 f. EStG in BFH, Urteil vom 1.6.2004, IX R 35/01, BFHE 206, 273, BStBl. II 2005, 26 unter II.2.c)aa).

1581 BFH, Urteil vom 1.6.2004, IX R 35/01, BFHE 206, 273, BStBl. II 2005, 26 unter II.2.c)aa)(2) mit Verweis auf *Glaser*, Das Einkommensteuergesetz vom 29. März

Verlustverrechnungsbeschränkung war demnach fiskalisch motiviert und führte zu einer Schedulierung der Spekulationseinkünfte. Die Beschränkung war jedoch systemwidrig, indem sie eine Asymmetrie zwischen steuerbaren Veräußerungsgewinnen und -verlusten entstehen ließ. Die über die Spekulationsgewinne hinausgehenden Verluste blieben steuerlich unberücksichtigt, ohne dass sich dieser Umstand durch die grundsätzliche steuerliche Unbeachtlichkeit von Verlusten im Privatbereich rechtfertigen ließ. Die Verlustverrechnungsbeschränkung wurde anschließend in § 23 Abs. 3 Satz 4 EStG 1934 überführt,[1582] wo sie nachfolgend durch den Ausschluss des im EStG inzwischen vorgesehenen intertemporalen Verlustabzugs ergänzt wurde.[1583] Diese streng abschnittsorientierte Verlustnutzbarkeit wurde später in anderem Kontext wegen Verstoßes gegen Art. 3 Abs. 1 GG für verfassungswidrig erklärt,[1584] wodurch der Gesetzgeber auch im Rahmen von § 23 Abs. 3 EStG zur Neuregelung des Verlustabzugs angehalten war.[1585] Inzwischen besteht damit durch die Möglichkeit des intertemporalen Verlustausgleichs innerhalb der Schedule der privaten Veräußerungsgewinne (§ 23 Abs. 3 Satz 8 EStG) eine im Vergleich zur Rechtslage bis zum StEntlG 1999/2000/2002 „verbesserte", d.h. dem objektiven Nettoprinzip näher kommende Rechtslage, die vom BFH als verfassungskonform eingestuft wird. Der Ausschluss des vertikalen Verlustausgleichs rechtfertige sich daraus, dass es – ohne ihn – der Steuerpflichtige selbst in der Hand hätte, Verluste während der Haltefristen des § 23 Abs. 1 EStG steuermindernd zu nutzen, Gewinne allerdings durch Abwarten der Haltefristen steuerfrei zu vereinnahmen.[1586] Dieses „Ungleichgewicht" zu beseitigen, ist eine nachvollziehbare Erwägung, entspringt im Grunde allerdings nur dem tieferen Systembruch des Dualismus der Einkunftsarten.

1920 in der Fassung der Novellen vom 24. März und 11. Juli 1921, Berlin 1922, S. 164.

1582 RGBl. I 1934, S. 1005.

1583 § 23 Abs. 4 Satz 3 Hs. 2 i.d.F. des Steueränderungsgesetzes vom 20.4.1976, BGBl I 1976, 1054.

1584 BVerfG, Beschluss vom 30.9.1998, 2 BvR 1818/91, BVerfGE 99, 88 zu einer Parallelregelung in § 22 Nr. 3 Satz 3 EStG

1585 Mit dem StEntlG 1999/2000/2002 vom 24.3.1999 wurde daher in § 23 Abs. 3 Satz 7 EStG ein periodenübergreifender Verlustausgleich eingeführt (BGBl. I 1999, S. 402, 410).

1586 BFH, Urteil vom 18.10.2006, IX R 28/05, BFHE 215, 202, BStBl. II 2007, 259 unter II.2.b)bb)bbb)(2).

dd) Streubesitzdividenden

Mit der Vollbesteuerung von Streubesitzdividenden gem. § 8b Abs. 4 Satz 1 Hs. 1 KStG[1587] bzw. der „privilegierten" Besteuerung von Schachteldividenden in Abhängigkeit einer 10-prozentigen Stammkapitalbeteiligung an der ausschüttenden Körperschaft hat sich der Gesetzgeber aus haushaltspolitischen Erwägungen bewusst für einen Systembruch im Bereich der Körperschaftsteuer entschieden. Der gegen den Gesetzgeber zu erhebende Vorwurf geht dahin, dass die mit dem Wechsel zum „klassischen" Körperschaftsteuersystem verbundene Grundentscheidung des Gesetzgebers (körperschaftsteuerliche Vorbelastung auf erster Stufe und einkommensteuerliche Nachbesteuerung von Ausschüttungen oder Anteilsveräußerungsgewinnen beim Anteilseigner auf zweiter Stufe) nicht folgerichtig umgesetzt wird.[1588] Die Vollbesteuerung von Streubesitzdividenden auf Ebene einer zwischengeschalteten Körperschaft führt zu Kaskadeneffekten, die § 8b Abs. 1 KStG gerade verhindern soll. Dabei hatte der Gesetzgeber die Wahl: Nachdem der EuGH in der Ungleichbehandlung von Dividenden an inländische Anteilseigner (die gem. § 8b KStG a.F. unabhängig von ihrer Stammkapitalbeteiligung an der ausschüttenden Körperschaft einen Erstattungsanspruch auf die einbehaltene Kapitalertragsteuer hatten) und an sonstige EU-ansässige Anteilseigner (die nur im Fall des Schachtelprivilegs i.S.d. Mutter-Tochter-Richtlinie[1589] durch 10-prozentige Mindestbeteiligung eine Kapitalertragsteuererstattung nach § 43b EStG beanspruchen konnten) einen Verstoß gegen die Kapitalverkehrsfreiheit festgestellt hatte,[1590] entschloss sich der Gesetzgeber zur Beseitigung der Diskriminierung gegen die Besserstellung der „Ausländer", sondern für die Schlechterstellung der „Inländer".[1591]

1587 § 8b Abs. 4 KStG n.F. eingeführt durch das „Gesetz zur Umsetzung des EuGH-Urteils vom 20.10.2011 in der Rechtssache C-284/09" (sog. Streubesitzdividendengesetz) vom 21.3.2013, BGBl. I 2013, 561.

1588 *Gosch*, in: Gosch, KStG, § 8b Rz. 287b.

1589 RL 90/435/EWG des Rates vom 23.7.1990, inzwischen RL 2011/96/EU des Rates vom 30.11.2011.

1590 EuGH, Urteil vom 20.10.2011, C-284/09 (Kommission/Bundesrepublik Deutschland), DStR 2011, 2038.

1591 Der ursprüngliche Gesetzesentwurf der Bundesregierung (BT-Drs. 17/11314, S. 3) sah eine Entlastung gebietsfremder EU-Körperschaften von der Kapitalertragsteuer durch eine Ergänzung in § 32 KStG vor, woraufhin der Bundesrat die nach EU-Recht zulässige Alternativlösung vorschlug, auch inländische Streubesitzdividenden zu besteuern. Das habe den „Vorteil, dass erhebliche Steuermindereinnah-

ee) Persönliche Steuerbefreiungen

Persönliche Steuerbefreiungen (vgl. § 5 KStG) haben sich allerdings mit Blick auf Sonderzuweisungen nicht als unmittelbarer Baustein einer möglicherweise missbräuchlichen Gestaltung erwiesen. Sie verleiten allenfalls dazu, bei anderen, nicht persönlich steuerbefreiten Mitunternehmern höher besteuerte Einkünfte „anzusiedeln". Diese Anreizwirkung geht jedoch nicht von der persönlichen Steuerbefreiung mancher Steuersubjekte aus, sondern wiederum von der unterschiedlichen Besteuerung verschiedener Einkünfte.

ff) Zwischenergebnis

Weitere einkunftsartenspezifische „Besonderheiten" sind bei dieser Auflistung sogar noch unberücksichtigt geblieben (etwa Pauschbeträge, Freibeträge, Freigrenzen und objektive Steuerbefreiungen). Insofern lässt sich fragen, ob ein verbleibendes System noch existiert und was es „im Innersten" zusammenhält.[1592] Im Grunde ist es das „Ideal einer synthetischen Gesamt- oder Einheitseinkommensteuer",[1593] die eine gleichmäßige Besteuerung gewährleisten soll, auch wenn der Gesetzgeber mitunter anderer Auffassung ist.[1594] Seit Einführung der Abgeltungsteuer mehren sich zwar Stimmen, die von einer Abkehr vom Prinzip der synthetischen Einkommensteuer ausgehen.[1595] Von der Syntheseidee zeugt allerdings bis heute § 2 Abs. 1, Abs. 3 EStG, wonach eine Vorstufe der Einkommensteuerbemessungsgrundlage gerade die *Summe* der Einkünfte ist, auch wenn sie unterschiedlichen

men für die öffentliche Hand vermieden würden", außerdem sei eine Streubesitzdividendenbesteuerung „international üblich" (BR-Drs. 736/1/12, S. 2). Auf diese Lösung, wegen der fehlenden Besteuerung von Streubesitzveräußerungsgewinnen z.T. als „Kompromisslösung" bezeichnet (*Wiese/Lay*, GmbHR 2013, 404, 406), einigte sich schließlich der Vermittlungsausschuss (BT-Drs. 17/12465). Zur Gesetzeshistorie *Gosch*, in: Gosch, KStG, § 8b Rz. 59a, 287; *Herlinghaus*, in: Rödder/Herlinghaus/Neumann, KStG, § 8b Rz. 51; *Förster/Lang*, StbJb 2013/14, 103 ff.; *Wiese/Lay*, GmbHR 2013, 404, 405 f.

1592 Vgl. *Birk*, DStJG 34 (2011), S. 11, 21, 23 (Entfernung vom Idealbild werde immer größer).

1593 *Kanzler*, FR 1999, 363.

1594 BT-Drs. 12/5016, S. 79 (Grundsatz der synthetischen Einkommensteuer sei kein Wert an sich).

1595 Etwa *Bodden*, in: Korn, EStG, § 2 Rz. 7; *Hey*, BB 2007, 1303, 1304.

Einkunftsarten zuzuordnen sind.[1596] Auch die wiederholt aufgeworfenen Fragen zur Verfassungskonformität der vorstehend aufgelisteten älteren und neueren Systeminkongruenzen, konkret zu ihrer Vereinbarkeit mit dem Gleichheitssatz,[1597] weisen darauf hin, dass die Idee einer synthetischen Einkommensteuer, jedenfalls aber der Anspruch an die Gleichheit der Einkunftsarten noch nicht überholt ist.[1598] Das schließt insbesondere die Abgeltungsteuer ein, die weiterhin Teil des Einkommensteuersystems und systematisch zutreffend im EStG verankert ist.[1599]

1596 *Wendt*, DStJG 25 (2005), S. 41, 46; *Röder*, System der Verlustverrechnung, S. 18.

1597 Mit verfassungsrechtlichen Zweifeln am Dualismus der Einkunftsarten *Musil*, in: Herrmann/Heuer/Raupach, EStG/KStG, § 2 Rz. 528 (gleichheitssatzwidrig); *Söhn*, DStJG 30 (2007), S. 13, 24 f.; nach dem BVerfG ist der Dualismus allerdings verfassungskonform (Beschluss vom 9.7.1969, 2 BvL 20/65, BVerfGE 26, 302; Beschluss vom 7.10.1969, 2 BvL 3/66, 2 BvR 701/64, BVerfGE 27, 111; Beschluss vom 11.5.1970, 1 BvL 17/67, BVerfGE 28, 227).

Mit Zweifeln an der Verfassungskonformität der Abgeltungsteuer *Englisch*, Abgeltungsteuer, S. 8 ff.; 83 ff.; *Hey*, in: Tipke/Lang, Steuerrecht, Rz. 8.505 f.; *Jachmann*, DStJG 34 (2011), 251, 258 ff.; *Anzinger*, GmbHR 2018, 445 ff.; vgl. auch jüngst die Vorlage des FG Niedersachsen an das BVerfG (Beschluss vom 18.3.2022, 7 K 120/21, DStR 2022, 921); speziell zur Bruttobesteuerung gem. § 20 Abs. 9 EStG *Musil*, FR 2010, 149, 152 ff.; *Hey*, BB 2007, 1303, 1307; *Behrens*, BB 2007, 1025, 1028; *Kämmerer*, DStR 2010, 27, 29; *Mertens/Karrenbrock*, DStR 2013, 950, 952.

Mit verfassungsrechtlichen Zweifeln an der Verlustausgleichsbeschränkung aus Aktiengeschäften, Termingeschäften und Forderungsausfällen *Hey*, in: Tipke/Lang, Steuerrecht, Rz. 8.500, 8.506; *Jochum*, DStZ 2010, 309, 313 f.; *Schachinger*, DStZ 2019, 791 (jeweils zu § 20 Abs. 6 Satz 4 EStG); *Drüen*, FR 2020, 663, (zu § 20 Abs. 6 S. 5 f. i.d.F. des JStG 2019); ferner *Förster/von Cölln/Lentz*, DB 2020, 353, 356 f.; *Dahm/Hoffmann*, DStR 2020, 81, 83 ff.

Mit Zweifeln an der Verfassungskonformität von § 23 Abs. 3 Satz 7 EStG *Strahl/Fuhrmann*, FR 2003, 387, 388 ff., 391 (als Verstoß gegen das objektive Nettoprinzip gleichheitssatzwidrig); *Herzig/Lutterbach*, DStR 1999, 521, 527, *Wagner*, Stbg 2007, 184, 186 f.; *Wernsmann*, in: Kirchhof/Söhn/Mellinghoff, EStG, § 23 Rz. 31 (nur bzgl. Veräußerungsgewinnen i.S.d. § 23 Abs. 1 Satz 1 EStG); Verfassungskonformität st. Rspr. seit BFH, Urteil vom 18.10.2006, IX R 28/05, BFHE 215, 202, BStBl. II 2007, 259 unter II.2.b)aa).

Mit Zweifeln an der Verfassungskonformität von § 8b Abs. 4 Satz 1 KStG (Vollbesteuerung von Streubesitzdividenden) *Gosch*, in: Gosch, KStG, § 8b Rz. 287b; *Desens*, DStR-Beih. 2013, 13, 14 („verfassungsrechtlich bedenklich"); *Intemann*, BB 2013, 1239, 1240; *Herlinghaus*, FR 2013, 529, 532 f.; Verfassungskonformität allerdings vom BFH bejaht (Urteil vom 18.12.2019, I R 29/17, BFHE 268, 21, BStBl. II 2020, 690; Verfassungsbeschwerde vom BVerfG nicht zur Entscheidung angenommen, Beschluss vom 8.3.2022, 2 BvR 1832/20).

1598 Im Ergebnis auch *Hey*, BB 2007, 1303, 1308.

1599 *Englisch*, Abgeltungsteuer, S. 11; *Anzinger*, GmbHR 2018, 445, 447; *Röder*, System der Verlustverrechnung, S. 18.

Alle Systembrüche sind, wie mitunter die Diskussion um ihre Verfassungskonformität beweist, altbekannte Probleme, die vom Gesetzgeber stellenweise eher vertieft denn behoben werden.[1600] Eine „große" Steuerreform schafft es seit Jahren nicht auf die politische Agenda, trotz konstanter Impulse aus der juristischen und betriebswirtschaftlichen Wissenschaft.[1601] Der Steuerpflichtige wird einem zunehmend komplexen Ertragsteuersystem ausgesetzt. Das bedeutet nicht, dass sich Systemwidrigkeiten grundsätzlich zulasten des Steuerpflichtigen auswirken. Auch etwa die Steuerfreiheit von privaten Veräußerungsgewinnen steht dem Leistungsfähigkeitsprinzip und damit einer gleichmäßigen Besteuerung des Einkommens entgegen, wenngleich sich Rechtfertigungsgründe für diese Ungleichbehandlung finden mögen.[1602] Die so entstandene Gesetzeslage lädt zu Gestaltungen durch den Steuerpflichtigen ein. Die Ausgangslage ist insofern eine andere als bei grenzüberschreitenden Sachverhalten. Auf Besteuerungsinkongruenzen aufgrund von Qualifikationskonflikten bei der DBA-Auslegung durch die Vertragsstaaten hat der nationale Gesetzgeber naturgemäß nur begrenzten Einfluss. Nicht die DBA-Anwendung durch den anderen Vertragsstaat kann er beeinflussen, sondern nur am „Symptom kurieren" und die unerwünschte steuerliche Besserstellung des Steuerpflichtigen etwa mit sog. *Switch-Over*-Klauseln wie in § 50d Abs. 9 EStG zu eliminieren versuchen. Im nationalen Steuerrecht sind Systembrüche allerdings „hausgemacht". Kehrt man zur Ausgangsfrage zurück, ob die durch Sonderzuweisungen angestrebten Steuervorteile „gesetzlich nicht vorgesehen" sind, lautet die Antwort, dass der Gesetzgeber die ihnen vorausgehenden Systembrüche bewusst geschaffen und die aus ihnen erwachsenen Steuervorteile prinzipiell in Kauf genommen hat. In ordnungsrechtlicher Terminologie ist der Gesetzgeber insofern als Zweckveranlasser zu bezeichnen. § 42 AO sollte folglich nicht dazu instrumentalisiert werden, die derzeit im EStG bzw. KStG angelegten Ungereimtheiten auf Kosten des Steuerpflichtigen zu korrigieren und dem Leistungsfähigkeitsprinzip über das vom Gesetzgeber vorgesehene Maß hinaus Geltung zu verschaffen.

1600 Vgl. die Neufassung von § 20 Abs. 6 Satz 5 f. EStG durch das JStG 2019.

1601 Vgl. die Zusammenfassungen in DStJG 37 (2014) von *Mellinghoff* (1, 4 f.) und *Drüen* (9, 23 ff.).

1602 *Birk*, StuW 2000, 328, 330.

b) Personengesellschafter als Nutznießer von Systembrüchen

Nachdem die bewusste Schaffung oder Fortschreibung verschiedener Systembrüche dargelegt wurde, ist nunmehr auf die Frage einzugehen, ob das Gesetz auch Personengesellschafter als deren „Nutznießer“ vorsieht. Daran könnten Zweifel bestehen, weil in der Personengesellschaft nicht der einzelne „Steuerpflichtige seine Angelegenheiten so einrichtet, dass er möglichst wenig Steuern zu zahlen braucht“,[1603] sondern eine Mehrzahl von Steuerpflichtigen, die sich „kollusiv“ zur steuerlich vorteilhaftesten Gewinnverteilung verabreden.

aa) § 15 Abs. 1 Satz 1 Nr. 2 Hs. 1 EStG

§ 15 Abs. 1 Satz 1 Nr. 2 Hs. 1 EStG, wonach den Mitunternehmern gewerbliche Einkünfte in Höhe ihrer „Gewinnanteile“ zugerechnet werden, beschränkt sich für die Bestimmung der „Gewinnanteile“ auf einen Verweis in den Gesellschaftsvertrag oder auf die gesetzlichen Gewinnverteilungsregelungen. Die Zurechnungsfunktion der Norm wird bereits verwirklicht, wenn in jedem Wirtschaftsjahr der gesamte Gesellschaftsgewinn der Besteuerung unterworfen wird. Eine weitergehende Wertung zur einkommensteuerlichen Bestimmung der Gewinnanteile der Mitunternehmer, insbesondere ein Angemessenheitsprinzip, enthält § 15 EStG nicht. Dem entspricht es, dass die Einkunftsquelle eines Mitunternehmers nicht die eigenhändige unternehmerische Tätigkeit des Mitunternehmers, sondern seine Gesellschaftsbeteiligung ist. Über die aus dieser Einkunftsquelle stammenden Einkünfte entscheidet das Innenverhältnis der Gesellschafter. Daher findet durch die Vereinbarung von Sonderzuweisungen keine Verlagerung von Einkunftsquellen statt, die von § 42 AO pönalisiert werden könnte. § 15 Abs. 1 Satz 1 Nr. 2 Satz 1 EStG lässt sich daher als Einfallstor für zivilrechtliche Gestaltungen betrachten, die den Mitunternehmern die Möglichkeit zur „steuereffizienten“ Gewinnverteilung eröffnet. Die Vorschrift steht steuerlichen Vorteilen durch Sonderzuweisungen nicht i.S.d. § 42 Abs. 2 Satz 1 AO „entgegen“. Gleiches muss letztlich auch für vermögensverwaltende Gesellschaften gelten. Weil im vermögensverwaltenden Bereich keine mit § 15 Abs. 1 Satz 1 Nr. 2 EStG vergleichbare Vorschrift existiert, kann dort keine abweichende bzw. strengere Wertung erfolgen.

1603 BVerfG, Beschluss vom 14.4.1959, 1 BvL 23 und 34/57, BVerfGE 9, 237, NJW 1959, 979 unter B.II.4.

bb) Individualbesteuerung

Überdies kann nach BFH-Ansicht auch nicht der aus dem US-Steuerrecht stammende Gedanke übertragen werden, wonach Sonderzuweisungen steuerlich nicht anzuerkennen sind, die in einer reduzierten Gesamtsteuerlast der Gesellschafter münden.[1604] Ein „Gesamtbelastungsvorteil“ bei mehreren Steuerpflichtigen, der sich aus unterschiedlichen Schedulen und der damit verbundenen Steuersatzspreizung ergeben kann, ist kein Anhaltspunkt für einen Gestaltungsmissbrauch.[1605] Dieser Prämisse des BFH ist auch in ihrer Begründung zuzustimmen. Nach dem Grundsatz der Invididualbesteuerung[1606] wird jeder Steuerpflichtige nach seinen Besteuerungsmerkmalen besteuert, wohingegen die Gesamtsteuerlast verschiedener Steuerpflichtiger kein Gradmesser für eine „angemessene“ Besteuerung ist.

Zudem führt nicht allein der Umstand, dass mehrere Steuerpflichtige an der Gestaltung beteiligt sind und dabei zusammenwirken, zu „gesetzlich nicht vorgesehenen“ Steuervorteilen. Das Zusammenwirken mehrerer Steuerpflichtiger begründet kein persönliches oder wirtschaftliches Näheverhältnis, das eine unangemessene Gestaltung indizieren könnte.[1607] Überdies ist es im Tatbestand von § 42 AO, trotz seiner fragwürdigen[1608] Einbeziehung „Dritter“, nicht angelegt, mehrere Steuerpflichtige als eine „Gestaltungseinheit“ zu betrachten.[1609] Die „geplante Zusammenarbeit der Parteien“[1610] kann die Gestaltungsmöglichkeiten erweitern, besagt andererseits nichts über die Angemessenheit einer Gestaltung oder die Frage, ob ein Steuervorteil gesetzlich vorgesehen ist. „Kollusives“ Verhalten zwischen dem Steuerpflichtigen und Dritten als Kriterium bei der Beurteilung eines

---

1604 Sog. *After-Tax-Test* als Bestandteil des *Substantial-Economic-Effect*-Kriteriums, dazu oben. B.II.2.c)aa)(2).

1605 BFH, Urteil vom 29.04.2014, VIII R 9/13, BFHE 245, 343, BStBl. II 2014, 986, 3. Ls. sowie unter II.3.e)cc).

1606 BFH, Beschluss vom 17.12.2007, GrS 2/04, BFHE 220, 129, BStBl. II 2008, 608 unter D.III.1.; *Hey*, in: Tipke/Lang, Steuerrecht, § 3 Rz. 14, § 8 Rz. 22 ff.

1607 BFH, Urteil vom 19.8.1999, I R 77/96, BFHE 189, 342, BStBl. II 2001, 43 unter II.3.

1608 Vgl. die Kritik bei *Hey*, BB 2009, 1044, 1046; *Wendt*, DStJG 33 (2010), S. 117, 134 f.

1609 *Drüen*, DStR 2020, 1465, 1475; *ders.*, Ubg 2022, 61, 70; *Helios/Lenz*, DB 2017, 1738, 1740.

1610 *Florstedt*, StuW 2018, 216, 228 betrachtet die Zusammenarbeit mehrerer als „legitimen Wertungsgesichtspunkt“ in der Angemessenheitsprüfung; vgl. auch *Kirchhof*, DStJG 33 (2010), S. 9, 25, nach dem „eine private Vereinbarung zu Lasten Dritter – der öffentlichen Hand – nicht anzuerkennen“ sei.

Gestaltungsmissbrauchs heranzuziehen, hat auch die Rechtsprechung bisher abgelehnt.[1611] Selbst bei „wechselseitigen" Vorteilen sei ein Zusammenwirken nicht rechtsmissbräuchlich.[1612] Teils wird daraus sogar gefolgert, dass unter fremden Dritten eine Vermutung gegen einen Gestaltungsmissbrauch anzunehmen sei.[1613] Ob es einer solchen Vermutung bedarf, um „gute" von „bösen" Fälle unterscheiden zu können, sei dahingestellt. Im Ergebnis aber lautet der Befund für Personengesellschafter, dass ihre Gewinnverteilungsabrede im Rahmen von § 42 AO nicht an einem strengeren „Sondermaßstab"[1614] zu beurteilen ist.

cc) Berücksichtigung von Näheverhältnissen auf Gesellschafterebene

Ist festgestellt, dass allein der Umstand des Zusammenwirkens mehrerer Steuersubjekte keinen strengeren Prüfungsmaßstab im Rahmen von § 42 AO rechtfertigt, lässt sich weiterhin fragen, ob etwas anderes bei persönlichen oder wirtschaftlichen Näheverhältnissen zwischen Personengesellschaftern gelten sollte. In diese Hinsicht deutet etwa die Auffassung, die eine Angemessenheitskontrolle der Gewinnverteilung in Familiengesellschaften auf § 42 AO stützt.[1615] Das BVerfG betont außerdem, dass bei Angehörigen aufgrund fehlender Interessengegensätze eine Gefahr des Missbrauchs rechtlicher Gestaltungsmöglichkeiten bestehe.[1616] Dem ist zuzustimmen; „ungewöhnliche" oder „künstliche" Gestaltungen lassen sich bei persönlicher oder wirtschaftlicher Nähe zweier Steuersubjekte leichter

---

1611 BFH, Urteil vom 18.7.2001, I R 48/97, BFHE 196, 128, DStR 2001, 1883 unter II.3.a) („Auch wenn von einem einvernehmlichen Handeln („Deal") mit den veräußernden Gesellschaftern der A auszugehen ist, begründet dies - unter fremden Dritten – ohne Hinzutreten besonderer Umstände kein missbräuchliches Verhalten i. S. des § 42 AO 1977" – zur sog. Anteilsrotation).

1612 BFH, Urteil vom 28.6.2006, I R 97/05, BFHE 214, 276, DStR 2006, 1938 unter II.2.c)aa).

1613 *Drüen*, DStR 2020, 1465, 1475.

1614 Begriff nach *Drüen*, DStR 2020, 1465, 1475; im Ergebnis auch *Gosch*, DStR 1999, 1849, 1853.

1615 *Drüen*, in: Tipke/Kruse, AO/FGO, § 42 AO Rz. 109; *Fischer*, in: Westermann/Wertenbruch, Hdb. Personengesellschaften, Bd. II, § 10 Rz. 1345; *Meßmer*, StbJb 1979/80, S. 163, 252 ff.; *Stadie*, Die persönliche Zurechnung von Einkünften, S. 55 ff.

1616 BVerfG, Beschluss vom 7.11.1995, 2 BvR 802/90, NJW 1996, 833, BStBl. II 1996, 34 unter B.I.1.; ferner BFH, Beschluss vom 4.5.2012, VIII B 174/11, BFH/NV 2012, 1330 (Missbrauchsgefahr unter Angehörigen „besonders hoch"); *Hennigfeld*, in: BeckOK-AO, § 42 Rz. 234.

vereinbaren. Was Gewinnverteilungsabreden in Personengesellschaften betrifft, sollte jedoch differenziert werden: Auf § 42 AO ist ohnehin nur zurückzugreifen, sofern zivilrechtlich das Gesellschaftsverhältnis und keine andere *causa* den Rechtsgrund der „Gewinnverteilungsabrede" darstellt. Eine andere *causa*, etwa eine Schenkung, kommt naturgemäß unter nahestehenden Personen häufiger vor als unter Fremden. Ist aber Rechtsgrund der Gewinnverteilung das Gesellschaftsverhältnis, besteht kein Grund, bei der Prüfung von § 42 AO einen strengeren Maßstab an Familienangehörige oder Gesellschafter mit sonstiger wirtschaftlicher Verbundenheit anzulegen. Der Gestaltungsmissbrauch gem. § 42 Abs. 2 AO erfordert einen „gesetzlich nicht vorgesehenen Steuervorteil".[1617] Ob ein Steuervorteil gesetzlich vorgesehen ist oder nicht, beurteilt sich anhand einzelner Steuertatbestände. Die wiederum unterscheiden typischerweise nicht zwischen Fremden und nahestehenden Personen. Daraus folgt: Auch wenn man bei persönlicher oder wirtschaftlicher Nähe der Personengesellschafter geneigt ist, „genau hinzuschauen", verändert sich dadurch nicht der Prüfungsmaßstab des § 42 AO.[1618]

dd) Kurzfristigkeit bzw. häufige Änderung der Gewinnverteilungsabrede

Rechtsprechung und Finanzverwaltung stehen kurzfristigen Gestaltungen zur Erlangung steuerlicher Vorteile skeptisch gegenüber. Entnahmen von Kommanditisten aus dem Betriebsvermögen und alsbaldige Wiedereinlagen in gleichem Umfang mit dem Ziel, das Gesellschaftsvermögen zur Minimierung der Gewerbekapitalsteuer stichtagsbezogen zu schmälern, seien gestaltungsmissbräuchlich.[1619] Die Finanzverwaltung sieht die Kurzfristigkeit oder wiederholte Änderung einer Gewinnverteilungsabrede zu-

---

1617 Dazu unten F.II.3.

1618 FG Münster, Urteil vom 30.6.2021, 13 K 272/19 G, F, EFG 2021, 1615 unter I.2.c): „Auch dem Verwandtschaftsverhältnis zwischen Frau Dr. N. H. und Frau D. C. kommt keine weitere Bedeutung zu."); ferner FG Münster, Urteil vom 6.5.2020, 9 K 3359/18 E, EFG 2020, 1603 (Rev. eingelegt, Az. BFH VIII R 20/20), das im Rahmen von § 42 AO trotz wirtschaftlicher Nähe zweier GmbH-Beteiligter keinen Sondermaßstab angelegt hat (bestätigt durch BFH, Urteil vom 28.9.2022, VIII R 20/20, DStR 2022, 1606 unter II.4.c)).

1619 BFH, Urteil vom 18.12.1968, III R 71/68, BFHE 94, 546, BStBl. II 1969, 232; das Kriterium der Kurzfristigkeit greift die Rechtsprechung wiederholt auf (Urteil vom 12.7.2012, I R 23/11, BFHE 238, 344, DStR 2012, 2058 unter II.2.b)bb)fff); FG Niedersachsen, Urteil vom 1.11.2012, 6 K 382/10, EFG 2013, 328 – vom BFH

mindest bei Kapitalgesellschaften als Missbrauchsindiz an.[1620] Fraglich ist, woraus sich diese Indizwirkung ergeben könnte. Dass „Gewinnanteile“ keine konstante Größe sind, wurde bereits festgestellt: Die „Angemessenheit“ von Gewinnanteilen (vgl. § 168 Abs. 1 HGB) muss mitunter jährlich neu ermittelt werden. Bei Kapitalgesellschaften zeigen Öffnungsklauseln das Bedürfnis nach regelmäßiger Änderung der Gewinnverteilungsabrede.[1621] So hat auch die Rechtsprechung an anderer Stelle entschieden, dass die einmalig disquotale Gewinnausschüttung in einer Kapitalgesellschaft nicht gestaltungsmissbräuchlich ist.[1622] Die Häufigkeit einer Änderung der Gewinnverteilung besagt im Übrigen nichts darüber, ob damit jeweils „gesetzlich nicht vorgesehene Steuervorteile“ erlangt werden. Diese Frage ist in Ansehung einzelner Steuertatbestände zu beantworten. Regelmäßige Vertragsanpassungen können auch dazu dienen, mehrere „gesetzlich vorgesehene Steuervorteile“ auszunutzen.

ee) Ausgleichsmechanismen – Gesamtplan

Eine in Rechtsprechung und Literatur inzwischen ausführlich durchleuchtete Fallgruppe des Gestaltungsmissbrauchs ist der „Gesamtplan“, wonach Steuerpflichtige einen einheitlichen Sachverhalt in mehrere, zum Erwerb eines Steuervorteils notwendige Zwischenschritte aufspalten, die als „Ausweich- und Korrekturgeschäfte“ jedoch nach § 42 AO unberücksichtigt bleiben.[1623] Als gestaltungsmissbräuchlich wird jedenfalls eine typische

---

aus verfahrensrechtlichen Gründen aufgehoben, Urteil vom 22.12.2015, I R 43/13, BFH/NV 2016, 1034).

1620 BMF-Schreiben vom 17.12.2013, IV C 2 - S 2750-a/11/10001, BStBl. I 2014, 63.

1621 Oben C.V.5.

1622 BFH, Urteil vom 19.8.1999, I R 77/96, BFHE 189, 342, BStBl. II 2001, 43 unter II.1.b) (dazu ausführlich unter F.III.2.c)); Urteil vom 28.9.2022, VIII R 20/20, BFH/NV 2023, 196.

1623 Zur Verankerung des Gesamtplans in § 42 AO BFH, Beschluss vom 19.1.2011, X B 43/10, BFH/NV 2011, 636 unter II.1.a); *Fischer*, in: Hübschmann/Hepp/Spitaler, AO/FGO, § 42 AO Rz. 390; *Sieker*, Umgehungsgeschäfte, S. 54 f., 120 ff.; *Förster/Schmidtmann*, StuW 2003, 114, 120 f.; *Tanzer*, DStJG 33 (2010), S. 189 ff.; *Kempelmann*, StuW 2016, 385, 386; *Kugelmüller-Pugh*, FR 2007, 1139, 1141; *Schmidtmann*, FR 2015, 57, 59 ff. mit ausführlichen Erwägungen zur normativen Verankerung des Gesamtplans in § 42 AO. Der IV. Senat des BFH sieht den Gesamtplan hingegen in erster Linie als einen Topos der teleologischen Auslegung an, vgl. BFH, Urteil vom 17.12.2014, IV R 57/11, BFHE 248, 66, BStBl. II 2015, 536 unter

Form des Gesamtplans betrachtet, die sog. *self-cancelling* Gestaltungen.[1624] Gemeint sind gegenläufige Handlungsschritte, wobei die zuerst erfolgten durch die späteren Schritte aufgehoben werden. In Abgrenzung zum Scheingeschäft nach § 117 BGB, § 41 Abs. 2 AO erfolgen die Zwischenschritte allerdings nicht verdeckt, sondern offen.[1625] Solche Fälle weisen eine enge Verwandtschaft mit der zivilrechtlich dem § 242 BGB zugeordneten Grundsatz des *venire contra factum proprium* auf.[1626] Der Steuerpflichtige beseitigt das Vertrauen auf die Dauerhaftigkeit der verabredeten Gewinnverteilung und weist mit der zirkulären Gestaltung selbst darauf hin, dass er die ursprüngliche Gestaltung zwar zur Erlangung eines Steuervorteils ernsthaft gewollt hat, sie aber im Ergebnis keinen Bestand haben soll.

(1) Verteilung des Steuervorteils

Ein Gesamtplan der Gesellschafter könnte in der Vereinbarung von Ausgleichszahlungen zwischen den Gesellschaftern oder sonstiger Korrekturgeschäfte gesehen werden, wodurch der erlangte steuerliche Vorteil auf verschiedene Gesellschafter verteilt wird. Solche Zusatzvereinbarungen schaffen zunächst einen Anreiz für den vom Steuervorteil nicht begünstigten Mitgesellschaftern, an der gesellschaftsvertraglichen Vereinbarung der Sonderzuweisung mitzuwirken. Mit dem I. Senat des BFH lässt sich allerdings argumentieren, dass die Weiterleitung oder Aufteilung des Ergebnisses einer steuerlich vorteilhaften Gestaltung bloßen Reflexcharakter hat. Die Teilhabe Dritter an einem Steuervorteil sei „nicht zu verhindern".[1627] Dahinter steht der Gedanke, dass ein einmal entstandener Steuervorteil stets beim Steuerpflichtigen verbleibt; ist er ein „gesetzlich vorgesehener" Steuervorteil, kann sein weiteres Schicksal nicht mehr die Tatbestandsmäßigkeit von § 42 AO begründen. Bei Dritten entsteht kein Steuervorteil i.S.d. § 42 AO,

---

II.2.d)aa); Urteil vom 16.12.2015, IV R 8/12, BFHE 252, 141, BStBl. II 2017, 766 unter II.2.

1624 *Fischer*, in: Hübschmann/Hepp/Spitaler, AO/FGO, § 42 AO Rz. 377, 394; *Schön*, DStJG 33 (2010), S. 29, 60.

1625 *Kempelmann*, StuW 2016, 385, 389;

1626 Zu diesem „Verbot widersprüchlichen Verhaltens" *Schubert*, in: MüKo-BGB, § 242 Rz. 364 ff.

1627 BFH, Urteil vom 19.8.1999, I R 77/96, BFHE 189, 342, BStBl. II 2001, 43 unter II.1.c); ebenso FG Baden-Württemberg, Urteil vom 7.5.2008, 13 K 146/04, EFG 2008, 1206.

sondern ein „monetärer Vorteil".[1628] Die Verteilung des Steuervorteils auf alle Gesellschafter beseitigt außerdem nicht die gewählte rechtliche Gestaltung, denn die Sonderzuweisung wird durchgeführt wie vereinbart. Die Weiterleitung eines Steuervorteils an Mitgesellschafter ist daher für Zwecke des § 42 AO unschädlich. Ein anderes könnte sich allenfalls ergeben, wenn der mehraktige Prozess mitsamt Weiterleitung eines Steuervorteils von vornherein bei der Auslegung der Gewinnverteilungsabrede zu berücksichtigen wäre. Dann handelt es sich nicht mehr um Weiterleitung eines monetären Vorteils, sondern um die Durchführung der Gewinnverteilungsabrede, wie sie zutreffenderweise auszulegen wäre. Eine solche Auslegung der Abrede ist jedoch nur unter Betrachtung der Einzelfallumstände möglich.

(2) Neutralisierung von Sonderzuweisungen

Anders könnte die Beurteilung für vertragliche Abreden über einen „Spitzenausgleich" mit der Folge ausfallen, dass alle Gesellschafter über die Totalperiode der Gesellschaft gesehen einen kapital- oder sonst beitragsquotalen Gewinnanteil erhalten. Etwa für den Fall, dass sich eine wirtschaftsgutsbezogene Sonderzuweisung aufgrund eines erheblichen Veräußerungsgewinns zugunsten eines Gesellschafters als „überquotal" vorteilhaft erweisen sollte, könnten die Gesellschafter eine Umverteilung dieses Vorteils vereinbaren. Wäre die (in der Person eines Gesellschafters nicht steuerbare) Veräußerung eines Grundstücks erfolgreich, während aus der Veräußerung des nächsten Grundstücks (an dessen Ergebnis ein anderer Gesellschafter partizipieren soll) ein Verlust entsteht, müsste nach einer solchen Vereinbarung der insgesamt erzielte Gewinn und Verlust beteiligungsquotal verteilt werden. Als weiterer Fall einer derartigen Neutralisierung von Sonderzuweisungen lässt sich Beispiel 19 anführen,[1629] weil die Gesellschafter mit einer solchen Abrede ihren eigentlichen Willen zur beteiligungsquotalen

1628 *Drüen*, Ubg 2022, 61, 71.

1629 Die X GmbH & Co. KG ist eine steuerlich vermögensverwaltende Gesellschaft, die seit mehreren Jahren Krypto-Token hält. Kommanditist A, eine natürliche Person, erwirbt zu Beginn des Jahres 1 seinen Kommanditanteil vom austretenden Kommanditisten B. Als weiterer Kommanditist ist seit einigen Jahren C beteiligt. A und C vereinbaren beim Eintritt des A, dass C den gesamten Gesellschaftsüberschuss im Jahr 1 zugewiesen bekommen soll und A den gesamten Gesellschaftsüberschuss im darauffolgenden Jahr 2. Sowohl in Jahr 1 als auch in Jahr 2 veräußert die Gesellschaft die gleiche Anzahl von Krypto-Token mit Gewinn.

Gewinnverteilung zu erkennen geben. Eine Neutralisierung von Sonderzuweisungen kann nicht nur durch eine „gegenläufige" Sonderzuweisung im gleichen Wirtschaftsjahr erfolgen, sondern auch durch schuldrechtliche Ausgleichszahlungen oder durch eine Anpassung der Gewinnverteilungsabrede für zukünftige Jahre.

Damit würde das mit Sonderzuweisungen einhergehende wirtschaftliche Risiko der Gesellschafter eliminiert und das wirtschaftliche Resultat der vereinbarten Sonderzuweisung durch die zusätzliche Ausgleichsvereinbarung neutralisiert. Als wirtschaftliche Folge der Sonderzuweisung verbliebe vor allem der Steuervorteil. In US-amerikanischer Terminologie hätte die Sonderzuweisung keinen „substanziellen wirtschaftlichen Effekt". In dieser Konstellation würde nicht der Steuervorteil auf die Mitgesellschafter verteilt, sondern eine „Einebnung" es Ausweichgeschäfts in Form der Sonderzuweisung erfolgen. Dass die Korrektur der Sonderzuweisung nicht notwendig durch Umverteilung des nämlichen, gesondert zugewiesenen Veräußerungsgewinns erfolgt, sondern womöglich durch eine anderweitige Wertbewegung auf Gesellschafterebene oder auf Gesellschaftsebene in den Folgejahren, steht einem Gesamtplan nicht entgegen. Die unter § 42 AO zu würdigende Saldierung mehrerer Geschäfte erfolgt nicht wirtschaftsguts-, sondern wertbezogen.[1630] Weil die Sonderzuweisung und nachfolgende Teilschritte vertraglich von vornherein festgelegt werden und die Gewinnverteilungsabrede zivilrechtlich im Regelfall nur einstimmig geändert werden kann, ist auch von einer teils geforderten Sachverhaltsbeherrschung durch den begünstigten Gesellschafter auszugehen.[1631] Allenfalls der zeitliche Abstand von Ausweich- und Korrekturgeschäft könnte gegen ihre gedankliche Verklammerung sprechen, wenn dazwischen wirtschaftliche oder rechtliche Risiken für die Verwirklichung des Gesamtplans treten können. Die zeitliche Nähe mehrerer Teilakte begründet einen Gesamtplan jedoch nicht konstitutiv (umgekehrt schließt zeitliche Distanz einen solchen nicht aus), sondern kann nur einzelfallabhängig als Indiz für die Existenz eines Gesamtplans herangezogen werden.[1632]

1630 *Kempelmann*, StuW 2016, 385, 394; im Ergebnis wohl auch *Förster/Schmidtmann*, StuW 2003, 114, 120 (Fn. 75).

1631 Zum Merkmal der Beherrschbarkeit *Kugelmüller-Pugh*, FR 2007, 1139, 1143; *Förster/Schmidtmann*, StuW 2003, 114, 122 f.; *Offerhaus*, FR 2011, 878, 879.

1632 BFH, Urteil vom 18.1.2001, IV R 58/99, BFHE 194, 377, BStBl. II 2001, 393 unter II.3.; *Tanzer*, DStJG 33 (2010), S. 189, 190; *Kempelmann*, StuW 2016, 385, 391; *Söffing* (BB 2004, 2777, 2787) schlägt eine zeitliche Gesamtplangrenze von fünf Jahren vor, *Schmidtmann/Förster* (StuW 2003, 114, 122) eine Obergrenze von

Neutralisieren die Gesellschafter das wirtschaftliche Ergebnis der zuvor vereinbarten und „durchgeführten" Sonderzuweisungen, tragen sie zivilrechtlich nicht mehr die ursprünglich vereinbarten Gewinnanteile. Die letztlich „transitorischen" Sonderzuweisungen haben dann den vorrangigen Zweck, den Gesellschaftern im Sinne einer „Rosinentheorie" diejenigen Gewinnbestandteile zuteilwerden zu lassen, die der steuerlichen Position der Gesellschafter passgenau entsprechen. Die durch Sonderzuweisungen erlangten Steuervorteile sind etwa in Fällen, in denen einem Gesellschafter nicht der gesamte (steuerfreie) Veräußerungsgewinn oder die „schachtelprivilegierte" Dividende verbleibt, gesetzlich nicht vorgesehen. Der durch die Sonderzuweisung steuerlich begünstigte Gesellschafter ist – unter Würdigung der vertraglichen Abreden im Einzelfall – so zu besteuern, als wäre die Sonderzuweisung nicht vereinbart worden.

c) Gesetzlich vorgesehener Steuervorteil der beschleunigten Verlustverrechnung

Insbesondere bei der vierten Fallgruppe der Sonderzuweisungen, der Periodenverlagerung, ist die Verlustnutzung Gegenstand des Gestaltungsinteresses der Gesellschafter. Verluste mindern zur Verwirklichung des objektiven Nettoprinzips die ertragsteuerliche Bemessungsgrundlage, und zwar in Form des Verlustausgleichs durch Summierung von positiven und negativen Einkünften in einem Veranlagungszeitraum sowie durch periodenübergreifenden Verlustabzug.[1633] Die vollständige Verlustnutzung durch einen Steuerpflichtigen ist Ausdruck des in § 2 EStG grundsätzlich angelegten synthetischen Einkommensbegriffs, der nur für Kapitaleinkünfte durchbrochen wird (§ 2 Abs. 5b EStG).[1634] Sowohl der innerhalb einer Einkunftsart erfolgende „horizontale" Verlustausgleich als auch der einkunftsartenübergreifende „vertikale" Verlustausgleich wird gemeinhin in § 2 Abs. 3 EStG verankert.[1635] Danach ist Ausgangsgröße für den Gesamtbetrag der Ein-

drei Jahren; gegen einen festen Zeitrahmen *Offerhaus*, FR 2011, 878, 879. Eine Entsprechung findet die vorgeschlagene zeitliche Obergrenze bei US-Personengesellschaften im *Transitory-Test*, nach dem ebenfalls ein Zeitraum von fünf Jahren maßgeblich für die *Substantiality* einer Sonderzuweisung ist (oben B.II.2.c)aa)(2)).

1633 *Hey*, in: Tipke/Lang, Steuerrecht, Rz. 8.62.

1634 *Wendt*, DStJG 24 (2001), S. 41, 46.

1635 Vgl. BT-Drs. 7/1470, S. 238 („Die Summe der Einkünfte umfasst sowohl die Addition von positiven Ergebnissen der einzelnen Einkunftsquellen als auch das Ergebnis des innerhalb einer Einkunftsart oder zwischen verschiedenen Einkunftsarten

künfte die Summe der Einkünfte, und die Summenbildung setzt einen Ausgleich von positiven und negativen Einkünften voraus. Für den periodenübergreifenden Verlustabzug hat der Gesetzgeber, insofern das Leistungsfähigkeitsprinzip über das Periodizitätsprinzip stellend, in § 10d EStG einen Zentraltatbestand zum Verlustrücktrag und -vortrag geschaffen. Ziel der Norm ist es, die über einen Besteuerungsabschnitt hinaus fortwirkende geminderte steuerliche Leistungsfähigkeit abzubilden.[1636] Die grundsätzliche interperiodische Verlustnutzung wird für verfassungsrechtlich geboten gehalten.[1637] Einmal entstandene und nicht intraperiodisch ausgeglichene Verluste sollen dem Steuerpflichtigen erhalten bleiben. Die Verlustnutzung ist daher grundsätzlich ein vom Gesetz vorgesehener „Steuervorteil", wenngleich die Verwirklichung des objektiven Nettoprinzips durch § 10d EStG an sich noch keinen „Vorteil" für den Steuerpflichtigen beinhaltet (zumal Mindersteuern im Jahr der Verlustnutzung potenziell höhere Steuern in den nachfolgenden Jahren gegenüberstehen).[1638] Der Vorteil kann sich lediglich durch eine „beschleunigte" Verlustnutzung ergeben. Vor diesem Hintergrund ist fraglich, ob die Verlustnutzung auch durch Gewinne erfolgen kann, die einem Personengesellschafter aufgrund einer Sonderzuweisung in Gestalt der Periodenverlagerung zuteilwerden.

aa) Rechtsprechung

Die Rechtsprechung hat sich in der Vergangenheit bereits häufiger zur Verlustgenerierung und -nutzung positioniert, und zwar zumeist – und

vorzunehmenden Verlustausgleichs"); *Ratschow*, in: Brandis/Heuermann, Ertragsteuerrecht, § 2 EStG Rz. 150; zumindest der horizontale Verlustausgleich lässt sich jedoch genauso gut § 2 Abs. 2 EStG zuordnen, wonach der „Gewinn" bzw. „Überschuss" aus den verschiedenen Einkunftsarten als Nettogröße zu ermitteln ist.

1636 *Pfirrmann*, in: Kirchhof/Seer, EStG, § 10d Rz. 1; *Vogel*, in: Brandis/Heuermann, Ertragsteuerrecht, § 10d EStG Rz. 4.

1637 BFH, Urteil vom 19.8.1999, I R 77/96, BFHE 189, 342, BStBl. II 2001, 43 unter II.1.b)aa)bbb); Für die Gewerbesteuer BFH, Urteil vom 27.1.2006, VIII B 179/05, BFH/NV 2006, 1151; *Wendt*, DStJG 25 (2005), S. 41, 80; *Seiler*, DStJG 34 (2011), S. 61, 82; *Ismer*, ebenda, S. 91, 108; *Hey*, DStJG 33 (2010), S. 139, 156; *Röder*, System der Verlustverrechnung, S. 282.

1638 Vgl. BFH, Urteil vom 17.11.2020, I R 2/18, BFHE 271, 330, BStBl. II 2021, 580 unter II.2.b)cc)ccc).

mitunter überraschend[1639] – zugunsten des Steuerpflichtigen.[1640] Teils betreffen die Entscheidungen Veräußerungsgeschäfte, die zum Zweck der Verlustrealisierung getätigt wurden,[1641] teils disquotale Gewinnausschüttungen aus Kapitalgesellschaften an einen verlustführenden Gesellschafter,[1642] teils die „Vereinigung" von Gewinnen und Verlusten durch Umwandlungsvorgänge.[1643] Die Sachverhalte handeln folglich nicht nur von intra- und intertemporaler Verlustverrechnung, sondern berühren überdies Fragen zur intersubjektiven Verlustübertragung. Mehrfach hat der BFH dabei festgestellt, dass das Herbeiführen eines Verlustausgleichs im Kern mit den gesetzlichen Zielsetzungen des Leistungsfähigkeitsprinzips übereinstimmt. Sofern nicht der Gesetzgeber spezielle Verlustausgleichsbeschränkungen normiert habe, sei es nicht zu beanstanden, wenn durch Sachverhaltsgestaltung ein möglichst vollständiger Verlustausgleich angestrebt werde.[1644] Paradigmatisch für die durch Gestaltung verwirklichte Verlustnutzung auf Gesellschafterebene steht der umstrittene *Schütt-Aus-Hol-Zurück*-Fall, über den der BFH

1639 Vgl. *Schön*, DStJG 33 (2010), S. 29, 62.

1640 BFH, Urteil vom 10.10.1978, VIII R 126/75, BFHE 126, 206, BStBl. II 1979, 77 (zu § 6 StAnpG); Urteil vom 29.10.1986, I R 202/82, BFHE 148, 153, BStBl. II 1987, 308 (Mantelkauf vor Einführung von § 8c KStG); Urteil vom 19.8.1999, I R 77/96, BFHE 189, 342, BStBl. II 2001, 43; Urteil vom 17.10.2001, I R 97/00, BFHE 197, 63; Urteil vom 7.8.2002, I R 64/01, BFH/NV 2003, 205; Urteil vom 28.6.2006, I R 97/05, BFHE 214, 276, DStR 2006, 1938; Urteil vom 29.5.2008, IX R 77/06, BFHE 221, 231, BStBl. II 2008, 789; Urteil vom 7.12.2010, IX R 40/09, BFHE 232, 1; BStBl. II 2011, 427; Urteil vom 18.12.2013, I R 25/12, BFH/NV 2014, 904; Urteil vom 4.12.2014, IV R 28/11, BFH/NV 2015, 495; Urteil vom 17.11.2020, I R 2/18, BFHE 271, 330, BStBl. II 2021, 580 (Verschmelzung von Gewinn- und Verlustgesellschaft); ferner BFH, Beschluss vom 27.5.2010, VIII B 146/08, BVH/NV 2010, 1865; Beschluss vom 4.5.2012, VIII B 174/11, BFH/NV 2012, 1330; FG Münster, Urteil vom 14.8.2013, 2 K 2483/11 F, EFG 2014, 29; Urteil vom 14.5.2019, 2 K 3371/18 F, EFG 2019, 1521.

1641 BFH, Urteil vom 10.10.1978, VIII R 126/75, BFHE 126, 206, BStBl. II 1979, 77 unter 3.; Urteil vom 29.5.2008, IX R 77/06, BFHE 221, 231, BStBl. II 2008, 789 unter II.2.d); Urteil vom 7.12.2010, IX R 40/09, BFHE 232, 1; BStBl. II 2011, 427 unter II.1.b) („Ringtausch").

1642 BFH, Urteil vom 19.8.1999, I R 77/96, BFHE 189, 342, BStBl. II 2001, 43 unter II.1.b); Beschluss vom 27.5.2010, VIII B 146/08, BVH/NV 2010, 1865; Beschluss vom 4.5.2012, VIII B 174/11, BFH/NV 2012, 1330.

1643 BFH, Urteil vom 17.11.2020, I R 2/18, BFHE 271, 330, BStBl. II 2021, 580 (Verschmelzung von Gewinn- und Verlustgesellschaft).

1644 BFH, Urteil vom 17.11.2020, I R 2/18, BFHE 271, 330, BStBl. II 2021, 580 unter II.2.a)cc).

mit Urteil vom 19.8.1999 entschieden hat.[1645] Gegenstand der Entscheidung war eine disquotale Gewinnausschüttung einer GmbH an eine Gesellschafterin (eine AG), die mit der Ausschüttung ihr steuerliches Verlustpotenzial ausnutzte und anschließend die ausgeschütteten Beträge (disquotal) wieder in die GmbH einlegte. Der I. Senat des BFH hat in diesem Urteil neben der Betonung des Verfassungsgebots der Ausschöpfungen von Verlusten ein Prisma an Erwägungen angestellt, die sich für die Beurteilung der Periodenverlagerung fruchtbar machen lassen. Zum einen seien inkongruente Gewinnausschüttungen zulässig, solange sie gesellschaftsrechtlich wirksam vereinbart wurden; der Ausschüttungsanspruch eines Gesellschafters müsse nicht „beteiligungsidentisch" sein. Zum anderen ergäben sich aus § 42 AO keine Einschränkungen zur Verlustnutzung, denn derartige Einschränkungen seien abschließend den Einzelsteuergesetzen zu entnehmen. Die unmittelbare Wiedereinlage der ausgeschütteten Beträge sei zudem ein von der Ausschüttung losgelöst zu betrachtender Vorgang. Daraus ließe sich schließen, dass auch die „Umkehrung" eines Gewinnverteilungsschlüssels in Folgeperioden nicht Teil einer „Gesamtbewertung" sein sollte. So deutet der BFH schließlich die Verneinung eines Gesamtplans an, weil die einzelnen Gestaltungsschritte jeweils steuerlich zu akzeptieren seien, lässt die Frage aber letztlich offen. Das Urteil hat in der Folgezeit weitere Bestätigung in der Finanzrechtsprechung gefunden, teils auch mit Bezug zu Mitunternehmerschaften.[1646] Lediglich „eingekaufte" Fremdverluste seien unter § 42 AO möglicherweise kritisch zu beurteilen („Mantelkaufgestaltungen").[1647]

1645 Urteil vom 19.8.1999, I R 77/96, BFHE 189, 342, BStBl. II 2001, 43; ablehnend zwischenzeitlich die Finanzverwaltung (Nichtanwendungserlass), BMF, Schreiben vom 07.12.2000, BStBl. I 2000, 47, DStR 2000, 2188;

1646 BFH, Urteil vom 17.10.2001, I R 97/00, BFHE 197, 63, DStR 2002, 78 unter II.6.a); Urteil vom 28.6.2006, I R 97/05, BFHE 214, 276, DStR 2006, 1938 („Mobilisierung" von Körperschaftsteuerguthaben); Urteil vom 4.12.2014, IV R 28/11, BFH/NV 2015, 495 unter II.1.b)bb); Beschluss vom 27.5.2010, VIII B 146/08, BFH/NV 2010, 1865; Beschluss vom 4.5.2012, VIII B 174/11, BFH/NV 2012, 1330; FG Münster, Urteil vom 14.8.2013, 2 K 2483/11 F, EFG 2014, 29 (Gewinnverteilung bei GmbH & atypisch Still); Urteil vom 29.9.2020, 6 K 1176/17 E, EFG 2021, 198.

1647 BFH, Urteil vom 17.11.2020, I R 2/18, BFHE 271, 330, BStBl. II 2021, 580 unter II.2.c)cc)aaa) – damit hängt es womöglich von der Verschmelzungsrichtung ab, ob ein Gestaltungsmissbrauch vorliegt.

bb) Literatur

In der Literatur findet die Auffassung der Rechtsprechung zur gestalterischen Herbeiführung einer Verlustnutzung im Zusammenhang mit der disquotalen Gewinnausschüttung bei Kapitalgesellschaften, mitunter auch im Zusammenhang mit der Gewinnverteilung bei Personengesellschaften, weit überwiegend Zustimmung.[1648] *Gosch* als ehemaliges Mitglied des I. Senats des BFH betont etwa die sich aus dem zitierten Urteil vom 19.8.1999 ergebenden Gestaltungsmöglichkeiten (darunter *Tracking-Stock*-Gestaltungen).[1649] Eine kleinere Fraktion kritisiert die Zurückhaltung des BFH bei der Anwendung von § 42 AO.[1650] Die Kritik fokussiert sich zum Teil auf die steuerliche Anerkennung disquotaler Gewinnausschüttungen mit der Begründung, Kapitaleinkünfte könnten von einem Gesellschafter nur insoweit erzielt werden, wie es der Kapitalüberlassung durch den Gesellschafter entspricht; darüber hinausgehende (disquotale) Ausschüttungen seien als „gekaufte" oder „geschenkte" Gewinnanteile zu qualifizieren, die steuerlich dem Mitgesellschafter zuzurechnen seien.[1651] Teils geht die Kritik jedoch auch auf Motiv der Verlustnutzung ein und argumentiert, dass eine subjektübergreifende Verlustnutzung gesetzlich gerade nicht vorgesehen sei.[1652]

1648 *Vogt*, in: Brandis/Heuermann, Ertragsteuerrecht, § 17 EStG Rz. 444 (zum Ringtausch); *Rose*, FR 2002, 1, 6 f.; *Schmidtmann*, Ubg 2014, 502, 510; *Pörschke*, DB 2017, 1165, 1167; *Strecker*, KöSDi 2022, 22657, 22667; *Kling/Kamchen*, NWB 2015, 819, 821 f.; *Schwedhelm/Binnewies*, GmbH-StB 2000, 281 ff.; *Schlagheck*, GStB 2000, 287 ff.; *Busch*, DStR 2007, 1069, 1070 f.; *Harle*, NWB 2014, 3007 ff.; *Blumenberg/Bernard*, DB 2021, 1491 ff.; *Wüllenkemper*, EFG 2014, 29, 35; für die Anerkennung von Vorabgewinnanteilen zur Verlustnutzung *Bitz*, in: Littmann/Bitz/Pust, EStG, § 15 Rz. 109.

1649 DStR 1999, 1849, 1853.

1650 *Groh*, DB 2000, 1433 ff. („Freibrief"); *Paus*, FR 2000, 197, 198; vormals auch *Fischer*, in: Hübschmann/Hepp/Spitaler, AO/FGO, § 42 AO Rz. 599 (208. EL Stand 6/2010); dem entgegentretend BFH, Urteil vom 28.6.2006, I R 97/05, BFHE 214, 276, DStR 2006, 1938 unter II.2.b)cc).

1651 *Groh*, DB 2000, 1433, 1438; vormals auch *Fischer*, in: Hübschmann/Hepp/Spitaler, AO/FGO, § 42 AO Rz. 599 mit Verweis auf die fehlende Beitragsgerechtigkeit (208. EL Stand 6/2010).

1652 *Mosler/Münzner*, FR 2021, 965, 970 ff.

cc) Stellungnahme – Verlustnutzung gesetzlich vorgesehen

Die Instrumentalisierung der Gewinnverteilungsabrede zur Verlustnutzung – sei es in einer Kapital- oder Personengesellschaft – bewegt sich im Spannungsfeld zwischen der Verwirklichung des objektiven Nettoprinzips, wie es in § 2 Abs. 3, § 10d EStG grundsätzlich vorgesehen ist, und dem Individualsteuerprinzip, wonach die steuerliche Leistungsfähigkeit steuersubjektbezogen zu beurteilen ist. Dient der Gewinnverteilungsschlüssel einer beschleunigten Verlustnutzung auf Gesellschafterebene oder werden (im umgekehrten Fall) Verluste der Gesellschaft mit sonstigen positiven Einkünften eines Gesellschafters zusammengeführt, ist fraglich, ob damit eine gesetzlich nicht vorgesehene intersubjektive Verlustnutzung erfolgt. Das Verhältnis des „Verlusterwerbs" zum Leistungsfähigkeitsprinzip ist eine langjährige Streitfrage,[1653] und die Diskussion um eine verfassungskonforme gesetzliche Regelung zum „Mantelkauf" (§ 8c Abs. 1 Satz 1 KStG) ist noch immer nicht abgeschlossen.[1654] Selbst bei Verfassungskonformität des § 8c KStG, der im Kern auf den „Mantelkauf" zugeschnitten ist, lässt sich aus der Existenz der Norm nicht die verallgemeinerungsfähige Aussage ableiten, eine gestalterisch herbeigeführte und mehrere Steuersubjekte involvierende Verlustnutzung widerspreche dem gesetzlich vorgesehenen System der Verlustverrechnung. Auch im grundsätzlich vom Trennungsprinzip beherrschten Konzernrecht gehört eine subjektübergreifende Verlustnutzung zum steuerlichen Alltagsgeschäft. Außerhalb des Konzerns sollen – so die inzwischen gefestigte Rechtsprechung – Umwandlungsvorgänge oder disquotale Gewinnausschüttungen die vollständige Verlustnutzung ermöglichen.

Wenn aber selbst beim Trennungsprinzip eine sich nicht aus dem Besteuerungssystem ergebende, sondern gestalterisch erwirkte Verlustnutzung auf Gesellschafterebene dem Gesetzesbild entspricht, muss dieses Ergebnis erst recht bei Personengesellschaften gelten. Bei transparent besteuerten Personengesellschaften ist die Verlustzuweisung an einen Mitunternehmer nicht mit dem vom Gesetzgeber in § 8c KStG missbilligten „Verlusterwerb"

1653 Vgl. die „Mitropa-Entscheidung" des RFH, Urteil vom 16.7.1919, II A 142/19, RFHE 1, 126.

1654 Vgl. das anhängige Vorlageverfahren beim BVerfG (2 BvL 19/17) nach Beschluss des FG Hamburg vom 29.8.2017, 2 K 245/17, EFG 2017, 1906; kritisch zur Verfassungskonformität von § 8c, § 8d KStG auch *Roser*, in: Gosch, KStG, § 8c Rz. 26a; *Stöber*, in: Gosch, AO/FGO, § 42 AO Rz. 146.

gleichzusetzen, weil der Mitunternehmer an der Erwirtschaftung der Verluste bereits beteiligt war. Anderes mag in dem Fall gelten, in dem ein Personengesellschafter einen Anteil an einer Verlust erzielenden Personengesellschaft erst erwirbt, um die ihm anschließend zugewiesenen Verluste mit positiven Einkünften auf Gesellschafterebene verrechnen zu können. In diesem Fall sind es jedoch insbesondere § 15b oder § 15a EStG, die eine gesetzlich nicht vorgesehene Verlustnutzung einschränken. Abgesehen von diesen Beschränkungen ist das Zusammentreffen von negativen Einkünften eines Gesellschafters mit positiven Einkünften aus einer Personengesellschaftsbeteiligung dem Transparenzprinzip inhärent.[1655] Das gilt mehr noch als beim körperschaftsteuerlichen Trennungsprinzip, wo die Verlustnutzung auf Gesellschafterebene erst durch Verschmelzung von „Gewinn-" und „Verlustgesellschaft" herbeigeführt werden muss. Dieser Vorgang, nicht aber die Art der Gewinnverteilung in Personengesellschaften, ist in die Nähe eines intersubjektiven Verlustausgleichs zu stellen.

dd) Ausnahme bei sich „umkehrender" Gewinnverteilung – Gesamtplan

Wenngleich die Verlustnutzung ein grundsätzlich gesetzlich vorgesehener Steuervorteil ist, der auch durch steuerplanerische Gestaltung erlangt werden kann, stellt sich die weitere Frage, ob nicht mit Blick auf die Figur des Gesamtplans ein Schatten auf die Periodenverlagerung geworfen wird. Die Beurteilung der Gewinnverteilung unter dem Gesichtspunkt des Gesamtplans drängt sich auf, wo die anfängliche Gewinn- bzw. Verlustverteilung auf einen Gesellschafter durch spätere gegenläufige Gestaltungsschritte umgekehrt wird. Angesprochen sind damit sowohl Gestaltungen, wonach der zunächst „aussetzende" Gesellschafter den gesamten Gewinn des Folgejahres unabhängig von seiner Höhe zugewiesen bekommt,[1656] als auch Fälle, wonach der „aussetzende" Gesellschafter den zukünftigen Gewinn so lange zugewiesen bekommt, bis der Gewinnanteil des zunächst begünstigten Ge-

1655 *Prinz*, FR 2010, 736, 737 (Grundsatz des „Durchreichens" von Verlusten auf die Mitunternehmerebene).

1656 Oben C.V.4 (Beispiel 8): Gewinne und Verluste werden grundsätzlich nach Köpfen verteilt. Ergibt sich in den Wirtschaftsjahren 2020 und 2021 ein Gewinn, gilt folgendes: Gesellschafter A erhält den vollen Gewinn aus 2020, Gesellschafter B den vollen Gewinn aus 2021.

sellschafters erreicht ist.[1657] Beide Konstellationen können sich auch spiegelbildlich im Verlustbereich ergeben, indem ein zunächst verlusttragender Gesellschafter anschließend beteiligungsdisquotale Gewinnanteile zugewiesen bekommt.[1658]

Der BFH hat die Einstufung als missbräuchlichen Gesamtplan offengelassen.[1659] Das FG Münster hat in zwei Entscheidungen, eine im Zusammenhang mit einer GmbH & atypisch Still,[1660] die andere zur disquotalen Gewinnausschüttung einer GmbH,[1661] jeweils keinen Gesamtplan angenommen, obwohl in beiden Fällen eine disquotale Gewinnverteilung in späteren Jahren neutralisiert wurde. In der Literatur wird vorgebracht, bei der Periodenverlagerung stelle die Vereinbarung einer Ausgleichszahlung eine dem § 15 Abs. 1 Satz 1 Nr. 2 EStG entgegenstehende Beeinflussung des Zuflusszeitpunkts bei den Mitunternehmern dar, die – auch ohne Bezugnahme auf den Gesamtplan – gem. § 42 Abs. 1 AO zu korrigieren sei.[1662] Der Gestaltungsmissbrauch ergebe sich mit Blick auf die Ratio von § 15 EStG, die eine zuflussunabhängige Besteuerung der Mitunternehmer vorsehe. Nach hier vertretener Ansicht steht die Zurechnungsfunktion des § 15

1657 Oben C.V.4 (Beispiel 10): Gewinne und Verluste werden grundsätzlich nach Köpfen verteilt. Ergibt sich im Jahr 2020 ein Gewinn, erhält diesen Gesellschafter A vollständig. In den nachfolgenden Geschäftsjahren erhält Gesellschafter B den vollen Gewinn bis zu dem Betrag, den Gesellschafter A im Jahr 2020 zugewiesen bekommen hat. Anschließend wird der Gewinn nach Köpfen verteilt.

1658 Oben C.V.4 (Beispiel 9): Verluste trägt allein Gesellschafter A, bis die Gesellschaft erstmals ein ausgeglichenes oder positives Ergebnis erreicht. Anschließende Gewinne erhält allein Gesellschafter A, bis die von ihm zuvor getragenen Verluste ausgeglichen wurden. Danach tragen die Gesellschafter (A und B) das Gesellschaftsergebnis zu gleichen Teilen.

1659 Urteil vom 19.8.1999, I R 77/96, BFHE 189, 342, BStBl. II 2001, 43.

1660 FG Münster, Urteil vom 14.8.2013, 2 K 2483/11 F, EFG 2014, 29 (dazu oben D.III.3.a)aa)(2)). In einer weiteren Entscheidung des FG Münster (Urteil vom 14.5.2019, 2 K 3371/18 F, EFG 2019, 1521) korrigierte das Gericht die vereinbarte Periodenverlagerung im Wege der Angemessenheitskontrolle, jedoch ohne Bezug auf die Gesamtplanrechtsprechung.

1661 FG Münster, Urteil vom 30.6.2021, 13 K 272/19 G, F, EFG 2021, 1615 (rkr.). In dieser noch frischen Entscheidung hat das Gericht erkannt, dass eine disquotale Gewinnausschüttungen einer GmbH an eine Gesellschafterin (ebenfalls eine GmbH, die insoweit von § 8b Abs. 1 KStG „profitierte“) unter „Umgehung“ weiterer, dem Teileinkünfteverfahren unterfallender Gesellschafter keinen Gestaltungsmissbrauch darstelle, auch wenn die übrigen Gesellschafter als Ausgleich für die disquotale Gewinnausschüttung bei Liquidation der ausschüttenden GmbH einen Liquidationsvorab in Höhe ihrer „entgangenen“ Gewinnanteile erhalten sollten.

1662 *Schwandtner*, Disquotale Gewinnausschüttungen, S. 365 f.

EStG der Periodenverlagerung allerdings nicht entgegen, weil trotz dieser Gewinnverteilungsabrede in jedem Jahr der gesamte Gesellschaftsgewinn der Versteuerung unterworfen wird.[1663]

Fraglich ist allerdings, ob die Verlustnutzung das Prädikat des „gesetzlich vorgesehenen" Steuervorteils verliert, wenn in der Vereinbarung „gegenläufiger" Gewinnverteilung ein Gesamtplan zu sehen ist. Für andere Formen von Sonderzuweisungen wurde das bejaht, weil die Gesellschafter mit der Neutralisierung einer Sonderzuweisung zu erkennen geben, dass sie im Innenverhältnis nicht das Ergebnis der Sonderzuweisung „stehen lassen" wollen, sondern eine anders gelagerte, womöglich beteiligungsquotale Gewinnverteilung anstreben. Bei der Periodenverlagerung fällt das Ergebnis womöglich anders aus. Erstens ist fraglich, ob eine Ausgleichsklausel tatsächlich zur Neutralisierung der ursprünglichen disquotalen Gewinnverteilung führt. Tragen die Gesellschafter in „ihrem" jeweiligen Jahr vollständig das Gewinnrisiko, führt die Periodenverlagerung nicht zum Ausgangspunkt zurück; insofern sind eine rein zirkuläre Gestaltung und ein missbräuchlicher Gesamtplan abzulehnen.[1664] Eine gegenläufige Gestaltung liegt allerdings in Fällen vor, in denen der zunächst „aussetzende" Gesellschafter anschließend betragsmäßig genau den Gewinn oder Verlust zugewiesen bekommt, den zuvor dem anderen Gesellschafter zugewiesen wurde. Zweitens darf der Gestaltungsmissbrauch allerdings auch insofern nicht vorschnell bejaht werden. Der Gesetzgeber hat speziell zur Verlusten aus Personengesellschaftsbeteiligungen gesetzliche Regelungen erlassen. Gemeint sind § 15b und § 15a EStG, die zum einen sog. „Verlustzuweisungsgesellschaften" erfassen und zum anderen einen Gleichlauf der gesellschaftsrechtlichen Haftungsverhältnisse des Kommanditisten mit der steuerlichen Verlusttragung herstellen sollen. Daraus könnte der Rückschluss gezogen werden, der Gesetzgeber habe damit „seinen Claim abgesteckt",[1665] nicht nur betreffend den Verlustausgleich und -abzug auf Rechtsfolgenseite, sondern auch zur Frage, ob und in welcher Höhe einem Personengesellschafter Verluste zugewiesen werden können.

1663 Ausführlich oben D.III.3.b)aa).

1664 Vgl. Beispiel 8: „Gewinne und Verluste werden grundsätzlich nach Köpfen verteilt. Ergibt sich in den Wirtschaftsjahren 2020 und 2021 ein Gewinn, gilt folgendes: Gesellschafter A erhält den vollen Gewinn aus 2020, Gesellschafter B den vollen Gewinn aus 2021". Im Ergebnis auch *Schwandtner*, Disquotale Gewinnausschüttungen, S. 365.

1665 So die Formulierung von *Fischer*, in: Hübschmann/Hepp/Spitaler, AO/FGO, § 42 Rz. 280.

Mit Blick auf § 15a EStG ist dagegen einzuwenden, dass es sich hierbei nach überwiegender Ansicht nicht um einen speziellen Missbrauchstatbestand handelt.[1666] Die Wertungen von § 15a EStG strahlen mithin nicht auf § 42 AO aus. Auch hinsichtlich der Wertungen des § 15b EStG ist fraglich, inwieweit sie sich tatsächlich auf die Gestaltungsform der Periodenverlagerung auswirken. Denn der Anwendungsbereich von § 15b EStG ist denkbar eng; „Steuerstundungsmodelle" i.S.d. § 15b Abs. 2 EStG betreffen nach dem Willen des Gesetzgebers eine sehr spezielle Anlageform (z.B. geschlossene Medien-, Windpark- oder Schiffsfonds) und die in diesem Zusammenhang typischerweise erzielten „Anfangsverluste".[1667] Auf der anderen Seite lässt sich § 15b EStG gerade als gesetzlich geregelter Fall des „Gesamtplans" im Bereich der Verlusterzeugung und -nutzung ansehen. Das beweist die Legaldefinition des Steuerstundungsmodells in § 15b Abs. 2 EStG, die eine „modellhafte Gestaltung" erfordert und damit auf die prognostizierten und insofern „geplanten", nicht auf die tatsächlich entstehenden Verluste abstellt.[1668] Der Regelung des § 15b EStG hätte es nicht bedurft, wenn eine gestalterisch erreichbare temporäre Verlustzuweisung von vornherein mit dem einkommensteuerlichen System des Verlustausgleichs und -abzugs unvereinbar wäre. Das spricht dafür, einen schädlichen Gesamtplan bei der Periodenverlagerung abzulehnen.

§ 15b EStG betrifft zwar nur die eine „Richtung", nämlich die Zuweisung von Verlusten, die in der Gesellschaft entstanden sind, an den Gesellschafter mit mutmaßlich positiven sonstigen Einkünften. § 15b EStG verhindert einen – insofern dem Rechtsgedanken des § 8c KStG nicht unähnlich – „Einkauf" von Anfangsverlusten. Die umgekehrte Richtung, d.h. die Zuweisung eines „überhöhten" Gewinnanteils an einen verlustführenden Gesellschafter, sollte gleichwohl ebenso unschädlich sein. Denn eine Konstellation, in der der Gesellschafter seinerseits außergesellschaftliche Verluste erlitten hat, steht von vornherein nicht in Verbindung mit dem gesetzlich missbilligten „Verlusteinkauf".

1666 *Lüdemann*, in: Herrmann/Heuer/Raupach, EStG/KStG, § 15a EStG Rz. 9; *Bitz*, in: Littmann/Bitz/Pust, EStG, § 15a Rz. 2 (Vorschrift diene der Durchsetzung des Leistungsfähigkeitsprinzips); *Wacker*, in: Schmidt, EStG, § 15a Rz. 1 („geht über das spezielle Ziel der Eindämmung modellhafter VerlustzuweisungsGes hinaus"); *Stöber*, in: Gosch, AO/FGO, § 42 AO Rz. 56 ff. (Auflistung spezieller Missbrauchstatbestände ohne Verweis auf § 15a EStG); *Hey*, DStJG 34 (2011), 139, 156 f.; wohl a.A. (§ 15a EStG als „missbrauchsvermeidende Lenkungsnorm") *Roser*, FR 2005, 178.

1667 BT-Drs. 16/107, S. 6; *Seer*, in: Kirchhof/Seer, EStG, § 15b Rz. 1, 36.

1668 *Hey*, DStJG 34 (2011), S. 139, 157.

3. Beachtliche außersteuerliche Gründe

Ist im Einzelfall aufgrund der Vereinbarung einer Ausgleichsklausel ein Gestaltungsmissbrauch i.S.d. § 42 Abs. 2 Satz 1 AO zu bejahen, steht dem „bevorteilten" Steuerpflichtigen die Möglichkeit des Entlastungsnachweises gem. § 42 Abs. 2 Satz 2 AO offen. Einschränkend zu beachten ist insoweit, dass sich der außersteuerliche Grund gerade auf den „unangemessenen" Teil der Gestaltung beziehen muss, bei Sonderzuweisungen also ihre Neutralisierung durch eine nachfolgende Ausgleichsvereinbarung. Der Steuerpflichtige muss darlegen können, warum das „Hin- und Her" wirtschaftliche Zwecke hatte. In Betracht kommt zunächst das Motiv der Liquiditätssteuerung. So ließe sich – in Abhängigkeit der Einzelfallumstände – rechtfertigen, dass der „schachtelprivilegierte" Gesellschafter alle Dividenden aus Portfoliogesellschaften zugewiesen bekommt, während der andere Gesellschafter, bei dem die Portfoliogesellschaften „Streubesitz" darstellen, als Kompensation einen erhöhten Liquidationsanteil erhalten soll. Als außersteuerlicher Gestaltungsgrund relevant erscheinen weiterhin Vorbehalte einzelner Gesellschafter gegenüber bestimmten Anlagegütern. Wird etwa in einer vermögensverwaltenden Gesellschaft durch Mehrheitsbeschluss die Anschaffung von Krypto-Token beschlossen, was ein Minderheitsgesellschafter aus wirtschaftlichen oder sonstigen politischen Erwägungen ablehnt, könnten sich die Gesellschafter als Interessenausgleich darauf einigen, dass der „krypto-skeptische" Gesellschafter nach erfolgreichem Verkauf der Krypto-Token einen erhöhten Anteil am Veräußerungserlös der übrigen Wirtschaftsgüter der Gesellschaft erhält. In diesem Fall bezweckt die Kompensation des „krypto-skeptischen" Gesellschafters nicht vorrangig die Ermöglichung steuerfreier Veräußerungsgewinne, sondern einen wirtschaftlichen Interessenausgleich der Gesellschafter.

IV. Ergebnisse zum Gestaltungsmissbrauch

Sonderzuweisungen stellen grundsätzlich keinen Missbrauch rechtlicher Gestaltungsmöglichkeiten dar, auch wenn damit steuerliche Vorteile im Vergleich zu einer beteiligungsquotalen Gewinnverteilung einhergehen. Werden die Sonderzuweisungen durchgeführt wie vereinbart, sind die daraus entstehenden – hier untersuchten – Steuervorteile gesetzlich vorgesehen. Das gilt unterschiedslos für nahestehende wie fremde Personengesellschafter. Ein Gestaltungsmissbrauch ist hingegen zu bejahen, wenn steuerlich vorteilhafte Sonderzuweisungen durch nachfolgende „reziproke" Gewinnverteilung neutralisiert werden und die Gesellschafter insofern kein wirtschaftliches Risiko tragen. Die Gesellschafter geben durch einen solchen Gesamtplan zu erkennen, dass sie die Sonderzuweisung nicht als endgültigen Gewinnanteil stehen lassen wollen. In diesem Fall verlagert sich die Feststellungslast auf den steuerlich begünstigten Gesellschafter. Kann er beachtliche außersteuerliche Gründe für die Gestaltung nachweisen, befreit er sich vom Vorwurf des Gestaltungsmissbrauchs.

Eine Sonderstellung nimmt die Periodenverlagerung ein. Für diese Form von Sonderzuweisungen ist selbst dann kein Gestaltungsmissbrauch anzunehmen, wenn die disquotale Gewinnverteilung zugunsten eines Gesellschafters (oder umgekehrt: die disquotale Verlustzuweisung) in nachfolgenden Perioden durch „Verlagerung" des Gesellschaftsergebnisses auf einen Mitgesellschafter revidiert wird. Das gilt zumindest dann, wenn das Ziel dieser Gestaltung in der Verlustnutzung besteht. Die angestrebte Verlustnutzung ist gesetzlich vorgesehen. Der Missbräuchlichkeit der Periodenverlagerung steht entgegen, dass der Gesetzgeber Verlustnutzungsmodelle im Zusammenhang mit Personengesellschaften bereits einer insoweit abschließenden Regelung unterworfen hat.

G. Zusammenfassung der Ergebnisse

Special Allocations (Sonderzuweisungen) im hier verstandenen Sinne bezeichnen solche Gewinnverteilungsabreden in Personengesellschaften, mit denen einzelne Elemente der steuerlichen Gewinnermittlung an bestimmte Gesellschafter verteilt werden sollen. Ausgangspunkt der vorliegenden Untersuchung war die Frage, ob *Special Allocations* als Bestandteil der Gewinnverteilungsabrede in inländischen Personengesellschaften gesellschaftsrechtlich zulässig und steuerlich anzuerkennen sind (oben A.).

Zunächst wurde ein Blick auf die im US-Steuerrecht für *Partnerships* gesetzlich vorgesehene steuerzentrierte Methode der Gewinnverteilung geworfen (oben B.). Danach ist es den *Partnern* möglich, eine gesellschaftsvertragliche Vereinbarung zur Verteilung von Einzelelementen der steuerlichen Gewinnermittlung zu treffen. Im dortigen Einkommensteuerrecht wird ein Gestaltungsprinzip normiert, wonach der Gesellschaftsgewinn nicht nach einem prozentualen Schlüssel, sondern unter Bezugnahme auf verschiedene Gewinnbestandteile auf die Gesellschafter verteilt wird. Während die in den USA verbreiteten gesellschaftsrechtlichen Mustergesetze keine relevanten Gestaltungsschranken für die privatautonom vereinbarte Gewinnverteilung vorsehen, finden sich steuerliche Anerkennungsgrenzen in § 704(b) IRC sowie den dazu erlassenen detaillierten Durchführungsvorschriften der Finanzverwaltung. Einerseits erscheinen letztere aufgrund ihres Umfangs und der Vielzahl unbestimmter Begrifflichkeiten kaum handhabbar, andererseits sind sie so lückenhaft, dass sie steuermotivierte Gestaltungen nicht verhindern können. Nach Darstellung des gesellschafts- und steuerrechtlichen Ordnungsrahmens für *Special Allocations* wurden drei verschiedene Gestaltungsmöglichkeiten vorgestellt, die aus US-Sicht steuerliche Anerkennung erfahren können (*Source-Based Allocations*, *Character-Shifting Allocations* und *Time-Shifting Allocations*).

Zur Beantwortung der Frage nach der Übertragbarkeit des hinter *Special Allocations* stehenden Gestaltungsprinzips auf inländische Personengesellschaften war sodann der hiesige zivil- bzw. gesellschaftsrechtliche Ordnungsrahmen für die Gewinnverteilung zu untersuchen (oben C.). Das Innenrecht der Personengesellschaften, mithin die Gewinnverteilungsabrede, ist vom Grundsatz der Privatautonomie geprägt. Für Sonderzuweisungen relevante Wirksamkeitsgrenzen bestehen nicht, insbesondere schränkt § 138 BGB die Gestaltungsfreiheit praktisch nicht ein. So steht es den Gesellschaftern grundsätzlich frei, den Gesellschaftsgewinn nach den unterschiedlichsten Maßstäben zu verteilen. Die Gewinnverteilungsabrede kann daher einzelne Vermögensgegenstände oder laufende Gewinne bzw. Veräußerungsergebnisse als Verteilungsmaßstab referenzieren. Die Gewinnverteilung kann ferner – wie es bei der Periodenverlagerung der Fall ist – Schwankungen unterliegen, ohne dass damit ein Darlehensverhältnis verbunden wäre. Die Vereinbarung von Sonderzuweisungen ist zudem hinreichend bestimmt, selbst wenn sie steuerliche Größen wie Einkunftsarten in Bezug nimmt. Bei derartigen Abreden ist durch Auslegung zu ermitteln, welche handelsrechtlich ermittelbaren Gewinnbestandteile den einzelnen Gesellschaftern zugewiesen werden sollen. Der von § 705 Abs. 1 BGB vorausgesetzte gemeinsame Zweck einer Personengesellschaft steht Sonderzuweisungen ebenso wenig entgegen, weil er nicht von einer beteiligungsquotalen Beteiligung aller Gesellschafter am Gesellschaftsgewinn abhängt. Alternativinstrumente zur Einführung von Sonderzuweisungen sind denkbar, etwa in Form von Genussrechten, obschon mit erhöhtem Gestaltungsaufwand und im Wirtschaftsverkehr womöglich auch mit Akzeptanzproblemen verbunden. Änderungen der Gewinnverteilungsabrede sollten einstimmig beschlossen werden, um die mit einer antizipierten Zustimmung verbundenen Wirksamkeitsrisiken auszuschließen. Im Ergebnis zeigt die Untersuchung des inländischen Gesellschaftsrechts, dass es, wie in den USA, der Vereinbarung von Sonderzuweisungen nicht entgegensteht.

Wie die Ausführungen zur Angemessenheitskontrolle und zum Rückwirkungsverbot zeigen, unterliegen Gewinnverteilungsabreden in Personengesellschaften einer besonderen Beobachtung von Finanzverwaltung und Rechtsprechung. Daher war im Anschluss an die gesellschaftsrechtliche Untersuchung der Blick auf die steuerliche Anerkennung von Sonderzuweisungen zu richten. Bei Mitunternehmerschaften (oben D.) ist nach dem hier vertretenen Standpunkt von einem streng zivilrechtsakzessorischen Verständnis des Begriffs der „Gewinnanteile“ gem. § 15 Abs. 1 Satz 1 Nr. 2 EStG auszugehen. Der Steuertatbestand folgt der zivilrechtlich vereinbarten Gewinnverteilung ohne selbständige steuerliche Wertung. Auf eine Beitragsäquivalenz der Gewinnanteile der Mitunternehmer, die eine anteilige Tatbestandsverwirklichung zu reflektieren hätte, kommt es nicht an, wenn man nicht die Mitunternehmer, sondern die Gesellschaft als tatbestandsverwirklichende Einheit betrachtet. Ein dahingehendes, nach Beitragsäquivalenz fragendes steuerrechtsautonomes Verständnis des Tatbestandsmerkmals ist daher abzulehnen. Dem Tatbestand des § 15 EStG ist folglich kein Angemessenheitsprinzip inhärent, das die steuerliche Anerkennung von Sonderzuweisungen einschränken könnte. Des Weiteren haben sich auch bei der Untersuchung der verschiedenen Fallgruppen von Sonderzuweisungen keine Steuertatbestände gezeigt, die der Vereinbarung von Sonderzuweisungen prinzipiell entgegenstehen. Sonderzuweisungen werfen lediglich Folgefragen auf, die sich bei beteiligungsquotaler Gewinnverteilung nicht stellen (etwa zum Umgang mit gesellschafterbezogenen Gewinnermittlungsvorschriften).

Bei vermögensverwaltenden Personengesellschaften (oben E.) sind im Vorfeld der konkreten Prüfung verschiedener Sonderzuweisungen die Grundsätze der Einkünftezurechnung zu identifizieren. Abweichungen zu dem für Mitunternehmerschaften geltenden Prinzip der zivilrechtsakzessorischen Überschussverteilung ergeben sich daraus, dass im vermögensverwaltenden Bereich manche Steuertatbestände nicht von der Gesellschaft, sondern von den Gesellschaftern individuell verwirklicht werden. Nimmt man die zivilrechtlichen Vereinbarungen und ihre tatsächliche Umsetzung als Ausgangspunkt der Bemessung steuerlicher Leistungsfähigkeit ernst, ist allerdings auch bei individueller Tatbestandsverwirklichung die zivilrechtliche Vereinbarung zur Gewinnverteilung als maßgebliches Kriterium der Überschusszurechnung heranzuziehen. Der Bruchteilsbetrachtung verbleibt ein Anwendungsbereich für die Einkünftezurechnung, weil der Gewinnverteilungsschlüssel nicht alle Fälle individueller Tatbestandsverwirklichung abdeckt, etwa im Fall eines Gesellschafteraustritts während der Dauer einer für ihn noch nicht abgelaufenen steuerlichen Haltefrist i.S.d. § 23 EStG. Vereinbarte Sonderzuweisungen wirken sich jedoch auch bei Anwendung der Bruchteilsbetrachtung auf das Steuerrecht aus, indem sie bei der Bruchteilsquote i.S.d. § 39 Abs. 2 Nr. 2 Satz 1 AO zu berücksichtigen sind. Bei Zugrundelegung dieser Prämissen enthält das Gesetz auch im vermögensverwaltenden Bereich keine wesentlichen Schranken der steuerlichen Anerkennung von Sonderzuweisungen. Allein einzelne Steuertatbestände, etwa § 7 EStG mit seinen Erfordernissen zur subjektiven Abschreibungsberechtigung, können zu Ergebnissen führen, die Sonderzuweisungen aus Sicht des Steuerpflichtigen unattraktiv machen können.

Weil weder von § 15 Abs. 1 Satz 1 Nr. 2 EStG noch von § 39 Abs. 2 Nr. 2 Satz 1 AO steuerliche Anerkennungsgrenzen von Sonderzuweisungen gezogen werden, lag schließlich eine Überprüfung von Sonderzuweisungen hinsichtlich eines möglichen steuerlichen Gestaltungsmissbrauchs nahe (oben F.). Dabei hat sich gezeigt, dass die meisten durch die Vereinbarung von

Sonderzuweisungen ermöglichten Steuervorteile vom Gesetz vorgesehen sind, weil sie auf gesetzgeberisch in Kauf genommenen Systembrüchen beruhen. Bei Vereinbarung gegenläufiger Sonderzuweisungen, an deren Ende allein ein steuerlicher Vorteil verbleibt, rückt die Gewinnverteilungsabrede als zirkuläre Gestaltung jedoch in die Nähe eines missbräuchlichen Gesamtplans. Ein daraus resultierender steuerlicher Vorteil ist gem. § 42 AO abzuerkennen, wenn sich der begünstigte Steuerpflichtige nicht auf beachtliche außersteuerliche Gestaltungsgründe berufen kann. Ohne ihre nachfolgende Neutralisation sind Sonderzuweisungen indes kein Ausdruck von Gestaltungsmissbrauch. Die Vereinbarung von Sonderzuweisungen ist lediglich Ausdruck des Zusammentreffens von zivilrechtlicher Gestaltungsfreiheit und transparenter Gesellschaftsbesteuerung. Sonderzuweisungen halten dem fragmentierten Einkommensteuerrecht gewissermaßen den Spiegel vor, indem sie steuerliche Systemdurchbrechungen zu Tage treten lassen. Wer steuermotivierte Sonderzuweisungen als „unerwünschte Quelle“[1669] der gesellschaftsvertraglichen Gewinnverteilungsabrede ansieht, sollte allerdings nicht so sehr für eine Rechtfertigung der Angemessenheitskontrolle oder eine „strenge“ Anwendung von § 42 AO streiten, sondern für eine Beseitigung systematischer Brüche im Ertragsteuerrecht. Die ausgedehnte Anwendung von § 42 AO wäre nur ein Kurieren von Symptomen des „systemlosen“[1670] Einkommensteuersystems. Das wäre die eine „Lösung“, wenn man Sonderzuweisungen als Problem betrachtet. Will man die im Gesetz angelegten Systembrüche nicht im Großen durch eine Einkommensteuerreform, sondern zumindest im Zusammenhang mit Personengesellschaften kitten, ließe sich – hierin bestünde eine zweite „Lösung“ – die Ausdehnung des Trennungsprinzips auf Personengesellschaften erwägen.[1671] Sonderzuweisungen wäre die Gestaltungsgrundlage entzogen, wenn der Unternehmensgewinn schon auf Gesellschaftsebene besteuert würde. Man könnte diese Erkenntnis als Argument für eine rechtsformneutrale Besteuerung nehmen.[1672] Wenn schon nicht der Dualismus der Einkunfts-

1669 Nach *Groh*, BB 1984, 304 und der Monografie von *Knobbe-Keuk* („Das Steuerrecht als unerwünschte Quelle des Gesellschaftsrechts“).

1670 *Niehus/Wilke*, Besteuerung der Personengesellschaften, A. (Einl.).

1671 Zu dahingehenden Reformvorschlägen etwa *Jacobs*, Unternehmensbesteuerung und Rechtsform, S. 125 f.; *Hennrichs*, in: Tipke/Lang, Steuerrecht, § 10 Rz. 8; keine Notwendigkeit zur Einführung des Trennungsprinzips für Personengesellschaften sieht *Hüttemann*, DStJG 25 (2002), S. 123, 139 f.

1672 Vgl. *Hey*, DStJG 24 (2001), S. 155, 171 (Motiv ökonomischer Neutralitätspostulate sei der Ausschluss von Gestaltungswirkungen).

arten, so wäre mit der Einführung des Trennungsprinzips für Personengesellschaften immerhin der Dualismus der Unternehmensbesteuerung aus der Welt geschafft. Mit dem KöMoG ist der Gesetzgeber einen Schritt in diese Richtung gegangen, wenngleich die Entscheidung zur körperschaftlichen Besteuerung den Personengesellschaftern überlassen bleibt.

Abschließend lässt sich ein Vergleich der steuerlichen Anerkennung von Sonderzuweisungen in den USA und Deutschland ziehen. Der gesellschaftsrechtliche Ordnungsrahmen lässt die Vereinbarung von Sonderzuweisungen in beiden Jurisdiktionen zu. Es ist jeweils das Steuerrecht, das die maßgeblichen praxisrelevanten Gestaltungsschranken setzt. Während dazu in den USA mit § 704(b) IRC und den zugehörigen *Treasury Regulations* ein umfangreiches Anforderungssystem positiviert ist, setzt die Untersuchung der deutschen steuerlichen Anerkennungsgrenzen für Sonderzuweisungen bei der Auslegung von § 15 Abs. 1 Satz 1 Nr. 2 EStG bzw. § 39 Abs. 2 Nr. 2 Satz 1 AO an, die nach hier vertretener Auffassung mangels Rechtsgrundlage für eine steuerliche Angemessenheitskontrolle der Gewinnverteilung keine Ansatzpunkte für eine steuerliche Aberkennung von Sonderzuweisungen bieten. Grenzen der steuerlichen Anerkennung von Sonderzuweisungen lassen sich gleichwohl § 42 AO entnehmen, wonach zirkuläre Gestaltungen (sich gegenseitig aufhebende Sonderzuweisungen mit allein steuerlichem Effekt) einen steuerlichen Gestaltungsmissbrauch im Sinne der Gesamtplandogmatik nahe legen. An dieser Stelle kommen sich US-amerikanisches (verwiesen sei auf den *Shifting*- sowie den *Transitory*-Test) und deutsches Steuerrecht auffallend nahe. § 42 AO lässt sich als hinreichende Missbrauchsschranke gegenüber steuerlich motivierten Sonderzuweisungen betrachten, ohne dass *de lege ferenda* die Übertragung von Wertungen des US-amerikanischen Einkommensteuerrechts auf den deutschen steuerlichen Ordnungsrahmen zu erwägen wäre.

Literaturverzeichnis

Altmeppen, Holger	Kritischer Zwischenruf zum „Mauracher Entwurf", in: NZG 2020, S. 822-823.
Altmeppen, Holger	Kernbereichslehre, Bestimmtheitsgrundsatz und Vertragsfreiheit in der Personengesellschaft, in: NJW 2015, S. 2065-2071.
Anzinger, Heribert M.	Verdeckte Einlagenrückgewähr an den (un-)tätigen Kommanditisten, in: Burgard, Ulrich/Hadding, Walther/Müllberg, Peter O./Nietsch, Michael/Welter, Reinhard (Hrsg.), Festschrift für Uwe H. Schneider zum 70. Geburtstag, Köln, 2011, S. 15-36 (zitiert: *Anzinger*, in: FS Schneider).
Anzinger, Heribert M.	Zur Zukunft der Abgeltungsteuer im System der Kapitaleinkommensbesteuerung, in: GmbHR 2018, S. 445-451.
Arbeitskreis Bilanzrecht Hochschullehrer Rechtswissenschaft	Die geplante Reform des Personengesellschaftsrechts: Gesellschaftsrechtliche Grundfragen und steuerliche Implikationen, in: ZIP 2021, S3-S26.
Armbrüster, Christian	Grenzen der Gestaltungsfreiheit im Personengesellschaftsrecht, in: ZGR 2014, S. 333-363.
Assmann, Heinz-Dieter/Schütze, Rolf A./Buck-Heeb, Petra (Hrsg.)	Handbuch des Kapitalanlagerechts, 5. Aufl., München, 2020 (zitiert: *Bearb.*, in: Assmann/Schütze/Buck-Heeb, Hdb. Kapitalanlagerecht).
Bachem, Eberhard	Das Ende des Gesamthandsprinzips durch das MoPeG und die Auswirkungen im Steuerrecht, in: DStR 2022, S. 725-729.
Bachmann, Gregor	Zum Entwurf eines Gesetzes zur Modernisierung des Personengesellschaftsrechts (MoPeG), in: NZG 2020, S. 612-619.
Baier, Klaus-Georg	Die Störung der Geschäftsgrundlage im Recht der Personengesellschaften, in: NZG 2004, S. 356-360.
Ballerstedt, Kurt	Der gemeinsame Zweck als Grundbegriff des Rechts der Personengesellschaften, in: JuS 1963, S. 253-263.
Balmes, Frank/Graessner, Hans-Christoph	Steuerrechtliche Behandlung von tracking stocks, in: DStR 2002, S. 838-841.
Baum, Michael/Buse, Johannes W./Brandl, Harald/Szymczak, Manfred (Hrsg.)	360° eKommentar AO, Aktualisierung 23.6.2022, Bonn (zitiert: *Bearb.*, in: eKommentar-AO).

Baumgartner, Raphael — Der Carried Interest als steuerlich anzuerkennende Gewinnverteilungsabrede bei vermögensverwaltenden Private Equity-Fonds – Zugleich Anmerkung zum Urteil des FG München – 12 K 2334/18, in: DStR 2021, S. 1858-1863.

Baums, Theodor — Spartenorganisation, „Tracking Stock" und deutsches Aktienrecht, in: Ebenroth, Carsten Thomas (Hrsg.), Verantwortung und Gestaltung, Festschrift für Karlheinz Boujong zum 65. Geburtstag, München, 1996, S. 19-36.

Baums, Theodor — Das Zinsverbot im Aktienrecht, in: Berger, Peter (u.a.) (Hrsg.), Zivil- und Wirtschaftsrecht im Europäischen und Globalen Kontext, Festschrift für Norbert Horn zum 70. Geburtstag, Berlin, 2006, S. 249-270.

Bauschatz, Peter — „Rückwirkende" Änderung der Ergebnisverteilung bei gewerblichen Personengesellschaften, FR 2005, S. 1230-1236.

Becker, Enno — Von der Rechtsprechung des Steuerrechts, Klare Entwicklung seiner Grundgedanken als Lebensbedingungen des Steuerrechts. Zur wirtschaftlichen Betrachtungsweise, in: StuW 1932 (Band I), Sp. 481-552.

Becker, Enno — Zur Auslegung der Steuergesetze, in: StuW 1924, Sp. 145-180.

Becker, Enno/Riewald, Alfred/Koch, Karl — Reichsabgabenordnung Kommentar, Band I, 9. Aufl., Köln, 1963
(zitiert: *Bearb.*, in: Becker/Riewald/Koch, RAO).

Behrens, Stefan — Neuregelung der Besteuerung der Einkünfte aus Kapitalvermögen ab 2009 nach dem Regierungsentwurf eines Unternehmenssteuerreformgesetzes vom 14.3.2007, in: BB 2007, S. 1025-1032.

Behrens, Stefan/Seemaier, Marcel — Aufgabe der Pro-Kopf-Betrachtung bei der Anteilsvereinigung iSv § 1 Abs. 3 GrEStG, in: DStR 2021, S. 644-650.

Beierl, Otto — Die Einkünftequalifikation bei gemeinsamer wirtschaftlicher Betätigung im Einkommensteuerrecht, Berlin, 1987.

Bender, Bodo/Bracksiek, Tim — Satzungsdurchbrechende Beschlüsse als Grundlage der steuerlichen Anerkennung inkongruenter Gewinnausschüttungen, in: DStR 2014, S. 121-126.

Best, Michael — Einkünftequalifikation und Gewinnermittlung bei Personengesellschaften – Ein Beitrag zur Personengesellschaft als partielles Steuerrechtssubjekt, in: DStR 1991, S. 1545-1548.

Beuthien, Volker — Die Gesamthand – was ist das eigentlich? – Die kühle Antwort des BGB –, in: ZGR 2019, S. 664-701.

Binz, Mark K./Sorg, Martin H. — Die GmbH & Co. KG, Handbuch für Familienunternehmen, 12. Aufl., München, 2018.

Birk, Dieter — Einkommen, Einkunftsarten und Einkünfteermittlung, in: Hey, Johanna (Hrsg.), Einkünfteermittlung, DStJG Band 34 (2011), Köln, S. 11-29.

Birk, Dieter — Das Leistungsfähigkeitsprinzip in der Unternehmenssteuerreform, in: StuW 2000, S. 328-336.

Birk, Dieter (Hrsg.) — Transaktionen, Vermögen, Pro Bono – Festschrift zum zehnjährigen Bestehen von P+P Pöllath + Partners, Baden-Baden, 2007.

Birnbaum, Mathias/Escher, Jens — Inkongruente Gewinnverteilung bei Kapital- und Personengesellschaften, in: DStR 2014, S. 1413-1418.

Blaurock, Uwe (Hrsg.) — Handbuch Stille Gesellschaft, 9. Aufl., Köln, 2020.

Blezinger, Ferdinand — Gewinnverteilung bei Personengesellschaften, München, 2018.

Blumenberg, Jens/Bernard, Thomas — Kein Gestaltungsmissbrauch bei rückwirkender Verschmelzung einer Gewinn- auf eine Verlustgesellschaft – Zum Handel von "Gewinnmänteln" –, in: DB 2021, S. 1491-1495.

Blumers, Wolfgang/Beinert, Stefanie/Witt, Sven-Christian — Individuell gesteuerter Gewinnfluss zur Gesellschafterebene bei Kapitalgesellschaften (Teil II), in: DStR 2002, S. 616-621.

Bodden, Guido — Vermögensverwaltende Personengesellschaften und Rechtsgemeinschaften im Einkommensteuerrecht, in: KöSDi 2018, S. 21044-21050.

Bodden, Guido — Die einkommensteuerliche Subjektfähigkeit der Personengesellschaft, in: DStZ 1996, S. 73-83.

Bode, Walter — Gesellschaftsvertragliche Zuweisung des Einnahmen- oder Werbungskostenüberschusses einer vermögensverwaltenden GbR bei Gesellschafterwechsel während des Geschäftsjahres (Anmerkung zu BFH, Urteil vom 25.9.2018, IX R 35/17), in: FR 2019, S. 373, 376-377.

Bolk, Wolfgang — Komplementär-GmbH: Vorweggewinn oder verdeckte Einlage, in: DStR 2021, S. 401-403.

Bordewin, Arno (Begr.)/Brandt, Jürgen (fortg.) — Einkommensteuergesetz Kommentar, 451. EL Stand März 2023, Heidelberg
(zitiert: *Bearb.*, in: Bordewin/Brandt, EStG).

Bormann, Michael/Hellberg, Claus — Ausgewählte Probleme der Gewinnverteilung in der Personengesellschaft, in: DB 1997, S. 2415-2421.

Bornscheid, Jens — Stapled Stock (Verbundaktien), Frankfurt a.M. u.a., 1993.

Borries, Stephan — Anforderungen an Mehrheitsbeschlüsse in Personengesellschaften – Zugleich Besprechung von BGH, Urt. v. 13.10.2020 – II ZR 359/18, NZG 2020, 1384, in: NZG 2021, S. 194-198.

Bott, Harald/Walter, Wolfgang (Hrsg.)	Körperschaftsteuergesetz Kommentar, 1. Aufl., 168. EL Stand März 2023, Bonn (zitiert: *Bearb.*, in: Bott/Walter, KStG).
Brandenberg, Hermann Bernwart	Besteuerung der Personengesellschaften – unpraktikabel und realitätsfremd? – Ein Plädoyer für die Beibehaltung der Rechtslage, in: FR 2010, S. 731-736.
Brandis, Peter/Heuermann, Bernd (Hrsg.)	Ertragsteuerrecht – Kommentar zum Einkommensteuergesetz, Körperschaftsteuergesetz, Gewerbesteuergesetz, Außensteuergesetz, Investmentsteuergesetz, Umwandlungssteuergesetz und Nebengesetze, 165. EL Stand Dezember 2022, München (zitiert: *Bearb.*, in: Brandis/Heuermann, Ertragsteuerrecht).
Brauer, Ulrich G. H.	Die Zulässigkeit der Ausgabe von sog „Tracking Stocks" durch Aktiengesellschaften nach deutschem Aktienrecht, in: AG 1993, S. 324-334.
Briese, André	Verständnis und grundlegende Rechtsfragen der verdeckten Gewinnausschüttung – Analyse der Steuerfolgen und Versuch einer Neu-Definition, in: GmbHR 2005, S. 597-609.
Bron, Jan	Übermaßbesteuerung durch neue Verrechnungsbeschränkungen für Verluste aus Kapitalanlagen (§ 20 Abs. 6 EStG), in: BB 2020, S. 535-540.
Brunsbach, Stefan/Mock, Oliver	Einbringung von Kapitalgesellschaftsbeteiligungen in eine vermögensverwaltende Personengesellschaft, in: BB 2013, S. 1051-1053.
Busch, Michael	Verlustnutzung als Gestaltungsmissbrauch?, in: DStR 2007, S. 1069-1073.
Bührer, Klaus	Die einkunftsartenübergreifende Verlustverrechnung nach § 15a EStG – Anmerkungen zum BFH-Urteil vom 2.9.2014 – IX R 52/13, in: DStR 2015, S. 1546-1550.
Böhm, Andreas	„Tracking stock" - innovatives Mittel der Kapitalbeschaffung auch für deutsche Aktiengesellschaften?, in: BWNotZ 2002, S. 73-83.
Böhmer, Martin	Die Vereinbarung eines gemeinsamen Zwecks bei der Gesellschaft bürgerlichen Rechts, in: JZ 1994, S. 982-990.
Böttcher, Conrad/Beinert, Jörg	Steuerfragen um die Aufnahme von Kindern ins Familienunternehmen, in: DStR 1963, S. 429-431.
Carlé, Dieter/Halm, Dirk	Entwicklung des Sondersteuerrechts der Familienpersonengesellschaft, in: KöSDi 2000, S. 12383-12391.
Carlé, Thomas	Vermögensverwaltende Personengesellschaften - Ertragsteuerfolgen des Ein- und Austritts von Gesellschaftern, in: KöSDi 2020, S. 21701-21709.

Carlé, Thomas	Die Anwendung des neugefassten § 42 AO aus Verwaltungssicht, in: DStZ 2008, S. 653-656.
Cichy, Patrick/Heins, Jan-Christian	Tracking Stocks: Ein Gestaltungsmittel für deutsche Unternehmen (nicht nur) bei Börsengängen, in: AG 2010, S. 181-192.
Clausen, Uwe	Struktur und Rechtsfolgen des § 42 AO, in: DB 2003, S. 1589-1596.
Costede, Jürgen	Mitunternehmerschaft und Betriebsaufspaltung bei der GmbH & Still, in: StuW 1977, S. 208-222.
Crezelius, Georg	Die doppelstöckige Personengesellschaft im Einkommensteuerrecht – Zum Beschluß des Großen Senats des BFH vom 25.02.1991 –, in: JZ 1991, S. 546-550.
Crezelius, Georg	Steuerrechtliche Rechtsanwendung und allgemeine Rechtsordnung – Grundlagen für eine liberale Besteuerungspraxis, Herne, 1983.
Crezelius, Georg	Besteuerung aus Drittverhalten? – Überlegungen zu sog. Behaltefristen –, in: FR 2002, S. 805-811.
Crezelius, Georg	Gesellschaftsrecht und § 17 EStG, in: Hommelhoff, Peter/Rawert, Peter/Schmidt, Karsten (Hrsg.), Festschrift für Hans-Joachim Priester zum 70. Geburtstag, 2007, Köln, S. 55-73 (zitiert: *Crezelius*, in: FS Priester).
Dahm, Joachim/Hoffmann, Daniel	Die neue Beschränkung der Verlustverrechnung nach § 20 Abs. 6 S. 5 und 6 EStG – Schlimmer geht immer!, in: DStR 2020, S. 81-85.
Danz, Daniela	Das Subjektsteuerprinzip – Begriff, Rechtfertigung und Auswirkungen, in: FR 2018, S. 160-169.
Demuth, Ralf	GmbH & Still als Gestaltungsalternative, in: KöSDi 2015, S. 19473-19491.
Desens, Marc	Kritische Bestandsaufnahme zu den geplanten Änderungen in § 8b KStG, in: DStR-Beih. 2013, S. 13-24.
Desens, Marc	Einkommensbegriffe und Einkunftsarten – Wie kann eine Reform gelingen?, in: Jachmann, Monika (Hrsg.), Erneuerung des Steuerrechts, DStJG Band 37 (2014), Köln, S. 95-135.
Dorn, Katrin	Möglichkeiten und Probleme der sinngemäßen Anwendung des § 15a EStG auf vermögensverwaltende Personengesellschaften, in: DStR 2015, S. 1598-1602.
Drescher, Ingo/Fleischer, Holger/Schmidt, Karsten (Hrsg.)	Münchener Kommentar zum Handelsgesetzbuch, Band 2 (5. Aufl., §§ 105-229); Band 4 (4. Aufl., §§ 238-342e), München, 2020/2022 (zitiert: *Bearb.*, in: MüKo-HGB)

Drüen, Klaus-Dieter	Unternehmerfreiheit und Steuerumgehung, in: StuW 2008, S. 154-166.
Drüen, Klaus-Dieter	Der Maßgeblichkeitsgrundsatz im Wechselspiel zwischen Gesetzgeber und Rechtsprechung, in: FR 2001, S. 992-999.
Drüen, Klaus-Dieter	Die Bruttobesteuerung von Einkommen als verfassungsrechtliches Vabanquespiel, in: StuW 2008, S. 3-14.
Drüen, Klaus-Dieter	Branchenübliche Geschäfte unter fremden Dritten als Gestaltungsmissbrauch iSv § 42 AO?, in: DStR 2020, S. 1465-1477.
Drüen, Klaus-Dieter	Gestaltungsmissbrauch (§ 42 AO) und Korrektur rechtspolitischer Fehler (Teil 1), in: Ubg 2022, S. 61-72.
Drüen, Klaus-Dieter	Der Missbrauch von rechtlichen Gestaltungsmöglichkeiten aus der Sicht der Finanzverwaltung – Kritische Anmerkungen zum AEAO zu § 42 AO (Teil 1), in: AO-StB 2009, S. 209-213.
Drüen, Klaus-Dieter	„Präzisierung" und „Effektuierung" des § 42 AO durch das Jahressteuergesetz 2008?, in: Ubg 2008, S. 31-38.
Drüen, Klaus-Dieter	Kapitalverluste nur für „Kleinanleger"? – Zur Verfassungswidrigkeit der Beschränkung der Verlustverrechnung nach § 20 Abs. 6 Satz 5 f. EStG, in: FR 2020, S. 663-673.
Drüen, Klaus-Dieter	Prinzipien und konzeptionelle Leitlinien einer Einkommensteuerreform, in: Jachmann, Monika (Hrsg.), Erneuerung des Steuerrechts, DStJG Band 37 (2014), Köln, S. 9-63.
Dürrschmidt, Daniel/Friedrich-Vache, Heidi	Materiell- und verfahrensrechtliche Aspekte der Einkünfteermittlung bei der Zebragesellschaft, in: DStR 2005, S. 1515-1520.
Dölker, Angelika/Ergenzinger, Patriz/Feldgen, René (u.a.) (Hrsg.)	360° KStG eKommentar, Stand 22.05.2023, Bonn (zitiert: *Bearb.*, in: eKommentar-KStG).
Döllerer, Georg	Zur Klausel "Handelsbilanz ist gleich Steuerbilanz" in Gesellschaftsverträgen von Personengesellschaften, in: Goerdeler, Reinhard/Hommelhoff, Peter/Lutter, Marcus/Odersky, Walter/Wiedemann, Herberg (Hrsg.), Festschrift für Alfred Kellermann zum 70. Geburtstag am 29. November 1990, Berlin, 1991, S. 51-66 (zitiert: *Döllerer*, in: FS Kellermann).
Dörfler, Harald/Graf, Roland W./Reichl, Alexander	Die geplante Besteuerung von Personenunternehmen ab 2008 – Ausgewählte Problembereiche des § 34a EStG im Regierungsentwurf, in: DStR 2007, S. 645-652.
Dötsch, Ewald/Pung, Alexandra	§ 8b Abs. 1 bis 6 KStG: Das Einführungsschreiben des Bundesfinanzministeriums, in: DB 2003, S. 1016-1027.
Dötsch, Ewald/Pung, Alexan-	Die Körperschaftsteuer – Kommentar zum Körperschaftsteuergesetz und Umwandlungssteuergesetz, 109. EL, Stand März

dra/Möhlenbrock, Ralf (Hrsg.) — 2023, Stuttgart (zitiert: *Bearb.*, in: Dötsch/Pung/Möhlenbrock, KStG).

Ebenroth, Thomas/Boujong, Karlheinz (Begr.)/Joost, Detlev (Begr./Hrsg.)/Strohn, Lutz (Hrsg.) — Handelsgesetzbuch (Kommentar), Band 1 (§§ 1-342e), 4. Aufl., München, 2020 (zitiert: *Bearb.*, in: Ebenroth/Boujong/Joost/Strohn, HGB).

Eckhoff, Rolf — Abgeltungsteuer – Steuersystematische und verfassungsrechtliche Aspekte, in: FR 2007, S. 989-998.

Eilers, Stephan — Disquotale Gewinnausschüttungen und Tracking Stocks, in: Herzig, Norbert/Günkel, Manfred/Niemann, Ursula (Hrsg.), StbJB 2001/2002, Köln, S. 413-433.

Eilers, Stephan/Rödding, Adalbert/Schmalenbach, Dirk (Hrsg.) — Unternehmensfinanzierung – Gesellschaftsrecht, Steuerrecht, Rechnungslegung, 2. Aufl., München, 2014.

Elicker, Michael — Die Grenzziehung zwischen Gewerbebetrieb und Vermögensverwaltung, in: Schön, Wolfgang (Hrsg.), Einkommen aus Kapital, DStJG Band 30 (2007), Köln, S. 97-120.

Engel, Michaela — Vermögensverwaltende Personengesellschaften im Ertragsteuerrecht – Ein systematischer Leitfaden für die steuerrechtliche Praxis, 2. Aufl., Herne, 2014 (zitiert: *Engel*, Vermögensverwaltende Personengesellschaften).

Engel, Michaela — Das Zebra im Steuerrecht, in: Fischer, Michael/Geck, Reinhard/Haarmann, Wilhelm (Hrsg.), Zivilrechtliches Ordnungsgefüge und Steuerrecht – Festschrift für Georg Crezelius zum 70. Geburtstag, Köln, 2018, S. 297-313 (zitiert: *Engel*, in: FS Crezelius).

Englisch, Joachim — Verfassungsrechtliche und steuersystematische Kritik der Abgeltungssteuer, in: StuW 2007, S. 221-240.

Englisch, Joachim — Die Abgeltungsteuer für private Kapitalerträge – ein verfassungswidriger Sondertarif, Tübingen, 2016.

Erkis, Gülsen/Thonemann-Micker, Susanne — Beck'scher Online-Kommentar zum ErbStG, 19. Ed. Stand 1.4.2023, München (zitiert: *Bearb.*, in: BeckOK-ErbStG).

Erman, Walter Alexander (Begr.) — Bürgerliches Gesetzbuch (Kommentar), 17. Aufl., Köln, 2023 (zitiert: *Bearb.*, in: Erman, BGB).

Felix, Günther/Streck, Michael — Nichtanerkennung gesellschaftsvertraglicher Vereinbarungen durch die Finanzverwaltung bei Personengesellschaften, in: DB 1975, 2213-2218.

Fischer, Michael — Gesamthandgesellschaft, juristische Person und das Steuerrecht, in: Fischer, Michael/Geck, Reinhard/Haarmann, Wil-

	helm (Hrsg.), Zivilrechtliches Ordnungsgefüge und Steuerrecht – Festschrift für Georg Crezelius zum 70. Geburtstag, Köln, 2018, S. 117-135 (zitiert: *Fischer*, in: FS Crezelius).
Fischer, Peter	Überlegungen zu § 42 AO i.d.F. des JStG 2008, in: FR 2008, S. 306-312.
Fleischer, Holger	Gesetz und Vertrag als alternative Problemlösungsmodelle im Gesellschaftsrecht – Prolegomena zu einer Theorie gesellschaftsrechtlicher Regelsetzung, in: ZHR 168 (2004), S. 673-707.
Fleischer, Holger	Zur Auslegung von Gesellschaftsverträgen und Satzungen – Notizen aus rechtsdogmatischer und rechtsvergleichender Sicht –, in: DB 2013, S. 1466-1476.
Fleischer, Holger/ Goette, Wulf (Hrsg.)	Münchener Kommentar zum GmbHG, Band 3, 4. Aufl., München, 2022 (zitiert: *Bearb.*, in: MüKo-GmbHG).
Fleischer, Holger/Mock, Sebastian	Gesellschaftsverträge und Satzungen im Wandel der Zeiten, in: NZG 2020, S. 161-169.
Fleischer, Holger/Pendl, Matthias	Der Arbeitsgesellschafter im Personengesellschaftsrecht, in: WM 2017, S. 881-890.
Fleischer, Ottmar	Vermögensverwaltende Personengesellschaften: steuerliche Realisierungstatbestände bei der Einbringung steuerverstrickten Privatvermögens, in: ZEV 2003, S. 190-192.
Florstedt, Tim	Wirtschaftliches Eigentum und Steuerumgehung bei Aktiengeschäften um den Dividendenstichtag – Methodologische Überlegungen aus Anlass der aktuellen Diskussion zu Cum/ex- und Cum/cum-Geschäften, in: StuW 2018, S. 216-228.
Florstedt, Tim	Stand und Entwicklung der Mitunternehmerdoktrin, 2015, Berlin (zitiert: *Florstedt*, Mitunternehmerdoktrin).
Flume, Werner	Allgemeiner Teil des Bürgerlichen Rechts, Erster Band, Erster Teil – Die Personengesellschaft, Heidelberg/New York, 1977 (zitiert: *Flume*, Personengesellschaft).
Flume, Werner	Die Gewinnverteilung in Personengesellschaften nach Gesellschaftsrecht und Steuerrecht, in: DB 1973, S. 786-795.
Flume, Werner	Steuerwesen und Rechtsordnung, Nachdruck des Beitrags zur Festschrift Smend 1952, Köln, 1986.
Frantzen, Konrad	Genussscheine – zugleich eine Analyse der Genussscheinbedingungen deutscher Unternehmen, Köln, 1993.
Fricke, Daniel	Der Nießbrauch an einem GmbH-Geschäftsanteil – Zivil- und Steuerrecht, in: GmbHR 2008, S. 739-747.

Friedl, Markus J.	Ein Plädoyer für Tracking Stocks, in: BB 2002, S. 1157-1164.
Fritsch, Rainer	Korrektur unangemessener Gewinnverteilung bei GmbH & atypisch Still, in: SteuK 2015, S. 509.
Frotscher, Gerrit/Drüen, Klaus-Dieter (Hrsg.)	Kommentar zum Körperschaft-, Gewerbe- und Umwandlungssteuergesetz, 168. EL Stand Mai 2023, Freiburg (zitiert: *Bearb.*, in: Frotscher/Drüen, KStG).
Frühwacht, Lisa	Erweiterte Kürzung nach § 9 Nr. 1 S. 2 GewStG bei atypisch stillen Gesellschaften und alternative Gestaltungswege durch Tracking-Stock-Strukturen, in: DStR 2020, S. 2405-2410.
Fuchs, Andreas	ECLR Tracking Stock – Spartenaktien als Finanzierungsinstrument für deutsche Aktiengesellschaften, in: ZGR 2003, S. 167-217.
Fuhrmann, Claas	Inkongruente Gewinnverwendungsabreden bei Kapital- und Personengesellschaften, in: KöSDi 2017, S. 20563.
Fuhrmann, Claas/Kraeusel, Jörg/Schiffers, Joachim (Hrsg.)	EStG – eKommentar, Aktualisierung vom 23.12.2022, Bonn (zitiert: *Bearb.*, in: Fuhrmann/Kraeusel/Schiffers, EStG-eKommentar).
Fuisting, Bernhard	Die Preußischen direkten Steuern, 4. Band – Grundzüge der Steuerlehre, Berlin, 1902 (zitiert: *Fuisting*, Grundzüge der Steuerlehre).
Förster, Guido/Lang, Bianca	Das Streubesitzdividendengesetz, in: Rödder, Thomas/Günkel, Manfred (Hrsg.), StBJb 2013/2014, Köln, S. 103-141.
Förster, Guido/Schmidtmann, Dirk	Die Gesamtplanrechtsprechung im Steuerrecht mit einem Vergleich der sog. "Step transaktion doctrine" im amerikanischen, britischen und belgischen Steuerrecht, in: StuW 2003, S. 114-124.
Förster, Guido/v. Cölln, Tobias D./Lentz, Karsten	Ausfall von Gesellschafterdarlehen und Regressforderungen aus Gesellschafter-Bürgschaften – Aktuelle Rspr. und Gesetzgebung sowie Gestaltungsüberlegungen –, in: DB 2020, S. 353-362.
Gassner, Bruno	Steuergestaltung und ihre Grenzen bei Familiengesellschaften, in: Raupach, Arndt (Hrsg.), Ertragsbesteuerung : Zurechnung, Ermittlung, Gestaltung – Festschrift für Ludwig Schmidt zum 65. Geburtstag, München, 1993, S. 771-785 (zitiert: *Gassner*, in: FS Schmidt).
Gassner, Wolfgang	Das allgemeine und das besondere Umgehungsproblem im Steuerrecht, in: Drenseck, Walter/Seer, Roman (Hrsg.), Festschrift für Heinrich Wilhelm Kruse, Köln, 2001, S. 183-190 (zitiert: *Gassner*, in: FS Kruse).
Geck, Reinhard	Die vermögensverwaltende Personengesellschaft im Ertrag- und Erbschaftsteuerrecht, in: KöSDi 2010, S. 16843-16853.

Glorius-Rose, Cornelia — Gestaltungsmissbrauch und Steuerberatung – Die Bedeutung der Missbrauchsvorschrift des § 42 AO und anderer allgemeiner Regeln zur Verhinderung von Steuerumgehungen für die Steuerberatung, Frankfurt (Oder), 2005.

Goette, Wulf — Anm. zu BGH, Beschluss vom 15.1.1996, II ZR 22/95, in: DStR 1996, S. 879-881.

Goette, Wulf/Goette, Maximilian — Mehrheitsklauseln im Personengesellschaftsrecht, in: DStR 2016, S. 74-84.

Goette, Wulf/Habersack, Mathias/Kalss, Susanne (Hrsg.) — Münchener Kommentar zum Aktiengesetz, Band 4 (§§ 179-277), 5. Aufl., München, 2021
(zitiert: *Bearb.*, in: MüKo-AktG).

Goetze, Andreas — Der lebzeitige Nießbrauch an Grundstücken des Privatvermögens im Steuerrecht, RNotZ 2013, S. 147-160.

Gosch, Dietmar — Anm. zu BFH, Urteil vom 19.8.1999, I R 77/96, in: DStR 1999, S. 1849, 1853-1854.

Gosch, Dietmar — Steuerlicher Zugriff auf Gesellschafter von Personengesellschaften und Kapitalgesellschaften, in: DStZ 1996, S. 417-425.

Gosch, Dietmar (Hrsg.) — Körperschaftsteuergesetz Kommentar, 4. Aufl., München, 2020
(zitiert: *Bearb.*, in: Gosch, KStG).

Gosch, Dietmar (Hrsg.) — Abgabenordnung/Finanzgerichtsordnung Kommentar, 174. EL, Stand April 2023, Bonn
(zitiert: *Bearb.*, in: Gosch, AO/FGO).

Grever, Sebastian — Disquotale Ausgestaltung von Gesellschafterrechten – zivilrechtliche Gestaltungsmöglichkeiten und steuerrechtliche Folgen, in: RNotZ 2019, S. 1-18.

Grigoleit, Hans Christoph (Hrsg.) — Aktiengesetz Kommentar, 2. Aufl., München, 2020
(zitiert: *Bearb.*, in: Grigoleit, AktG).

Groh, Manfred — Sondervergütungen in der doppelstöckigen Personengesellschaft, Anmerkungen zum BFH-Beschluss vom 25.2.1991 GrS 7/89, in: DB 1991, S. 879-888.

Groh, Manfred — Übertragung von Einkunftsquellen durch Beteiligung an einer Familienpersonengesellschaft, insbesondere die Angemessenheit der Gewinnverteilung, in: Tipke, Klaus (Hrsg.), Übertragung von Einkunftsquellen im Steuerrecht – Möglichkeiten und Grenzen der Einkommensverlagerung durch Nießbrauch, Beteiligung und Darlehen mit einem rechtsvergleichenden Teil, DStJG Band 1 (1978), Köln, S. 97-123.

Groh, Manfred — Sondervergütung oder Gewinnvorab, in: DStZ 2001, S. 358-359.

Groh, Manfred — Disquotale Gewinnverteilung in Kapitalgesellschaften – Ein Freibrief des BFH?, in: DB 2000, S. 1433-1438.

Groh, Manfred	Teilwerteinbringung von betrieblichen Einzelwirtschaftsgütern in Personengesellschaften, in: DB 2003, S. 1403-1409.
Groh, Manfred	Zur Bilanztheorie des BFH, in: Institut für Steuerrecht der Rechtsanwaltschaft e.V. (Hrsg.), JbFfSt 1973/1974, Herne, S. 121-139.
Groh, Manfred	Nach der Aufgabe der Geprägetheorie – Zum Beschluß des Großen Senats des BFH v. 25.6.1984 GrS 4/82, in: DB 1984, S. 2373–2379.
Groh, Manfred	Das Steuerrecht als unerwünschte Quelle des Gesellschaftsrechts, in: BB 1984, S. 304-309.
Grottel, Bernd/Justenhofen, Petra/Schubert, Wolfgang J./Störk, Ulrich (Hrsg.)	Beck'scher Bilanz-Kommentar – Handels und Steuerbilanz (§§ 238 bis 339, 342 bis 342a HGB), 13. Aufl., München, 2022 (zitiert: *Bearb.*, in: Beck'scher Bilanz-Kommentar).
Grunewald, Barbara	Die Auslegung von Gesellschaftsverträgen und Satzungen, in: ZGR 1995, S. 68-92.
Grunewald, Barbara	Reichweite einer im Gesellschaftsvertrag einer Personengesellschaft vereinbarten Mehrheitsklausel (Anm. zu BGH, Urteil vom 21.10.2014, II ZR 84/13), in: BB 2015, S. 328-333.
Grüneberg, Christian (Hrsg.)	Bürgerliches Gesetzbuch (Kommentar), 82. Aufl., München, 2023 (zitiert: *Bearb.*, in: Grüneberg, BGB).
Gsell, Beate/Krüger, Wolfgang/Lorenz, Stephan/Reymann, Christoph (Ges.-Hrsg.)	Beck'scher Online-Großkommentar zum BGB, Stand: 1.5.2023, München (zitiert: *Bearb.*, in: BeckOGK-BGB).
Gummert, Hans (Hrsg.)	Münchener Anwaltshandbuch Personengesellschaftsrecht, 3. Aufl., München, 2019 (zitiert: *Bearb.*, in: MAH Personengesellschaftsrecht).
Gummert, Hans/Weipert, Lutz (Hrsg.)	Münchener Handbuch des Gesellschaftsrechts, Band 1 (BGB-Gesellschaft, Offene Handelsgesellschaft, Partnerschaftsgesellschaft, Partenreederei, EWIV), Band 2 (Kommanditgesellschaft, GmbH & Co. KG, Publikums-KG, Stille Gesellschaft), 5. Aufl., München, 2019 (zitiert: *Bearb.*, in: Münchener Hdb. GesR).
Guth, Franz	Die Lehre vom Einkommen in dessen Gesammtzweigen, 2. Ausg., Leipzig/Heidelberg, 1878.
Göbel, Reinhard	Mehrheitsentscheidungen in Personengesellschaften: Bestimmtheitsgrundsatz, matherielle Beschlusskontrolle und Kernbereich der Mitgliedschaft, Baden-Baden, 1992 (zitiert: *Reinhard*, Mehrheitsentscheidungen in Personengesellschaften).

Görgemanns, Thomas — Tracking Stocks bei der Joint Venture GmbH, in: GmbHR 2004, S. 170-176.

Habersack, Mathias — Modernisierung des Personengesellschaftsrechts – aber wie?, in: ZGR 2020, S. 539-568.

Hachmeister, Dirk/Kahle, Holger/Mock, Sebastian/Schüppen, Matthias (Hrsg.) — Bilanzrecht – Handelsbilanz – Steuerbilanz – Prüfung – Offenlegung – Gesellschaftsrecht, Kommentar, 3. Aufl., Köln, 2022.

Hahn, Hartmut — Wie effizient ist § 42 AO neuer Fassung? – Praktische, dogmatische und rechtspolitische Beobachtungen –, in: DStZ 2008, S. 483-494.

Haisch, Martin L./Helios, Marcus — Steuerpflicht von Streubesitzdividenden in der Direkt- und Fondsanlage – Unionsrechtskonforme Ausgestaltung des KapESt-Rechts bei Dividenden? –, in: DB 2013, S. 724-731.

Hallerbach, Dorothee — Die Personengesellschaft im Einkommensteuerrecht – zivilrechtliche Einordnung und einkommensteuerrechtliche Folgen, München, 1999.

Hallerbach, Dorothee — Gleichstellungsthese – Wann ist der Mitunternehmer ein Einzelunternehmer? Gedanken zur Besteuerung von Mitunternehmern, in: FR 2016, S. 1117-1125.

Hallerbach, Dorothee — Der Einfluss des Zivilrechts auf das Steuerrecht, in: DStR 1999, S. 2125-2130.

Hansen, Herbert — Die Rechtsformen deutscher Unternehmen und ihr wirtschaftliches Gewicht, in: GmbHR 2003, S. 22-25

Harbarth, Stephan — Dual Headed Companies – Unternehmenszusammenschlüsse unter Fortbestand rechtlich selbständiger Obergesellschaften, in: AG 2004, S. 573-584.

Harle, Georg — Inkongruente Gewinnausschüttung – Modell zur optimalen Ausnutzung eines Verlustausgleichs, in: NWB 2014, S. 3007-3011.

Hau, Wolfgang/Poseck, Roman (Hrsg.) — Beck'scher Online-Kommentar zum BGB, 66. Ed. 1.5.2023, München
(zitiert: *Bearb.*, in: BeckOK-BGB).

Hechtner, Frank/Schnitger, Arne — Neuerungen zur Besteuerung von Streubesitzdividenden und Reaktion auf das EuGH-Urteil vom 20.10.2011 (Rs. C-284/09), in: Ubg 2013, S. 269-279.

Heidel, Thomas/Schall, Alexander (Hrsg.) — Handelsgesetzbuch (Handkommentar), 3. Aufl., Baden-Baden, 2020
(zitiert: *Bearb.*, in: Heidel/Schall, HGB).

Heinicke, Wolfgang — Die Grenzen steuerrechtlicher Gestaltung (Die Geschichte von Ludwig Schmidt und dem Maushund), in: Raupach, Arndt (Hrsg.), Ertragsbesteuerung : Zurechnung, Ermittlung,

Gestaltung – Festschrift für Ludwig Schmidt zum 65. Geburtstag, München, 1993, S. 751-769 (zitiert: *Heinicke*, in: FS Schmidt).

Heinrichs, Nils — Mehrheitsbeschlüsse bei Personengesellschaften – Bestimmtheitsgrundsatz, Kernbereichslehre und materielle Beschlusskontrolle unter besonderer Berücksichtigung des Verhältnisses der Institute zueinander, Berlin, 2006 (zitiert: Heinrichs, Mehrheitsbeschlüsse).

Heintzen, Markus — Die Neufassung des § 42 AO und ihre Bedeutung für grenzüberschreitende Gestaltungen, in: FR 2009, S. 599-606.

Heinze, Stefan — Der Mauracher Entwurf und die Abkehr von der Gesamthand – Gefahren im Steuerrecht?, in: DStR 2020, S. 2107-2110.

Heinze, Stefan — Der Mauracher Entwurf und die Abkehr von der Gesamthand – Gefahren im Steuerrecht?, in: DStR 2020, S. 2107-2110.

Helios, Marcus/Lenz, Thomas — Steuerliche Behandlung von Cum/Cum-Transaktionen nach dem BMF-Schreiben vom 17.07.2017 – Erste Einschätzungen aus der Beratungspraxis –, in: DB 2017, S. 1738-1744.

Hellwig, Peter — Verdeckte Gewinnausschüttung und verdeckte Entnahme, Doppeltes Lottchen oder Kain und Abel?, in: Knobbe-Keuk, Brigitte (Hrsg.), Handelsrecht und Steuerrecht, Festschrift für Dr. Dr. hc. Georg Döllerer, Düsseldorf, 1988 (zitiert: *Hellwig*, in: FS Döllerer)

Hennrichs, Joachim — Besteuerung von Personengesellschaften – Transparenz- oder Trennungsprinzip, in: FR 2010, S. 721-731.

Hennrichs, Joachim/Kleindiek, Detlef/Watrin, Christoph (Hrsg.) — Münchener Kommentar zum Bilanzrecht, Band 2 (§§ 238-342e HGB), 1. Aufl., München, 2013 (zitiert: *Bearb.*, in: MüKo-BilanzR).

Hensel, Albert — Zur Dogmatik des Begriffs "Steuerumgehung", in: Festgabe für Ernst Zitelmann (1923), Sonderdruck (S. 219-288), Berlin, 2013 (zitiert: *Hensel*, Steuerumgehung).

Henssler, Martin/Herresthal, Carsten/Paschke, Marian (Hrsg.) — Beck'scher Online-Großkommentar zum Handelsrecht, Stand: 15.12.2022, München, (zitiert: *Bearb.*, in: BeckOGK-HGB).

Henssler, Martin/Strohn, Lutz (Hrsg.) — Gesellschaftsrecht (Kommentar), 5. Aufl., München, 2021 (zitiert: *Bearb.*, in: Henssler/Strohn, GesR).

Herberger, Maximilian (u.a.) (Hrsg.) — Juris Praxiskommentar BGB, Band 3 – Sachenrecht, 10. Aufl., Saarbrücken, 2023 (zitiert: *Bearb.*, in: JurisPK-BGB).

Herlinghaus, Andreas — Rechtsfragen zur Steuerpflicht von Streubesitzdividenden gem. § 8b Abs. 4 KStG n.F., in: FR 2013, S. 529-538.

Herrmann, Carl/Heuer, Gerhard/Raupach, Arndt	Einkommensteuer- und Körperschaftsteuergesetz (Kommentar), Köln, Loseblatt, Stand: 317. EL März 2023 (zitiert: *Bearb.*, in: Herrmann/Heuer/Raupach, EStG/KStG).
Herzig, Norbert	Aktuelle Entwicklungen bei § 8b KStG und § 3c EStG, in: DB 2003, S. 1459-1468.
Herzig, Norbert/Gocksch, Sebastian	Die steuerliche Behandlung von Übergewinnanteilen für Sponsoren inländischer Private Equity-Fonds, in: DB 2002, S. 600-607.
Herzig, Norbert/Lutterbach, Thomas	Besteuerung privater Veräußerungsgeschäfte nach dem Steuerentlastungsgesetz 1999–2000–2002 – Diskussion der Gesetzesänderungen unter besonderer Berücksichtigung privater Grundstücksveräußerungen –, in: DStR 1999, S. 521-527.
Heuermann, Bernd	Simulation im Steuer- und Zivilrecht, in: DB 2007, S. 416-418.
Heuermann, Bernd	Vermieten als unangemessenes Gestalten durch gegenläufige Rechtsgeschäfte auf der Nutzungsebene, in: StuW 2004, S. 124-130.
Hey, Johanna	Besteuerung von Unternehmensgewinnen und Rechtsformneutralität, in: Iris Ebling (Hrsg.), Besteuerung von Einkommen, DStJG Band 24 (2001), Köln, S. 155-223.
Hey, Johanna	Unternehmensteuerreform: das Konzept der Sondertarifierung des § 34a EStG-E – Was will der Gesetzgeber und was hat er geregelt?, in: DStR 2007, S. 925-931.
Hey, Johanna	Gestaltungsmissbrauch im Steuerrecht nach der Neufassung des § 42 AO und dem dazu ergangenen BMF-Erlass, in: BB 2009, S. 1044-1048.
Hey, Johanna	Spezialgesetzgebung und Typologie zum Gestaltungsmissbrauch, in: Hüttemann, Rainer (Hrsg.), Gestaltungsfreiheit und Gestaltungsmissbrauch im Steuerrecht, DStJG Band 33 (2010), Köln, S. 139-176.
Hey, Johanna	Spezialgesetzliche Missbrauchsgesetzgebung aus steuersystematischer, verfassungs- und europarechtlicher Sicht, in: StuW 2008, S. 167-183.
Hey, Johanna	Verletzung fundamentaler Besteuerungsprinzipien durch die Gegenfinanzierungsmaßnahmen des Unternehmensteuerreformgesetzes 2008, in: BB 2007, S. 1303-1309.
Hey, Johanna/Bauersfeld, Heide	Die Besteuerung der Personen(handels)gesellschaften in den Mitgliedstaaten der Europäischen Union, der Schweiz und den USA, in: IStR 2005, S. 649-657.
Hillers, Klaus	Personengesellschaft und Liquidation: Die Auswirkung der Liquidation auf die vermögensrechtliche Stellung der Gesellschafter, Köln/Berlin, 1989.

Hoffmann, Wolf-Dieter	Sog. Rücklagenmanagement zur „Mobilisierung" von Körperschaftsteuerguthaben nicht rechtsmissbräuchlich, Anmerkung zu BFH, Urteil vom 28.6.2006, I R 97/05, in: DStR 2006, S. 1938, 1941.
Hoffmann, Wolf-Dieter/Lüdenbach, Norbert	NWB-Kommentar Bilanzierung, 14. Aufl., Herne, 2022.
Hopt, Klaus J. (Hrsg.)	Handelsgesetzbuch (Kommentar), 42. Aufl., München, 2023 (zitiert: *Bearb.*, in: Hopt, HGB).
Hubert, Tina	Die steuerliche Seite der Modernisierung des Personengesellschaftsrechts – Zum Regierungsentwurf des MoPeG vom 20.1.2021, in: StuB 2021, S. 113-118.
Hübschmann, Walter/Hepp, Ernst/Spitaler, Armin (Begr.)	Abgabenordnung/Finanzgerichtsordnung Kommentar, 263. EL Stand Juli 2021, Köln (zitiert: *Bearb.*, in: Hübschmann/Hepp/Spitaler, AO/FGO).
Hüttemann, Rainer	Einkünfteermittlung bei Gesellschaften, in: Hey, Johanna (Hrsg.), Einkünfteermittlung, DStJG Band 34 (2011), Köln, S. 291-319.
Hüttemann, Rainer	Gewinnermittlung bei Personengesellschaften, in: Hüttemann, Rainer/Dötsch, Franz/Schön, Wolfgang/Herlinghaus, Andreas/Lüdicke, Jürgen (Hrsg.), Die Personengesellschaft im Steuerrecht (Gedächtnissymposion für Brigitte Knobbe-Keuk), Köln, 2011, S. 39-65 (zitiert *Hüttemann*, in: GS Knobbe-Keuk).
Hüttemann, Rainer	Steuerrechtsprechung und Steuerumgehung, in: DStR 2015, S. 1146-1152.
Hüttemann, Rainer	Die Besteuerung der Personenunternehmen und ihr Einfluss auf die Rechtsformwahl, in: Seeger, Siegbert F. (Hrsg.), Perspektiven der Unternehmensbesteuerung, DStJG 25 (2002), Köln, S. 123-144.
Häublein, Martin/Hoffmann-Theinert, Roland (Hrsg.)	Beck'scher Online-Kommentar zum Handelsgesetzbuch, 39. Ed. Stand 15.1.2023, München (zitiert: *Bearb.*, in: BeckOK-HGB).
Hörmann, Norbert	Gewerblicher Grundstückshandel bei Beteiligung an vermögensverwaltenden Personengesellschaften, in: BB 1992, S. 191-195.
Haas, Franz Josef	Ist die Bilanzbündeltheorie tatsächlich überholt?, in: DStR 1997, S. 1706-1712.
Haas, Gerhard	Mitunternehmer durch Genussrechte, in: BB 1982, S. 1537-1541.

Haase, Florian	Abgrenzungsfragen bei der Zuordnung von Aufwendungen zu laufenden Einnahmen oder Veräußerungsgewinnen, in: FR 2016, S. 159-163.
Haase, Florian/Dorn, Katrin	Vermögensverwaltende Personengesellschaften, Zivilrecht – Steuerrecht, National – International, 5. Aufl., München, 2022.
Intemann, Jens	Die Neuregelung zur Steuerpflicht von Streubesitzdividenden, in: BB 2013, S. 1239-1243.
Ismer, Roland	Prinzipien der Einkünfteermittlung – Periodizitätsprinzip, in: Hey, Johanna (Hrsg.), Einkünfteermittlung, DStJG Band 34 (2011), Köln, S. 91-120.
Jachmann, Monika	Ermittlung von Vermögenseinkünften – Abgeltungsteuer, in: Hey, Johanna (Hrsg.), Einkünfteermittlung, DStJG Band 34 (2011), Köln, S. 251-277.
Jacobs, Otto H. (Begr.)/Endres, Dieter/Spengel, Christoph (Hrsg.)	Internationale Unternehmensbesteuerung – Deutsche Investitionen im Ausland, Ausländische Investitionen im Inland, 8. Aufl., München, 2016 (zitiert: *Bearb.*, in: Jacobs, Int. Unternehmensbesteuerung).
Jacobs, Otto H./Scheffler, Wolfram/Spengel, Christoph (Hrsg.)	Unternehmensbesteuerung und Rechtsform, 5. Aufl., München, 2015.
Jakob, Wolfgang	Der Steuertatbestand im Grenzbereich zwischen privater Vermögensverwaltung und gewerblicher Tätigkeit, in: Raupach, Arndt (Hrsg.), Ertragsbesteuerung : Zurechnung, Ermittlung, Gestaltung – Festschrift für Ludwig Schmidt zum 65. Geburtstag, München, 1993, S. 115-125 (zitiert: *Jakob*, in: FS Schmidt).
Jauernig, Othmar (ehem. Hrsg.)/Stürner, Rolf (Hrsg.)	Kommentar zum BGB, 18. Aufl., München, 2021.
Jehke, Christian	Umstrukturierungen und steuerlicher Gestaltungsmissbrauch, in: DStR 2012, S. 677-682.
Jesch, Thomas/Striegel, Andreas/Boxberger, Lutz (Hrsg.)	Rechtshandbuch Private Equity, 2. Aufl., München, 2020.
Jochum, Heike	Verfassungsrechtliche Grenzen der Pauschalierung und Typisierung am Beispiel der Besteuerung privater Aktiengeschäfte, in: DStZ 2010, S. 309-315.
Jörg R. Nickel/Bodden, Guido	Verlustausgleich und Verlustverrechnung nach § 15a EStG bei doppelstöckigen Kommanditgesellschaften, in: FR 2003, S. 391-396.
Kahle, Holger	Zur Zukunft der Besteuerung der Personengesellschaften, in: FR 2022, S. 377-385.

Kahle, Holger	Steuerliche Gewinnermittlung bei Personengesellschaften: Gleichstellungsthese in der Diskussion, in: BB 2018, S. 747-751.
Kahle, Holger	Die Steuerbilanz der Personengesellschaft, in: DStZ 2012, S. 61-67.
Kahle, Holger/Mock, Sebastian	Zur Bilanzierung von Beteiligungen an Personengesellschaften, in: DStZ 2022, S. 232-243.
Kahle, Holger/Rombach, Julia	Ertragsteuerliche Aspekte der vermögensverwaltenden Personengesellschaft, in: Ubg 2019, S. 181-193.
Kaltenbach, Stefan/Layh, Sabrina	Sonderfragen der Zinsschranke bei Personengesellschaften – unter besonderer Berücksichtigung doppelstöckiger Personengesellschaften, in: Ubg 2014, S. 573-581.
Kamchen, Sven/Kling, Jan-Christopher	Disquotale Gewinnausschüttungen – Zivil- und steuerrechtliche Fragestellungen und Problemfelder, in: NWB 2015, S. 819-826.
Kanzler, Hans-Joachim	Steuerreform: Von der synthetischen Einkommensteuer zur Schedulenbesteuerung? oder: Die Schedule ist tot! Es lebe die Schedule!, in: FR 1999, S. 363-367.
Kauffeld, Hans-Georg	Die partielle Unternehmensbeteiligung – gesellschaftsrechtliche Teilhabe an Unternehmensbereichen, Baden-Baden, 2007.
Kempelmann, Goetz	Gesamtplan: Vom Schlagwort zu einer Dogmatik, in: StuW 2016, S. 385-395.
Kempelmann, Goetz/Scholz, Philipp	„Special Allocations" als Gestaltungsalternative der Gewinn- und Verlustverteilung in Personengesellschaften, in: DStR 2019, S. 630-634.
Kempermann, Michael	Einheit der Gesellschaft – Vielheit der Gesellschafter – Die Personengesellschaft in einkommen-, gewerbe- und umsatzsteuerlicher Sicht –, in: DStZ 1995, S. 225-230.
Kesselmeyer, Bodo	Die Partnership im US-Steuerrecht (federal) unter Berücksichtigung der Beteiligung deutscher Partner, Aachen, 2000.
Kessler, Wolfgang/Dietrich, Marie-Louise	Wann ist eine Beteiligung eine Schachtelbeteiligung?, in: DStR 2012, S. 2101-2105.
Kessler, Wolfgang/Kröner, Michael/Köhler, Stefan (Hrsg.)	Konzernsteuerrecht, National – International, 3. Aufl., München, 2018.
Keuk, Brigitte	Die neuere Einkommensteuer-Rechtsprechung des BFH zur Gewinnrealisierung, zur Abwicklung eines Erbfalls und zur Behandlung der Beziehungen zwischen Familiengesellschaften, in: StuW 1973, S. 74-89.

Kilincsoy, Ege-Aksel	Analyse der Modernisierung des Personengesellschaftsrechts durch das MoPeG, in: FR 2021, S. 248-254.
Kilincsoy, Ege-Aksel	Der Mitunternehmeranteil und die ideelle Berechtigung an der Personengesellschaft – Zur Abkehr vom Prinzip der "Vielfalt der Gesellschafter" im Ertragsteuerrecht, in: StuW 2021, S. 29-45.
Kinzl, Ulrich-Peter	Gesellschaftervereinbarungen – Praxishandbuch mit Mustern, München, 2021.
Kirchhof, Gregor/Kulosa, Egmont/Ratschow, Eckart (Hrsg.)	Beck'scher Online-Kommentar EStG, 15. Edition, Stand: 1.3.2023, München (zitiert: *Bearb.*, in: BeckOK-EStG)
Kirchhof, Paul	Steuerumgehung und Auslegungsmethoden, in: StuW 1983, S. 173, 183.
Kirchhof, Paul	Die Widerspruchsfreiheit im Steuerrecht als Verfassungspflicht, in: StuW 2000, S. 316-327.
Kirchhof, Paul	Legalität, Gestaltungsfreiheit und Belastungsgleichheit als Grundlagen der Besteuerung, in: Hüttemann, Rainer (Hrsg.), Gestaltungsfreiheit und Gestaltungsmissbrauch im Steuerrecht, DStJG Band 33 (2010), Köln, S. 9-28.
Kirchhof, Paul (Begr.)/Seer, Roman (fortg.)	Einkommensteuergesetz Kommentar, 22. Aufl., Köln, 2023 (zitiert: *Bearb.*, in: Kirchhof/Seer, EStG).
Kirchhof, Paul/Mellinghoff, Rudolf/Kube, Hanno (Hrsg.)/Söhn, Hartmut (Begr.)	Einkommensteuergesetz Kommentar, Stand: Mai 2023 (334. Aktualisierung), Heidelberg (zitiert: *Bearb.*, in: Kirchhof/Söhn/Mellinghoff, EStG).
Kittl, Herbert	Die angemessene Gewinnzurechnung in Familienpersonengesellschaften, in: DB 1979, S. 2243-2247.
Kleeberg, Rudolf	Steuerrechtliche Aspekte der Errichtung und Erhaltung von Familiengesellschaften in der Generationenfolge, in: BB 1989, S. 2488-2452.
Klein, Franz (Begr.)	Abgabenordnung Kommentar, 16. Aufl., München, 2022 (zitiert: *Bearb.*, in: Klein, AO).
Kleindiek, Detlef	Mehrheitsentscheidungen in der Personengesellschaft: Formelle und materielle Legitimation, in: GmbHR 2017, S. 674-679.
Kleine-Rosenstein, Christoph	Steuerliche Anerkennung der Gewinnverteilung bei Personengesellschaften, in: StuB 1999, S. 1027-1031.
Knobbe-Keuk, Brigitte	Bilanz- und Unternehmensteuerrecht, 9. Aufl., Köln, 1993.
Knobbe-Keuk, Brigitte	Gleichstellung des Mitunternehmers mit dem Einzelunternehmer? § 15 Abs. 1 Satz 1 Nr. 2 EStG und mittelbar Beteiligte, in: DB 1990, S. 905-909.

Knobbe-Keuk, Brigitte	Die Besteuerung der Personengesellschaft nach der neueren Rechtsprechung und Verwaltungsauffassung, in: DStR 1979, S. 183-191.
Knobbe-Keuk, Brigitte	Die Personengesellschaft im Recht der Steuervergünstigungen, in: Kruse, Wilhelm (Hrsg.), Die Grundprobleme der Personengesellschaft im Steuerrecht – Zur Behandlung von Sondervergütungen, Sonderbetriebsvermögen, Steuervergünstigungen und Abschreibungsgesellschaften mit einem rechtsvergleichenden Teil, DStJG Band 2 (1979), Köln, S. 109-129.
Knobbe-Keuk, Brigitte	Zur Aufgabe der Geprägerechtsprechung, in: BB 1985, S. 473-477.
Knobbe-Keuk, Brigitte	Das Steuerrecht – eine unerwünschte Rechtsquelle des Gesellschaftsrechts?, Köln, 1986.
Koch, Jens (Hrsg.)	Aktiengesetz (Kommentar), 17. Aufl., München, 2023 (zitiert: *Bearb.*, in: Koch, AktG).
Koenig, Ulrich (Hrsg.)	Abgabenordnung Kommentar, 4. Aufl., München, 2021 (zitiert: *Bearb.*, in: Koenig, AO).
Korn, Christian/Scheel, Michael	(Keine) Zukunft der gewerblichen Infektion von Personengesellschaften – Zugleich Anmerkungen zu BFH v. 6.6.2019 – IV R 30/16 sowie zur geplanten Gesetzesänderung, in: DStR 2019, S. 1665-1673.
Korn, Klaus	Vorabgewinn einer Komplementär-GmbH für unentgeltliche, von Kommanditisten erbrachte Geschäftsführungsleistungen (Anm. zu BFH, Urteil vom 28.5.2020, IV R 11/18), in: NWB 2020, S. 2720-2722.
Korn, Klaus	Nießbrauchgestaltungen auf dem Prüfstand (Teil I), in: DStR 1999, S. 1461-1476.
Korn, Klaus (Hrsg.)	Einkommensteuergesetz Kommentar, 1. Aufl. 2000, 143. EL, Stand: 1.4.2023, Bonn (zitiert: *Bearb.*, in: Korn, EStG).
Kowanda, Markus	Die ertragsteuerliche Behandlung der Ehegatten- (und Lebenspartner-)Grundstücksgemeinschaft – Ein Überblick über die wichtigsten Fallkonstellationen unter Berücksichtigung des aktuellen BMF-Schreibens v. 16.12.2016 – IV C 6 - S 2134/15/10003, zum BFH-Urteil v. 9.3.2016 – X R 46/14, in: DStR 2017, S. 961-971.
Kraft, Cornelia	Entwicklungstendenzen in der Besteuerungskonzeption für Personengesellschaften, in: DStR 1995, S. 921-926.
Kratzsch, Alexander	Die Behandlung von Genussrechten im Steuerrecht, in: BB 2005, S. 2603-2612.
Kruse, Wilhelm	Gewinnanteil und Sondervergütungen der Gesellschafter von Personengesellschaften de lege lata und de lege ferenda

(Zweitreferat), in: Kruse, Wilhelm (Hrsg.), Die Grundprobleme der Personengesellschaft im Steuerrecht – Zur Behandlung von Sondervergütungen, Sonderbetriebsvermögen, Steuervergünstigungen und Abschreibungsgesellschaften mit einem rechtsvergleichenden Teil, DStJG Band 2 (1979), Köln, S. 37-66.

Krüger, Christiane — Umfang der Steuerrechtssubjektivität von Personengesellschaften im Spannungsfeld zwischen Gesamthandslehre und steuerrechtlichem Transparenzprinzip – Auseinandersetzung mit der Stellung der Personengesellschaft als Rechtsträgerin von Wirtschaftsgütern, in: FR 2016, S. 1031-1039.

Kube, Hanno — Die intertemporale Verlustverrechnung – Verfassungsrechtlicher Rahmen und legislativer Gestaltungsraum, in: DStR 2011, S. 1781-1792.

Kuck, Tobias — Steuerrechtssubjektivität mitunternehmerischer Innengesellschaften – am Beispiel und unter besonderer Berücksichtigung der stillen Gesellschaft, Berlin, 2009.

Kugelmüller-Pugh, Anette — Der „Gesamtplan" im deutschen Steuerrecht – mehr als nur ein plastischer Name?, in: FR 2007, S. 1139-1148.

Kuhn, Thorsten — Steuerrechtliche Behandlung vermögensverwaltender Gesamthandsgemeinschaften, Baden-Baden, 2006.

Kußmaul, Heinz/Ruiner, Christoph/Schappe, Christian — Problemfelder bei der Anwendung der Zinsschranke auf Personengesellschaften, in: DStR 2008, S. 904-910.

Künkele, Kai Peter/Zwirner, Christian — BilMoG: Handelsrechtliche Reform mit steuerlichen Konsequenzen? – Übersicht über die Änderungen durch das BilMoG und die steuerlichen Folgen, in: DStR 2009, S. 1277-1283.

Kämmerer, Bardo — Abgeltungssteuer und das Verbot des Werbungskostenabzugs – Dargestellt am Beispiel der Besteuerung von fremdfinanzierten Lebensversicherungen, in: DStR 2010, S. 27-30.

Lademann, Fritz (Begr.) — Kommentar zum EStG mit Nebengesetzen, 275. EL März 2023, Stuttgart.

Lang, Joachim — Gewinnrealisierung – Rechtsgrundlagen, Grundtatbestände und Prinzipien im Rahmen des Betriebsvermögensvergleichs nach § 4 Abs. 1 EStG, in: Ruppe, Hans Georg (Hrsg.), Gewinnrealisierung im Steuerrecht – Theorie und Praxis der Gewinnverwirklichung durch Umsatzakt und durch Steuerentstrickung sowie des Besteuerungsaufschubs, DStJG Band 4 (1981), Köln, S. 45-96.

Lang, Joachim — Zur Subjektfähigkeit von Personengesellschaften im Einkommensteuerrecht, in: Raupach, Arndt (Hrsg.), Ertragsbesteuerung: Zurechnung, Ermittlung, Gestaltung – Festschrift

	für Ludwig Schmidt zum 65. Geburtstag, München, 1993, S. 291-305 (zitiert: *Lang*, in: FS Schmidt).
Lang, Joachim	Prinzipien und Systeme der Besteuerung von Einkommen, in: Ebling, Iris (Hrsg.), Besteuerung von Einkommen, DStJG Band 24 (2001), Köln, S. 49-133.
Lehner, Moris	Wirtschaftliche Betrachtungsweise und Besteuerung nach der wirtschaftlichen Leistungsfähigkeit. Zur Möglichkeit einer teleologischen Auslegung der Fiskalzwecknorm, in: Lang, Joachim (Hrsg.), Die Steuerrechtsordnung in der Diskussion – Festschrift für Klaus Tipke zum 70. Geburtstag, Köln, 1995, S. 237-250 (zitiert: *Lehner*, in: FS Tipke).
Leisner-Egensperger, Anna	Das Verbot der Steuerumgehung nach der Reform des § 42 AO – Kein Freibrief für ein mangelhaftes Steuerrecht, in: DStZ 2008, S. 358-365.
Lenz, Tobias	Anknüpfung der Gewinnverteilung einer GmbH am Gewinn einer Schwestergesellschaft, in: GmbHR 1997, S. 932-934.
Leopold, Peter/Madle, Ulrich/Rader, Jürgen (Hrsg.)	Abgabenordnung Praktikerkommentar, 153. EL, Stand März 2023, München/Heidelberg (zitiert: *Bearb.*, in: Leopold/Madle/Rader, AO).
Lettl, Tobias	Die Anpassung von Personengesellschaftsverträgen (GbR, oHG) aufgrund von Zustimmungspflichten der Gesellschafter – Zugleich ein Beitrag über die Wechselseitigkeit von Selbstbestimmung und Selbstverantwortung, in: AcP 202 (2002), S. 3-39.
Leuschner, Lars	Satzungsdurchbrechende Beschlüsse bei AG und GmbH, in: ZHR 180 (2016), S. 422-458.
Levedag, Christian	Eintritt in und Austritt aus Freiberuflerpraxen, in: DStR 2017, S. 1233-1242.
Levedag, Christian	BFH: Ansatz einer Pensionsrückstellung für den Alleingesellschafter-Geschäftsführer einer GmbH in den Fällen der Entgeltumwandlung, in: GmbHR 2020, R312-313.
Ley, Ursula	Ausgewählte Fragen und Probleme der Besteuerung doppelstöckiger Personengesellschaften, in: KöSDi 2010, S. 17148-17152.
Lieber, Bettina/Stifter, Jörg	Die atypisch stille Gesellschaft als Alternative zur Ausgliederung, in: FR 2003, S. 831-836.
Lindwurm, Chistof	Gewinnverteilung und Gewinnfeststellung bei der Kumulation von stillen Gesellschaften – Ein Vergleich mit mehrgliedrigen stillen Gesellschaften unter Berücksichtigung von bewertungs- und gewerbesteuerrechtlichen Konsequenzen –, in: DStR 2000, S. 53-60.

Lippross, Otto-Gerd/ Seibel, Wolfgang (Hrsg.)	Basiskommentar Steuerrecht, 136. EL Stand März 2023, Köln (zitiert: *Bearb.*, in: Lippross/Seibel, Basiskommentar Steuerrecht).
List, Heinrich	Personengesellschaften im Wandel zivil- und steuerrechtlicher Beurteilung – Auswirkungen der zivilrechtlich anerkannten Rechtssubjektivität von Personengesellschaften auf das Verständnis von § 15 Abs. 1 Nr. 2 EStG, in: BB 2004, S. 1473-1477.
Littmann, Eberhard (Begr.)/Bitz, Horst/ Pust, Hartmut (Hrsg.)	Kommentar zum Einkommensteuerrecht, 164. EL Stand April 2023, Stuttgart (zitiert: *Bearb.*, in: Littmann/Bitz/Pust, EStG).
Lorenz, Christoph	Auswirkungen der Unternehmenssteuerreform 2001 auf die Gestaltung von Venture Capital-Fonds, in: DStR 2001, S. 821-826.
Loritz, Karl-Georg	Die steuerlich wirksame Verlusttragung bei Gesellschafterbeitritt und Begründung von stillen Gesellschaften im Verlauf eines Wirtschaftsjahres, in: DStR 1994, S. 87-91.
Lothmann, Werner	Die vermögensverwaltende Personengesellschaft im Bereich der Einkommensteuer, Bergisch-Gladbach (u.a.), 1986.
Luttermann, Claus	Unternehmen, Kapital und Genussrechte – eine Studie über Grundlagen der Unternehmensfinanzierung und zum internationalen Kapitalmarktrecht, Tübingen, 1998.
Lüdeking, Matthias	Der gemeinsame Zweck in § 705 BGB, in: AcP 220 (2020), S. 303-342.
Mack, Alexandra/Wollweber, Markus	§ 42 AO – Viel Lärm um nichts?, in: DStR 2008, S. 182-186.
Martens, Sebastian A. E.	Vom Beruf unserer Zeit für ein Gesetz zur Modernisierung des Personengesellschaftsrechts – Kritische Anmerkungen zum "Mauracher Entwurf", in: AcP 221 (2021), S. 68-107.
Marx, Franz Jürgen	Ergänzungsbilanzen bei schenkweiser Beteiligung an Kommanditgesellschaften – Zur Korrektur der Gewinnverteilung bei Familienpersonengesellschaften, in: FR 1991, S. 3-6.
Marx, Franz Jürgen/Löffler, Christoph/Kläne, Sebastian	Fremdbestimmte Steuerwirkungen bei Personen- und Kapitalgesellschaften – Erscheinungsformen und Möglichkeiten der Berücksichtigung aus Sicht der Betriebswirtschaftlichen Steuerlehre –, in: StuW 2010, S. 65-80.
Mayer, Vivien/Käshammer, Daniel	Steuerliche Implikationen des MoPeG – Wie kann ein neues (Steuer-)Recht für Personengesellschaften künftig vermieden werden?, in: NWB 2021, S. 2514-2524.
Mellinghoff, Rudolf	Erneuerung des Steuerrechts – Reformüberlegungen am Beispiel der Besteuerung von Einkommen und Vermögen, in:

	Jachmann, Monika (Hrsg.), Erneuerung des Steuerrechts, DStJG Band 37 (2014), Köln, S. 1-7.
Mellwig, Winfried	Vermögensverwaltung – Bewährungsprobe für das neue Steuerrecht der Personengesellschaft, in: DB 1985, S. 2066-2072.
Mertens, Heinz-Peter/Karrenbrock, Lukas	Die Abgeltungssteuer im Kontext des objektiven und subjektiven Nettoprinzips – Zugleich Anmerkungen zum Urteil des FG Baden-Württemberg vom 17.12.2012, 9 K 1637/10, in: DStR 2013, S. 950-953.
Meßmer, Kurt	Die Bilanzbündeltheorie – Eine meisterhafte Schöpfung der Rechtsprechung?, in: Thoma, Gerhard/Zacharias, O.H./Niemann, Ursula (Hrsg.), Steuerberater-Jahrbuch 1972/1973, Köln, 1973 S. 127-205.
Meßmer, Kurt	Die höchstrichterliche Rechtsprechung zu Familienpersonengesellschaften im Einkommensteuerrecht, in: Hörstmann/Franz, Niemann, Ursula/Rose, Gerd (Hrsg.), StbJb 1979/1980, Köln, S. 163-258.
Meyer, Stefan	Wirtschaftliches Eigentum in der Steuerbilanz, in: WPg 2003, S. 925-937.
Meyer-Koppitz, Dirk	Die steuerliche Anerkennung von Familienpersonengesellschaften in der Rechtsform der Kommanditgesellschaft, in: DStZ 1996, S. 265-277.
Meyer-Scharenberg, Dirk	Anerkennung von Vermietungen an Gesellschafter grundstücksverwaltender Personengesellschaften, in: DStR 1991, S. 1309-1311.
Michel, Bettina	Anwendungsbereich des § 42 AO bei einer Anteilsveräußerung vor Liquidation einer Kapitalgesellschaft, in: FR 2008, S. 448-452.
Micker, Lars/Pohl, Carsten (Hrsg.)	Beck'scher Online-Kommentar KStG, 16. Edition, Stand 15.4.2023, München (zitiert: *Bearb.*, in: BeckOK-KStG).
Middendorf, Oliver/Rickermann, Mike	§ 15a und vermögensverwaltende Personengesellschaften, in: BB 2021, S. 539-544.
Milatz, Jürgen E./Sax, Miriam	Transparenz der vermögensverwaltenden Personengesellschaften, in: DStR 2017, S. 141-145.
Mirbach, Sebastian/Egelhof, Julian	Disquotale Gewinnausschüttungen in der steuerlichen Gestaltungspraxis, in: WPg 2023, 651-658.
Mittermaier, Johannes E.	Besteuerung von Personengesellschaften im Verhältnis USA – Deutschland, Heidelberg, 1999.
Mosler, Ralf/Münzner, Matthias	Verlustmonetarisierung durch Verschmelzung einer "Gewinngesellschaft" auf eine "Verlustgesellschaft" im Geltungsbereich von § 42 AO i.d.F. des JStG 2008 – Besprechung des BFH-Urteils v. 17.11.2020 - I R 2/18, in: FR 2021, S. 963-973.

Mosler, Ralf/Münzner, Matthias/Schulze, Michael	§ 42 AO idF des Jahressteuergesetzes 2008 – Keine Änderung durch die erneute Gesetzesfassung? Auslegung der Generalklausel zur effizienten Missbrauchsabwehr, in: DStR 2021, S. 193-201.
Musil, Andreas	Ermittlung von Vermögenseinkünften – Einkünfte aus Veräußerungsgeschäften, in: Hey, Johanna (Hrsg.), Einkünfteermittlung, DStJG Band 34 (2011), Köln, S. 237-250.
Musil, Andreas	Abzugsbeschränkungen bei der Abgeltungsteuer als steuersystematisches und verfassungsrechtliches Problem, in: FR 2010, S. 149-155.
Musil, Andreas/Weber-Grellet, Heinrich (Hrsg.)	Europäisches Steuerrecht, 2019, München.
Müller, Rolf	„Tracking Stock" und seine Realisierbarkeit im deutschen Gesellschaftsrecht, in: WiB 1997, S. 57-65.
Möhlenbrock, Rolf/ Haubner, David	Die Zukunft der Besteuerung der Personengesellschaften: MoPeG, KöMoG und DAOs, in: FR 2022, S. 53-61.
Mönkemöller, Frank-André	Die Zurechnung der Überschusseinkünfte bei Personengesellschaften, Frankfurt a.M., 2005.
Natusch, Ingo	Neue Wege der Beteiligungsfinanzierung deutscher Unternehmen durch die Ausgabe von „Tracking Stocks", in: DB 1997, S. 1141, 1148.
Niemann, Ursula	Veräußerung von Anteilen an Kapitalgesellschaften iSd. § 17 EStG durch nicht gewerbliche Personenmehrheiten, in: Raupach, Arndt (Hrsg.), Ertragsbesteuerung : Zurechnung, Ermittlung, Gestaltung – Festschrift für Ludwig Schmidt zum 65. Geburtstag, München, 1993, S. 127-143 (zitiert: *Niemann*, in: FS Schmidt).
Noack, Max	Von Maurach in die Welt – Der Gesetzentwurf der Expertenkommission zur Modernisierung des Personengesellschaftsrechts im Überblick, in: NZG 2020, S. 581-585.
Noack, Max	Der Regierungsentwurf eines Gesetzes zur Modernisierung des Personengesellschaftsrechts (MoPeG) – Ausgewählte Aspekte im rechtsgebietsübergreifenden Überblick, in: BB 2021, S. 643-648.
Noack, Ulrich/Servatius, Wolfgang/Haas, Ulrich (u.a.)	Kommentar zum GmbHG, 23. Aufl., München, 2022 (zitiert: *Bearb.*, in: Noack/Servatius/Haas, GmbHG).
Nolte, Alexander F.	Tracking Stock Strukturen im US-amerikanischen und deutschen Aktienrecht, Berlin, 2004 (zitiert: *Nolte*, Tracking Stocks).

Oetker, Hartmut (Hrsg.)	Handelsgesetzbuch (Kommentar), 7. Aufl., München 2021 (zitiert: *Bearb.*, in: Oetker, HGB).
Offerhaus, Klaus	§ 42 AO und der „Gesamtplan", in: FR 2011, S. 878-885.
Oho, Wolfgang/Lenz, Thomas	Zur geplanten Einführung einer Abgeltungsteuer im Rahmen der Unternehmensteuerreform 2008, in: DB 2007, S. 1322-1326.
Pahlke, Armin/Schwarz, Bernhard (Hrsg.)	Abgabenordnung/Finanzgerichtsordnung Kommentar, 211. EL Stand Januar 2023, Freiburg (zitiert: *Bearb.*, in: Schwarz/Pahlke, AO/FGO).
Paulick, Heinz	Gedanken zur Bilanzbündeltheorie, in: FR 1964, S. 294-298.
Paulick, Heinz	Das Problem der Gewinnverteilung bei Familienpersonengesellschaften in handelsrechtlicher und steuerrechtlicher Sicht, in: Neumayer, Karl H. (Hrsg.), Ius et commercium : Studien zum Handels- und Wirtschaftsrecht ; Festschrift für Franz Laufke zum 70. Geburtstag am 20.6.1971, Würzburg, 1971, S. 193-215 (zitiert: *Paulick*, in: FS Laufke).
Paus, Bernhard	Inkongruente Gewinnausschüttungen und Einlagen – Anmerkungen zu dem Urteil des BFH v. 19.8.1999 – I R 77/96, FR 1999, 1366 = DStR 1999, 1849 –, in: FR 2000, S. 197-199.
Peter, Alexander F.	Der Begriff der Beteiligung an einer (vermögensverwaltenden) Personengesellschaft im Rahmen der Besteuerung privater Veräußerungsgeschäfte gemäß § 23 Abs. 1 Satz 4 EStG, in: DStR 1999, S. 1337-1340.
Peters, Franziska	Zur steuerlichen Anerkennung einer Innengesellschaft bürgerlichen Rechts – Zugleich Anmerkung zum BFH-Urteil v. 23.11.2021 - VIII R 17/19, in: Ubg 2022, S. 233-237.
Peterseim, Christian B.	Zur (Un-)Zulässigkeit der „Satzungsdurchbrechung", in: NZG 2019, S. 1255-1258.
Pezzer, Heinz, Jürgen	Neuere Entwicklungen in der BFH-Rechtsprechung zu § 42 AO, in: Herzig, Norbert/Günkel, Manfred/Niemann, Ursula, StbJB 2000/2001, Köln, S. 61-83.
Pfarr, Michael/Welke, Gernot	Die "Fortentwicklung" steuerlicher Regelungen zur Umstrukturierung von Unternehmen - Reparatur oder Stillstand?, in: StuB 2001, S. 692-704.
Pfirrmann, Volker/Rosenke, Torsten/Wagner, Klaus J. (Hrsg.)	Beck'scher Online-Kommentar zur Abgabenordnung, 24. Ed. Stand 11.4.2023, München (zitiert: *Bearb.*, in: BeckOK-AO).
Pinkernell, Reimar	Einkünftezurechnung bei Personengesellschaften, Berlin, 2001.
Plewka, Harald	Gestaltungsmöglichkeiten mit "Tracking Stocks" bei Kapital- und Personengesellschaften, in: Haarmann Hemmelrath &

Partner (Hrsg.), Gestaltung und Analyse in der Rechts-, Wirtschafts- und Steuerberatung von Unternehmen, Köln, 1998, S. 133-145.

Podewils, Felix — Der personengesellschaftsrechtliche Bestimmtheitsgrundsatz – Dogmatisch aufgegeben, aber für die Praxis wirklich schon bedeutungslos?, in: GmbH-StB 2015, S. 134-138.

Priester, Hans-Joachim — Eine Lanze für die Kernbereichslehre – Zwischenruf, in: NZG 2015, S. 529-531.

Priester, Hans-Joachim — Öffnungsklauseln zur Gewinnverteilung in der GmbH-Satzung, in: Hommelhoff, Peter/Zätzsch, Roger/Erle, Bernd (Hrsg.), Gesellschaftsrecht, Rechnungslegung, Steuerrecht – Festschrift für Welf Müller zum 65. Geburtstag, S. 113-124.

Prinz, Ulrich — Die Reform der Besteuerung der Personengesellschaften – Ein Statement, in: FR 2022, S. 61-64

Prinz, Ulrich — Besteuerung der Personengesellschaften – unpraktikabel und realitätsfremd? – 4 Thesen zu Bestandsaufnahme und Neujustierung der deutschen Personengesellschaftsbesteuerung, in: FR 2010, S. 736-744.

Prinz, Ulrich — Neue "Steuerkoordinaten" für Personengesellschaften: Bestandsaufnahme, Entwicklungstendenzen, Handlungsbedarf, in: DB 2022, S. 11-18.

Prinz, Ulrich — Grenzüberschreitende Personengesellschaften: Gedanken zu Erscheinungsformen, Systematik, diversen Einzelfragen, in: FR 2018, 973-984.

Prinz, Ulrich — Verbesserte steuerliche Rahmenbedingungen für Tracking Stock-Strukturen nach der Unternehmenssteuerreform 2001, in: FR 2001, S. 285-288.

Prinz, Ulrich — Ertragsteuerfragen moderner Konzepte der Unternehmensorganisation, in: FR 2000, S. 537-545.

Prinz, Ulrich — Arten der Einkünfteeermittlung – Bestandsaufnahme und Kritik – Betriebsvermögensvergleich, in: Hey, Johanna (Hrsg.), Einkünfteermittlung, DStJG Band 34 (2011), Köln, S. 135-184.

Prinz, Ulrich — Leitgedanken zum Übergang des verwendbaren Eigenkapitals auf das neue Körperschaftsteuersystem und zur Ausschüttungspolitik – Analyse und Gestaltungsmöglichkeiten, in: GmbHR 2001, S. 125-133.

Prinz, Ulrich/Kahle, Holger (Hrsg.) — Beck'sches Handbuch der Personengesellschaften, 5. Aufl., München 2020
(zitiert: *Bearb.*, in: Prinz/Kahle, Beck'sches Hdb. PersGes)

Prinz, Ulrich/Keller, Bernd — Neue Grundsatzentscheidung des BFH zu sale-and-lease-back-Geschäften – Anmerkungen zum BFH-Urteil vom 13.10.2016 - IV R 33/13, in: StuB 2019, S. 211-217.

Prinz, Ulrich/Schürner, Carl Thomas	Rechnungslegung bei Tracking-Stock-Strukturen in Deutschland – Grundfragen und Gestaltungsüberlegungen, in: DStR 2001, S. 759-768.
Pyszka, Tillmann	Atypisch stille Beteiligung an einzelnen Unternehmenssegmenten, in: DStR 2003, S. 857-862.
Pyszka, Tillmann	Ausübung steuerlicher Bilanzierungswahlrechte bei vermögensverwaltenden Personengesellschaften, in: DStR 2010, S. 1372-1373.
Pöllath, Reinhard/Rodin, Andreas/Wewel, Uwe (Hrsg.)	Private Equity und Venture Capital Fonds, München, 2018.
Pörschke, Maik	Disquotale Gewinnausschüttungen bei der GmbH, in: DB 2017, S. 1165-1169.
Ratschow, Eckart	Prinzipien der Einkünfteermittlung – Subjektsteuerprinzip, in: Hey, Johanna (Hrsg.), Einkünfteermittlung, DStJG Band 34 (2011), Köln, S. 35-59.
Raupach, Arndt	Einschlägige Prinzipienfragen der Gewinnrealisierung, in: Kruse, Wilhelm (Hrsg.), Die Grundprobleme der Personengesellschaft im Steuerrecht – Zur Behandlung von Sondervergütungen, Sonderbetriebsvermögen, Steuervergünstigungen und Abschreibungsgesellschaften mit einem rechtsvergleichenden Teil, DStJG Band 2 (1979), Köln, S. 87-107.
Raupach, Arndt	Gewinnanteil und Sondervergütungen der Gesellschafter von Personengesellschaften, Zur Entscheidung des Großen Senats v. 25.2.1991 GrS 7/89 über die Besteuerung der doppelstöckigen KG, in: StuW 1991, S. 278-283.
Reichert, Jochem (Hrsg.)	GmbH & Co. KG, 8. Aufl., München, 2021.
Reinhardt, Bärbel	Die Einlage quoad sortem und ihre Darstellung in der Handelsbilanz, in: DStR 1991, S. 588-592.
Reiß, Wolfram	Ertragsteuerliche Behandlung von Gesamthandsbeteiligungen und Beteiligungserträgen, in: StuW 1986, S. 232-255.
Reiß, Wolfram	Grundprobleme der Besteuerung von Personengesellschaften, in: Stbg 1999, S. 356-371.
Reiß, Wolfram	Individualbesteuerung von Mitunternehmern nach dem Steuersenkungsgesetz, in: StuW 2000, S. 399-412.<f
Reiß, Wolfram	Die Revitalisierung des Mitunternehmererlasses - keine gesetzestechnische Meisterleistung, in: BB 2000, S. 1965-1974.
Reul, Adolf	Grundrechte und Vertragsfreiheit im Gesellschaftsrecht, in: DNotZ 2007, S. 184-210.

Reuter, Dieter	Zur Lehre Karsten Schmidts vom Innenrecht der Personengesellschaft und der GmbH, in: Bitter, Georg/Lutter, Marcus/Priester, Hans-Joachim/Schön, Wolfgang/Ulmer, Peter (Hrsg.), Festschrift für Karsten Schmidt zum 70. Geburtstag, Köln, 2009, S. 1357-1374 (zitiert: *Reuter*, in: FS K. Schmidt).
Risse, Jörg/Höfling, Tobias	Leitplankentheorie statt Bestimmtheitsgrundsatz und Kernbereichslehre – Zur richterlichen Kontrolle von Gesellschafterbeschlüssen in Personengesellschaften, in: NZG 2017, S. 1131-1138.
Ritzrow, Manfred	Verteilung steuerlicher Mehr- und Mindergewinne bei Personengesellschaften, in: BuW 2004, S. 501-513.
Rose, Gerd	Zur steuerlichen Beurteilung einvernehmlicher inkongruenter Gewinnverteilungen in Personen- und Kapitalgesellschaften, in: FR 2002, S. 1-10.
Rose, Gerd	Missbrauchs-Innentheorie und Steuerplanungssicherheit, in: FR 2003, S. 1274-1277.
Rose, Gerd/Glorius-Rose, Cornelia	Zur jüngsten Rechtsprechung des BFH hinsichtlich § 42 AO – Zugleich Anmerkung zum BFH-Urteil vom 16.12.2003 VIII R 89/02 –, in: DB 2004, S. 2174-2176.
Roser, Frank	Überlegungen zur Vermeidung nachteiliger Effekte aus der Umgliederung des vEK zum 31.12.2000, in: GmbHR 2000, S. 1189-1192.
Roser, Frank	Die Auslegung sog. „alternativer Missbrauchsbestimmungen" – Inwieweit können derartige Vorschriften Steueransprüche begründen? –, in: FR 2005, S. 178-184.
Ruppe, Hans Georg	Möglichkeiten und Grenzen der Übertragung von Einkunftsquellen als Problem der Zurechnung von Einkünften, in: Tipke, Klaus (Hrsg.), Übertragung von Einkunftsquellen im Steuerrecht – Möglichkeiten und Grenzen der Einkommensverlagerung durch Nießbrauch, Beteiligung und Darlehen mit einem rechtsvergleichenden Teil, DStJG Band 1 (1978), Köln, S. 7-40.
Rädler, Albert J.	Überlegungen zur Harmonisierung der Unternehmensbesteuerung in der Europäischen Gemeinschaft, in: Lang, Joachim (Hrsg.), Unternehmensbesteuerung in EU-Staaten, DStJG Band 16 (1994), Köln, S. 277-293.
Rödder, Thomas	Perspektiven der Konzernbesteuerung, in: ZHR 171 (2007), S. 380-408.
Rödder, Thomas	Steuergestaltung aus Sicht der Beraterpraxis, in: Hüttemann, Rainer (Hrsg.), Gestaltungsfreiheit und Gestaltungsmissbrauch im Steuerrecht, DStJG Band 33 (2010), Köln, S. 93-106.

Rödder, Thomas/ Herlinghaus, Andreas/Neumann, Ralf — Körperschaftsteuergesetz Kommentar, 2. Aufl., Köln, 2023 (zitiert: *Bearb.*, in: Rödder/Herlinghaus/Neumann, KStG).

Rödder, Thomas/ Schumacher, Andreas — Das BMF-Schreiben zu § 8b KStG, in: DStR 2003, S. 909-916.

Rödder, Thomas/ Schumacher, Andreas — Der Regierungsentwurf eines Gesetzes zur Fortentwicklung des Unternehmenssteuerrechts (Teil I), in: DStR 2001, S. 1634-1641.

Röder, Erik — Das System der Verlustverrechnung im deutschen Steuerrecht – verfassungsrechtliche Vorgaben und Ausgestaltung de lege ferenda, Köln, 2010
(zitiert: *Röder*, System der Verlustverrechnung).

Röhricht, Volker/Graf v. Westphalen, Friedrich/Haas, Ulrich (Hrsg.) — Handelsgesetzbuch (Kommentar), 5. Aufl., Köln, 2019 (zitiert: *Bearb.*, in: Röhricht/Graf von Westphalen/Haas, HGB).

Röttger, Robert — Die Kernbereichslehre im Recht der Personenhandelsgesellschaften, Heidelberg, 1989.

Schachinger, Simon — Ist die Beschränkung der Verrechnung von Verlusten aus Aktienverkäufen verfassungswidrig?, in: DStZ 2019, S. 791-794.

Schallmoser, Ulrich — Erfassung und Zurechnung von privaten Veräußerungsgeschäften bei grundbesitzenden vermögensverwaltenden Personengesellschaften, in: UR 2020, S. 614-619.

Schanz, Deborah/Schanz, Sebastian — Maßgeblichkeit der Handelsbilanz für die Steuerbilanz in Europa und in den USA, in: StuW 2009, S. 311-322.

Schanz, Georg v. — Der Einkommensbegriff und die Einkommensteuergesetze, in: FinArch 13 (1896), S. 1-87.

Schanz, Georg v. — Der privatwirtschaftliche Einkommensbegriff, in: FinArch 39 (1922), S. 107-125.

Schenke, Ralf P. — Kritik der steuerrechtlichen Methodenlehre, in: StuW 2008, S. 206-215.

Scherer, Stephan (Hrsg.) — Unternehmensnachfolge, 6. Aufl., München, 2020.

Schießl, Harald — Erwerb der Beteiligung an einer Personengesellschaft und anschließende Veräußerung gesamthänderisch gehaltener Grundstücke – "Mischfall" Zugleich Anmerkung zu dem BFH-Urteil v. 21.1.2014, IX R 9/13, in: DStR 2014, S. 512-515.

Schiffer, Jack — Mehrheitsentscheidungen in der Personengesellschaft – Ende der Kernbereichslehre, in: BB 2015, S. 584-586.

Schlagheck, Markus — Die Zebragesellschaft im Steuerrecht, in: StuB 2003, S. 346-352.

Schlagheck, Markus	Inkongruente Gewinnausschüttungen als steuerliches Gestaltungsinstrument, in: GStB 2000, S. 287-291.
Schmid, Reinhold	Steuerrechtliche Behandlung einer Familienkommanditgesellschaft, in: DStR 1995, S. 1977-1981.
Schmidt, Karsten	Mehrheitsbeschlüsse in Personengesellschaften, in: ZGR 2008, S. 1-33.
Schmidt, Karsten	Ein neues Zuhause für das Recht der Personengesellschaften – Zum Regierungsentwurf eines MoPeG –, in: ZHR 2021, S. 16-51.
Schmidt, Karsten	Die Personengesellschaft als Rechtsfigur des „Allgemeinen Teils" – Dogmatisches Konzept und Wirkungsgeschichte von Werner Flumes „Personengesellschaft", in: AcP 209 (2009), S. 181-204.
Schmidt, Karsten	Mehrheitsregelungen in GmbH & Co-Verträgen – Verständnis oder Mißverständnis des „Bestimmtheitsgrundsatzes"?, in: ZHR 158 (1994), S. 205-228.
Schmidt, Karsten	Gesellschaftsrecht, 4. Aufl., Köln (u.a.), 2002.
Schmidt, Ludwig	Möglichkeiten und Grenzen der Übertragung von Einkunftsquellen von Eltern auf Kinder, in: Tipke, Klaus (Hrsg.), Übertragung von Einkunftsquellen im Steuerrecht – Möglichkeiten und Grenzen der Einkommensverlagerung durch Nießbrauch, Beteiligung und Darlehen mit einem rechtsvergleichenden Teil, DStJG Band 1 (1978), Köln, S. 41-67.
Schmidt, Ludwig (Begr.)	Einkommensteuergesetz (Kommentar), 42. Aufl., München 2023.
Schmidtmann, Dirk	Steuerplanung bei Kapitalgesellschaften mittels inkongruenter Gewinnausschüttungen nach dem BMF-Schreiben vom 17.12.2013, in: Ubg 2014, S. 502-511.
Schmidtmann, Dirk	Normative Verankerung der Gesamtplanrechtsprechung – Zugleich Anmerkungen zum BFH-Urt. v. 9.11.2011 – X R 60/09 , BStBl. II 2012, 638, in: FR 2015, S. 57-66.
Schnitger, Arne/Fehrenbacher, Oliver (Hrsg.)	Kommentar Körperschaftsteuer KStG, 2. Aufl., Wiesbaden, 2018.
Schnitter, Georg	Besonderheiten bei Familienpersonengesellschaften – Von zivilrechtlichen Problemen bis zur angemessenen Gewinnverteilung, in: EStB 2001, S. 383-388.
Schnittker, Helder/Steinbiß, Timo	Steuerliche Qualifikation des Carried Interest und deren Folgen für die grenzüberschreitende Besteuerung von Initiatoren von Private Equity Fonds, in: IStR 2015, S. 760-767.
Schothöfer, Jörg	„Special Allocations" als zulässige disquotale Gewinnverteilung im deutschen Steuerrecht, in: DStR 2019, S. 1472-1473.

Schreiber, Christoph — Grenzen der Aufwärtsinfektion durch gewerbliche Beteiligungseinkünfte, in: NZG 2019, S. 1172-1174.

Schulte, Wilfried — Die Einkünfte der Gesellschafter einer vermögensverwaltenden Personengesellschaft, in: FR 1980, S. 341-345.

Schulze zur Wiesche, Dieter — Gewinnverteilungsvereinbarungen bei Personengesellschaften, in: StBP 1994, S. 177-184.

Schulze zur Wiesche, Dieter — BFH-Rechtsprechung zur Ertragsbesteuerung der Personengesellschaften 2020, in: StBp 2021, S. 36-45.

Schulze zur Wiesche, Dieter — Gewinnverschiebungen innerhalb einer Mitunternehmerschaft bei Beteiligung einer Kapitalgesellschaft, in: DStZ 2017, S. 451-457.

Schulze zur Wiesche, Dieter — Die atypisch stille Beteiligung an GmbH, GmbH & Co KG, in: StBp 2015, S. 221-226.

Schulze zur Wiesche, Dieter — Einschränkung der Gesellschafterstellung als Anteilsveräußerung, in: BB 1993, S. 1493-1495.

Schulze-Osterloh, Joachim — Der gemeinsame Zweck der Personengesellschaften, Berlin/New York, 1973.

Schulze-Osterloh, Joachim — Zivilrecht und Steuerrecht, in: AcP 190 (1990), S. 139-164.

Schulze-Osterloh, Joachim — Zivilrecht und Steuerrecht, in: AcP 190 (1990), S. 139-164.

Schulze-Osterloh, Joachim — Verfassungsrechtliche Grenzen der bilanzsteuerrechtlichen Gesetzgebung – Nettoprinzip, Maßgeblichkeitsgrundsatz, Rückstellungen, Gewinnrealisierungen, in: Pelka, Jürgen (Hrsg.), Europa- und verfassungsrechtliche Grenzen der Unternehmensbesteuerung, DStJG Band 23 (2000), S. 67-85.

Schwandtner, Christian — Disquotale Gewinnausschüttungen in Personen- und Kapitalgesellschaften – Gesellschaftsrechtliche Grundlagen und Gestaltungsmöglichkeiten – Behandlung im Einkommensteuerrecht, Köln, 2006
(zitiert: *Schwandtner*, Disquotale Gewinnausschüttungen).

Schwedhelm, Rolf/Binnewies, Burkhard — Realisierung von Körperschaftsteuerguthaben zum Systemwechsel – Anmerkung zum Nichtanwendungserlass des BMF vom 7.12.2000, in: DB 2001, S. 503-508.

Schwedhelm, Rolf/Binnewies, Burkhard — Inkongruente Einlagen und inkongruente Ausschüttungen – Hinweise zur Steuerplanung anhand typischer Fallgestaltungen, in: GmbH-StB 2000, S. 281-287.

Schwendy, Klaus — Familiengesellschaften und Gestaltungsmissbrauch, in: Raupach, Arndt (Hrsg.), Ertragsbesteuerung : Zurechnung, Ermittlung, Gestaltung – Festschrift für Ludwig Schmidt zum 65. Geburtstag, München, 1993, S. 787-807
(zitiert: *Schwendy*, in: FS Schmidt).

Schäfer, Carsten	Der Bestimmtheitsgrundsatz ist (wirklich) Rechtsgeschichte, in: NZG 2014, S. 1401-1404.
Schäfer, Carsten	Neue Impulse für den Minderheitenschutz gegen Mehrheitsbeschlüsse, in: Dreher, Meinrad/Drescher, Ingo/Mülbert, Peter O./Verse, Dirk A. (Hrsg.), Festschrift für Alfred Bergmann zum 65. Geburtstag am 13. Juli 2018, S. 617-636.
Schäfer, Carsten (Hrsg.)	Das neue Personengesellschaftsrecht – Einführung zum MoPeG, München, 2022.
Schön, Wolfgang	Die Personengesellschaft im Steuerrechtsvergleich, in: Hüttemann, Rainer/Dötsch, Franz/Schön, Wolfgang/Herlinghaus, Andreas/Lüdicke, Jürgen (Hrsg.), Die Personengesellschaft im Steuerrecht (Gedächtnissymposion für Brigitte Knobbe-Keuk), Köln, 2011, S. 139-163 (zitiert *Schön*, in: GS Knobbe-Keuk).
Schön, Wolfgang	Gewinnermittlung, Gewinnverteilung und Gewinnausschüttung im Recht der Personengesellschaften und GmbH – Gesellschafts- und steuerrechtliche Fragen – in: Hommelhoff, Peter/Rowedder, Heinz/Ulmer, Peter (Hrsg.), Max Hachenburg, Fünfte Gedächtnisvorlesung, Heidelberg, 2002, S. 17-57.
Schön, Wolfgang	Die zivilrechtlichen Voraussetzungen steuerlicher Leistungsfähigkeit (Joachim Schulze-Osterloh siebzig Jahre), in: StuW 2005, S. 247-255.
Schön, Wolfgang	Der Große Senat des Bundesfinanzhofs und die Personengesellschaft, in: StuW 1996, S. 275-288.
Schön, Wolfgang	Zum Stande der Lehre vom Sonderbetriebsvermögen, in: DStR 1993, S. 185-194.
Schön, Wolfgang	Unternehmerrisiko und Unternehmerinitiative im Lichte der Einkommenstheorien, in: Kirchhof, Paul/Jakob, Wolfgang/Beermann, Albert (Hrsg.), Steuerrechtsprechung, Steuergesetz, Steuerreform – Festschrift für Klaus Offerhaus zum 65. Geburtstag, S. 385-403 (zitiert: *Schön*, in: FS Offerhaus).
Schön, Wolfgang	Der Gewinnanteil des Personengesellschafters und das Einkommen der Personengesellschaft, in: StuW 1988, S. 253-261.
Schön, Wolfgang	Legalität, Gestaltungsfreiheit und Belastungsgleichheit als Grundlagen des Steuerrechts, in: Hüttemann, Rainer (Hrsg.), Gestaltungsfreiheit und Gestaltungsmissbrauch im Steuerrecht, DStJG Band 33 (2010), Köln, S. 29-63.
Schön, Wolfgang	Gewinnübertragungen nach § 6 b EStG zwischen Kapital- und Personengesellschaft in Handels- und Steuerbilanz, in: FR 1994, S. 658-668.

Schön, Wolfgang — Die Abzugsschranken des § 3c EStG zwischen Verfassungs- und Europarecht, in: FR 2001, S. 381-392.

Seer, Roman — Einkünfteermittlung – Einführung und Rechtfertigung des Themas, in: Hey, Johanna (Hrsg.), Einkünfteermittlung, DStJG Band 34 (2011), Köln, S. 1-9.

Seer, Roman/Drüen, Klaus-Dieter — Vertrauensschutz bei steuerfreien Anteilsveräußerungen – Verfassungskonformes Übergangsrecht nach §8b Abs.4 S.2 Nr.2, §34 Abs.4 S.7 KStG, in: GmbHR 2002, S. 1093-1103.

Seiler, Christian — Prinzipien der Einkünfteermittlung – Objektives Nettoprinzip, in: Hey, Johanna (Hrsg.), Einkünfteermittlung, DStJG Band 34 (2011), Köln, S. 61-89.

Selentin, Philipp — Satzungsverletzung, Satzungsänderung – Satzungsdurchbrechung?, in: NZG 2020, S. 292-298.

Seyfarth, Georg — Clawback-Vereinbarungen in Vorstandsverträgen (Teil I und Teil II), in: WM 2019, S. 521-528 bzw. S. 569-577.

Sieger, Jürgen J./Hasselbach, Kai — „Tracking Stock" im deutschen Aktienrecht – Im Blickpunkt: Praktische Überlegungen zur Einführung von „subsidiary"/„divisional" shares, in: BB 1999, S. 1277-1284.

Sieker, Susanne — Umgehungsgeschäfte – Typische Strukturen und Mechanismen ihrer Bekämpfung, Tübingen, 2001
(zitiert: *Sieker*, Umgehungsgeschäfte).

Soergel, Hans Theodor (Begr.) — Bürgerliches Gesetzbuch (Kommentar), Schuldrecht 9/1 (§§ 705-758), 13. Aufl., Stuttgart, 2011
(zitiert: *Bearb.*, in: Soergel, BGB).

Sorgenfrei, Ulrich — Zur Neuregelung der Besteuerung von Verlusten aus betrieblichen Termingeschäften, in: DStR 1999, S. 1928-1936.

Spindler, Gerald/Stilz, Eberhard (Hrsg.) — Beck'scher Online-Großkommentar zum Aktiengesetz, Stand 1.4.2023, München
(zitiert: *Bearb.*, in: BeckOGK-AktG).

Stadie, Holger — Die persönliche Zurechnung von Einkünften, Berlin, 1983.

Staub, Hermann (Begr.) — Handelsgesetzbuch (Kommentar), Band 3 (§§ 105-160), Band 4 (§§ 161-237), 5. Aufl., Berlin, 2012/2014
(zitiert: *Bearb.*, in: Staub, HGB).

Staudinger, Björn — Minderheitsschutz im Personengesellschaftsrecht, Baden-Baden, 2020.

Staudinger, Julius v. (Begr.) — Kommentar zum Bürgerlichen Gesetzbuch, Buch 2: Recht der Schuldverhältnisse: §§ 705-740 (Gesellschaftsrecht), 13. Neubearb. 2003; Buch 3, Sachenrecht: §§ 1030-1112 (Nießbrauch, Vorkaufsrecht, Reallasten), 16. Neubearbeigung 2016, Köln
(zitiert: *Bearb.*, in: Staudinger, BGB).

Stephan, Rudolf	§ 23 Abs 1 Satz 2 EStG i d F des StMBG – Erweiterung, Bestätigung oder Einschränkung der Besteuerung von Spekulationsgewinnen bei Beteiligung an Personengesellschaften?, in: DB 1994, S. 1588-1589.
Stoll, Gerold	Gewinnanteil und Sondervergütungen der Gesellschafter von Personengesellschaften de lege lata und de lege ferenda (Erstreferat), in: Kruse, Wilhelm (Hrsg.), Die Grundprobleme der Personengesellschaft im Steuerrecht – Zur Behandlung von Sondervergütungen, Sonderbetriebsvermögen, Steuervergünstigungen und Abschreibungsgesellschaften mit einem rechtsvergleichenden Teil, DStJG Band 2 (1979), Köln, S. 5-36.
Strahl, Martin	Die vermögensverwaltende Personengesellschaft im Spannungsfeld zwischen Einheits- und Bruchteilsbetrachtung, in: KöSDi 2001, S. 12802-12811.
Strahl, Martin/Fuhrmann, Claas	Verfassungswidrigkeit des Verrechnungsverbots nach § 23 Abs. 3 Satz 8 EStG für Verluste aus privaten Veräußerungsgeschäften, in: FR 2003, S. 387-391.
Strecker, Alexander	Steuergestaltung mit inkongruenten Gewinnausschüttungen und -verteilungen bei GmbHs, in: KöSDi 2022, S. 22657-22669.
Stuhrmann, Gerd	Einzelfragen zur Familienpersonengesellschaft, in: Raupach, Arndt (Hrsg.), Ertragsbesteuerung : Zurechnung, Ermittlung, Gestaltung – Festschrift für Ludwig Schmidt zum 65. Geburtstag, München, 1993, S. 403-419 (zitiert: *Stuhrmann*, in: FS Schmidt).
Sudhoff, Heinrich (Begr.)	Personengesellschaften, 8. Aufl., München, 2005.
Säcker, Franz Jürgen/Rixecker, Roland/Oetker, Hartmut/Limperg, Bettina (Hrsg.)	Münchener Kommentar zum Bürgerlichen Gesetzbuch, Band 1 (§§ 1-240, 9. Aufl. 2021), Band 4 (§§ 433-534, 8. Aufl. 2019), Band 7 (§§ 705-853, 8. Aufl. 2020), München, 2019/2020/2021 (zitiert: *Bearb.*, in: MüKo-BGB).
Söffing, Günter	Möglichkeiten und Grenzen der Übertragung von Einkunftsquellen durch Bestellung eines unentgeltlichen Nießbrauchs für Familienangehörige, in: Tipke, Klaus (Hrsg.), Übertragung von Einkunftsquellen im Steuerrecht – Möglichkeiten und Grenzen der Einkommensverlagerung durch Nießbrauch, Beteiligung und Darlehen mit einem rechtsvergleichenden Teil, DStJG Band 1 (1978), Köln, S. 125-139.
Söffing, Günter	Besteuerung der Mitunternehmer, 5. Aufl., Herne/Berlin, 2005.
Söffing, Günter	Die Steuerumgehung und die Figur des Gesamtplans, in: BB 2004, S. 2777-2787.

Söffing, Matthias	Gewerblicher Grundstückshandel und private Veräußerungsgeschäfte mit Grundstücken, 6. Aufl., Herne, 2021.
Söhn, Hartmut	Der Dualismus der Einkunftsarten im geltenden Recht, in: Schön, Wolfgang (Hrsg.), Einkommen aus Kapital, DStJG Band 30 (2007), Köln, S. 13-37.
Söhn, Hartmut	Der Dualismus der Einkunftsarten im geltenden Recht, in: Schön, Wolfgang (Hrsg.), Einkommen aus Kapital, DStJG Band 30 (2007), Köln, S. 13-37.
Tanzer, Michael	Der Gesamtplan im Rahmen steuerlicher Tatbestände, in: Hüttemann, Rainer (Hrsg.), Gestaltungsfreiheit und Gestaltungsmissbrauch im Steuerrecht, DStJG Band 33 (2010), Köln, S. 189-209.
Tavakoli, Anusch	Disquotale Gewinnausschüttungen in der Unternehmensnachfolge: Gesellschafts- und steuerrechtliche Rahmenbedingungen, in: DB 2006, S. 1882-1888.
Teichmann, Arndt/ Widmann, Werner	Die steuerrechtliche Anerkennung der Gewinnverteilung in Personengesellschaften, in: ZGR 1973, S. 156-181.
Tipke, Klaus (Begr.)/ Lang, Joachim (Hrsg.)	Steuerrecht, 24. Aufl., Köln, 2021 (zitiert als: *Bearb.*, in: Tipke/Lang, Steuerrecht).
Tipke, Klaus/Kruse, Heinrich Wilhelm (Begr.)	Abgabenordnung/Finanzgerichtsordnung (Kommentar), Stand: 175. EL Mai 2023, Köln (zitiert: *Bearb.*, in: Tipke/Kruse, AO/FGO).
Tonner, Martin	Tracking Stocks – Zulässigkeit und Gestaltungsmöglichkeiten von Geschäftsbereichsaktien nach deutschem Aktienrecht, Köln u.a., 2002 (zitiert: *Tonner*, Tracking Stocks).
Tonner, Martin	Zulässigkeit und Gestaltungsmöglichkeiten von Tracking Stocks nach deutschem Aktienrecht, in: IStR 2002, S. 317-324.
Tonner, Norbert	Rechtsfortbildung bei der Gewinnermittlung von Personengesellschaften – zugleich Besprechung der BFH-Entscheidungen v. 17.3.2021 – IV R 20/18 u.a., in: FR 2022, S. 149-154.
Trinks, Beate/Trinks, Matthias	Die vereinfachte Gewinnermittlung in den USA und Deutschland, in: IStR 2012, S. 201-206.
Tulloch, Anthony/Welisch, Dietmar	Die Ergebnisverteilungsabreden für die Gesellschafter von vermögensverwaltenden Personengesellschaften – Anmerkung zum BFH-Urteil vom 13.10.1998, VIII R 4/98, in: DStR 1999, S. 1093-1097.
Töben, Thomas/ Schrepp, Caroline	Besteuerung des Carried Interest (Teil I), in: DStR 2019, S. 526-533.
Ulmer, Peter	Mehrheitsbeschlüsse in Personengesellschaften: definitiver Abschied vom Bestimmtheitsgrundsatz – Randbemerkungen

zu BGH v. 21.10.2014 - II ZR 84/13, ZIP 2014, 2231 (Anteilsabtretung), in: ZIP 2015, S. 657-662.

Ulmer, Peter — Wirtschaftslenkung und Vertragserfüllung – Zur Bedeutung staatlicher Lenkungsmaßnahmen für die vertragliche Geschäftsgrundlage –, in: AcP 174 (1974), S. 167-201.

Ulmer, Peter — Die Einheitlichkeit der Mitgliedschaft in einer Personengesellschaft – ein überholtes Dogma?, in: ZHR 167 (2003), S. 103-116.

Ulmer, Peter/Habersack, Mathias/Casper, Matthias/Löbbe, Marc (Hrsg.) — Großkommentar zum GmbHG, Band 3, 3. Aufl., Tübingen, 2021 (zitiert: *Bearb.*, in: Großkomm-GmbHG).

Ungemach, Markus — Einkommensteuerrechtliche Zurechnung des Vorabgewinns der Komplementär-GmbH – Anmerkungen zum BFH-Urteil vom 28.5.2020, IV R 11/18, HFR 2020, 1006 –, in: DStZ 2021, S. 241-244.

Velte, Patrick — Entwicklung und Perspektiven des Maßgeblichkeitsprinzips – Das Ende eines deutschen Sonderwegs?, in: Ubg 2015, S. 265-281.

Velte, Patrick — Entwicklung und Perspektiven des Maßgeblichkeitsprinzips – Das Ende eines deutschen Sonderwegs?, in: Ubg 2015, S. 265-281.

Vogel, Max — Die Auslegung privatrechtlich geprägter Begriff im Ertragsteuerrecht – Ein Beitrag zum Verhältnis zweier Teilrechtsordnungen, Baden-Baden, 2015.

Vollmer, Lothar — Der Genussschein – ein Instrument für mittelständische Unternehmen zur Eigenkapitalbeschaffung an der Börse, in: ZGR 1983, S. 445-475.

Vorwold, Gerhard — "Cash"- versus "accrual"-Methode – Paradigmenwechsel des US-amerikanischen "tax accounting"?, in: StuW 2002, S. 235-247.

Wacker, Roland — Pensionszusagen an Mitunternehmer - Rechtsprechung des BFH und BMF-Schreiben v. 29.1.2008, BStBl. I 2008, 317, in: FR 2008, S. 801-806.

Wacker, Roland — Vermögensverwaltende Gesamthand und Bruchteilsbetrachtung - eine Zwischenbilanz, in: DStR 2005, S. 2014-2019.

Wacker, Roland — Kommentar zu BFH, Urteil vom 9.5.2000, VIII R 41/99, in: BB 2000, S. 1976, 1979-1980.

Wagner, Adolph — Finanzwissenschaft, 3. Teil, Steuergeschichte vom Altertum bis zur Gegenwart, 2. Aufl., Leipzig, 1910.

Wagner, Adolph — Die Reform der direkten Staatsbesteuerung in Preussen im Jahre 1891, Fin-Arch 8 (1891), S. 71-330.

Wagner, Siegfried	Verfassungsmäßigkeit der Verlustausgleichsregelung des § 23 Abs. 3 Satz 8 EStG, in: Stbg 2007, S. 184-187.
Wassermeyer, Franz	Einkünftekorrekturnormen im Steuersystem, in: IStR 2001, S. 633-638.
Wassermeyer, Franz (Hrsg.) u.a.	Doppelbesteuerung (Kommentar zu allen deutschen Doppelbesteuerungsabkommen), Band VI, Stand: 160. EL Januar 2023, 91. Aufl., München (zitiert: *Bearb.*, in: Wassermeyer, DBA).
Wassermeyer, Franz/Richter, Stefan/Schnittker, Helder	Personengesellschaften im Internationalen Steuerrecht, Köln, 2015.
Weber-Grellet, Heinrich	Anm. zu BFH, Beschluss vom 3.7.1995, GrS 1/93, in: DStR 1995, S. 1339, 1341-1342.
Weber-Grellet, Heinrich	Besteuerung des Carried Interest (§ 18 Abs. 1 Nr. 4 EStG) – Gelöste und ungelöste Fragen, in: DStR 2018, S. 992-998.
Wedelstädt, Alexander v.	Die Änderungen der Abgabenordnung durch das Jahressteuergesetz 2008, in: DB 2007, S. 2558-2561.
Wegen, Gerhard/Spahlinger, Andreas/Barth, Marcel (Hrsg.)	Gesellschaftsrecht des Auslands, Stand: 6. EL April 2023, München.
Wendt, Michael	Rechtsprechungs-Highlights zum Unternehmenssteuerrecht der Personengesellschaften, in: Fachinstitut der Steuerberater/Rödder, Thomas/Hüttemann, Rainer (Hrsg.), Steuerberater-Jahrbuch 2019/2020, S. 3-28.
Wendt, Michael	Korrektur unangemessener Gewinnverteilung bei GmbH & atypisch Still (Anm. zu BFH, Urteil vom 18.6.2015, IV R 5/12), in: FR 2015, S. 1131, 1134.
Wendt, Michael	§ 42 AO vor dem Hintergrund der Rechtsprechung, in: Hüttemann, Rainer (Hrsg.), Gestaltungsfreiheit und Gestaltungsmissbrauch im Steuerrecht, DStJG Band 33 (2010), Köln, S. 117-138.
Wendt, Michael	Wirtschaftliches Eigentum an Leasinggegenständen im Rahmen von Sale-and-lease-back-Gestaltungen, Anm. zu BFH, Urteil vom 13.10.2016, IV R 33/13, in: FR 2017, S. 527, 531.
Wendt, Michael	Einkommensteuerneutrale Unternehmensnachfolge durch Buchwertfortführung, in: Fischer, Michael/Geck, Reinhard/Haarmann, Wilhelm (Hrsg.), Zivilrechtliches Ordnungsgefüge und Steuerrecht – Festschrift für Georg Crezelius zum 70. Geburtstag, Köln, 2018, S. 457-471 (zitiert: *Wendt*, in: FS Crezelius).

Wendt, Michael — Übertragung von Wirtschaftsgütern zwischen Mitunternehmerschaft und Mitunternehmer – § 6 Abs. 5 EStG idF des UntStFG als zweiter Versuch zur „Wiedereinführung des Mitunternehmer-Erlasses", in: FR 2002, S. 53-66.

Wendt, Michael — § 42 AO vor dem Hintergrund der Rechtsprechung, in: Hüttemann, Rainer (Hrsg.), Gestaltungsfreiheit und Gestaltungsmissbrauch im Steuerrecht, DStJG Band 33 (2010), Köln, S. 117-138.

Wendt, Michael — Prinzipien der Verlustberücksichtigung, in: Groll, Rüdiger (Hrsg.), Verluste im Steuerrecht, DStJG Band 28 (2005), S. 41-80.

Werner, Rüdiger — Zum Anwendungsbereich der Kernbereichslehre nach der Aufgabe des Bestimmtheitsgrundsatzes durch den BGH, in: StBW 2015, S. 1010-1014.

Werner, Rüdiger — Clawback-Regelungen in Vorstandsverträgen, in: NZA 2020, S. 155-159.

Wertenbruch, Johannes — Gewinnausschüttung und Entnahmepraxis in der Personengesellschaft, in: NZG 2005, S. 665-667.

Wertenbruch, Johannes — Abschied von Bestimmtheitsgrundsatz und Kernbereichslehre im Beschlussanfechtungssystem der Personengesellschaft – Zugleich Besprechung des BGH-Urteils vom 21.10.2014 - II ZR 84/13, in: DB 2014, S. 2875-2880.

Westerfelhaus, Herwarth — Betriebswirtschaftliche Einflüsse auf das Steuerrecht der Familienpersonengesellschaft, in: DB 1997, S. 2033-2038.

Westermann, Harm Peter — Möglichkeiten und Grenzen dogmatischer Erfassung des Rechts der Personengesellschaften, in: ZHR 144 (1980), S. 232-246.

Westermann, Harm Peter/Wertenbruch, Johannes (Hrsg.) — Handbuch der Personengesellschaften, Band I, Band II, Stand 85. EL April 2023, München
(zitiert: *Bearb.*, in: Westermann/Wertenbruch, Hdb. Personengesellschaften).

Wiedemann, Herbert — Mehrheitsbeschlüsse und Gesellschafterschutz in Personengesellschaften, in: Grundmann, Stefan u.a. (Hrsg.), Unternehmen, Markt und Verantwortung, Festschrift für Klaus J. Hopt zum 70. Geburtstag, S. 1491-1504.

Wiedemann, Herbert — Gesellschaftsrecht – Ein Lehrbuch des Unternehmens- und Verbandsrechts, Band II, Recht der Personengesellschaften, München, 2004.

Wienbracke, Mike — Die Genese fiskalischen Misstrauens – Von § 5 RAO 1919 zu § 42 AO i. d. F. des JStG 2008, in: DB 2008, S. 664-670.

Wiesch, Thomas	Die Bedeutung von Gewinnverteilungsabreden für private Veräußerungsgeschäfte, Anmerkung zu FG Köln, Urteil vom 14.4.2021, 3 K 1253/17, in: EFG 2021, S. 1480, 1486.
Wiese, Götz Tobias/Ley, Henrik	Die Besteuerung sog. „Streubesitzdividenden" im Körperschaftsteuerrecht – Zu § 8b Abs. 4 , § 15 S. 3 KStG n.F. –, in: GmbHR 2013, S. 404-410.
Winkels, Günter	Gesellschafts- und steuerrechtliche Behandlung von Tracking Stocks bei Personen- und Kapitalgesellschaften, Göttingen, 2013 (zitiert: *Winkels*, Tracking Stocks).
Winnefeld, Robert	Bilanz-Handbuch, 5. Aufl., München, 2015.
Worgulla, Niels	Bruttobesteuerung der Einkünfte aus Kapitalvermögen und der allgemeine Gleichheitsgrundsatz, in: FR 2013, S. 921-931.
Wübbelsmann, Stephan	Die Realteilung einer vermögensverwaltenden Personengesellschaft, in: DStR 2019, S. 2289-2294.
Wüllenkemper, Dirk	Anm. zu FG Münster, Urteil vom 14.8.2013, 2 K 2483/11 F, in: EFG 2014, S. 29-35.
Wüllenkemper, Dirk	Anwendung des § 15a EStG bei vermögensverwaltenden Personengesellschaften – Anmerkung zu FG Berlin-Brandenburg, Urteil vom 15.10.2013, 6 K 6171/10, in: EFG 2014, S. 184, 186-187.
Wüstemann, Jens/Backes, Matthias/Schober, Christoph	Grundsätze wirtschaftlicher Vermögenszurechnung bei Leasinggeschäften im Lichte der neueren Rechtsprechung, in: BB 2017, S. 1963-1967.
Wälzholz, Eckard	Aktuelle Gestaltungsprobleme des Nießbrauchs am Anteil an einer Personengesellschaft, in: DStR 2010, S. 1786-1790.
Ziebe, Jürgen	Rechtsnatur und Ausgestaltung von Genussrechten, in: DStR 1999, S. 1594-1597.
Zimmermann, Reimar/Hottmann, Jürgen (u.a.)	Die Personengesellschaft im Steuerrecht, 12. Aufl., Achim, 2017 (zitiert: *Bearb.*, in: Zimmermann u.a., PersGes im Steuerrecht).
Zugmaier, Oliver/Nöcker, Gregor (Hrsg.)	Abgabenordnung Kommentar, Herne, 2023 (zitiert: *Bearb.*, in: Zugmaier/Nöcker, AO).
Zwirner, Christian/Mugler, Jörg	Einheitsbilanzklausel und BilMoG: Risiko, Handlungsbedarf, Vertragsanpassung, in: DStR 2011, S. 1191-1195.
Zähle, Kai	Die Umqualifizierung der Einkünfte eines betrieblich an einer Zebragesellschaft beteiligten Gesellschafters – Anmerkung zum Vorlagebeschluss BFH v. 30.10.2002, IX R 80/98, in: DStR 2003, S. 1328-1333.

FSC
www.fsc.org
MIX
Papier | Fördert gute Waldnutzung
FSC® C083411

Kolibri 360 GmbH
Ferdinand-Jühlke-Straße 7
99095 Erfurt, Deutschland
produktsicherheit@kolibri360.de